物权纠纷案例解析

Case Analysis of Property Right Dispute

北京市律师协会 组织编写
第十届北京市律师协会物权法专业委员会 编

图书在版编目（CIP）数据

物权纠纷案例解析／北京市律师协会组织编写. —北京：北京大学出版社，2021.5
ISBN 978-7-301-32066-2

Ⅰ.①物… Ⅱ.①北… Ⅲ.①物权—经济纠纷—案例—中国 Ⅳ.①D920.5

中国版本图书馆 CIP 数据核字（2021）第 049646 号

书　　　名	物权纠纷案例解析 WUQUAN JIUFEN ANLI JIEXI
著作责任者	北京市律师协会　组织编写
责 任 编 辑	陆建华　张文桢
标 准 书 号	ISBN 978-7-301-32066-2
出 版 发 行	北京大学出版社
地　　　址	北京市海淀区成府路 205 号　100871
网　　　址	http://www.pup.cn　http://www.yandayuanzhao.com
电 子 信 箱	yandayuanzhao@163.com
新 浪 微 博	@北京大学出版社　@北大出版社燕大元照法律图书
电　　　话	邮购部 010-62752015　发行部 010-62750672　编辑部 010-62117788
印 刷 者	北京市科星印刷有限责任公司
经 销 者	新华书店
	720 毫米×1020 毫米　16 开本　38 印张　778 千字 2021 年 5 月第 1 版　2021 年 5 月第 1 次印刷
定　　　价	128.00 元

未经许可，不得以任何方式复制或抄袭本书之部分或全部内容。
版权所有，侵权必究
举报电话：010-62752024　电子信箱：fd@pup.pku.edu.cn
图书如有印装质量问题，请与出版部联系，电话：010-62756370

编委会

总　编
高子程

副总编
庞正忠

责任主编
周　帆

主　编
毕文强　王永利　王龙兴　赵　剑
逄伟平　李吏民　李　兵　文　科

作者简介

周　帆　　第十届北京市律师协会物权法专业委员会主任
　　　　　北京市尚公律师事务所高级合伙人

毕文强　　北京市物权法学研究会秘书长
　　　　　北京市盛廷律师事务所主任

王永利　　第十届北京市律师协会物权法专业委员会副主任
　　　　　北京市易和律师事务所高级合伙人副主任

王龙兴　　第十届北京市律师协会物权法专业委员会副主任
　　　　　北京市盈科律师事务所高级合伙人

赵　剑　　第十届北京市律师协会物权法专业委员会秘书长
　　　　　北京市中闻律师事务所合伙人

逄伟平　　第十届北京市律师协会物权法专业委员会副秘书长
　　　　　北京坤道律师事务所主任

李吏民　　第十届北京市律师协会物权法专业委员会委员
　　　　　北京京坤律师事务所主任

李　兵　　第十届北京市律师协会物权法专业委员会委员
　　　　　北京市百瑞律师事务所郑州分所主任

文　科　　第十届北京市律师协会物权法专业委员会委员
　　　　　北京市华城律师事务所合伙人

赵继明　　第十届北京市律师协会公司法与企业法律风险管理专业委员会主任
　　　　　北京市炜衡律师事务所高级合伙人

时福茂　　第十届北京市律师协会农村法律事务委员会主任
　　　　　北京市致诚律师事务所副主任

韩　飞　　第十届北京市律师协会担保法律专业委员会主任
　　　　　北京市浩东律师事务所副主任

杨　明　　第十届北京市律师协会房地产法专业委员会副主任
　　　　　北京市炜衡律师事务所高级合伙人

赵继云　　第十届北京市律师协会担保法律专业委员会副秘书长
　　　　　北京市炜衡律师事务所合伙人

张怀玺　　第十届北京市律师协会物权法专业委员会委员
　　　　　北京市法大律师事务所合伙人

许德蛟	第十届北京市律师协会物权法专业委员会委员 北京市赵晓鲁律师事务所合伙人	
兀　勇	第十届北京市律师协会物权法专业委员会委员 北京市雍文律师事务所合伙人	
何俊辉	第十届北京市律师协会物权法专业委员会委员 北京市法度律师事务所主任	
孙在辰	第十届北京市律师协会物权法专业委员会委员 北京市瀛和律师事务所主任	
刘金华	第十届北京市律师协会物权法专业委员会委员 北京市京师律师事务所合伙人	
刘国起	第十届北京市律师协会物权法专业委员会委员 北京市刘国起律师事务所主任	
杨智星	第十届北京市律师协会物权法专业委员会委员 北京市京师律师事务所律师	
马　强	第十届北京市律师协会物权法专业委员会委员 北京市大瀚律师事务所高级合伙人	
刘　硕	第十届北京市律师协会物权法专业委员会委员 北京市海嘉律师事务所律师	
潘茂华	第十届北京市律师协会物权法专业委员会委员 北京市仁人德赛律师事务所律师	
任旭丰	第十届北京市律师协会物权法专业委员会委员 北京市合川律师事务所合伙人	
周坤平	第十届北京市律师协会物权法专业委员会委员 北京市两高律师事务所高级合伙人	
张　荣	第十届北京市律师协会物权法专业委员会委员 北京观韬中茂律师事务所合伙人	
张晓光	第十届北京市律师协会物权法专业委员会委员 北京市安理律师事务所合伙人	
张　涛	第十届北京市律师协会物权法专业委员会委员 北京市亿达律师事务所合伙人	

会长寄语

律师既是一个古老的职业,也是一个新兴的职业,更涉及高端的第三产业:法律服务业。

现代社会尤其是法治社会,法律已经渗透到各行各业甚至社会的各个角落,律师的工作内容越来越多,范围也越来越大,在社会生活中扮演着越来越多的角色。过去,你问大家:"律师是干什么的?"大多数人的回答几乎是一样的:"打官司的。"现在,你再问大家这个问题,不少人会回答:"作用很多呀!"不过,真要说清楚律师都有哪些作用,还真的不容易。

第一,律师打官司,这是诉讼、仲裁师。诉讼、仲裁是古老的业务,也是律师必备的看家本领。

第二,律师进企业,这是法律风险防控师。法律风险无处不有、无时不在,需要律师帮助预防控制,它是企业家和投资人取得成功的必要条件。

第三,律师搞设计,这是社会工程师。许多社会改革方案要落地,政府提供规划图,具体项目则需要律师精心设计和审核。

第四,律师解纠纷,这是社会医师。在社会转型过程中,新旧矛盾层出不穷,引发众多"社会疾病",需要律师积极参与各类调解,对症下药,及时化解矛盾,排忧解难。

第五,律师当高参,这是决策咨询师。无论是企业还是政府,在决策之前,都需要向律师咨询法律问题,避免重大决策失误,造成重大损失。

概而言之,一个律师可能等于上述五个"师"。

社会需求这么大,对律师的要求这么高,律师能胜任吗?实话实说:差距不小!目前,律师在法律服务业的数量和质量还远远不能满足社会的需求,尤其是涉外法律服务。因此,律师法律服务也需要进行供给侧改革,要培养大批知识渊博、经验丰富、德才兼备的各类专业律师。

历届北京市律师协会都提出要培养复合型的"五懂律师":懂法律、懂经济、懂管理、懂财务、懂外语,但这难度大,要求高,确实是项长期和宏大的系统工程;历届北京市律师协会都非常重视律师的培训工作,但囿于主客观条件限制,经常是僧多粥少,不尽人意。北京市律师协会对此义不容辞,必须下大力气抓好律师培训工作,下大力气解决场地、经费、师资、大纲和教材等诸多问题,才能不断满足社会的需求。

正因为如此,北京市律师协会指导第十届北京市律师协会物权法专业委员会编写了《物权纠纷案例解析》这本书。本书取材于原始案例,几乎涵盖物权法纠纷的各种类型,内容充实,作者均为资深律师,具备丰富的实战经验。本书对各类法律工作者尤其是青年法律工作者助益匪浅,是一本颇有价值的参考书,可以作为律师培训的案例教学教材。

在此,我们谨对第十届北京市律师协会物权法专业委员会胜利完成《物权纠纷案例解析》的编写工作表示祝贺!对各位资深律师在业务繁忙中拨冗为本书所付出的辛苦和努力表示感谢!同时,也希望看到其他专业委员会、研究会今后有更多的教材或著作问世。

北京市律师协会会长　高子程
2019 年 5 月 25 日

序

　　社会发展日新月异，新知识、新课题、新经验层出不穷，各行各业都深切地感受到知识老化的问题。律师行业更是如此。截至2018年年底，北京市律师人数已经超过32 000人，其中大部分是中青年律师。不断变化的社会实践、各种法律关系的不断重组、各种矛盾的相互交织，给战斗在第一线的中青年律师带来了不少困惑，若想紧跟形势，提高法律服务质量，除了加强律师行业的培训，别无他途。

　　北京市律师协会非常重视中青年律师的业务培训工作，每年举办的免费业务培训有600多期。北京市律师协会下属的57个专业委员会、研究会各自承担本专业的业务培训，受到广大律师的热烈欢迎。培训现场几乎场场爆满，大家对培训的效果赞誉有加。

　　物权法是民法的重要组成部分，涉及范围非常广泛，是有关国家、集体和公民财产关系的基本法律。不少律师在实践中也发现，物权法的案件相当复杂，存在不少疑难问题。

　　在北京市律师协会的指导下，第十届北京市律师协会物权法专业委员会编写了这本《物权纠纷案例解析》，案例几乎涵盖所有类型的物权法纠纷案件，其中不少属于疑难案件，为北京市律师协会的培训工作提供了一本宝贵的教材。由于采用真实案例，加之多重角度的剖析，化繁为简，化难为易，本书对提高律师的实战能力帮助很大；作者均为物权法领域的资深律师，在律师点评栏目中，为青年律师提供律师诉讼、代理思路、方向和策略等不可多得的宝贵经验。本书还深入分析了法院判案的得失利弊，附带查找错判的原因所在，对提高青年法官的审判能力也颇有助益。另外，本书也是一本实战性很强的教材，适合高校法律专业高年级本科生和研究生学习与参考。

北京市律师协会副会长　庞正忠

2019年5月25日

前 言

物权法是民法的重要组成部分,是关于国家、集体、公民财产关系的基本法律。2007年10月1日,《中华人民共和国物权法》(以下简称《物权法》)开始施行。《物权法》的出台是中国改革开放的重要成果之一,具有鲜明的中国特色。在十余年的施行过程中,据不完全统计,各级人民法院判决的物权法案件有35万余例,本书选取部分疑难或典型案例予以解析,时间跨度自2007年至2018年,内容基本涵盖物权法纠纷的各种类型,虽是管中窥豹,但也略见一斑,从中可以了解人民法院在物权法纠纷审判中的基本状况,也可以窥见《物权法》的部分规定由于过于原则化,可操作性不强的缺陷。

本书采用原始案例作为解析的素材。原始案例反映社会的真实情况,具有综合性和复杂性的特点。解析一个原始案例,类似于解剖一只麻雀,但麻雀虽小,五脏俱全,本书通过案例导读、案情简介、审理与判决、法律要点解析、律师点评、法官审判要旨、结语、案外语等栏目对原始案件进行全方位和不同角度的解析,可以帮助读者深入理解物权法案件的基本理论与审判实践,熟练掌握物权法案件的诉讼技巧,提高诉讼实战能力,对读者颇有助益。

本书基本上按照最高人民法院2011年发布的《民事案件案由规定》第三部分的顺序进行编排,力求做到大多数案由均有对应的案例。本书案例均为生效法律判决或裁定,具有一定的代表性和典型意义,不少属于疑难案件,历经一审、二审、再审之后方才定案。通过解析我们发现,疑难案件的形成原因是多方面的,或是因为事实过于纷繁复杂,或是所适用法律规定不明确,或是审判技术欠缺、审判人员水平有限,或是律师诉讼方向错误等。

除了主文,本书及各章附录亦有自己特色。借助现代互联网技术,采用诉讼案件大数据统计资料,对每章物权法诉讼案件的整体情况、案由、程序、裁判结果、标的额、审理期限等进行统计分析,并按审判引用频率高低列出高频法条作为本书附录,使本书颇具参考价值。

根据法不溯及既往原则,《中华人民共和国民法典》(以下简称《民法典》)2021年1月1日实施之前发生的案例适用原来的单行法,不适用《民法典》。本书案例均发生在《民法典》之前,故不适用《民法典》。作为对既往案例的解析,只能以当时有效的法律为准,尊重历史原貌。对于所引用规范性法律文件在本书出版时已失效或已被修正的情况,已酌情加注说明:(1)对于在本书出版时已经失效或已被修正的规范性法律文件,在其名称后,采用文中注明"(已失效)"或"(已修正)"。(2)对于既有民事法律与《民法典》的"旧新条文对照",读者可自行参照本书附录二,正文中不再专门注明。本书在《民法典》出台后的意义不在于所引用法条的新旧,而在于对案件代理或审判技巧的研讨与提高:对一个原生态的复杂案件如何进行分析、推理和判断,律师如何决定诉讼方向和代理思路,法官如何审理以避免失误。

本书由第十届北京市律师协会物权法专业委员会编,并得到其他专业委员会的参与和支持,编写期间得到北京律协高子程会长、庞正忠副会长的精心指导,得到北京律协秘书处各位工作人员的大力支持。另外,本书还得到北京市物权法学研究会的鼎力相助,该会秘书长毕文强不但参与本书的编写,是本书的主编之一,而且还专门提供了本书大数据统计的珍贵资料,为本书增色不少。在此一并表示衷心感谢!

本书旨在对案例教学法进行初步尝试与研讨。因作者水平有限,编写过程中不免挂一漏万,有所偏颇,错误在所难免,真诚欢迎专家和读者不吝指正!

为了帮助普通读者更好地理解本书的内容要旨,有必要简单梳理一下物权法的基础理论要点。

1. 物权法的基本定义

(1)物:本书所谓物,即狭义物权法的客体,包括动产、不动产以及知识产权的权利质权。其中动产和不动产属于有体物,知识产权属于无体物。对于无体物,仅在将知识产权用于担保时所产生的权利质押才属于狭义物权法的客体。作为物权法客体的物,一般应为单一物、独立物、有体物和特定物。物权法客体是随着社会政治、经济、科技的发展而不断发展的,新的物权法客体不断出现,通过法律不断创设新的物权。

(2)物权:物权指对特定物依法享有支配权和排他权。所谓支配权,指物权人可以依照自己意志和行为对特定物进行管领和控制,享受其利益的权利。所谓排他权,指物权人有权排除他人对自己支配之物的侵害以及对自己行使物权的干涉和妨碍。物权具有排他性、优先性和永久性的特点。

(3)物权与债权的区别:债权是指在债的关系中,权利人具有要求义务人为一定行为或不为一定行为的权利。物权是一种对特定物的直接支配权,是绝对权;债权是一种对特定义务人的请求权,是相对权。物权具有排他性、优先性、永久性的特点;债权具有相容性、平等性、有期性的特点。物权与债权均为民法中相对应的反映财产关系的民事权利,是民法中最基本的财产法律制度,两者相辅相成,共同实现对经济生活的调整。

(4) 物权的种类:按照权利主体是否为物的所有权人,物权分为自物权和他物权。所谓自物权即所有权,包括单一所有权、共有权和建筑物区分所有权。所谓他物权,即所有权以外的其他物权,包括用益物权和担保物权。

(5) 物权的权能:权能指权利之职能。一般以所有权的权能最为完整,分为积极权能与消极权能。所有权的积极权能包括占有、使用、收益和处分权能。所谓占有,指民事主体对标的物占领、控制的事实状态;所谓使用,指依照物的性质和用途依法进行利用和开发;所谓收益,指收取标的物所产生的利益(亦称孳息,分为法定孳息如银行利息、租金等和天然孳息如植物果实、动物生产物等);所谓处分,指对所有物依法进行事实上的处分或法律上的处分行为。事实上的处分使物质的形态发生变更或消灭;法律上的处分指改变标的物之权归属状态,包括转让标的物的所有权、将标的物为他人设定用益物权(如地上权、典权等)、将标的物为他人设定担保物权(如抵押权、质权等)。所有权的消极权能指排除他人干涉或侵害的权能,包括返还原物请求权、妨害排除请求权、恢复原状请求权和消除危险请求权。

(6) 物权法:物权法指调整因物的归属和利用而产生的民事关系的法律,分为广义的物权法和狭义的物权法。前者指一切调整物权关系的法律,除了《物权法》,还包括散见于其他法律中有关物权关系的条款;后者仅指集中调整物权关系的法律,即《物权法》。本书所述的物权法,即指狭义的物权法。

2. 物权法的基本原则

物权法的基本原则是物权制度本质的集中表现,其精神贯穿于物权法立法、司法、执法、守法的全过程。物权法有以下基本原则:

(1) 物权法定原则,指物权的类型、各类物权的内容、效力以及创设物权的方式,均由法律直接规定,不能由当事人任意创设。《物权法》第5条规定"物权的种类和内容,由法律规定",就是这一原则的体现。

(2) 物权公示原则,指物权的设立和转移必须公开、透明。通过公示,使其他人知道物权变动的情况,有利于保护第三人的利益,维护交易的安全和秩序。公示的方法除法律另有规定外,就是到特定的国家机关进行登记。公示以国家的公信力为基础。

(3) 物权限制原则,指物权的取得和行使受到法律和社会公德的限制,不得损害公共利益和他人合法权益。也就是说,物权应取之有道,依法行使。《物权法》第7条规定"物权的取得和行使,应当遵守法律,尊重社会公德,不得损害公共利益和他人合法权益",就是这一原则的体现。

(4)物权平等保护原则,指各类物权应受到法律同等保护。这主要针对中国特有的三类物权——国家物权、集体物权和私人物权,三者应平等地受到保护,在法律上一律平等。该原则随着改革开放不断深化而逐渐得到贯彻落实。《物权法》第4条规定"国家、集体、私人的物权和其他权利人的物权受法律保护,任何单位和个人不得侵犯",就是这一原则的体现。

3. 物权的变动(发生、变更与消灭)

(1)物权变动的本质:是人与人之间关于物权客体的归属和支配法律关系的变化,是物权法律关系运动的基本形式。

(2)物权变动的基本形态:①发生,指物权与特定主体相结合,即物权的取得,包括原始取得(如建造房屋)与继受取得(如购买房屋)。②变更,指物权狭义的变更,包括物权客体的变更(如客体数量、结构的变化)与内容的变更(如用益物权变更为所有权)。③消灭,指物权与其主体相分离,就物权主体而言,是物权的丧失,分为绝对消灭(如标的物不存在)与相对消灭(如转让给他人)。

(3)物权变动的原因:①法律行为,包括民事法律行为(如遗嘱、抛弃、买卖、互易、赠与等)与行政法律行为(如征收、没收等)。②非法律行为,包括事实行为和事件等(如生产、建造、先占、添附、权利人死亡、标的物灭失、物权存续期间届满、混同等)。

(4)物权变动的规则:①不动产物权变动规则:不动产指依照其物理性质不能移动或移动将严重损害其经济价值的有体物,如土地、房屋、林木等地上附着物。依照《物权法》的规定,不动产物权的设立、变更、转让和消灭,依照法律规定应当登记的,自记载于不动产登记簿时发生效力。但现实中存在大量无须登记或尚未登记的不动产物权,同样具备物权效力,这是法律人应当注意的地方。②动产物权变动规则:动产指不动产之外的物,是性质上能够移动,而且移动不损害其经济价值的物,如车辆、电视机等。依照《物权法》的规定,动产物权的设立和转让,自交付时发生效力,但法律另有规定的除外。对于价值很大的动产,如飞机、轮船等,虽然交付时发生效力,亦需登记在册,但是该登记并非效力性登记,而是为了对抗第三人,这也是法律人应当注意的地方。

4. 物权的保护方式

(1)物权的保护形式,指通过法律规定的方法和程序对物权保障的制度,包括宪法、刑法、行政法、民法等。其中民法的保护形式分为自力救济(自我保护)与公力救济(诉讼程序)。

(2)民法意义上的物权保护方法:①物权确认请求权,指物权主体或其利害关系人请求司法、行政机关、仲裁机构确认物权归属的权利。②物权请求权(亦称物上请求权或原权请求权),指物权人在其物被侵害或可能遭受侵害时有权请求恢复物权的圆满状态或防止侵害,包括返还原物、恢复占有、排除妨碍、消除危险、修理、重作、更换、恢复原状等。③侵权请求权(亦称债权请求权),指物权人对他人非法行为造成的财产毁损和灭失有权请求损害赔偿。

(3)物权保护方法与诉讼时效:物权确认请求权和物权请求权不适用诉讼时效制度,而侵权请求权或债权请求权则适用诉讼时效制度。这也是法律人应该注意的地方。

第十届北京市律协物权法专业委员会主任　周帆
2019 年 5 月 25 日

目录 CONTENTS

第一章 不动产登记纠纷

001 一、异议登记不当损害赔偿责任
001 案例（001） 余某芬等与张某异议登记不当纠纷案（周帆）
007 案例（002） 邓某某与杨某甲等异议登记不当纠纷案（李兵）

011 二、虚假登记损害责任
011 案例（003） 陆某某诉如皋市人民政府撤销房屋所有权登记纠纷案（李兵）
013 案例（004） 梁某诉北京市国土资源局撤销房屋抵押登记纠纷案（刘硕）
019 案例（005） 王某某诉盐城市房产管理局房产登记侵权纠纷案（李兵）
023 案例（006） 赵某权等与李某顺、镇江市住建局房屋虚假登记损害责任纠纷案（周帆）

028 三、协助登记责任
028 案例（007） 竺某敏与北京蓬莱房地产开发中心商品房买卖合同协助登记纠纷案（刘金华）

033 本章附录 不动产登记纠纷大数据分析（毕文强）

第二章 物权保护纠纷

039 一、物权确认

039	（一）所有权确认
039	案例（008）　房屋所有权确认纠纷案（周帆）
043	案例（009）　借名买房案件之物权确认纠纷案（李吏民）
045	案例（010）　于某峰诉于某所有权确认纠纷案（马强）
049	案例（011）　丁三诉丁一、丁二所有权确认纠纷案（文科）
051	案例（012）　王某某等与吕某某等房屋所有权确认纠纷案（兀勇）
056	案例（013）　大连羽田钢管有限公司与大连保税区弘丰钢铁工贸有限公司等物权确认纠纷案（周帆）
062	案例（014）　王某某诉吴某离婚的物权确认纠纷案（兀勇）
065	（二）用益物权确认
065	案例（015）　刘乙与刘甲、刘甲配偶、刘甲子女租赁公房使用权纠纷案（杨智星）
069	（三）担保物权确认
069	案例（016）　某银行诉污水处理公司等特许经营权抵押确认纠纷案（潘茂华）
076	案例（017）　孙某与某房地产公司清算小组担保物权确认纠纷案（张怀玺）
080	二、返还原物
080	案例（018）　北京市东城区房屋土地经营管理二中心永外分中心诉白某伟、景某华等返还原物纠纷案（马强）
083	案例（019）　某公司诉李某某占有物返还纠纷案（刘国起）
087	案例（020）　肖某诉北京市第三汽车运输公司返还原物纠纷案（文科）
088	案例（021）　苏某群诉乐基公司等返还原物纠纷案（周帆）
095	三、排除妨碍
095	案例（022）　仲某某诉戴某甲、朱某某财产权属、排除妨碍纠纷案（何俊辉）
098	案例（023）　连某某诉臧某某排除妨害纠纷案（王龙兴）

102	四、消除危险
102	案例(024) 陈某魁诉长治市人民防空办公室等消除危险纠纷案(王永利)
106	案例(025) 王某信与枣庄矿业集团高庄煤业有限公司消除危险纠纷案(王永利)

110	五、修理、重作、更换
110	案例(026) 任某生诉宜兴市某汽车销售服务有限公司汽车买卖合同纠纷案(逢伟平)
113	案例(027) 袁某某与陈某等财产损害赔偿纠纷案(逢伟平)

115	六、恢复原状
115	案例(028) 非法占地侵权纠纷案(李吏民)
117	案例(029) 陈某良诉李某仔恢复原状纠纷案(王永利)
120	案例(030) 成都新世界河畔物业公司诉张某等恢复原状纠纷案(王永利)

123	七、财产损害赔偿
123	案例(031) 林某华诉厦门路威道路工程有限公司等地面施工损害责任纠纷案(王永利)
127	案例(032) 陈某盈诉远顺达船务有限公司船舶碰撞损害责任纠纷案(赵剑)

132	**本章附录** 物权保护纠纷大数据分析(毕文强)

第三章　所有权纠纷

138	一、集体经济组织成员权益
138	(一)农村集体成员
138	案例(033) 宗某某诉杨某某农村房屋买卖合同纠纷案(李吏民)

143	案例(034)	某村民委员会与王某某等人四荒土地租赁纠纷案(李吏民)
150	案例(035)	马某诉陈某房屋买卖合同纠纷案(宅基地纠纷)(李兵)
153	案例(036)	陈某荣等诉崇仁县巴山镇巴山村民委员会第十村小组承包地征收补偿费分配纠纷案(王龙兴)
158	(二)城镇集体成员	
158	案例(037)	万某婷、张某树等诉泉州市浔美社区居民委员会财产权属纠纷案(逄伟平)
161	二、建筑区分所有权	
161	案例(038)	重庆市南桥新苑业委会诉杨某权等建筑物区分所有权纠纷案(屋顶所有权)(赵剑)
166	案例(039)	叶某凤与吴某功建筑区分所有权纠纷案(添附物所有权)(逄伟平)
170	案例(040)	沈阳市九林居业委会与沈阳重通房地产公司等物权纠纷案(会所所有权)(逄伟平)
173	案例(041)	金骏花园业委会等与金骏公司建筑物区分所有权纠纷案(车位所有权)(逄伟平)
176	三、业主权益	
176	案例(042)	李某英与姚某研等商品房销售合同纠纷案(一房多卖)(周帆)
181	案例(043)	崔某利等诉北京万润家园小区业委会等业主撤销权纠纷案(违反程序)(赵剑)
185	案例(044)	李某姿等诉常熟市某业主委员会等业主撤销权纠纷案(业主怠于行权)(逄伟平)
188	案例(045)	北京恒富物业服务有限公司与于某业主知情权纠纷案(毕文强)
191	四、无主物返还	
191	(一)遗失物返还	
191	案例(046)	李某因返还拾得物诉朱某华等悬赏广告约定的给付酬金纠纷案(任旭丰)

194	案例(047)	山某强诉马某录不当得利纠纷案(遗失提货单)(任旭丰)
198	(二)漂流物返还	
198	案例(048)	刘某华诉张某国漂流物返还纠纷案(文科)
200	(三)埋藏物返还	
200	案例(049)	汪某诚等诉某市博物馆返还原物纠纷案(文科)
204	五、相邻关系	
204	案例(050)	冯某连诉某宁等相邻关系纠纷案(外墙面使用权)(周帆)
206	案例(051)	崔某忠诉北京市轨道交通建设管理有限公司等相邻关系纠纷案(施工侵权)(周帆)
208	案例(052)	马某与耿某相邻关系纠纷案(通风)(李吏民)
210	案例(053)	相某军诉北京檀州房地产开发有限公司相邻关系纠纷案(采光、日照)(王永利、李兵)
214	案例(054)	苏某伟与朱某勇相邻关系纠纷案(通行)(王永利)
216	案例(055)	邓某治诉宜昌某饮料公司大气污染责任纠纷案(空气污染)(逄伟平)
220	案例(056)	赵某等与常熟中法水务有限公司等噪声污染责任纠纷案(噪声)(赵剑)
224	案例(057)	中华环保联合会诉海南天工生物工程有限公司水污染责任纠纷案(水污染)(王永利)
226	案例(058)	何某道等诉何某照等相邻关系纠纷案(损害防免)(王永利)
229	六、共有关系	
229	案例(059)	甲与乙等夫妻共同财产纠纷上诉案(共有权确认)(周坤平)
232	案例(060)	李某野与刘某共有物分割纠纷案(共有物分割)(李兵)
235	案例(061)	师某丽诉陈某离婚纠纷案(夫妻财产约定)(文科)
237	案例(062)	顾某东等与刘某云船舶所有权纠纷案(共有权转让)(周帆)

| 241 | 案例（063） 宁某芳与王某一、王某二房屋共有权确认纠纷案（时福茂） |
| 245 | **本章附录** 所有权纠纷大数据分析（毕文强） |

第四章 用益物权纠纷

251	一、海域使用权纠纷
251	案例（064） 陈某一、陈某二诉福建漳浦县人民政府海域使用许可纠纷案（李吏民）
256	案例（065） 吕某奎等79人诉山海关船舶重工公司环境污染责任纠纷案（李吏民）

260	二、探矿权、采矿权纠纷
260	案例（066） 孙某贤等三人与玄某军探矿权纠纷案（探矿权诉讼程序）（张怀玺）
263	案例（067） 贵州肥矿光大公司与柳某金等采矿权纠纷案（采矿权变相转让）（赵剑）
269	案例（068） 盛海公司与陈某波、范某军等采矿权纠纷案（采矿权租赁）（李吏民）

| 275 | 三、取水权纠纷 |
| 275 | 案例（069） 湖北省水利厅与荆门市供水总公司取水许可证纠纷案（李吏民） |

| 280 | 四、养殖权纠纷 |
| 280 | 案例（070） 段某斐等与黄河水土保持西峰治理监督局渔业财产损失赔偿纠纷案（李吏民） |

| 285 | 五、捕捞权纠纷 |
| 285 | 案例（071） 曲某章与曲某工捕捞权纠纷案（周帆） |

288	案例（072）	贾某良与沙庄自然村、张某十五等捕捞权纠纷案 （周帆）

六、土地承包经营权纠纷

290	案例（073）	王某某等与刘某某等、某村村委会土地承包经营权确认纠纷案（王龙兴）
295	案例（074）	段一诉段二法定继承纠纷案（土地承包经营权继承）（王龙兴）
298	案例（075）	刘某良等诉北京西北旺镇亮甲店村村委会等土地承包经营纠纷案（非村民承包）（王龙兴）
302	案例（076）	于某成与湖南源公司等土地承包经营权转让纠纷案（经营权转让）（王龙兴）

七、建设用地使用权纠纷

307	案例（077）	阳江市国土局与练达公司建设用地使用权出让纠纷案 （杨明）
313	案例（078）	金地置业公司诉桐乡国土局建设用地使用权出让纠纷案 （使用权取得）（王龙兴）
316	案例（079）	新戴河房地产公司与康泰公司建设用地使用权转让合同纠纷案（使用权转让）（王龙兴）
324	案例（080）	海南海联工贸与海南天河公司等合作开发房地产合同纠纷案（使用权合作开发）（王龙兴）
335	案例（081）	崔某敏不服北京北臧村镇政府撤销集体建设用地使用权证变更登记纠纷案（集体建设用地）（王龙兴）

八、宅基地使用权纠纷

338	案例（082）	吴某连等诉谢某珍等宅基地使用权纠纷案（转让）（李吏民）
342	案例（083）	万某飞与陈某海等宅基地使用权纠纷案 （跨集体经济组织转让）（李吏民）

345	案例（084） 李某杰诉临汾市人民政府土地行政登记纠纷案（城镇宅基地）（李吏民）
349	**九、地役权纠纷**
349	案例（085） 施某元与赵某显地役权纠纷案（周帆）
352	案例（086） 张某亮与建行永城支行地役权纠纷案（周帆）
356	**十、居住权纠纷**
356	案例（087） 高某诉张某菊遗赠房屋居住权纠纷案（文科）
359	案例（088） 刘某真诉郭某荣等居住权纠纷案（文科）
361	本章附录 用益物权纠纷大数据分析（毕文强）

第五章 担保物权纠纷

367	**一、抵押权纠纷**
367	案例（089） 长城资产管理公司与齐鲁饭店借款担保合同纠纷案（在建建筑物抵押）（赵剑）
372	案例（090） 九三集团与敖丰粮油公司等借款合同纠纷案（动产抵押）（赵剑）
380	案例（091） 六安农行与溧阳汽车总厂等担保确认纠纷案（未来财产抵押效力）（李兵）
382	案例（092） 光大酒店公司与海口农商行金融借款合同纠纷案（最高额抵押确定）（赵剑）
391	案例（093） 某资产浙江分公司与某集团公司、孙某等金融借款合同纠纷案（最高额抵押转让）（文科）
397	案例（094） 徐某栋与南京住建局房屋抵押登记纠纷案（抵押权善意取得）（李兵）

401	案例（095）	某银行支行与陆某某借款合同纠纷案（抵押权善意取得）（张荣）
407	案例（096）	王某亮与招商银行等抵押权纠纷案（抵押权善意取得）（韩飞、赵继云）
410	案例（097）	重庆索特公司与新万基公司土地使用权转让纠纷案（擅自转让抵押物）（赵继明）
416	案例（098）	朱某保与顾某清等抵押权纠纷案（抵押合同未登记）（李兵）
419	案例（099）	唐某与叶某等民间借贷纠纷执行案（抵押预告登记效力）（文科）
422	案例（100）	鑫油造漆公司与福邦典当公司抵押权纠纷案（抵押权涉刑事犯罪）（李兵）
425	案例（101）	某资产管理公司诉某水泥公司、李某某抵押权撤销纠纷案（张荣）
430	案例（102）	侯某某、任某某等用益物权确认纠纷案（抵押权与租赁权冲突）（李兵）
433	案例（103）	刘某与李某华案外人执行异议纠纷案（抵押权与租赁权冲突）（文科）

437 二、质权纠纷

437	案例（104）	张某庆、某银行沈阳分行等执行异议之诉纠纷案（最高额质权）（文科）
444	案例（105）	中建二建公司与中行扬州文昌支行票据纠纷案（票据质权）（周帆）
448	案例（106）	王某与魏县德政信用社储蓄存款合同纠纷案（存单质权）（周帆）
451	案例（107）	广发银行佛山分行与佛山金诚信公司质权纠纷案（仓单质权）（周帆）
456	案例（108）	建行荔湾支行与广东蓝粤能源公司等信用证开证纠纷案（提单质权）（周帆）

461	案例(109)	大连银行沈阳分行与抚顺艳丰公司、郑某旭案外人执行异议之诉案(金钱质权)(王龙兴)
469	案例(110)	民生银行深圳分行与天津九策集团等金融借款合同纠纷案(应收账款质权)(王龙兴)

475	三、留置权纠纷
475	案例(111) 北京瑞达公司诉北京亚鑫公司仓储合同纠纷案(张晓光)
478	案例(112) 海宁市金程汽车修理有限公司诉管某飞等修理合同纠纷案(张晓光)

480	本章附录 担保物权纠纷大数据分析(毕文强)

第六章 占有保护纠纷

486	一、占有物返还纠纷
486	案例(113) 杜某红诉杜某泉占有物返还纠纷案(孙在辰)
490	案例(114) 福特斯公司诉供热中心占有物返还纠纷案(潘茂华)

498	二、占有物排除妨碍纠纷
498	案例(115) 蒋某林等与上海浦东新区潍坊六、七村业委会排除妨害纠纷案(张涛)
502	案例(116) 甲与乙、丙占有保护纠纷案(周坤平)
505	案例(117) 贾凤某承租公房腾退纠纷案(公房租赁权)(许德蛟)

508	三、占有物损害赔偿纠纷
508	案例(118) 邵某请求占有物损害赔偿纠纷案(许德蛟)

511	本章附录 占有保护纠纷大数据分析(毕文强)

第七章 征收与拆迁补偿纠纷

517 | 一、国有土地及其地上物补偿纠纷

517 | 案例（119） 商某诉廊坊市住房保障和房产管理局等强制拆除房屋违法纠纷案（李吏民）

520 | 案例（120） 陈某与崔某拆迁安置房屋确权纠纷案（周帆）

524 | 二、集体土地及其地上物补偿纠纷

524 | 案例（121） 唐某顺与贵阳市观山湖区人民政府土地行政强制纠纷案（毕文强）

527 | 案例（122） 李某全诉临泉县人民政府征收补偿纠纷案（毕文强）

531 | 案例（123） 李某红等与李某乐承包地征收补偿费用分配纠纷案（毕文强）

533 | 本章附录 行政征收补偿纠纷大数据分析（毕文强）

539 | 附录一 物权法纠纷案件审判援引的高频法条（毕文强）
555 | 附录二 既有民事法律与《民法典》对照表（李昊）

第一章 不动产登记纠纷

一、异议登记不当损害赔偿责任

案例（001） 余某芬等与张某异议登记不当纠纷案

来源：(2014)粤高法民一提字第60号
作者：周帆

【案例导读】

本案当事人均为香港特别行政区(以下简称"香港")居民，系当事人婚姻存续期间在深圳购买房屋的产权异议登记纠纷，表面上看只是一起比较简单的登记纠纷，实际上涉及"一国两制"下区际司法、内地与香港两种法律制度的分际与衔接及对《中华人民共和国物权法》[①](以下简称《物权法》)理解与适用等问题，值得读者深入学习与研讨。

【案情简介】

2001年7月31日，内地居民张某与香港居民曾某元在香港登记结婚。2001年9月9日，张某和曾某元与如鸿实业公司签订《深圳某某楼宇买卖认购书》，约定购买深圳市福田区福荣路某房产(以下简称"涉案房产")。后曾某元将认购书中张某的名字变更为曾母余某芬，并于2003年1月14日办理产权登记，权利人余某芬和曾某元各占50%产权。结婚后，张某取得香港居民身份。

2007年8月22日，张某起诉至深圳市福田区人民法院，要求解除其与曾某元的婚姻关系。2008年10月21日，一审法院作出不予准许离婚的判决。张某提起上诉，深圳市中级人民法院终审判决维持原判。后曾某元与张某在香港区域法院进行离婚诉讼，香港区域法院判决曾某元与张某的婚姻自2009年9月2

---

① 本法自2021年1月1日起失效，原条文与《民法典》条文的对照，可参见本书附录二。后文不再一一标注。

日解除。

2009年9月25日,张某向一审法院提起离婚后财产分割诉讼。同年10月30日,张某向深圳市规划和国土资源委员会(以下简称"深圳市规划和国土委")下属深圳市房地产权登记中心提出异议登记申请,称其与曾某元为夫妻,于婚后共同购买了涉案房产,申请对曾某元拥有的该房产50%产权进行异议登记,并称一审法院已经受理其提起的离婚财产纠纷案件。深圳市房地产权登记中心经审查于当天对涉案房产曾某元名下的50%产权作出异议登记。

2009年11月11日,余某芬、曾某元与案外人刘某强签订《深圳市二手房买卖合同》,将涉案房产出售给刘某强,转让价款112万元,公证费用2 440元。同日,余某芬、曾某元与刘某强向深圳市产权登记中心申请办理产权转移登记。2009年12月3日,深圳市房地产权登记中心以交易房产有异议登记,须解除异议登记后才能办理转移登记为由对余某芬、曾某元、刘某强的申请作退文处理。

2010年1月4日,余某芬、曾某元与刘某强协议解除上述买卖合同,约定余某芬、曾某元赔偿刘某强违约金6万元。2010年1月21日,余某芬、曾某元通过银行转账的方式向刘某强支付了6万元违约金。余某芬、曾某元后按照承诺向深圳市金大地公司支付了中介佣金35 000元。

2010年1月21日,一审法院作出裁定,以"香港区域法院的判决尚未得到我国内地人民法院认可,析产诉讼的前提条件尚未成就"为由,裁定驳回张某起诉。张某上诉,二审法院于同年7月16日作出裁定,驳回张某上诉,维持一审裁定。

2010年1月20日,香港区域法院命令禁止曾某元在未得到张某的同意下,将涉案房产出让、出售或以其他形式将其业权转让或转移。2010年10月28日,香港区域法院命令曾某元向张某支付人民币15万元以作"清楚了断",在曾某元支付上述金额后,香港区域法院于2010年1月20日之命令将被撤销。2011年2月28日,曾某元通过银行转账方式支付给张某人民币15万元。

2010年9月1日,曾某元以张某并非涉案房产真正所有权人为由向深圳市房地产权登记中心提出注销异议登记申请。该登记中心于2010年9月26日作出深房登函(2010)609号《关于申请注销某某某苑B座某某号房产异议登记事宜的复函》,内容为:"曾某元:来信收悉。经核查,现函复如下:深圳市中级人民法院(2010)深中法民一终字第909号《民事裁定书》未对某某苑B座某某号房产的权属进行确定,你依此申请注销该房产的异议登记不符合注销异议登记的条件,我中心不能予以注销……"

余某芬与曾某元不服,向一审法院提起行政诉讼。一审法院于2011年7月6日作出(2010)深福法行初字第565号行政判决,认为涉案房产是张某与曾某元在婚姻关系期间购买的,张某与曾某元的婚姻虽经香港区域法院判决于2009年9月

2日解除,但该判决尚未通过法律途径得到内地人民法院认可。在曾某元不同意更正登记的情况下,张某对曾某元名下涉案房产的50%份额有权申请异议登记,且上述异议登记在诉讼中已注销,曾某元诉请撤销的对象已不存在,驳回曾某元和余某芬的诉讼请求。

余某芬和曾某元提起上诉,二审法院于2011年11月28日作出(2011)深中法行终字第580号行政判决,认为此前一审法院的(2009)深福法民一初字第3296号民事裁定书和二审法院作出的深中法一终字第909号民事裁定书已经驳回张某离婚后财产分割的起诉,张某申请异议登记不成立,撤销(2010)深福法行初字第565号行政判决,确认深圳市规划和国土委作出深房登函(2010)609号《关于申请注销某某某苑B座某某号房产异议登记事宜的复函》的具体行政行为违法。

2012年2月21日,余某芬又向一审法院提起民事诉讼,要求张某自行撤销异议登记,并承担侵权责任,赔偿金额107 440元。

【审理与判决】

1. 诉讼当事人

一审原告为曾某元,被告为张某。

2. 争议焦点

(1)张某此前对曾某元名下涉案房产50%份额申请异议登记是否得当。

(2)张某是否应该进行赔偿以及赔偿范围。

3. 判决过程

一审法院认为,此前两审民事裁定驳回张某分割涉案房产的起诉,并没有判定张某对涉案房产享有实体权利,故张某无正当事由申请异议登记。另外,张某申请异议登记时,其与曾某元的婚姻关系已被香港区域法院判令解除,且《中华人民共和国民法通则》(以下简称《民法通则》)及其司法解释并无涉外夫妻财产关系如何适用法律的规定。内地婚姻法不能作为认定涉案房屋曾某元名下50%份额夫妻财产关系的准据法。夫妻均为香港居民,应适用香港婚姻财产关系的判例法和成文法。因其异议登记不当与导致余某芬、曾某元支付款项具有因果关系,一审法院遂于2012年4月19日作出民事判决:判令张某赔偿余某芬因异议登记不当造成的损失97 440元(解约违约金6万元、公证费2 440元、中介费35 000元)。张某不服,提起上诉。

二审法院认为,本案属于国际私法调整范畴,首先涉及对争议问题进行识别,确定属于何种性质的法律问题,才能确定适用何种冲突规范。张某对涉案房产是否享有物权属于"不动产所有权"问题,应适用冲突规范《民法通则》第144条规定的"不动产的所有权,适用不动产所在地法律"。本案不动产异议登记纠纷不属于离婚或离婚析产诉讼,应适用不动产所在地法律即内地法律。其次涉案房产是在夫妻关系存续期间购买的,故依据《中华人民共和国婚姻法》①(以下简称《婚姻法》)的规定,张某对曾某元涉案房产50%产权享有共有权。基于此,张某提起异议登记并无不当。此前两审民事裁定驳回起诉,并未对张某是否享有不动产权益进行实体审理。同时此前深圳市中级人民法院(2011)深中法行终字第580号行政判决仅确认深圳市规划和国土委复函的行政行为违法,并未认定张某申请登记的行为存在不当。故二审法院于2013年11月23日作出民事判决,撤销一审民事判决,驳回余某芬全部诉讼请求。余某芬不服,申请再审。

再审法院认为,本案系涉港异议登记不当损害责任纠纷,本质上属于侵害物权纠纷。《中华人民共和国涉外民事关系法律适用法》(以下简称《涉外民事关系法律适用法》)第36条规定:"不动产物权,适用不动产所在地法律。"涉案房产位于深圳市,故适用内地法律。根据《物权法》第19条的规定,登记机构予以异议登记的,申请人在异议登记之日起15日内不起诉,异议登记失效。本案中张某进行异议登记后未在15日内对登记权利人提起确权诉讼,该异议登记依法在2009年11月14日已经自动失效。2009年12月3日,深圳市房地产权登记中心认为"须解除异议登记才能办理转移登记",是对法律的错误理解。二审法院确认深圳市规划和国土委复函的具体行政行为违法,但余某芬的财产损失与张某失效的异议登记申请没有因果关系。至于涉外夫妻财产关系的法律适用问题,《涉外民事关系法律适用法》系2011年4月1日实施,此前内地没有关于涉外夫妻财产关系法律适用问题的法律规定。因此,2010年12月2日最高人民法院《关于认真学习贯彻执行〈中华人民共和国涉外民事法律关系适用法〉的通知》第3条明确规定:"对在《涉外民事关系法律适用法》实施以前发生的涉外民事关系产生的争议,应当适用行为发生时的有关法律规定;如果行为发生时相关法律没有规定的,可以参照《涉外民事关系法律适用法》的规定。"本案中,余某芬于2012年2月21日向一审法院提起诉讼,因此,关于曾某元与张某的夫妻财产关系的适用法律可以参照《涉外民事关系法律适用法》第24条的规定来确定准据法。根据该条规定,对于夫妻财产关系,当事人可以协议选择适用一方当事人经常居住地法律、国籍国法律或者主要财产所在地法律。当事人没有选择的,适用共同经常居所地法律;没有共同经常居所地,适用共同国籍国法律。《民法通则》第144条规定的"不动产的所有权,适用不动产所在地法律"解决的是不动产所有权的准据法确定问题,并非夫妻财产关系的准据法确定问题。二审判决依据《民法通则》第144条确定夫妻财产关系准据法为《婚姻法》,并据此认定张某对曾某元名下50%产权享有共有权,适用法律错误,应予以纠正;但处理结果并无不当,应予以维持。故再审法院于2015年9月10日作出再审判决,维持二审民事判决。

---

① 本法自2021年1月1日起失效,原条文与《民法典》条文的对照,可参见本书附录二。后文不再一一标注。

【法律要点解析】

本案审理过程可谓扑朔迷离,一波三折。主要原因在于一、二审过程中法官、代理律师以及当事人对案件性质及准据法的认定存在争议,经过再审之后总算是拨开了迷雾。

1. 准据法应如何确定

首先,应识别案件的属性。本案的性质是涉港房产异议登记不当导致损害的不动产侵权纠纷,当事人均为香港居民。

其次,应考虑适用 2011 年 4 月 1 日实施的《涉外民事关系法律适用法》的规定来确定准据法,但本案异议登记行为发生在 2009 年 10 月 30 日,如果按照"法不溯及既往"原则,显然无法适用。而当时有效的《民法通则》对涉外夫妻财产关系适用法律并无规定。但是 2010 年 12 月 2 日最高人民法院发出通知,如果涉外行为发生时相关法律没有规定的,可以参照《涉外民事关系法律适用法》。本案一审起诉时间为 2012 年 2 月 21 日,因此可以参照《涉外民事关系法律适用法》。

再次,张某曾向一审法院提起分割涉案房产诉讼,其显然涉及夫妻财产关系且已经被终审裁定驳回起诉,不宜将房产诉讼的法律关系与本案相混淆,也不应将房产诉讼的准据法适用于本案的审理。

最后,本案涉及不动产物权侵权关系,应参照《涉外民事关系法律适用法》第 36 条"不动产物权,适用不动产所在地法律"的规定,适用内地法律;还应参照《涉外民事关系法律适用法》第 44 条前半段"侵权责任,适用侵权行为地法律,但当事人有共同经常居所地的,适用共同经常居所地法律"的规定。在没有证据表明夫妻共同经常居所地是涉外房产所在地的情况下,仍应适用侵权行为地法律,本案中即内地法律。不过,该内地法律是《物权法》而不是《婚姻法》,因为《婚姻法》中的夫妻财产关系不仅包含物权关系还包含人身关系。根据《涉外民事关系法律适用法》第 24 条的规定,夫妻财产关系,当事人没有选择的,适用共同经常居所地法律;没有共同经常居所地的,适用共同国籍国法律。在本案共同经常居所地不明确的情况下,夫妻财产关系只能适用共同国(区)籍(区)法律,即香港法律。二审适用法律错误盖源于此。

因此,本案准据法为内地法律,而且应适用《物权法》和《中华人民共和国侵权责任法》[①](以下简称《侵权责任法》),不适用《婚姻法》。

2. 张某申请异议登记是否存在不当

2009 年 9 月 2 日,香港区域法院判决解除曾某元与张某的婚姻关系。2009 年 9 月 25 日,张某向一审法院提起离婚后财产分割诉讼。2009 年 10 月 30 日,张某向深圳市房地产权登记中心申请异议登记。张某显然希望在内地法院审理离婚后

---

① 本法自 2021 年 1 月 1 日起失效,原条文与《民法典》条文的对照,可参见本书附录二。后文不再一一标注。

财产分割诉讼,并适用内地《婚姻法》。这点并不违反最高人民法院《关于贯彻执行〈中华人民共和国民法通则〉若干问题的意见(试行)》(以下简称《民通意见》)第 188 条关于"我国法院受理的涉外离婚案件,离婚以及因离婚而引起的财产分割,适用我国法律"的规定。为了防止诉讼期间涉案房产被转让,其申请异议登记也是顺理成章的。另外,张某与曾某曾经为夫妻关系,其夫妻关系存续期间购置的房产份额确实存在共有产权的可能性,作为利害关系人,依照《物权法》第 19 条的规定,其有权申请异议登记。

因此,张某离婚后在内地提起分割财产诉讼,以及随后提起异议登记不违背当时的法律和司法解释的规定,并无不当之处。只不过一审法院以"香港区域法院的判决尚未得到我国内地人民法院认可,析产诉讼的前提条件尚未成就"为由裁定驳回起诉。

3. 张某是否应该赔偿余某芬的经济损失

余某芬确实因为涉案产权登记中存在异议登记造成直接经济损失 97 740 元,故一审法院判决张某赔付其损失。但问题是在侵权责任的认定中,侵权行为与损害结果必须具备因果关系。首先,余某芬的损失是因为深圳市规划和国土委没有及时注销异议登记造成的;其次,依照《物权法》第 19 条的规定,张某进行异议登记后 15 日内未向登记权利人提起确权诉讼,该异议登记自动失效;最后,不论张某的异议登记是否不当,就已经失效的异议登记的记载而言,不存在阻止余某芬产权转移登记的效力。产权登记之所以不成功是因为深圳市规划和国土委及其下属深圳市房地产权登记中心错误理解《物权法》所致。

因此,再审法院最终判决驳回余某芬要求张某赔偿损失的诉讼请求。

4. 深圳市规划和国土委存在哪些失误

深圳市规划和国土委的失误是明显的:一是在异议登记已经失效的情况下,没有及时予以注销,导致后续他人过户登记受阻;二是其复函认为法院民事裁定书未对涉案房产权属进行确定,不同意予以注销;三是要求当事人在解除异议登记后才能办理转移登记。深圳市规划和国土委似乎并不了解《物权法》第 19 条关于登记后 15 日不提起民事诉讼就自动失效的规定。其实不能将张某在登记之前提起的离婚财产分割诉讼当作登记后 15 天内应提起的涉案房产确权诉讼,两个诉讼是完全不相同的,不能相互替代。

【律师点评】

1. 双方诉讼策略得失分析

从张某的诉讼策略来看,2009 年取得香港区域法院离婚判决后,张某希望在内地法院起诉离婚财产分割,依当时有效的《民法通则》及其司法解释,并非不可行。但首先应向内地法院申请香港离婚判决的承认程序,这是将国(境)外诉讼转变为内地诉讼的必备程序。在取得内地法院认可后,再向一审法院提起离婚财产分割诉讼,这样就不会被该法院驳回起诉,从而可以正常审理,并且可以适用内地《婚姻法》。因为当时《涉外民事关系法律适用法》尚未出台,不存在参照该法确定准据法的问题。

另外,在异议登记完成后15天内,如果张某向登记权利人曾某元提起曾某元名下50%产权的共有产权确认诉讼,并提交夫妻关系存续期间的合法证明,则不涉及涉案房产的分割问题,也是可以得到正常审理的。如果共有产权得到确认,以后分割就不会出现障碍了。

从余某芬的诉讼策略来看,笔者认为,在余某芬向深圳市规划和国土委申请注销异议登记时,如果引用《物权法》第19条的规定,证明张某超期未向法院提起确权诉讼,申请举行听证会,确认异议登记业已失效,可以予以注销,也是一条解决问题的便捷之路。

2.《物权法》规定过于原则化

从现行法律来看,《物权法》第19条规定登记之日起15天内不提起诉讼异议则登记失效。笔者认为,该规定过于原则化,对于登记部门如何知道登记后申请人是否提起诉讼,如发现未提起诉讼又该如何予以注销,以及权利人是否可以对失效的异议登记申请注销等实施细则均没有规定。因此,有的基层行政部门一时无所适从,只好将异议登记一直挂在档案里,结果则会阻碍后续产权的转移登记和正常交易,甚至给他人造成损失。

因此,如果《物权法》明确规定行政部门对失效的异议登记如何注销的程序,在异议登记及时注销后,不会影响后续交易,就不会造成余某芬的损失,本案也就不会发生了。

案例(002)　邓某某与杨某甲等异议登记不当纠纷案

来源:(2016)黔01民终1957号
作者:李兵

【案例导读】

本案的特殊之处在于,一审和二审判决结果截然不同,其中对举证责任的分配及对证据认定方面的得失,令人深思。

【案情简介】

2012年2月19日,邓某某与杨某甲口头达成煤炭买卖协议,约定由杨某甲个人独资成立的贵州省平坝县瑞源洗选厂作为出卖方向邓某某供煤。同年2月21日邓某某以银行转账方式向杨某甲支付货款100万元,2月23日邓某某收到两车煤炭计70.53吨,后杨某甲既未继续供煤也未归还货款。邓某某通过诉讼取得贵州省平坝县人民法院(2012)平民初字第368号生效的民事判决书及(2012)平执字第 176 号执行案件受理通知书,该法院判决杨某甲返还邓某某货款 943 576 元并承担诉讼费 6 900 元、诉讼保全费 5 000 元,且已进入执行阶段。

2012 年 4 月 9 日,杨某甲将其名下位于贵阳市南明区市南路 217 号宏泰世家×幢×单元×层×号建筑面积 153.47 平方米的房屋以房屋买卖的形式过户到被告杨某乙名下。邓某某认为杨某甲将其房产过户给杨某乙目的是为了躲避债务、转移财产,故向法院提起诉讼。

【审理与判决】

1. 诉讼当事人

一审原告为邓某某,被告为杨某甲和杨某乙。

2. 诉请与抗辩

原告诉请:①确认杨某甲和杨某乙在 2012 年 4 月 9 日将贵阳市南明区市南路 217 号宏泰世家×幢×单元×层×号房屋变更登记的行为无效;②诉讼费由杨某甲和杨某乙承担。

被告辩称:杨某甲在 2009 年 12 月 23 日已经将涉案房屋转让给杨某乙,该房屋转让与后来邓某某煤炭交易无关。

3. 争议焦点

杨某甲将涉案房屋以明显低于市场的价格变更登记在其兄杨某乙名下的行为,是否属于恶意串通的行为。

4. 判决过程

一审期间,原告提交以下证据:①(2012)平民初字第 368 号民事判决书及(2012)平执字第 176 号执行案件受理通知书,证明原告对杨某甲存在债权并已经进入执行阶段。②在贵阳市房屋产权监理处调取的产权交易记录、《存量房买卖合同》、贵阳市地税局出具的税务事项通知书,证明 2012 年 3 月 23 日杨某乙与杨某甲签订买卖合同,约定将贵阳市南明区市南路 217 号宏泰世家×幢×单元×层×号房屋以 53 万元的价格进行买卖,由原产权人杨某甲过户登记为杨某乙;二手房价格评估系统核定该二手房交易评估价格为 924 914.57 元,并以该价格作为计税价格,同时证明 2012 年 3 月 21 日房屋的所有权人是杨某甲。③离婚协议和离婚登记表,证明 2012 年 2 月 1 日杨某甲与其妻子余某先离婚时,对本案所涉房屋进行了分割,涉案房产归杨某甲所有。原告认为,被告杨某甲在骗取原告邓某某 100 万元购煤款后第 32 天即 2012 年 3 月 23 日,与杨某乙合谋将涉案房屋以买卖形式过户到杨某乙名下,旨在逃避债务,转移财产。

被告杨某乙提交以下证据:①杨某甲写的说明书一份,载明"经友好协商,我自愿将南明区市南路 217 号宏泰世家×幢×单元×层×号(产权号 01003××××号)按原价值 523 025.00 元转卖给我哥杨某乙,此款已全额收到,永不反悔。出让人:杨某甲于2009年12月30日"。邓某某认为该说明书是虚假的,杨某甲在收到原告的100万元货款以后才与杨某乙办理房屋过户手续,明显是逃避债务,对该证据真实性不予认可。②结婚证一份、宏泰世家物业管理处及新华社区服务中心出具的证明各一份,证明杨某乙和其妻邓某昕从2004年新房装修至今一直居住在涉案房屋内。原告认为社区证明应当由居民委员会出具,对此不予认可。

一审法院认为,原告负有举证证明债务人杨某甲与他人恶意串通以表面合法的交易行为掩盖其故意转移财产的非法目的义务。本案中,杨某甲与杨某乙系兄弟关系,根据杨某乙提交的证据材料,涉案房屋虽然登记在杨某甲名下,至2012年4月9日才办理房屋过户手续,但是杨某甲已出具说明书表明,在2009年已按原价转让给杨某乙,且杨某乙已付清全部价款。原告虽对该说明书的真实性不予认可,但其未提交相关证据予以证明,故原告主张杨某甲在负有债务后与杨某乙恶意串通转让财产,没有证据支持,故判决驳回原告邓某某的诉讼请求。

二审法院认为,《物权法》第6条规定的"不动产物权的设立、变更、转让和消灭,应当依照法律规定登记"确定了物权的公示原则,即不动产的归属和内容均以登记为准。《物权法》第17条规定了"不动产权属证书是权利人享有该不动产物权的证明",故涉案房屋的物权在2012年4月9日之前仍属于杨某甲。杨某甲在与邓某某签订煤炭买卖协议并收取货款的情况下拒不履行合同债务,在邓某某起诉之前将个人财产进行转移,属于恶意逃避债务。

对于杨某乙是否购买涉案房屋,由于杨某乙没有提供任何房屋由其购买的证据,故杨某乙辩称涉案房屋自始为其购买的主张不能成立。首先,涉案房屋在2012年4月9日之前登记在杨某甲名下,说明该房屋购房合同的签订者以及房款的交纳者均为杨某甲,在杨某甲与余某先的离婚协议中,该房屋为夫妻共同财产,并明确为杨某甲所有的唯一不动产,该离婚协议在本案纠纷发生前形成,涉及房屋的内容与物权登记一致,故足以认定涉案房屋的归属。其次,杨某乙主张涉案房屋自始由其购买,除了其陈述,没有提供购房合同、交款凭据等与物权取得有关的证据佐证,也没有杨某甲为其代理购房的证据,而房屋登记在杨某甲名下后,又以"转让"的形式变更登记已充分表明杨某乙的陈述与事实大相径庭。

对于杨某乙提交的杨某甲的"说明书"。首先,该"说明书"形式上系杨某甲书写给杨某乙的,其性质在本案中为杨某甲的个人陈述,与恶意转让行为有关,不具有证明力。其次,邓某某在一审中对该"说明书"的真实性提出异议时,杨某甲无正当理由不参加诉讼,导致该"说明书"真实性不能通过鉴定确认。而且该"说明书"所记载的内容也是杨某甲将房屋转卖给杨某乙,与杨某乙主张自始由其购买相矛盾,而本案中没有证据证明杨某甲与杨某乙存在真实的买卖关系。

对于物业管理公司以及社区服务中心出具"证明"的证明力,因物业管理公司以及社区服务中心并非物权登记机关,其出具的"证明"显然不具有物权归属的公示力和证明力。而且没有杨某乙夫妇自2004年交纳租金的票据记录等佐证物业管理公司"证明"中的内容,该"证明"的真实性存疑。退而言之,假如"证明"的内容真实,也仅能够证明杨某乙夫妇使用过涉案房屋,同样达不到证明该房屋在2012年前归杨某乙所有的证明目的。

综上所述,二审法院认为,杨某甲在对邓某某负有债务的情况下,通过签订《存量房买卖合同》的方式,将房屋以明显低于市场的价格变更登记在其兄杨某乙名下的行为,属于恶意串通的行为,其目的是为了逃避债务,故判决杨某甲和杨某乙变更登记的行为无效。邓某某的上诉主张成立,法院予以支持。

【律师点评】
1. 被告两份证据分析

一审法院未认定2012年3月23日杨某甲与杨某乙签订房屋买卖合同是恶意的理由,是杨某乙提供的两份证据:一份是说明书,该说明是杨某甲写给杨某乙的,是为了证明房屋买卖的真实性。该说明书可谓画蛇添足,欲盖弥彰,从法律角度来讲是被告自己证明自己,当然没有证据的效力,但是却被一审法院认定为真实反而要求原告提出推翻该证据的证据,显然是不正确的,该观点被二审法院否定。另一份证据是宏泰世家物业管理处及新华社区服务中心出具的证明,被告提交该证据是为了证明其一直居住在该涉案房屋,在庭审中原告可以要求单位及制作证据的人员出庭说明,接受法庭询问[最高人民法院《关于适用〈中华人民共和国民事诉讼法〉的解释》(以下简称《民诉解释》)第115条],并且书写保证书(《民诉解释》第119条)。本案中原告并未要求证人出庭作证,是本案一项缺憾;二审虽然也未认可该证据,但理由是和本案没有关联性,从法院的角度来说,这样认定似乎更为理性。

2. 原告诉讼请求分析

本案中,原告的第一项诉讼请求比较专业,当事人的代理律师选择的是确认之诉而不是撤销之诉。这样的好处在于:一是节约当事人本应交纳的较高诉讼费;二是不需要提起行政诉讼,不需要起诉国家登记机关。若按撤销权进行诉讼,即便原告胜诉也只能撤销变更登记,但并不必然恢复涉案房屋为杨某甲所有;而提起确认变更登记无效之诉,原告胜诉后,由于变更登记无效,登记则自动恢复为杨某甲所有。

3. 举证责任分配

本案的关键点是如何进行举证责任分配以及对于证据认定的问题。二审法院显然比一审法院审查得更全面,举证责任分配得更合理,认定的结论更令人信服。

二审判决表述清晰，说理透彻。

二、虚假登记损害责任

案例（003） 陆某某诉如皋市人民政府撤销房屋所有权登记纠纷案

来源：(2005)通中行一终字第1017号
作者：李兵

【案例导读】

本案对于房屋所有权登记存在申报不实的情况下，行政机关在民事诉讼期间是否可以注销房屋所有权证书具有指导意义。

【案情简介】

2005年3月，韩某某、陆某某与张某某签订房屋买卖协议一份，约定张某某将其一套位于如皋市某镇某村303室的房屋（涉案房屋）出售给韩某某、陆某某，房款为88 800元。此后，张某某出具了收到韩某某购房款的收条。

2005年7月，陆某某找到张某某，称韩某某出差，其与韩某某是一起的，故与张某某一起到如皋市房屋登记机关申请转移登记，同时与张某某单独签订了房地产买卖契约，并向房屋登记机关提交该房地产买卖契约及房屋销售发票、契税完税证明等相关资料。如皋市房屋登记机关审查后于2005年7月19日填发了证号为××××号的房屋所有权证书，该证书于8月15日向陆某某颁发。同年9月，韩某某知道陆某某单独领取了房屋所有权证书后，于11月向如皋市人民法院提起民事诉讼，要求确认原告陆某某与张某某单独签订的房地产买卖契约无效。在民事诉讼过程中，韩某某又以其向张某某交付了购房款88 800元，涉案房屋应归其所有为由，于2005年12月16日向如皋市人民政府提出申请，要求撤销发给陆某某的上述房屋所有权证书。如皋市人民政府对韩某某的申请进行审查后认为，陆某某故意隐瞒了其曾与韩某某共同向张某某购房的事实，导致如皋市人民政府下属的如皋市房地产监理所未能查明相关事实，错误发证，引发纠纷；故于2006年1月17日依据《城市房屋权属登记管理办法》第25条第1款第（一）项之规定，注销了陆某某所领取的××××号房屋所有权证书，并明确表示待法院确认后依法重新发证。

陆某某认为如皋市人民政府的注销行为严重损害了其合法权益，于2006年2月27日向如皋市人民法院提起行政诉讼，请求判令撤销被告所作出的注销决定，恢复原告陆某某的房屋所有权证的法律效力。

【审理与判决】

如皋市人民法院经审理认为:原告陆某某与第三人韩某某共同与张某某签订了购房协议,购房款也是由第三人向张某某支付,但原告陆某某申请房屋所有权登记时隐瞒了上述事实,将涉案房屋的所有权人登记为陆某某一人。第三人得知此情况后依法行使权利并无不当。根据《城市房屋权属登记管理办法》第25条的规定,申报不实的,登记机关有权注销房屋权属证书。被告如皋市人民政府作出的注销房屋所有权证的决定,认定事实清楚,证据充分,适用法律正确,程序合法。

如皋市人民法院作出一审判决:维持被告如皋市人民政府 2006 年 1 月 17 日所作出的皋府法(2006)××号关于注销原告陆某某房屋所有权证的决定。

原告不服上诉,二审法院判决:驳回上诉,维持原判。

【律师点评】

1. 民事诉讼当事人对房产登记行为是否可申请行政救济

民事诉讼中,当事人可以申请行政救济,因为民事诉讼并不妨碍行政机关进行自我纠错。

民事诉讼中,行政机关有权注销已登记的房屋权属证书。《城市房屋权属登记管理办法》第27条规定"登记机关应当对权利人(申请人)的申请进行审查。凡权属清楚,产权来源资料齐全的,初始登记、转移登记、变更登记、他项权利登记应当在受理登记后的30日内核准登记",表明对登记申请的审查既包括产权来源资料是否齐全等形式上的审查,又包括权属是否清楚的实质性审查。故在审查登记中,当基础行为的当事人发生争议时,房产登记机关应中止审查,告知当事人先行民事诉讼,待争议解决后,再行审查登记。如果登记发证后出现民事行为争议,即表明登记申请人提供的材料存在瑕疵,不符合登记发证条件,权利人或利害关系人可通过行政救济或司法救济申请注销或撤销登记发证行为,待法院对房产登记的基础民事行为进行司法确认后,再行审查发证。本案被告注销事实有瑕疵的房屋产权证,并不涉及民事基础行为的效力,且并未超越行政职权,相反还有利于法院查明事实,作出正确的司法确认。

2. 被告是否有相应的职权进行注销

根据《城市房屋权属登记管理办法》第25条第1款第(一)项的规定,有"申报不实的"情形的,登记机关有权注销房屋权属证书。此办法明确规定了登记机关在查实行政相对人存在申报不实情形时有权注销房屋权属证书,是行政机关行使其行政职权的体现。

3. 当事人是否存在申报不实的情况

根据被告查明的事实及证据显示,本案中原告陆某某明确承认其与韩某某共同购房,但将房屋登记至其一人名下的事实。被告也是据此认为陆某某存在申报不实之情形,故对房屋登记进行了注销。可想而知,如果被告无法查明是否存在申报不实的情况,则其根本无法作出房屋登记注销的决定,而只能由当事人先进行民事诉讼,再根据生效的民事判决决定是否注销原证以及颁发新证。

4. 被告的注销行为是否侵犯了原告的合法权益

当事人依据过错行为所获得的利益不应认定为其所享有的合法权益。因此,被告在依据事实、职权进行纠正时,并未侵犯其合法权益。因为注销原产权证属于行政机关自行纠错的行为,而且注销后涉案房屋的产权处于空白状态,如果被注销产权证的当事人经过司法确认后取得产权,行政机关仍然可以重新为其颁证。

案例（004） 梁某诉北京市国土资源局撤销房屋抵押登记纠纷案

来源:(2010)东行初字第 260 号
作者:刘硕

【案例导读】

购房人交付全部购房款并实际居住近 7 年的房屋,被法院公告要求腾退并将拍卖,购房人提起行政诉讼要求撤销房屋抵押登记。

【案情简介】

2001 年 1 月,梁某与某房地产开发商(以下简称"房地产商")签订《商品房买卖合同》,购买了位于北京市东城区某花园公寓 A 座 1201 号、1202 号两套房屋,并一次性支付了全部购房款,房地产商于 2002 年 12 月为梁某办理了入住手续,梁某一直居住于此。其间,因房地产商迟迟未履行协助办理房产证义务,梁某以房地产商为被告向北京市东城区人民法院(以下简称"东城法院")提起诉讼,东城法院于 2006 年 10 月作出民事判决,判决房地产商于判决生效后 90 天内履行为梁某办理房产证提供资料的义务。上述判决生效后,梁某向东城法院申请强制执行,因梁某购买房屋的某花园公寓大产权房地产商还未取得初始登记,故该案中止执行。2009 年 7 月 20 日,梁某意外看到北京市第二中级人民法院(以下简称"二中院")在其居住的某花园公寓张贴的公告,限期 10 日要求在抵押范围内的房主腾退房屋,其中包括梁某购买的 A 座 1201 号、1202 号房屋。经去法院了解:原来,房地产商在 2003 年 10 月与某银行北京市某支行签订借款合同向银行借款 5 000 万元,并将梁某购买并已实际居住的 2 套房屋及其他购房人所购房屋共计 28 套(均是买房人全部付清购房款的房屋)作为在建工程抵押给了银行,并且在房地产主管部门办理了抵押登记。还款期限到期后,房地产商无力还款,被银行告上法院,2006 年 12 月,二中院,作出民事判决,判定银行有权就抵押物优先受偿,此后银行申请启动了强制执行程序,拟拍卖抵押物中在建工程(已完工房屋),并优先受偿。

2009年8月,梁某以案外人身份向二中院提出执行异议申请,请求解除对其购买房屋的强制执行措施。二中院认为:不动产的设立、变更、转让和消灭,经依法登记发生法律效力。因梁某与房地产商签订《商品房买卖合同》购买的房产没有到房地产登记部门进行备案登记,且银行对上述房产享有的抵押权已经备案和经生效法律文书确认,故梁某与房地产商签订的《商品房买卖合同》的效力不能对抗银行对上述房产享有的抵押权,驳回了梁某的异议请求。

2010年9月,梁某向东城法院提起行政诉讼,请求撤销北京市国土资源局(以下简称"北京市国土局")2003年×号土地他项权利证明书中对北京市东城区某花园公寓A座1201号、1202号房屋进行抵押登记的部分。法院依法受理后,认为某银行北京市某支行和房地产商与本案具有法律上的利害关系,故追加其作为第三人参加诉讼。

【审理与判决】

1. 诉讼当事人

一审原告为梁某,被告为北京市国土局,第三人为某银行北京市某支行、房地产商。

2. 诉请与抗辩

原告诉请:请求撤销北京市国土局2003年×号土地他项权利证明书中对北京市东城区某花园公寓A座1201号、1202号房屋进行抵押登记的部分。

被告抗辩原告并非涉案房屋产权人,不是本案适格原告,且本案已超过诉讼时效,应驳回原告诉请。

3. 争议焦点

(1)原告诉讼主体资格问题。

(2)诉讼限期问题。

(3)被告作出的具体行政行为是否合法?

(4)被告作出行政行为所依据的生效判决发生变化,可否作为人民法院撤销具体行政行为的裁决依据?

4. 判决结果

撤销被告2003年×号土地他项权利证明书中对北京市东城区某花园公寓A座1201号、1202号房屋进行抵押登记的部分。

本案被告和第三人均未提起上诉。

【法律要点解析】

1. 原告诉讼主体资格问题

原告王某某在在建工程被抵押登记之前与房地产商签订了房屋买卖合同,但未办理房屋转移登记,故王某某仅对其主张的房屋享有债权。之后,房地产商将已售房屋作为抵押物抵押给银行并进行了登记,房地产商将案外人享有债权的不动产抵押给银行,该抵押行为经过房地产部门的登记而设立和发生效力。而在相关民事诉讼后的执行程序中,银行为了实现债权行使抵押权,二中院拟对上述王某某享有债权的房屋进行拍卖,使得原告的债权与银行的抵押权处于对抗状态。因此,被告作出的抵押登记行为对原告权益产生影响,且发生直接的利害关系,故王某某具有诉讼主体资格。

2. 诉讼限期问题

鉴于本案被诉具体行政行为是不动产登记行为,登记部门无须告知权利人或者其他案外人具体行政行为内容以及诉权、起诉期限等内容。本案审理时有效的最高人民法院《关于执行〈中华人民共和国行政诉讼法〉若干问题的解释》(已失效)第41条第1款规定:"行政机关作出具体行政行为时,未告知公民、法人或者其他组织诉权或者起诉期限的,起诉期限从公民、法人或者其他组织知道或者应当知道诉权或者起诉期限之日起计算,但从知道或者应当知道具体行政行为内容之日起最长不得超过2年。"第42条规定:"公民、法人或者其他组织不知道行政机关作出的具体行政行为内容的,其起诉期限从知道或者应当知道该具体行政行为内容之日起计算。对涉及不动产的具体行政行为从作出之日起超过20年、其他具体行政行为从作出之日起超过5年提起诉讼的,人民法院不予受理。"原告起诉期限符合上述规定。

3. 被告作出的具体行政行为是否合法

根据《城市房地产抵押管理办法》第7条第3款"直辖市、市、县人民政府房地产行政主管部门负责管理本行政区域内的房地产抵押管理工作"的规定,被告具有对本市房地产抵押进行登记的行政职权。被告在登记过程中应对登记事项按照法律规定进行合理、必要的审查。本案中,被告应按《城市房地产抵押管理办法》第32条"办理房地产抵押登记,应当向登记机关交验下列文件:(一)抵押当事人的身份证明或法人资格证明;(二)抵押登记申请书;(三)抵押合同;(四)《国有土地使用权证》《房屋所有权证》或《房地产权证》,共有的房屋还必须提交《房屋共有权证》和其他共有人同意抵押的证明;(五)可以证明抵押人有权设定抵押权的文件与证明材料;(六)可以证明抵押房地产价值的资料;(七)登记机关认为必要的其他文件"的规定,对第三人提交的材料进行审查。被告经审核,认为银行的申请权属清楚,证件齐备,办理了土地他项权利证明书。其中借款合同属于双方当事人意思自治内容,登记机构审查的内容应当仅限于抵押合同有无违反现有法律、法规的情况,不对上述内容进行审查。法院对此认定被告已尽到了相应的审查义务,并无过错。

4. 被告作出行政行为所依据的生效判决发生变化，可否作为人民法院撤销具体行政行为的裁决依据

在行政案件审理期间，2011年12月，王某某以案外人的身份向北京市高级人民法院（以下简称"北京市高院"）提起某银行北京市某支行与房地产商原借款合同纠纷案的再审程序。经北京市高院审理，在2011年5月下达了再审裁定书，指令二中院再审。2011年9月11日，王某某以再审申请人身份参加了某银行北京市某支行和房地产商原借款合同纠纷案再审庭审。2012年4月，北京第二中院作出再审一审判决，变更原2006年判决书第二项为："银行在对抵押房产优先受偿时，已支付抵押房屋价款且取得生效法律文书确定应办理房屋过户登记手续的第三人名下房产部分不在此限。"此后，某银行北京市某支行提起上诉，2012年7月，北京市高院下达民事再审终审判决书，驳回某银行北京市某支行上诉请求，维持再审一审民事判决结果。土地抵押登记依据的是某银行北京市某支行与房地产商签订的抵押合同，根据再审终审判决，抵押合同中关于两套涉案房屋的抵押优先受偿权不能对抗王某某对房屋的占有权，其抵押优先受偿权已无法实现，因此被告对两套涉案房屋的抵押登记已失去事实依据，不能实现抵押权之目的。北京市高院认为，鉴于被诉《土地他项权利证明书》中涉及梁某房屋部分的基础事实基于生效判决发生变化，故其设定抵押的合法性不应支持。根据我国《中华人民共和国行政诉讼法》（以下简称《行政诉讼法》）第54条的规定，主要证据不足的，人民法院应依法判决撤销或者部分撤销原具体行政行为的相关规定，东城法院判决被告撤销北京市东城区某花园公寓A座1201号、1202号房屋的抵押登记符合法律规定。

【律师点评】

1. 原告律师的代理思路

就原告律师代理思路而言，应围绕王某某是否有涉案房屋的物权，被告的行政行为是否侵害到原告的合法利益，被告在作出具体行政行为时是否有过错。要点如下：

（1）原告是北京市东城区某花园公寓A座1201号、1202号房屋合法业主，被告的具体行政行为侵害了原告对涉案房屋的物权。

（2）根据原告起诉房地产商的东城法院民事判决，原告与房地产商之间的《商品房买卖合同》合法有效，双方当事人应按合同约定履行义务，原告合法拥有涉诉房屋，其权利应受法律保护。最高人民法院《关于审理建筑物区分所有权纠纷案件具体应用法律若干问题的解释》第1条第2款规定："基于与建设单位之间的商品房买卖民事法律行为，已经合法占有建筑物专有部分，但尚未依法办理所有权登记的人，可以认定为物权法第六章所称的业主。"据此，虽然原告王某某作为房屋买受人至起诉时仍没有取得房屋所有权证书，但是，已经支付了全部购房款并实际占

有、使用该房屋,且其行为也已经被东城法院的生效判决合法认定,因此,原告应当享有该房屋的物权并被认定为业主。根据《物权法》第71条的规定,业主对其建筑物专有部分享有占有、使用、收益和处分的权利。

(3)2003年12月,房地产商隐瞒涉案房产已出售并已实际交付的情况,将包括原告所购买房屋在内的28套房屋以在建工程抵押给银行,并办理了×号土地他项权利证明书。被告在2003年做出的具体行政行为侵害到原告的合法权利,具有法律上利害关系,具备行政诉讼主体资格。

2. 被告律师的代理思路

被告作出的具体行政行为合法,银行和房地产商在2003年12月申请办理×号土地他项权利证明书时,提交的文件资料符合《城市房地产抵押管理办法》相关规定,且有北京市房地产交易管理所提交的北京市东城区某花园公寓未办理预售登记的情况说明,即原告主张购买的涉案房屋未办理预售登记。被告尽到了审查义务,其颁发×号土地他项权利证明书合法。

3. 第三人(某银行北京市某支行)的代理思路

(1)原告无权提起本案诉讼,原告无主体资格。原告与房地产商签订房屋买卖合同后并未办理预售登记,故原告只享有债权,而银行具有抵押权。

(2)原告起诉超过诉讼时效。

(3)银行和房地产商申请办理抵押登记,手续合法,提交材料符合《城市房地产抵押管理办法》相关规定,故其取得被告颁发×号土地他项权利证明书合法。

4. 被告在作出具体行政行为时是否有过错

根据《城市房地产抵押管理办法》第30条的规定,房地产抵押合同自签订之日起30日内,抵押当事人应当到房地产所在地的房地产管理部门办理房地产抵押登记。第三人是否按规定期限办理了抵押登记?第三人提交的抵押登记文件是否齐全?文件是否具备合法性?被告是否严格按照《城市房地产抵押管理办法》第28条、第32条的规定,审查第三人提交的相关文件,包括形式审查和实质审查?

5. 被告作出行政行为所依据的生效判决发生变化,法院应撤销涉案房屋的抵押登记

原告向东城法院提交了北京市高院对第三人银行和房地产商原借款合同纠纷案指定二中院重审的裁定书,故申请东城法院中止行政案审理。此后,原告又提交了二中院对银行和房地产商原借款合同纠纷案再审一审判决书和北京市高院终审判决书,用以证明被诉土地他项权利证明书中涉及梁某房屋部分的基础事实基于生效判决发生变化,故其设定抵押的合法性不应支持。

【法官审判要旨】

(1)原告是否具有《行政诉讼法》第25条规定的诉讼主体资格;被告是否具备

办理在建工程抵押登记的职权？

（2）原告起诉时间是否超出行政诉讼期限？

（3）被告在作出具体行政行为时是否有过错，被告在受理第三人提交的在建工程抵押登记申请时对其提交的文件是否符合《城市房地产抵押管理办法》的相关规定应履行形式审查还是实质审查职责？

（4）当基于行政行为效力的基础事实发生争议，主要证据合法性受到质疑，原告与第三人发生民事纠纷后，是否应当中止案件审理，待当事人先进行民事诉讼，解决基础行为的效力问题后，再对行政行为进行裁决？

【结语】

《物权法》第 9 条第 1 款规定："不动产物权的设立、变更、转让和消灭，经依法登记，发生效力；未经登记，不发生效力，但法律另有规定的除外。"本案中王某某购买的两套房屋没有到房地产部门进行预售备案登记，其《商品房买卖合同》的效力不能对抗第三人某银行北京市某支行对涉案房屋享有的抵押权，这也是王某某提出执行异议被驳回的主要理由。然而，事实上该房屋未办理预售登记责任不在于原告，房地产商应负责备案登记相关事宜，且房地产商明明清楚涉案房屋已经出售并交付购买人实际居住一年之久，还将该房屋设定抵押，实属恶意。对于据以登记的民事行为是否有瑕疵，被告无从考证，而大量的房产登记错误并非被告违法登记造成，因此，本案中行政诉讼中止审理，待原基础行为的效力进行认定之后，再进行判决，更有利于解决当事人之间的纷争。

【案外语】

纵观本案，原告梁某从 2001 年购房开始，经过不同审判机构数十次庭审，为取得所购房屋的所有权，付出了超出常理的成本和精力，而此种情形在老百姓购房过程中却屡见不鲜。购房者在整个房屋买卖交易过程中处于信息不对称的地位，以至于陷入自己购买并已经实际居住的房子被房地产商作为借款的抵押财产而面临被拍卖的境地。而作为抵押权登记的行政主管部门仅仅履行形式审查义务，便予以他项权利登记，使购买者与房地产商之间的债权无法对抗银行与房地产商之间的抵押权。这种房地产商先卖后押的行为导致其不能为购房者办理房产证是一种显而易见的违约行为，根据最高人民法院《关于审理商品房买卖合同纠纷案件适用法律若干问题的解释》第 8 条第 1 款第（一）项的规定商品房买卖合同订立后，出卖人未告知买受人又将该房屋抵押给第三人，导致商品房买卖合同目的不能实现的，无法取得房屋的买受人可以请求解除合同、返还已付购房款及利息、赔偿损失，并可以请求出卖人承担不超过已付购房款一倍的赔偿责任。可见购房者可以根据此司法解释起诉房地产商违约并提出双倍赔偿。但如今的房地产市场早已不能和十几年前同日而语，尤其像北京市东城区的学区房更被炒到了天价，双倍赔偿根本无法弥补购房者的财产损失,同样也是在严重损害购房者的财产利益。不能以违约为诉请,购房者只能乖乖地等着办理产权登记,没有产权登记,就没有受保护的物权,就有可能随时被告知有第三人主张该房屋的所有权。幸运的是本案原告经过多年的诉讼最终取得了对自己有利的判决。在我国现有的法律框架内,对于不动产的权属采用登记生效主义,即对于不动产的物权确定,在未登记之前,不发生物权设立和变动的效力;但对未取得物权的不动产占有人利益保护问题在我国立法中未予以明确,亟须补充完善。

案例(005) 王某某诉盐城市房产管理局房产登记侵权纠纷案

来源:(2007)盐行终字第 0047 号
作者:李兵

【案例导读】

在《物权法》颁布之前,房屋登记部门的审查职责仅限于形式审查,并不涉及实质审查,本案判决可见一斑。

【案情简介】

2000 年 5 月 22 日,王某某与赵某某签订了一份售房协议,约定赵某某将其位于盐城市区建军东路×室面积为 59 平方米的房屋(涉案房屋)出售给王某某,房款总价为人民币 5 万元。双方约定在协议签字生效后,王某某首先向赵某某支付房款 4 万元,赵某某在收款后出具收据并交出钥匙;余款 1 万元因赵某某房屋土地使用权证尚未办妥,暂由王某某留存;赵某某须在 2001 年 7 月 31 日前为王某某办理一切必要相关手续,否则,赵某某必须赔偿王某某违约金 1 万元;房屋过户费由王某某承担,余款 1 万元在房屋过户后由王某某一次性付清。协议签订当日,王某某向赵某某支付了 3 万元,同年 6 月 4 日,王某某又向赵某某支付了 1 万元。赵某某将房屋钥匙交付给王某某后,又将房屋抵押给银行进行贷款,后一直未能为王某某办理房屋过户手续。王某某于 2005 年 5 月 16 日向法院提起民事诉讼,要求赵某某办理房屋过户手续。2005 年 7 月 10 日,赵某某纠集多人至王某某住处,因王某某不在,将王某某男友姜某某挟持至盐城市×宾馆,逼迫姜某某签订退房协议。次日,赵某某将王某某住处的物品搬至他处,腾空房屋。2005 年 7 月 14 日,王某某再次入住该房至起诉时。2005 年 7 月 12 日,赵某某与顾某某签订房地产转让合同,赵某某将房屋出售给顾某某,并于同日到盐城市房产交易登记中心办理房屋产权转移登记手续。该中心于 2005 年 7 月 13 日向顾某某颁发盐房权证市区字第××××号房屋所有权证。2005 年 7 月 14 日,顾某某欲入住该房,被原告王某某阻止。原告王某某于 2006 年 8 月 24 日提起行政诉讼,要求撤销被告盐城市房产管理局(以下简称"盐城市房管局")颁发给顾某某的盐房权证市区字第××××号房屋所有权证。

另查明,赵某某因2005年7月非法拘禁姜某某,被判处有期徒刑1年,缓刑2年,判决已发生法律效力。

【审理与判决】

1. 诉讼当事人

一审原告为王某某,被告为盐城市房管局,第三人为赵某某和顾某某。

2. 诉请与抗辩

原告诉请:撤销被告颁发给第三人顾某某的房屋所有权证书。

被告抗辩:被告并未违法颁证,应驳回原告诉请。

3. 判决过程

一审法院认为,根据《城市房屋权属登记管理办法》第8条、第27条的规定,被告具有审查登记、颁发房屋权属证的法定职责。本案第三人赵某某在王某某向法院提起民事诉讼,要求其协助办理房产过户手续的过程中,采取犯罪手段逼迫王某某男友姜某某签订退房协议,又将该房出售给顾某某,并在申请产权转移登记时隐瞒了房屋已出售给王某某并已交付多年的事实。一审判决撤销被告核发给第三人顾某某的盐房权证市区字第××××号房屋所有权证。

二审法院认为,根据1990年《行政诉讼法》第5条的规定,人民法院审理行政案件,应对具体行政行为是否合法进行审查。因此,本案应当围绕盐城市房管局行政登记行为的合法性进行审查。《城市房地产转让管理规定》第7条、第8条以及《城市房屋权属登记管理办法》第17条对房产转让程序、申请转移登记应当提交的文件等有关事项作出了明确规定。这些规定既明确了当事人的申报义务,也明确了房产登记机关的审查职责。本案中,虽然原审原告王某某在2000年5月22日与原审第三人赵某某签署了售房协议,支付了部分价款并实际占有了涉案房屋,但是由于没有办理房屋转移登记手续,赵某某仍然是该房屋的所有权人。赵某某与原审第三人顾某某在申请房屋产权转移登记时,提交了房屋买卖协议、转让人赵某某的房屋所有权证、国有土地使用权证、婚姻状况具结书、产权登记具结书、缴纳税费凭证等相关证明材料,其申请符合《城市房屋权属登记管理办法》第27条所规定的转移登记条件。因此,盐城市房管局根据赵某某与顾某某的申请所作的转移登记符合上述法律规范的规定。原审法院认为原审第三人顾某某申请产权转移登记时隐瞒了房屋出售给王某某并已交付多年的事实,且王某某已提起民事诉讼,原审被告转移登记不当,因而判决被告予以撤销欠妥。但即使赵某某申报不实,依照《城市房屋权属登记管理办法》第25条第1款第(一)项的规定,也应该由房产登记机关注销房屋权属证书。因此,王某某若主张赵某某申报不实,则应当向盐城市房管局申请注销颁发给顾某某的房屋所有权证。若王某某认为赵某某与顾某某恶意串通侵害其合法权益,则应当通过民事诉讼,在人民法院确认赵某某与顾某某的房屋转让协议无效后,再依据法院生效判决申请房产登记机关撤销转移登记。二审判决撤销盐城市亭湖区人民法院(2006)亭行初字第××××号行政判决;驳回被上诉人(原审原告)王某某请求撤销本案顾某某房屋所有权证的诉讼请求。

【法律要点解析】

1. 被告盐城市房管局是否存在违法颁证行为

由于本案法院作出行政判决时《物权法》尚未颁布,对于被告在审查转移登记并颁发所有权证时的具体行政行为是否合法,主要依据当时有效的部门规章《城市房屋权属登记管理办法》进行形式审查。第三人顾某某在申请办理转移登记的过程中,提交了房屋买卖协议、转让人赵某某的房屋产权证书、国有土地使用权证等相关证明材料,完全符合《城市房屋权属登记管理办法》第27规定的转移登记条件,被告为顾某某办理转移登记并颁发所有权证书并不违法,故二审法院驳回原告顾某某的诉讼请求。

2. 原告是否能够请求被告撤销颁发给第三人顾某某的房屋所有权证书

房屋所有权证书内容必须符合登记簿上记载的信息内容,在顾某某的转移登记尚未依据判决被撤销之前,被告亦无权撤销其依照登记信息颁发给顾某某的所有权证书。因此,原告直接申请撤销房屋所有权证书不能得到法院行政庭的支持。

3. 撤销与注销房屋所有权证书有何区别

撤销既是指撤销登记簿上记载的相关信息又撤销房屋所有权证书,属于"双项撤销"。注销是指当事人对登记提出异议,经登记机关审查后,决定先行注销已颁发的所有权证书,但未撤销登记簿记载的信息,属于"单项撤销"。

根据《城市房屋权属登记管理办法》第25条第1款第(一)项的规定,有下列情形之一的,登记机关有权注销房屋权属证书:①申报不实的;②涂改房屋权属证书的;③房屋权利灭失,而权利人未在规定期限内办理权属注销登记的;④因登记机关工作人员失误造成房屋权属登记不实的。故二审法院认为,在民事诉讼尚未判决之前,一审原告应先申请注销颁发给顾某某的房屋所有权证书,而非直接申请撤销该房屋所有权证书。

【律师点评】

1. 登记纠纷案件应提起民事诉讼还是行政诉讼

由于登记纠纷涉及民事纠纷与登记因素,比较复杂,究竟应提起民事诉讼还是行政诉讼,一般有三种意见:一是应提起民事诉讼,先解决民事争议问题再申请变更登记;二是应提起行政诉讼,先注销不当房屋权属证书,再进行民事诉讼;三是提起行政诉讼附带审查民事纠纷。由于观点不一,实践中就出现民事庭和行政庭互相推诿的现象。因此,最高人民法院《关于适用〈中华人民共和国物权法若干问题的解释(一)》》(以下简称《物权法解释(一)》)第1条中就此作出明确规定,因不动产物权的归属,以及作为不动产物权登记基础的买卖、赠与、抵押等产生争议,当事人提起民事诉讼的,应当依法受理。当事人已经在行政诉讼中申请一并解决上述民事争议,且人民法院一并审理的除外。

2. 与本案相关的民事诉讼的最终结果

本案存在一房两卖、违背诚信交易原则的现象,而且原告王某某始终在涉案房屋居住。读者可能更关心与本案相关的民事诉讼的最终结果,即顾某某最终能否取得涉案房屋的所有权。与本案相关的诉讼历经7年,过程跌宕起伏,十分曲折。2008年,一审民事判决[(2008)亭民一初字第0106号]驳回原告王某某诉讼请求;二审民事判决[(2018)盐民一终字第1168号]驳回上诉,维持原判。2011年,再审民事裁定[(2001)苏民申字第616号]指令二审法院再审;2013年,二审法院裁定发回一审法院重审。2014年,再审一审判决[(2013)亭民再初字第0024号]以顾某某不了解、不查看房屋现状即成交,不符合正常交易习惯为由,推定原房主赵某某与顾某某存在恶意串通,判决双方房屋转让协议无效,房屋所有权归原告王某某所有;2015年,再审二审判决[(2015)盐民再终字第00026号]以顾某某未尽其谨慎注意义务,主观上亦有过错,但恶意串通证据不足为由,判决原房主赵某某与顾某某房屋转让协议有效;以原告王某某合法占有在先,为维护交易安全和现有稳定的生活秩序,依据民事交易活动诚信公平原则,综合考虑后认为,涉案房屋虽登记在顾某某名下,但其权利应让位于在先合法占有的王某某;故判决房屋所有权归原告王某某所有,第三人顾某某可以向原房主赵某某另行主张权利。由于原告王某某坚持不懈、不屈不挠,并始终占有涉案房屋,最终取得房屋所有权。

3. 顾某某能否成为善意第三人

江苏省盐城市中级人民法院(2015)盐民再终字第00026号民事判决结果彰显法律维护诚信公平原则,不支持一房两卖的恶意行为。但房屋所有权让位于在先合法占有权的观点仍然值得商榷。房屋所有权与合法占有权属于性质不同的两种物权,而且所有权是完整的物权(内含占有权),一般不应让位于占有权。如果详查本案的交易细节,可以发现第三人顾某某在交易之前已经知道涉案房屋存在纠纷,而且在成交之前未到现场考察房屋状况,显然存在明显过错,不符合正常交易惯例,故第三人顾某某不能成为《物权法》中不知情、无过错的善意第三人。因此,笔者认为,以第三人顾某某不符合善意第三人条件为由,判决涉案房屋归王某某所有,更符合法理和逻辑。

案例（006） 赵某权等与李某顺、镇江市住建局房屋虚假登记损害责任纠纷案

来源：（2015）苏审三民再提字第00001号
作者：周帆

【案例导读】 在《物权法》实施之前，登记机构仅承担形式审查义务。本案涉及房屋虚假登记时，登记机构是否尽了形式审查义务以及虚假登记的损害责任应如何分配的问题。

【案情简介】

赵某权、赵某霞等系兄弟姊妹关系。赵氏兄妹父亲赵某升（1999年8月3日去世）、母亲周某兰（1980年3月23日去世）原有位于镇江市新区大港街道南街文昌宫×号瓦楼房一间一弄、瓦平房一间，并于1973年4月8日缴纳了契税、领取了房契。同年4月6日，赵某升夫妇将上述房屋借给李某顺居住，双方立下字据：赵某升不收房租，但无论何时要房屋，李某顺立即迁让。1980年5月17日，赵某升又与李某顺签订字据一份："赵某升将上述房屋出售给李某顺，价款1 200元，当日支付800元，余款400元于同年12月底付清后，双方再做买房契事；如12月份（1980年12月）不能付清，李某顺愿将上述800元作以往租金计算，决不反悔；房款800元已收。"1985年12月，原丹徒县人民政府向李某顺颁发了宅基地使用权证。1999年6月，李某顺申领房产证，在申请书的房屋来源及取得时期栏内填写"解放前"，在申请书最后一栏内有文字记载"现据实申请登记上述房产，如有不实，申请人愿负法律责任，身份证号码××，申请人李某顺印"。同年8月11日，镇江市住房和城乡建设局（以下简称镇江住建局）经现场勘查后向李某顺颁发了房屋产权证。

2011年，赵氏兄妹以李某顺为被告提起诉讼，要求确认涉案房屋归赵氏兄妹所有。2011年6月21日，一审法院判决驳回了赵氏兄妹的诉讼请求。赵氏兄妹不服，提起上诉。2011年12月14日，江苏省镇江市中级人民法院作出（2011）镇民终字第1005号民事判决，认定李某顺在申请涉案房屋登记时作了虚假登记，确认涉案房屋为赵氏兄妹所有。后李某顺向江苏省高级人民法院提出申请再审，江苏省高级人民法院认为原二审判决正确，裁定驳回李某顺的再审申请。

2012年4月23日，赵某霞以镇江市住建局、李某顺为被告提起诉讼，要求镇江市住建局撤销涉案房屋产权登记。法院经审理后认为，镇江市住建局于1999年6月21日对讼争房屋作出权属登记及发证的行为，基本事实不清，判决撤销镇江市住建局于1999年6月7日向李某顺颁发的镇大港私字第××××号房屋所有权证。

2013年7月23日，赵某权等兄妹起诉至镇江经济开发区人民法院称：李某顺

通过提供虚假申请材料将赵氏兄妹父母所有的房屋登记在自己名下,且镇江市住建局未经核实错误登记,双方共同对赵氏兄妹构成侵权。

【审理与判决】

1. 诉讼当事人

一审原告为赵某权等兄妹;被告为李某顺、镇江市住建局。

2. 诉请与抗辩

原告诉请:请求判令李某顺、镇江市住建局赔偿原告交通费9 000元、邮寄费1 000元、电话费200元、餐饮住宿费2 000元,并承担本案诉讼费。

被告李某顺抗辩:赵氏兄妹的诉讼请求没有事实和法律依据,请求驳回其诉讼请求。

被告镇江市住建局抗辩:赵氏兄妹的诉讼请求不属于民事侵权案件中财产损害赔偿范围,所称损失并非登记错误所造成;依据法律规定,房屋登记机构只有在与第三人恶意串通、违法登记、损害了他人合法权利的情形下才承担连带赔偿责任,而镇江市住建局并不存在上述行为;请求驳回赵氏兄妹的诉讼请求。

3. 判决过程

一审法院认为,李某顺申请将赵氏兄妹父母的房屋登记在自己名下,已被生效判决认定为虚假登记,该行为侵害了赵氏兄妹的合法权益,给赵氏兄妹造成了一定的损失,应承担相应的赔偿责任。因涉案房屋年代久远,李某顺长期以其名义居住使用该房屋,且原丹徒县人民政府亦向李某顺颁发了该房屋的宅基地使用权证,多年来也未有他人对此提出异议,镇江市住建局在发证过程中已尽到法定形式审查义务,不存在过错,赵氏兄妹亦不能举证证明镇江市住建局与李某顺存在恶意串通的行为,故镇江市住建局不应承担因李某顺虚假登记所产生的侵权赔偿责任。赵氏兄妹提供的票证或单据不能与相关案件审理过程全部对应,根据公平合理原则,确定赵氏兄妹的损失为3 240元,由李某顺承担赔偿责任。

一审法院判决李某顺赔偿赵氏兄妹各项损失3 240元;驳回赵氏兄妹的其他诉讼请求。

赵氏兄妹不服一审判决,向镇江市中级人民法院提起上诉称:李某顺持有的宅基地证是在不符合发证条件的情况下取得;李某顺据以申请登记产权的赠让证书上记载的受赠人不是李某顺,赠让房屋本身没有产权证,也没有进行赠与公证,该赠让证书表面缺陷明显;镇江市住建局的审核、查勘、发证在一天内完成;以上均证实镇江市住建局没有尽到法定的形式审查义务,有明显过错。赵氏兄妹主张的损失与相关诉讼过程,包括向镇江市人大、政府、检察院、信访局、省人大、省高院、省政府、省建设厅多次反映情况的活动相对应。请求撤销一审判决,改判支持一审原告诉讼请求。

李某顺二审辩称：一审判决认定事实清楚，适用法律正确。

镇江市住建局二审辩称：涉案房屋年代久远，一直由李某顺居住，原丹徒县人民政府发放宅基地使用证后，多年来未有人提出异议；其发证时，已经尽到形式审查义务，履行了审慎的审查职责。一审判决认定事实清楚，适用法律正确，请求维持一审判决。

二审法院另查明：镇江市住建局于1999年6月发放涉案房屋所有权证时，在审核表上注明的审核意见是：该户解放前老屋一间一厢，徐某祥、蒋某珍赠送一厢，建筑面积计62.78平方米。李某顺申请发放涉案房屋所有权证时提交的赠让证书上加盖了镇江新区大港街道居民委员会的印章。

二审法院认为：①中华人民共和国成立以后较长一段时期内，我国房屋产权不清、产籍不明的现象普遍存在。李某顺申请对讼争房屋进行所有权登记前，无人申请对涉案房屋进行所有权登记，涉案房屋客观上处于所有权登记不明的状态。在镇江市住建局将涉案房屋登记在李某顺名下时，并无证据显示该局掌握该房屋所有权归属的历史资料。李某顺申请所有权登记时，提交了原丹徒县人民政府颁发的宅基地使用权证，房屋所有权人与宅基地使用权人一致时，仅仅登记宅基地使用权的情形在一定范围内普遍存在。故应当认定镇江市住建局将涉案房屋的所有权登记在李某顺名下，并无民事侵权法意义上的过错。一审判决驳回赵氏兄妹要求镇江市住建局承担赔偿责任的诉讼请求并无不当。②《物权法》第21条第2款规定了"因登记错误给他人造成损失的，登记机构应当承担赔偿责任"，该赔偿责任属于民事侵权责任的范畴。赵氏兄妹要求李某顺、镇江市住建局赔偿的损失，并非登记错误直接导致的财产损失，也不是登记错误必然导致的其他损失。

二审判决驳回上诉，维持原判。

赵氏兄妹不服二审判决，申请再审称：①本案涉案房屋于1942年由赵某生出典给赵氏兄妹父亲赵某升，赵某升于1951年取得该房屋土地证，1973年取得房契，产权清晰。而且李某顺申请登记时的赠让证书上载明受赠人是李某春，而非李某顺，镇江市住建局仅凭宅基地使用权证而将房屋登记在李某顺名下，未尽到审慎义务，应承担登记错误的法律责任。②赵氏兄妹的损失皆系因房屋登记错误而引起的维权、诉讼、纠错行为造成，具有法律上的直接因果关系。③二审中赵氏兄妹曾申请合议庭组成人员回避，被驳回后提出复议，但该复议申请在法定期限内未得到答复，故二审合议庭组成违反法定程序。请求撤销一、二审判决，并支持其一审诉讼请求。

被申请人镇江市住建局辩称：①房屋登记系行政行为，即使登记错误造成损失，行政机关应承担的是行政赔偿责任，而非民事侵权责任，故本案不属于民事案件受理范围。②李某顺长期占有、居住在涉案房屋内，并办理了宅基地使用权证，镇江市住建局按照涉案房屋宅基地使用权证的登记情况将房屋所有权证发放给李某顺,系当时社会环境下的习惯性做法,其已尽到审查注意义务,不存在过错,不应当对赵氏兄妹的损失承担赔偿责任。③赵氏兄妹主张的交通费等损失并非因登记错误而造成的直接损失,不属于赔偿范围。据此,请求依法驳回赵氏兄妹的再审请求。

再审法院另查明,李某顺申请发放涉案房屋所有权证时提交的赠让证书载明:兹有大港镇居民蒋某珍自愿将坐落在大港文昌宫20号坐东朝西屋半间(约10平方),赠送给李某春修缮,永久居住。下有立据人蒋某珍、证明人祝某贵、李某顺签名,并加盖镇江新区大港街道居民委员会印章。

再审法院认为,原一、二审判决认定镇江市住建局将涉案房屋所有权登记在李某顺的名下并无民事侵权法上的过错,缺乏事实和法律依据,应予以纠正。再审法院支持赵氏兄妹对有关镇江市住建局应当承担赔偿责任的再审请求,判决撤销原一、二审判决,李某顺与镇江市住建局各自赔偿赵氏兄妹各项损失1 620元。

【法律要点解析】

1. 本案是否属于民事案件受理范围

《民法通则》第121条的规定:"国家机关或者国家机关工作人员在执行职务中,侵犯公民、法人的合法权益造成损害的,应当承担民事责任。"《物权法》第21条第2款规定:"因登记错误,给他人造成损害的,登记机构应当承担赔偿责任。"故而国家机关因执行职务而给他人造成损失的行为并未被排除在民事侵权事由范围之外。镇江市住建局作为不动产登记机关在执行登记职务过程中,因未尽到审慎义务导致登记错误而产生的赔偿责任,属于民事侵权责任的范畴。赵氏兄妹以镇江市住建局办理房屋登记时存在过失而提起的侵权之诉,依法属于人民法院民事案件的受理范围。

2. 本案二审过程中是否存在程序违法

根据《中华人民共和国民事诉讼法》(以下简称《民事诉讼法》)第47条的规定,申请人对人民法院就回避问题作出的决定不服的,可以在接到决定时申请复议一次。复议期间,被申请回避的人员不停止参与案件的工作。人民法院对复议申请,应当在3日内作出复议决定,并通知复议申请人。本案二审中,赵氏兄妹申请部分合议庭成员回避由于不符合《民事诉讼法》规定的审判人员应予回避的情形,被二审法院依法驳回。后赵氏兄妹申请复议,二审法院仍认定该回避申请不符合法律规定,决定予以驳回。对赵氏兄妹就回避问题提出的复议,二审法院未在3日内给予答复,在时限上存在瑕疵。但赵氏兄妹申请回避的事由并不属于法律规定的可予申请回避的情形,二审法院对其复议申请在答复时限上的瑕疵并未影响本案的公正审理,赵氏兄妹有关二审判决存在程序违法的再审理由,不能成立。

3. 镇江市住建局是否应当承担赔偿责任

首先,李某顺在申请办理房屋所有权证时提交的赠让证书上载明的受赠人系

"李某春",而并非"李某顺",李某顺在赠让证书上以证明人的身份签署姓名,故李某顺申请办理房屋产权证时提交的赠让证书存在明显瑕疵,依此赠让证书不能直接得出受赠人系李某顺的结论。

其次,根据司法部、建设部《关于房产登记管理中加强公证的联合通知》第3条的规定,接受赠与房产的受赠人,应当持房产所有人的"赠与公证书"和本人"接受赠与公证书",或持双方共同办理的"赠与合同公证书",以及房产所有权证、契证,到房地产管理机关办理所有权转移登记手续。本案中,涉案房屋原系赵氏兄妹的父亲赵某升、母亲周某兰所有,并缴纳契税、领取房契,镇江市住建局在受理李某顺以受赠为由申办房屋所有权证时,未按照规定要求李某顺提供赠与公证材料,在登记审查程序中存在瑕疵。镇江市住建局应当承担民事侵权赔偿责任。

4. 镇江市住建局与李某顺之间赔偿责任应如何分配

根据《侵权责任法》第12条的规定,二人以上分别实施侵权行为造成同一损害,能够确定责任大小的,各自承担相应的责任;难以确定责任大小的,平均承担赔偿责任。赵氏兄妹的损失虽系李某顺提供虚假登记申请材料、镇江市住建局未尽到必要的审查义务而造成,但二者之间并无明确的意思联络,各自行为的指向亦不一致,任何一方的行为均不能单独造成被侵权人的损失,且无法确定具体责任之大小。因此,李某顺与镇江市住建局应当对赵氏兄妹的损失平均承担按份赔偿责任,各自赔偿1 620元,共计3 240元。

【律师点评】

1. 登记机关的形式审查标准如何判定

1999年,登记机关为李某顺颁发了房屋产权证书。该行政行为发生在《物权法》颁布之前,一般来说,登记机关主要进行形式审查,而非实质审查。但就形式审查来看,登记机关显然存在明显过错。一是李某顺提供的登记申请材料中,其房屋产权来源不清晰,应做进一步审查;二是材料中赠与证书上载明的受赠人并非李某顺,而是李某春,现有材料不能证明李某顺是如何从李某春那里取得房屋产权的;三是虽然原丹徒县人民政府向李某顺颁发了宅基地使用权证,但是土地产权与房屋产权并非一一对应,存在两者权利主体并非完全一致的现象。

登记机关的形式审查标准至少应该做到:申请材料上产权来源清晰,表面上不存在相互矛盾或明显瑕疵。本案中,登记机关显然存在明显过错,故被判决与李某顺共同承担赔偿责任。

2. 共同侵权应如何承担赔偿责任

共同侵权指二人以上共同或分别实施侵权行为造成同一损害。共同故意、共同过失或者虽无共同故意、共同过失,但其侵害行为直接结合发生同一损害后果的,构成共同侵权,应依法承担连带责任。如果侵权人无共同故意、共同过失,但其侵害行为间接结合发生同一损害后果的,构成共同侵权,应依法承担按份责任。本案判决便是后一种情况。登记机关的侵害行为与李某顺的侵害行为间接结合构成共同侵权,应按份承担责任。在无法确认具体份额的情况下,应平均承担侵权赔偿责任。

三、协助登记责任

案例（007） 竺某敏与北京蓬莱房地产开发中心商品房买卖合同协助登记纠纷案

来源:（2011)一中民终字第 9928 号
作者:刘金华

【案例导读】

本案是一起围绕房屋所有权登记的合同纠纷案件。原告(买受人)要求被告(出卖人)协助办理房屋登记,被告以原告未交清房款构成违约为由拒绝;但原告申明未交清房款系被告履约不符合约定所导致,其中又掺杂着公权力的行使因素。在诉讼中如何平衡各自法律责任,原告的行为是否构成违约,其诉请被告协助办理产权登记能否得到支持,本案关乎彰显契约精神、先履行抗辩权和产权的司法保护等重要方面,颇具借鉴意义。

【案情简介】

原告竺某敏与被告北京蓬莱房地产开发中心于 1999 年签订商品房买卖合同,约定:被告向原告出售房屋一套,建筑面积 146.95 平方米,总价 457 668 元人民币。其中除首付款 157 668 元须在签约后 7 日内交付外,还特别约定:30 万元购房尾款通过公积金贷款支付。同时,合同载明:在原告交清购房款后,被告协助原告办理房屋所有权登记手续。

合同订立后,原告按约定向被告交付了 157 668 元首付款。为办理住房公积金贷款,原告作为借贷人向公积金管理中心提交了办理个人住房公积金贷款所需的申请材料。但因被告未取得办理住房公积金贷款资格,其提供的相关报批文件未获得公积金管理机构审核通过,致原告住房公积金贷款申请未获批准。被告要求原告按一般商业贷款方式支付尾款及利息,否则就拒绝协助办理产权登记。原告因利益受损而不接受,双方僵持不下,致使该房自交付后长达十余年未获得产权证书。原告向房屋所在地人民法院起诉。

【审理与判决】

1. 诉请与答辩

原告诉请：①判令被告立即接收30万元房屋尾款；②判令被告协助原告办理涉案房屋产权证；③诉讼费用由被告承担。

被告抗辩：未交清房款是原告违约；合同未约定被告在公积金贷款中的义务；被告不构成违约；原告按照一般商业贷款方式支付尾款和利息后，办理房屋登记手续的条件才成就；请求驳回其诉讼请求。

2. 争议焦点

（1）原告是否切实履行了合同义务，是否构成违约；由被告接收30万元房屋尾款的诉请是否属于实际履行合同义务？

（2）办理住房公积金贷款是否应特别约定住房公积金贷款未获批通过，被告有无违约？被告要求按一般商业贷款方式支付尾款和利息有无合同依据？

（3）请求被告协助原告办理涉案房屋产权登记有无法律和合同依据？

3. 判决结果

一审法院判决：被告在接收原告剩余房款30万元之日起30日内，协助原告办理涉案房屋产权证书。案件受理费由被告承担。

被告不服一审判决，提起上诉。

二审法院经开庭审理后，驳回上诉，维持原判。

【法律要点解析】

1. 住房公积金贷款有何特点

住房公积金贷款是指由各地住房公积金管理中心运用职工以其所在单位所缴纳的住房公积金，委托商业银行向缴存住房公积金的在职职工和在职期间缴存住房公积金的离退休职工发放的房屋抵押贷款。住房公积金贷款的优点在于利率较低，还款方式灵活，首付比例低；缺点在于手续烦琐，审批时间较长。

住房公积金贷款需要借款人申请并提供相关证明材料，公积金管理中心还要求借款人提供所购买的商品房抵押或由第三方提供担保，并缴纳担保费用，由借款人、贷款人及第三方担保人共同签订三方合同。

2. 本案是原告违约还是被告违约

虽然从表面上看，原告在合同约定时间内未交清购房尾款属于违约，因此被告也无义务为原告办理房屋产权登记手续，但是原告未交清购房款的原因在于住房公积金贷款未获得批准。在涉案住房公积金贷款中，原告为借款人，商业银行为受托贷款人（公积金管理中心为委托贷款人），原告已经提交了贷款人要求的全部证明材料，而被告却因为未取得办理住房公积金贷款资格使得相关文件未能通过审批，意味着借款人购买的商品房在开发过程中存在瑕疵，不符合抵押条件，导致住房公积金贷款未获得批准,因此最终原因仍在被告身上。至于被告后来要求原告按商业贷款交付尾款和利息,应视为新的约定,但由于双方一直未达成协议而不能生效。被告抗辩说,合同并没有对被告在住房公积金贷款中的义务进行约定,因此被告并未违约。但在双方约定以公积金贷款作为尾款的支付条件时,根据公积金贷款的特点,已经隐含了被告对其开发的商品房负有瑕疵担保义务,被告正是违反了这种隐含义务。本案表明,合同义务不但包括显明义务,而且在特殊条件下还包括隐含义务。

3. 原告是否取得先履行抗辩权

购房合同为双务合同。根据《中华人民共和国合同法》①(以下简称《合同法》)第 67 条的条规定:当事人互负债务,有先后履行顺序,先履行一方未履行的,后履行一方有权拒绝其履行要求。先履行一方履行债务不符合约定的,后履行一方有权拒绝其相应的履行要求。

被告为住房公积金贷款提供其开发的商品房符合抵押要求的相关材料是住房公积金贷款获批的前提条件,而原告只有在获得住房公积金贷款的情况下,才能按合同约定支付尾款。故被告是先履行义务人。由于被告违约在先,导致原告无法履行交清购房尾款的后续义务,故原告取得先履行抗辩权,不构成违约。

4. 被告协助办理产权登记手续的条件是否已经成就

购房合同还约定,在原告交清购房款后,被告协助原告办理房屋所有权登记手续。从该约定以及交易的实质条件来看,无论采取何种方式,原告只要交清 30 万元尾款,被告就应协助原告办理产权登记手续。因此,本案诉讼时原告主动向被告交清尾款 30 万元,被告协助办理产权登记的条件就已经成就了。

【律师点评】

1. 原告律师的代理思路

首先,对合同的合法性进行论证。鉴于本案的诉请是基于购房合同产生的,故应侧重坚持并论证合同的合法性。我国司法实务中,非依法定情形,合同一般均不会被确认违法而无效,为此进行的举证相对容易。

其次,对住房公积金贷款的特点和办理流程进行研讨,查明原告住房公积金贷款不能办理的根本原因是被告报批文件存在瑕疵未通过审批,被告违约在先,导致原告不能交清尾款,原告取得先履行抗辩权,且不构成违约。

《住房公积金管理条例》(2019 年修订)第 27 条规定:"申请人申请住房公积金贷款的,应当提供担保。"北京市住房资金管理中心《关于个人住房担保委托贷款抵押物审核有关问题的通知》规定,"对于 2001 年 6 月 1 日以前竣工的商品房须附

---

① 本法自 2021 年 1 月 1 日起失效,原条文与《民法典》条文的对照,可参见本书附录二。后文不再一一标注。

国有土地使用证、房屋所有权证"。同时还规定,"对以商品房现房抵押的个人贷款,须在办理抵押登记后拨款"。北京市建设委员会、市人民政府住房制度改革办公室、北京住房公积金管理中心《关于房地产开发企业不得拒绝购房人选择住房公积金贷款购房有关事宜的紧急通知》中规定,房地产开发企业应配合住房公积金贷款经办机构提供购房人贷款过程中应由房地产开发企业提供的有关材料。

从以上规定不难看出,房地产开发企业不提供有关材料或提供的材料未获得审核通过,就办不了住房公积金贷款。按照办理住房公积金贷款的规定和流程衡量,被告作为房地产开发企业并不具备相应条件,其提供的有关文件始终不能获得住房公积金管理机构的审批。

原告为证明其符合住房公积金贷款条件,并切实履行住房公积金贷款义务,向法庭提交了所在公司给其建立的公积金账户并交纳了公积金,其公积金累计金额有15万余元的证据等需要由个人提交的所有材料(包括贷款申请书和借款申请表,所在单位均审核同意)。

通过组织以上证据和事实理由,证明由于被告未取得办理住房公积金贷款资格导致住房公积金贷款方式不能履行,在未能排除原告合理怀疑、协商未果的情况下,强行要求原告按照一般商业贷款方式支付尾款,如不服从就不给办理房产证,这是将其自身的违约责任转嫁到原告身上,违背诚实信用和公平原则,缺乏合同和法理依据。

故按照《合同法》第107条"当事人一方不履行合同义务或者履行合同义务不符合约定的,应当承担继续履行、采取补救措施或者赔偿损失等违约责任"的规定,要求判令其承担协助办理房屋登记手续于法有据。

最后,对原告交清购房款后被告即协助办理产权登记的合同约定进行实际履行。在查明原告不构成违约情况下,考虑到合同约定的总价款尚未交够,即在其第一项诉请中,主动提出以现金向被告支付购房尾款,尔后请求判令被告协助办理产权登记。这是被告违约后原告按合同约定对自己承担合同义务的实际履行,表明合同约定的由被告协助办理产权登记的条件已经成就。

2. 被告律师的代理思路

被告律师抗辩主要体现以下几个方面:

(1)被告没有违约。因为购房合同中并没有约定被告在公积金贷款中履行何种义务。

(2)反诉原告违约。原告在1999年就应支付被告全部购房款项,其未支付构成违约,给被告造成相应的利息损失。如果能够查明原告住房公积金贷款未获批的原因不在被告身上,则应该提起反诉,要求原告支付自1999年起至交清尾款期间的利息损失(按同期银行贷款利率计算)。

(3)协助办理产权登记条件未成就。在原告支付尾款并赔偿被告全部损失的情况下,被告协助办理产权登记的条件才成就。

【法官审判要旨】

两级法官从寻找法律依据、审查合同、发现案件事实等环节入手,主要是围绕合同的合法有效以及双方权利义务行使和履行等方面进行审查,对双方诉争进行综合考量,依据法律和本案事实作出裁判。

(1)法院依法确认了购房合同的合法有效性,这就为合法合理、妥善的解决双方争议奠定了基本的事实基础;认定原被告之间订立的《购房合同书》系双方真实意思表示,不违背强制性法律规定,双方均应诚信履行合同约定的义务。

(2)法院认定原告要求被告接收剩余房款并协助其办理产权登记系合同中的明确约定,应该支持;认定被告辩称原告应先交付剩余房款和违约金再办理产权登记的主张,依据不足。

(3)针对被告所称违约金、赔偿损失等答辩意见,因为被告未提供住房公积金贷款未获批准是原告违约所致的证据,且被告未提起反诉,不属于本案审理范围,故法院认为并无必要进行实体审查,但在判决书中释明,如其坚持存在损失,可另行向原告主张权利。

(4)人民法院的司法职能是定分止争。围绕本案有关房屋产权登记的诉求,两级法院的判决认定事实清楚、适用法律正确、程序合法,判决被告在接收原告剩余房款后协助为其办理房产证,具有充分的事实和法律依据。

(5)判决体现了以下审判逻辑:

①在查明案件事实的基础上依法支持产权登记的诉求,彰显了以公平为核心原则的产权保护主义。不动产物权登记是物权法的普遍原则。《物权法》第9条明确规定,不动产物权的设立、变更、转让和消灭,经依法登记,发生效力;未经登记,不发生效力。这就表明,不动产系以登记作为合法产权状态的要件。本案已查明的事实是,原告作为买受人在交付房屋首付款之后,遇到了办理住房公积金贷款上的障碍。未交纳房屋尾款,属于不可归责于原告的原因;那么,在诉讼中原告提出了要被告接收30万尾款的诉求,应视为履行了作为买受人的义务,故此要求被告协助办理房屋产权登记,具有基础的事实依据。判决依法解决了多年来遗留的历史问题,有力地强化了产权的司法保护原则,引导和稳定了人的预期行为,维护了城市房地产秩序。

②找"法"与审查合同相统一,尊重合同自由原则。国家颁行的旨在保护产权的法律法规主要体现在《物权法》《合同法》及相关法规、规章中。判决中虽然没有列举这些条文,但是法官的思维则是以此来衡量合同的合法性与有效性。经查,双方在合同中所作原告在交清购房款后,被告协助原告办理房屋所有权登记手续的约定,与上述法律法规的立法精神相契合,反映了双方的签约本意和动机。原告签订购房协

议并支付对价,其目的就是实现该房产的产权。法院判决被告按合同约定履行协助义务体现了尊重合同自由的司法理念。

③本案的最大看点是通过法庭调查,全面谨慎地审查判断证据,厘清违约责任边界,径行判决被告履行"协助"义务,均衡解决双方争议,体现了司法的公信力。在审查原告履约义务时,法院显然注意到了购房尾款用公积金贷款支付的约定,也研析了法律法规有关办理公积金贷款中对买卖双方义务的规定及相关证据,根据原告在诉请中同意支付30万元尾款的情形,结合交清房款即可办理产权登记的合同约定,认定原告请求办理产权登记的条件成就。

因为原告仅诉请办理产权登记,并未要求被告承担违约责任;而被告虽然要求原告承担违约责任,按商业贷款支付利息损失,但是未提起反诉。故法官在判决中并没有过多涉及被告和原告在公积金贷款中的责任问题。

值得注意的是,在支持原告诉请、判令被告履行主要合同义务的同时,法院判决并未就此封堵被告就其主张的利益损失寻求司法救济的权利空间。既依法解决了双方之间激烈的争议,又兼顾各自的利益诉求,体现了司法公正的理念和定分止争的社会责任。

本章附录:不动产登记纠纷大数据分析(毕文强)

1. 数据来源①

时间:2009年10月1日—2018年10月18日

案例来源:Alpha案例库

案由:不动产登记纠纷

案件数量:1 373件

数据采集时间:2018年10月18日

2. 检索结果可视化

本次检索获取了涉及不动产登记纠纷的自2009年10月1日至2018年10月18日的共计1 373篇裁判文书。

(1)整体情况分析

从图1-1的整体情况分析可以看到,当前条件下,不动产登记纠纷案例数量的变化趋势。

从图1-2的地域分布来看,当前条件下,不动产登记纠纷案例主要集中在江苏省、浙江省、广西壮族自治区,占比分别为8%、7%、7%。其中江苏省的案件量最多,达到105件。

---

① 数据来源于Alpha案例,可能存在偏差,仅供参考。

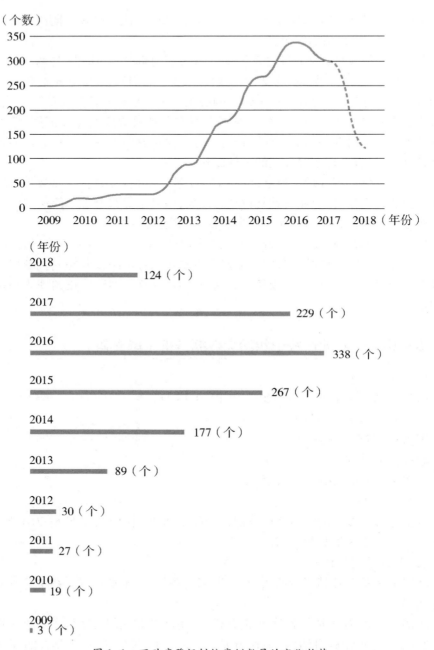

图 1-1　不动产登记纠纷案例数量的变化趋势

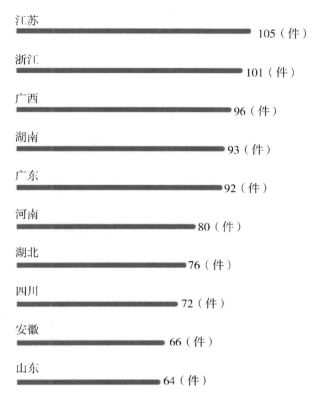

图1-2 不动产登记纠纷案例地域分布

(2)案由分布

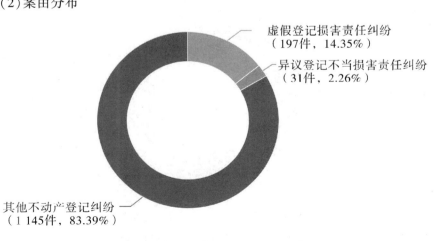

图1-3 不动产登记纠纷案由分布

从图 1-3 的案由分布可以看到,当前条件下,不动产登记纠纷的案由分布由多至少分别是其他不动产登记纠纷、虚假登记损害责任纠纷、异议登记不当损害责任纠纷。

(3) 程序分类

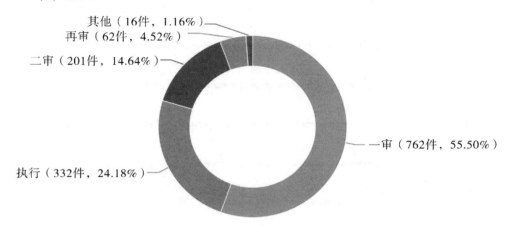

图 1-4　不动产登记纠纷的审理程序分布

从图 1-4 的程序分类可以看到,当前条件下,不动产登记纠纷的审理程序分布状况,其中一审案件有 762 件,二审案件有 201 件,再审案件有 62 件,执行案件有 332 件,并能够推算出上诉率约为 26%。

(4) 裁判结果

① 一审裁判结果

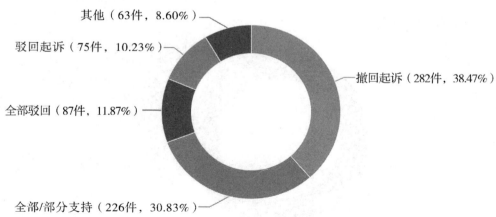

图 1-5　不动产登记纠纷一审裁判结果

从图 1-5 一审裁判结果可以看到,当前条件下,撤回起诉的有 282 件,占比为 38.47%;全部/部分支持的有 226 件,占比为 30.83%;全部驳回的有 87 件,占比为 11.87%;

驳回起诉的有 75 件占比为 10.23%;其他 63 件,占比为 8.60%。
②二审裁判结果

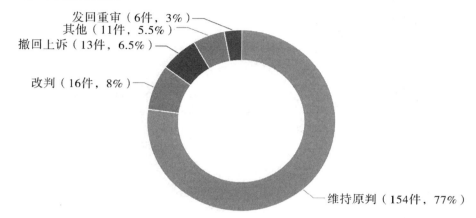

图 1-6　不动产登记纠纷二审裁判结果

从图 1-6 二审裁判结果可以看到,当前条件下,维持原判的有 154 件,占比为 77%;改判的有 16 件,占比为 8%;撤回上诉的有 13 件,占比为 6.5%。

(5)标的额

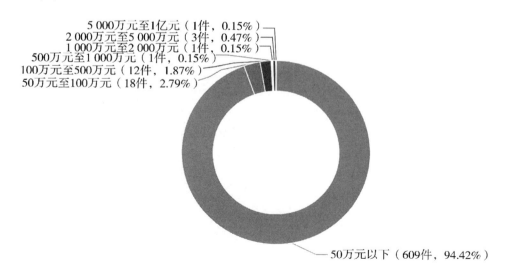

图 1-7　不动产登记纠纷标的额

从图 1-7 标的额可以看到,当前条件下,标的额为 50 万元以下的案件数量最多,有 609 件;50 万元至 100 万元的案件有 18 件;100 万元至 500 万元的案件有 12 件;2 000 万元至 5 000 万元的案件有 3 件;500 万元至 1 000 万元、1 000 万元至

2 000万元、5 000万元至1亿元的案件各有1件。

(6) 审理期限

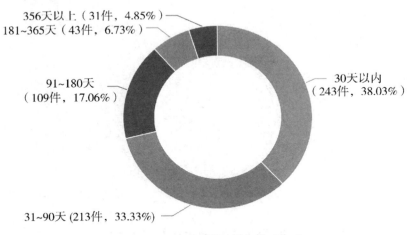

图1-8 不动产登记纠纷审理期限

从图1-8审理期限可以看到,当前条件下,大部分审理时间处在30天以内,平均审理时间为98天。

第二章 物权保护纠纷

一、物权确认

（一）所有权确认

案例（008） 房屋所有权确认纠纷案

来源:(2014)三中民终字第13992号
作者:周帆

【案例导读】

本案系一起针对房屋所有权如何认定的纠纷。原告作为涉案房屋的利害关系人对房屋的法定权利人提起诉讼要求确权,涉及双方当事人在本案中各自的优劣、利弊;怎样制定诉讼策略、阐发理由及组织证据;法院在冲突明显、矛盾对立的案件中如何裁决,对大量同样的案件具有启迪意义。

【案情简介】

原告与被告是同胞兄弟关系。2008年,原、被告的母亲(已去世,其父亲先于母亲去世多年)名下的老房被拆迁,母亲与拆迁人签订《房屋拆迁货币补偿协议》。原告一家三口、母亲及被告本人户口登记在被拆迁房屋处,均是拆迁的被安置人。拆迁的补偿方式为货币补偿,所得拆迁补偿款共计80万元人民币,按照约定由拆迁单位汇入了原告的账户,由原告保管。2012年(母亲此时已去世),原告因自己孩子结婚需要买房,受商品房限购政策影响不能购买,而被告单身一人(此前,当地劳动能力鉴定委员会认定:被告患精神障碍,一直与原告一家一起生活,由原告照顾)、名下无房,遂以其名义购买了涉案房屋,房款60余万元用拆迁补偿款支付。后该房屋登记在被告名下,由原告之子居住、使用。不久被告立下遗嘱并经公证:涉案房屋在其死后由原告继承。此后因家庭琐事原、被告产生矛盾,被告离家寄住在另一亲戚家。知悉被告欲将涉案房屋卖掉并正在办理手续后，原告即提起诉讼要求确认所有权。

【审理与判决】

1. 诉请与答辩

原告诉请：请求确认所有权60%的份额归原告所有。

被告答辩：涉案房屋确由老房拆迁补偿款购得，但涉案房屋是母亲让原告给其购置的，登记在被告名下，理应归被告所有；原告请求没有法律、合同依据。

2. 争议焦点

（1）涉案房屋是否系家庭共同出资购买；原告的证据是否足以证明其为涉案房屋的共同共有人，其主张的份额有无证据支持？

（2）原告所谓借名买房的主张能否成立？

（3）被告以房屋登记在自己名下的辩驳能否对抗原告的诉请？

（4）鉴定机构因被告不配合终止鉴定后，一审法院取消该程序继续审理此案，是否属程序违法？

3. 判决结果

一审法院判决驳回原告诉讼请求。

原告不服提出上诉，二审法院驳回上诉，维持原判。

【法律要点解析】

1. 购买涉案房屋的款项是否属于家庭共同出资

从原告提交的拆迁协议、补偿款汇款明细及亲属关系证明、父母死亡证明、原告三口系拆迁安置人的证据、买卖涉案房屋协议、交付房款等证据来看，购买涉案房屋的款项确实属于拆迁补偿款。而且，被告对此也予以认可。

2. 家庭共同出资能否证明涉案房屋具有共有性质

即便涉案房屋是用拆迁补偿款购买的，但购房合同是被告单方签署的，产权证上也是被告名字；如果没有双方共同购买的意思表示，不能仅凭共同出资就认定涉案房屋具有共有性质。原告所谓借名买房的主张因未能提供相应证据而没有被采纳。

3. 被告的公证遗嘱能否证明涉案房屋属于共有性质

被告立下遗嘱并公证：涉案房屋在其死后由原告继承。该遗嘱虽然是有效的，原告也不否认，但它只能证明涉案房屋不具有共有性，因为被告遗嘱必须建立在涉案房屋属于被告单方所有的基础上。

4. 一审法院取消对被告进行无民事行为能力鉴定的程序是否合法

原告申请对被告进行民事行为能力的司法鉴定，依照鉴定方法，需要被告予以配合，且以双方自愿为原则。在被告拒绝配合鉴定的情况下，鉴定机构或人民法院不得强制进行,一审法院因被告不配合取消此项鉴定程序,不属程序违法。

【律师点评】

1. 原告律师代理思路

面对享有不动产登记物权的被告,原告代理律师显然已经意识到,原告明显处于诉讼中的劣势地位。要撼动登记物权的对世性和绝对性,原告代理律师应努力地围绕原告拥有事实上的物权这一基点来搜集、组织证据和精细设计诉讼策略,以证实涉案物权登记仅仅具有宣示性,并不具有设权效力,更不能表明房屋实际权利状态。因此,原告代理律师从案件事实、法律逻辑和日常生活等方面,通过组织大量证据,力争取得证据的比较优势,达到让法官建立原告拥有事实物权的内心确信。要点如下:

(1)购买涉案房屋的款项,绝大部分是原告的出资。该出资不是对本案被告的赠与,故应该认定房屋产权中原告拥有与其出资相应的份额。

涉案房屋系原有家庭共有的老房(祖屋)拆迁获得的补偿安置款项所购得,其中原告一家的份额,按户籍五口人计算,原告家庭三口人占有60%的比例,母亲、被告各占有20%的份额,即购房款主要是原告一家的出资。同时没有证据证明原告的出资是对被告的赠与,就应该认定涉案房屋有原告的份额。原告对此提交了拆迁协议、补偿款汇款明细及亲属关系证明、父母死亡证明、原告三口系拆迁安置人证据、买卖涉案房屋协议、交付房款等证据加以证明。

(2)关于将房屋所有权人登记为被告的问题。因被告名下无房,原告是借用他的名义买房并实际支付了绝大部分的购房款。其主要心理状态是:哥俩之间写谁都一样,弟弟(被告)患智力障碍、身体不好、未成家、无其他继承人,又和原告一家一起生活,以后也是归原告所有,所以才有后来被告立公证遗嘱承诺将该涉案房屋由原告继承这一事实。原告提交了遗嘱公证书的证据加以证明。

(3)被告系无民事行为能力人,应作司法鉴定予以确认。被告此前不具有单独处分涉案房屋的行为能力。原告在母亲去世后,全家人照顾、扶养、救治被告,管理其生活及财产等事宜。原告对此提供鉴定结论、医疗费单据等证据证明。

2. 被告律师代理思路

被告拥有不动产登记物权是已然的法律事实,这是被告在诉讼中的明显优势。基于这点,被告律师的代理思路应以产权证作为主要和关键证据,凸显拥有法律上的物权的优势地位,以此对抗原告所提事实物权的证据。对原告提出的具有事实物权的证据,只做口头上的质疑和抗辩,不必提供相应的证据予以反驳和佐证。

【法官审判要旨】

法官,特别是二审法官,其审判要旨着眼于物权的区分论,以这一区分出发确立审判逻辑。法官认为,在不动产登记制度建立后,即产生了法律物权和事实物权的区分,指出了二者的含义及其联系——法律物权是指已经纳入登记的物权,法律物权具有推定的正确性;事实物权是指未纳入登记而由真正权利人实际享有的物权。主张事实物权的当事人需提供充分证据证明其权利的正确性,达到变更登记的目的。

法官在此逻辑基点上,对各方证据、事实理由及其辩驳进行客观、谨慎的审查判断,进而认定:房屋买卖合同是由被告签订的,涉案房屋所有权登记在被告名下,为其单独所有,原告未能证明原、被告之间存在原告借用被告名义购房的约定。而拆迁补偿款在母亲去世后,各继承人对拆迁补偿款的权属并未予以分割,故虽购买涉案房屋款项来源于拆迁补偿款,但不能由此推定涉案房屋由家庭共同出资购买。故法官没有支持原告对涉案房屋占有份额的诉请。

关于鉴定问题,法官认为,依照鉴定方法,需要被告人身配合,应以双方自愿为原则。故一审法院因被告不配合取消此项鉴定程序,不属程序违法。因当地劳动能力鉴定委员会系公民劳动能力鉴定机构,故不能以其出具的认定书作为被告有无民事行为能力的依据,结合被告参加本案诉讼活动的情况,法院认为其具备完全民事行为能力,未采信原告主张被告不具备完全民事行为能力的意见。

【结语】

两级法院对本案的判决,坚持以事实为依据、以法律为准绳的原则,自觉运用司法裁判三段论的工作方法,深入分析本案诉请与抗辩的法律性质,提纲挈领,扼要概括出矛盾的焦点是事实物权与法律物权的冲突问题,并且在这一焦点上厘定、切割权利边界。

判决表明,法官不认为原告所提交的证据能够证明其所拥有的事实物权的正确性,无法变更被告的不动产登记物权。

判决在驳回原告诉请的同时,又为原告的权利保护提出了另一种可能性,指出原告有关父母份额及家庭共有财产的主张,属于尚未分割的问题,在本案中无从涉及。也就是说,原告可以通过共有财产分割、遗产继承等加以解决。

判决有关司法鉴定的阐述,在法理上遵循被鉴定人自愿的原则;在实践中不强制鉴定,根据审查被鉴定人参加诉讼活动的情况作出判断,这种做法也是可取的。

总之,法官的法律水平较高,论理深刻、充分,证据审查客观公允,确实做到了"辨法析理""公正司法",判决结果令人信服。

案例（009） 借名买房案件之物权确认纠纷案

来源：(2011)二中民终字第09146号
作者：李吏民

【案情简介】

2002年3月，原、被告口头商议，原告以被告的名义以银行按揭方式在北京市通州区武夷花园买房，需要过户时，被告随时配合协助办理过户手续。随后，原告经售楼人员介绍，以被告名义购买武夷花园牡丹园房屋，同年3月27日原告向北京武夷房地产开发有限公司支付购房定金1万元，同年4月4日原告向北京武夷房地产开发有限公司支付购房款71 025元，同时，北京武夷房地产开发有限公司开具了购房首付款发票。2002年4月15日银行按揭贷款办理完毕，此后，原告每月按时支付银行房屋贷款月供。2002年10月27日，原告到开发商处办理了交房入住手续，缴纳了相应费用。2002年11月2日，原告与北京武夷建筑装饰有限公司签订房屋装修合同对该房屋进行装修。随后原告购买家具家电，入住该房屋。2004年4月，原告到房屋管理部门领取了该房屋的房产证。原告要求被告办理过户手续，被告称对其买房产生影响，要求原告再支付50万元的补偿金，双方发生纠纷。

【审理与判决】

北京市通州区人民法院作出(2011)通民初字第01807号行政判决，确认房屋归原告所有。被告不服提起上诉。北京市第二中级人民法院作出(2011)二中民终字第09146号行政判决，驳回上诉，维持原判。该判决生效后，被告拒不配合办理过户手续，原告持生效的判决到房管部门直接办理了过户手续。

【法律要点解析】

1. 对已经取得房屋产权证书的不动产权属争议如何提起诉讼

对已经取得房屋产权证书的不动产权属争议，是提起民事诉讼还是行政诉讼？是先行政诉讼后民事诉讼还是可以直接提起民事诉讼？实践中有不同的观点。

一种观点认为，根据《物权法》第33条规定，因物权的归属、内容发生争议的，利害关系人可以请求确认权利。这里是指平等民事主体之间对物权的归属、内容发生争议的可以依法申请确权，法律规定由行政机关确权的由行政机关确权，除法律规定由行政机关确认之外的，可以向法院起诉提请确权，此时，提起的诉讼为民事诉讼。在民事争议没有解决的情况下，行政诉讼不能确定行政行为的合法性，故应当以民事判决结果来确定权利归属。

另一种观点认为,在民事诉讼中不能对行政机关行政行为的合法性进行审查,民事判决不能对抗行政机关作出的有效的行政行为,本案中即房屋产权登记部门颁发的房屋产权证书。对已经取得房屋产权证书的不动产权属争议,应当"先行后民",即先向法院提起行政诉讼撤销房屋产权证书,再提起相应的民事诉讼,从而确认房屋权利的归属。实践中存在大量的民事、行政审判部门互相推诿以及民事裁判与行政裁判冲突的现象,徒增当事人诉累。

本案中,原告借被告之名购买房屋,原告是实际购房人,被告是影子产权人,原告对房屋产权登记部门最初将房屋登记在被告名下是没有异议的,只是对被告拒绝办理过户登记产生争议,双方对房屋实际所有人发生争议。原告对房屋产权登记机关的登记行为没有异议,只是对登记的基础民事关系有异议,因此,应当提起民事确权诉讼。

笔者认为,对已经取得房屋产权证书的不动产权属争议的诉讼,应当根据具体情况具体分析。如果当事人对房屋产权登记机关登记行为本身有异议,如登记内容和申请材料不符、登记明显错误、登记机关不予变更等,应当提起相应的行政诉讼。如果当事人对房屋产权登记机关登记的基础材料,如买卖合同等基础民事行为有异议,应当依据《物权法》第33条的规定向法院直接提起民事确权诉讼。

2. 借名买房中如何确认房屋的实际所有权人

本案中,涉案房屋由原告出资购买,并按时偿还月供,由原告办理交房手续进行装修,并入住该房屋,且一直占有使用该房屋。涉案房屋的所有购房资料原件均由原告保管,所有证据均指向原告是借名买房,因此,可以确认原告为该房屋的实际所有权人。被告虽然声称是一种债权关系,但是没有充分的证据予以证明。故一、二审法院判决将该房屋确认为原告所有。

在借名买房案件中,仅仅提供出资证明不足以证明借名买房的存在,还需要配合借名买房的书面及口头合同、房屋的占有使用情况等其他证据相印证,否则,出资关系仅仅证明存在债权债务关系,物权确认的诉请不能得到法院支持。

3. 法院判决确认房屋权属后如何办理变更登记

《物权法》第28条规定:"因人民法院、仲裁委员会的法律文书或者人民政府的征收决定等,导致物权设立、变更、转让或者消灭的,自法律文书或者人民政府的征收决定等生效时发生效力。"第19条规定:"权利人、利害关系人认为不动产登记簿记载的事项错误的,可以申请更正登记。不动产登记簿记载的权利人书面同意更正或者有证据证明登记确有错误的,登记机构应当予以更正。"民事确权的裁判文书生效后即发生物权变更的效力,合法的权利人无须再行提起行政诉讼撤销房屋登记,也无须向法院提起民事诉讼要求产权登记人办理过户手续。合法权利人可以直接凭生效的民事确权判决,依据上述法律规定向房屋产权登记机关申请办理更正登记。

【律师点评】

近几年,房地产市场活跃,房价节节攀升,各地政府为了限制房价过快上涨纷纷出台了相应的限购政策,一些投资人规避限购政策或者规避贷款等,出现了大量"借名买房"。"借名买房"是指房屋的实际出资人借用他人名义购买房屋,并将所购房屋登记在他人名下。由于房价上涨,被借名人往往反悔,拒绝办理过户登记等,导致出现大量纠纷,这类借名买房案件近年来呈现多发的趋势,本案具有一定的典型性。

案例(010) 于某峰诉于某所有权确认纠纷案

来源:(2015)朝民初字第46093号
作者:马强

【案例导读】

父亲文盲,由儿子代办拆迁安置房屋产权手续,约定产权由父亲和儿子共同共有。父亲立遗嘱时发现问题,起诉主张确认单独所有,是否应当支持?

【案情简介】

于某峰与杨某某婚后育有三子三女,分别是于某、于某一、于某二、于某某、于某三、于某四。杨某某于2003年10月10日去世。

北京市朝阳区将台乡西东队某某号院(以下简称"西东队院")的宅基地使用人为于某峰。2001年4月6日,于某峰与北京某某开发集团公司(以下简称"开发公司")签订《北京市住宅房屋拆迁房屋补偿协议》,双方约定:开发公司需要拆迁西东队院,该院实际居住人口为5人,分别为于某峰、杨某某以及于某四一家三口;开发公司以南湖中园B房屋及A房屋(即涉案房屋)补偿给于某峰;开发公司应支付于某峰补偿款共计662 193.94元,扣除开发公司提供的补偿房屋价格562 438元,开发公司应支付于某峰差价99 755.94元。于某代于某峰在《北京市住宅房屋拆迁房屋补偿协议》上签名。

2005年10月12日,于某峰、于某作为买受人与出卖人开发公司签订《房屋买卖协议书》,双方约定:根据《北京市住宅房屋拆迁房屋补偿协议》,于某峰、于某已入住安置地点,即涉案房屋;涉案房屋折价为每建筑平方米3653元,房屋价款总计299 692元,双方有关价款已结清。于某在《房屋买卖协议书》上签名,并代于某峰签名。

2010年12月25日,于某峰、于某就涉案房屋出具《产权办理声明书》,载明:"……现就办理上述补偿房屋产权证时确定房产所有人(产权人)的问题,本人特别声明如下:1.本人同意将于某峰、于某作为该补偿房屋房产所有人(产权人)进行登记,办理房产权属证书。2.本人承诺因该补偿房屋权属问题发生任何纠纷,开发商无任何责任,本人不以任何理由向开发商主张任何形式的赔偿或补偿……"于某峰在《产权办理声明书》上的"声明人"处加摁手印,于某在《产权办理声明书》上的"声明人"处签名。

同日,于某峰、于某出具《关于自愿放弃契税减免税优惠政策的声明》,声明于某峰作为被拆迁人自愿放弃拆迁后所获拆迁补偿款 299 692 元,重新购房能享受契税减免税的优惠政策,并将此优惠政策转给购房人于某享受。于某峰在声明中的"被拆迁人(签字或盖章)"处加摁手印,于某在声明中的"购房人(签字或盖章)"处签名,并代于某峰签名。

2011 年 6 月 11 日,涉案房屋登记在于某峰、于某名下,为二人共同共有。

诉讼中,经于某峰申请,法院委托经摇号选定的北京民生物证科学司法鉴定所对《产权办理声明书》及《关于自愿放弃契税减免税优惠政策的声明》中于某峰签字处的手印是否为其本人所摁进行鉴定。于某峰当庭留存指印用作比对样本。2017 年 7 月 20 日,北京民生物证科学司法鉴定所出具鉴定意见为:《产权办理声明书》中的指印是于某峰本人所摁,《关于自愿放弃契税减免税优惠政策的声明》中的指印因不具备检验条件,无法得出鉴定结论。于某峰支付鉴定费 5400 元。经询,于某峰、于某对鉴定报告均予以认可。

诉讼中,法院向北京市朝阳区不动产登记事务中心调取了涉案房屋所有权转移登记的相关材料,其中有一份 2010 年 12 月 25 日签订的《共有协议》,载明"甲方于某峰和乙方于某系父子关系,双方共同购买了北京市朝阳区南湖中园 A 房屋,经双方协商,产权为双方共同共有,由于某峰持《房屋所有权证》,于某持《房屋所有权证》",于某在《共有协议》上签名,并代于某峰签名。

于某峰提交 2015 年 6 月 6 日于某峰和五个子女(于某、于某一、于某二、于某某、于某四)对于某峰的赡养及财产分配事宜的协商录音,用以证明于某峰不知道涉案房屋是其和于某共有的,一直认为涉案房屋系其个人所有,所以当时才协商涉案房屋由五子女共有,每人各占五分之一的份额。于某认可录音的真实性,但认为当时仅协商了于某峰身后事。在录音中,于某峰表示:"……这房卖了啊,你们五个人分……卖 50 万啊,一人 10 万……"经查,于某峰系文盲。

【审理与判决】

1. 诉请与抗辩

原告诉请:①确认位于北京市朝阳区南湖中园 A 房屋为于某峰个人所有;②于某协助将该房屋过户到于某峰名下。

原告理由:涉案房屋是于某峰于 2001 年购买的拆迁安置房屋。因原告系文盲,故由长子于某代为办理相关的拆迁手续及购买安置房屋的手续,其后相关的材料均由于某保管。因原告近日打算立下遗嘱给子女分配房产时发现于某是涉案房屋的共有人,但原告从未与于某共有过涉案房屋,也未签署过任何共有协议,于某利用其代为办理房屋拆迁手续及购买安置房屋的便利,私自将其加为涉案房屋共有人的行为严重侵害了原告的合法利益。

被告抗辩:不同意原告的全部诉讼请求。原告育有五个子女,被告是长子,照顾着家中的生活起居。原告担心部分子女会侵占涉案房屋,故主动要求被告协助其办理涉案房屋的购买手续,并且由被告与原告共有涉案房屋。此外,因原告是文盲,故办理房屋拆迁手续时是被告和原告一起去的,相关文件上"于某峰"的签名是被告代签的,但是原告在签名上加摁了手印。

被告从没想过独吞涉案房屋。2015年6月以前都是原告的二女儿于某某以及被告在照顾原告。2015年6月,原告其他子女提出轮流照顾原告,当时五个子女商量过原告去世后涉案房屋的分配问题,当时的方案是五个子女均分,并考虑子女赡养原告的情况。

2. 争议焦点

(1)被告于某是否是房屋共有产权人?

(2)《房屋买卖协议书》《共有协议》以及原告加摁手印的《产权办理声明书》《关于自愿放弃契税减免税优惠政策的声明》用以证明涉案房屋登记为原告、被告共有是否系二人的真实意思表示?

3. 判决结果

法院判决:①确认位于北京市朝阳区南湖中园A房屋为原告于某峰个人所有;②被告于某协助原告将北京市朝阳区南湖中园A房屋的所有权转移登记至原告于某峰名下。

判决后被告未提起上诉。

【法律要点解析】

1. 从涉案房屋的来源判断被告并非产权人

涉案房屋系宅基地使用人原告于某峰用西东队院的拆迁补偿款购买所得,被告于某既不是西东队院的被拆迁人,亦不是被安置人。被告主张涉案房屋登记为其与原告共同所有是因为原告主动要求,双方存在共有涉案房屋的合意,就此,原告不予认可。据此被告并非涉案房屋的共有人。

2.《房屋买卖协议书》《共有协议》以及原告加摁手印的《产权办理声明书》《关于自愿放弃契税减免税优惠政策的声明》用以证明涉案房屋登记为原告、被告共有是否系二人的真实意思表示

《房屋买卖协议书》《共有协议》上无原告于某峰本人的签名,无法佐证被告所

述二人存在共有涉案房屋的合意;此外,虽然原告在《产权办理声明书》《关于自愿放弃契税减免税优惠政策的声明》上加摁了手印,但是原告系文盲,被告作为原告的房屋拆迁手续及购房手续的代办人,应负有较一般人更高的善意告知及解释义务,以使原告充分知晓其加摁手印的意思及所产生的法律后果。而根据本案所有证据,不能证明被告或相关单位对原告加摁手印的法律后果进行了明确告知和解释,导致原告对加摁手印的法律效果等重要事项存在认识上的显著缺陷,以至于原告未能知晓房屋所有权为其与被告共有。

【律师点评】

1. 原告律师的代理思路

原告律师应分析本案的有利条件与不利条件。

有利条件为:①涉案房屋来源系宅基地拆迁补偿款购买所得。被告并非被拆迁人或被安置人;②原告录音证据表明原告并不知晓涉案房屋为原告与被告共有,录音有其他子女发言可以佐证其真实性,且被告在场并未对原告表示涉案房屋由全体继承人平均共有提出反对意见。

不利条件为:用于证明涉案房屋由原告与被告共有的证据文件上原告加摁了手印。一般情况下,它可以证明原告的真实意思表示。

原告律师应充分发挥有利条件,主张被告并非涉案房屋的原始产权人,原告不知晓也不同意与被告共有涉案房屋。对于不利条件,经调查原告为文盲,故原告律师可主张被告对原告负有特殊的告知义务,从而将举证责任归于被告。

最终,本案被告因无法举证其对原告履行了特殊的告知和解释义务,无法主张其共有涉案房屋系双方的真实意思表示而败诉。

2. 代理人对于文盲的委托人有何特别义务

在委托代理关系上,"受人之托,忠人之事"是代理人的基本原则和义务。如果委托人是文盲,代理人应履行特殊的告知与解释义务,使当事人完全了解文件的内容以及要点,以便其独立作出真实的意思表示。该特殊告知与解释义务并非源自法律规定,而是社会的公序良俗所要求的。

【法官审判要旨】

(1)确认房屋来源系原告名下宅基地房屋拆迁安置而来,被告并非宅基地使用权人也非被安置人。原告和被告之间也未就房屋产权有过口头协议一致的意思表示。

(2)在鉴定书确认《产权办理声明书》手印系原告手印的情况下,似乎可以证明双方有过产权共有的意思表示。但鉴于原告为文盲,被告应在办理产权登记时负有较一般人更高的善意告知及解释义务,以使原告明确、充分知晓其加摁手印的意思及所产生的法律后果。

（3）判决应综合考虑以下事实：在家庭协商或者处置房屋时录音证据中原告对房屋的处置方案、被告没有反对的意思表示，以及被告自称从没想过独吞涉案房屋。

【结语】

房屋产权确认是物权法中的难点问题，对房屋产权的归属应综合考虑房屋的取得，出资时是否有共有产权的合意，该合意是否是双方的真实意思表示。鉴于案件的特殊情况，即使在存在鉴定文书补强的书面证据显示双方有合意的情况下，要求进一步举证证明就有关法律后果进行了明确告知的证据。

案例（011） 丁三诉丁一、丁二所有权确认纠纷案

来源：（2016）鄂 01 民终 7999 号
作者：文科

【案例导读】本案涉及不动产物权公示原则和公证书的效力问题。

【案情简介】

丁某与彭某系夫妻关系，共同生育三子，分别为丁一、丁二、丁三。1988 年 12 月，武汉第三机床厂（甲方）与丁某（乙方）签订《协议书》，约定：甲方将单位自管房出售，乙方丁某自愿购买，房屋坐落于武汉市武昌区北城角×号×单元×楼×号，建筑面积 34.06 平方米，应付房款 9 196.20 元。1999 年 12 月 27 日，武汉第三机床厂（甲方）与丁某（乙方）签订《标准价房补成本价差额协议书》，约定：甲方出售给乙方的房屋，坐落于武汉市武昌区北城角×号×单元×楼×号，房屋结构为混合，房型为一室一厅，建筑面积 39.77 平方米，当年标准价实际付款 9 196.20 元，补成本价差额 2 299.10 元。1993 年 11 月 30 日，彭某去世。武汉市房屋产权登记信息查询单载明：发证日期 2014 年 6 月 6 日，房屋所有权证号 2014008330，产权人丁某，房屋坐落于武汉市武昌区北城角×号×单元×楼×号，建筑面积 39.77 平方米。附记：原产权证昌 2014005449 声明作废。

2014 年 7 月 10 日，丁某立下遗嘱一份，内容为：其和妻子彭某共有坐落在武汉市武昌区北城角×号×单元×楼×号、建筑面积 39.77 平方米的房屋一套。房屋所有权证编号为武房权证昌字第××号。现其年事已高，为了防止死后，继承人为财产发生纠纷，特立下此遗嘱：其去世后，上述房屋中属于于某的 50%产权和于某应继承老伴彭某的遗产份额留给大儿子丁一、二儿子丁二共同继承，份额均等。丁一、丁二继承后属他们个人所有，与他们的配偶无关。2014 年 7 月 29 日，湖北省武汉市黄鹤公证处出具（2014）鄂黄鹤内证字第 5908 号公证书，对丁某所立遗嘱予以公

证。2015年12月22日,丁某去世。丁三提供销货计数单7份(1989年4月18日2份、1989年4月23日5份),丁三陈述所销售的货款用于支付武汉市武昌区北城角×号×单元×楼×号的购房款。

【审理与判决】

1. 诉讼当事人

一审原告为丁三,被告为丁一、丁二。

2. 诉请与抗辩

原告诉请:①确认丁三现住房武汉市武昌区北城角×号×单元×楼×号一室一厅39.77平方米的房屋归丁三所有;②由丁一、丁二承担本案诉讼费用。

被告抗辩:不同意原告的诉请。原告的诉请没有事实依据和法律依据。首先,涉案房屋由丁某购买,属于丁某与彭某的夫妻共同财产。其次,丁某以公证遗嘱方式对涉案房屋进行处分,涉案房屋50%产权属于丁某,丁某应继承彭某的遗产份额由丁一、丁二共同继承,份额均等。最后,丁三主张是涉案房屋的出资人,但至今未提供证据予以证实。

3. 判决结果:

一审判决:驳回丁三的诉讼请求。丁三不服一审判决,提起上诉。

二审判决:驳回上诉,维持原判。

【律师点评】

1. 原告律师代理思路

(1)购房款是从丁三的经营销售款项中一次性支付的。

(2)丁三离婚后无住房,与父母共同居住,父亲从单位取得涉案房屋使用权,该房屋一直由丁三使用,故丁三与父母共同享有使用权和产权。

2. 被告律师代理思路

(1)诉争房屋属于直管公房,丁某是基于职工身份参加房改,购房人只能是丁某,该合同是丁某与武汉第三机床厂签署的购房合同。涉案房屋已登记在丁某名下。

(2)涉案房屋购置于丁某与彭某的婚姻关系存续期间,故该房屋属于丁某与彭某的夫妻共同财产。

(3)在取得房屋所有权证后,丁某立下遗嘱处分了该房屋并依法进行了公证。公证书中载明了丁某对房屋的处理意见,由丁一、丁二共同继承,份额均等。

3. 遗嘱公证的效力

公证处对丁某就涉案房屋所立遗嘱予以公证,即对涉案房屋的权属进行了事实认定,再次证实原告丁三主张享有涉案房屋所有权没有事实依据。依据我国相关法律规定,我国各地设立的公证处是行使国家证明权的机关,代表国家依法证明法律行为、有法律意义的事实和文书的真实性、合法性。公证处出具的公证书依法具有证据效力、强制执行效力和法律行为成立要件效力,是法律认定事实的根据。已为生效公证文书所证明的事实,当事人无须举证证明。

故本案中,丁某名下的房屋所有权证和遗嘱公证书已充分证明,原告丁三不是诉争房屋的所有权人,其主张享有房屋所有权但无法提供相应证据证实,故终败诉。

实践中,也存在房屋产权登记错误和公证书内容错误的情形,如果相关利害关系人能够举证证明登记或记载确有错误,审判机关将基于查明的法律事实依法作出认定,而非刻板地依据房屋权属登记和公证书记载。

【法官审判要旨】

诉争房屋于1988年12月房改时的购房人是丁某;2014年6月6日,登记房屋所有权证载明产权人仍为丁某,诉争房屋系丁某与彭某的夫妻共同财产。丁某在取得诉争房屋的所有权证后,于2014年7月立下公证遗嘱,对诉争房屋作出处分。

原告丁三虽主张享有该房屋所有权,但其未能提供相应的证据。原告丁三与父母在购房前及之后并无关于房屋权属归其的约定;原告提交的销货计数单等证据材料与支付购房款无直接联系,并不能证明由其支付了购房款;涉案房屋系房改房,即便房改中购房款由原告代为支付,其亦不能当然享有该房屋所有权,一审中的证人证言亦不足以证明原告享有诉争房屋所有权。因此,原告丁三主张享有涉案房屋所有权,既无事实依据,又无法律依据。

案例（012） 王某某等与吕某某等房屋所有权确认纠纷案

来源:(2012)苏中民终字第1436号
作者:兀勇

【案例导读】

被继承人死亡后,作为继承财产的房屋错误登记在部分继承人名下,其他权利人应如何进行权利救济,房屋所有权属如何能得到确认并被合理分割?请看以下案例。

【案情简介】

苏州市天宫寺弄18号平房4间(以下简称"涉案房产")系王某茂(1944年去世)与王某氏(1948年去世)夫妻之共同财产,王某茂去世后,该房产由其三个子女王某章(1976年去世)、王某祥(1979年去世)、王某英(1962年去世)继承,但只登记在王某章一人名下。

涉案的王某茂与王某氏夫妻家族直系血亲如下：

注：二人之次子潘某生、四子（姓名不详）不再列入本案考虑。

一、王某章（1976年去世）与其妻周某玲（1954年去世）育有子女五人：王宸某（2000年去世）、王某昌、王秋某（2010年去世）、王某雯、王涌某。

（1）王宸某（2000年去世）与其妻虞某宝（1989年去世）育有子女三人：王某娟、王进某、王炜某。

（2）王秋某（2010年去世）与其妻吕某珍育有子女三人：王公某、王某华、王某民。

二、王某祥（1979年去世）与其妻徐某宝（1990年去世）育有子女五人：王某峰、王某文、王忠某、王某勤、王慰某。

（1）王某峰与其妻李某珊育有一女王某鸣。

（2）王某文与其夫方某康（1982年去世）育有三女：方某珍、方某云、方某仙。

三、王某英（1962年去世）与丈夫朱某刚（1958年去世）自1912年婚后就离开涉案房产，在吴江市震泽镇生活直至去世。二人育有子女二人：朱某初（1962年去世）、朱某文。

（1）朱某初（1962年去世）与其妻周某珍（1978年去世）育有三子：朱永某、朱某芳、朱某基（2000年去世）。

（2）朱某基（2000年去世）与其妻庄某华育有一子：朱某。

[注]："＿＿"代表"原告"，"︵"代表"被告"。

1946年10月23日，王某章以业主之名申请土地所有权登记，土地坐落于吴县隶葭天宫寺弄7号，定着物中瓦4间，所有权来历系祖传，登记日期为1946年11月30日。

1973年，王忠某出资在涉案房产所在土地上建造了厨房一间（建筑面积10.45平方米）。

1987年，王宸某在苏州市私有房产所有权登记申请书"产权证户名"及"共有情况"一栏中均填写"王某章、王某祥"二人的名字。

1988年10月，苏州市实行房产所有权重新登记，因按原户名发证，故新房产证的户名仍为王某章。

1988年10月，涉案房屋4间及厨房1间（建筑面积共计111.95平方米）以王某章名义登记。

2005年10月18日，王秋某与王某峰、李某珊夫妻签订赠与协议，由王秋某将涉案房产中东首2间无偿赠与王某峰、李某珊，西首2间留作自用，灶间、天井、备弄共同使用。

2006年4月7日，王某昌、王涌某、王某娟经苏州市金阊区公证处公证，放弃对涉案房产的继承权。

2006年12月,王秋某将涉案房产西首2间及厨房间产权登记至自己名下,共有人为王进某、王炜某、王某雯;王某峰将涉案房产东首2间产权登记至自己名下,共有人为李某珊及女儿王某鸣。

案件审理过程中,经法院询问,王某昌表示,如果法院认定涉案房产系王某茂、王某氏的遗产,则其不放弃对该房屋的继承权。

2010年10月26日,江苏正成房地产评估咨询有限公司对涉案房产4间及厨房1间出具了房地产估价报告。

【审理与判决】

1. 诉讼当事人

一审原告为王忠某、方某珍等(详见上述下画直线),被告为吕某珍、王公某等(详见上述下画波浪线)。

2. 诉请与抗辩

原告诉请:请求法院确认涉案房屋属于王某茂三个子女的后代原、被告共同共有,并对上述房屋进行分家析产。

被告抗辩:王某氏在生前已将涉案房屋过户到王某章名下,中华人民共和国成立后房屋也登记在王某章名下,房产部门已经明确了涉案房屋的权属,且数十年里无人对房屋产权提出异议,诉讼已超时效;请求法院驳回原告的诉讼请求。

3. 争议焦点

(1)本案是否适用诉讼时效的规定?
(2)涉案房屋4间及厨房1间是否可以作为被继承财产?
(3)如何对放弃继承权的意思表达方式进行认定?
(4)放弃继承权后是否还可以反悔?

4. 判决结果

一审判决:

(1)苏州市天宫寺弄18号1幢厨房间及2幢102号房归被告吕某珍、王公某、王某华、王某民、王某昌、王进某、王炜某、王某雯共有;苏州市天宫寺弄18号2幢101号房归被告王某峰、李某珊、王某鸣共有。厨房间、天井、备弄由上述当事人共同使用。

(2)被告王某峰、李某珊、王某鸣共同支付房产折价款423 623.7元,被告吕某珍、王公某、王某华、王某民、王某昌、王进某、王炜某、王某雯共同支付房产折价款14 351.9元,其中,原告王忠某得115 419.2元,原告王某勤、王慰某各得107 518.8元,原告方某珍、方某云、方某仙各得35 839.6元。

(3)驳回原告朱某文、朱永某、朱某芳、庄某华、朱某的诉讼请求。

二审判决:驳回上诉,维持原判。

【法律要点解析】

1. 本案是否适用诉讼时效的规定

本案涉及登记不动产的所有权确认纠纷及在此基础上的共有物分割纠纷,不适用诉讼时效制度。一审庭审中被告曾主张本案涉及房屋登记问题为应通过行政诉讼程序解决,一审法院认为因本案诉争的基础为民事纠纷,应通过民事确权诉讼解决,对被告主张不予采纳。

2. 已登记在部分继承人名下的涉案房屋 4 间和厨房 1 间是否可以作为被继承财产

本案中,在被继承人死亡后,作为被继承财产的房屋错误登记在部分继承人名下,并不能改变涉案 4 间房屋的共有权状态,故不能以此否定其他权利人要求确认并分割房屋的实体权利。关于厨房性质的认定,该厨房系新建于祖产土地之上,应纳入析产范围。

本案中,涉案房屋 4 间应认定为王某茂与王某氏的夫妻共同财产。1946 年 10 月 23 日,涉案房屋的土地所有权登记在王某章名下,但当时王某氏尚健在,且王某祥居住在涉案房屋中。虽当时土地所有权登记在王某章名下,但没有证据证明系王某茂、王某氏将涉案 4 间平房及土地处分给王某章。故上述房产应为各继承人共同共有。

3. 如何对放弃继承权的意思表达方式进行认定

《中华人民共和国继承法》①(以下简称《继承法》)第 25 条第 1 款规定:"继承开始后,继承人放弃继承的,应当在遗产处理前,作出放弃继承的表示。没有表示的,视为接受继承。"

本案中,王某英从 1912 年出嫁后搬离涉案房屋,随夫至吴江生活,距 1946 年土地所有权登记已三十余年。王某英生前对涉案 4 间房屋及土地登记在王某章名下应当是知情的,但其生前未对此提出过异议,应认定王某英对涉案 4 间房屋放弃了所有权并丧失了相关权利。

4. 放弃继承权后是否还可以反悔

放弃继承权后能否反悔需要区分两种情况:

(1)如果放弃继承权的继承人在遗产已经处理完毕后对放弃继承翻悔的,则对其翻悔的意思表示不予承认。因为遗产此时已经处理完毕,且已转化为没有放弃继承权的继承人的私有财产,性质已经改变。其中,还包含两种情形:

①若继承是继承人之间协商解决而未经过司法或公证程序,则若放弃继承的继承人翻悔的,其翻悔的意思表示没有法律效力,不得推翻之前的放弃行为。

②若继承经过了司法或公证程序,则法院、公证机构对于继承人翻悔的意思表

---

① 本法自 2021 年 1 月 1 日起失效,原条文与《民法典》条文的对照,可参见本书附录二。后文不再一一标注。

示不予处理。

(2)遗产处理前,继承人如果对放弃继承翻悔的,则先由当事人自行协商解决,若无法经协商达成一致意见,则由人民法院根据翻悔方提出的具体理由,决定是否承认。

在本案审理过程中,法院对王某昌进行了询问,其表示如果法院认定苏州市天宫寺弄18号房屋系王某茂、王某氏的遗产,则其不放弃对该房屋的继承权。吕某珍、王公某、王某华、王某民、王某雯、王进某、王炜某对此表示认可。

【律师点评】

1.原告律师的代理思路

就原告律师而言,应围绕以下问题进行代理:第一,苏州市天宫寺弄18号平房4间是否属于王某茂与王某氏夫妻未析产的共同遗产?第二,王某英的继承人是否享有继承权?第三,王某祥的继承人是否可以主张王某祥是上述房产共有人?具体设计诉讼策略如下:

(1)1946年10月23日,涉案房屋的土地所有权证虽然登记在王某章名下,但是王某氏尚健在,王某章只是作为代表人进行登记,不能认定房屋及土地已经处分给了王某章。

(2)王某英虽然从1912年出嫁搬离涉案房屋,但是其在母亲在世时经常去探望,在没有明确表示放弃继承权的情况下,应当拥有继承权。

(3)王某祥的继承人可以主张王某祥为涉案房屋共有权人,从1988年王某章的继承人在房产管理部门有关登记材料中所填写的内容中可以反映出王某章继承人认可涉案房屋系王某章与王某祥共有。

2.被告律师代理思路

就被告律师而言,应围绕以下几个问题进行代理:第一,本案是否适用诉讼时效的抗辩?第二,涉案房屋是否属于王某茂与王某氏的遗产?第三,王某章的继承人是否可以主张涉案房屋系王某章的个人财产?第四,王某祥的继承人是否可以主张涉案房屋系王某章与王某祥的共有财产?第五,王某章与王某祥的继承人是否可以主张王某英丧失了继承权?具体设计诉讼策略如下:

(1)涉案房屋为王某茂、王某氏的夫妻共同财产。王某茂、王某氏过世后,涉案房屋即成为遗产,继承也即开始。本案是继承纠纷,应适用继承时效。王忠某等人起诉时已超过20年,不应受法律保护。

(2)涉案房屋中华人民共和国成立前后均登记在王某章名下,应认定为王某章的继承人所有,不应认定为王某茂与王某氏的遗产。

基于(2)的观点,王某章的继承人可以主张涉案房屋系王某章的个人财产。

(3)1987年,王某章的继承人在房产管理部门有关登记材料中所填写的内容,可以反映出王某章继承人认可涉案平房4间为王某章、王某祥所共有,说明了1946年10月23日王某章系作为王某章、王某祥的代表进行登记的。王某祥的继承人可以主张涉案房屋系王某章与王某祥的共有财产。

(4)王某英从1912年出嫁后搬离涉案房屋,随丈夫至吴江生活,距离1946年土地所有权登记已三十余年。王某英在王某茂、王某氏去世前回娘家看望父母,王某英对于涉案4间平房及土地登记在王某章名下应当是知情的,但王某英生前对此从未提出异议,应认定王某英对涉案4间平房放弃所有权并丧失了相关权利。

【法官审判要旨】

首先,诉讼时效。继承权纠纷提起诉讼的期限是2年,自继承人知道或应当知道其权利被侵犯之日起计算。但自继承开始之日起超过20年的,不得再提起诉讼。本案涉及登记不动产的所有权确认纠纷及在此基础上的共有物分割纠纷,不应适用诉讼时效制度。

其次,识别当事人与被继承人的关系,审查被继承人的法定继承人的范围,对双方当事人的主体是否适格进行审核,确定是否所有的法定继承人都参加了诉讼。

再次,明确原告的诉讼请求和被告的抗辩意见。

最后,明确遗产的范围。

【结语】

本案判决对有多个继承人的、有争议的继承财产如何进行分割的相关问题进行了说理,对处理类似案件有很大的参考价值。

【案外语】

本案中,由于涉诉人员众多,关系错综复杂,如果不深入研究涉案房屋的真实产权人,那就很可能导致部分继承人权益被损害。房屋是否为王某茂、王某氏夫妻的共同遗产是本案的核心问题。只有在这个前提下才能对涉案房屋的继承与分割进行合理合法的处理。

案例(013) 大连羽田钢管有限公司与大连保税区弘丰钢铁工贸有限公司等物权确认纠纷案

来源:最高法(2011)民提字第29号

作者:周帆

【案例导读】

羽田制造所(外国企业)欲取得中国国有土地使用权,由于错误理解中国法律,请他人代为受让土地使用权,结果受托人将土地使用权占为己有,导致一场长达 4 年的疑难诉讼。最高人民法院如何厘清纷繁复杂的法律关系、如何进行分类判决、本案对企业而言又有什么教训值得汲取,请看本案审理与判决。

【案情简介】

2002 年 5 月 8 日同一天在同一场合,本案四方当事人分别签订了以下三份合同书:①株式会社羽田钢管制造所(以下简称"羽田制造所")与大连保税区弘丰钢铁工贸有限公司(以下简称"弘丰公司")签订了《转让合同》(以下简称《转让合同》(A))。②大连高新技术产业园区龙王塘街办事处(以下简称"龙王塘办事处")与弘丰公司签订了《转让合同》(以下简称《转让合同》(B))。③羽田制造所与中方合资成立的大连羽田钢管有限公司(以下简称"大连羽田公司")与弘丰公司签订了《租赁合同》。

《转让合同》(A)的主文全文如下:羽田制造所决定购买龙王塘办事处所属龙王塘特种轧钢厂的土地使用权及地上物(以下简称"诉争土地及地上物"),但由于羽田制造所尚未在中国注册成立外商独资企业,无法办理相关土地、房产手续,故以弘丰公司名义签订转让合同,该转让合同中,弘丰公司的权利义务均由羽田制造所实际承担,弘丰公司如因此遭受经济损失的,由羽田制造所予以赔偿。弘丰公司承诺转让资产所有权、处分权均归羽田制造所所有,弘丰公司取得土地使用证和房屋产权证时立即将正本交给羽田制造所收执保管。弘丰公司同意羽田制造所在中国大连注册成立独资企业后立即无条件协助羽田制造所办理土地使用证和房屋所有权证过户手续。

《转让合同》(B)共有 13 条内容,与诉争有关联的主要内容是:①龙王塘办事处同意将诉争土地及地上物转让给弘丰公司。②弘丰公司向龙王塘办事处支付上述资产的转让费共计 1 200 万元人民币。③转让费的支付。A. 弘丰公司分期支付转让费,每年支付 100 万元,12 年支付完毕。B. 龙王塘办事处保证转让资产无任何抵押、查封等限制处分的情形。首期支付时间为 2002 年 5 月 20 日,以后每年转让费的支付时间为当年 5 月 20 日之前。④产权转移。龙王塘办事处应在弘丰公司首期转让费支付之日起 3 个月内将建筑物产权证及土地使用权证变更登记至弘丰公司名下。弘丰公司取得土地使用权证和房屋产权证后有权设定抵押。⑤财产交接。弘丰公司支付首期转让费之同时,龙王塘办事处应将转让资产移交给弘丰公司。⑥双方责任(略)。⑦其他(略)。

《租赁合同》共有 13 条,与诉争有关联的主要内容是:①弘丰公司同意将诉争土地及地上物租赁给大连羽田公司。②租赁期限自合同签订之日起至 2006 年 11 月 25 日。③租金。A. 大连羽田公司每年支付租金 100 万元,不包括各种费用。B. 首期支付时间为 2002 年 5 月 15 日,以后每一年租金支付时间为 5 月 25 日之前。④租赁登记。双方约定由大连羽田公司负责办理相关租赁登记,有关税费由大连羽田公司承担。⑤租赁资产交接。大连羽田公司支付第一年租金之同时，弘丰公司应将租赁资产移交给大连羽田公司。

2002年5月22日，大连羽田公司以还款名义向龙王塘办事处支付了100万元。龙王塘办事处也向大连羽田公司移交了《转让合同》(A)、(B)项下的资产。大连羽田公司将生产经营场所搬移至涉案合同约定的原特轧厂厂区，并占有、使用涉案资产至起诉时。

大连羽田公司又于2003年11月26日，以还款名义向龙王塘办事处支付了100万元；于2004年分三次以租金名义共支付100万元；于2005年分两次以租金名义共支付75万元；于2006年11月15日，以租金名义向龙王塘办事处支付了100万元；于2007年7月3日分两次以租金名义共支付100万元。

龙王塘办事处于2002年5月8日到场参加和见证了上述三份合同签订。龙王塘办事处确认羽田制造所向其购买诉争土地及地上物，每年支付100万元转让费实际上由大连羽田公司履行，并提交了当时向政府请示与报批材料，政府同意由大连羽田公司取得诉争土地使用权及地上物所有权。

2003年7月31日，登记机关为弘丰公司颁发诉争土地的国有土地使用权证书；2003年9月，登记机关为弘丰公司颁发了诉争房屋的所有权证书。

2008年7月，大连市政府和市工商局分别颁发了确认大连羽田公司为羽田制造所独资设立的《外商投资企业批准证书》和《企业法人营业执照》。

在上述证照下发之前的2007年5月25日，羽田制造所向大连羽田公司发出《确认函》，确认：①大连羽田公司继续履行弘丰公司与龙王塘办事处签订的《转让合同》(B)，享有原弘丰公司在该合同项下的权利并承担相应义务。②弘丰公司与龙王塘办事处签订的《转让合同》(B)项下的土地及地上物和地上物归大连羽田公司所有。③大连羽田公司负责与弘丰公司协商办理该资产的土地使用权和房屋所有权的过户手续。2007年5月28日，大连羽田公司召开董事会会议，作出同意上述《确认函》的决议。

大连羽田公司在取得外资独资企业证书之后，根据《转让合同》(A)，要求弘丰公司协助将转让资产由弘丰公司名下变更登记在大连羽田公司名下，但遭到拒绝。

【审理与判决】

1. 诉讼当事人

原告为大连羽田公司，被告为弘丰公司，第三人为羽田制造所、龙王塘办事处。

2. 诉请与抗辩

原告诉请：①确认羽田制造所将其以弘丰公司名义与龙王塘办事处签订的转让合同中的权利义务转让给大连羽田公司的行为有效。②确认诉争土地及地上物的所有权归属于大连羽田公司。③判令弘丰公司协助将上述两块国有土地的使用权和13处房屋所有权办理过户到大连羽田公司名下。

被告抗辩:①弘丰公司与大连羽田公司签订的《租赁合同》是一份有效合同,大连羽田公司与弘丰公司是租赁关系。②大连羽田公司提供的弘丰公司与羽田制造所签订的《转让合同》(A)是复印件,不能单独作为认定案件的依据。因羽田制造所与弘丰公司签订《转让合同》(A)时,并未在我国登记注册,其不具备购买土地使用权主体资格;且未经相关国家机关批准,违反相关法律规定,该合同应属无效合同。大连羽田公司不具备诉讼主体资格。请求驳回大连羽田公司的诉讼请求。

3. 争议焦点

(1)龙王塘办事处实际是向谁转让诉争土地及地上物的所有权?

(2)羽田制造所取得中国国有土地使用权是否违反中国法律?

4. 判决过程

一审认为,《转让合同》(A)为真实合同,《租赁合同》为假合同;龙王塘办事处向羽田制造所转让诉争土地及地上物的行为不违反法律规定。判决:诉争土地使用权和其他物(地下物除外)归原告所有;被告应协助将前项物权证书办到原告名下。被告不服,提起上诉。

二审认为,《转让合同》(A)真正受让人是被告并非原告;龙王塘办事处向作为外国企业的羽田制造所转让诉争土地及地上物的行为没有法律依据。判决:撤销一审判决,驳回原告诉讼请求。原告不服,申请再审。

再审法院认为,《转让合同》(A)真正受让人是羽田制造所而并非被告;羽田制造所受让诉争土地及地上物不违反法律规定。判决:撤销一审和二审判决;确认羽田制造所以被告名义与龙王塘办事处签订的转让合同中附属设施设备的所有权归原告所有;被告将诉争国有土地使用权及房屋所有权过户登记至原告名下。

【法律要点解析】

1. 被告与第三人羽田制造所的真实法律关系

被告与羽田制造所签订的《转让合同》(A),就其内容而言是委托被告代其购买龙塘办事处的资产,名为转让合同实为委托合同。在合同名称与内容不一致的情况下,法院以其真实的法律关系界定为委托合同关系,是完全正确的。

被告与龙塘办事处签订的《转让合同》(B),系被告受托向龙塘办事处购买资产的合同,双方形成买卖合同关系也是真实的。不过,出让方龙塘办事处在签约时已经知悉羽田制造所与被告之间的委托关系,故其一直认为涉案资产的实际受让方是羽田制造所而非被告。

因此,被告的角色始终属于受托人,其无论是以自己名义与龙塘办事处签订《转让合同》(B)还是以自己名义与中外合资的大连羽田公司签订《租赁合同》都是接受羽田制造所委托的代理行为。作为委托代理人,其代理行为产生的后果由委托人羽田制造所承担,因此一审和再审判决均认定羽田制造所是《转让合同》(B)的实际受让人,也是涉案资产的实际产权人,无疑是正确的。

2. 如何认定《转让合同》(A)复印件的真实性

被告认为,原告提供《转让合同》(A)的复印件,没有原件,对其真实性不予以认可。

原告对其没有原件作了解释,法院要求持有原件的被告出具原件,被告始终不予以出具。根据最高人民法院《关于民事诉讼证据的若干规定》第75条的规定,有证据证明一方当事人持有证据无正当理由拒不提供。如果对方当事人主张该证据的内容不利于证据持有人,可以推定该主张成立。再审法院推断如下:首先,被告作为《转让合同》(A)的当事方,应持有该证据的原件;其次,被告否定《转让合同》(A)的真实性,因为该证据内容对其不利;最后,法庭要求被告提供该证据原件,被告始终拒绝提供。因此,法院对原告提交的《转让合同》(A)复印件的真实性予以确认。

3. 当时我国法律是否禁止外国企业受让中国土地使用权

首先,依照《中华人民共和国土地管理法》(以下简称《土地管理法》)的规定,我国对土地的管理是按用途而非按用地主体进行管制的,原则上境内外法人均享有相同的待遇,均可依法取得国有土地使用权,进行土地开发利用。

其次,《中华人民共和国城镇国有土地使用权出让和转让暂行条例》第3条规定:"中华人民共和国境内外的公司、企业、其他组织和个人,除法律另有规定者外,均可依照本条例的规定取得土地使用权,进行土地开发、利用、经营。"

最后,当时《物权法》尚未出台,依据"法不溯及既往"原则,本案不适用《物权法》。即便后来颁布的《物权法》也并未对土地使用人主体进行限制。所谓物权法定原则,是指物权种类和内容法定,并非是物权取得法定。二审法院错误适用《物权法》并对物权法定原则作出错误解读,导致二审判决错误。

因此,羽田制造所受让涉案国有土地使用权并未违反我国法律法规的规定,是合法有效的。

【律师点评】

1. 一审法院认定《租赁合同》是假合同值得商榷

被告与当时还是中外合资企业的原告签订的《租赁合同》,约定将受让的涉案资产租赁给原告。该合同是真实的,并非一审判决认定的属于假合同,而且当时与上述转让合同(A)和(B)并不冲突。如果硬性认定为假合同,难以使当事人信服。首先,承租人并非羽田制造所,而是中外合资企业大连羽田公司,并不存在实际受让方与承租方主体混同问题。其次,该合同签约过程是羽田制造所知悉并认可的,故羽田制造所在庭审中并未否认该合同。最后,该合同已实际履行。从双方提供的证据来看,当时中外合资企业大连羽田公司并未获得羽田制造所的授权成为涉案资产的所有人,其使用涉案资产唯一的合法依据就是《租赁合同》,所以中外合资企业大连羽田公司与弘丰公司之间的租赁合同关系是成立的。中外合资企业大连羽田公司当时将租金交付给龙塘办事处作为弘丰公司的转让费,其实两者是混同的,即它既是支付给弘丰公司的租金又是代付给龙塘办事处的转让费,因此中外合资企业大连羽田公司与弘丰公司之间的租赁关系也是成立的,也就是说,二者已实际履行《租赁合同》。直至 2007 年 5 月 25 日,羽田制造所经龙塘办事处同意,将其享有的《转让合同》(B)的权利转让给改制成外国独资企业的大连羽田公司,此时才出现涉案资产实际受让人与涉案资产承租人角色混同的情况,因《转让合同》(B)与《承租合同》的标的物为同一涉案资产而出现了冲突。此时《租赁合同》因无法继续履行而为《转让合同》(B)所吸收。

2. 再审法院对混合产权的判决方式值得借鉴

大连羽田公司要求法院判令涉案国有土地使用权以及厂房、设施等地上物以及附属设施等归其所有,由于该涉案资产包含动产(附属设备和设施)和不动产(土地、房产)两部分,在《物权法》未生效之前,依照《民法通则》的规定,不区分动产与不动产,均列入财产权范畴,故法院可以直接判决财产所有权归大连羽田公司所有。但再审法院审理时,《物权法》已经实施。依照《物权法》的规定,动产物权以交付为生效要件,不动产物权以登记为生效要件,因此,再审法院采取分类判决的方式,对附属设备等动产直接判决归原告所有;但对土地和房产等不动产不宜直接判决归原告所有的,则判令被告协助将国有土地使用权以及房产等不动产过户给原告。这既体现了法院遵照《物权法》的规定,又体现了法院对不动产登记机关的尊重之义。

总之,一审法院判决正确,但对《租赁合同》效力认定瑕疵;二审判决事实认定不清,适用法律错误;最高人民法院的再审判决,一方面高屋建瓴,从宏观上把握各当事人之间存在的真实法律关系,从而纠正二审判决的错误;另一方面见微知著,从微观上理顺动产与不动产的法律关系,分别采用不同的判决方式,既全面又深刻。

3. 本案存在法律关系混乱的根本原因

本案历经一审、二审和再审,审理过程长达 4 年。诉讼发生在大连羽田公司与弘丰公司之间,既有羽田制造所与弘丰公司之间的委托代理合同关系,又有弘丰公司与龙塘办事处的诉争土地及地上物的转让合同关系,还有大连羽田公司与弘丰公司之间的诉争土地及地上物的租赁合同关系,还有大连羽田公司以租金为弘丰公司支付转让费的代付关系,本案法律关系可谓纷繁复杂,相互交织。究其原因,显然是项目的顶层设计出了大问题。由于委托人羽田制造所与受托人弘丰公司对中国法律的错误理解,以为外国企业未在中国境内注册就不能取得国有土地使用权,为了规避所谓的法律规定,煞费苦心地设计了《转让合同》(A)和(B),羽田制造所自己不出面受让而是委托弘丰公司受让诉争土地及地上物,并将产权证办至弘丰公司名下,而且为了使其子公司(大连羽田公司)得以使用诉争土地及地上物,又让大连羽田公司与弘丰公司签订了《租赁合同》,令人产生弘丰公司是产权人的错觉。

案例（014） 王某某诉吴某离婚的物权确认纠纷案

来源:(2011)龙民初字第472号
作者:兀勇

【案例导读】

婚前以一方名义签订房屋买卖合同、交付定金及首付款,婚后办理产权登记,离婚时如何认定房屋的归属？请看以下案例。

【案情简介】

2006年1月15日,原告王某某(1987年1月10日出生)与被告吴某办理结婚仪式并开始同居生活。

2007年8月20日,被告父亲吴某焕、母亲韩某英以被告名义向大庆市澳龙房地产开发有限公司交付购买涉案房产(澳龙小区B××-×-×××)定金5 000元。

2007年9月2日,被告父母交付购买涉案房产首付55 000元。

2007年9月7日,原告王某某与被告吴某办理结婚登记。

原、被告婚后,被告父母继续为涉案房产偿还房贷;后被告父亲要将涉案房产过户到他的名下,原告不同意,此后被告父亲经常辱骂原告,被告对此不予制止并也经常辱骂甚至殴打原告,原告与被告难以生活,从2010年夏季至起诉时分居,双方感情已破裂,请求法院判决离婚并分割财产。

【审理与判决】

1. 诉讼当事人

一审原告为王某某,被告为吴某。

2. 诉求与抗辩

原告诉请:①判决原告与被告离婚;②依法分割夫妻公共财产,包括住房、家具(电视柜1 500元、茶几500元、床1 700元)、家电(冰箱2 700元、电视2 300元、电脑3 000元、饮水机900元);③由被告承担本案的诉讼费用。

被告抗辩:①原告要求与被告离婚,被告同意;②原告要求分割住房,被告不同意,因为涉案房产是被告父母在原、被告结婚前,为被告个人出资购买,属于被告个人财产,原告要求分割,于法无据,请求法庭驳回该请求;③对原告对于家电和家具的陈述无异议,认可原告对家电及家具的估价。

3. 争议焦点

涉案房产是否应被认定为原、被告的共同财产进而进行分割。

4. 判决结果

一审判决:①准予原告王某某与被告吴某离婚;②财产分割:电视机一台、电视柜一套、饮水机一台、床一张归原告王某某所有,电脑一台、冰箱一台、茶几一个归被告吴某所有,原告王某某于判决生效之日起 7 日内支付被告吴某折价款 100 元;③驳回原告其他诉讼请求。案件受理费 300 元,由原、被告各负担 150 元。

【法律要点解析】

1. 2007 年 9 月 7 日之前,原、被告之间的关系如何认定

《婚姻法》第 6 条规定,"结婚年龄,男不得早于二十二周岁,女不得早于二十周岁"。第 10 条第 4 款规定了未到法定婚龄的,婚姻无效。

本案中,在 2006 年原、被告办理结婚仪式时,原告尚未达到法定结婚年龄,两人系无效婚姻,不受法律保护。原、被告合法有效的婚姻关系成立时间为二人办理结婚登记的日期即 2007 年 9 月 7 日。

2. 原、被告是否符合离婚的条件

《婚姻法》第 32 条关于"应准予离婚"的情形之(五)为,"其他导致夫妻感情破裂的情形"。

本案中,原、被告结婚后,发生冲突和矛盾,无法互谅互让,大打出手,且双方从 2010 年夏天分居,原告要求离婚,被告亦同意,双方感情确已破裂,符合"应准予离婚"情形。故,法院应支持原告关于离婚的诉求。

3. 原告是否可以对涉案房产进行依法分割

最高人民法院《关于适用〈中华人民共和国婚姻法〉若干问题的解释(二)》(以下简称《婚姻法司法解释(二)》)第 22 条第 1 款规定:"当事人结婚前,父母为双方购置房屋出资的,该出资应当认定为对自己子女的个人赠与,但父母明确表示赠与双方的除外。"

本案中,被告的父母以被告名义交付定金、首付均发生在双方结婚登记之前,且被告父母一直为涉案房产偿还房贷。虽房屋登记办理发生在原、被告结婚登记之后,但登记在被告个人名下,且原告未提供相关证据证实房贷系原、被告共同偿还的主张,故涉案房产应认定为被告的婚前个人财产,原告要求按共同财产分割的诉求于法无据,法院不应支持。

4. 原、被告除涉案房屋外的其他共有财产应如何进行分割

《婚姻法》第 39 条第 1 款规定:"离婚时,夫妻的共同财产由双方协议处理;协

议不成时,由人民法院根据财产的具体情况,照顾子女和女方权益的原则判决。"

本案中,原、被告对已经认可的共同财产的价值达成了一致意见,法院应按照双方估价依法予以分割。

【律师点评】

1. 原告律师的代理思路

就原告律师而言,第一,要确认的是本案中的原、被告可以就离婚及除涉案房产外的夫妻共同财产的分割达成一致意见;第二,应围绕如何证明涉案房产为夫妻共同财产来组织证据并设计诉讼策略,其思路要点如下:

(1)确认原、被告婚前被告父母在为购买涉案房产出资时是否明确作出将该房产赠与双方的意思表示。若有,需对能证明前述意思表示的证据进行搜集与整理,具体参照最高人民法院《关于适用〈中华人民共和国婚姻法〉若干问题的解释(二)》第 22 条第 1 款规定。

(2)在满足条件(1)的情况下,确认原、被告婚后是否有共同还贷的情况。若有,需对能证明原、被告共同还贷的书面凭证等进行搜集与整理。

2. 被告律师的代理思路

就被告律师而言,关于涉案房产是否可以认定为夫妻共同财产的问题应主要围绕原告律师的主张形成以下对抗点:

婚前父母交付首付款,婚后夫妻还贷款,不属于共同财产。最高人民法院《关于适用〈中华人民共和国婚姻法〉若干问题的解释(三)》(以下简称《婚姻法解释(三)》)第 10 条规定:"夫妻一方婚前签订不动产买卖合同,以个人财产支付首付款并在银行贷款,婚后用夫妻共同财产还贷,不动产登记于首付款支付方名下的,离婚时该不动产由双方协议处理。依前款规定不能达成协议的,人民法院可以判决该不动产归产权登记一方,尚未归还的贷款为产权登记一方的个人债务。双方婚后共同还贷支付的款项及其相对应财产增值部分,离婚时应根据婚姻法第三十九条第一款规定的原则,由产权登记一方对另一方进行补偿。"

婚前一方父母给自己子女购房的行为,应看作对自己子女的赠与行为,具体法律可以适用上述《婚姻法解释三》的规定。离婚时房屋登记一方除支付共同还贷部分属于另一方的份额,还应支付相应财产增值部分。

注:原、被告婚前被告父母购房行为的赠与对象如何确认及婚后关于原、被告是否存在共同还贷的情况,需根据原告提供的证据进行判断,进而形成更为完整的答辩思路。

【法官审判要旨】

(1)离婚案件需要裁判的问题一般包括:①婚姻关系的解除;②财产的分割;

③子女的抚养。本案中主要考虑前两点。

（2）结合起诉书及答辩状需要查明的事实包括：①双方当事人的婚姻状况是否存在《婚姻法》规定的应准予离婚的情形；②双方当事人的经济状况及生活、工作状况；③夫妻双方的共同财产及共同债务状况。

（3）产生的争议焦点：①夫妻双方感情是否确已破裂。根据《婚姻法》的规定，夫妻双方感情确已破裂是判决婚姻关系解除的条件，《婚姻法》同时列举了认定感情确已破裂的四种情形。当存在《婚姻法》列举的情形时，可以比较明确认定夫妻双方感情确已破裂，调解无效后可以判决离婚。但不存在四种认定感情已破裂的情形时，适用《婚姻法》规定的"其他导致夫妻感情破裂的情形"应从严掌握，不能轻易判决离婚。②夫妻共同共有财产、共同债务如何认定。本案中主要问题集中在共同财产的认定上。《婚姻法》第17条对夫妻共有财产进行了不完全列举，同时，第18条对属于夫妻一方的财产也进行了不完全列举，应依据《婚姻法》确定的原则，对夫妻财产是否属于共同财产进行确认。

法院需对各方当事人提交的相关证据进行核实与判断。最终，法院本着维护社会稳定、保护婚姻自由的原则，对涉案房产的性质作出了认定。

【结语】

本案中涉及的主要问题为，婚前以一方名义签订房屋买卖合同、交付定金及首付款，婚后办理产权登记，离婚时如何认定房屋的归属？本案判决对相关问题进行了说理，对处理类似案件有很大的参考价值。

【案外语】

本案中，如果不仔细研究购买涉案房产时的事实，那极有可能导致不公平。何时购房？如何购房？谁来购房？谁来还贷？实际情况比查明的事实情况要复杂得多。因此，无论是律师还是法官，都需在查明事实的基础之上，结合原、被告双方提供的证据来准确的适用法律。

（二）用益物权确认

案例（015） 刘乙与刘甲、刘甲配偶、刘甲子女租赁公房使用权纠纷案

来源：（2011）一中民终字第00409号
作者：杨智星

【案例导读】

父亲或者母亲单位的自管公房能否作为遗产继承？在此出生、成长、长期居住

的人是否就当然具备了该房屋的居住使用权？物权权利如何获得保护？请看以下案例。

【案情简介】

刘甲与刘乙是姐弟关系，两人的父亲在北京市宣武区（现属于北京市西城区）禄长街承租了单位的一套自管公房。

2004年3月父、母亲去世后，经四兄弟姐妹共同协商，同意父亲将所承租公房的承租人变更为刘乙，并全部在变更承租人的申请书上签字，后刘乙与父亲单位签订了《北京市公有住宅租赁合同》。

2004年6月30日，刘甲、刘乙及其他兄弟姐妹签订协议，约定刘甲可暂住该房屋至其位于北京市通州区的新房装修完毕。但刘甲的新房迟迟未装修，并且2006年刘甲不顾大家的反对，将通州的房屋出售。刘乙念及亲情，没有撵走刘甲。

2010年4月10日，刘甲、刘乙及其他兄弟姐妹又签订一份协议，约定该公房由刘乙购买，刘甲在协议签订后90天内把房屋腾出交给刘乙，刘乙在收到房屋后7日内给予刘甲及其他兄弟姐妹每人15万元房屋补偿款，但刘甲没有按时返还房屋。

由于刘乙的子女结婚需要住房，刘乙自己的住房面积较小，无法满足需求，为了解决居住困难问题，刘乙需要到涉案房屋内居住。但是刘甲一直拖延返还房屋，两人无法协商解决。刘乙无奈向北京市宣武区人民法院（现北京市西城区人民法院南区）提起诉讼。

【审理与判决】

1. 诉讼当事人

一审原告为刘乙，被告为刘甲、刘甲的配偶、刘甲的子女。

2. 诉请与抗辩

原告诉请：请求法院依法判令被告将位于北京市宣武区（现属于北京市西城区）禄长街×号南楼×号的涉案房屋腾空，返还给刘乙，并由被告承担诉讼费用。

被告抗辩：不同意原告诉讼请求，请法院驳回原告的诉讼请求。

3. 争议焦点

（1）涉案房屋的物权权利人是谁？

（2）被告一家是否拥有涉案房屋的居住使用权？

（3）被告一家是否具备返还能力？

4. 判决结果

一审法院判决：刘甲及其配偶、子女在判决生效之日起6个月内将涉案房屋腾空返还给刘乙。

被告不服，提起上诉。

二审法院判决:驳回上诉,维持原判。

【法律要点解析】

1. 公房承租人享有用益物权

涉案房屋为原告父亲单位的自管公房,承租人原为原告和被告的父亲。在父亲和母亲去世后,经各兄弟姐妹同意,承租人变更为原告。因此,原告享有涉案房屋的居住权和使用权。

原告作为涉案房屋的权利人,在多次协商不成的情况下,依据《物权法》的相关规定,向房屋的占有人被告提起诉讼,主张保护自己的物权权利,得到了一审、二审法院的支持。

2. 被告是否享有涉案房屋的居住权

原告和被告为姐弟关系,在父亲承租单位公房期间,如果原告与被告同为涉案房屋的居住人,而且均落户在涉案房屋地址,应视为被告与原告均享有涉案房屋的居住权。

但在父母去世后,被告同意将承租人变更为原告并在变更申请书上签字,后由原告与单位签订涉案房屋的租赁合同,如无特殊约定,应视为被告自愿让渡其原有的居住权。因此,后续签订的兄弟姐妹协议仅约定被告在通州新房装修期间享有暂住权而非居住权。尤其在2010年各兄弟姐妹再次签约,约定涉案房屋由原告购买,原告收房后支付其他兄弟姐妹每人15万元房屋补偿款,可视为其他兄弟姐妹让渡其居住权及优先购买权的对价。协议还约定被告应在90天内腾空涉案房屋。

因此,本案诉讼时被告不享有涉案房屋的居住权,被告拒不返还涉案房屋显然构成违约。

【律师点评】

本案原告胜诉,主要有以下几方面的原因:

(1)原告是涉案房屋的合法权利人,其请求被告一家返还涉案房屋,具有事实和法律依据,应当依法给予保护。

首先,原、被告的父亲是涉案房屋的原承租人,在父亲、母亲去世后,经原、被告等四兄弟姐妹共同协商确定,一致同意由原告继续承租涉案房屋。

其次,被告等三兄弟姐妹在变更承租人的申请书上签了字,这一点非常重要。该行为不但意味着被告同意原告作为新的承租人承租涉案房屋,而且意味着涉案房屋承租人的变更并非是父亲单位的单方意见,而是刘家兄弟姐妹的共同意见,因此父亲单位作出变更承租人的行为毫无瑕疵。

再次,原告与父亲单位签订了《北京市公有住宅租赁合同》。合同签署后,原告作为涉案房屋的承租人,就拥有了占有、使用涉案房屋的权利。在租赁期限内,原告也是唯一的使用权人。因此,原告是通过合法的方式取得了涉案房屋的占有、使用权,成为权利人。

最后,虽然被告也声称其拥有涉案房屋的"合法居住权",但是其没有向法院提交有效证据加以证明。而且该房屋是父亲单位的自管公房,不存在继承的问题。在父亲去世后,原告基于亲情允许被告一家在涉案房屋居住至其新房装修完毕时止,这并不意味着被告一家可以永远住下去,或者拥有了"合法居住权"。

因此,原告是涉案房屋的合法权利人,其对该房屋拥有的占有、使用权利是排他性的,依法应当给予保护。而被告则是涉案房屋的无权占有人,按照我国《物权法》第4条、第34条、第241条、第243条的规定,原告有权请求被告返还涉案房屋。

(2)原告请求被告一家返还房屋,还具有约定依据。

本案中,2004年和2010年,包括原告、被告在内的四兄弟姐妹曾就涉案房屋签订过两份协议。两份协议中都曾约定在某个特定时间被告返还涉案房屋给原告,但是被告并没有履行约定义务。

同时,既然被告能作出返还房屋的承诺,并同意将该承诺写入两份协议,就说明其具有返还能力。

因此,原告请求被告返还涉案房屋,还具有约定依据。

(3)被告现在的住房困难是基于被告自身的过错造成的,问题应由其自行解决,其不能将解决住房问题的责任强行加在原告身上。被告曾在北京市通州区购买了一套楼房,但在2006年,被告不顾亲友的反对,将通州楼房出售,这是造成目前被告一家无房居住的根本原因。这一后果应由被告自行承担,其应自行想办法解决问题,而不应将此后果强行加在原告身上,并要求原告给予解决。原告没有这个义务,也没有这个能力。

(4)从客观上讲,在返还涉案房屋后,被告也具备自行解决住房问题的能力,"无房"不是不返还房屋的法定事由。

从经济角度来看,被告及其配偶有稳定的退休收入,子女也已经工作,收入稳定;而且被告将位于北京市通州区的房屋出售后,手里也有售房款;同时,在返还涉案房屋后,原告还会给被告部分房屋补偿款。因此,被告具备租住房屋的经济能力。

从社会保障的角度来看,被告在返还涉案房屋后,虽然没有自己的住房,但由于其一家都是北京市户口,其还可以按照北京市各项政策性保障住房的申请条件,申请经济适用房、两限房、廉租房等政策性保障住房。

因此,被告具备返还涉案房屋的条件,而且其有能力自行解决住房问题。

(5)原告有使用涉案房屋的客观需要,而且非常急迫。本案中,原告的子女因结婚急需住房,但原告自己的房子面积比较小,如果给儿子结婚使用的话,原告及其配偶也将面临无房居住的局面。

(6)一审法院判决了6个月的履行期限,足以保障被告一家在此期间内自行解决住房问题。

本案一审法院给被告一家6个月的履行期限,可以说已经充分考虑了被告一家的实际情况。在判决生效后的6个月内,被告一家可以通过购房或者租房解决住房问题,从时间上来看,相当充裕。

综上所述,原告的诉讼请求具有法律依据、约定依据和事实依据,同时原告也具有使用涉案房屋的客观急迫需要,而被告则具备返还房屋的条件和能力,其提出的不返还的理由没有法律依据。因此,法院依法支持了原告的诉讼请求。当然在判决时,法院也充分考虑了被告一家的实际情况,给了6个月的履行期限,作出了非常妥当的处理。

【结语】

本案中原告刘乙是涉案房屋的物权权利人,在其权利受到侵害的时候,一、二审法院都依据《物权法》的规定保护了刘乙的合法权益。

(三)担保物权确认

案例(016) 某银行诉污水处理公司等特许经营权抵押确认纠纷案

来源:(2013)闽民终字第870号
作者:潘茂华

【案例导读】

特许经营权、特许经营权的收益权能否质押?如能,应如何质押?质权如何实现?请看以下案例。

【案情简介】

2003年,某市建设局为让与方、市政公司为受让方、市财政局为见证方,三方共同签订《污水处理厂特许建设经营合同》,约定市建设局授予市政公司负责投资、建设、运营和维护城区污水处理厂项目及其附属设施的特许权。2004年10月22日,污水处理公司成立。该公司系市政公司为履行《污水处理厂特许建设经营合同》而设立的项目公司。

2005年3月24日,某银行与污水处理公司签订《单位借款合同》,约定:污水处理公司向该银行借款3 000万元;借款用途为城区污水处理厂BOT项目;借款期限为13年,自2005年3月25日至2018年3月25日。同时,二者就利息及逾期罚息的计算方式作了明确约定。市政公司为污水处理公司的上述借款承担连带责任保证。

同日,某银行与污水处理公司、市政公司、市建设局共同签订《特许经营权质押担保协议》,约定:市政公司以《污水处理厂特许建设经营合同》授予的特许经营权为污水处理公司向某银行的借款提供质押担保,市建设局同意该担保;市政公司同意将特许经营权收益优先用于清偿借款合同项下的污水处理公司的债务,市建设局和市政公司同意将污水处理费优先用于清偿借款合同项下的污水处理公司的债务;未受清偿的,某银行有权依法通过拍卖等方式实现质押权利等。

上述合同签订后,某银行依约向污水处理公司发放贷款3 000万元。污水处理公司于2007年10月21日起未依约按期足额还本付息。

【审理与判决】

1. 诉讼当事人

一审原告为某银行,被告为污水处理公司、市政公司。

2. 诉请与抗辩

原告诉请:①判令污水处理公司偿还原告借款本金和利息;②确认《特许经营权质押担保协议》合法有效,拍卖、变卖该协议项下的质物,原告有优先受偿权;③将市建设局支付给两被告的污水处理服务费优先用于清偿应偿还原告的所有款项;④被告市政公司承担连带清偿责任。

被告抗辩:现行法律并未明确规定特许经营权可以质押,本案质押合同效力存在瑕疵。

3. 争议焦点

①污水处理项目特许经营权能否出质?

②污水处理项目收益权质权应如何公示?

③污水处理项目收益权的质权应如何实现?

4. 判决结果

一审法院判决:①污水处理公司应于判决生效之日起10日内向某银行偿还借款本金28 714 764.43元及利息(暂计至2012年8月21日为2 142 597.6元,此后利息按《单位借款合同》的约定计至借款本息还清之日止);②污水处理公司应于判决生效之日起10日内向某银行支付律师代理费123 640元;③某银行于判决生效之日起有权直接向市建设局收取应由市建设局支付给污水处理公司、市政公司的污水处理服务费,并对该污水处理服务费就判决第一、二项所确定的债务行使优先受偿权;④市政公司对判决第一、二项确定的债务承担连带清偿责任;⑤驳回某银行的其他诉讼请求。

被告市政公司、被告污水处理公司不服一审判决,提起上诉。
二审法院判决:驳回上诉,维持原判。

【法律要点解析】

1. 借款合同、质押合同是否已成立

合同成立是指合同关系事实上已经存在,合同内容已经固定,缔约阶段已经完成的一种合同状态,属于事实判断问题。依据最高人民法院关于适用《中华人民共和国合同法》若干问题的解释(二)(以下简称《合同法解释(二)》)第1条的规定,能够确定当事人名称或者姓名、标的和数量的,一般应当认定合同成立,但法律另有规定或者当事人另有约定的除外。同时,依据《合同法》第197条、《中华人民共和国担保法》①(以下简称《担保法》)第64条、《物权法》第210条的规定,法人间的借款合同应采取书面形式,质押合同应当采取书面形式。本案中的各方之间已签订书面借款合同、质押合同,权利义务关系明确,故而应当认定借款合同、质押合同业已成立。

2. 借款合同、保证合同、质押合同是否已生效

合同生效是指成立的合同能够发生当事人所期望发生的效果的一种合同状态,属于价值判断与利益衡量问题,合同生效则当事人即受合同条款的约束。依据《民法总则》《民法通则》《合同法》的规定,在不违反法律或社会公共利益的情况下,已成立的合同不应无效。本案中的借款合同、保证合同、质押合同在不违反法律或社会公共利益的情况下,应当认为已处于生效或效力待定情形,而非无效。

3. 市政公司能否取得污水处理特许经营权

政府特许经营作为政府监管的一种方式,可以在涉及公众服务并且直接关系公共利益的行业进行设置,污水处理便是其中一种。国家行政机关依据《中华人民共和国行政许可法》(以下简称《行政许可法》)的规定享有该特许经营的分配权,市建设局作为具体的行政部门,依法有权对污水处理的特许经营权进行分配。故,市建设局有权决定由市政公司取得污水处理的特许经营权。

4. 市政公司取得污水处理特许经营权后能否出质

质权分为动产质权与权利质权,动产质权以可以移动且不损害其经济价值的动产为质押标的;权利质权以无形的、可转让且可估价的权利作为质押标的。对污水处理项目的运营和维护,属于经营者的义务,非可转让的财产权利。而污水处理特许经营权的收益权,则属于经营者的权利,系将来金钱债权。污水处理项目的收益权属于行使期间及收益金额相对确定的、特定化的财产权利,且可以纳入现行法律规定的涵盖范围内,故而可以允许其出质。

---

① 本法自2021年1月1日起失效,原条文与《民法典》条文的对照,可参见本书附录二。后文不再一一标注。

5. 污水处理特许经营权的收益权能否以拍卖、变卖等形式实现

质权人在行使动产质权时，通常采取的方法是与出质人达成协议以质押财产折价，或就拍卖、变卖质押财产所得的价款优先受偿。在权利质权方面，并非以权利变价优先受偿为唯一方式，质权人还可以取代出质人的地位，向入质权利的义务主体直接行使入质权利，并通过直接行使入质权利使被担保的债权优先受偿。特许经营项目的收益权，其经营主体具有特定性，且收益权系与相应的不动产及提供服务紧密相关，并非可单独转让的权利，故而不易通过拍卖、变卖等方式实现。但收益权属于金钱债权，质权人可以通过直接收取的方式行使优先受偿权，无须通过拍卖、变卖方式转换为金钱价款后，再行使优先权。即污水处理特许经营权的收益权的质权，不易通过拍卖、变卖等形式，而应通过请求第三债务人向质权人给付相应款项来实现。

6. 污水处理特许经营权的收益权实现时是否考虑保留运营管理的合理费用

污水处理特许经营权的收益权附有一定义务的负担，且其经营主体具有特定性，在不易采取折价或拍卖、变卖等方式的同时，还应当预留污水处理厂运营管理的合理费用，以维持污水处理厂的特许经营和正常运转，确保污水处理的持续稳定运营。如此才符合《行政许可法》中特许经营权的设立初衷。

7. 关于污水处理特许经营权的收益权质权的公示问题

自2007年10月1日起施行的《物权法》规定，归属于应收款范畴的收益权应进行出质登记，质权才能设立。但本案的质押担保协议于2005年签订，早于《物权法》施行日期，故不受《物权法》规定的统一出质登记公示所约束。因当时并未有统一的登记公示规定，故可参照当时公路收费权质押的规定，由其上级主管部门进行备案登记。本案中，市建设局作为市政公司的上级主管部门，已在污水处理特许经营权的质押担保协议上盖章，并约定同意为此办理质押登记出质登记手续，故而可以认定已登记公示，质权已设立。

8. 市政公司是否需对污水处理公司的债务承担连带清偿责任

保证是指保证人和债权人约定，当债务人不履行债务时，保证人按照约定履行债务或者承担责任的行为，并分为一般保证与连带保证。连带保证，即在债务履行期届满而债务人没有履行债务时，债权人可以要求债务人履行债务，也可以要求保证人在其保证范围内承担保证责任。本案中，市政公司与某银行约定了市政公司为污水处理公司的借款承担连带责任保证，故而市政公司应当对污水处理公司涉案债务承担连带清偿责任。

9. 其他假设情况的分析

（1）假如无允许污水处理特许经营权的收益权出质的政策，质权是否设立？

《物权法》《担保法》均对权利质权作了相关规定，并列举了具体可以质押的权

利,其中,《物权法》相较于《担保法》增加了基金份额和应收账款两项,虽均未列举收益权这一项,但应当认为收益权作为特定财产权,应属于应收账款。对于特许经营权的收益权能否出质,应考虑政策是否允许设立,是否损害公共利益,收益权的行使时间及金额是否相对确定。本案污水处理特许经营权的收益权的期限明确,收益金额亦满足相对确定的条件,因此应当重点考虑政策及公共利益因素。假若国家未出台污水处理项目及其他类似的涉公共服务的特许经营收益权可质押的政策,考虑到此类项目与公共利益密切相关,擅自设立此质权确实可能损害公共利益,故而应当认为在政策未允许的情况下,质权无法设立。

(2)假如质押担保协议签订在《物权法》施行后,在向市建设局质押登记后,质权是否设立?

收益权的质押属于应收账款。《物权法》第228条第1款规定:"以应收账款出质的,当事人应当订立书面合同。质权自信贷征信机构办理出质登记时设立。"其中信贷征信机构即为中国人民银行征信中心。依据《物权法》规定的质权生效要件,未在中国人民银行征信中心办理出质登记的,质权不成立。故而,即便各方为污水处理项目向其主管单位办理了"质押登记",但仍因不符合《物权法》的规定而致使质权未设立。

【律师点评】

本案涉及特许经营权的性质,及其质押担保与质权实现的方式等问题,其中还需要重点考虑此类涉公共服务与公共利益的特殊权益的质押设立要件问题。因特许经营权具有强烈的政策调整色彩,各类管理规范散见于不同层级的政府政策文件中。所以,本案对律师是否正确理解《担保法》与《物权法》,及政策文件检索与法学理论推导能力提出了较高的要求。

1. 原告律师的代理思路

原告律师,作为主要举证义务方的代理人,从合同成立到质权设立,以及质权实现方式,均需承担举证责任,故应当围绕担保性质、权利成立及权利实现方式来组织证据并设计诉讼策略,其思路要点如下:

(1)某银行与污水处理公司间的借贷合同及与市政公司间的连带保证合同是否有效?

(2)四方签订的《特许经营权质押担保协议》,其担保性质是什么?是项目的资产,还是项目的收益,或者两者兼有之?

(3)市政公司是否有权将污水处理特许经营权抵押及市建设局是否有权同意抵押?

(4)《特许经营权质押担保协议》中的担保的生效要件都有哪些,在同时具有项目资产抵押与收益权抵押的情况下,二者的生效要件是否相同?

（5）《特许经营权质押担保协议》中的担保是否需要登记公示,市建设局的同意抵押是否具备登记公示的效力？

（6）《特许经营权质押担保协议》中的担保权益能否通过拍卖、转让方式将特许经营权拍卖或转让？

（7）市建设局和市政公司同意将污水处理费优先用于清偿借款合同项下的债务,属于连带保证还是权利质押？

2. 被告律师的代理思路

因污水处理公司本系市政公司设立的项目公司,故而二者的观点、主张及思路一致。被告律师应围绕特许经营权特殊性所延伸的担保的合法性来组织证据并设计诉讼策略,其代理思路如下：

（1）污水处理特许经营权归属于市建设局,还是归属于市政公司或污水处理公司？

（2）市政公司、污水处理公司是否有权对污水处理特许经营权进行处分,其处分的方式有哪些？

（3）能否以污水处理特许经营权对外提供担保？如能,属于项目资产抵押还是质押？

（4）《特许经营权质押担保协议》中约定的特许经营权是否属于可以质押的权利？

（5）假设特许经营权可以质押,该质权设立的法定要件是哪些？应当如何办理登记公示？

（6）假设质权已经设立,能否以公共利益为由避免项目资产被拍卖,及避免特许经营权易主？

【法官审判要旨】

本案案件事实较为清晰,但法律适用问题需法官仔细考量。关于污水处理特许经营权或其收益权能否出质,我国法律法规并未明确规定。但法官不得回避裁判的原则,意味着法官不得以法律没有规定、法律规定不明为由拒绝或者拖延裁判。本案法官通过对特许经营权质押是否有效及该质权实现方式的争议焦点进行论述,对法律法规尚未明确规定的特许经营权的收益权的出质标准及实现方式进行了裁决,在解决个案争议的同时,对规范金融机构特许经营权的质押贷款业务、促进基础设施项目的融资也有积极指导意义,实现了法律正确指引。

（1）《单位借款合同》《特许经营权质押担保协议》记载了适格的各方主体,权利义务记载明确,符合法律规定的书面形式要件,依照《合同法解释（二）》第1条的规定,两份合同已经成立。

（2）国家行政机关依据《行政许可法》第12条的规定,有权设定污水处理项目的行政许可,市建设局作为具体的行政部门,有权依法按照授予许可的规程将污水处理项目的行政许可授权给市政公司,在各方签署《污水处理厂特许建设经营合同》后,市政公司获得了污水处理项目的特许经营权。

(3)污水处理项目等特许经营权是对污水处理厂进行运营和维护,并获得相应收益的权利。污水处理厂的运营和维护,属于经营权人的义务;而污水处理厂的收益权,则属于经营权人所享有的权利。由于污水处理厂的运营和维护并不属于可转让的财产权利,故讼争的污水处理特许经营权的质押,实际上是污水处理特许经营权的收益权的质押。该收益权能够出质的理由如下:一是政策上允许该收益权质押,国务院办公厅曾发文鼓励扩大基础设施项目收益权质押贷款,包括污水处理项目收益权质押,且质押并不损害公共利益;二是收益权行使期间特定的收益金额相对确定,可作为特定化的财产权利;三是该收益权可以纳入现行《物权法》中的应收账款内。

(4)自《物权法》于2007年10月1日施行后,收益权已纳入该法第223条第(六)项的应收账款范畴,在中国人民银行征信中心的应收账款质押登记公示系统进行出质登记后,质权才能依法设立。但本案的质押担保协议签订于2005年,不适用该法关于应收账款的统一登记制度。在未有统一的登记公示规定的情况下,可参照当时公路收费权质押登记由主管部门负责的规定,由污水处理特许经营权的主管部门市建设局进行备案登记,同样具备物权公示的效果。故在市建设局盖章书面同意为市政公司办理项目出质登记手续时,应认定已完成质押登记公示,质权已经设立。

(5)《担保法》和《物权法》均未具体规定权利质权的具体实现方式,仅就质权的实现作出一般性的规定,即质权人在行使质权时,可与出质人协议以质押财产折价,或就拍卖、变卖质押财产所得的价款优先受偿。但污水处理特许经营权的收益权属于将来金钱债权,质权人可请求法院判令其直接向出质人的债务人收取金钱并对该金钱行使优先受偿权,故无须采取折价或拍卖、变卖之方式。况且收益权均附有一定之负担,且其经营主体具有特定性,故依其性质亦不宜拍卖、变卖。因此,法院对原告请求将《特许经营权质押担保协议》项下的质物予以拍卖、变卖并行使优先受偿权不予支持,对请求将污水处理服务费行使优先受偿权予以支持。

(6)在考虑污水处理服务费优先受偿的同时,还需考虑污水处理项目与公共服务及公共利益的关系,应当为污水处理厂运营管理的预留合理费用,以维持污水处理厂的特许经营和正常运转,确保污水处理的持续稳定运营。

(7)市政公司承诺对污水处理公司《单位借款合同》中的借款承担连带担保责任,该承诺意思表示真实,未违反法律的强制性规定,且无损于公共利益,市政公司应当依约承担连带清偿责任。

【结语】

目前,一方面我国关于特定项目收益权质押的相关法律规范还不够明确,《担保法》的相关司法解释仅规定公路、桥梁、隧道等不动产的收益权可以出质;另一方面,虽然《物权法》已将可出质的收益权纳入应收账款范畴,但是同样未规定具体哪些收益权可以出质。本案明确了特许经营权的收益权可以质押的原则,并指明其应按照应收账款进行出质登记。法院判决在阐述特许经营权的收益权具有不宜折价、拍卖或变卖的特性的同时,指出可通过将收益权的应收账款优先支付给质权人的方式实现质权的受偿。

【案外语】

借助本案,我们可以进一步思考应收账款质押是否需要通知次债务人的问题。《物权法》《担保法》《合同法》均未要求设立应收账款质押应当通知次债务人。《合同法》第 80 条第 1 款规定:"债权人转让权利的,应当通知债务人。未经通知,该转让对债务人不发生效力。"但"出质"并不等同于"债权转让",因此出质并不能适用该条款。债权人(质权人)能否收到还款,很大程度上取决于次债务人的配合。如果债务人不知道应收账款已被出质,而对基础债权债务进行变更、撤销,则债权人(质权人)的权利难以得到保障,故应收账款被质押时通知次债务人很有必要。这种通知并不影响质押合同的效力,影响的是权利的行使和保全。在通知形式方面,如果次债务人为特定对象且人数较少,则可以书面通知,如能取得回函或书面同意意见则更好。如果次债务人人数较多且对象不特定,则可以公告的方式通知。本案中,某银行与污水处理公司、市政公司、市建设局共同签订《特许经营权质押担保协议》,市建设局(次债务人)作为合同当事人参与进来,也是一种适用于次债务人数量较少且对象特定的方式。

案例(017)　孙某与某房地产公司清算小组担保物权确认纠纷案

来源:(2014)常民终字第 30 号
作者:张怀玺

【案例导读】 不动产预告登记能否产生物权变动的法律效果?请看以下案例。

【案情简介】

2007 年 12 月 25 日,孙某与冯某、某房地产公司签订借款合同及补充协议,约定:冯某向孙某借款 1 950 万元,借款期限 6 个月,自 2007 年 12 月 20 日至 2008 年 6 月 19 日。同日,某房地产公司与孙某签订了商品房买卖合同及补充协议,约定:以某房地产公司开发的某市某小区住宅 11 000 平方米共计 68 套商品房作为冯某上述借款的还款保证。如冯某到期不归还借款,孙某有权以每平方米1 800元将上述商品房出售给第三人。双方订立合同之目的系为上述借款合同作担保。随后,孙某向冯某出借了借款1 950万元,某房地产公司向孙某出具了收款收据。

后因冯某到期未还款,孙某向浙江省湖州市中级人民法院提起诉讼,该院于2009年6月15日作出(2009)浙湖商外初字第10号民事调解书,确认了孙某对冯某、某房地产公司的债权。

因上述债务人未履行偿还义务,孙某申请法院强制执行,湖州市中级人民法院于2009年9月23日向某市房管处发出协执通知,要求将预售的68套商品房及赠送的车库预告登记在孙某名下。2009年10月10日,该房管处向孙某出具证明一份,对68套商品房准予预告登记。

2009年12月4日,江苏省常州市多坛区人民法院裁定受理了某房地产公司的破产申请。

2010年4月30日,江苏省常州市金坛区人民法院依法宣告某房地产公司破产清算。

2010年5月19日,某房地产公司清算小组委托某拍卖公司对某房地产公司开发的某小区324套商品房(含本案68套商品房)及相应土地使用权进行拍卖,某房地产集团公司以最高价竞得。

2011年5月31日,江苏省常州市金坛区人民法院向房管处发出裁定:要求将上述小区425套商品房(含本案68套商品房)及门楼、物管用房登记在某房地产集团公司名下。

2013年8月6日,孙某以某房地产公司清算小组为被告,向江苏省常州市金坛区人民法院提起诉讼,要求对上述68套商品房享有物权并进行产权登记。一、二审法院均未支持其诉讼请求。孙某不服,向江苏省高级人民法院申请再审,亦未获支持。

【审理与判决】

1. 诉讼当事人

一审原告为孙某,被告为某房地产公司清算小组。

2. 诉请与抗辩

原告诉请:要求确认对68套商品房享有物权并要求进行物权登记。

被告答辩称:执行阶段的预告登记并非《物权法》第20条所指的预告登记,不发生物权变动的法律效力。

3. 争议焦点

《物权法》第20条规定的预告登记能否产生实际的物权登记法律效果?执行

阶段的预告登记能否产生《物权法》第 20 条规定的预告登记法律效力？

4. 判决结果

一审判决：执行中进行的预告登记系基于生效法律文书作出，并非当事人双方的合意，不具有《物权法》第 20 条规定的预告登记的法律效力，故原告诉请于法无据，驳回其诉讼请求。

二审判决：判决理由与一审相似，驳回原告的上诉，维持原判。

再审法院裁定：预告登记区别于现实的不动产登记，浙江省湖州市中级人民法院在执行阶段将诉争房屋登记在孙某名下，未办理不动产产权登记，原告要求享有该等房屋的物权，于法无据，驳回原告的再审申请。

【法律要点解析】

执行阶段的预告登记能否产生《物权法》第 20 条规定的预告登记的法律效力？

《物权法》第 20 条规定："当事人签订买卖房屋或者其他不动产物权的协议，为保障将来实现物权，按照约定可以向登记机构申请预告登记。预告登记后，未经预告登记的权利人同意，处分该不动产的，不发生物权效力。预告登记后，债权消灭或者自能够进行不动产登记之日起三个月内未申请登记的，预告登记失效。"

所谓预告登记，就是为保全不动产物权的请求权而将此权利进行登记，使之具有对抗第三人的效力，使妨害其不动产物权登记请求权所为的处分无效，以保障将来不动产权登记的实现。

预告登记与一般的不动产登记的区别：一般的不动产登记是指不动产物权在已经完成的状态下所进行的登记，而预告登记则是为了保全将来发生的不动产权而进行的一种登记。预告登记作出后，并不导致不动产物权的设立或变动，而只是使登记申请人取得一种请求将来发生物权变动的权利。纳入预告登记的请求权，对后来发生与该项请求权内容相同的不动产物权的处分行为，具有排他效力。

对于预告登记的性质，国内主要有三种观点：第一种观点认为，预告登记介于债权与物权之间，兼具两者的形式；第二种观点认为，预告登记的权利是一种具有物权性质的债权，或者说是一种准物权；第三种观点认为，预告登记的性质是使被登记的请求权具有确保将来只发生该请求权所期待的法律结果，其实质是限制现时登记的权利人处分其权利。

从司法实践的角度，多数法院认为，预告登记不是正式的物权登记，因此不产生物权设立或变动的法律效果。但也有少数基层法院认为，预告登记相当于正式的物权登记，能够产生物权设立或变动的法律效果。

广州市中级人民法院(以下简称"广州中院")在信达资产广东分公司等诉广州大优煤炭销售公司借款合同纠纷案(2016)粤 01 民终 17715 号民事判决中认为，涉案房产办理的预购商品房抵押权预告登记,与抵押权设立登记具有不同的法律性质和效力。抵押权预告登记所登记的并非现实的抵押权,而是将来发生抵押权变动的请求权,该请求权具有排他的效力。依照《物权法》第187条的规定,抵押权自登记时设立。故信达资产广东分公司作为涉案房产抵押权预告登记的权利人,对涉案房产不享有现实抵押权,其对涉案房产拍卖、变卖所得的价款不享有优先受偿权。

浙江省新昌县人民法院在中国工商银行股份有限公司新昌支行(以下简称"新昌工商银行")诉陈某等金融借款合同纠纷案(2017)浙0624民初1371号民事判决中认为,陈某、丁某以借款合同项下所购房屋提供抵押担保,办理的按揭购房抵押登记属于《物权法》第20条规定的不动产预告登记,具有准物权效力。新昌县中国工商银行作为预告登记的抵押权人可以对抗普通债权人,而预告登记未转为正式抵押登记非基于新昌县中国工商银行的原因导致,故可以认定新昌县中国工商银行对抵押房屋享有优先受偿权。

综上,笔者认为,《物权法》第20条的立法本意是为保护一房数卖情形下先手买房人的利益,目的为阻却房主将房屋再转让给其他买房人,维护市场交易安全。从这个意义上说,预告登记暂时限制了房主对房屋的处分权,但并未发生真正的物权变动,因此广州中院的上述认定显然更符合《物权法》第20条的立法本意。

【律师点评】

1. 原告律师的代理思路

就原告律师而言,应争取在原告的债权取得法院生效法律文书后,尽快启动执行程序,对被执行人某房地产公司名下的涉案不动产进行变现处置,以实现自己的债权。由于被执行人某房地产公司在短短几个月后即进入破产清算程序,按照《中华人民共和国企业破产法》(以下简称《企业破产法》)第19条的相关规定,在债务人的破产申请被受理后,有关债务人的执行程序应当中止,故原告的债权通过执行程序已无法获得清偿。这里还应注意一个问题,原告在执行阶段申请法院对被告涉案不动产所作的预告登记,事实上是一种预查封,并非《物权法》第20条所说的不动产预告登记。根据最高人民法院、国土资源部、建设部《关于依法规范人民法院执行和国土资源房地产管理部门协助执行若干问题的通知》的有关规定,对尚未取得登记的不动产,法院可进行预查封,在涉案不动产进行了正式登记后,再由预查封转为正式查封。因此,本案中法院在执行阶段对涉案不动产的预告登记其实是预查封,并不是《物权法》中的预告登记。由于我国尚未颁布统一的不动产登记法,故对预查封与预告登记这两种登记行为有何不同、对应的法律效力等问题,实践当中还需要进一步摸索和探讨。

2. 被告律师的代理思路

本案中,被告律师的抗辩理由相对更充分。首先,不动产的预告登记并未正式登记,不能产生物权变动的法律效果。其次,执行程序无法对抗破产清算程序,故债权人只能通过参与债务人的破产清算程序进行公平受让,而无法再进行个别清偿。

【法官审判要旨】

本案的争议焦点在于,不动产的预告登记到底是一种什么性质的登记,能否产生不动产物权设立或变动的法律效果。由于我国尚未颁布不动产登记法,故实务中对预告登记的法律性质及效力存在不同的认识和理解。但多数认为预告登记并非正式登记,不能产生物权设立及变动的法律效果。另外,预告登记的前提需要双方的合意,故执行阶段的预告登记并非《物权法》第 20 条所说的预告登记,实际上是对不动产的预查封,二者属于不同范畴的概念,适用的前提也不相同,故不能以在执行中进行了预告登记为由来确认不动产物权。因此,广州中院的上述认定更准确、更符合立法本意。

【结语】

由于对预告登记的法律效力存在不同的理解和认识,需通过立法或司法解释进一步厘清相关问题,以便于司法统一。

二、返还原物

案例（018） 北京市东城区房屋土地经营管理二中心永外分中心诉白某伟、景某华等返还原物纠纷案

来源:(2017)京 02 民终 12747 号
作者:马强

【案例导读】

承租公房的管理单位起诉长期居住使用人返还原物、腾退房屋的,是否应当支持?

【案情简介】

白某伟、景某华系夫妻关系,白某森系白某伟、景某华之子。坐落于北京市东城区 20 号、21 号房屋系北京市东城区房屋经营管理二中心永外分中心(以下简称"永外分中心")管理的公有房屋,承租人为白某伟的父亲白某树。该院内 4 号房屋亦属于永外分中心管理的公有房屋,该房屋现由白某伟、景某华、白某森使用,并按照公有房租金标准向永外分中心缴纳房屋租金。庭审中,永外分中心提供了《房

屋租金缴纳凭证》《房屋租金收据》《分户房屋收租记录》,凭证、收据中"户名"处显示为"白""借"或"白借",收租记录中"姓名"处显示为"白借"或"借"。现桃杨路头条地区正在进行征收,故原告永外分中心持诉称理由诉至法院,要求返还原物。

白某伟、景某华答辩称其在 1976 年就已在诉争房屋居住,并向永外分中心缴纳房屋租金。永外分中心认可缴纳租金的事实,但不确认白某伟、景某华于 1976 年即在此居住,根据永外分中心的记载,白某伟等在 20 世纪 90 年代才开始向永外分中心缴纳房屋租金。同时,白某伟、景某华、白某森表示双方之间虽未签署书面的租赁合同,但已经形成事实上的租赁关系。为此,白某伟、景某华、白某森提供了《职工住宅清洁能源分户自采暖核对证明》,其中房屋权属性质栏中有:产权、承租,承租后被勾画。该证明加盖了永外分中心的公章。永外分中心对该份证据的真实性认可,但对白某伟、景某华、白某森的证明目的不予认可。

另,白某伟、景某华、白某森在使用诉争房屋期间(1987 年)对该房屋进行了翻建,翻建后的面积较房屋翻建前有所增加。对此,永外分中心不持异议,但对翻建的年限无法确认。同时,白某伟、景某华、白某森在诉争房屋的前后均接建有自建房。庭审中,永外分中心明确表示不要求被告白某伟、景某华、白某森腾退、拆除自建房。

【审理与判决】

1. 争议焦点

(1)原、被告之间是房屋事实租赁关系还是借用合同关系?

(2)原告以物权保护返还原物为由要求腾退房屋是否依法有据?

(3)在双方存在借用关系合同而非租赁合同关系的情况下,产权人可否要求腾退房屋?

2. 判决过程

一审认为,根据已查明的事实,诉争房屋为永外分中心管理的公房,在永外分中心管理该房屋期间,被告白某伟、景某华、白某森使用该房屋并向永外分中心缴纳房屋租金。永外分中心提供交租凭证等证据显示为"白""借"或"白借"等,故双方就诉争房屋已经形成借用合同关系。本案中,永外分中心就双方的借用合同关系并未提出解除或已经解除的根据。基于此,永外分中心以物权保护返还原物为由要求白某伟、景某华、白某森腾退诉争房屋,依据不足,法院不予支持。同时,被告白某伟、景某华、白某森主张双方已形成事实上租赁合同关系的抗辩意见,法院亦不予采纳。据此,一审法院判决:驳回北京市东城区房屋土地经营管理二中心永外分中心的全部诉讼请求。

一审法院虽然驳回产权人要求腾退房屋的诉讼请求,但是对双方的合同关系认定为借用合同关系,故白某伟、景某华、白某森不服一审判决,要求确认双方的事实租赁关系。

二审法院判决:白某伟、景某华、白某森的上诉请求要求确认双方的事实租赁关系不能成立,应予驳回;一审判决认定事实清楚,适用法律正确,应予维持。

【法律要点解析】

1. 白某伟、景某华等与永外分中心之间是否就诉争房屋形成事实租赁关系

本案诉争房屋系永外分中心管理的公有房屋。公有房屋属于国家或集体所有,由政府确定的主管部门进行经营管理,并且公有房屋的租赁必须执行国家和房屋所在地城市人民政府规定的租赁政策和租金标准。故公有房屋的租赁在房屋性质、经营管理及具体权利义务内容等方面均不同于普通的房屋租赁。公有房屋的租赁具有保障性和福利性特点,承租公有房屋一般应当经过公有房屋经营管理单位的审核,并签订书面制式《公有住宅租赁合同》,对于权利义务等予以明确。

本案中,白某伟、景某华、白某森亦认可最初系基于永外分中心的借用而居住诉争房屋,其与永外分中心从未签订《公有住宅租赁合同》,因此并未取得公有房屋的承租人资格。即使其在诉争房屋长期居住、定期交纳租金并曾对房屋进行翻建,也仅能证明其与永外分中心之间存在对诉争房屋的有偿使用等法律关系,而不能当然基于上述事实而取得公房承租人的地位并享有《公有住宅租赁合同》项下的权利义务,双方并不能因此形成事实上的公有住房租赁合同关系。

2. 双方在借用合同关系未解除的情况下,产权人依据物权要求腾退诉争房屋能否得到法院支持

双方就诉争房屋已经形成借用合同关系。本案中,永外分中心就双方的借用合同关系并未提出解除或已经解除的根据。基于此,永外分中心以物权保护返还原物为由要求白某伟、景某华、白某森腾退诉争房屋,依据不足,故法院未予支持。

【律师点评】

1. 原告律师的代理思路

就原告律师而言,应围绕房屋产权归属,对方无合法占有房屋的依据展开。其思路要点如下:

(1)诉争房屋的公有住房特殊属性。

(2)被告白某伟、景某华、白某森一家人借用房屋的法律关系证明,从双方最早的法律关系认定,及没有书面正式的《公有住宅租赁合同》的情况,推导出双方的真实法律关系。

(3)对被告(占有人)的自建房的处理进行展开。由于本案中存在被告居住期间的自建问题,应提出不要求腾退、拆除自建房屋。

2. 被告律师的代理思路

(1)产权人和占有人之间存在事实租赁关系证明,包括提供租金收据、《职工

住宅清洁能源分户自采暖核对证明》中房屋权属性质栏中有:产权、承租,承租后被勾画。该证明加盖了永外分中心的公章。

(2)占有人对房屋进行翻建改造,是否影响使用权,占有人在占有期间对房屋进行翻建,自建房部分产权人无权要求腾退、返还。

(3)在一审法院判决驳回产权人的腾房请求后,从表面上看是产权人败诉,但是由于未认定双方的事实租赁合同关系,导致后期产权人可以通过解除借用合同,另行主张腾退房屋。故上诉可以更好维护当事人合法权利。

【法官审判要旨】

1. 根据产权人、占有人提供的证据判断双方的合同关系属性,认定是借用合同关系还是租赁合同关系。因为案件涉及公有住房,是一类比较特殊的房屋,对公有住房租赁合同关系,需要双方有比较明确的合同依据,在没有书面合同的情况下不认定双方为借用合同关系。

2. 虽然案件中产权明确、双方的借用合同关系明确,但是在未有明确证据证明双方的借用合同解除的情况下,不能径行判决占有人腾退房屋。

【结语】

本案中,诉争房屋处在征收补偿特殊阶段,利益影响巨大,对占有人基于多种原因占有使用房屋的情况,应综合判断分析。从维护社会稳定及尊重历史原因等方面综合考虑,法院作出上述折中判决,希望可以定分止争。如果产权人主张解除借用合同,在没有充足理由的情况下,很难得到法院支持。

案例(019) 某公司诉李某某占有物返还纠纷案

来源:(2013)一中民终字第9506号
作者:刘国起

【案例导读】

《物权法》中关于对占有人的占有保护请求权的规定在司法实践中的应用比较少。本案例就法律实践中如何适用《物权法》第五编第十九章特别是第245条规定,充分保护占有人的占有权问题,从法理和实践方面进行分析。

【案情简介】

原告是北京市一家企业,其是涉案房屋的所有权人。2000年因市政扩路建设,该企业的某处工作点被当地政府拆除后,其获得了政府赔偿,即允许其另一处地建设涉案房屋,作为企业的工作用房,并获得了由道路工程指挥部出具的一份书面证明。由于道路建设完毕后该工程指挥部很快撤销,该房屋的土地使用批文及建设工程规划许可证迟迟没有办下来,再加上该企业因改制、合并、改组等原因,此事被搁置下来。企业对之前的遗留问题清理时,发现该房屋没有土地使用证、建设工程规划许可证和房屋所有权证,而此时企业与承租人的出租合同两年前已经到期,到期前该企业曾派人通知承租人:租赁合同到期后不再出租并通知终止该租赁合同,要求对方腾出该房屋返还企业,但承租人以该企业没有房屋所有权证,不是该房屋的合法所有权人为由,拒不腾退房屋,也不再交纳租金,并一直占有使用该房屋。该企业遂向法院提起诉讼。

【审理与判决】

一审判决被告 10 日内腾出涉案房屋,返还给原告,并支付期间的全部房屋使用费。

被告不服,提出上诉。

二审判决维持原判,驳回上诉。

【法律要点解析】

何为《物权法》中占有法律关系?

占有,是指对不动产或者动产控制支配的一种事实状态。《物权法》对这种事实状态予以规定,并予以保护,使其具有准物权的性质。

占有分为有权占有和无权占有。有权占有主要是基于合同等债的关系而产生的占有,例如占有人根据租赁合同、寄托合同、保管合同、借用合同、赔偿合同等对标的物的占有。无权占有,指占有人对占有物的占有没有合同依据或法律依据。其中又分为善意占有,例如无因管理关系的占有;恶意占有,例如明知保管物是他人财产,却占为己有。

【律师点评】

从本案的起诉、立案、开庭、质证、法庭辩论、判决、上诉直至终审判决整个过程,可以看出:充分理解和运用《物权法》的规定,详实地论证物权法的法律要点,结合证据严谨地辩析案件的具体案情,才能说服法官正确适用物权法的相关规定,维护合法占有人的合法权益,达到实现公平正义的目的。

这要求充分理解《物权法》第五编第十九章所蕴含的丰富内容和外延,把这一章作为一个整体来全面理解和把握。

《物权法》第五编第十九章一共 5 条,分别规定了占有的调整范围、无权占有情形下的损害赔偿责任、原物及孳息的返还以及占有保护等问题。

《物权法》第 241 条规定:"基于合同关系等产生的占有,有关不动产或者动产的使用、收益、违约责任等,按照合同约定;合同没有约定或者约定不明确的,依照有关法律规定。"这是关于有权占有的规定。

导致占有发生的法律关系有多种,其中最主要的一种就是有权占有,主要指基于合同等债的关系而产生的占有,比如根据租赁合同,承租人对承租物的占有;根据赔偿合同,受偿人对赔偿物的占有等。依照《物权法》第五编第十九章的规定,占有的不动产或者动产被侵占的,占有人有权请求返还原物;对妨害占有的行为,占有人有权请求排除妨害或者消除危险;因侵占或者妨害造成损害的,占有人有权请求损害赔偿。

《物权法》第242条规定:"占有人因使用占有的不动产或者动产,致该不动产或者动产受到损害的,恶意占有人应当承担赔偿责任。"这是关于无权占有不动产或者动产致其损害,恶意占有人应当承担赔偿责任的规定,当然对于善意占有人,法律未规定应当承担此种赔偿责任。

《物权法》第243条规定:"不动产或者动产被占有人占有的,权利人可以请求返还原物及其孳息,但应当支付善意占有人因维护该不动产或者动产支出的必要费用。"这是关于无权占有人应当向权利人返还原物及其孳息,并且善意占有人享有必要费用返还请求权的规定,恶意占有人没有此项请求权。

《物权法》第244条规定:"占有的不动产或者动产毁损、灭失,该不动产或者动产的权利人请求赔偿的,占有人应当将因毁损、灭失取得的保险金、赔偿金或者补偿金等返还给权利人;权利人的损害未得到足够弥补的,恶意占有人还应当赔偿损失。"这是关于被占有的不动产或者动产毁损、灭失时占有人责任的规定。

《物权法》第245条规定,"占有不动产或者动产被侵占的,占有人有权请求返还原物;对妨害占有的行为,占有人有权请求排除妨害或者消除危险;因侵害或者妨害造成损害的,占有人有权请求损害赔偿"。这是关于占有保护请求权的规定。

从法理上看,占有人对于他人侵占或者妨害自己占有的行为,是可以行使法律赋予的占有保护请求权的,比如返还原物、排除妨害或者消除危险。已经成立的事实状态,不应当受到私力的干扰或者破坏,而应当通过合法的方式和程序予以排除和解决,这是法治社会一般公共利益的基本原则和要求。例如甲方租借乙方的汽车半年,到期后不返还该汽车给乙方,此行为就构成无权占有,乙方作为车主也不应当采取暴力抢夺方式取回该汽车;而对于其他第三人的侵夺占有或者妨害占有的行为等,甲方应当依据《物权法》第245条的规定,向侵害人要求返还该汽车,或者向法院提起诉讼,通过法律途径行使占有保护请求权;而侵害人只要实施了该条所禁止的侵害行为,就应当承担相应的法律责任,法律不问其是否具有过失,也不问其对占有的不动产或者动产是否享有所有权。

本案同理,只要被告实施了恶意占有承租房屋的行为,就应当承担返还房屋、支付使用期间使用费的法律责任,而法律是不问占有人对该占有的房屋是否有房屋所有权证、是否享有所有权的。

《物权法》规定的占有保护请求权，以排除对占有的侵害为目的，应当属于一种物权的请求权，受到《物权法》的保护。

除了对《物权法》第五编第十九章的全面理解和深入把握，还应当准备充分的证据材料，特别是关于占有物的合法来源方面的详实证据材料，这是证明占有人有权占有的前提和基础，也是能够得到《物权法》保护的事实根据。只有搜集到占有权合法来源的相关证据材料，才能证明占有人对占有物占有、使用、收益的合法性，才能在没有房屋所有权证等物权有效凭证的情况下得到《物权法》的有效保护，在占有物被不法侵夺、不法毁损、灭失等情况下得到返还、赔偿等法律救济。从本案可以看出，如果没有搜集到当初政府负责道路扩建建设的工程指挥部的书面证明材料，没有对外出租时与承租人签订的房屋出租合同等证据材料，就无法证明原告对该房屋的合法占有，即有权占有。

另外还要有逻辑严谨、思维缜密的辩析，即向立案庭法官、审判法官、对方当事人及代理人详实地举证相关的证据材料，以证明原告对物的占有的合法性，还要用《物权法》规定和物权理论充分论证原告的有权占有符合《物权法》的保护范围中的哪一类哪一种，应当得到《物权法》的物权保护，应当得到有权占有的法律保障。

【法官审判要旨】

先查明房屋的来源、原告占有涉案房屋的依据、双方是否建立了租赁关系、双方是否履行了合同义务等事实情况，再根据法律相关规定认定原告是否为有权占有人、双方的租赁合同是否合法有效、租赁合同是否违反法律强制性规定、被告是否违约、原告的请求是否合理及合法有据，最后综合判定。

法院认为：原告是基于政府赔建，成为涉诉房屋的实际占有人。依法成立的合同对当事人具有法律约束力，当事人应当按照约定履行自己的义务。原告作为实际占有人与被告签订的房屋租赁合同，是当事人的真实意思表示，亦不违反法律法规强制性规定，应属合法有效，双方均应按照约定履行自己的义务。在上述租赁合同到期后，双方没有续签租赁合同，被告持续占有房屋且没有交纳相应房屋使用费，故现原告要求被告腾空租赁房屋理由正当，予以支持。被告在租赁合同期满后依旧在使用涉诉房屋，其理应按照原租金标准给付原告房屋使用费至腾空房屋之日。据此判决：自判决生效之日起 30 日内，被告将该房屋腾空交原告收回。自判决生效之日起 10 日内，被告向原告支付已经欠交的房屋使用费……判决生效之日起 10 日内，被告支付 2013 年 3 月 7 日至房屋实际腾空之日的房屋使用费……

【结语】

只有全面理解《物权法》第五编第十九章的法律规定，深刻理解《物权法》用一编的篇幅来规定占有的意义，深刻理解占有保护请求权的内涵和外延，运用相关规定去分析案情、去整理纷繁复杂的证据材料、去说服法官立案，在庭审中用严密的逻辑思维去质证证据材料的真假、去疏理证据材料的关联性、去辨析证据的客观性、去论述物权法法理在具体案件中的运用落实,才能说服法官,说服对方当事人及其代理人,从而维护合法占有人的物权和权益,才能达到实现公平正义的目的。

【案外语】

当合法占有人因各种原因没有取得房屋所有权证或者其他物权证明,其占有物被不法侵夺、毁损、灭失而不能用《侵权法》《合同法》等法律维护其合法权益时,或者不能得到充分维护时,可以依据《物权法》第五编第十九章的规定,行使占有请求保护权,通过这一法律规定去排除妨害、请求赔偿、请求合法占有物的返还,伸张公平正义。

案例（020） 肖某诉北京市第三汽车运输公司返还原物纠纷案

来源:(2012)海民初字第25238号
作者:文科

【案例导读】退休职工患有精神疾病,其工作单位是否可以保管为由不返还该职工的退休工资卡和存折、医保存折和医保卡。

【案情简介】

肖某是北京市第三汽车运输公司的退休职工。因患有精神疾病,肖某没有结婚,无子女,父亲已过世,母亲尚在世。肖某退休后,其退休工资卡和存折、医保存折和医保卡都被北京市第三汽车运输公司保管着。肖某本人长期居住在医院。肖某的母亲多次找到北京市第三汽车运输公司,要求其返还肖某的退休工资卡和存折等,但北京市第三汽车运输公司都不予返还,后肖某的母亲以肖某名义诉至法院。

【审理与判决】

1. 诉讼当事人

一审原告为肖某,法定代理人为张某,被告为北京市第三汽车运输公司。

2. 诉请与抗辩

原告诉请:判令北京市第三汽车运输公司立即将肖某的退休工资卡和存折、医保存折和医保卡交付给肖某。被告抗辩请求驳回原告诉请。

3. 争议焦点

北京市第三汽车运输公司是否有权代肖某保管其退休工资卡和存折、医保存折和医保卡?

4. 调解过程

一审法院调解:被告北京市第三汽车运输公司于 2012 年 11 月 28 日将肖某的退休工资卡和存折、医保存折交付给原告肖某(已执行);并于 2012 年 11 月 29 日将肖某的医保卡交付给原告肖某。

【律师点评】

1. 原告律师的代理思路

肖某虽为精神病人,未结婚,未生育子女,其父去世,但其母亲尚在,应为其法定监护人。

肖某的退休工资卡和存折、医保存折和医保卡为肖某所有。肖某的法定监护人有权代为监管肖某的财物。

肖某的工作单位在没有成为肖某的法定监护人之前,即便出于善意,其持有肖某的退休工资卡和存折、医保存折和医保卡拒不返还,是没有法律依据的,属于侵害物权行为。

2. 被告律师的代理思路

肖某一直住在医院,退休后很长一段时间都是由工作单位代为保管其退休工资卡和存折、医保存折和医保卡,和医院保持联系,事实上工作单位照料了肖某。工作单位担心家人不能很好监管肖某财物,不同意返还退休工资卡和存折、医保存折和医保卡给肖某之母。

【法官审判要旨】

因案件事实本身不复杂,考虑到肖某的工作单位陈述是出于善意保管肖某的退休工资卡和存折、医保存折和医保卡,只是担心肖某家人不能很好保管或不履行监护责任,将来医院又来找工作单位承担责任。故一审法院组织原、被告双方进行调解,最终双方在法院的组织下达成了调解协议,肖某的工作单位同意返还肖某的退休工资卡和存折、医保存折和医保卡。

【结语】

国家、集体、私人的物权都受法律保护,任何单位和个人不得侵犯。在处理与他人的关系时,应掌握好法律规定的底线,否则会发生本案中"好心"却侵权的情况。物权受到侵害时,权利人可通过和解、调解、仲裁、诉讼等途径解决。无权占有他人财物的,权利人可以请求返还原物。

案例(021) 苏某群诉乐基公司等返还原物纠纷案

来源:(2014)桂民四终字第 82 号
作者:周帆

【案例导读】

《物权法》于2007年10月1日开始生效。那么,发生在《物权法》生效之前、审理又在《物权法》生效之后的不动产纠纷案件,法院对不动产的所有权究竟如何认定与审理呢?请看以下案例。

【案情简介】

1996年广西省一安公司(以下简称"一安公司")与香港合晶公司(以下简称"合晶公司")共同投资设立合营企业广西乐基房地产开发有限公司(以下简称"乐基公司"),注册资本1 540万元,其中一安公司出资462万元,占股30%;合晶公司出资1 078万元,占股70%;乐基公司在南宁市兴建乐基大厦。双方合同约定一安公司无偿拥有第6—10层共约3 550平方米的产业所有权,其余各层产业所有权归合晶公司所有。2000年10月20日,防城港中级人民法院(以下简称"防城港中院")根据生效的民事判决书作出裁定,拍卖被执行人一安公司位于乐基大厦的第6、7层房屋所有权,并委托金锤公司公开拍卖。黄某某经公开竞价以1 341 740元成交。黄某某与苏某群签订《委托买房协议》认可其接受苏某群委托竞买上述物业。2001年12月25日,防城港中院向南宁市房管局发出协助执行通知书,通知该局解除对乐基大厦第6、7层的查封,并将其过户至买受人苏某群名下。

2003年9月2日,苏某群与乐基公司签订《房产转让协议》,约定将拥有的乐基大厦第6、7层合计1 420平方米房屋所有权转让给乐基公司,转让金额158万元,签约后10天内付清。该协议在乐基公司付清转让款后生效,逾期自动失效。2004年6月28日,苏某群的丈夫庞某某出具收条一份,写明收到乐基公司交来10万元,指明该款转到彭某某北海建行34×××06账户并以收到为准。2014年6月29日,乐基公司将10万元存入34×××06号账户,苏某群认可其已收取上述款项。

2004年3月4日,乐基公司取得乐基大厦(不含第21层)商品房预售许可证。2004年9月13日,乐基公司与第三人顾某奕、黄某等签订《商品房买卖合同》,约定买受人分别购买乐基大厦第6层601—612号和613—619号房,买受人应于2004年9月13日一次性付清全部房款。2004年9月23日,乐基公司向顾某奕、黄某等出具上述不动产发票,并将争讼房屋交付顾某奕、黄某等使用。

2009年9月23日,苏某群在报纸刊登声明,申明其为乐基大厦第6、7层房屋的合法所有权人,现该房产被人占用,限占用人15天内搬离。2010年10月,各方当事人在讼争房产处发生纠纷,经公安局处理,各方当事人向法院提起诉讼。各方均认可讼争房屋至起诉时处于闲置状态。

【审理与判决】

1. 诉讼当事人

一审原告为苏某群,被告为乐基公司,第三人为顾某奕、黄某等购房人。

2. 争议焦点

(1)讼争房产的权属归谁所有?

(2)乐基公司是否应当将讼争房产返还苏某群?

(3)顾某奕、黄某等第三人独立诉讼请求是否应当得到支持?

3. 判决结果

一审法院判决:乐基公司应于判决生效之日起 10 日内将南宁市华东路 55 号第五大道第 6 层房屋返还给苏某群,驳回第三人顾某奕、黄某等的独立诉讼请求。

第三人顾某奕、黄某等不服一审判决,提起上诉。

二审法院判决:驳回上诉,维持原判。

购房人顾某奕不服,提起再审。

再审法院判决:驳回购房人顾某奕的再审申请。

【法律要点解析】

1. 本案的准据法与法律适用问题

原告苏某群为香港居民,本案属于涉外民事纠纷,需要考虑法律适用问题。在本案一审诉讼发生时,《涉外民事关系法律适用法》业已生效,故一审法院依据该法第 36 条"不动产物权,适用不动产所在地法律"的规定,认定本案准据法为"不动产所在地法律",即中华人民共和国法律。

《物权法》自 2007 年 10 月 1 日起施行,因为本案房屋产权纠纷发生的时间均在 2007 年之前,依据"法不溯及既往"的原则,本案不适用《物权法》。由于一审和二审判决中直接适用《物权法》规定,导致败诉方(购房人)不服,其中购房人顾某奕向最高人民法院提起再审。最高人民法院最终依据当时有效的《合同法》规定,以苏某群与乐基公司签订的《房产转让协议》无效为由,驳回了购房人顾某奕的再审申请。

2. 法院能否通过判决或裁定拍卖公司房产为股东还债

在 2000 年拍卖之前,从房产证来看,讼争房产的产权人显然是乐基公司,并非股东一安公司(债务人)。但法院依据一安公司与乐基公司另一股东合晶公司签署的《中外合资章程》约定分配的房产范围,裁定拍卖产权人为乐基公司的讼争房屋,该程序是否存在瑕疵?应该说,该执行程序确实存在瑕疵。法院应该首先拍卖一安公司拥有的乐基公司股权,而不应该直接拍卖公司所有的房产。但因被执行人当时并未依法提出执行异议,导致有瑕疵的裁定生效并具有法律效力,且无法撤销。

3. 一安公司当时并未进行产权变更登记,是否可以取得房屋产权

一审法院对此采取回避态度。二审法院引用《物权法》第 28 条"因人民法院、仲裁委员会的法律文书或者人民政府的征收决定等,导致物权设立、变更、转让或者消灭的,自法律文书或者人民政府的征收决定等生效时发生效力"的规定,认定一安公司取得房屋产权。其实,由于拍卖发生在 2000 年,当时《物权法》尚未出台,并不应当适用该法。但在《物权法》出台之前,这种公权力的处分行为,无须一安公司进行产权变更登记即可取得房屋产权。在《物权法》生效以后,即便具备生效的司法与仲裁决定,依据《物权法》第 31 条的规定,产权取得人仍然要向登记部门申请变更登记,否则,在处分房产时,因为未经登记并不发生物权的效力。

4. 苏某群何时取得房屋所有权

根据《民法通则》第 72 条的规定,按照合同或者其他合法方式取得财产的,财产所有权从财产交付时起转移,法律另有规定或者当事人另有约定的除外。当时财产所有权包括动产与不动产所有权,一律规定交付时转移。经法定程序拍卖后,房屋已经交付给苏某群,故苏某群当时依法取得房屋所有权。

5. 《委托购房协议》是否存在签名瑕疵问题

苏某群委托黄某群参加拍卖竞买讼争房产,《委托购房协议》上苏某群的签名可能是他人代签的,但中标后苏某群亲自到场持《委托购房协议》要求变更拍卖确认书的买受人为苏某群,表明其已对《委托购房协议》内容及其签名进行追认,因《民法通则》认可被代理人事后追认的效力,故他人代签也是有效的,不存在签名瑕疵问题。

6. 乐基公司与苏某群签署的《房产转让协议》是否生效

《房产转让协议》最大的特点是附加生效条件,即 10 天内付清房款生效,逾期付款自动失效。乐基公司虽然支付过 10 万元房款,但是仅占房款的 6.3%,与付清全款相差甚远,在这个刚性的生效条件面前,协议是无法生效的。

7. 接受部分房款的合同意义是什么

乐基公司逾期支付部分房款,苏某群接受了该房款,可以视为同意延长付款时间,但付清全部房款才能生效的刚性条件并未发生改变,所以二审判决认定其生效条件最终不成就,显然是正确的。

8. 乐基公司与顾某奕、黄某等签署的《商品房买卖合同》是否有效

乐基公司在《房产转让协议》未生效而且并未取得所有权的情况下,擅自将讼争房产转让给黄某等购房人,属于无处分权人的处分行为,需要取得所有权人的追认。双方签署的《商品房买卖合同》在诉讼前属于效力待定合同,在所有人苏某群不追认反而提起诉讼后,该合同为无效合同。

9. 商品房预售许可证的性质是什么

商品房预售许可证是行政部门的行政许可证照,是允许开发商在商品房未建

成之前进行销售的行政许可证明。其销售对象是一手房,并非二手房。而本案的房产业经拍卖给苏某群,并已经为其办理了产权证,苏某群转让给乐基公司,乐基公司又转让给黄某属于二手房转让,不属于预售范围。因此本案与商品房预售许可证不存在任何关联。黄某等以此证作为其购房合法性的证据显然不具备关联性。

10. 为何本案上诉人顾某奕、黄某等不是善意第三人

为了促进交易,维护交易安全和保障善意第三人的利益,《物权法》对无处分权人处分不动产行为规定了善意取得的保护制度。问题是依据"法不溯及既往"原则,本案不适用《物权法》。而在此之前,仅有《民法通则》及其司法解释最高人民法院《关于贯彻执行〈中华人民共和国民法通则〉若干问题的意见(试行)》(以下简称《民通意见》),其中对共有财产以外的无处分权行为并未规定善意取得制度,黄某等购房人以善意取得进行抗辩并无法律依据。因此,本案不适用《物权法》规定的善意取得制度,黄某等购房人并非善意第三人。

11. 顾某奕、黄某等购房人是否获得占有权

黄某等购房人占有房屋的唯一依据是《商品房买卖合同》,在该合同无效的情况下,黄某等购房人的占有为非法占有,不获得占有权。

12. 本案占有是否适用《物权法》

二审判决依据《物权法》第 106 条规定的善意取得要件(善意取得、合理对价、产权登记),认定黄某等购房人不具备合法占有权。由于占有状态是一种持续行为,并非瞬时动作,黄某等购房人的占有状态一直延续到本案诉讼期间并未改变,故适用《物权法》规定。

【律师点评】

本案历时 14 年,法律行为发生在《物权法》实施之前,诉讼则发生在《物权法》实施之后,房屋产权几经波折,案情扑朔迷离。因此,无论是原告代理律师、被告代理律师或是第三人代理律师都要全面深刻地了解案情过程和细节,厘清和审验所有证据的证明效力,同时还要研究当时有效的《民法通则》《合同法》《中华人民共和国房地产管理法》(以下简称《房地产管理法》)和现行有效的《物权法》的相关规定。

1. 原告律师的代理思路

就原告律师而言,应围绕苏某群是否取得讼争房屋的产权来组织证据并设计诉讼策略:

(1)当时参加拍卖的是黄某某,并非苏某群,是否有证据证明苏某群与黄某某之间是委托代理关系?

(2)苏某群经过法院协助执行办理了产权变更、取得房屋产权并一直延续至

诉讼时未变,这种情况在《物权法》出台之前的法律意义应如何阐述？

（3）苏某群与乐基公司签订《房产转让协议》后已经将讼争房产交付给乐基公司,在《物权法》出台之前,这种情况的意义是什么？

（4）《房产转让协议》中约定"逾期付清房款本协议自动失效",其是否属于"附生效条件的协议"？该协议是否生效？

（5）苏某群是否接受了乐基公司的逾期付款10万元？如果接受了,是否表明《房产转让协议》已经生效？

（6）鉴于诉讼时讼争房产已被他人占有,在请求确认所有权的基础上是否应同时提出返还原物的请求？

2. 被告及第三人律师的代理思路

由于本案中被告与第三人利益相关,所主张的观点基本一致,故将被告和第三人的律师代理思路合二为一。被告及第三人律师应围绕顾某奕、黄某等购房的合法性来组织证据并设计诉讼策略：

（1）顾某奕、黄某等购房时乐基公司的销售手续是否齐全？

（2）顾某奕、黄某等是否知晓所购房屋已办理他人产权？如果不知晓,是否存在过错？

（3）顾某奕、黄某等是否支付合理的价格？如果已经支付合理价格,是否属于善意第三人？

（4）本案是否可以适用《物权法》规定？如果不能,是否符合当时有效的《民法通则》及其司法解释对产权取得的规定？

（5）顾某奕、黄某等购房人签订《商品房买卖合同》以后占有讼争房产至今,是否享有《物权法》规定的占有权？

（6）如果顾某奕、黄某等购房人占有房屋后进行了装修,是否可以请求原告支付装修费用？

此外,被告和第三人律师还应对原告取得房产所有权过程中的每一个细节进行审核并提出质疑：

（1）法院拍卖乐基公司的房产为股东一安公司还债是否存在瑕疵？如果存在瑕疵应如何采取措施？

（2）苏某群未参加拍卖,取得房屋产权是否存在瑕疵？

（3）苏某群与乐基公司签订《房产转让协议》并将房屋交付给乐基公司,是否表明乐基公司已经取得房屋产权？

（4）苏某群接受乐基公司的逾期付款是否表明《房产转让协议》已经生效？

【法官审判要旨】

法官通过法庭调查与双方质证,基本掌握了案件的真实情况;通过充分听取双方律师的主张与辩论,形成基本判断:原告胜诉。法官最重要的功能是定分止争,既要判明讼争房屋的产权,又要平息败诉一方的抗辩。因此,本案中败诉方(被告)所有的质疑均应得到充分释明,方能体现判决的权威性与公信力。

(1)虽然本案原告苏某群为香港特别行政区居民,但是诉争房屋位于内地,依据生效的《涉外民事关系法律适用法》第 36 条的规定,适用不动产所在地法律,即中华人民共和国内地法律。

(2)法院直接拍卖乐基公司的房产为股东还债确实存在瑕疵,但当时乐基公司未依法提出执行异议,故法院拍卖裁定已经生效,具备法律效力。这表明拍卖行为具备合法依据。

(3)黄某某参与拍卖并购买讼争房屋后披露其受苏某群委托代理竞买事项,符合《民法通则》委托代理的规定。

(4)苏某群经法院裁决占有讼争房屋所有权并办理过户手续,表明苏某群已经取得房屋所有权。

(5)苏某群与乐基公司签订《房产转让协议》,约定签约后 10 日支付全部房款,协议生效,逾期不付清房款,协议自动失效。该协议应视为付生效条件的协议,乐基公司未付清房款,故协议不生效。

(6)苏某群确认并接受乐基公司逾期支付的 10 万元房款,仅占应付房屋 158 万元的 6.3%;视为同意乐基公司继续履行合同,但 10 天后乐基公司仍未付清剩余房款,故《房产转让协议》最终仍未生效。

(7)乐基公司取得的商品房预售许可证,属于行政许可证照,表明可以合法销售证照规定范围内的商品房,但不会涉及商品房的产权争议与纠纷,不具备房屋所有权证明的效力。

(8)本案诉争房屋的所有权取得适用《民法通则》,不适用《物权法》。顾某奕、黄某等购房时虽然不存在过错,亦支付了合理对价,占有了讼争房产,可以视为善意的占有人,但是至诉讼时没有办理过户登记,并不符合《物权法》中规定的善意第三人要件。

(9)乐基公司在未取得房屋所有权的情况下将讼争房屋出售给顾某奕、黄某等购房人,违反当时有效的《合同法》规定,买卖双方签订的《商品房买卖合同》为无效合同。

(10)顾某奕、黄某等依照无效合同占有讼争房屋属于非法占有,而且该非法占有状态一直延续至诉讼时,依据《物权法》第 243 条规定,不动产或者动产被占有人占有的,权利人可以请求返还原物及其孳息,但应当支付善意占有人因维护该不动产或者动产支出的必要费用。如果顾某奕、黄某等在占有期间支付了装修费用,可以另行起诉。

(11)最终判决与本案二审判决相同。
(12)其他假设情况的分析
①如果《房产转让协议》未附生效条件,本案该如何判决?
《房产转让协议》若未附生效条件,则其效力将得到肯定,苏某群已经将诉争房产交付给乐基公司。依照《民法通则》第 72 条的规定,按照合同或者其他合法方式取得财产的,财产所有权从财产交付时起转移,法律另有规定或者当事人另有约定的除外。因此,乐基公司取得房屋所有权。

②如果苏某群因乐基公司未按约定付清全部房款已经构成违约,要求解除协议,法院是否允许?

因《房产转让协议》有效,乐基公司基于该协议转让给顾某奕、黄某等购房人,则《商品房买卖合同》亦有效,而且讼争房屋已交付给顾某奕、黄某等购房人,依照《民法通则》第 72 条的规定,黄某等购房人取得房屋所有权,由于涉及第三人已经合法购得房产,之后苏某群要求解除协议,法院不会允许,但会判令乐基公司承担违约赔偿责任。

可见《房产转让协议》的效力是决定本案成败的关键要点。
③本案法律适用问题

如果一审判决没有直接适用《物权法》规定,不违反"法不溯及既往"的基本原则,而是按照上述审判思路进行分析、推理和判断,充分释明败诉方(被告和第三人)的抗辩与质疑,败诉方理解后一般是不会提起上诉或者再审请求的。如此,不但减少了当事人讼累,也降低了诉讼成本,而且彰显了一审法院判决的权威性与公信力。

三、排除妨碍

案例(022) 仲某某诉戴某甲、朱某某财产权属、排除妨碍纠纷案

来源:(2004)宿中民一终字第 496 号
作者:何俊辉

【案例导读】

房屋不仅存在所有权人,还存在居住权人。当家庭关系中出现房屋所有权人和居住权人之间的纠纷时,法院对不动产的所有权和居住权究竟如何认定与审理呢?请看以下案例。

【案情简介】

二被告戴某甲和朱某某夫妻及其子女原来均居住在汤涧街一处平房内(位于

信用社西边),被告戴某甲于1993年获取行政机关颁发的房屋宅基地使用权证。1998年10月,二被告与长子戴某乙、次子戴某丙、三子戴某丁(原告丈夫)订立分家协议,约定:长子戴某乙搬出上述宅基,该宅基分为东西两块,分别归次子戴某丙、三子戴某丁使用,父母在三子戴某丁宅基内居住,时间为10年,"在此期间父子双方如有一方因某种情况提出意见,父方可搬出居住";父母居住戴某丁房屋时,三个儿子各拿出2 000元交给父亲,后由父亲转交给戴某丁作为房屋租金;父母在戴某丁宅上居住不满10年离开时,戴某丁按每年600元收取租金,余款退还给父母;父母在世时上述宅基产权属于父母。1999年2月,戴某丁因故死亡。同年汤涧镇政府提出小城镇建设规划,原、被告居住的部分房屋按政府要求拆除。同年,原告仲某某委托二被告长子戴某乙帮助购买材料并联系工人,在上述宅基上沿街建起一栋两层楼房,房屋于2000年1月竣工。后二被告在未告知原告的情况下,即住进该楼房。

另外,2000年12月28日,汤涧镇村镇规划建设管理办公室向被告颁发了《村镇规划选址意见书》和《村镇工程建设许可证》。2001年11月,汤涧镇村镇规划建设管理办公室和县政府又分别向原告颁发了上述证书和《房屋所有权证》。2002年被告就"房屋所有权证"问题向宿迁市中级人民法院起诉,法院判决撤销原告已取得的《房屋所有权证》。在此之前,行政机关将原、被告取得的《村镇规划选址意见书》和《村镇工程建设许可证》及被告戴某甲于1993年取得的土地使用权证书全部注销。被告曾就其土地使用权证被注销一事向宿迁市中级人民法院提起行政诉讼,法院判决维持了行政机关的决定。至此,本案争议的房屋及宅基地所有行政审批手续,已经全部被撤销。

【审理与判决】

1. 诉讼当事人

一审原告为仲某某,被告为戴某甲和朱某某夫妻。

2. 诉请与抗辩

原告诉请:二被告主张建造的二层楼房属其所有,并强行占有居住。楼房系原告出资,由被告长子戴某乙帮助购买材料并联系工人建造的。要求确认楼房属于其所有,并要求二被告搬出此楼房。

被告抗辩:原告所指的楼房系被告出资,由戴某乙帮助做了具体工作所建,属于被告所有。不同意原告的诉讼请求。

3. 争议焦点

(1)诉争房产的权属归谁所有?

(2)被告是否应合法享有房屋的居住权?

4. 判决结果

一审法院判决:原、被告所争议的楼房归原告仲某某所有。驳回原告仲某某要求二被告搬出所争议楼房的诉讼请求。

二审法院判决：(1)维持沭阳县人民法院(2004)沭民初字第424号民事判决。(2)争议房屋的一楼西头一间由戴某甲、朱某某使用，二楼两间归仲某某使用，一楼东头一间为通道，双方当事人共同使用，不得设置障碍物影响通行。

【法律要点解析】

1. 取得新建房屋产权界定的法律依据

争议房屋基于老房新建所形成，而所有能够证明关于土地使用权、房屋所有权的证件如房屋建设许可证、房屋所有权证等凭证和证明文件至案件审理时已全部被相关行政机关撤销。原始取得是指房屋所有权第一次产生或者不依靠原房屋所有人的权利而取得的所有权。房屋产权的原始取得方式为依法新建房屋。从本案情况看，原告主张自己建造新房的证据明显优于被告，因此，房屋的所有权由原告所有。

2. 分家协议的合同效力

仲某某所提交的证据能够证明建房前原有的房屋和宅基是分家析产给戴某丁、仲某某家庭的；在此基础上建成新房后，并未对原分家协议内容作出修订调整。故法院认定分家协议对双方当事人仍然有效。

3. 新房屋居住权判定的依据

原告取得了房屋的所有权，但按分家协议的约定，被告可以继续居住在争议的房屋中，享有房屋的使用权。这个判决既在法律层面明确了房屋所有人的产权，又解决了年老居无定所的后顾之忧，从法律层面和社会效果上都具有积极的意义。

【律师点评】

首先，本案发生在家庭各成员之间，法律行为发生时，《物权法》尚未实施，家庭内主要成员死亡加上原房屋拆除重建，案情扑朔迷离。因此，无论是原告代理律师还是被告代理律师，都要研究当时有效的《民法通则》《合同法》《婚姻法》《物权法》的相关规定。

1. 原告律师的代理思路

就原告律师而言，应围绕仲某某如何取得讼争房屋的产权来组织证据并设计诉讼策略，其思路要点如下：

仲某某的丈夫戴某丁死亡后未分配遗产，在旧房地基上建造新房后，新房产权如何界定？

(1)仲某某如何证明新房是由自己出资建造完成的，可收集到的证据有哪些？

(2)在家庭发生变故即仲某某的丈夫戴某丁死亡后，如何理解分家协议的效力？在旧房拆除新房建造完成以后，是否可主张分家协议失效？

(3)如何通过主张所有房屋物权，排除被告对房屋的使用权限？

2. 被告律师的代理思路

(1)如何主张新建房屋的产权？如何收集并提供出资建造房屋的证据？

(2)如何理解分家协议的效力,是否可依协议主张房屋宅基地使用权?
(3)主张新建房屋的产权是否包含了主张新建房屋的使用权?

【法官审判要旨】

法官通过法庭调查与双方质证,基本掌握了案件的真实情况;通过充分听取双方律师的主张与辩论,形成法官的基本判断:原告取得新建房屋的产权,被告享有新建房屋的使用权。法官最重要的功能是定分止争,既要判明讼争房的产权,又要兼顾被告的合理权益。因此,本案中双方所有的质疑均应得到充分释明,方能体现判决的权威性与公信力。

(1)对于新建房屋的权属,双方当事人各自主张自己是新建房屋的出资人和所有权人。但就本案现有证据而言,仲某某所提交的证据更能证明房屋建成后,双方当事人的家庭成员是认可争议的房屋是以仲某某的名义建设的。

(2)本案争议房屋的处理不能脱离分家协议。应该理解戴某甲、朱某某夫妇对后来形成的争议房屋有使用权是该分家协议的内容之一。

(3)本案房屋是家庭成员之间对房屋所有权的争议,而该房屋是在戴某丁去世后,在未进行析产和遗产分割的情况下,拆除部分旧房后新建的;戴某甲、朱某某作为戴某丁的父母,在戴某丁生前即与戴某丁、仲某某家庭共同居住在现有宅基上。因而,在认定新建房屋归仲某某所有的同时,应确认戴某甲、朱某某对该房屋享有部分使用权。

(4)本案二审维持原判,但一审判决就戴某甲、朱某某对争议房屋的使用范围未作明确规定,不利于矛盾的解决,二审对此予以增判。

【结语】

最高人民法院《关于适用〈中华人民共和国婚姻法〉若干问题的解释(一)》(以下简称《婚姻法解释(一)》)第27条规定了离婚后暂未找到居住场所的夫或妻的居住权问题。虽然法律尚未对其他家庭成员的居住权作出明确规定,但是当事人之间的分家协议亦可以成为享有居住权的依据。而且,子女对父母的照顾赡养也会涉及社会和谐和稳定。因此,分家协议约定父母有权在子女享有所有权的房屋居住的,子女不能以其享有房屋所有权而否定父母依据分家协议所获得的居住权。

案例(023) 连某某诉臧某某排除妨害纠纷案

来源:(2014)沪一中民二(民)终字第433号
作者:王龙兴

【案例导读】

在买受方已取得房屋产权而未实际占有的情况下,其仅仅基于物权请求权要求有权占有人迁出的,能否获得法院支持?

【案情简介】

2008年8月,被告臧某某购得上海市浦东新区周浦镇瑞安路×弄×号×室房屋(以下简称"诉争房屋")并登记在自己名下。

2011年8月,案外人李某以被告代理人的身份与案外人谢某某就诉争房屋签订《上海市房地产买卖合同》,并将诉争房屋的所有权转移登记至案外人谢某某名下。

2011年10月,原告连某某与案外人谢某某就诉争房屋签订了买卖合同。

2012年4月,诉争房屋过户登记至原告连某某名下。

2012年7月,原告连某某起诉案外人谢某某要求其履行交房义务,审理过程中,法院依法追加臧某某共同参加诉讼,被告臧某某主张原告连某某与案外人谢某某所签订的房屋买卖合同无效。经法院审理,判决:确认案外人李某与案外人谢某某签订的《上海市房地产买卖合同》无效;确认原告连某某与案外人谢某某签订的房屋买卖合同有效,但是客观上案外人谢某某无法履行交房义务,驳回原告连某某要求案外人谢某某将诉争房屋交付原告的诉求,并判令案外人谢某某向原告连某某承担不能交房的违约责任,同时也驳回了被告臧某某要求确认原告连某某与案外人谢某某买卖诉争房屋合同无效的请求。

2013年10月,原告连某某起诉被告臧某某要求其立即迁出诉争房屋。

【审理与判决】

1. 诉讼当事人

一审原告为连某某,被告为臧某某。

2. 诉请与抗辩

原告诉请:判令被告立即迁出上海市浦东新区周浦镇瑞安路×弄×号×室房屋。

被告抗辩:上海市浦东新区周浦镇瑞安路×弄×号×室房屋属被告所有,被告未出售诉争房屋,请求驳回原告诉讼请求。

3. 争议焦点

当所有权与占有权发生分离的情况下,房屋所有权人是否可以基于排除妨害请求权要求房屋实际占有人迁出。

4. 判决结果

一审法院判决:被告臧某某于判决生效之日起2个月内迁出诉争房屋。

二审法院判决:撤销一审判决,判决驳回原告连某某的诉讼请求。

【法律要点解析】

1. 原告连某某能否善意取得诉争房屋

《物权法》第106条规定:"无处分权人将不动产或者动产转让给受让人的,所有权人有权追回;除法律另有规定外,符合下列情形的,受让人取得该不动产或者动产的所有权:(一)受让人受让该不动产或者动产时是善意的;(二)以合理的价格转让;(三)转让的不动产或者动产依照法律规定应当登记的已经登记,不需要登记的已经交付给受让人。受让人依照前款规定取得不动产或者动产的所有权的,原所有权人有权向无处分权人请求赔偿损失。当事人善意取得其他物权的,参照前两款规定。"

原告连某某与案外人谢某某的另案判决的"法院查明"处载明:第一,诉争房屋在原告连某某与案外人谢某某建立买卖关系时,登记在案外人谢某某名下;第二,双方约定的诉争房屋价款在合理的市价范畴内,且原告连某某向案外人谢某某履行了付款义务,同时就原告连某某通过贷款支付的房款部分,从还贷开始日起,原告连某某均正常还贷;第三,交易过程中,案外人谢某某表示房屋内居住人为其朋友,在房屋出售给原告连某某后会让其搬离并按约交付。据此,另案判决认可原告连某某善意取得诉争房屋,本案判决对此亦不持异议。

综上,从法院查明的情况及《物权法》第106条的规定来看,原告连某某符合善意取得诉争房屋的情形。

2. 被告是否应腾退房屋

此问题是本案的焦点问题,在实践中亦颇多争议。对于此问题,一种观点认为,《物权法》明确了"不动产物权依登记"的确认规则,且明确规定了所有权的内容包括占有、使用、收益和处分四种权利,即在原告连某某善意取得诉争房屋所有权的情况下,其对于诉争房屋的所有权应该是完整的,应该包括占有、使用、收益和处分四种权利,现在其占有房屋的权利被被告臧某某妨害,其自然可以依据《物权法》第35条的规定要求排除这种妨害,法院应当予以支持;对于被告臧某某因此遭受的损失,应由其另行向无权处分人谢某某主张。另一种观点认为,被告臧某某并未出售过诉争房屋,其占有涉案房屋并不属于无权占有,且另案判决确认了案外人李某与案外人谢某某系恶意串通买卖被告臧某某的房屋,其签订的房屋买卖合同无效,案外人谢某某自始没有取得过诉争房屋的所有权,因此其客观上不能向原告连某某履行交房义务,应由其向连某某承担违约责任,而不是由臧某某腾退房屋。

最终,本案终审法院采取了第二种观点,认为:第一,生效判决已确认案外人李某以被告臧某某代理人身份与案外人谢某某就诉争房屋所签订的买卖合同无效,即第一手的房屋买卖并非原始产权人被告臧某某之真实意思表示,该买卖合同对被告臧某某自始不发生法律效力,其从2008年8月起居住在诉争房屋内,占有、使用该房屋至今具有合法依据;第二,原告连某某对系争房屋的权利应通过履行与谢某某的房屋买卖合同来实现。虽然原告连某某已于2012年4月5日取得了诉争房屋的房地产权证,完成了房屋的权利交付,但是其自始未曾取得过诉争房屋的占有、使用权。对此,原告连某某应依据其与案外人谢某某签订的房地产买卖合同之约定基于债权请求权向合同相对方主张权利。同时,终审法院认为,由于第一手的买卖合同已被确认为无效,案外人谢某某自始至终没有合法取得过诉争房屋而客观上无法向原告连某某履行交付房屋的义务,故原告连某某应向案外人谢某某主张因无法交付房屋导致合同无法继续履行的违约责任。

【律师点评】

本案是两个"没有过错"的自然人之间的争议,原被告双方都认为自己"很冤枉":原告支付了购房款却无法使用房屋,被告则从没出售过房屋也没收到过任何购房款却面临被"轰出"自己家的局面。本案对于代理律师也是一个极大的考验。

1. 原告律师的代理思路

就原告律师而言,应围绕原告连某某已经取得诉争房屋的所有权来组织证据并设计诉讼策略,其思路要点如下:

(1)另案判决已经认可原告善意取得诉争房屋,且原告连某某已经登记为诉争房屋的所有权人,已经取得诉争房屋所有权的权利外观,是《物权法》认可的诉争房屋的所有权人。

(2)一个物上只能有一个所有权,且所有权应该是完整的,占有权是所有权的一部分,如果原告不能占有房屋,则原告对于诉争房屋的所有权是不完整的。

(3)《物权法》第106条已经规定了原所有权人的权利救济途径,即其腾退房屋后,应向案外人谢某某请求赔偿损失。

2. 被告律师的代理思路

就被告律师而言,应围绕被告合法占有诉争房屋来组织证据并设计诉讼策略,其思路要点如下:

(1)另案判决已经确认案外人李某与案外人谢某某就诉争房屋所签订的买卖合同无效,案外人谢某某自始没有取得房屋所有权,被告臧某某占有、使用诉争房屋具有合法依据。

(2)原告应通过履行其与案外人谢某某签订的房屋买卖合同来占有、使用房屋。

(3)原告可以通过要求案外人谢某某承担因无法交付房屋导致合同无法继续履行的违约责任来进行权利救济。

【法官审判要旨】

一审法院认为原告提供的证据足以证明其系诉争房屋的合法所有权人,依法享有占有、使用、收益和处分的权利,被告已经不是诉争房屋的所有权人,故被告无权占有、使用诉争房屋,原告要求被告迁出诉争房屋应予准许。

二审法院则认为被告占有诉争房屋有合法依据,且原告不应通过要求被告腾退房屋来获得权利,而是应该通过要求案外人谢某某履行合同义务来获得,在谢某某无法履行交房义务的情况下,应根据合同追究谢某某的违约责任。

【结语】

本案是善意取得不动产的所有权人对原所有权人行使排除妨害权的裁判案例,被《中华人民共和国最高人民法院公报》2015年第10期①选登,具有一定的示范意义,对于处理类似案件以及如何在适用善意取得的案件中维护原所有权人的权利亦有一定的启迪价值。

【案外语】

本案刚公示时,在实践及学术理论界都引起了广泛讨论。董学立教授曾专门撰文论述本案,除了法院判决的理由,董教授还论述了从"买卖不破租赁"的类推适用角度出发,本案也不宜判决被告腾退房屋。董教授认为,"既然法律规定了'买卖不破租赁',因而承租人基于租赁权而享有占有使用涉案房屋的利益得到法律的保护。那么,相对于基于债权关系产生的租赁权而言,基于所有权基础关系而享有的对所有物的占有使用,就更应该获得法律的尊重和保护"②,认可了二审法院对本案的判决。

当然,对本案例的判决结论持不同意见的声音也从未断绝,有的观点认为本案例的判决破坏了"善意取得"制度,即第三人善意取得不动产的所有权后依然无法行使物权,我国不动产善意取得制度必将形同虚设,所谓保障交易便捷与交易安全的立法目的将变得毫无意义;也有的观点认为本案例的判决破坏了所有权的完整性,即判决导致的结果是一个在法律上已经取得所有权的权利人无法实际完整地行使自己的所有权。

对于本案例的讨论,必然也将随着理论、实践界对于善意取得、物权保护制度的思考而继续,期待本案所涉问题能够最终在立法或司法解释层面有所阐发。

四、消除危险

案例(024) 陈某魁诉长治市人民防空办公室等消除危险纠纷案

来源:(2015)城民重字第27号,(2015)长民终字第853号
作者:王永利

【案情简介】

原告陈某魁,住山西省长治市第二橡胶厂集资建房×排×号。陈建魁居住的房

---

① 详见《最高人民法院公报》2015年第10期(总第228期)。
② 董学立:《论"不动产的善意取得与无权占有"——兼评"连成贤诉臧树林排除妨害纠纷案"》,载《法学论坛》2016年第6期。

屋系马某典在1987年长治市第二橡胶厂集资建房后购买,获得长治市第二橡胶厂颁发的居住证后,马某典将该房屋卖给陈某魁。该房屋的居住证由陈某魁持有。

2013年7月13日,由于天下大雨,陈某魁发现自己居住的房屋出现裂缝,经长治市人民防空办公室组织勘察,系房屋地下早期人防通道工程坍塌造成。经长治市城区人民政府西街街道办事处委托山西长鑫司法鉴定中心对陈某魁等32户房屋损害程度进行鉴定,陈某魁家主房和西房损害等级为A级,东房损坏等级为B级,建议立即对人防地道上及周边几户房屋进行观察使用,对损坏的房屋进行维修加固。

陈某魁及其代理律师认为:①房屋是长治市第二橡胶厂开发建设的。②长治市第二橡胶厂现上级主管单位应是长治市国有资产监督管理委员会。③长治市人民防空办公室负责全市人防地下工程的管理,现陈某魁等30多家房屋损坏是由于早期人防地道工程年久失修和疏于管理,大雨后坍塌造成,是造成陈某魁家损坏的直接原因。④长治市住房保障和城乡建设局的不作为使该房屋未经规划擅自建设,也负有不可推卸的责任。

陈某魁在损坏事实发生后以消除危险纠纷的案由将长治市人民防空办公室(被告一)、长治市国有资产监督管理委员会(被告二)、长治市住房保障和城乡建设局(被告三)、长治市第二橡胶厂(追加被告四)诉至山西省长治市城区人民法院。

【审理与判决】

1. 诉讼当事人

一审原告陈某魁;被告长治市人民防空办公室、长治市国有资产监督管理委员会、长治市住房保障和城乡建设局、长治市第二橡胶厂。

2. 争议焦点

(1)本案属于什么法律关系?依据什么法律提起诉讼?
(2)谁是适格被告,应在什么范围内承担赔偿责任?
(3)损害结果由多种原因造成的,如何判断因果之间存在的过错责任?

3. 判决过程

一审法院认为,侵害民事权益,应当依法承担侵权责任。本案中的受损房屋系长治市第二橡胶厂在该厂区内所建并卖给该厂职工,建房时长治市第二橡胶厂未能考虑地基、地面情况是否符合建房条件,且现长治市第二橡胶厂系独立法人,处于开业状态,具有承担民事责任的主体资格,故其应当对房屋受损现状承担责任,现雨季即将到来,原告房屋随时可能发生危险,为保护群众生命财产安全。被告长治市第二橡胶厂应立即采取有效措施对原告房屋进行维修加固以确保居住者的生命、财产安全。原告主张所居住的房屋受损系人防工程塌陷所致,被告长治市人民防空办公室虽不予认可,但其作为人防工程维护的监管部门,对其辖区的人防工程未尽到有效监管,致该人防工程之上产生建筑物,直至部分建筑物因人防工程塌陷,致原告房屋受损,应当承担连带责任。原告主张长治市第二橡胶厂的主管单位为被告长治市国有资产监督管理委员会,应当由其承担赔偿责任,但经法院查实,长治市第二橡胶厂系独立法人,且处于开业状态,具有承担民事责任的主体资格,因此原告据此起诉长治市国有资产监督管理委员会主体不适格。原告主张长治市住房保障和城乡建设局不作为使房屋未经规划擅自建设,并无相关证据提供,且未经规划建设并不是房屋发生危险的直接原因,因此原告要求长治市住房保障和城乡建设局承担侵权责任于法无据,法院不予支持。原告要求赔偿损失,但未能举证证明具体损失数额的计算标准,应当承担举证不能的法律后果。综上,依据《侵权责任法》第2条、第13条、第15条,《中华人民共和国人民防空法》(以下简称《人民防空法》)第6条、第7条、第17条、第25条,《民事诉讼法》第64条第1款、第144条之规定,判决被告长治市第二橡胶厂于判决生效后立即对原告陈某魁居住房屋维修加固、消除危险、排除妨害,被告长治市人民防空办公室承担连带责任;驳回原告陈某魁的其他诉讼请求。

一审判决作出后,上诉人陈某魁向长治市中级人民法院提起上诉请求,要求:撤销原审判决第二项;请求依法判决被上诉人根据上诉人房屋受损程度先予进行消除危险、排除妨害;请求法院依法判决被上诉人按照危房鉴定等级 A 级赔偿 10 万元、B 级赔偿 20 万元、C 级赔偿 30 万元、D 级赔偿 40 万元给付上诉人并赔偿上诉人精神损失 2 万元;由被上诉人赔偿因房屋受损的其他损失租房租金 35 000 元;强烈请求整体改造,集体搬迁。长治市人民防空办公室亦向长治市中级人民法院提起上诉请求,请求撤销原审判决,发回重审或改判其不承担责任;诉讼费用由被上诉人承担。

二审法院认为,侵害民事权益,应当依法承担侵权责任。本案中的受损房屋系长治市第二橡胶厂在该厂区内所建并卖给该厂职工,建房时长治市第二橡胶厂未能考虑地基、地面情况是否符合建房条件,故其应当对房屋受损现状承担责任,至于长治市第二橡胶厂称已被国资公司接管,因未提供证据证明,且一审已经查明长治市第二橡胶厂系独立法人,处于开业状态,因此对其说法不予采纳,长治市第二橡胶厂应立即采取有效措施对原告房屋进行维修加固,确保居住者的生命、财产安全。

关于上诉人长治市人民防空办公室是否承担连带责任的问题,根据《人民防空法》第25条"人民防空主管部门对人民防空工程的维护管理进行监督检查。公用的人民防空工程的维护管理由人民防空主管部门负责。有关单位应当按照国家规定对已经修建或者使用的人民防空工程进行维护管理,使其保持良好使用状态"的规定,本案中,无论涉案房屋的地道属于人民防空工程还是公用防空工程,其作为主管部门,对本案中房屋的地道既无备案又未监督检查,更无维护维修,充分证明其作为人防工程维护的监管部门,对其辖区的人防工程未尽到有效监管,致该人防工程之上产生建筑物,直至部分建筑物因人防工程塌陷致各住户的房屋受损,理应承担连带责任,一审判决并无不妥之处。

关于上诉人陈某魁要求的赔偿损失,因其请求数额为估算并未提供具体损失数额的计算标准,故对其上诉请求不予支持。综上,原审法院认定事实清楚,适用法律正确,程序正当。依照《民事诉讼法》第170条第1款第(一)项之规定,判决:驳回上诉,维持原判。

【法律要点解析】

物权请求权是指物权人于其物权受到侵害或有被侵害的危险时,基于物权而请求侵害人为一定行为或不为一定行为,使物权恢复到原有状态或侵害危险产生之前的状态的权利,包括物的返还请求权、排除妨害请求权、消除危险请求权。

消除危险请求权,按照《物权法》第35条的规定,是指对极有可能妨害物权的危险,物权人请求有关责任者予以消除的权利,由此发生的费用由有关责任者承担。

陈某魁从马某典手中购买了集资房屋并持有长治市第二橡胶厂颁发的居住证,即享有物权请求权,在大雨后发现居住房屋出现裂缝,勘察后确认系房屋下早期人防地道工程坍塌造成,依据《物权法》和《侵权责任法》的相关规定,有向有关责任人主张消除危险并要求赔偿损失的权利。

本案涉诉房屋是长治市第二橡胶厂在厂区内开发建设的,最初建设时未能考虑地基、地面情况是否符合建房条件,没有报城市建设规划许可,房屋建在厂区厂房内早期人防地道地面上,没有在长治市人民防空办公室备案,而且将28户房屋居住权卖给职工。经勘察结果证明,陈某魁等多户房屋出现基本的居住生存危险与上述事实存在因果关系,被告长治市第二橡胶厂应承担对陈某魁居住房屋维修加固、消除危险的责任。

被告长治市人民防空办公室虽然抗辩称涉案人防地道是长治市第二橡胶厂早期修建,之后没有向其备案,存在多种过错,但是根据《人民防空法》第25条的规定,无论涉案房屋的地道属于人民防空工程还是公用防空工程,其作为主管部门,对其辖区内的人防工程未尽到有效监管,致该人防工程之上产生建筑物,直至部分建筑物因人防工程坍塌致各住户的房屋受损,理应承担连带责任。

【律师点评】

原告律师的代理思路

陈某魁家由于下大雨,突然发现居住房屋出现裂缝,刻不容缓,代理律师要先让陈某魁一家搬到安全地方居住,并对房屋出现的裂缝进行公证保全诉讼证据,确定损害事实的有效证据和避免发生更大的危险。陈某魁被迫付出的搬迁、另行租用住处的费用,应列入诉讼请求之中,这在本案认定的事实中没有出现,实属遗憾。

陈某魁的代理律师选择了四个被告确实正确,虽然最终法院支持了对长治市第二橡胶厂和长治市人民防空办公室两个被告的诉求,但是因为长治市第二橡胶厂多年未生产,2014 年由于政府路网征迁被国资公司接管,虽然系独立法人,且处于开业状态,但是实际上没有运营机构,处于竭业状态,法院从保证判决可执行性出发判决长治市人民防空办公室承担连带责任,有效保障了消除危险的可执行性,让政府管理机关承担起对社会的管理责任。这是推行改变政府管理职能、真正做到服务社会的巨大进步。

消除危险、赔偿损失是消除危险请求权的法律效果,构成损失赔偿的客观要件包括侵权行为、损害事实和因果关系。陈某魁的代理律师没有提出危房鉴定等级的有效赔偿标准和损失数额的计算标准,造成法院对赔偿损失部分不予支持,确有疏漏,可见诉讼代理律师要善于组织和完善带有数额赔偿的诉讼证据,使法院有依据可支持诉求。

陈某魁和代理律师对长治市国有资产监督管理委员会和长治市住房保障和城乡建设局的诉讼,呈现了追究政府管理职能部门责任的大胆挑战,虽然二者与长治市人民防空办公室职能上有差别,法院能判决最有效的部门承担连带责任已能保障生效判决的可执行性,但是对多个政府职能部门进行诉讼,客观上扩大了本案诉讼的社会影响力,起到了让法院审判更迅速、更合法、更有效的作用。

案例(025) 王某信与枣庄矿业集团高庄煤业有限公司消除危险纠纷案

来源:(2014)济民终字第 1483 号
作者:王永利

【案例导读】

本案原告王某信房屋屋顶上横跨着一条 35KV 的高压线,致使原告及其家人身心健康受到严重危害。对尚未发生的危险如何提起诉讼,法院对造成危险的过错责任又如何认定,请看以下案例。

【案情简介】

原告王某信,济宁市微山县付村镇樊村村民。1995 年 3 月,原微山县付村乡樊村村民委员会研究决定,在该村后规划宅基地排房二处。村民王某信于 1996 年 2

月建平房四间。根据樊村村民委员会的要求,原付村乡土管办会计朱某甲为王某信的宅基地进行丈量、绘草图,并出具了1996年2月18日微山县人民政府为王某信颁发的微付集建(1996)字第082610220006号集体土地建设用地使用证及微山县城乡建设委员会颁发的字第0006号村镇房屋权属证,但没有建立档案。

1996年12月2日,枣庄八一矿高庄基建办(甲方)代表朱某存与微山县供电局(乙方)代表马某东签订付村至高庄35KV双回线路工程协议书,甲方同意一次性支付给乙方工程赔偿和工程协调费40万元,由乙方负责该项目工程施工期间的所有赔偿费用和全面协调工作。付村至高庄35KV双回高压线路于1997年6月中旬由微山县电力实业总公司负责架设,于1997年7月中旬建成。1997年7月10日又对高庄35KV线路拉线坑赔偿问题进行座谈,每个拉线坑赔偿1 000元。付村至高庄35KV付高Ⅱ线高压输电线路经过原告王某信的房顶,王某信认为被告枣庄矿业集团高庄煤业有限公司架设的35KV高压电线通过其房顶,不符合相关电力法规的规定,严重影响原告及家人的人身安全,特别是打雷下雨更加危险,遂于2013年以消除危险的案由将枣庄矿业集团高庄煤业有限公司起诉到微山县人民法院,请求判令被告迁走架设在原告房顶的高压线。

【审理与判决】

1. 诉讼当事人:原告王某信;被告枣庄矿业集团
2. 争议焦点
①被告主体是否适格?
②形成危险的原因是先架线还是先建房?
③涉案线路和房屋之间的距离是否符合安全距离?
3. 判决过程

一审法院在审理期间查明,①被告的付村至高庄35KV付高Ⅱ线高压输电线路距原告王某信房顶的垂直距离为4.3米。②2013年1月31日,被告申请司法鉴定,要求对房产证及土地使用证涂改时间与原来形成时间的先后和房产证所有权人姓名栏的"王某信"是否涂改而成、是否同一支笔涂改、涂改前原文内容为何字进行鉴定,2013年6月3日,中国刑事警察学院物证鉴定中心出具中警鉴字(2013)1446号鉴定书,鉴定意见:检材所有权人姓名栏内"王某信"中的"信"字经过改写而成,改写文字与原文字不是同一支笔书写,改写前原文字为"伦"。③付村至高庄35KV付高Ⅰ线经过王某伦房顶,已经山东省微山县人民法院(2008)微法民初字第346号民事判决书确认。

一审法院认为:

原告王某信根据樊村村民委员会的规划,于1996年2月在该村规划的宅基地上建平房四间,并领取了土地使用证及房产证。被告枣庄矿业集团高庄煤业有限公司为方便生产用电,从付村矿电厂于1997年7月中旬架设一条35KV付高Ⅱ高压输电线路,涉案的高压输电线路距原告王某信房顶的垂直高度为4.3米。《中华人民共和国电力设施保护条例》(以下简称《电力设施保护条例》)第10条规定,"导线边线向外侧水平延伸并垂直于地面所形成的两平行面内的区域,在一般地区各级电压导线的边线延伸距离如下:……35—110千伏 10米……"《中华人民共和国电力设施保护条例实施细则》(以下简称《电力设施保护条例实施细则》)第15条规定:"架空电力线路一般不得跨越房屋。对架空电力线路通道内的原有房屋,架空电力线路建设单位应当与房屋产权所有者协商搬迁,拆迁费不得超出国家规定标准;特殊情况需要跨越房屋时,设计建设单位应当采取增加杆塔高度、缩短档距等安全措施,以保证被跨越房屋的安全。被跨越房屋不得再行增加高度。超越房屋的物体高度或房屋周边延伸出的物体长度必须符合安全距离的要求。"涉案的高压输电线路为被告收益使用,直接从原告的房屋顶上通过,且线路距房顶的垂直距离为4.3米,低于《电力设施保护条例》第10条规定的35—110千伏为10米的垂直安全距离,具有潜在的安全隐患和较大的危险性,严重妨碍了原告及家人的居住,影响了正常的生活,给原告造成了一定的精神损害。原告要求被告迁走架设在原告房顶的高压电线,其事实清楚,符合法律规定,应予以支持。对于被告提出应当驳回原告以涂改伪造的房产证对其无理诉讼的抗辩理由:中警鉴字(2013)1446号鉴定结论为房产证所有权人一栏内"王某信"的"信"字经过改写而成,改写文字与原文字不是同一支笔书写,改写前原文字为"伦"。虽然"伦"改写为"信",但是并不是(1996)字第0018号村镇房屋产权属证所有权人一栏内王某伦的字,而是直接在原告王某信持有的1996年2月18日(1996)字第0006号村镇房屋权属证上改写的。原告王某信所持有的房产证及土地使用证是经原付村乡樊村村民委员会研究决定,原付村乡土管办工作人员朱某甲(证人)丈量、绘图、填写出具的,具有合法性、真实性。被告的抗辩理由未提供其他证据证实,证据不足,不予支持,依照《民法通则》第5条、《物权法》第35条之规定,判决:被告枣庄矿业集团高庄煤业有限公司将其使用的35KV付高Ⅱ线高压输电线路,于判决书生效后3个月之内从原告王某信的房屋上方移离到安全位置。

上诉人枣庄矿业集团高庄煤业有限公司不服一审判决,上诉辩称:一审判决适用法律错误,认定事实错误,主体错误,程序违法,请求二审法院撤销一审判决,驳回被上诉人的诉讼请求或发回重审。①一审判决适用《电力设施保护条例》第10条规定的架空电力线路保护区应改变安全距离的规定错误。所谓的10米是架空电力线路保护区,是保护电力线路的范围,而不是判决所认定的安全距离。《电力设施保护条例实施细则》第5条规定35KV电压导线边线距建筑物的水平安全距离为3.0米,根据现场勘验距房顶的垂直距离为4.3米,超过了上述安全距离的规定,故原判适用法规明显不当。②一审判决证据不足且认定事实错误。涉案高压线已经建成和使用近20年,且在建设时委托原微山供电局承建并与沿线所有村庄达成协议补偿完毕,线下无任何建筑物且上诉人至今一直使用该线路,但被上诉人现却以根本没有登记档案且前后矛盾、四至混乱不一的土地房产证起诉上诉人,该证据是虚假伪造的。被上诉人不同意对涂改字形成时间作司法鉴定,该假证毫无效力。我国法律规定房屋应当登记并自记载于不动产登记簿时发生效力;未经登记,不发生效力。被上诉人的房屋权属证没有登记在簿,故无效,法院应依法驳回其诉讼请求。朱某甲、田某科证言纯属假证伪证,他们当年根本没有丈量和发证,当年也根本没有任何房屋。③一审判决主体错误,程序违法。涉案电力线路的产权不属上诉人所有,上诉人的产权为上诉人矿内变压器进线跌落丝以下,以上线路的产权、维护、保养均由供电方供电工区所有和负责,一审判决以上诉人系用电户为由判决上诉人对数公里以外的电线负责没有事实和法律依据,系主体错误且程序违法,依法应当纠正。

二审法院在审理中查明,经2014年9月19日现场勘验测量,涉案线路距涉案房屋二层的垂直距离为3.6米,其他事实与一审所认定的事实基本一致。

二审法院认为:二审期间双方争议的焦点为:①上诉人的主体是否适格;②是上诉人先架线还是被上诉人先建房;③涉案线路和房屋之间的距离是否符合安全距离。关于焦点①,根据微山县人民法院(2008)微法民初字第346号民事判决书已经认定的事实,可以确认涉案线路为上诉人所有,上诉人主张该线路不归其所有,其主体不适格,与上述生效判决认定的事实相悖,不予采信。关于焦点②,根据微山县人民法院(2008)微法民初字第346号民事判决书认定的事实,结合微山县人民政府于1996年2月颁发的集体土地建设用地使用证、一审法院对王某、田某、朱某丙、郭某等人的调查笔录及证人朱某甲的一审出庭证言可以认定,被上诉人的房屋系于1995年经村民委员会规划、于1996年上半年建设,上诉人的涉案线路于1997年年中建设完成,应为先建房后架线。上诉人主张系先架线后建房与上述事实相悖,且无相关证据予以证实,不予支持。因该事实根据现有证据已足以认定,上诉人申请调取谷歌地图本院不予准许。关于焦点③,根据《66KV及以下架空电力线路设计规范(GB50061-97)》(已失效)第11.0.9条的规定,导线与建筑物间最小垂直距离35KV为4米,而涉案线路与被上诉人房屋间的最小垂直距离为3.6米,不符合上述安全距离,一审法院判令上诉人移离到安全位置并无不当,上诉人主张涉案线路与被上诉人房屋间的距离符合安全距离与上述事实相悖,不予采信。依照《民事诉讼法》第169条第1款、第170条第1款第(一)项、第175条之规定,判决:驳回上诉,维持原判。

【律师点评】

原告王某信一家身为普通村民,在长达20年的时间里,每天生活在头顶35KV

高压线,随时遭到高压线电击侵害的风险中,精神恐惧和全家人的人身安全都受到严重的侵害。只是因为其哥哥王某伦同期办理了土地使用证和房产证,造成王某信持有的 1996 年 2 月 18 日字第 0006 号村镇房屋权属证上王某信的"信"字经过改写而成,但办证人员出庭作证,该两份证件不是伪造、变造的。原告王某信没有变造、伪造房产证,是在证件填写错误的情况下做的改正,完全合情合理。法院查清事实后完全可以认定王某信所持土地使用证和房产证是合法有效的。

一、二审法院均查明原告王某信的房屋是在 1996 年上半年建设,被告的涉案线路于 1997 年年中建设完成,应为先建房、后架线的事实。法官在查清上述事实后应先释明被告可能受到将其使用的 35KV 付高 II 线高压输电线路移离的法律风险,从移离高压输电线路和合理安置王某信一家四间住房的可能性及综合造价方面制作调解方案,在严格保障王某信家四间住房合理安置的前提下,由被告承担全部移离的法律责任和各项费用,相对减少被告高压输电线路移离的经济损失。

物权保护的法律关系中,涉及公法对物权的保护方式,如宪法上的所有权保障制度、刑法保护和行政保护;同时涉及私法对物权的保护,即物权法上的救济和债法上的救济。《物权法》范围内的消除危险请求权更多的涉及各种原因汇集导致的一种危险结果,律师在代理这类案件时要在千姿百态的现象中去伪存真,抓住主要焦点,掌握造成危险的专业知识,形成完整的诉讼证据链是保障案件胜诉的法宝。

五、修理、重作、更换

案例(026) 任某生诉宜兴市某汽车销售服务有限公司汽车买卖合同纠纷案

来源:(2011)宜民初字第 2540 号
作者:逄伟平

【案例导读】

随着法律规定日臻完善,家用汽车也与其他消费商品一样,已列入"三包"范围中,购买家用汽车出现质量等问题也能要求更换。本案系 2011 年的案例,当时还未颁布《家用汽车产品修理、更换、退货责任规定》,当时本案是从《合同法》规定应当全面履行合同义务的角度对案情进行整体评判,作出了既达成原告诉求,又对被告公平的判决。

【案情简介】

2009 年 11 月 16 日,任某生从某汽车销售服务有限公司(以下简称"汽车公司")购买一辆大众1.8T迈腾轿车,车价210 800元。购车后不久,该车出现两次启动倒车熄火故障,经汽车公司处理后仍未能查明原因。

2011年3月,该车再次出现运行中熄火故障。同年6月18日,任某生将车辆送至汽车公司维修。汽车公司确认变速箱存在问题,并答复尽快免费更换变速箱,但直到同年8月8日才为其更换变速箱总成。

2011年10月7日,该车在宜兴至南京的高速公路途中再次出现故障,车速降至80公里/小时后,失去加速动力,P、R、N、D、S挡位不停跳闪。同日,车辆送至汽车公司维修,技术人员检修后答复车辆需再次更换变速箱总成。

随后,任某生向工商部门投诉,汽车公司于2011年10月31日同意更换变速箱。2011年11月7日,汽车公司告知任某生车辆在试车过程中出现与上次相同的故障,需重新更换变速箱,并承诺下一次更换变速箱请厂家及总部技术人员和任某生一起到场。2011年11月13日,汽车公司通知原告新的变速箱已更换完毕。

任某生认为所购车辆存在极大的质量问题和安全隐患,给其生活和工作造成了极大不便,故起诉至法院要求汽车公司更换同类型新车一辆,新旧车差价由法院根据双方责任确定。

汽车公司辩称任某生所购1.8T迈腾轿车确实出现了一些质量问题,特别是两次出现变速箱故障,其对此深表歉意,但其不是生产商,只是一汽大众公司的4S销售和服务商;任某生车辆第二次出现变速箱问题后,经工商行政管理局12315投诉台主持,双方于2011年10月31日达成调解书,双方应继续履行该调解书。2011年11月7日,其在第二次更换变速箱的试车过程中,因变速箱的滑阀箱与车辆不匹配,更换了滑阀箱(并非第三次更换变速箱总成),从而在11月14日完成了调解书约定的条件并书面通知任某生提车,其已全面履行了调解书约定的义务;汽车暂未列入"三包"产品范围,任某生要求整车更换无法律依据,同时双方无书面购车合同,无具体的更换、退车约定,故其只能根据一汽大众公司关于变速箱质量担保办法,以更换变速箱的方式为任某生进行服务,故要求驳回任某生的诉讼请求。

审理中,汽车公司提供的订购变速箱、滑阀箱的销售发货清单及到货后的入库单显示,车辆于2011年10月7日进厂修理过程中,其于2011年10月10日订购了六挡复式离合器变速箱一台,同年10月14日到货更换。因出现变速箱与车辆不匹配问题,汽车公司又于同年11月2日重新订购一台六挡复式离合器变速箱,11月6日到货更换。同年11月7日试车过程中,汽车公司发现变速箱的滑阀箱与车辆不匹配,故又于11月9日订购滑阀箱,并于11月13日更换。

审理中,任某生申请对车辆在2009年11月16日购买后至2011年10月7日期间的使用折旧价值进行鉴定,法院依法委托宜兴市价格认证中心进行了鉴定,鉴定结果为:车辆使用折旧价值为28 975元(车辆重置价228 817元×折旧率0.067×

使用年数 1.89)。

汽车公司明确任某生所购 2009 款 1.8T 迈腾自动舒适型车现已停产,现有车型 2011 款 1.8T 新迈腾自动舒适型车价格为 209 800 元。对此,任某生明确表示愿意更换现有 2011 款 1.8T 新迈腾自动舒适型车型。

2012 年 2 月 15 日法院作出判决,被告汽车公司为原告任某生更换新款汽车一辆,原告任某生补足新车差价款。

【审理与判决】

1. 诉讼当事人

原告为任某生、被告为某汽车销售服务有限公司。

2. 争议焦点

(1)汽车买卖合同纠纷中,消费者能否以车辆存在质量问题为由要求销售商更换整车?

(2)汽车公司是否已经履行完毕在工商部门达成的调解书所确定的义务?

3. 判决过程

法院认为,原告向被告购买汽车,双方之间形成买卖关系并依法成立汽车买卖合同,是受法律保护的。双方当事人应当按照合同约定履行自己的义务,汽车公司提供车辆质量应当符合约定;质量不符合约定的,应当按照当事人的约定承担违约责任;对违约责任没有约定或者约定不明确,依法仍不能确定的,受损害方可以合理选择要求对方承担修理、更换、重作、退货、减少价款或者报酬等违约责任。当事人订立合同在于实现合同目的。所谓合同目的,是指当事人订立合同所要实现的期望。本案中,原告购买车辆的目的是为了安全驾驶,使车辆充当交通工具,便于生活工作,被告所售车辆也应当具有实现该目的的合格质量。但原告所购车辆于 2011 年 8 月 8 日更换变速箱总成后,在同年 10 月 7 日又出现变速箱质量问题。对此,双方虽经工商行政管理局 12315 投诉台调解达成了更换变速箱总成的调解书,但根据被告陈述及所提供证据显示,车辆在 2011 年 11 月 7 日进行修理后的过程中,其两次更换了变速箱总成,且对最后一套变速箱的滑阀箱进行了更换。根据调解书,被告应为原告更换变速箱总成,其意应为更换整套无质量问题的变速箱总成,而不是对更换的变速箱总成再进行修理或部件的更换。因此,被告并未能履行调解书约定的通过更换变速箱修理车辆的义务。本案中双方当事人未对车辆质量及违约责任进行约定,原告所购车辆在不到两年的时间内两次出现变速箱质量问题,修理过程及试车过程仍出现问题,要求被告承担修理(更换部件)的违约责任已不能达到原告的购车目的,故原告从消除自身安全隐患的角度,提出更换车辆的要求合理有据,应予支持。原告所购车型现已停产,因其明确同意更换现有车型 2011 款 1.8T 新迈腾自动舒适型,对此,应予以准许。原告所购车辆价款为 210 800

元,车辆购置税为18 017元,使用期间折旧价值为28 975元,2011款1.8T新迈腾自动舒适型车价款为209 800元,故相抵后,原告应支付被告差价9 958元,并依法交纳各项税费。

法院判决,汽车公司于判决发生法律效力之日起10日内为任某生更换2011款1.8T新迈腾自动舒适型汽车一辆,任某生于车辆更换的同时支付汽车公司差价9 958元。

【法律要点分析】

1. 汽车买卖合同纠纷中,消费者能否以车辆存在质量问题要求销售商更换整车

《合同法》第111条规定:"质量不符合约定的,应当按照当事人的约定承担违约责任。对违约责任没有约定或者约定不明确,依照本法第六十一条的规定仍不能确定的,受损害方根据标的的性质以及损失的大小,可以合理选择要求对方承担修理、更换、重作、退货、减少价款或者报酬等违约责任。"本案中,原告所购车辆,在经过两次重大部件(变速箱)的更换后,仍出现问题,应当属于重大质量问题和重大损害,原告提出更换整车属于合理的诉求,被告应当承担更换整车的违约责任。

2. 汽车公司是否已经履行完毕在工商部门达成的调解书所确定的义务

《合同法》第107条规定:"当事人一方不履行合同义务或者履行合同义务不符合约定的,应当承担继续履行、采取补救措施或者赔偿损失等违约责任。"本案中,原、被告双方在工商部门达成了调解协议,内容为更换变速箱总成,但被告第二次更换后又对变速箱总成进行了修理,不能认定为履行完毕调解协议。在被告没有完全履行调解协议的情况下,原告可以要求被告采取包括更换整车在内的补救措施。

【律师评点】

《合同法》第60条规定:"当事人应当按照约定全面履行自己的义务。当事人应当遵循诚实信用原则,根据合同的性质、目的和交易习惯履行通知、协助、保密等义务。"本案中,原告购买车辆,合同目的在于使用可以安全驾驶的车辆作为交通工具。但涉案车辆经过两次更换变速箱总成后,仍然不能具备正常使用的性能,原告的合同目的属于不能实现。双方达成调解协议更换变速箱总成,但被告两次更换后却仍需修理,被告没有履行交付合格车辆的合同及调解书义务。法院根据整个案情的特殊性,判决被告为原告进行整车更换,合乎法理,合乎人情。

案例(027) 袁某某与陈某等财产损害赔偿纠纷案

来源:(2008)沪二中民一(民)终字第756号

作者:逄伟平

【案例导读】

添附,是指不同所有人的物结合在一起而形成不可分离的物或具有新物性质

的物。本案被告拆除他人房屋并在其上新建房屋,由此引发争议。处理这类由添附引发的财产损害赔偿纠纷,需要综合考虑公平和效益两个因素。

【案情简介】

原告陈某与袁某昌系夫妻关系,原告袁某与袁某昌系父子关系,被告袁某某与袁某昌系兄弟关系,袁某昌于1996年死亡。袁某昌在崇明县竖新镇跃进村新南11队有平瓦房2间,2007年6月至7月间,被告袁某某将该平瓦房2间拆除,并占用了该平瓦房2间约2/3的地基,又建造了房屋2间。2007年10月11日,原告陈某、袁某以袁某昌法定继承人的身份要求被告袁某某恢复原状。

袁某某辩称,陈某曾口头委托其对讼争平瓦房进行原地翻建,其才拆除了诉争的2间平瓦房,故不同意两原告的诉讼请求。

【审理与判决】

1. 诉讼当事人

一审原告为陈某、袁某,被告为袁某某。

2. 争议焦点

添附形成的问题如何处理比较妥当?

3. 判决过程

一审法院认为,公民的合法财产受法律保护,损坏他人财产的,应当恢复原状或者折价赔偿。袁某某虽辩解自己是在陈某的口头委托下才拆除诉争房屋,因陈某不予认可,而袁某某提供的证据也不足以证实其主张,故不予采信。现陈某、袁某作为袁某昌的法定继承人要求袁某某恢复原状,不要求其折价赔偿,符合相关法律规定,故予以支持。据此,依照《民法通则》第75条、第117条之规定,判决袁某某于判决生效后10日内将拆除的平瓦房2间恢复原状。

宣判后,袁某某不服一审判决,向上海市第二中级人民法院提起上诉,诉称:原审判决片面采信陈某、袁某的陈述,而否定被告所提供的证据;陈某、袁某应将翻建房屋费用向被告结清,新翻建房屋才归陈某、袁某所有;房屋一经拆除,事实上已不可能恢复原状;请求撤销原判,改判驳回陈某、袁某的诉讼请求或发回重审。

陈某、袁某辩称,请求驳回上诉,维持原判。

二审中,在法院释明的情况下,陈某、袁某表示同意在新翻建房屋归己所有的情况下,补偿被告袁某某5 000元。

二审法院认为,公民的合法财产受法律保护,损坏他人财产的,应当承担相应的民事责任。本案中,袁某某在未征得陈某、袁某同意的情况下,擅自将平瓦房2间予以拆除,损害了陈某、袁某的合法权益,应承担相应民事责任。当事人承担民事责任的方式,既要考虑当事人主观过错、损害结果等,又要兼顾财产的效用。本案翻建后的房屋,系在原平瓦房2间的基础上建造,翻建后的房屋建筑面积与原房屋相仿,结构基本完整,只需经简单装修,便能满足基本居住要求。因此,如果予以拆除,既造成财产的损失,也不符合物尽其用的原则。鉴于二审中双方当事人均不再坚持恢复原状,可予准许。原审法院判决袁某某将拆除的平瓦房 2 间恢复原状欠妥,应予以纠正。考虑到袁某某对于拆除原平瓦房存有过错、其翻建房屋支付了一定费用以及陈某、袁某为本案诉讼支出了一定费用等综合因素,本案以陈某、袁某向袁某某从经济上给予适当补偿为宜。二审中,陈某、袁某愿意补偿袁某某 5 000 元,予以准许。据此,依照《民事诉讼法》第 153 条第 1 款之规定,判决:①撤销原判。②诉争房屋归陈某、袁某所有。③自本判决生效之日起 10 日内,陈某、袁某支付袁某某补偿款 5 000 元。

【法律要点解析】

添附形成的问题如何处理比较妥当？本案中,宅基地和房屋的原权利人去世后,其法定继承人成为新的权利人。被告未经新的权利人同意,将房屋拆除并在宅基地上新建房屋的行为,属于添附。添附行为因属于未经权利人同意而为的行为,所以也不为法律所认可。

【律师点评】

添附的情况下,行为人的行为并没有得到权利人事前同意或事后追认,客观上形成侵权状态。本案一审判决认定,被告的添附行为属于侵权,所以判决恢复原状,在法律上是正确的。但因添附客观上却又使房屋保值增值了,考虑到兼顾合法和效益原则,二审法院经过释明,原告将诉求调整为确权和补偿建房支出。二审法院运用民事权利处分原则,恰当地处理了添附侵权和保持房屋现状以防止损失扩大的关系。

六、恢复原状

案例（028） 非法占地侵权纠纷案

来源:(2015)浙民提字第 77 号
作者:李吏民

【案例导读】

原告三人为平阳县萧江镇立后村农民,为同一家庭成员。原告共同承包的农田、自留地及自家宅基地被非法侵占用于建设甬台温高速公路萧江出口维护站。2015 年 2 月 13 日,原告通过向平阳县国土资源局申请政府信息公开了解到:2005

年9月,第三人与温州市高速公路工程建设总指挥部签订《甬台温高速公路平阳段工程增加征地补充承包责任书》,签订该协议后,被告在未经取得合法用地审批手续的情况下,擅自于2006年左右占用萧江镇立后村23 459.12平方米(35.1887亩)的土地进行填土建设,该地块在96现状图上确定为耕地,在平阳县萧江镇土地利用总体规划(1996—2010)中确定为基本农田,该地块现状为石子路面、沥青路面、料棚、沥青拌合楼、办公平房及职工宿舍。原告就征地补偿事宜与征收部门没有达成协议,发生纠纷。原告委托律师提起恢复原状纠纷之诉。

【审理与判决】

浙江省平阳县人民法院作出(2015)温平民受初字第1号民事裁定认为,依据《土地管理法》之规定,应当由土地行政主管部门对非法占地行为进行查处,起诉人要求拆除非法占用土地上的设施、恢复原状的诉情不属于法院的受案范围,故而不予立案。原告不服向浙江省温州市中级人民法院上诉。

浙江省温州市中级人民法院作出(2015)浙温民受终字第4号民事裁定认为,未经批准非法占用土地的,由县级以上人民政府土地行政主管部门进行查处,上诉人的诉请不属于人民法院民事案件的受案范围,从而驳回上诉,维持原裁定。原告仍不服向浙江省高级人民法院申请再审。

浙江省高级人民法院提审后作出(2015)浙民提字第77号民事裁定认为,再审申请人的诉请要求拆除非法占用土地上的设施、恢复原状等属于法院的受案范围,撤销一、二审裁定,指令浙江省平阳县人民法院立案受理。

【法律要点解析】

在农村集体土地征收过程中,非法征地现象非常普遍,针对非法占地行为,被征收人往往会启动相应的法律程序,提起行政诉讼或者民事诉讼。农村集体土地的权利人要求占用人拆除违法建筑、恢复土地原状的民事诉讼大量出现。但实践中,许多地方法院认为非法占地侵权行为不属于法院的民事案件受案范围,而不予立案或者立案后驳回起诉。本案具有代表性,涉及的法律问题简要分析如下:

1. 非法占地行为侵犯了土地权利人的物权

非法占地行为人侵犯了土地权利人的相应物权。本案中,非法占地行为严重影响到原告土地承包经营权的实现,无法继续耕种使用土地,并影响到宅基地上房屋的所有权和宅基地的使用权。非法占地行为人对原告构成侵权,应当承担相应的侵权责任。

2. 非法占地行为应受到相应行政处罚

根据《土地管理法》第66条的规定,县级以上人民政府土地行政主管部门对违反土地管理法律、法规的行为进行监督检查。根据《土地管理法》第76条的规定,未经批准或者采取欺骗手段骗取批准,非法占用土地的,由县级以上人民政府土地行政主管部门责令退还非法占用的土地,对违反土地利用总体规划擅自将农用地改为建设用地的,限期拆除在非法占用的土地上新建的建筑物和其他设施,恢复土地原状。因此,对非法占地行为进行查处,是土地行政管理部门的法定职责,非法占地行为人应当受到土地行政主管部门的行政处罚。

3. 土地权利人可以选择行政查处也可以选择民事诉讼

《侵权责任法》第 4 条规定:"侵权人因同一行为应当承担行政责任或者刑事责任的,不影响依法承担侵权责任。因同一行为应当承担侵权责任和行政责任、刑事责任,侵权人的财产不足以支付的,先承担侵权责任。"《物权法》第 38 条规定,"侵害物权,除承担民事责任外,违反行政管理规定的,依法承担行政责任;构成犯罪的,依法追究刑事责任。"

对非法占地行为,相关法律法规没有规定行政查处和民事诉讼的先后顺序,也未规定行政查处优先,因此不存在先行政后民事的情况。被侵权人可以选择向土地行政机关对非法占地行为进行查处,也可以直接向法院提起民事诉讼。同时,非法占地行为人承担行政责任,并不能代替或免除对被侵权行为人的侵权责任。同样,非法占地行为人承担民事侵权责任后,也不能免除其承担相应的行政责任。

4. 原告诉请拆除违法建筑、恢复土地原状属于民事诉讼的受案范围

《物权法》第 4 条规定:"国家、集体、私人的物权和其他权利人的物权受法律保护,任何单位和个人不得侵犯。"第 35 条规定:"妨害物权或者可能妨害物权的,权利人可以请求排除妨害或者消除危险。"第 36 条规定:"造成不动产或者动产毁损的,权利人可以请求修理、重作、更换或者恢复原状。"第 37 条规定:"侵害物权,造成权利人损害的,权利人可以请求损害赔偿,也可以请求承担其他民事责任。"

本案中,根据上述法律规定,非法占地行为人侵害了原告的土地承包经营权和耕种权,其拆除原告的房屋侵害了原告房屋所有权,原告可以提起停止侵害、排除妨碍、拆除地上非法建筑、恢复耕地原貌之诉,属于最高人民法院所规定的恢复原状纠纷民事案由。

非法占地行为应受到土地行政机关的行政处罚,但这并不影响土地权利人因非法占地行为侵权所造成损害的民事赔偿请求权,土地权利人也不因此而丧失民事诉讼的权利。根据上面分析也不存在行政优先的情形。因此,浙江省高级人民法院撤销一、二审裁定,指令浙江省平阳县人民法院立案受理本案是正确的。

案例(029) 陈某良诉李某仔恢复原状纠纷案

来源:(2013)南民终字第 691 号

作者:王永利

【案例导读】本案例涉及口头承包互换协议约定期限不明如何处理的问题。

【案情简介】

1999年,原告陈某良以户的名义承包水田30年。

2000年,原告陈某良与被告李某仔口头商定互换承包地。之后,在交换的土地上,陈某良挖塘养鱼,李某仔种植水稻。2011年年初,李某仔又改种茶树。

2011年年底,陈某良提出换回原承包地,被李某仔拒绝。

陈某良认为,二人互换承包地既未签订书面协议又未向发包方备案,且李某仔改变用途种茶,因此互换协议无效;并且双方互换承包地未约定期限,属不定期合同,故自己可随时要求收回土地。

2012年8月,原告陈某良诉至法院,要求被告李某仔将互换的承包地恢复原状并返还。

【审理与判决】

1. 争议焦点

(1)土地承包经营权互换行为是否须为书面协议?

(2)备案是否为土地承包经营权互换协议的生效要件?

(3)在互换期限约定不明情形下,单方是否有权随时解除协议?

2. 判决过程

一审法院认为,原、被告互换土地不违反法律规定,口头互换协议有效。互换土地向发包方备案仅为公示,不是互换协议的生效要件。互换后的土地均为农业用途,原告主张改变了土地用途与事实不符。互换未约定期限,互换期限应为农村土地承包合同的剩余期限,原告不能以未约定期限为由随时主张解除互换协议。一审判决驳回了陈某良的诉讼请求。

二审中,陈某良与李某仔之弟李某俤达成新的土地互换协议,申请撤回上诉,法院裁定准许撤回上诉。

【法律要点分析】

1. 法律并未明确规定土地承包经营权的互换为要式行为

土地承包经营权的互换是土地承包经营权的典型流转方式之一。《中华人民共和国农村土地承包法》(以下简称《农村土地承包法》)(2009年修正)第40条规定:"承包方之间为方便耕种或者各自需要,可以对属于同一集体经济组织的土地的土地承包经营权进行互换。"鉴于目前法律并未明确规定土地承包经营权的互换为要式行为,并不以书面协议为要件;同时考虑广大农村的现实实践,口头达成一致的互换也是生效的,具有法律效力。

2. 备案属行政管理手段,不影响互换行为的效力

最高人民法院《关于审理涉及农村土地承包纠纷案件适用法律问题的解释》

第 14 条明确规定了承包方依法互换土地承包经营权,发包方仅以该土地承包经营权流转合同未报其备案为由,请求确认合同无效的,不予支持。

3. 互换期限约定不明情形下,单方无权随时解除协议

本案的焦点之一就是在互换期限约定不明情形下原告是否有单方的解除权。一审法院以互换未约定期限,互换期限应为农村土地承包合同的剩余期限为由判决驳回了陈某良的诉讼请求。裁判逻辑上持否定单方解除权的立场。笔者认为有待商榷。

【律师点评】

本案一审中,原告败诉;二审中因原审原告另行达成互换协议而撤诉结案。但我们对这个案子的思考不能停止。本案中最具争议的是在互换期限约定不明情形下,单方是否有解除权的问题。就此问题,本案一审法官持否定态度;法官推定在此情形下互换期限应为土地承包合同的剩余期限,故此驳回了原告陈某良的请求。笔者认为此种裁判思路是值得商榷的。现从以下几个方面试析之。

1. 用益物权是以支配标的物的使用价值为内容的物权

互换作为土地承包经营权流转的重要方式之一,也是土地承包经营权人利益实现的重要方式。发生约定不明情形,法律直接推定互换及于剩余期限的,必将导致互换受限,进而限制其他流转方式的实现;长远来讲,此举必然将导致土地承包经营权相关权能的萎缩,最终危及土地承包经营权的制度创新及土地承包经营权人的切身利益。

2. 中央鼓励土地承包经营积极探索的政策精神

2013 年,《中共中央关于全面深化改革若干重大问题的决定》明确规定,"稳定农村土地承包关系并保持长久不变,在坚持和完善最严格的耕地保护制度前提下,赋予农民对承包地占有、使用、收益、流转及承包经营权抵押、担保权能,允许农民以承包经营权入股发展农业产业化经营"。结合我国国情不难发现,土地承包经营制度既是一项法律制度,也是一项政治制度;其关乎广大农民的切身利益,与"三农"问题密切相关;确切地说,正确理解和对待好土地承包经营制度不仅具有法律意义还具有重要的政治意义。中央对土地承包经营权的流转及其功能发挥一直持鼓励态度,鼓励探索、鼓励要素流动、鼓励制度创新。从这一角度而言,除非有更强理由或为法律明令禁止,原则上不宜限制土地承包经营权的流转尝试,一棍子打死的做法不可取。

3. 约定期限不明的,可参照《合同法》第 232 条规定处理,单方可随时解除合同

《合同法》第 232 条规定:"当事人对租赁期限没有约定或者约定不明确,依照本法第六十一条的规定仍不能确定的,视为不定期租赁。当事人可以随时解除合

同,但出租人解除合同应当在合理期限之前通知承租人。"最高人民法院《关于审理涉及农村土地承包纠纷案件适用法律问题的解释》第 17 条也规定:"当事人对转包、出租地流转期限没有约定或者约定不明的,参照《合同法》第二百三十二条规定处理。除当事人另有约定或者属于林地承包经营外,承包地交回的时间应当在农作物收获期结束后或者下一耕种期开始前。对提高土地生产能力的投入,对方当事人请求承包方给予相应补偿的,应予支持。"

尽管上述第 17 条适用于转包、出租情形,并未明确将互换纳入其中,但互换与转包、出租均为土地承包经营权常见流转方式,完全也可以参照《合同法》第 232 条的规定处理。这样处理既衔接了先行的司法制度,也便于实践操作。在没有成熟的法理和制度的情形下,不宜对互换期限的救济另辟蹊径,这样也不符合法律效率和法律调整功能的发挥。再体会本案中二审撤诉理由也不难发现,"堵"不如"疏"。

案例(030) 成都新世界河畔物业公司诉张某等恢复原状纠纷案

来源:(2011)成民终字第 3005 号

作者:王永利

【案例导读】 本案涉及建筑区分所有权的性质和专有权的限制问题。

【案情简介】

原告(被上诉人):成都新世界河畔物业服务有限公司。

被告(上诉人):张某、董某艳。

2009 年 10 月 21 日,二被告与成都心怡房地产开发有限公司签订了《商品房买卖合同》,房屋地址为双流县华阳镇华都大街 2 号河畔新世界大一期 2 栋 1 单位元 10 楼 2 号。同日,二被告与原告签订了《河畔新世界业主临时管理规约》,其中第 20 条约定:禁止擅自改变房屋建筑及其设施设备的结构、外貌(含外墙、外门窗、阳台等部位的颜色、形状和规格)、设计用途、功能和布局。2010 年 1 月 5 日,双流县房产管理局向被告董某艳出具了《成都市城市房屋装修结构安全批准书》[(双)房建装华准字(2010)第 00178 号],批准了被告的装修内容,但批复中不包括对阳台的封闭,同时,被告张某与原告签订了《河畔新世界前期物业服务合同》,合同约定:装饰装修房屋时,应遵守《房屋装饰装修管理协议》。2010 年 1 月 11 日,被告董某艳、原告及第三人宋某(装修施工方)签订了《河畔新世界室内装饰装修管理服务协议》,协议第 6 条第 2 款约定:禁止改变阳台功能,严禁在露台、阳台搭建建筑物、封闭阳台;严禁在阳台(露台)开设出口,等等。当日,被告董某艳向原告出具了《承诺书》,承诺:在阅读了原告提供的《装饰装修手册》后,同意遵守手册中的所有规定和条款。后二被告在实际装修过程中擅自将房屋前后阳台予以封闭,原告分别于 2010 年 8 月 28 日、2010 年 9 月 8 日向二被告发放了装修整改通知单及装修违规告知函,均要求二被告对违章搭建进行拆除无果,故原告起诉,请求法院判令二被告立即拆除位于双流县华阳镇河畔新世界大一期 2 栋 1 单位 10 楼 2 号房屋封闭的阳台及入户花园,恢复该阳台原状,并支付所产生的律师费 5 万元。

【审理与判决】

1. 争议焦点

(1)建筑物区分所有权中的专有权本质。

(2)建筑物区分所有权中专有权行使的限制。

2. 判决过程

一审法院认为,原、被告签订的《河畔新世界业主临时管理规约》《河畔新世界前期物业服务合同》《河畔新世界室内装饰装修管理服务协议》,系双方真实意思表示,不违反法律、行政法规的强制性规定,合法有效,包括被告在内的全体业主都应当按照约定认真履行相应的义务。二被告在装修过程中擅自将房屋前后阳台进行封闭,违反了双方所签订的《河畔新世界业主临时管理规约》《河畔新世界前期物业服务合同》《河畔新世界室内装饰装修管理服务协议》的约定,其改造行为影响建筑的外貌,也影响整栋房屋的外观,从而影响其他建筑物所有权人的利益,造成了不良影响,故对原告要求二被告拆除违法封闭的前后阳台及入户花园建筑物的请求,一审法院予以支持。一审判决被告张某、董某艳于判决生效之日起 10 日内拆除其将双流县华阳镇华都大街 2 号"河畔新世界"大一期 2 栋 1 单元 10 楼 2 号房屋前后阳台封闭的铝合金门窗,恢复该阳台及入户花园原状。

二被告不服一审判决,上诉至二审法院。

二审法院经审理认为,一审法院认定事实清楚,适用法律正确,判决驳回上诉,维持原判。

【法律要点解析】

根据《物权法》第 70 条"业主对建筑物内的住宅、经营性用房等专有部分享有所有权,对专有部分以外的共有部分享有共有和共同管理的权利"之规定,建筑物区分所有权是由专有权、共有权和管理权组成的综合性权利。该条规定明确了建筑物区分所有权是:①专有权,即专有部分所有权,指在构造及使用上具有独立性,并且能够成为所有权客体的部分,专有权的客体可以是房屋、车位、摊位等特定空间;②共有权,指所有人依据法律、合同以及全体所有人之间的规约,对建筑物的基本构造部分、建筑物的共用部分、土地使用权及设施等共同享有的财产权利;③管理权,当整栋建筑物或整个小区的全体所有人成立管理组织以便有效管理相关事务时,各个所有人即享有成员权,包括对重要管理事项的表决权、参与订立规约的权利、选举管理者的权利、解除管理者的权利、请求停止违反共同利益行为的权利等。

关于建筑区分所有权中的专有权,为了更好地对其进行理解,最高人民法院于2009年颁布并施行的《关于审理建筑物区分所有权纠纷案件具体应用法律若干问题的解释》第2条规定:"建筑区划内符合下列条件的房屋,以及车位、摊位等特定空间,应当认定为物权法第六章所称的专有部分:(一)具有构造上的独立性,能够明确区分;(二)具有利用上的独立性,可以排他使用;(三)能够登记成为特定业主所有权的客体。规划上专属于特定房屋,且建设单位销售时已经根据规划列入该特定房屋买卖合同中的露台等,应当认定为物权法第六章所称专有部分的组成部分。本条第一款所称房屋,包括整栋建筑物。"该条对于建筑物区分所有权中专有权作了进一步解释和限定。

建筑物区分所有权中的专有权与一般的所有权人享有的权利相同,具有绝对性、永久性、排他性。同时,正因为专有权与一般的所有权具有类似之处,法律在保障专有权行使的同时,也必然对其加以限制。关于建筑物区分所有权中专有权的行使,《物权法》第71条规定:"业主对其建筑物专有部分享有占有、使用、收益和处分的权利。业主行使权利不得危及建筑物的安全,不得损害其他业主的合法权益。"对建筑物区分所有权中专有权的行使加以规定,明确了建筑物区分所有权中的专有权虽然是所有权中的一种,但是也并非不受限制的绝对权利。

【律师点评】

1. 所有权的绝对性

所有权本质上是不可限制的权利,不但个人的所有权不得被侵犯或剥夺,而且个人对其所有权的使用、收益与处分也有绝对的自由,不受任何干涉,否则所有人可以法律武器来保障其权利。但随着社会的发展,所有权适当受到限制的思想逐渐产生。所有权的本质是个人社会预期利益在利己心的驱动下,为了公共利益能够进行最有效的行使,故而社会委托于个人,同样地,基于公共利益的需要,在个人利益与公共利益、他人更大的合法权益相冲突时,个人利益应当让位于公共利益和他人更大的合法权益,即社会可以限制或剥夺个人的所有权。

就所有权的限制而言,在公法上,其对于所有权的限制主要是为了保障国家公共利益或社会共同生活利益;在私法上,对于所有权的限制,既可以是为了社会公共利益,也可以是为了其他民事主体的利益。

2. 专有权的限制性

建筑物区分所有权中的专有权作为与一般所有权类似的一种权利,与保障一般所有权同时又限制所有权的情况一样,法律在保障建筑物区分所有权中的专有权自由行使的同时,也必然对其进行限制。这也是所有权受限制思想在专有权中的体现。如按照诚实信用原则,建筑物区分所有权人不得仅以损害他人为目行使其专有权;再如,按照相邻关系的规则,建筑物区分所有权人要为他人行使权利提供便利;还如,建筑物区分所有权人行使其专有权时不得危及建筑物的安全等。

具体而言,建筑物区分所有权中专有权的限制,应考虑到专有部分之间物理上的密切联系和各个区分所有权人密切的相邻关系的特点。法律对专有权的限制,往往从共同生活关系出发,确定了以下几种限制性规则:一是专有权的行使不得危及建筑物的安全。考虑到各个区分所有权人的专有部分存在物理上的密切联系,各个专有部分虽然处于专有权人的支配之下,但是,任意行使专有权则可能危及整个建筑物的安全。二是专有权的行使不得损害其他业主的合法权益。各个区分所有人之间形成了较为密切的相邻关系,彼此休戚相关,具有共同利益,所以,区分所有人就专有部分的用益或处分,与其他区分所有人间自有较强的相互制约存在。三是"住宅改商用"应得到相关区分所有权人的同意。各个区分所有权人的密切联系性决定了住宅改商用必然影响相关业主的利益。而且,各个区分所有权人在购买建筑物时,对其究竟为住宅还是商用存在预期,该合理的预期也有保护的必要。

七、财产损害赔偿

案例(031) 林某华诉厦门路威道路工程有限公司等地面施工损害责任纠纷案

来源:(2013)厦民终字第 3295 号

作者:王永利

【案情简介】

原告林某华,系厦门机场北区主跑道北侧 F 地块(以下简称"涉案场地")的承租方。该场地最初由厦门国际航空港集团建筑工程有限公司租赁给厦门市扬珊贸易有限公司使用,后经多次合同主体变更,2003 年 9 月 26 日,林某华与厦门国际航空港集团有限公司签订《场地租赁合同》,由林某华承租涉案场地。

2009 年 10 月 30 日,林某华将涉案场地上的工业厂房(6138 平方米)出租给厦门中顺达工贸有限公司(以下简称"中顺达公司"),由林某华向中顺达公司提供三相电 150KV。2011 年 11 月 28 日,林某华将涉案场地上的厂房(面积 3 000 平方米)出租给厦门阳光鑫机械设备有限公司(以下简称"阳光鑫公司")作为工厂使用。

2012年7月27日，因厂房内突然断电，中顺达公司向厦门电业局湖里供电分局申请电力抢修，后经厦门电业局湖里供电分局的工程员现场检查并对电缆进行测试后，采取更换电缆措施，2012年8月4日晚10点，新电缆安装调试完毕。该新电缆由林某华购买，电缆价款55 890元，此外，林某华向厦门电业局湖里供电分局支付电缆施工费32 000元。

2012年9月26日，林某华与中顺达公司签订《赔偿协议书》一份，林某华同意赔偿中顺达公司自行发电损失18 310元及营业损失等105 000元，共计123 310元。

同日，林某华又与阳光鑫公司签订《赔偿协议书》一份，林某华同意赔偿阳光鑫公司自行发电损失18 369元及其他损失费29 400元，共计47 769元。

原告林某华认为，厦门路桥建设集团有限公司（以下简称"路桥公司"）作为建设单位的鳌山路（嘉禾路——环岛路）道路一期工程经过涉案场地，厦门路威道路工程有限公司（以下简称"路威公司"）、福建省交建集团工程有限公司（以下简称"交建公司"）、厦门水务集团有限公司（以下简称"水务公司"）、福建广电网络集团股份有限公司厦门分公司（以下简称"广电网络厦门分公司"）、厦门广播电视数字工程有限公司（以下简称"广电数字公司"）作为实际施工人，在施工时未尽到谨慎合理的注意义务，直接导致原告巨额经济损失的发生，对于原告的损失，作为直接侵权人，施工人应负全部赔偿责任。路桥公司作为诉争道路工程的建设单位，其工程在施工中致他人利益受损，应对原告的损失承担连带赔偿责任。为此，林某华提起诉讼，请求法院判令上述六被告连带赔偿原告经济损失258 969元。

被告路威公司认为，原告并非受损电缆的所有人，主体不适格；事故发生之日，路威公司无人在事故发生地施工，电缆系他人损坏；电缆的表皮被刮破，仅通过维修就可以，不会导致整条电缆的更换；原告主张的经济损失数额没有任何事实与法律依据。

被告路桥公司认为，路桥公司没有实施任何共同侵权行为，路桥公司已尽到管理义务，不存在任何过错，无须承担赔偿责任；原告所主张的赔偿金数额也是没有依据的。

被告交建公司认为，交建公司承包了涉案工程的路面施工工程，该路面施工发生于2012年7月27日之后，故原告的诉求与交建公司明显无关。被告水务公司认为，原告不能证明水务公司实施了侵权行为并导致原告的电缆受损。供水管道在2012年7月27日以后才铺设。被告广电网络厦门分公司认为，广电数字公司为广电网络厦门分公司委托的代建人。工程施工问题产生的相关责任和因此发生的费用，应由代建人负责。原告所述的侵权行为发生时间及高压电缆所处位置与广电数字公司的工程施工时间及位置不符。广电网络厦门分公司及广电数字公司与侵权行为不存在关联，也没有侵权的可能。

被告广电数字公司认为，没有证据证明原告系涉案场地上的厂房及诉争电缆的所有权人,原告与本案没有直接利害关系。广电数字公司在 2012 年 7 月 22 日至 2012 年 8 月 21 日期间未进行施工,2012 年 7 月 22 日之前的施工也均为横穿埋管,施工区域远离讼争电缆,施工行为与诉争电缆的损坏之间没有任何因果关系。原告提出的各项损失数据明显缺乏事实根据。

【审理与判决】

1. 争议焦点

(1)原告林某华是否为适格原告,其是否有权向六被告主张经济损失?

(2)六被告是否应该承担赔偿责任,应该如何承担赔偿责任?

(3)损失的具体金额如何认定?

2. 判决结果

一审判决:①被告厦门路威道路工程有限公司、厦门水务集团有限公司应于判决生效之日起 10 日内,连带赔偿原告林某华经济损失 114 900 元。②驳回原告林某华的其他诉讼请求。

厦门路威道路工程有限公司、厦门水务集团有限公司不服判决,提起上诉。

二审判决:驳回上诉,维持原判。

【法律要点解析】

原告的主体资格是否适格是侵权纠纷中首先要考虑的问题,被侵权人有权请求侵权人承担侵权责任,但是被侵权人必须对被侵犯的对象有合法的权利。本案中,首先,涉案场地是由原告经签订《场地租赁合同》合法租赁的,其有在该场地上使用电缆、铺设电缆的合法权利。其次,电缆的购买费用、对其他租赁方经济损失的赔偿费用由原告支付,所以原告有对侵权方追究经济损失的合法权利。

侵占国家的、集体的财产或者他人财产的,应当返还财产,不能返还财产的,应当折价赔偿。损坏国家的、集体的财产或者他人财产的,应当恢复原状或者折价赔偿。受害人因此遭受其他重大损失的,侵害人应当赔偿损失。因此对于原告因电缆被损坏而造成的经济损失,应由电缆的损坏方承担赔偿经济损失的责任。

二人以上实施危及他人人身、财产安全的行为,其中一人或者数人的行为造成他人损害,能够确定具体侵权人的,由侵权人承担责任;不能确定具体侵权人的,行为人承担连带责任。行为人因过错侵害他人民事权益,应当承担侵权责任。根据法律规定推定行为人有过错,行为人不能证明自己没有过错的,应当承担侵权责任。本案中,除路桥公司、广电网络厦门分公司外,其余公司均有直接施工的可能存在,存在共同侵权的可能,如果其没有证据证明没有发生侵权行为,则需要承担连带赔偿责任。从交建公司提交的《开工令》可见,其至 2012 年 8 月 1 日才进场施工,对原告不具有侵权行为;水务公司在鳌山路(嘉禾路——环岛路)道路一期工程中负责污水、给水等管线工程施工,其提交的证据无法证明其 2012 年 7 月 27

日前未在事故发生地施工。广电数字公司的监理单位厦门兴海湾监理咨询有限公司确认广电数字公司在2012年7月没有在事发地施工，且有线电视管道工程的作业区域不在事发地，故广电数字公司对电缆的损害不可能存在过错，依法无须承担赔偿责任。而路威公司与水务公司没有证据证明自己没有侵权行为，因此应该由其二者共同承担连带赔偿责任。

路桥公司与广电网络厦门分公司作为委托工程人，将工程委托于其他公司施工，并已经委托监理公司进行监督施工，已经完成了管理义务，因此不能强加责任于其身上。

【律师点评】

1. 共同侵权的诉讼策略

侵权纠纷相关案件中，对于不确定具体侵权人的共同侵权案件，将所有的可能侵权人全部作为被告起诉是比较可行有效的方法，因为一旦起诉，那么证明自己没有侵权的举证责任便到了被告的身上，如果无法证明自己没有实施侵权行为，那么法官就会推定其是侵权人，承担侵权责任，对于原告来说，举证的难度就会降低。

2. 起诉前的证据准备

侵权纠纷相关案件中，原告最终的目的是自己的所有损失可以由侵权人来承担，但是即使法官认定侵权人应该承担侵权责任，如果原告对于经济损失的相关证据不是特别完善的话，损失的部分也无法完全得到法官的认可，所以损失额的证据非常关键，原告在起诉前就应该做好准备。

具有公信力的第三方出具的证据证明力较高。例如本案中，厦门电业局湖里供电分局负责涉案场地电缆的施工维修，并且出具《电缆施工说明》，这项施工费用就完全被法官认可，而且《电缆施工说明》同时证明电缆被损坏的事实、被损坏的时间等问题，对原告对基本事实的举证及法官的内心确认起到了很好的作用。可以看出，在诉讼中，国家政府部门、相关事业单位等具有一定公信力的第三方出具的证明材料的证明力要大于一般的民事个体出具的证据。

开具正规发票的费用容易被法官认可。本案中，关于承租柴油发电机组及购买柴油的费用只有开具机打正规发票的部分得到了法官的支持，虽然其余部分由法官酌定，法官也支持了部分费用，但是毕竟酌定的比实际支付的费用要少，所以原告的经济损失也不能完全得到赔偿。当然在实际操作过程中，并非所有产生的费用都会有正规发票，在没有正规发票时，让对方开具其他证明或者第三方开具证明会起到补证作用，也会加强法官的内心确认，增加得到法官认可的可能。

3. 损失金额的确定

原告的损失额如果超出了一定的范围，即超出了可预见性，就不容易得到法官的认可。本案中，在原告私下自愿与中顺达公司、阳光鑫公司签订的《赔偿协议书》中,自愿赔偿的经营损失及其他损失因为既没有明确的证据,也与电缆被损坏的事实没有直接的联系,超出了可预见性,因此没有被法官认可。这就给我们警示,在私下与其他方签订协议的时候要理性,考虑到自己的诉讼结果,当然,商业利益也是原告在实际过程中应该考虑的,如果签订《赔偿协议书》对原告与租户的长期合作关系有益的话,那么就要综合考虑诉讼利益与商业利益。

案例（032） 陈某盈诉远顺达船务有限公司船舶碰撞损害责任纠纷案

来源:(2010)粤高法民四终字第2号
作者:赵剑

【案例导读】

未经登记的船舶所有人向第三人主张损害赔偿权利的,第三人不能以物权变动未经登记为由对抗该所有人。未经登记的受让人能否以船舶所有人的身份就船舶碰撞提起诉讼,要求损害赔偿呢?这个问题值得研讨。

【案情简介】

2009年4月13日凌晨,钢质散货船"泰联鑫"轮与木质渔船"琼临高11074"在海域发生碰撞事故,导致"琼临高11074"渔船沉船。

原告陈某盈称其是"琼临高11074"的所有权人。符某能之子符某心将"琼临高11074"渔船以838 000元价格转让给原告并签订购买渔船协议书,调楼居民委员会盖章确认情况属实。但直至开庭审理之时,"琼临高11074"渔船登记船舶所有人和登记渔业捕捞许可证的人均是符某能,并非原告。

"泰联鑫"轮登记船舶所有人及实际经营人为被告钦州市钦州港远顺达船务有限公司(以下简称"远顺达船务公司")。事故发生时,该轮的海上船舶检验证书簿、海上货船适航证书、海上船舶吨位证书、海上船舶防止油污证书、海上船舶载重线证书均有效;实际配员15人,符合该轮船舶最低安全配员证书要求。

事故发生后,湛江海事局对原告及"琼临高11074"渔船船员陈某1、陈某2、陈某祥、林某柬、陈某3、朱某煌和"泰联鑫"轮船员刘某昌、潘某余、易某刚、田某文、刘某文分别进行调查并制作了笔录。

原告诉称:碰撞事故造成原告损失合计1 498 652元,其中渔船损失838 000元,维修费损失88 600元,渔汛损失每月9万元、按2个月计算为18万元,鱼货损失12万元,手机等财物损失6 500元,工人工资损失75 200元,渔船上网具损失247 050元,差旅费损失3 302元,扣除卖出原有网具所得6万元,被告应承担本次事故的主要责任,请求法院判令被告赔偿原告损失的 80%即 120 万元,并由被告承担本案的诉讼费和诉前财产保全申请费。

被告辩称:原告不是木质渔船"琼临高 11074"的所有权人,实际登记人为符某能,因此原告不是本案的适格原告。在本次船舶碰撞事故中,原告应承担事故的主要责任,被告只需承担次要责任;原告向法院起诉要求被告赔偿的损失,大部分没有事实依据,请求法院驳回原告的诉讼请求。

广州海事法院于 2009 年 11 月 12 日作出(2009)广海法初字第 316 号民事判决书,判决远顺达船务公司赔偿原告陈某盈船舶碰撞损失 519 293 元,并驳回原告陈某盈的其他诉讼请求。

被告对一审判决不服,提起上诉,广东省高级人民法院主持调解,双方当事人达成和解协议,内容如下:双方同意一审判决认定的碰撞责任比例及损失数额,被告支付给原告 519 293 元和解款项作为双方船舶碰撞财产损害赔偿纠纷的最终和全部的解决方案;该款抵扣被告垫付的朱某煌人身损害赔偿款 25 000 元、陈某人身损害赔偿款 80 000 元后,被告还应付给原告 414 293 元;原告收到和解款项后,前述因碰撞事故而引起的任何财产损害赔偿纠纷即得到最终解决,原告不可撤销地确认免除和解除被告及其船舶、股份船东、光船租船人、经营人、管理人、船舶保险人因前述纠纷而引起的或与前述纠纷有关的任何和所有责任,保证不就前述财产损害赔偿纠纷对被告提出任何性质的索赔或请求。广东省高级人民法院于 2010 年 12 月 17 日作出(2010)粤高法民四终字第 2 号民事调解。

【审理与判决】

1. 诉讼当事人

原告是陈某盈,被告是钦州市钦州港远顺达船务有限公司。

2. 争议焦点

(1)如何划分海上船舶碰撞事故双方的过错责任?

(2)船舶受让人在受让船舶后未进行登记的,其是否有权以自己名义对船舶碰撞所造成的损失提起诉讼要求赔偿?

(3)损失费用如何确认?

3. 判决过程

一审法院认为,"泰联鑫"轮与"琼临高 11074"渔船均违反了《1972 年国际海上避碰规则》的有关规定,对导致船舶碰撞均存在过失。鉴于"泰联鑫"轮未能及早地注意运用良好船艺和海员通常做法进行避让,对在航道右侧边缘以外航行的对向驶船采取右满舵避让,致使两船碰撞难以避免,是本次碰撞事故的最主要原因,对造成本案碰撞负有更大的过失责任。根据"泰联鑫"轮和"琼临高 11074"渔船的过失程度,两船应分别对本案碰撞承担 80%和 20%的过失责任。一审法院支持原告因船舶碰撞事故造成的损失额为 649 116 元;未支持原告关于赔偿鱼获损失和渔汛损失的诉讼请求。

二审法院经过开庭了解案情,组织双方进行调解。在二审法院的主持下,双方达成调解意愿。双方均认可一审判决认定的碰撞责任比例及损失数额,被告还需支付给原告 414 293 元和解款项,双方对此纠纷再无任何争议。

【法律要点解析】

本案在审理过程中矛盾重重,对于海上船舶事故的责任划分需根据海事局的调查、勘验、各方船员对事故发生时的描述以及船舶造成损失的位置及损失程度等因素综合评定。

1. 一审为什么由海事法院进行审理

海事法院,是审理海事和海商案件的专门法院。根据 1984 年 11 月第六届全国人民代表大会常务委员会第八次会议通过的《关于在沿海港口城市设立海事法院的决定》和最高人民法院《关于设立海事法院几个问题的决定》的规定,我国已在上海、天津、广州、青岛、大连等市设立海事法院,管辖第一审海事和海商案件。

海事法院的收案范围是:①海事侵权纠纷案件;②海商合同纠纷案件;③其他海事海商案件;④海事执行案件;⑤海事请求保全案件。海事法院的管辖区域根据中国海域及港口分布特点,由最高人民法院决定,不受陆地行政区划的限制。海事法院与中级人民法院同级,审判工作受所在地的高级人民法院监督并由该高级人民法院管辖其上诉案件。海事法院对所在地的市人民代表大会常务委员会负责。

本案属于海事侵权纠纷案件,因此由海事法院进行一审审理。

2. 如何划分海上船舶碰撞事故双方的过错责任

船舶碰撞事故的责任认定,应适用《1972 年国际海上避碰规则》划分碰撞双方的过错责任。本次事故中,"泰联鑫"轮与"琼临高 11074"渔船均违反了《1972 年国际海上避碰规则》的有关规定,对船舶发生碰撞均存在过失。鉴于"泰联鑫"轮未能及早地注意运用良好船艺和海员通常做法进行避让,对在航道右侧边缘以外航行的对驶船采取右满舵避让,致使两船碰撞难以避免,是本次碰撞事故的最主要原因,对造成本案碰撞负有更大的过失责任。根据"泰联鑫"轮和"琼临高 11074"渔船的过失程度,两船应分别对本案碰撞承担 80% 和 20% 的过失责任。船舶碰撞的责任,由对碰撞有过失的船舶承担,而船舶的过失往往是由船长、船员驾驶或管理船舶的过失造成的,雇用船长、船员的船舶所有人应当对航行安全负责,故船舶碰撞产生的赔偿责任由船舶所有人承担。

3. 船舶受让人在受让船舶后未进行登记的,其是否有权以自己的名义对船舶碰撞所造成的损失提起诉讼、要求赔偿

原告从符某心处受让渔船后,虽没有办理过户登记手续,但依《物权法》第 23

条规定:"动产物权的设立和转让,自交付时发生效力,但法律另有规定的除外"、第24条"船舶、航空器和机动车等物权的设立、变更、转让和消灭,未经登记,不得对抗善意第三人"以及《中华人民共和国海商法》(以下简称《海商法》)第9条第1款"船舶所有权的取得、转让和消灭,应当向船舶登记机关登记;未经登记的,不得对抗第三人"的规定可知,船舶为动产,其发生物权变动的前提即为交付,而船舶登记仅产生对抗第三人的效力。由此可知,船舶登记只是船舶所有权变动的公示方法,而不是生效要件,原告已支付渔船价款,且符某心已将渔船实际交付原告,原告已取得渔船的所有权并实际控制使用该渔船,在动产物权上已经发生了交付行为,船舶物权人即为原告。因此,对于该渔船碰撞而产生的纠纷,原告作为渔船的所有权人,可以行使权利并承担相应的民事责任。

4. 损失费用如何确认

原告提供的出售渔船协议书及渔船买卖的中介人均证明原告购买该渔船支出为838 000元,但原告在湛江海事局的水上交通事故调查询问笔录中却述称购船价款为538 000元,原告支付了大笔的款项却没有相应的收款收据,不符合民间交易的习惯,也未能提交有关存折取款凭证证明。被告提供的渔船资产总值及索赔事项清单,所列的渔船价值、修理费、网具价值、鱼货价值等数额均与原告在海事局的询问笔录中陈述的金额大致相同,而该清单是被告在完成举证说明、查阅法院调取的湛江海事局事故调查询问笔录的同时提交给法院的,由此可以推断被告有较大可能是从原告处获得该清单。该清单也可以印证原告在调查询问笔录中所说的购船款确为538 000元。原告在发生事故后的较短时间内已向湛江海事局反映购买渔船后支出了一定的修理费,此后还提供了雷州市二轻乌石造船厂的证明,两者所记录的修理费数额相差不大,且购买船舶后投入使用前进行适当修理也符合常理,原告所主张的船舶修理费88 600应当较为真实,可予以认定。以上两项合计,可以认定原告的渔船损失为626 600元。

原告称其渔船上共配备了1 300张渔网,渔船船员陈某祥在调查询问笔录中则称大约有900张网具,船员林某柬则称为1 200至1 300张网,三人所述渔船上网具的数目有一定的差距,但均远远超过临高县海洋与渔业局颁发的渔业捕捞许可证中允许配备的400张流刺网的渔具数量。按照《中华人民共和国渔业法》(以下简称《渔业法》)第25条"从事捕捞作业的单位和个人,必须按照捕捞许可证关于作业类型、场所、时限、渔具数量和捕捞限额的规定进行作业,并遵守国家有关保护渔业资源的规定,大中型渔船应当填写渔捞日志"的规定,原告应当按照渔业捕捞许可证中允许配备的渔具数量进行作业,在请求赔偿时也应该按照渔业捕捞许可证中允许配备的网具数量计算赔偿额。按照提货单所示,原告为制作1 300张渔网所购买材料价款为247 052元,400张渔网所需材料款即为76 016元。扣减原告卖掉渔船上原来配备的渔具所得的 6 万元,原告网具损失 16 016 元。

原告虽然取得"琼临高 11074"渔船的所有权,但是未按规定向原发证机关重新申请渔业捕捞许可证,其持符某能的渔业捕捞许可证从事渔业捕捞,违反了《渔业法》的有关规定。(琼临高)(2005)第 HY-000044 号渔业捕捞许可证是临高县海洋与渔业局颁发的,其规定的作业场所应为海南省管辖水域,而本案事故发生前原告渔船是在阳江闸坡海域作业,已属跨省管辖水域界限作业。原告未依法取得捕捞许可证擅自进行捕捞,违反捕捞许可证关于作业场所、渔具数量的规定进行捕捞所获得的收入属于违法所得,不应予以保护。故原告请求被告赔偿鱼获损失和渔汛损失,不予支持。

"琼临高 11074"渔船船员的收入是不固定的,随渔船捕获的海产品价值的多少而浮动,没有收获即没有报酬,且原告也未提供证据证明其在渔船沉没后的两个月仍然支付工资给船员,原告误工费的主张很难得到支持。

关于原告主张船员手机等财物的损失,因本案事故发生于凌晨,其时渔船上船员多数在休息,船舶发生碰撞沉没后,船员的个人物品随船沉入大海,从湛江海事局对船长陈某的调查询问笔录中也可以印证船舶碰撞造成了船员个人财物的损失。根据最高人民法院《关于审理船舶碰撞和触碰案件财产损害赔偿的规定》第 9 条第(七)项的规定,船员个人生活必需品的损失,按实际损失适当予以赔偿。鉴于损失物品已沉入大海,由原告举证证明损失数额确实存在一定的困难,故可以酌情计算该部分损失。原告主张按 13 名船员每人 500 元计算 6 500 元的损失额,尚属合理,可予支持。

事故发生后被告已付给原告 3 万元作为受伤船员家属的护理费、交通费、住宿费等,原告再就该费用索偿,应当提供除该 3 万元外原告额外另行支出的费用。原告目前提供的票据仅 3 000 余元,故可认为被告已对原告该损失进行了赔偿,原告再请求被告赔偿该部分损失没有依据,不予支持。对于该 3 万元是否应在被告应赔偿给原告的赔偿额中扣减,因双方当事人对该款专用于受伤船员家属护理费、交通费、住宿费没有异议,且被告未提出将该款从赔偿总额中予以抵扣,故对该款本案不作处理。

【律师点评】

1. 原告诉讼策略

从原告来看,原告首先要充分证明其本人是木质渔船"琼临高 11074"的所有权人。虽然被告抗辩称木质渔船"琼临高 11074"登记船舶所有人和登记渔业捕捞许可证的人是符某能并非原告,但是根据原告所提交的船舶买卖协议、相关居民委员会及证人证言等证据,能够证明船舶所有权人为原告这一事实。木质渔船"琼临高 11074"因碰撞而发生沉船致使船员受伤、货物损失、整个船只沉没,那么损失费用也是本案原告需充分提交证据加以证明的部分。原告在船体损失这一节中提交的证据前后矛盾,金额相差巨大并且未能有效提交除协议书及证言以外的银行转账凭证等购买船只具体价款的证据。因此对于原告损失费用的相关证据,应当细化并且提交真实的证据予以佐证,以便得到法院的支持。

2. 被告诉讼策略

从被告来看,被告在诉讼过程中对于海上船舶碰撞事故责任认定一节未作出充分说理和论证,即湛江海事局给"泰联鑫"轮的相关船长和船员做笔录时所记载之事实与一审法院认定的"泰联鑫"轮未能及早地注意运用良好船艺和海员通常做法进行避让,对在航道右侧边缘以外航行的对驶船采取右满舵避让,致使两船碰撞难以避免,是否是本次碰撞事故的最主要原因作出充分反驳并且对于"琼临高11074"渔船存在违法捕鱼、违法操作、违法撒网等事实以及渔船造成此次事故应当负有何种责任等焦点问题。笔者认为,虽然船舶海上碰撞事故主要根据发生碰撞时的过错责任认定各方责任比例,但是在被告代理人着重论证木质渔船"琼临高11074"违法违规操作等情形下,法院认定原被告过错责任的比例并没有充分论据。

3. 主要焦点问题

船舶受让人在受让船舶后未进行登记的,其是否有权以自己名义对船舶碰撞所造成的损失提起诉讼要求赔偿?根据《物权法》第23条"动产物权的设立和转让,自交付时发生效力,但法律另有规定的除外"以及第24条"船舶、航空器和机动车等物权的设立、变更、转让和消灭,未经登记,不得对抗善意第三人"的规定,本案中木质渔船"琼临高11074"虽然并未登记在原告名下,但是原告有证据足以证明其已经取得该船舶所有权。

与道路交通事故借助于交通部门对于道路交通安全责任事故的认定不同,海上船舶事故责任比例的认定还应当借助海事部门对于现场的勘验、调查予以确定。否则,法院审理此类案件过程中在认定各方过错责任比例时的自由裁量权过大。

本章附录:物权保护纠纷大数据分析(毕文强)

1. 数据来源[①]

时间:2009年10月1日—2018年10月19日

案例来源:Alpha案例库

案由:物权保护纠纷

案件数量:71 168件

数据采集时间:2018年10月19日

---

① 数据来源:原于Alpha案例,可能存在偏差,仅供参考。

2.检索结果可视化

本次检索获取涉及物权保护纠纷自2009年10月1日至2018年10月19日的共计71 168篇裁判文书。

（1）整体情况分析

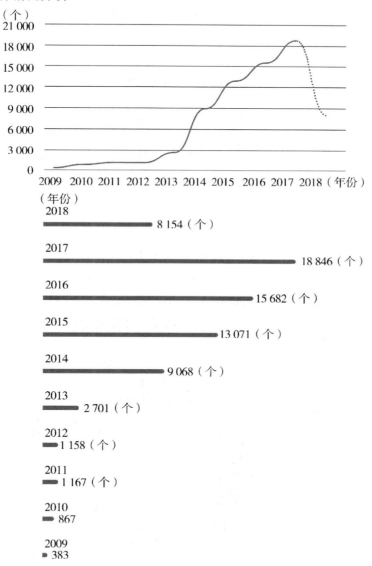

图2-1　物权保护纠纷案例数量的变化趋势

从图2-1的整体情况分析可以看到,当前条件下,物权保护纠纷案例数量的变化趋势。

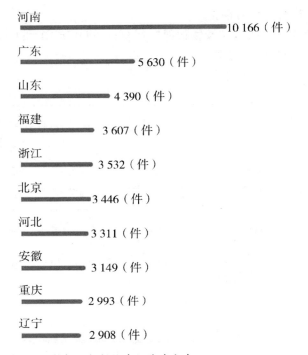

图 2-2 物权保护纠纷案例地域分布

从图 2-2 地域分布来看,当前条件下,物权保护纠纷案例主要集中在河南省、广东省、山东省,占比分别为 14%、8%、6%。其中河南省的案件量最多,达到 10 166 件。

（2）案由分布

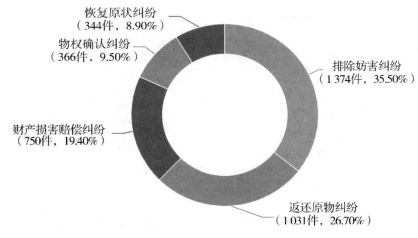

图 2-3 物权保护纠纷案由分布

从图 2-3 的案由分布可以看到,当前条件下,物权保护纠纷的案由分布由多至少分别是排除妨害纠纷、返还原物纠纷、财产损害赔偿纠纷、物权确认纠纷、恢复原状纠纷。

(3) 程序分类

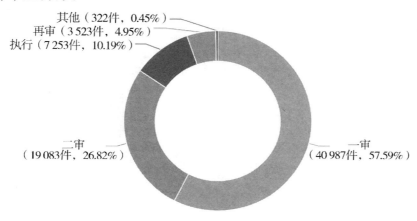

图 2-4 物权保护纠纷的程序分布

从图 2-4 的程序分类可以看到,当前条件下,物权保护纠纷的审理程序分布状况:其中一审案件有 40 987 件;二审案件有 19 083 件;再审案件有 3 523 件;执行案件有 7 253 件。

(4) 裁判结果

① 一审裁判结果

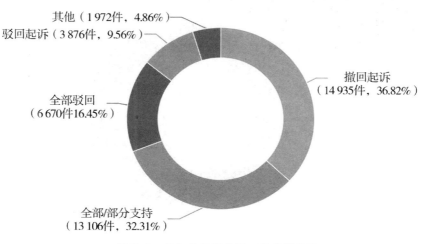

图 2-5 物权保护纠纷的一审裁判结果

从图 2-5 一审裁判结果可以看到,当前条件下,撤回起诉的有 14 935 件,占比为 36.82%;全部/部分支持的有 13 106 件,占比为 32.31%;全部驳回的有 6 670 件,占比为 16.45%。

② 二审裁判结果

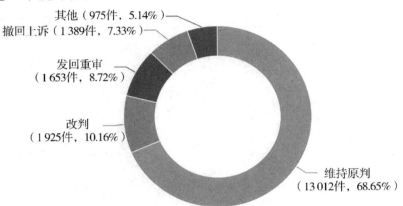

图 2-6 物权保护纠纷的二审裁判结果

从图 2-6 二审裁判结果可以看到,当前条件下,维持原判的有 13 012 件,占比为 68.65%;改判的有 1 925 件,占比为 10.16%;发回重审的有 1 653 件,占比为 8.72%。

(5) 标的额

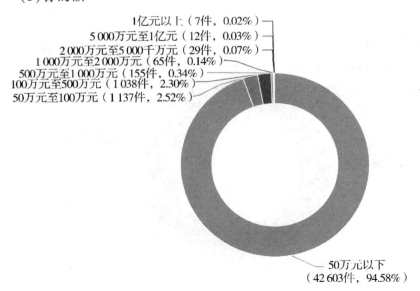

图 2-7 物权保护纠纷标的额

从图2-7标的额可以看到,当前条件下,标的额为50万元以下的案件数量最多,有42 603件;50万元至100万元的案件有1 137件;100万元至500万元的案件有1 038件;500万元至1 000万元的案件有155件;1 000万元至2 000万元的案件有65件。

(6)审理期限

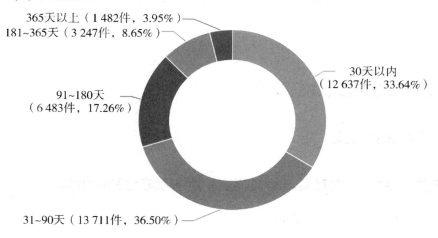

图2-8 物权保护纠纷审理期限

从图2-8审理期限可以看到,当前条件下,审理时间更多处在31~90天的区间内,平均时间为96天。

(7)法院

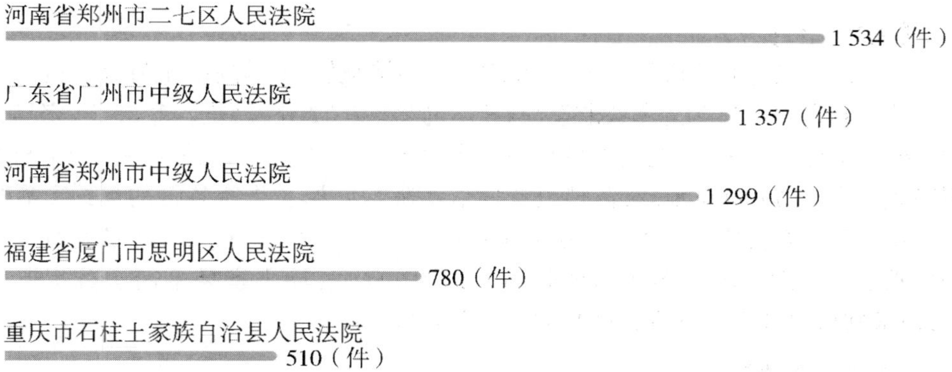

河南省郑州市二七区人民法院 1 534(件)

广东省广州市中级人民法院 1 357(件)

河南省郑州市中级人民法院 1 299(件)

福建省厦门市思明区人民法院 780(件)

重庆市石柱土家族自治县人民法院 510(件)

图2-9 审理物权保护纠纷案件的法院

从图2-9法院可以看到,当前条件下,审理物权保护纠纷案件由多至少的法院分别为河南省郑州市二七区人民法院、广东省广州市中级人民法院、河南省郑州市中级人民法院、福建省厦门市思明区人民法院、重庆市石柱土家族自治县人民法院。

第三章 所有权纠纷

一、集体经济组织成员权益

(一)农村集体成员

案例(033) 宗某某诉杨某某农村房屋买卖合同纠纷案

来源:(2016)京 03 民终 2208 号
作者:李吏民

【案例导读】
农村房屋是否可以自由买卖?农村房屋买卖在什么情况下是有效的?农村房屋买卖后涉及房屋拆迁如何处理?请看下面案例。

【案情简介】
原告宗某某为北京市某村村民,在北京市某镇某村 91 号院有宅基地一处和房屋一处。被告杨某某为河南某市某村村民。1997 年 12 月,原被告签订了《宗某某卖给杨某某房地产契约》约定原告将涉案房屋卖给被告,并约定被告不享受本村福利待遇。房价为 6 000 元,被告已经支付给了原告。原被告所签订的契约上有村委会盖章和村委会负责人签字。被告购买的房屋当时为三间半,后经被告翻建已经变成了十几间。因涉案房屋面临拆迁,2015 年底,原告宗某某向法院提起诉讼,请求确认原被告双方所签订的房屋买卖合同无效。

【审理与判决】
1. 诉讼当事人
一审原告为宗某某,被告为杨某某。
2. 诉请与抗辩
原告诉请:确认原被告于 1997 年所签订的关于某村 91 号院内房屋买卖合同

无效，被告将91号院内房屋腾退给原告，被告承担诉讼费用。

被告抗辩：房屋买卖合同合法有效，被告购买房屋经过村委会同意，同意使用房屋所涉的宅基地，应当驳回原告全部诉讼请求。

3. 争议焦点

（1）本案所涉房屋买卖合同是否有效？

（2）本案是否超过诉讼时效？

（3）原告要求腾退房屋是否有事实根据和法律依据，其诉请应否得到支持？

4. 判决过程

一审判决：确认原告宗某某与被告杨某某于1997年12月达成的关于某村91号院的房屋买卖合同无效，驳回宗某某的其他诉讼请求。杨某某不服一审判决，提起上诉。

二审判决：驳回上诉，维持原判。杨某某仍不服，提起再审。

再审判决：驳回购房人杨某某的再审申请。

【法律要点解析】

1. 确认房屋买卖合同无效是否有诉讼时效限制

诉讼时效是指民事权利受到侵害的权利人在法定的时效期间内不行使权利，当时效期间届满时，相对方获得诉讼时效抗辩权。在法定的诉讼时效期间届满之后，权利人行使请求权的，人民法院就不再予以保护。传统民法理论将民事权利分为支配权、请求权、形成权和抗辩权，诉讼时效仅对请求权适用。而确认房屋买卖合同无效属于确认之诉，民事权利为形成权，所谓合同无效应是自始无效，不受时间限制，故不适用诉讼时效的规定。因此，本案原告在近20年后才提起确认合同无效之诉，不受诉讼时效的限制。

2. 房屋买卖合同是否处理了房屋所涉的宅基地

涉案房屋买卖合同虽然是对房屋进行了处理，约定了房屋的交易价格，但是房地是一体的，特别是农村的房屋没有登记，只有宅基地的使用权，一般情况下，宅基地登记在谁的名下谁就具有房屋的所有权，也就是说农村的房屋是"随地走"的，因此，涉案的房屋买卖合同在处分了房屋的同时，也处分了房屋所涉的宅基地的使用权，整个房屋所在的院子的土地使用权都处分给了被告使用。

3. 村委会在房屋买卖合同上盖章和村委会负责人在其上签字的性质和效力

涉案房屋买卖合同上有某村委会盖章和某村委会负责人签字，且合同的内容中有被告不享有村民待遇的内容。那么该村委会在合同中盖章及村委负责人签字的行为是村委会处分宅基地的行为还是合同见证行为？很显然是一种合同见证行为，虽然村委会对宅基地具有所有权，但是不具有使用权，宅基地使用权属于用益物权归原告享有，村委会不能代为进行处分，其只能是以见证人的身份出现为见证行为。但该行为并不能改变原被告双方所签订合同的效力,合同的效力只能由法律规定,违反了法律效力性强制性规定的合同无效。

4. 农村房屋买卖合同的效力如何认定

农村房屋买卖合同是否有效应当根据具体情况具体分析。由于近几年城中村改造、棚户区改造等,农村房屋会获得较大的拆迁补偿利益,因此,出现了大量的农村房屋买卖合同纠纷案件。根据《中华人民共和国土地管理法》(以下简称《土地管理法》)的规定,只有本村的村民才享有宅基地的使用权,这是与村民的身份直接关联的。本案中被告不属于原告村集体成员,其无权取得原告村的宅基地使用权,原被告所签的房屋买卖合同应属无效。

司法实践中,农村房屋买卖合同以认定无效为原则,以认定有效为例外。一般法院认定农村房屋买卖合同有效的情形有以下几种:

(1)买卖双方都是同一集体经济组织的成员,经过了宅基地审批手续的,可以认定合同有效。

(2)对于1999年国务院办公厅《关于加强土地转让管理严禁炒卖土地的通知》(国办发〔1999〕39号)出台之前订立的城镇居民购买农村房屋的合同,因当时的法律和政策并未明确禁止,故只要符合当时的法律所规定的合同有效要件,就可以认定为有效,而不论当事人是否已办理房屋过户登记手续。

(3)对于1999年1月1日《土地管理法》施行之前,农村村民将房屋转让给回乡落户的干部、职工、退伍军人以及华侨、港澳台同胞的,可以认定转让合同有效。

(4)房屋所在地的集体经济组织的全部成员转为城镇居民,集体土地相应转为国有土地的,应认定在此之前订立的房屋买卖合同为有效。在司法实践中,已有法院采纳了这种做法。类似地方乡镇政府、村委会等开发并出售的小产权房,补办有关手续后依法转为城市商品房的,也应认定此前订立的房屋买卖合同为有效。

(5)合同订立后,买方的户口已迁入房屋所在地的集体经济组织,成为该组织成员的,应当认定合同有效。司法实践中已出现过此类判决。有的法院也是据此操作的。

(6)出卖人在订立合同时已经是城镇居民,或者虽非城镇居民,但在起诉前已经成为城镇居民的,可以认定合同有效。

(7)买卖双方本属同一家庭成员的,例如在因分家、离婚或继承而分割家庭财产后,具有城镇居民身份的一方购买另一方的农村房屋的,也应认定为有效。

(8)买受人虽然为城镇居民,但是其配偶或父母、子女为购买房屋所在地集体经济组织的成员,在购买房屋时系家庭成员共同出资、共同居住,并且当地集体经济组织同意其买卖房屋的,应当认定为家庭共同购房,买卖房屋合同有效。

5. 房屋买卖合同无效后涉案房屋是否能够腾退

房屋买卖合同被确认无效后,双方应归于无效合同之前的状态。但由于被告购买房屋已近20年,对房屋已经进行了翻建,且在院子内也加建了十多间房屋,面临拆迁,房屋增值巨大。在这种情况下,不能简单地判令被告腾退房屋,原告退回购房款,这样明显对被告不公。一审法院的判决很有智慧,在《某区政府关于确定某区集体土地房屋拆迁宅基地面积控制标准、区位补偿标准及有关补助费的通知》废止的情况下,无法对涉案房屋土地价值进行评估,涉案房屋土地价值无法确定,不具备腾退条件,故驳回了原告要求腾退房屋的诉讼请求。待该房屋土地拆迁时经评估机构进行评估,确定房屋土地的价值后,另行主张。涉案房屋拆迁开始后,原被告就房屋补偿问题达成了协议,圆满结案。

【律师点评】

涉案房屋买卖发生在1997年,原告起诉在2015年底,时间跨度将近20年。由于涉案房屋面临拆迁,有巨大的拆迁利益,原告才提起本案诉讼。原被告代理律师应围绕房屋买卖合同的效力及买卖合同无效后如何处理来确定代理思路,设计诉讼方案。

1. 原告律师的代理思路

原告代理律师通过对合同效力进行审查,要求腾退房屋来实现拆迁利益,据此设计诉讼策略,其思路要点如下:

(1)原被告双方签订房屋买卖合同的背景是什么?

(2)被告是否为本村集体成员?

(3)涉案的宅基地是否办理过户手续?

(4)涉案宅基地上房屋的状况是什么?原被告买卖的房屋是否还存在?

(5)村委会在房屋买卖合同上盖章、村委会负责人在其上进行签字的性质,有何效力?

(6)原被告双方签订的房屋买卖协议是否有效?

(7)若房屋买卖合同无效,房屋能否腾退?如何腾退?

2. 被告律师的代理思路

被告购买房屋后对原房屋进行了翻建,并加建了房屋,且居住近20年,房屋面临拆迁是否能够获得相应补偿是关键。被告应围绕农村房屋买卖合同的效力及应否腾退房屋组织证据并设计诉讼策略,其代理思路如下:

(1)农村房屋买卖合同是否涉及处分宅基地?

(2)1997年签订房屋买卖合同是否符合当时的法律规定?

(3)房屋是否改扩建?其现状是什么?

（4）法律是否规定禁止农村宅基地流转？房屋买卖合同是否有效？

（5）村委会在房屋买卖合同上盖章、村委会负责人在其上进行签字是否是对房屋买卖合同的认可？是否表示同意对宅基地的使用权进行处分？

（6）原告提起诉讼是否超过诉讼时效？

（7）房屋面临拆迁，所涉房屋能否腾退？被告如何获得相应拆迁补偿利益？

【法官审判要旨】

法官通过法庭调查与双方质证，基本掌握了案件的真实情况，知晓了原告起诉的真正目的，在对本案调解无效的情况下，根据以下情况作出了判决。

（1）原告、被告身份情况。原告是本村的村民，被告非本村的村民。

（2）签订房屋买卖合同后，被告对购买房屋进行了翻建和扩建，一直居住至今。

（3）房屋买卖合同无效的案件不受诉讼时效的限制。

（4）根据《土地管理法》的规定，只有本村村民才享有宅基地的使用权，农村宅基地不得买卖、出租给本村以外的村民。因此涉案房屋买卖合同无效。

（5）房屋买卖合同确认无效后，在不能直接确定房屋及土地价值的情况下，不符合腾退房屋的条件，不能对房屋进行腾退。

（6）一审判决确认房屋买卖合同无效，驳回原告其他诉讼请求，二审判决予以维持。

【结语】

随着城镇化高速发展，农村房屋拆迁可获得巨额补偿，一些房主为获得巨额利益将不值钱的农村房屋出售给城镇居民或非本村农民的，之后主张城镇居民购买农民房屋或非本村农民购买农村房屋协议无效，此类案件频频发生。笔者认为，此类案件主张农村房屋买卖协议无效的原告通常也就是出卖人，严格意义上讲违反民法的诚实信用原则，通过诉讼谋取经济利益，属于恶意诉讼。从维护公平正义的角度讲，法院应该遏制此类案件的发展和蔓延，即便确认此类协议无效，也应释明买受人可以主张因出卖人违反诚实信用原则，其财产权受损害的补偿权利。北京市高级人民法院关于印发《农村私有房屋买卖纠纷合同效力认定及处理原则研讨会会议纪要》（以下简称《纪要》），"表述要综合权衡买卖双方的利益。首先，要全面考虑到合同无效对双方当事人的利益影响，尤其是出卖人因土地升值或拆迁、补偿所获利益，以及买受人因房屋现值和原买卖价格的差异造成的损失"。北京宋庄画家村案件中，买受人根据《纪要》的精神最后通过诉讼方式请求出卖人补偿因诉讼时房屋现值和原买卖价格的差异造成的损失，得到法院支持。本案中，一审法院对原告要求腾退房屋的诉讼请求予以驳回，有效地保护了被告的合法利益，判决是公正的。后来在拆迁过程中，原被告双方达成了拆迁补偿协议，使拆迁得以顺利进行。

案例（034） 某村民委员会与王某某等人四荒土地租赁纠纷案

来源：（2016）吉 24 民终 837 号
作者：李吏民

【案例导读】

农村四荒土地对外进行发包未经民主议定程序，所签土地承包合同的效力如何认定？如果四荒承包土地涉及征收，则应对承包人如何进行处理？

【案情简介】

2004 年 3 月 1 日，某村民委员会（甲方）与王某某（乙方）等人签订《四荒土地租赁合同书》，内容为：为了盘活闲置四荒资源，促进农村经济发展，根据《某自治州农村集体所有"四荒"资源租赁暂行规定》精神，甲方现把位于某村的荒地对外租赁经营，现由乙方承租，经甲乙双方协商达成如下协议。主要条款为：（1）该荒地的位置，总面积为 2 519 平米；（2）用途：生产经营；（3）租赁年限为 30 年；（4）租赁费及付款方式；（5）双方的权利义务。合同还约定，如在租赁期间，国家征用土地，地面附着物以及用于生产经营对土地进行开发、改造等费用补偿归乙方所有，租赁费按实际使用年限计算，予以补差。

合同签订后，王某某向某村民委员会交付了土地租赁费，王某某对租赁的荒地进行回填改造，但在该荒地上未进行生产性经营。后双方在当地农村经济管理站办理农村土地承包经营权备案登记，得到了土地承包经营权证书，其中《处置资源性资产村民会议纪要》载明，参加会议人员签字盖章人数为 8 人。

2014 年 2 月 11 日，某镇人民政府与某村民委员会签订了四荒土地占用补偿协议书，对上述荒地进行征收补偿，共补偿某村委会 48.38 万元整。

2014 年 4 月 1 日，某市国土资源局发布《拟征收土地公告》拟对上述四荒土地进行征收。

2014 年 11 月 14 日，某省国土资源厅作出《关于某市人民政府 2014 年第 1 批次土地征收的批复》，同意某市人民政府征收农村集体建设用地 3.229 公顷（包含上述四荒土地）用于商服、住宅建设项目。

因某村委会与王某某对荒地的补偿数额没有达成补偿协议，某村委会于 2015 年底遂向法院提起诉讼，认为涉案四荒土地已经被征收，该四荒租赁合同约定解除条件已成就，要求法院对该合同进行解除。在法院审理中，经一审法院释明原告某村民委员会变更诉讼请求，要求确认其与被告王某某等于 2004 年 3 月 1 日签订的《四荒土地租赁合同书》无效。

【审理与判决】

1. 诉讼当事人

一审原告为某村民委员会,被告为王某某等荒地承包人(租赁人)。

2. 诉请与抗辩

原告诉求:判令解除某村民委员会与王某某于2004年3月1日签订的《四荒土地租赁合同书》,并负担本案诉讼费,在审理过程中经过法院释明,某村民委员会以荒地租赁合同未经村民会议2/3以上成员或者2/3以上村民代表的同意为由变更诉讼请求,要求确认原被告签订的《四荒土地租赁合同书》无效。

被告抗辩:驳回原告起诉或诉讼请求。

3. 争议焦点

(1)原告某村民委员会是否具有诉讼主体资格?

(2)法院释明后某村民委员会变更诉讼请求是否违法?

(3)原被告签订的《四荒土地租赁合同书》是否无效?

4. 判决过程

一审判决:确认原告某村民委员会与被告王某某等于2004年3月1日签订的租赁合同无效。一审判决后,被告不服,提起上诉。

二审判决:驳回上诉,维持原判。

【法律要点解析】

1. 在土地已经被征收的情况下原告某村委会是否可以解除土地承包合同

本案荒地租赁合同所涉诉集体土地已经被征收,所涉的四荒土地作为土地租赁合同的标的物已经转为国有,某村委会不再享有所有权和发包权。

集体土地经过法定程序征收后,原告和被告同征收方之间已经形成新的集体土地征收法律关系。《物权法》第28、121、132条及最高人民法院《关于审理涉及农村土地承包纠纷案件适用法律问题的解释》第22、23条都有明确的规定,土地被征收表明土地承包关系已经消灭,承包方、发包方与政府之间形成新的征收补偿法律关系。因为所涉集体土地已经被征收,原告与被告的土地承包合同关系已经消灭,原告丧失土地所有权,双方的土地租赁合同已经终止,不存在解除的问题,且解除合同是以有效为前提的。

2. 在土地征收的情况下某村民委员会是否可以提起确认合同无效之诉

虽然原被告所签订的土地租赁合同所涉四荒土地已经被征收,但是某村民委员会作为合同的一方当事人是可以提起合同无效之诉的,合同所涉标的物的所有权是否发生变化即是否被征收并不影响对合同效力的审查,因此,某村民委员会可以提起确认合同无效之诉。

3. 法院是否可以释明原告变更诉讼请求

根据最高人民法院《关于民事诉讼证据的若干规定》第 35 条:"诉讼过程中,当事人主张的法律关系的性质或者民事行为的效力与人民法院根据案件事实作出的认定不一致的,不受本规定第三十四条规定的限制,人民法院应当告知当事人可以变更诉讼请求。当事人变更诉讼请求的,人民法院应当重新指定举证期限"之规定,人民法院根据查明的事实可以向当事人释明变更诉讼请求,本案中,原告是基于原被告签订的《四荒土地租赁合同书》请求解除提起的诉讼,法院先审查合同效力,根据审查的情况,可以通知当事人变更诉讼请求。

4. 原告某村民委员会是否可以变更诉讼请求

法院经过审理认为,根据查明的事实与当事人主张的法律性质不一致,法院向原告释明变更诉讼请求,原告在法院释明的情况下,可以变更诉讼请求,但应当重新指定举证期限。

5.《中华人民共和国农村土地承包法》(以下简称《农村土地承包法》)第 48 条是否为效力性强制性规定

最高人民法院《合同法解释(二)》第 14 条规定:"合同法第五十二条第(五)项规定的'强制性规定',是指效力性强制性规定。"也就是说违反了法律法规强制性规定的合同并不必然无效,只有这些强制规定是效力性的规定合同才必然无效。效力性强制性规定具体地表现为"违反……无效",或者是"不得……,否则无效"。

《农村土地承包法》第 52 条规定:"发包方将农村土地发包给本集体经济组织以外的单位或者个人承包,应当事先经本集体经济组织成员的村民会议三分之二以上成员或者三分之二以上村民代表的同意,并报乡(镇)人民政府批准。由本集体经济组织以外的单位或者个人承包的,应当对承包方的资信情况和经营能力进行审查后,再签订承包合同。"

《农村土地承包法》第 48 条中没有"必须、不得""禁止""无效"等文字表述,违反《农村土地承包法》第 48 条也不必然损害国家利益或社会公共利益,因此《农村土地承包法》第 48 条不属于效力性强制性规定,从《关于审理涉及农村土地承包纠纷案件适用法律问题的解释》第 5、6、12、13、15 条等条款里看出,明确表述了效力性强制性规定,司法解释唯独没有就因违反《农村土地承包法》第 48 条而作出无效的解释,因为《农村土地承包法》第 48 条规定"有关民主议定原则和政府批准"使用的是"应当"一词,属于指导性的管理性强制性规定,违反该规定并不必然损害国家利益或社会公共利益,如果损害集体利益时,只有大多数村民可依据此条规定和原《审理农业承包合同纠纷案件若干问题的规定(试行)》(已于 2008 年 12 月 24 日失效)第 2 条规定提起土地承包合同效力确认诉讼。根据该条法律规定并不能直接或间接推导出未经 2/3 以上成员或者 2/3 以上村民代表的同意对外发包无效的结论,而只能得出"四荒土地对外发包未经村民会议讨论或 2/3 以上村民同意的,不符合《农村土地承包法》所确定的民主议定程序,程序违法"这样的法律后果。这是村集体内部程序,并不必然得出未经村民议定程序则对外发包合同无效结论。因此,违反民主议定程序的土地承包合同不能当然认定为无效,其实质上是村委会越权发包、无权处分的行为,是一种效力待定合同,如果村民事后进行追认就有效,如果村民认为土地承包合同侵犯了自己的利益而不予追认则合同无效。

6. 原告就违反民主议定原则有权提起诉讼吗

根据原《审理农业承包合同纠纷案件若干问题的规定(试行)》(已失效)第 2 条规定:"发包方所属的半数以上村民,以签订承包合同时违反《土地管理法》和《中华人民共和国村民委员会组织法》等法律规定的民主议定原则,或者其所签合同内容违背多数村民意志,损害集体和村民利益为由,以发包方为被告,要求确认承包合同的效力提起诉讼的,人民法院应当依法受理,并可通知承包方作为第三人参加诉讼。"因此,有权以违反民主议定程序为由,请求确认合同效力的诉讼主体是村集体经济组织的过半数村民。虽然上述司法解释被新的司法解释取代,但是本案涉诉合同签订于 2004 年,依实体从旧、程序从新的法律适用原则,《关于审理农业承包合同纠纷案件若干问题的规定(试行)》第 2 条规定依然可以适用于本案,而且关于违反民主议定程序提起土地承包合同效力确认的诉讼主体规定只有此司法解释,因此适用。而从新的司法解释即《关于审理涉及农村土地承包纠纷案件适用法律问题的解释》的所有条文里看,均没有发包方以违反《农村土地承包法》第 48 条为依据请求确认合同无效的规定,倒是从《关于审理涉及农村土地承包纠纷案件适用法律问题的解释》第 5、6、12 条等条款里看出,承包方可以请求确认无效。《农村土地承包法》第 48 条的立法本意是保护大多数村民利益,防止村委会越权发包,因此,以违反民主议定原则提起合同无效确认的只能是大多数村民,而不能是发包方村委会即本案原告。笔者认为,一、二审法院判决确认原告有以未经民主议定程序确认合同无效提起本案诉讼主体资格是欠妥的。

7. 请求确认荒地承包合同无效是否有期限

根据《关于审理农业承包合同纠纷案件若干问题的规定(试行)》第 25 条规定:"人民法院在审理依本规定第二条所起诉的案件中,对发包方违背集体经济组织成员大会或者成员代表大会决议,越权发包的,应当认定该承包合同为无效合同,并根据当事人的过错,确定其应承担的相应责任。属本条前款规定的情形,自承包合同签订之日起超过一年,或者虽未超过一年,但承包人已实际做了大量的投入的,对原告方要求确认该承包合同无效或者要求终止该承包合同的,人民法院不予支持。但可根据实际情况,依照公平原则,对该承包合同的有关内容进行适当调整。"虽然该司法解释已于 2008 年废止,但是这是程序性规定,其立法的精神和原则还是应当适用的。

依据合同法原理,合同有绝对无效和相对无效之分。损害国家利益或者社会公共利益的合同属绝对无效合同,任何人都可以主张合同无效,法院也不依当事人的主张而应依职权主动审查,并不受诉讼时效的限制。违反民主议定程序的土地承包合同不属于绝对无效的合同,是相对无效的合同。此类土地承包合同是否有效要看它是否违背了大多数村民的意志,是否损害了村集体和村民的利益,村民是否对该合同进行追认、确认无效或者撤销。因此,主张此类合同无效应当受诉讼时效的限制,以维护正常的土地承包关系,稳定农村的生产秩序,限制村委会及村民为了自己的不法利益而滥用民主议定程序主张合同无效、随意解除土地承包合同。

8. 本案是否符合民主议定程序

按照《村民委员会组织法》第 25 条第 2 款规定,"村民代表由村民按每五户至十五户推选一人,或者由各村民小组推选若干人。村民代表的任期与村民委员会的任期相同。村民代表可以连选连任"。一审法院判决认定村民代表应为 17 人(256 户/15 户),而参加会议人员签章人数为 8 人,未达到法定人数,不符合民主议定程序。

但是,根据《村民委员会组织法》第 25 条规定,可按村民小组推选若干人来确定代表人数,原告证人郭某系涉诉土地发包时的村主任,他明确表示,当时民主议事程序是按每组组长作代表来参会议事的,这符合按村民组推选若干人来确定代表的规定,会议记录表示参会人员包括村两委成员及组长和村民代表,可以说经过了民主议定程序。

9. 农村土地承包经营权证书的效力、取得土地承包经营权证书是否已经认定了租赁土地的效力

本案原被告双方到乡农村土地经营管理站进行备案,并向相关部门办理了农村土地承包经营权证书。根据《农村土地承包经营权证管理办法》第 2 条规定,"农村土地承包经营权证是农村土地承包合同生效后,国家依法确认承包方享有土地承包经营权的法律凭证"。第 3 条规定,"承包耕地、园地、荒山、荒沟、荒丘、荒滩等农村土地从事种植业生产活动,承包方依法取得农村土地承包经营权后,应颁发农村土地承包经营权证予以确认"。可见,只有在土地承包合同有效,且发生效力后才能颁发土地承包经营权证书。颁证过程就是各级政府对发包程序包括民主议定和政府批准程序均合法的行政确认,土地承包合同合法有效,政府才颁发土地承包经营权证书。但是,一、二审法院在判决中均未提及。

10. 确认土地承包合同无效是否需要先撤销土地承包经营权证书

土地承包经营权证书是县级以上人民政府颁发的,是对土地承包合同的效力确认后颁发的,确认了土地承包经营权,其属于物权中的用益物权。土地承包合同是基础法律关系。确认土地承包合同无效无须先撤销土地承包经营权证书。但确

认土地承包合同无效后,还应当向颁证机关请求撤销土地承包经营权证书,才能使用益物权消灭,否则,虽然《四荒土地租赁合同书》被确认无效,但是被告仍具有土地承包经营权,仍可以对所涉土地进行经营管理。

11. 土地承包合同被确认无效后如何处理

原被告所签订的《四荒土地租赁合同书》被一、二审法院确认无效,但无效后如何进行处理,却没有表述。按照无效合同的处理原则,应当归于无效合同之前的状态。但由于本案涉及土地征收,所涉土地已经被征收为国有,原告可以返还租赁费,被告却无法返还土地。鉴于被告对涉案土地进行了大量投入,且取得了土地承包经营权证书,被告应当取得相应的征地补偿款,原告应当退还未到期的租赁费。

12. 以未经民主议定程序为由请求确认土地承包合同无效的举证责任如何分配

村民委员会是村民自治组织,其代表村集体处理相关事务与村民或者其他单位和个人等签订土地承包合同。根据《村民委员会组织法》的规定,村民委员会处理涉及村民利益的重大事项前应当经村民会议讨论决定,即民主议定程序。民主议定的形式可以是村民大会,也可以通过广播,还可以逐户通知征求意见等,民主议定程序是村集体议事的内部程序,村民会议记录、广播稿、征求意见书等民主议定程序的相关证据材料由村民委员会保管。承包人在与村民委员会签订土地承包合同时无须村民委员会提供承包方案经过村民会议讨论决定的证据,承包方案经过民主议定程序的有关材料也不是土地承包合同的附件。因此,以未经民主议定程序为由请求确认土地承包合同无效的举证责任应当由村民委员会承担,如果由承包人来承担举证责任,对承包人来说是极不公平的,因为无论是否经过民主议定程序,承包人都是举证不了的。

【律师点评】

本案的背景是,原被告双方于 2004 年 3 月份签订了《四荒土地租赁合同书》,因所涉四荒土地被征收,2014 年 2 月,原告与某镇政府签订了征收土地补偿协议,土地所涉纠纷由原告某村民委员会自行解决,原被告无法就补偿问题达成协议,原告于 2015 年 12 月份提起了本案诉讼。因此,无论是原告代理律师还是被告代理律师都要全面了解案情过程和细节,弄清诉讼目的,制定最佳的诉讼方案。

1. 原告律师的代理思路

就原告律师而言,诉讼目的是让被告接受补偿条件,交出所涉四荒土地,应围绕原被告所签订的《四荒土地租赁合同书》的签订背景、合同效力、合同应否解除来组织证据并设计诉讼策略,其思路要点如下:

(1)原被告签订《四荒土地租赁合同书》的背景是什么?

(2)在农业部门备案的《处置资源性资产村民会议纪要》中参加会议人员 8 人签字盖章是否达到了民主议定程序要求？

(3)原被告所签订的《四荒土地租赁合同书》是否已经全面履行？

(4)原被告所签订的《四荒土地租赁合同书》是否有效？

(5)原被告所签订的《四荒土地租赁合同书》所涉土地被征收是否达到了合同解除的条件？

(6)原告是否可以不经过被告同意与某镇政府签订征收土地补偿协议？

(7)原被告所签订的《四荒土地租赁合同书》被解除或确认无效后如何处理？

2. 被告律师的代理思路

被告律师应围绕着原被告所签订的《四荒土地租赁合同书》效力及在土地已经被征收的情况下是否可以解除来组织证据并设计诉讼策略，其代理思路如下：

(1)所涉土地已经被征收，原告是否有诉讼主体资格？

(2)被告已经取得了土地承包经营权证书，土地承包合同是否当然有效？

(3)在农业部门备案的《处置资源性资产村民会议纪要》中参加会议人员 8 人签字盖章是否达到了民主议定程序要求？如违反了民主议定程序则合同是否当然无效？

(4)对违反民主议定程序的发包合同效力认定谁有权提起诉讼？

(5)民主议定程序的材料是否作为土地承包合同的附件？作为承包人的被告是否应当举证经过了民主议定程序？被告是否有能力举证？举证责任如何分配？

(6)原告作为村委会在签订土地租赁合同时应当经过民主议定程序，在时隔 10 年后才提起无效之诉是否符合常理？其声称没有经过民主议定程序是否不需要举证？不存在的东西如何举证？本案是否属于恶意诉讼？

(7)《四荒土地租赁合同书》所涉土地已经被征收，被告是否有权获得相应补偿？应获得哪些补偿？

【法官审判要旨】

法官通过法庭调查与双方质证，掌握了本案的基本情况，根据查明的事实向原告释明变更诉讼请求。法官通过判案应当定分止争，化解争议。

(1)原告提起的是解除合同之诉，合同解除首先需要有一个有效的合同存在，因此需要对涉诉合同的效力进行审查。

(2)被告不属于某村集体成员，原告对其集体经济成员之外的人员发包，根据《农村土地承包法》第 48 条之规定应当经过民主议定程序。

(3)某村在签订《四荒土地租赁合同书》时共有 256 户，按照《村委会组织法》第 25 条第 2 款规定，每 15 户推选一人，应当推选 17 人为代表，2/3 应为 11 人，而在农业部门备案的《处置资源性资产村民会议纪要》中参加会议人员只有 8 人签字,少于 11 人不符合民主议定程序。

（4）被告没有提交证据证明其签订的《四荒土地租赁合同书》经过了某村民委员会的民主议定程序。

（5）民主议定程序是对村集体经济成员以外人员发包的必经程序,未经民主议定程序对外发包的应属无效。

（6）法官根据查明的事实向原告释明变更诉讼请求。

（7）原告变更诉讼请求后,确认其签订的《四荒土地租赁合同书》未经民主议定程序而无效。

【结语】

本案是因四荒土地租赁合同所涉土地被征收而引发诉讼,不能简单地确认合同无效了事。未经民主议定程序的对外发包合同是相对无效的合同,即只有在未经民主议定程序且损害了村民利益或者公共利益、社会利益的情况下才无效。但司法实践中,涉及土地征收的土地承包合同只要未经民主议定程序一般判决为无效合同,而且在这类案件中承包方举证村集体发包时经过民主议定程序是难上加难,因为承包方从不掌握这方面的证据,笔者认为在不考虑诉讼背景、承包方的实际投入及承包费是否明显低于市场价格、是否改变土地用途等因素的情况下,仅仅以未经民主议定程序确认无效是不妥的。

案例（035）马某诉陈某房屋买卖合同纠纷案（宅基地纠纷）

来源:(2007)一中民终字第 9544 号
作者:李兵

【案例导读】

本案对于城镇居民是否可以购买农村房屋具有典型指导意义。

【案情简介】

1989 年 3 月 31 日,陈某与马某签订了房屋买卖合同,约定陈某将自家位于北京市海淀区海淀乡肖家河的私宅 3 间卖予城市居民马某,价款为 21 000 元。其后,马某交纳了契税,肖家河村村委会于 1994 年 11 月 30 日、海淀乡人民政府于 1994 年 12 月 5 日对买卖房屋进行了审批,马某于 1996 年 6 月 10 日取得北京市房地产管理局颁发的房产所有证,并于 2005 年 3 月 27 日将户口迁入涉案房屋。原告陈某诉称,根据我国法律规定,农村宅基地不得向城市居民出售,双方签订的房屋买卖合同违反了国家法律规定。现起诉要求:(1)确认双方签订的房屋买卖合同无效;(2)马某腾退北京市海淀区海淀乡肖家河河北新营×号×院内北房 5 间、西房1间、西门道房1间、东房2间、南房1间、海棠树1棵及院落；（3）本案诉讼费由马某负担。

【审理与判决】

一审法院认为，依照《土地管理法》规定，农村宅基地房屋不得向城市居民出售。陈某与马某的房屋买卖合同违反了国家法律规定。一审判决如下：

（1）陈某与马某于1989年3月31日签订的买卖房屋合同无效；

（2）马某于本判决生效后1个月内腾退位于北京市海淀区海淀乡肖家河河北新营×号×院内北房5间、西房1间、西门道房1间、东房2间、南房1间、海棠树1棵及院落，交付陈某；

（3）陈某于本判决生效后10日内返还马某购房款21 000元。

被告马某不服，提起上诉。

二审法院认为，城市居民购买农村宅基地房屋行为一般应判定为无效，但在处理具体案件时应当结合个案不同的实际情况综合加以判断，本案属于特例。二审判决如下：

（1）撤销北京市海淀区人民法院（2007）海民初字第10198号民事判决；

（2）驳回陈某的诉讼请求。

【法律要点解析】

1. 本案是否适用1998年修订的《土地管理法》

双方签订房屋买卖合同是在1989年3月31日，而1986年颁布的《土地管理法》规定："城镇非农业户口居民建住宅，需要使用集体所有的土地的，必须经县级人民政府批准，其用地面积不得超过省、自治区、直辖市规定的标准，并参照国家建设征用土地的标准支付补偿费和安置补助费。"根据该条规定，当时城镇居民是可以使用宅基地的，那么一审判决认定宅基地不能流转导致房屋买卖无效是错误的。1998年修订《土地管理法》时删除了该条。法不溯及既往，所以该房屋买卖合同是否有效应当根据当时的法律，也就是说应当根据1986年颁布的《土地管理法》的相关规定。

2. 本案存在哪些特殊情况

（1）马某与陈某签订的房屋买卖合同已经经过海淀乡政府的批准。当时海淀乡政府批准马某与陈某签订的房屋买卖合同，显然是根据1986年颁布的《土地管理法》规定，因此并不违法。

（2）马某已经取得房屋产权证书并将户口迁入。1996年，马某取得了该房屋的产权证书并于2005年将户口迁入。根据2006年《北京市高级人民法院北京市法院民事审判实务疑难问题研讨会会议纪要》精神，该房屋买卖合同应当认定为有效。

（3）马某长期居住业已形成稳定的占有关系。马某自购房后一直在诉争房屋居住，又经批准将户口迁入所购房屋，业已形成长期稳定的占有关系。

（4）陈某起诉有悖诚实信用原则。陈某签订买卖合同并实际履行后，在目前房地产市场价格普遍上涨的情况下，其又以转让农村宅基地违反法律规定为由，要求确认买卖合同无效，其行为与民法倡导的诚实信用原则相悖。

【律师点评】

1. 被告律师的代理思路

被告代理律师在答辩中要抓住三点：一是法不溯及既往，应当适用1986年颁布的《土地管理法》而不应当适应现行的法律。二是购房合同经政府批准，被告已经取得房屋所有权证书，表明被告对诉争房屋享有物权。三是被告户口迁入，已经实际长期占有。四是原告违反了诚实信用原则。

2. 本案是宅基地房屋买卖合同的例外情况

一般情况下，宅基地房屋买卖合同会被法院判定为无效，但本案属于例外情况。二审法院综合考虑本案的特殊情况，作出了与一审判决截然相反的判决。

【法官审判要旨】

一审法官是按照现行法律来判决，未顾及当时的实际情况以及法律法规和政策规定。其判决思路为，农村的宅基地属于农民集体所有。马某属城镇居民购买农村房屋，此地上房屋之买卖必然涉及土地使用权人之变化，故双方买卖该房屋之行为因违反法律法规应属无效。

二审作出了与一审完全不同的判决。其判决思路是，本案系因城市居民购买农村房屋所引发的纠纷。按照我国法律规定，农村宅基地的所有权属于农民集体所有，所以宅基地使用权人在对宅基地行使收益和处分权利时，应当受到严格的限制。在此前提下，城市居民购买农村房屋的行为一般应当认定为无效。但在处理具体案件时应当结合个案不同的实际情况综合加以判断。本案中，马某作为城市居民，其与陈某签订的房屋买卖合同已经过海淀乡政府的批准。此后，马某取得了该房屋的产权证书并于2005年将户口迁入。从上述事实可以看出，在十几年的时间中，马某在诉争房屋实际居住，已对该房屋形成了稳定的占有关系。鉴于此，从有利于维护现有的房屋占有关系角度考虑，应当确认马某与陈某签订的买卖合同有效较为适宜。一审法院确认本案买卖合同无效，虽符合此类案件的一般性处理原则，但于本案不利于维护双方既定的权利、义务关系，故应当予以纠正。另外，陈某签订买卖合同并实际履行后，在目前房地产市场价格普遍上涨的情况下，其又以转让农村宅基地违反法律规定为由，要求确认买卖合同无效，其行为亦与民法倡导的诚实信用原则相悖。

【案外语】

《物权法》《土地管理法》《担保法》等现行的法律法规并没有规定城镇居民是

否可以在农村宅基地上建房或购买农村房屋。但是 1999 年国务院办公厅《关于加强土地转让管理严禁炒卖土地的通知》第 2 条规定,"农民的住宅不得向城市居民出售,也不得批准城市居民占用农民集体土地建住宅,有关部门不得为违法建造和购买的住宅发放土地使用证和房产证。"2007 年国务院办公厅《关于严格执行有关农村集体建设用地法律和政策的通知》第 2 条也再次重审,"农村住宅用地只能分配给本村村民,城镇居民不得到农村购买宅基地、农民住宅或'小产权房'"。这些都是政策性的文件,不属于法律或行政法规。虽然《民法通则》第 6 条规定:"民事活动必须遵守法律,法律没有规定的,应当遵守国家政策。"但是该条款已经被《中华人民共和国民法总则》(以下简称《民法总则》)废止了。

2004 年 12 月,北京市高级人民法院关于《农村私有房屋买卖纠纷合同效力认定及处理原则研讨会会议纪要》明确了农村私有房屋买卖合同以认定无效为原则,以认定有效为例外。

中共中央《关于推进农村改革发展若干重大问题的决定》指出,"我国总体上已经进入以工促农、以城带乡的发展阶段,进入加快改造传统农业、走中国特色农业现代化道路的关键时刻,进入着力破除城乡二元结构、形成城乡经济社会发展一体化新格局的重要时期。"二元结构向一元结构转型,就要先解决农村宅基地使用权流转的问题。

《物权法》第 153 条规定:"宅基地使用权的取得、行使和转让,适用土地管理法等法律和国家有关规定。"《土地管理法》第 62 条(2019 年修正)规定,"农村村民一户只能拥有一处宅基地,其宅基地的面积不得超过省、自治区、直辖市规定的标准。……农村村民建住宅,应当符合乡(镇)土地利用总体规划、村庄规划……并尽量使用原有的宅基地和村内空闲地。……农村村民住宅用地,由乡(镇)人民政府审核批准;其中,涉及占用农用地的,依照本法第四十四条的规定办理审批手续。农村村民出卖、出租、赠与住宅后,再申请宅基地的,不予批准。国家允许进城落户的农村村民依法自愿有偿退出宅基地,鼓励农村集体经济组织及其成员盘活利用闲置宅基地和闲置住宅……"法律趋势是鼓励宅基地使用权流转。

案例(036)陈某荣等诉崇仁县巴山镇巴山村民委员会第十村小组承包地征收补偿费分配纠纷案

来源:(2012)抚民三终字第 53 号

作者:王龙兴

【案例导读】

如何认定外嫁女是否具备农村集体经济组织成员身份?请看以下案例。

【案情简介】

陈某荣系崇仁县巴山镇巴山村民委员会第十村小组村民,其于1973年与陈某木(丰城人)结婚,婚后仍然居住在巴山村第十村小组,陈某荣婚后生育了两个儿子、一个女儿。长子陈某军与黄某华结婚,生育两个儿子陈某1、陈某2;次子陈某刚与谢某飞结婚,生育一子陈某3;女儿陈某英于1997年与崇仁县巴山镇洋州村村民结婚,但未在巴山村第十村小组居住、生活,现居住于县城。

陈某荣家庭户口登记为农业家庭,其住址为崇仁县巴山镇巴山村民委员会三山村小组26号,陈某荣为户主,截至2010年11月30日,陈某军、黄某华、陈某1、陈某2、陈某刚、陈某3、陈某英通过结婚迁入及出生等方式,落户在被告崇仁县巴山镇巴山村民委员会第十村小组处,但谢某飞户口未落户在被告处。陈某荣的户口簿共包括陈某荣、陈某军、黄某华、陈某1、陈某2、陈某刚、陈某3、陈某英8人。

1984年10月13日,陈某荣作为家庭承包经营户的户主参与向被告承包责任田2.05亩,从1984年至1997年,陈某荣家庭尽了村民义务。

1997年,三山村小组土地承包经营权重新进行了调整,陈某荣家未再获得土地承包经营权,从1997年至2004年国家取消农业税为止也未再尽村民义务。

2010年,崇仁县为了修建光明大桥北段公路,征用了巴山村第十村小组约35亩土地,巴山村第十村小组获得了约270万元征地补偿款。

2010年12月14日,巴山村第十村小组召开了由12名村民代表参加的土地补偿款分配会议,并形成了分配方案,分配方案的内容为:(1)已死亡的村民不参与分配;(2)无固定收入居民或村民已娶非农业户口的女子为妻的,只能享受村民的一半待遇;有固定收入的非农业户口居民不参与分配,带前夫所生子女嫁到本村的,其子女不参与分配;(3)村民所生子女,如未上户口的,按村民的50%分配,如果在2011年1月底前所生子女户口落在被告处的,分配原则与其他村民一致(特殊情况除外);(4)对于像陈某芝、杨某义等的准儿媳,按村民的50%分配,如能在2011年1月底前办好结婚登记手续,则补齐另50%,其他村民如能在2011年1月底前办好结婚登记手续的,其媳妇也按村民的50%分配,逾期则没有;(5)陈某荣家按3个人分配;(6)因上学将户口转为城镇户口的,按其他村民同等待遇,但已有固定收入的除外。嗣后,巴山村第十村小组根据此分配方案按每人12 000元向村民发放了征地补偿款,除陈某荣家以外,其他村民均已领取了征地补偿款。

【审理与判决】

1. 诉讼当事人

一审原告为陈某荣、陈某军、黄某华、陈某1、陈某2、陈某刚、陈某3、陈某英、谢某飞,一审被告为崇仁县巴山镇巴山村民委员会第十村小组。

2. 诉请与抗辩

原告诉请:被告支付九原告土地征收补偿款共计人民币 108 000 元。

被告抗辩:土地补偿款分配方案是按村规民约制定的,原告外嫁后不具备村民资格,不能取得补偿款,应驳回原告诉请。

3. 争议焦点

陈某荣、陈某军、黄某华、陈某1、陈某2、陈某刚、陈某3、谢某飞与陈某英是否有权获得承包地征收补偿费用。

4. 判决过程

一审法院判决:

(1)被告崇仁县巴山镇巴山村民委员会第十村小组于本判决生效之日起 15 日内向原告陈某荣、陈某军、黄某华、陈某1、陈某2、陈某刚、陈某3 支付土地补偿款各 12 000 元,合计为人民币 84 000 元。

(2)驳回原告陈某英、谢某飞的诉讼请求。

原告陈某英、谢某飞不服一审判决,提出上诉。

二审法院判决:驳回上诉,维持原判。

【法律要点解析】

原告陈某荣、陈某军、黄某华、陈某1、陈某2、陈某刚、陈某3、陈某英、谢某飞是否有权取得承包地征收补偿费用?

《中华人民共和国土地管理法实施条例》(以下简称《土地管理法实施条例》)(2014 年修订)第 26 条第 1 款规定,"土地补偿费归农村集体经济组织所有;地上附着物及青苗补偿费归地上附着物及青苗的所有者所有"。想要确定原告等人是否有权取得承包地征收补偿费用,需确定其是否为农村经济组织的成员。若属于其中之成员,则对补偿费用享有权益。现行法律对何为"农村集体经济组织",并无准确的定义。《土地管理法》《农村土地承包法》《物权法》《村民委员会组织法》及《中华人民共和国农业法》(以下简称《农业法》)都只提出了一个名词概念,而对集体经济组织的成员资格之确定没有明确的界定标准,这引发了诸多矛盾。

本案中,江西省人大常委会发布的《江西省实施〈中华人民共和国农村土地承包法〉办法》第 9 条对集体经济组织成员的界定有明确规定:"符合下列条件之一的人员,为本集体经济组织成员:(一)父母双方或者一方是本村村民的新出生子女且户口未迁出的;(二)与本村村民结婚且户口迁入本村的;(三)由本村村民依法收养的子女,且其户口已迁入本村的;(四)刑满释放后户口迁回本村的;(五)复员、退伍军人、大中专毕业生将户口迁回本村的;(六)其他将户口依法迁入本村,并经本村村民会议三分之二以上成员或者三分之二以上村民代表同意接纳为本集体经济组织成员的。以放弃土地承包权为条件将户口迁入本村的,不享受涉及土地承包方面的权利,也不承担相应的义务。"

而根据最高人民法院《关于裁判文书引用法律、法规等规范性法律文件的规定》第4条:"民事裁判文书应当引用法律、法律解释或者司法解释。对于应当适用的行政法规、地方性法规或者自治条例和单行条例,可以直接引用"。故人民法院可以直接引用《江西省实施〈中华人民共和国农村土地承包法〉办法》来对原告是否为集体经济组织成员进行界定。

但是问题在于,《江西省实施〈中华人民共和国农村土地承包法〉办法》自2007年10月1日起施行,承包征地补偿费用分配纠纷发生于2010年12月14日,而原告9人的集体经济组织成员身份是一种继续状态,其身份早已因其他事实或法律行为产生,并非因该地方性法规产生,该地方性法规仅仅是确认了原告的集体经济组织成员身份。对于陈某荣、陈某军、黄某华、陈某1、陈某2、陈某刚、陈某3共7人,其无论是在该地方性法规施行之前还是之后,均与该地方性法规的规定相符,具备农村集体经济组织成员身份。而陈某英符合"父母双方或者一方是本村村民的新出生子女且户口未迁出的"之规定,由于该地方性法规仅在形式层面对集体经济组织成员身份界定作出了规定,而未在实质层面作出要求(即并未对成员要在集体经济组织进行劳动生产作出要求),若机械适用该地方性法规,则应当认定陈某英为农村集体经济组织成员,会导致不公平。但是根据最高人民法院《关于裁判文书引用法律、法规等规范性法律文件的规定》,人民法院可以引用地方性法规,也可以不引用。但不可以对一部分原告引用而对一部分原告不引用。若对于其他7人直接引用该地方性法规,而对陈某英不适用,则会造成法律适用的混乱,危害更大。因此应否适用该地方性法规、如何适用该地方性法规,是本案的要点。

如前所述,集体经济组织成员身份是一种继续状态,早在人民公社时期即产生了集体经济组织和集体经济组织成员身份,集体经济组织成员可因脱离集体经济组织而失去身份。以往实践中对集体经济组织成员资格认定的实际要素是是否履行农业集体经济组织的相关义务,是否需要以原村集体土地为基本生活来源。因此从这个角度理解,本案中的陈某英早在1997年就与崇仁县巴山镇洋州村村民委员会居民结婚,也未在巴山村第十村小组居住、生活,根据当时的法律实践,陈某英早已失去了集体经济组织成员的资格。又根据法不溯及既往原则,已经失去集体经济组织成员身份的陈某英也不能在2007年地方性法规施行后重新获得该身份。

另外,近期的司法实践对此类出嫁女的集体经济组织成员资格认定已有了一定的共识,《〈第八次全国法院民事商事审判工作会议(民事部分)纪要〉理解与适用》(以下简称《八民纪要》)总结了此类问题。[①] 对于户口未迁出的外嫁女(农

[①] 杜万华主编:《〈第八次全国法院民事商事审判工作会议(民事部分)纪要〉理解与适用》,人民法院出版社2017年版。

嫁农），如果出嫁后即去夫家所在地生产生活，并不以原村集体土地为基本生活来源的，说明其与原村集体经济组织成员已不存在固定的生产和生活关系，此种情况下应视为其取得了夫家所在地的集体经济组织成员资格，而丧失了娘家所在地集体经济组织成员资格，其分配请求应当予以驳回。而对出嫁后，仍在原村耕种土地，并按时交纳集资提留，履行了相应义务，又未改变原有的生产和生活方式的，应认定其仍为该村集体经济组织成员并享有与其他村民同等权利。这与本案的判决有所矛盾。如本案发生在《八民纪要》在全国法院应用之后，因陈某英嫁给了另一农村集体经济组织的成员，去了夫家所在地生产生活，根据江西省地方性法规，其未取得户口，故其不能取得夫家所在地的集体经济组织成员资格，而又因陈某英不以原村集体土地为基本生活来源，也丧失了娘家所在地集体经济组织成员资格。谢某飞亦如此，其去了夫家陈某刚所在地生活，按照《八民纪要》，她应当取得该集体经济组织成员资格，但因其未取得户口，与江西省地方性法规相矛盾，也会引起法律适用的混乱。如本案发生在2017年以后，随着法院对法律的理解加深，陈某英和谢某飞也很可能被认定为拥有集体经济组织成员资格。

笔者认为，地方性法规是可以引用而非应当引用，《八民纪要》的有关安排是最高人民法院对相关法律的理解，在处理此类案件时应当参照《八民纪要》的有关安排，才能更好地实现公平正义，保障农村集体经济组织成员的合法利益。

【律师点评】

因司法实践中对该问题的理解有很大的变化，故律师应按照《八民纪要》的相关安排来进行代理。

1. 原告律师的代理思路

就原告律师而言，应围绕着适用《八民纪要》的相关安排来组织证据并设计诉讼策略，其思路要点如下：

（1）陈某荣、陈某军、黄某华、陈某1、陈某2、陈某刚、陈某3共7人户口在村小组，亦居住在村小组，依然与原村集体经济组织有固定的生产和生活关系。

（2）陈某英虽去了夫家所在地生产生活，但其户口依然在村小组，又因江西省的有关地方性法规之规定，陈某英一直未能取得夫家所在地的集体经济组织成员资格，若认定其已丧失娘家所在地集体经济组织成员资格极不公平。

（3）谢某飞来到了夫家陈某刚所在地生活，户口虽未转过来，但其与原集体经济组织已不存在固定的生产和生活关系，应视为其取得了夫家集体经济组织成员资格。

2. 被告律师的代理思路

就被告、第三人律师而言，也应围绕着《八民纪要》来组织证据并设计诉讼策略，其思路要点如下：

（1）强调法律适用的时间性，陈某英以前未取得夫家所在地的集体经济组织成员资格与现在对法律的理解并不矛盾，有没有夫家所在地的集体经济组织成员资格应该以现在对法律的理解来确定。

（2）强调《八民纪要》并非司法解释，没有强制力，依然应当按照《江西省实施〈中华人民共和国农村土地承包法〉办法》来确认资格。

【法官审判要旨】

本案的难点在于法律的溯及力问题。

法院本着公平正义的原则，从实质上审查了原告是否有集体经济组织成员资格，正确适用了《江西省实施〈中华人民共和国农村土地承包法〉办法》，认定 7 人有资格，而陈某英已经丧失资格，谢某飞尚未取得资格，有利于村民集体经济组织的稳定。

若本案发生在 2017 年以后，随着对法律的理解有所改变，在判决时应当更注意保护村民个人的利益，应认定陈某英和谢某飞亦具有农村集体经济组织成员身份，判令农村集体经济组织向其支付土地征收补偿款。

【结语】

农村集体经济组织和村民委员会、村小组的关系因立法欠缺的原因有较多矛盾，法律对农村集体经济组织亦无明确定义，导致农村经济组织成员的认定在实践中很有难度。本案判决对农村集体经济组织成员资格的认定进行了大量说理，也对地方性法规的溯及力进行了处理，对处理类似案件有一定的参考价值。

随着《八民纪要》的持续应用，此类问题现在已经基本有了定论，农村集体经济组织成员的利益得到了更进一步的保护。

（二）城镇集体成员

案例（037） 万某婷、张某树等诉泉州市浔美社区居民委员会财产权属纠纷案

来源：(2009)泉民终字第 2277 号
作者：逄伟平

【案例导读】

集体经济组织成员没有享受到相应福利待遇，该如何主张权利？集体经济组织与其成员之间因收益分配产生的纠纷，是否属于人民法院的受理范围？

【案情简介】

原告 4 人均系被告所在社区的居民,随着泉州中心城区的不断东扩,浔美社区的土地被征用后所得土地款并没有分配到个人,而是由社区统一建厂房用于出租或由社区自办实业,所得收入作为社区集体资产福利分红,分发给社区居民。自 2005 年起浔美社区每年给每位社区居民发放集体资产福利分红款 1 000 元,并为浔美社区居民办理集体资产福利分红"领取证",截至原告起诉之日,已累计发放 4 期,共计每人 4 000 元。原告作为泉州市丰泽区城东街道浔美社区居民,履行了社区居民义务,具备享有集体资产福利分红的条件,被告依法应为原告办理集体资产福利分红"领取证"并支付福利分红款。被告拒绝为原告办理集体资产福利分红"领取证"及支付集体资产福利分红款。原告万某某、张某某未能享有就读社区幼儿园每年可报销 650 元的福利。为此,原告多次与被告交涉,但被告至今未予理会。被告的上述行为违反了法律规定并已经侵犯了原告的合法权益。原告请求:(1)判令原告依法享有浔美社区集体资产福利分红权利,并判令被告立即为原告办理浔美社区集体资产福利分红"领取证"。(2)判令被告立即支付万某婷、张某树、万某某自 2005 年起至 2008 年止每人每年 1 000 元的集体资产福利分红款共计 12 000 元;(3)判令被告支付原告张某某 2008 年度集体资产福利分红款 1 000 元。

被告浔美社区居民委员会辩称:本案所涉财产属于集体财产,不是民法上的财产权,本案不属于法院民事案件受理范围,依法应驳回原告起诉。即便本案属于法院管辖,但是原告将被告列为诉讼主体不适格,浔美社区作为具体财产管理机构不是被告,关系到居民重大权利和其他重大事项都是由全体居民会议或居民代表会议表决通过,与被告的职权无关。《浔美社区集体资产管理分配暂行规定》以及《浔美社区计划生育居民公约》是经过城东街道浔美社区代表大会表决通过,并报相关部门备案的,浔美社区的居民均应遵守,根据该规定及公约,原告万某婷、张某树、万某某、张某某不能享有相关的集体资产福利分红权利。原告所提供的资料显示,张某某于 2008 年 3 月 2 日才出生,而张某树并不是原浔美村村民,而是于 2003 年 12 月 29 日才从安溪县迁到泉州市丰泽区的。根据《浔美社区集体资产管理分配暂行规定》,张某树、张某某显然不能享有集体资产福利分红权利。被告提供的万某忠家的户籍证明显示,万某忠有一子、两女。而万某忠夫妇、其子万某吉、其女万里某等家庭成员均享有集体资产福利分红权利。根据《浔美社区集体资产管理分配暂行规定》,原告万某婷及其子女是不能享受相关权利的。原告万某婷与张某树生育一女一子,其行为已经违反了计生法规,并且根据《浔美社区计划生育居民公约》的规定,也是不能享有相关的分红权利的。综上,原告不能享有相关的集体资产福利分红权利,其起诉于理无据,并且已超过诉讼时效,应予以驳回。

经审理查明,一审法院以不属于法院受理民事案件的范围,驳回原告诉讼请求。

宣判后,原告等提起上诉请求撤销原审裁定,将本案发回重审或改判支持上诉人在一审的全部诉讼请求。

经审理查明,二审法院裁定:撤销福建省泉州市丰泽区法院(2009)丰民初字第835号民事裁定。指令福建省泉州市丰泽区人民法院审理。

【审理与判决】

1. 诉讼当事人

一审原告为万某婷、张某树、万某某、张某某,被告为泉州市丰泽区城东街道浔美社区居民委员会。

2. 争议焦点

农村集体经济组织与其成员之间因收益分配产生的纠纷,是否属于法院的受理范围。

3. 判决过程

一审法院认为:《城市居民委员会组织法》(以下简称《居委会组织法》)第2条第1款规定,"居民委员会是居民自我管理、自我教育、自我服务的基层群众性自治组织"。原告请求被告立即为原告办理浔美社区集体资产福利分红"领取证"和立即支付原告万某婷、张某树、万某某自2005年起至2008年止每人每年1 000元的集体资产福利分红款共计12 000元及判令被告支付原告张某某2008年度集体资产福利分红款1 000元。因本案原告据以提起诉讼的是对集体资产管理权利所发生的纠纷,根据《居委会组织法》第4条第2款的规定,"居民委员会管理本居民委员会的财产,任何部门和单位不得侵犯居民委员会的财产所有权"。因此,对集体财产的分配,应由居委会提请居民代表大会讨论决定。故原告的起诉,不属于法院受理民事案件的范围,应予以驳回。

二审法院认为:最高人民法院研究室《关于人民法院对农村集体经济所得收益分配纠纷是否受理问题的答复》指出,"农村集体经济组织与其成员之间因收益分配产生的纠纷,属平等民事主体之间的纠纷……只要符合《中华人民共和国民事诉讼法》第一百零八条的规定,人民法院应当受理"。本案中上诉人提供的户籍证明体现出上诉人系泉州市丰泽区城东街道浔美社区居民,具有居民身份,其与被上诉人因收益分配产生的纠纷,属于平等民事主体之间的纠纷。因此,属于人民法院民事调整范围,人民法院应当受理。依照《民事诉讼法》第154条之规定,作出如下裁定:撤销福建省泉州市丰泽区法院(2009)丰民初字第835号民事裁定。指令福建省泉州市丰泽区人民法院审理。本裁定为终审裁定。

【法律要点解析】

农村集体经济组织与其成员之间因收益分配产生的纠纷,是否属于法院的受理范围?

《民事诉讼法》第119条规定:"起诉必须符合下列条件:(一)原告是与本案有直接利害关系的公民、法人和其他组织;(二)有明确的被告;(三)有具体的诉讼请求和事实、理由;(四)属于人民法院受理民事诉讼的范围和受诉人民法院管辖。"最高人民法院研究室《关于人民法院对农村集体经济所得收益分配纠纷是否受理问题的答复》指出,"农村集体经济组织与其成员之间因收益分配产生的纠纷,属平等民事主体之间的纠纷……只要符合《中华人民共和国民事诉讼法》第一百零八条的规定,人民法院应当受理"。[1]

本案一审认为,原告是就集体财产管理权利发生纠纷提起诉讼,对集体财产的分配,应由居民委员会提请居民代表大会讨论决定,故裁定驳回原告起诉。二审法院认为,争议系农村集体经济组织与其成员之间因收益分配产生的纠纷,属平等民事主体之间的纠纷,法院应当受理,故裁定驳回一审裁定,指定一审法院审理。

【律师点评】

从我国立法现状看,"三农"(农民、农村、农业)问题的立法比较欠缺、滞后。长期以来一直有种观点,认为农民为集体经济组织成员,而集体经济组织属于村民自治组织,只要村民大会或村民代表大会通过决议就可以解决,无须国家法律进行过多的干预。结果导致诸多"三农"问题无法可依的现状,甚至人民法院也尽量回避审理农村这类案件。本案一审裁定就代表这种观点。其实,原告因未获得集体财产分配收益,向法院提起诉讼,属于集体经济组织与其成员因收益分配产生的纠纷,不是集体财产管理权纠纷,因此属于法院的受理范围,二审法院裁定指定一审法院审理,是正确的。今后显然应该加大"三农"问题的立法力度,化解日益增多的三农纠纷。

二、建筑区分所有权

案例(038) 重庆市南桥新苑业委会诉杨某权等建筑物区分所有权纠纷案(屋顶所有权)

来源:(2014)渝一中法民终字第02001号
作者:赵剑

【案例导读】

区分所有建筑物的屋顶实质上包括了屋顶结构与屋顶空间。屋顶结构属于全

---

[1] 此处第108条是指《民事诉讼法》1991年版,现修订为第119条。

体区分所有权人共有,而屋顶空间则属于土地所有权人保留的分层空间权。因屋顶空间的利用无法脱离屋顶结构,故单个业主擅自使用屋顶空间,不仅侵犯了土地所有权人保留的分层空间权,还侵犯了全体区分所有权人对屋顶结构的共有权,业主委员会有权代表全体业主提起侵权之诉。

【案情简介】

2012 年 4 月 27 日,徐某与重庆中德地产公司签订《重庆市商品房买卖合同》,约定由徐某购买重庆中德地产公司开发的位于重庆市江北区石马河街道盘溪二支路×号附×号的房屋,房屋用途属非住宅,建筑面积为 1 028.90 平方米,套内建筑面积为 819.89 平方米。双方在合同附件五《补充协议书》中约定,南桥新苑每栋大楼中自然形成的、只有相邻业主可以单独使用的露台、挑台、平台等自然空间,归相邻业主使用,其他业主不得干涉、主张权属或要求使用。2012 年 5 月 30 日,重庆市国土资源和房屋管理局向徐某颁发上述房屋的房地产权证,注明上述房屋坐落楼层位于名义层二层,且记载的建筑面积和套内面积与商品房买卖合同记载的相一致,并注明"外墙及楼梯间"系共有或者共用部位。

自 2011 年 6 月起,徐某及康全医院(私营独资企业,杨某权是其唯一投资人)开始使用除徐某专有部分所占投影面积以外的名义层一层屋顶平台搭建建筑物、构筑物,用于经营康全医院,且搭建房屋时并未办理行政审批手续。

重庆市江北区盘溪南桥新苑小区仅有一栋建筑物,地下 1 层,地上 24 层,共计 180 余户,建筑面积为 19 808.05 平方米;其中名义层一层的外墙外围水平投影面积为 1 522.63 平方米,名义层二层的外墙外围水平投影面积为 944.76 平方米。

南桥新苑业委会出示了业主委员会备案通知书、关于召开南桥新苑业主大会临时会议的提议、函件、公告、照片、南桥新苑小区业主名单及南桥新苑业主大会决议。其中,南桥新苑业主大会决议的内容是"授权由业主委员会代表南桥新苑小区全体业主委托律师对杨某权、康全医院、徐某等提起民事诉讼,且诉讼后果由全体业主承担";且与南桥新苑小区业主名单核对后,共有 127 户、占建筑面积达 11 515 平方米的业主在南桥新苑业主大会决议上签字。上述证据拟证明南桥新苑小区于 2013 年 7 月 13 日召开全体业主大会,后取得专有部分占建筑面积过半数的业主且占总人数过半数的业主的同意,南桥新苑业委会作为原告才对杨某权、徐某及康全医院提起民事诉讼。对上述证据,杨某权、徐某、康全医院仅对业主委员会备案通知书的真实性予以认可,并认为南桥新苑业委会所提供的业主大会决议上业主的签字系伪造,业主名单又系物业公司所提供,不具有法律效力,且业主大会的决议不明确,不符合相关法律规定。

一审原告南桥新苑业委会诉称:杨某权与徐某系夫妻关系,徐某系南桥新苑小区的业主(其房屋坐落于重庆市江北区石马河街道盘溪二支路×号附×号)。自

2011年6月起,杨某权利用上述房屋经营私人医院即康全医院,且非法侵占小区裙楼平台(即名义层一层屋顶平台)等业主共有面积约577.87平方米,进行违规搭建,改造成其私人医院的门面、病房、厕所和食堂。为维护全体业主利益,特请求(1)判令杨某权、徐某、康全医院立即拆除违法搭建的建筑物,恢复非法占用南桥新苑裙楼平台的原状;(2)判令杨某权、徐某、康全医院连带支付自2011年6月至2013年8月的裙楼平台占有使用费150 246.2元(10元/平方米/月×577.87平方米×26个月)。

一审被告杨某权、徐某、康全医院辩称:(1)不论是杨某权还是康全医院,都不是本案的适格被告。康全医院具有独立性,其利用房屋进行装修或者搭建,完全是按照房屋产权人徐某的意思进行使用。康全医院与徐某是租赁关系,同其他业主无直接利害关系。(2)在徐某与房屋开发商签订的房屋买卖合同中明确约定了涉案房屋的使用范围,本案诉争区域即名义层一层屋顶平台属于徐某独立使用的空间,在设计和使用上均具有排他性,故徐某使用名义层一层屋顶平台的行为属于合法使用,并未侵权。(3)南桥新苑业委会并非本案的适格原告。业主委员会的起诉需经过业主大会的授权,而南桥新苑业委会并未举示证明业主身份的相关证据;业主委员会仅能代表全体业主参加因物业管理活动发生的诉讼,而本案系侵权之诉;同时,南桥新苑业委会指控杨某权、徐某、康全医院侵权所涉及的区域属于商业用房部分,而南桥新苑业委会代表的业主全部是住宅部分的业主。综上,请求驳回南桥新苑业委会的诉讼请求。

【审理与判决】

1. 诉讼当事人

一审原告为南桥新苑业委会;被告为杨某权、徐某、康全医院。

2. 判决过程

一审法院判决如下:

(1)被告杨某权、徐某、康全医院于本判决生效后30日内恢复除徐某专有部分以外的名义层一层屋顶平台的原状,并拆除搭建的建筑物、构筑物。

(2)驳回原告重庆市江北区盘溪南桥新苑业主委员会的其他诉讼请求。

原、被告均对一审判决不服提起上诉。原告要求撤销原判第二项,改判三被告连带支付裙楼平台使用费150 246.2元;被告要求撤销原判第一项,并驳回原告全部诉讼请求。

二审判决如下:驳回上诉,维持原判。

【法律要点解析】

1. 本案原告是否适格

《物权法》第83条规定,"业主大会和业主委员会,对任意弃置垃圾、排放污染物或者噪声、违反规定饲养动物、违章搭建、侵占通道、拒付物业费等损害他人合法权益的行为,有权依照法律、法规以及管理规约,要求行为人停止侵害、消除危险、排除妨害、赔偿损失"。上述规定已经赋予业主委员会在侵犯全体业主共有权案件中可以依法提起民事诉讼、要求侵权人承担民事责任的权利。但需要注意的是,业主委员会仅为业主大会的执行机构,本身并无意思能力,其向人民法院提起诉讼,必须按照国务院《物业管理条例》的规定,取得专有部分占建筑面积过半数的业主且占总人数过半数的业主的同意。

本案中,南桥新苑业委会在庭审中举示了业主大会决议和业主名单,虽然杨某权、徐某、康全医院对此提出异议,但是并未举示任何证据证明其异议成立,故对上述证据,一审法院予以采信。根据上述证据证明的内容,南桥新苑业委会提起民事诉讼已经取得专有部分占建筑面积过半数的业主且占总人数过半数的业主的同意,符合法律规定。对杨某权、徐某、康全医院提出的南桥新苑业委会在本案中并非适格原告的抗辩意见不予采纳。《重庆市物业管理条例》中规定了业委会有权代表业主参加因物业管理活动发生的诉讼或仲裁,是一种授权性规定,并不表示有了该规定之后,就禁止业委会代表全体业主参加因其他纠纷而发生的诉讼。

2. 一层楼顶平台区域属于全体业主共有还是属于某位业主专有

最高人民法院《关于审理建筑物区分所有权纠纷案件具体应用法律若干问题的解释》第3条规定,"除法律、行政法规规定的共有部分外,建筑区划内的以下部分,也应当认定为物权法第六章所称的共有部分:(一)建筑物的基础、承重结构、外墙、屋顶等基本结构部分,通道、楼梯、大堂等公共通行部分,消防、公共照明等附属设施、设备,避难层、设备层或者设备间等结构部分;(二)其他不属于业主专有部分,也不属于市政公用部分或者其他权利人所有的场所及设施等"。

首先,南桥新苑小区仅有一栋建筑物,虽然该栋建筑物在使用功能上划分为住宅和商用,但是仍不能否定该栋建筑物是一个完整的统一体,而名义层一层屋顶就是该栋建筑物的基本结构部分。其次,从《重庆市房产面积测算报告书》中可以看出,该栋楼名义层一层屋顶平台并没有包括在该栋楼的建筑面积中,没有计入业主的公摊面积,属于非独立的所有权空间,不属于某位业主所有,也不属于业主的公摊范围,更不属于开发商的产权保留空间。最后,虽然徐某与重庆中德地产公司签订的《重庆市商品房买卖合同》约定,南桥新苑每栋大楼中自然形成的、只有相邻业主可以单独使用的露台、挑台、平台等自然空间,归相邻业主使用,但是上述约定并未明确符合上述条件的自然空间的物理范围。基于上述理由,一审法院认定名义层一层楼顶平台及其上方空间应当属于该小区全体区分所有权人共有。重庆市国土资源和房屋管理局向徐某颁发房地产权证上注明了"外墙及楼梯间"系共有或者共用部位;《重庆市房产面积测算报告书》将南桥新苑1、2楼的楼梯间均计入了分摊面积及从双方当事人在二审中陈述的通过开发商修建的楼梯间可以上到争议平台的情况看:分摊的楼梯间,并非徐某专有部分,而是全体业主共有部分;其他业主通过计入了分摊面积的楼梯间,可以进入到诉争的区域;诉争的区域并不是只有徐某可以单独使用的露台、挑台、平台等自然空间。杨某权、徐某、康全医院在二审中举示的证据,不能证明商业部分的共用面积没有被计入整栋楼公摊面积中,不能证明住宅部分的业主对商业部分的公摊面积没有权利。相关政府部门没有对"违法搭建"、非法占用"公共绿地"作出处理,并不表示其认为杨某权、徐某、康全医院没有侵犯南桥新苑其他业主的利益。因此本案诉争区域属于全体业主共有。

3. 本案三被告应当承担何种民事责任

在涉讼区域内,徐某参与搭建建筑物和构筑物,实际实施了侵权行为;康全医院对搭建后的建筑物和构筑物实际占有和使用;杨某权又系康全医院的唯一投资人,故杨某权、徐某、康全医院应当连带承担民事责任。三被告未经许可擅自利用名义层一层屋顶平台及其上方空间,侵犯了全体区分所有权人的共有权,现业主委员会获业主大会授权,要求侵权人排除妨害、恢复原状,符合法律规定,一审法院予以支持。

4. 本案的举证责任分配问题

南桥新苑业委会要求三被告支付占用费的诉讼请求,因其仅以主观估算作为占用费的请求依据,并未举证证明占用费的具体标准,应当承担举证不力的法律后果,故对此诉讼请求未予支持。

最高人民法院《关于审理建筑物区分所有权纠纷案件具体应用法律若干问题的解释》第14条规定:"建设单位或者其他行为人擅自占用、处分业主共有部分、改变其使用功能或者进行经营性活动,权利人请求排除妨害、恢复原状、确认处分行为无效或者赔偿损失的,人民法院应予支持。属于前款所称擅自进行经营性活动的情形,权利人请求行为人将扣除合理成本之后的收益用于补充专项维修资金或者业主共同决定的其他用途的,人民法院应予支持。行为人对成本的支出及其合理性承担举证责任。"也就是说,权利人应当先对行为人的经营收入举证,之后才是行为人证明自己收入中的合理成本,而不是一开始就将举证责任倒置给了行为人。本案中,南桥新苑业委会并未对被告因侵权行为而取得的收入举证,故被告也无须证明自己的合理成本,一审法院分配的举证责任是正确的。

【律师点评】

从原告的诉讼策略来看,原告作为业主委员会代表全体业主行使排除妨碍、恢复原状及赔偿损失等权利向法院提起诉讼,应当按照《物业管理条例》第12条的规定,"应当经专有部分占建筑物总面积过半数的业主且占总人数过半数的业主的同意"。这里要求的是双过半。因此在程序上应当符合规定,同时对于损害赔偿负有举证义务。本案因为原告的不完全举证,未得到法院关于损失费(占用费)的支持,如果证据充分能够证明全体业主的实际损失程度及金额,是有希望得到赔偿的。

从被告的诉讼策略来看,被告杨某权和徐某是夫妻,两人之间并非单纯的房屋租赁关系而是亲属关系,虽然在法律层面也可以说存在房屋租赁法律关系,但是基于两被告之间特殊的身份,在侵权责任人的认定上法院一般会认为被告是一个整体也就是共同侵权责任人。被告应当重点向法院举证证明租赁关系的事实。根据最高人民法院《关于审理建筑物区分所有权纠纷案件具体应用法律若干问题的解释》第14条,"建设单位或者其他行为人擅自占用、处分业主共有部分、改变其使用功能或者进行经营性活动,权利人请求排除妨害、恢复原状、确认处分行为无效或者赔偿损失的,人民法院应予支持"。可知,侵权责任主体是建设单位或者其他行为人,侵权责任的承担者必须是行为实施人,因此根据广告屏幕是何人所建、谁是受益人就可以认定侵权行为人。

总体来说,本案两审判决认定事实清楚,程序合法,适用法律正确。

案例(039) 叶某凤与吴某功建筑区分所有权纠纷案(添附物所有权)

来源:(2008)泉民终字第440号
作者:逢伟平

【案例导读】

房屋翻建过程中,一方在双方曾约定好建造五层楼房的基础上,擅自出资加建了两层房屋,并将加建部分的产权登记为自己所有。虽经相关部门审批,但并未与另一方进行商议。这一类侵害建设用地共同使用权和楼顶空间的共有权问题的案件,另一方该如何维权?虽然涉案房屋因旧城改造已被依法拆除,但是后续的拆迁安置房、补偿款问题,是需要根据双方拥有的占有面积比例进行分配的,所以有必要对此房屋进行确权。

【案情简介】

1992年11月17日,叶某凤之夫吴某中与吴某功签订一份业产继承协议书,约定吴某中与吴某功共同继承位于安溪县凤城镇中山路191号的店铺楼一间,由吴某功负责拆除并安排承建至五层楼及办理有关继承权手续。建成后,一楼店铺两人各得半间,二楼及五楼归吴某功所有,三楼由吴某中自资兴建,归吴某中专权使用。一楼店铺分得的一半及四楼,吴某中应按实际建筑造价与被告结算,款项付清后归吴某中所有,否则由吴某功代管使用,从签字之日起 20 年期满,一楼店铺半间及四楼应无偿归吴某中所有。

1994 年 2 月,吴某功申请翻建至七层,经获批后进行了翻建,1995 年竣工(共建成七层)。其中,吴某中出资人民币 4 万元建造该楼第三层。1999 年,吴某功申请办理产权登记。2002 年 3 月 3 日,吴某中在香港病故。2003 年 11 月 18 日,安溪县规划建设局为吴某功颁发了安房证凤城字第 00016478 号房屋所有权证,确认坐落于安溪县凤城镇中山路 191 号的一、二、四、五、六、七层房屋为吴某功所有。2006 年,安溪县规划建设局注销吴某功的安房证凤城字第 00016478 号房屋所有权证,并重新颁发给吴某功安房证凤城字第 00025449 号房屋所有权证。新证载明吴某功所有的房屋坐落于安溪县凤城镇中山路 191 号的一、二、五、六、七层。2007 年 4 月 13 日,泉州市中级法院以(2007)泉行终字第 43 号行政判决书判决撤销安房证凤城字第 00025449 号房屋所有权证,使该楼的房屋产权处于待定状态。

2006 年,原告叶某凤诉请法院判令:依据双方订立的业产继承协议书,确认位于安溪县凤城镇中山街 191 号的一楼店铺半间及其第四层房屋属叶某凤所有;该楼房的通道属双方共有;叶某凤对该幢楼加建的六、七两层楼房拥有一半产权。

反诉原告吴某功反诉请求:(1)判决安溪县凤城镇中山街 191 号的一、四、六、七层楼房属于吴某功所有。(2)如果判决部分房屋产权属于反诉被告叶某凤所有,叶某凤应向吴某功支付款项 20 万元。

【审理与判决】

1. 诉讼当事人

原告(反诉被告、被上诉人)为叶某凤、被告(反诉原告、上诉人)为吴某功。

2. 争议焦点

(1)吴某功加建的两层房屋所有权归属。

(2)吴某功在约定翻建五层房屋的基础上加建了两层房屋,侵犯了吴某中的哪些权利?

3. 判决过程

一审法院认为:叶某凤之夫吴某中生前与吴某功签订的分割继承遗产的业产继承协议书,是在平等自愿的基础上签订的,系各方当事人的真实意思表示,不违反法律、行政法规的强制性规定,合法有效,双方理应按协议履行。根据该协议的约定,由吴某功负责翻建至五层楼,建成后一楼店铺各得半间,二楼、五楼归吴某功所有;三楼由吴某中自资兴建,归吴某中专权使用;一楼店铺分得的一半及四楼,吴某中应按实际建筑造价与吴某功结算,款项付清后归吴某中所有,否则由吴某功代管使用,从签字之日起 20 年期满,一楼店铺半间及四楼应无偿归吴某中所有。因此,经审批后建成的楼房,一楼店铺属吴某中及吴某功共有,各得半间(对此吴某功没有异议);二楼、五楼归吴某功所有,三楼、四楼归吴某中所有。

吴某功称叶某凤夫妇至今未支付相应结算款且吴某功代管使用未满20年,吴某中不应拥有四楼的所有权。因双方至今未对该建筑款进行结算,业产继承协议书又未约定如未付清建筑款,四楼的产权归吴某功所有。吴某功未能代管期满20年,系旧城改造所致,吴某中并无过错。因此,吴某功的辩称理由不能成立,本院不予支持。

吴某中与吴某功共同继承位于安溪县凤城镇中山路191号的一楼店铺的同时,即依法共同拥有该楼的建设用地使用权和楼顶的空间利用权,任何一方未经对方同意及办理相关审批手续,不得擅自加盖楼层,占用该楼的土地使用权和楼顶的空间利用权。吴某功在翻建该楼时,未按约定翻建为五层楼,而是一次性翻建为七层楼,加建了两层。虽然办理了审批手续,但是因未能提供证据证实已事前征得吴某中同意,且继承协议书也未对多建的六、七层房屋如何分割作出事先约定。根据我国现行立法所贯彻的土地使用权与房屋等不动产所有权权利主体一致的原则,根据《物权法》第142条规定:"建设用地使用权人建造的建筑物、构筑物及其附属设施的所有权属于建设用地使用权人,但有相反证据证明的除外。"认定吴某功出资建成的六、七层楼的权属归吴某功与吴某中共有。

结合本案的实际情况,本院确定第六层楼归吴某功所有,第七层楼归吴某中所有。但吴某中应向吴某功支付一层店铺的一半、第四层、第七层楼相应的建筑款。因讼争楼房已被拆除,标的物已不存在,已无法通过司法鉴定来确定当时的造价。结合拆迁评估价格(住宅单价为每平方米800元)及双方的主张,运用逻辑推理和日常生活经验,确定当时的建筑造价:店铺每平方米为600元,房屋每平方米为500元。据此,一层店铺一半的造价为18.74平方米×600元/平方米=11 244元,第四层、第七层楼的造价为46.23平方米×500元/平方米×2=46 230元,计人民币57 474元。

讼争楼房的公用通道,作为通往该楼第二层至第七层的必经之路,为双方共同使用,双方共同拥有使用权。

吴某中生前因继承而所有的位于安溪县凤城镇中山路191号的一层店铺的一半及第三、第四、第七层房屋,系吴某中的个人财产。吴某中病故后,其妻叶某凤及子女吴某鹭、吴某庆、吴某兰作为其第一顺序继承人,依法享有继承权,但鉴于吴某鹭、吴某庆、吴某兰已共同声明放弃该遗产,故该遗产应由叶某凤继承,归叶某凤所有。同时,根据《继承法》的规定,叶某凤应偿付吴某功已先行支付的建筑款人民币57 474元。因本案属于物权确权纠纷,且讼争楼房的产权证书安房证凤城字第00025449号房屋所有权证,已被泉州市中级人民法院于2007年4月13日判决撤销,使该楼房的产权处于待定状态,且吴某功也反诉主张权利,故吴某功称叶某凤的本诉主张已超过诉讼时效,因缺乏依据,本院不予以采纳。

判决如下:(1)位于安溪县凤城镇原中山路191号的楼房中的一层店铺的一半(面积为18.74平方米)及第三、第四、第七层房屋(每层面积为46.23平方米)归原告(反诉被告)叶某凤所有;该楼一层店铺的另一半及二、五、六层房屋归被告(反诉原告)吴某功所有。(2)楼房通道(面积为6.1平方米),叶某凤和吴某功共同拥有使用权。(3)原告(反诉被告)叶某凤应于本判决生效之日起15日内支付给被告(反诉原告)吴某功建筑款人民币57474元。

宣判后,吴某功不服一审判决,向泉州市中级人民法院提起上诉。

二审判决:驳回上诉,维持原判。

【法律要点解析】

1. 建设用地共有权人建造房屋如何认定所有权

本案吴某功和吴某中通过继承共同拥有建设用地的使用权。因其共有,故建造房屋的所有权认定基本遵循以下原则:(1)有约定按约定;(2)如无约定,共同共有建设用地使用权的按平均拥有所有权认定;按份共有建设用地使用权的按份额比例享有所有权。(3)出资建造人与未出资者之间可以形成债权债务关系,但出资与否并不影响所有权的认定原则,并非人们观念中"谁出资建造所有权就归谁"。

2. 吴某功个人出资加建的两层房屋归谁所有

吴某功加盖两层房屋并非两个共有人之间的约定,属于吴某功单方意思表示。虽然由其个人出资,并经批准进行加盖,但是加盖的房屋的所有权应为两人共同共有。吴某功为吴某中垫资建造房屋,双方之间可以形成债权债务关系,由吴某中负责清偿。

3. 原告叶某凤是否属于适格的原告

原告叶某凤为吴某中的妻子,在吴某中去世后,其拥有的房屋成为遗产,涉及多个法定继承人的权益。叶某凤如要提起诉讼,应该取得其他共有权人的授权。本案由于其他第一顺序的法定继承人共同声明放弃继承,叶某凤成为唯一的法定继承人,故叶某凤是本案适格的原告。

【律师点评】

本案的实质是一起建筑物区分所有权纠纷案件。

建筑物区分所有权由三种权利所构成,包括对专有部分的单独所有权、对共用部分的共有所有权和对建筑物加以管理的成员权。

《物权法》第142条规定:"建设用地使用权人建造的建筑物、构筑物及其附属设施的所有权属于建设用地使用权人,但有相反证据证明的除外。"本案中,吴某功与吴某中通过继承协议对本案建设用地共同享有使用权。双方根据约定对一至五层的房屋各自取得所有权,对五层之上另外加建的两层房屋应推定为双方共同所有。

《物权法》第70条规定:"业主对建筑物内的住宅、经营性用房等专有部分享有所有权,对专有部分以外的共有部分享有共有和共同管理的权利。"吴某功与吴某中双方对该楼房的楼顶空间享有共有权,任何一方不得独自占有、使用。吴某功擅自在五层之上加建两层房屋的行为侵犯了吴某中的建设用地共同使用权和楼顶空间的共有权。

虽然诉争房屋已被拆除,但是法院考虑到后续涉及房屋拆迁后的住房安置、补偿等问题,对加建的两层房屋进行重新确权,并结合双方的约定和本案的实际情况对其进行分割,并让建房人获得了建房款项补充,符合法律规定,也合乎情理。

案例(040) 沈阳市九林居业委会与沈阳重通房地产公司等物权纠纷案(会所所有权)

来源:(2013)沈中民二终字第469号
作者:逢伟平

【案例导读】

对于开发商无偿向物业/业委会提供用于业主活动、业委会办公及物业管理的房屋,其权属如何确定?开发商是否有权请求返还?这类总建筑面积上含有物业管理用房面积的权属纠纷案件,确定权属固然重要,但也应兼顾小区业主的整体利益。

【案情简介】

2003年4月30日,沈阳重通房地产发展有限公司(以下简称"重通公司")取得九林居园区商品房预售许可证;2004年通过公开招标,与案外人沈阳诗波特物业管理有限公司(以下简称"诗波特公司")签订物业管理委托合同。合同中约定,诗波特公司的委托管理期限自2003年10月31日起至2005年10月31日止。重通公司承诺在合同生效之日起15日内向诗波特公司无偿分两次提供127.42平方米、313.38平方米的物业管理用房和业主活动用房,并进行简单装修达到使用要求。合同签订后,重通公司向诗波特公司提供了位于铁西区艳华街3-1号4-1-2和艳华街7号1门的两处房屋。此后,九林居小区业委会成立。2008年诗波特公司撤出了九林居园区。2008年12月28日,业委会与沈阳厚中物业管理有限公司(以下简称"厚中公司")签订物业管理服务合同。双方约定业委会提供位于艳华街7号建筑面积为313.38平方米的房屋作为物业管理用房供厚中公司无偿使用。厚中公司对九林居小区提供自2008年11月1日至2011年11月1日的物业服务。现为九林居小区提供物业服务的系沈阳昭德物业服务有限公司（以下简称"昭德公司"），铁西区艳华街7号1门的房屋部分用于业主活动及业委会办公，部分用于物业管理；铁西区艳华街3-1号4-1-2的房屋用于物业员工宿舍、仓库及物业取用水场所。另查明，2004年12月23日，重通公司取得涉案两处房屋初始登记。重通公司同意将位于铁西区艳华街7号1门的房屋交付给业委会所有，作为业主活动室和物业办公用房。后重通公司起诉请求确认铁西区艳华街3-1号4-1-2的房屋归其所有，要求昭德公司返还该房屋，业委会承担连带责任。

经审理，一审法院判决昭德公司应将该诉争房屋腾空并返还重通公司，业委会应对此予以协助。

宣判后，业委会不服一审判决，提起上诉，请求驳回重通公司的诉讼请求。

【审理与判决】

1. 诉讼当事人

上诉人（一审第三人）为沈阳九林居小区第二届业主委员会。被上诉人（一审原告）为重通公司，被上诉人（一审被告）为昭德公司。

2. 争议焦点

（1）用于业主活动、业委会办公及物业管理的房屋的权属是归开发商还是全体业主？

（2）重通公司是否有权请求业委会、昭德公司腾空并返房屋？

3. 判决过程

一审法院认为，重通公司系诉争房屋所在地九林居住宅小区的开发建设单位，其已取得诉争房屋所在楼宇的初始登记。故上述楼宇除重通公司已销售并为买受人办理所有权转移登记的房屋之外，其余房屋均系登记于重通公司名下，为其所有。依据证据规则，业委会应举证证明在九林居住宅小区建设规划时公共设施中包括该诉争房屋，但在庭审中业委会及昭德公司均未能提供证据证明该房屋属于规划中的公共设施组成部分，故对其抗辩理由不予采纳。根据《辽宁省物业管理条例》（2009）（已失效）第23条的规定，"建设单位应按照建筑面积不少于建设工程项目总建筑面积的3‰配置物业管理用房"。该铁西区艳华街7号1门的房屋已满足上述法规要求配置必要物业管理用房的标准，故对于重通公司要求返还位于沈阳市铁西区艳华街3-1号4-1-2的房屋的诉求应予以支持，该诉争房屋由业委会交与昭德公司实际占有使用。故判令：昭德公司将该诉争房屋腾空并返还重通公司，业委会应对此予以协助。

二审法院认为，本案争议焦点是重通公司是否有权要求业委会、昭德公司腾空并返还由其先前无偿提供给业委会所在园区前期物业公司作为物业管理用房、业主活动用房使用的房屋之一,即位于沈阳市铁西区艳华街3-1号4-1-2的房屋。首先,从诉争房屋的使用过程来看,根据《物权法》第73条之规定,"建筑区划内的其他公共场所、公用设施和物业服务用房,属于业主共有"。本案中,重通公司与前期物业服务公司签订的物业管理委托合同中约定了其分两次无偿提供建筑面积为127.42平方米、313.38平方米的物业管理用房、业主活动用房,并在合同签订后实际履行至今。其次,从诉争房屋的使用目的来看,位于沈阳市铁西区艳华街3-1号4-1-2的诉争房屋现作为物业员工宿舍、仓库及物业取用水场所使用,另一处艳华街7号1门的诉争房屋,现用于业主活动及业委会办公,部分用于物业管理,并经装修使用多年。可见,两处房屋事实上的使用状况与园区业主日常生活、重要活动较为密切。最后,从相关法律法规来看,国务院《物业管理条例》第30条规定:"建设单位应当按照规定在物业管理区域内配置必要的物业管理用房。"第27条规定:"业主依法享有的物业共用部位、共用设施设备的所有权或者使用权,建设单位不得擅自处分。"本案中,业委会已将重通公司提供的两处房屋作为物业管理用房、业主活动用房自交付起使用至今,并未改变用途。但是,庭审中,重通公司明确表示计划在收回诉争房屋后,将其作为商品房另行出售,故按照上述规定,在业委会明确拒绝重通公司要求返还诉争房屋的情形下,重通公司的诉讼请求亦显依据不足。二审法院认为,重通公司作为建设单位,应本着维护社会和谐稳定、保障交易安全、完善自身经营理念的原则,更好地服务于地方百姓生活。业委会代表园区业主主张保留诉争房屋继续作为物业管理用房、业主活动用房使用,具有事实和法律依据,故改判撤销一审判决,驳回重通公司腾房并返还涉案房产的诉讼请求。

【法律要点解析】

1. 用于业主活动、业委会办公及物业管理的房屋的权属是归开发商还是全体业主

本案房屋所在的楼宇开发商已经取得初始登记,所以,其中未出售的本案房屋所有权属于开发商。但所有权包含占有、使用、收益、处分四项权能,具体到四项权能的归属,要视具体情况分析。本案就出现了开发商将房屋无偿交付业委会和物业公司作为物业和业主活动用房的情况,所以占有、使用的主体就发生了变化。

2. 重通公司是否有权请求业委会、昭德公司腾空并返还房屋

《物业管理条例》第30条规定:"建设单位应当按照规定在物业管理区域内配置必要的物业管理用房。"《物业管理条例》第27条规定:"业主依法享有的物业共用部位、共用设施设备的所有权或者使用权,建设单位不得擅自处分。"

开发商既然已经将本案房屋作为物业管理和业主活动用房交给业委会和物业公司使用,业委会将两处房屋作为物业管理用房、业主活动用房自交付起使用至

今,并未改变用途,其使用权就自然归全体业主了,建设单位不得擅自处分。重通公司无权请求业委会、物业公司返还上述房屋。

【律师点评】

所有权包含占有、使用、收益和处分四项权能,一般情况下,所有权人享有这四项权能,即所有权人和具体的占有人、使用人是统一的。特殊情况下,也会出现所有权人和具体的占有人、使用人不一致的情况,即所有权人的所有权受限,本案就是这种情况。虽然涉案房屋因初始登记及未出售等情况,而属于开发商所有,但是依据《物业管理条例》的相关规定,开发商应当配置物业管理用房。在开发商将房屋无偿交付给业委会、物业公司作为业主活动用房和物业用房的情况下,业主就成为该房屋的使用权人,该房屋由业委会和物业公司具体占有和使用。开发商的所有权就属于受限的所有权。所以,法院驳回了开发商要求将房屋收回并另行出售处分的诉求,是正确的。不过,虽然2008年业委会与厚中公司签订物业服务合同约定,重通公司无偿提供物业和业主活动用房,在该协议终止后,重通公司作为所有权人可以要求新物业公司支付租金,但是不能要求腾空并返还涉案房屋,因为该房屋不属于一般商品房,而是属于特殊用途的房屋。

案例(041) 金骏花园业委会等与金骏公司建筑物区分所有权纠纷案(车位所有权)

来源:(2014)粤高法民一提字第76号
作者:逄伟平

【案例导读】

本案例是房地产开发商与业主之间因小区内停车场所有权归属产生争议。现实中,小区停车场一般无法取得产权证,开发商出租、转售停车场的现象也确实存在。对于小区停车场的权属到底怎么确认?是属于全体业主,还是开发商?确实值得研究探讨。

【案情简介】

2012年12月28日,金骏花园业主委员会(以下简称"业委会")因金骏伟业房地产开发有限公司(以下简称"金骏公司")擅自出售(或出租)梅州市梅江区金骏花园业主共有环保停车场车位,向梅州市梅江区人民法院提起诉讼,请求判令金骏公司立即腾退涉案停车场车位给业委会。

业委会认为环保停车场应属全体业主共同共有。金骏公司将环保停车场中的28号停车位出售、出租给第三人谢某荣的行为,侵害了金骏花园全体业主的合法权益,依法应承担腾退责任。

金骏公司认为,业委会诉请金骏公司腾退车位没有理由,因车位是经过规划的,车位面积也未分摊到各业主。车位所占面积属金骏公司,有国土使用证为凭。金骏公司有权出售车位。

第三人谢某荣述称:其不愿意腾退车位,因车位不属于全体业主。

【审理与判决】

1. 诉讼当事人

原告为金骏花园业委会、被告为金骏公司、第三人为谢某荣。

2. 争议焦点

(1)业委会的主体资格问题;(2)停车场的权利归属问题;(3)合同约定停车场权利归属的效力问题。

3. 判决过程

一审法院认为:本案业委会已经政府部门备案登记,符合国务院《物业管理条例》相关规定,具备原告主体资格。起诉金骏公司已经专有部分占建筑物总面积过半数的业主且占人数过半数的业主同意及授权,符合法定程序,应为有效。但业委会诉请金骏公司及第三人腾退环保停车场内的 28 号车位,需证明该车位使用权属于金骏花园全体业主共有。

从业委会提交的证据即金骏花园环保停车场的规划图看,该环保停车场是经过规划且通过政府职能部门审批的。根据《物权法》第 74 条第 2 款规定:"建筑区划内,规划用于停放汽车的车位、车库的归属,由当事人通过出售、附赠或者出租等方式约定。"从该规定可看出,对于建筑区划内规划用于停放汽车的车位、车库的归属,物权法采用的是"约定说",即车位、车库的归属由开发商与业主通过出售、出租、附赠等方式进行约定。本案中的环保停车场经过了规划,在全体业主与金骏公司未就 28 号车位的归属进行约定的情况下,业委会主张 28 号车位的使用权为金骏花园全体业主所有的意见依据不足,不予支持。

一审法院判决:驳回业委会的诉讼请求。业委会不服,提出上诉。

二审法院判决:驳回上诉,维持原判。业委会不服,提起再审。

再审判决:撤销一审、二审判决,金骏公司于本判决发生法律效力之日起 10 日内,腾退金骏花园环保停车场内的 28 号车位给金骏花园业委会。

再审法院依法就涉案环保停车位所占的土地性质向梅州市城乡规划局、广东省住房和城乡建设厅、广东省国土资源厅等相关部门征求意见。

梅州市城乡规划局函复:(1)金骏花园总面积规划于 2006 年 8 月审批,技术指标中的绿地面积包括环保停车场面积在内。(2)环保停车场面积按 100%计入绿地面积。绿地面积具体计算方式为:中心绿地面积+环保停车场面积+用地东侧的宅旁绿地面积。

广东省住房和城乡建设厅函复：根据梅州市城乡规划局的相关答复，梅州市金骏花园的环保停车场用途应属于该小区建筑区划内的绿地。

广东省国土资源厅函复：(1)根据《物权法》第73条"建筑区划内的绿地，属于业主共有，但属于城镇公共绿地或者明示属于个人的除外"的规定，鉴于该小区的环保停车场是建立在绿地上，其面积100%计入绿地面积，即在用地时按照规划功能属于绿地面积，依法应为全体业主共有。(2)根据《物权法》第74条第2款"建筑区划内，规划用于停放汽车的车位、车库的归属，由当事人通过出售、附赠或者出租等方式约定"的规定，没有约定或者约定不明确的，车位、车库应属于全体业主共有，该小区环保停车位的权属没有约定，依法应属于全体业主共有。

再审判决：撤销一审、二审判决，金骏公司于本判决发生法律效力之日起10日内，腾退金骏花园环保停车场内的28号车位给金骏花园业委会。

【法律要点解析】

1. 业委会的主体资格及其起诉是否适格

国务院《物业管理条例》第16条规定，"业主委员会应当自选举产生之日起30日内，向物业所在地的区、县人民政府房地产行政主管部门和街道办事处、乡镇人民政府备案。"

根据《物业管理条例》第12条的规定，决定本条例第11条规定的其他事项，应当经专有部分建筑总面积过半数的业主且占总人数过半数的业主的同意。

本案中的业委会已经政府部门备案登记，符合上述国务院《物业管理条例》相关规定，而且，起诉金骏公司已得到专有部分建筑总面积过半数的业主且占总人数过半数的业主的同意。因此，具备原告资格，有权代表金骏花园全体业主起诉金骏公司。

2. 停车场的权利归属问题

《物权法》第73条规定："建筑区划内的道路，属于业主共有，但属于城镇公共道路的除外。建筑区划内的绿地，属于业主共有，但属于城镇公共绿地或者明示属于个人的除外。建筑区划内的其他公共场所、公用设施和物业服务用房，属于业主共有。"本案中所涉及停车场是建立在小区绿地之上，根据法律规定，小区绿地属于全体业主共有。故建在绿地上的停车场，也属于全体业主共有。

3. 合同约定停车场权利归属条款的效力问题

《合同法》第40条规定"提供格式条款一方免除其责任、加重对方责任、排除对方主要权利"的情形，应认定为无效。本案停车场建立在属于全体业主共有的绿地上，属于全体业主共有。开发商提供的格式合同，排除了业主作为共有权人对绿地的所有权这一主要权利，该格式条款无效。

【律师点评】

本案一审、二审中，业委会的诉讼请求均没有得到支持，综合来看，原因是没有查明停车场所在土地的权属，所以，一、二审法院均认定开发商与业主之间关于停车场的归属已经有合同约定，应当按合同约定执行。再审期间，法院向规划、建设部门调查停车场所在土地的权属，由此来确定权利主体，是案件发生转折的决定性因素。

以上表明，《物权法》"房地一体"原则，即"房随地走，地随房走"，有助于最终判定争议物业的产权归属。一般情况下，房屋的产权归土地使用权人；只有在法律规定或合同约定的特殊情况下，土地使用权归房屋产权人。

三、业主权益

案例（042）　李某英与姚某研等商品房销售合同纠纷案（一房多卖）

来源：（2012）鲁民提字第298号
作者：周帆

【案例导读】

本案房地产公司"一女多嫁"，多次将同一房产转让给不同的买方，由此引起的纠纷自然会很多。偏偏该诉争房产在转让前已经被法院查封，该转让合同的效力究竟如何？而且，在查封期间，还办理了房屋过户登记，该登记效力究竟如何？法院又该如何处理此案？本案涉及司法权、行政权和民事自治权的冲突与平衡，值得认真研读。

【案情简介】

1995年4月，曲阜展辉房地产公司（以下简称"展辉公司"）开发建设曲阜市南门外神道路1号房产，曲阜市人民政府为展辉公司核发了所有权证书。

1997年10月，展辉公司将其中的A区2号房屋出售给案外人孔某义。

1998年3月17日，山东省高级人民法院作出第16-2号民事裁定书，将展辉公司坐落在此处的全部房产予以查封，并于同年3月18日向曲阜市房管局送达了协助执行通知书（该查封没有明确解除的期限）。

1998年3月30日，展辉公司将A区2、6、7、8号四套房屋出售给泰安市安通房地产开发公司（以下简称"安通公司"）。次日，曲阜市房地产交易所即为当事人办理了转让登记并颁发了曲字第0××2号房权证。1998年4月13日，展辉公司与李某英签订《商品房买卖合同》,将 A 区 7、8 号两套房屋又出售给了李某英。1998 年 9 月 24 日,安通公司将 A 区 6 号房转让他人,同年 10 月 25 日,A 区 2、7、8 号三套房又转回展辉公司。

1998 年 12 月 4 日,展辉公司与姚某研签订了《商品房买卖合同》,将 A 区 2、7、8 号房屋出售给了姚某研。同日,曲阜市人民政府即为姚某研办理了房屋权属转移登记,并核发房屋所有权证(第 18××57 号)。因产权证包括 A 区 2 号在内,孔某义知悉后,提起行政诉讼。该案经兖州市人民法院及济宁市中级人民法院审理判决,撤销了该发证行为。

2003 年 7 月 11 日,曲阜市人民政府又为姚某研换发了房权证(第 00××10 号和 00××56 号)。

2007 年 8 月,李某英向曲阜市人民政府申请撤销(第 00××10 号、第 00××56 号)房屋权属登记及证书。同年 10 月 8 日,曲阜市人民政府作出《关于撤销第 00××10 号、第 00××56 号和第 18××57 号房屋权属登记及证书的决定》。姚某研不服,提起行政诉讼。兖州市人民法院作出行政判决,撤销了政府决定。李某英不服,提起上诉。济宁市中级人民法院作出行政判决,驳回上诉,维持原判。

2008 年 10 月 13 日,李某英、展辉公司又签订《补充协议》,同意继续履行 1998 年 4 月 13 日双方签订的《商品房买卖合同》。至此,本案诉争的房产即 A 区 7、8 号房屋仍登记在姚某研名下。

2008 年 11 月 4 日,一审原告李某英向曲阜市人民法院提起民事诉讼,请求法院依法确认《商品房买卖合同》及《补充协议》为有效合同,判令展辉公司为李某英办理 A 区 7、8 号两套房屋的产权转移登记手续。

【审理与判决】

1. 诉讼当事人

一审原告为李某英,被告为展辉公司,第三人为姚某研。

2. 争议焦点

(1)李某英与展辉公司签订的《商品房买卖合同》及其《补充协议》是否有效?

(2)姚某研是否合法取得诉争房屋的产权?

(3)李某英能否取得诉争房屋的产权?

3. 判决过程

一审法院认为,1998 年 4 月 13 日李某英与展辉公司签订《商品房买卖合同》及 1998 年 12 月 4 日展辉公司与姚某研签订《商品房买卖合同》,属展辉公司一房多卖,且给姚某研办理房屋产权登记时,该房屋已被山东省高级人民法院查封,均违背了法律的规定,应认定转让无效。但展辉公司在法院查封解除后,又与李某英签订了补充协议,认可了 1998 年双方签订的《商品房买卖合同》,应视为展辉公司在查封效力解除后,重新处置了该两套房屋,双方意思表示明确,符合法律的规定,予以确认。一审判决李某英与展辉公司于1998年4月13日签订的《商品房买卖合同》以及于2008年10月13日签订的《补充协议》为有效合同;诉争房产(A区7、8号)归李某英所有。姚某研在一审判决生效后向检察院申请抗诉。

检察院抗诉认为,曲阜市人民政府对姚某研持有的诉争房产(A区7、8号)颁发00××10号和00××56号房权证,经兖州市人民法院、济宁市中级人民法院两级法院审理并作出行政判决,已对房权证的效力作出确认。李某英再次提起房屋买卖合同纠纷的民事诉讼,法庭应针对房屋买卖合同债权法律关系进行审理,而无权对房屋权属这一物权关系进行判决。原判决房屋归李某英所有,属于适用法律错误。

一审法院认为,1998年4月13日,展辉公司与李某英签订《商品房买卖合同》,欲将诉争房产(A区7、8号)卖给李某英,但此时诉争房产已在安通公司名下,展辉公司无权处分。当诉争房产于1998年10月25日又转回到了展辉公司名下后,展辉公司并没有追认的意思表示,而是于同年12月4日与姚某研签订《商品房买卖合同》,将诉争房屋卖给了姚某研,并办理了房屋转让登记,姚某研取得了00××10号和00××56号房权证,诉争房产属姚某研所有。展辉公司与李某英签订的《商品房买卖合同》属无效合同,该合同的从合同《补充协议》同样无效,而且签订《补充协议》时,姚某研已经取得诉争房产物权,展辉公司无权处分。但李某英可向展辉公司行使返还房款、赔偿损失等请求权。一审法院判决:撤销原审民事判决;驳回李某英确认合同有效和办理产权转移登记的诉讼请求。李某英不服,提出上诉。

二审法院认为,房屋权属证书是权利人享有房屋物权的证明,未经法定机关、未经法定程序予以注销或者撤销,不得否定其效力。二审法院判决驳回上诉,维持原判。李某英不服,申请再审。

山东省高级人民法院再审认为,诉争房屋于1998年3月17日被山东省高级人民法院查封后,其产权处于待定状态。在此期间,展辉公司将诉争房屋出售给安通公司后又与李某英签订《商品房买卖合同》,当房产从安通公司转回展辉公司后再与姚某研签订《商品房买卖合同》,这一系列签约行为均是在房屋产权待定状态下进行的,其合同效力应属效力待定。按照最高人民法院《关于人民法院民事执行中查封、扣押、冻结财产的规定》第29条"查封不动产、冻结其他财产权的期限不得超过二年"的规定,法院查封解除后,展辉公司又与李某英签订了《补充协议》,对双方之间的《商品房买卖合同》予以追认。该《补充协议》应为合法有效。双方之间的《商品房买卖合同》经《补充协议》的追认,亦应为合法有效。在合同效力待定期间,姚某研于李某英签订《补充协议》之前办理了房屋转移登记手续,取得了房屋所有权证,且证书效力已经两级法院行政诉讼认定为有效。法院查封解除后,姚某研对诉争房屋的物权得以实现。李某英签订的买卖合同虽然有效,但是在姚某研对诉争房屋享有法定物权的情况下,李某英"办理涉案房屋转移登记手续"的诉讼请求无法实现。李某英作为有效合同的买受人,可以依据最高人民法院相关规定向房屋的出卖人另行主张权利。山东省高级人民法院作出终审判决,撤销二审民事判决,维持一审民事判决第一、三项,变更一审民事判决第二项为"李某英与曲阜展辉房地产有限公司签订的《商品房买卖合同》及《补充协议》为有效合同"。

【法律要点解析】

1. 被法院查封的不动产是否可以转让

法院查封不动产有两种情况,一种是在诉讼保全时的查封,一种是在执行程序中的查封。诉讼保全是在诉讼中为防止当事人转移财产而采取的暂时保护措施,查封期限为2年。在诉讼结果未确定之前,具有临时性和不确定性。因此,并不禁止不动产物权人的转让权利,但禁止其办理转移登记。这是对查封不动产的一种特殊规定,因为"不动产以登记为生效要件",禁止转移登记,转让就不会生效。执行查封是使生效判决得以执行的保证措施,被查封的不动产属于执行财产,原则上禁止转让,否则执行目的将会落空,而且转让双方因转移执行财产可能涉嫌抗拒执行判决罪。不过,如果查封的是动产,在保全期间是否允许转让?"动产以交付为生效要件",而交付行为是公权力无法控制的,因此对保全查封的动产原则上也是禁止转让的。

2. 被法院查封的不动产的转让合同效力如何认定

过去很长一段时间里,法院查封的不动产的转让合同一般被认定为绝对无效合同,违背了法律的强制性规定。例如,最高人民法院《关于转卖人民法院查封房屋行为无效问题的复函》中明确规定,转卖法院查封房屋的行为无效,所签订的房屋买卖合同无效。最高人民法院《关于人民法院查封的财产被转卖是否保护善意取得人利益问题的复函》中进一步规定,法院查封的财产被转卖,对买受人不适用善意取得的原则。后来,鉴于保全查封具有临时性和不确定性特点,不应禁止物权人的转让权利,有些法院依据《物权法》第15条"当事人之间订立有关设立、变更、转让和消灭不动产物权的合同,除法律另有规定或者合同另有规定外,自合同成立时生效;未办理物权登记的,不影响合同效力"的规定,将物权效力和债权效力区分开来,分别对待。此后,保全查封的不动产的转让合同逐渐被法院认定为效力待定合同,在一定条件下可以转变为有效合同,这个条件就是查封状态的解除。不过,执行查封的不动产仍然禁止转让,其转让合同仍然是绝对无效合同。

3. 曲阜市人民政府对姚某研颁发产权证是否合法有效

1998年12月4日,曲阜市人民政府第一次给姚某研颁发A区2、7、8号房产权证,此时上述房产均在山东省高级人民法院的保全查封期间,禁止转移登记和颁证,因此该次颁发产权证的行为是违法无效的,后被两级法院行政判决撤销了。2003年7月11日,曲阜市政府人民政府第二次给姚某研颁发A区7、8号房的产权证,此时法院保全查封已经到期失效,该次颁证行为显然合法有效。此后李某英向政府申请撤销该房产权证,政府显然不知道查封已经失效的情况,一时底气不足,随即作出撤销该房产权证的行政决定,导致姚某研向法院提起行政诉讼,经过两级法院审理,判决撤销政府的行政决定,最终确定姚某研取得产权证合法有效。

4. 李某英应如何维护自己的合法权益

纵观整个案件过程,李某英签约时间在姚某研之前,而且已经支付房款,辗转打了6年官司,最终没有取得不动产物权,确实值得同情。山东省高级人民法院向其释明可依据最高人民法院相关规定向出卖人另行主张权利。该相关规定便是最高人民法院《关于审理商品房买卖合同纠纷案件适用法律问题的解释》,其中第8条规定,商品房买卖合同订立后,出卖人又将该房屋出卖给第三人,买受人可以请求出卖人承担不超过已付购房款一倍的赔偿责任。因此,李某英另行起诉后可以取得一倍房款的赔偿款,总算可以实现正义了。

【律师点评】

从本案涉及的法律关系来看,涉及司法权、行政权和私权利的冲突与平衡。保全查封属于司法权力,办理转移登记、颁发产权证属于行政权力,物权人对自己物权的处分权属于私权自治范畴。宪法规定司法权力高于行政权力,这是毫无疑问的,在法院查封不动产时,行政机关应协助配合,不得办理查封不动产的转移登记和颁发产权证。但是,在不动产被保全查封的情况下,不动产仍归物权人所有,物权人有权处分自己的不动产,公权力只能在行政登记和颁证方面予以限制,民事自治权利逐渐受到公权力的尊重,这无疑反映了法治的重大进步。至于执行阶段查封的不动产,已经转化为执行财产,并非纯粹属于原物权人拥有的财产(至少包含部分或全部债权人的财产在内),所以原物权人无权转让,否则可能承担妨碍司法权的刑事责任。

从李某英的诉讼策略来看,李某英6年来进行过行政申请、两审行政诉讼、四审民事诉讼,本次终审后,为了主张权利还需要另行提起民事诉讼。如果在2008年,基于两审行政诉讼判决姚某研取得产权证合法有效、最高人民法院司法解释已经施行多年、了解到保全查封不动产的转让合同属于效力待定合同已有不少案例等情况,及时改变诉讼策略,直接向出卖人主张一房多卖的赔偿责任,在诉讼过程中确认转让合同及其补充协议的有效性,最多经过两审就可以取得最终赔偿,无疑可以尽早解决问题,大大减轻当事人的诉讼成本与讼累。

从法律缺失方面来看,法院查封不动产时未对保全查封期限进行释明,到期失效也未及时解封,结果造成查封记录一直在案,使得房管部门无所适从,政府也不知道查封已经过期,作出撤销自己合法颁证的行政行为,最终通过两审行政诉讼来解决,不仅造成司法资源极大浪费,还无端加大当事人的诉讼成本。这种"有头无尾"的司法行为应予以纠正,建议在查封决定中注明查封期限,这对法院来说不过是"举手之劳",却可以带来极大的经济效益和社会效益,何乐而不为?

案例(043) 崔某利等诉北京万润家园小区业委会等业主撤销权纠纷案(违反程序)

来源:(2010)民终字第 15881 号
作者:赵剑

【案例导读】

人民法院对业主大会的程序是否合法仅负责依照物业管理法律规定的要件进行形式审查,对于业主大会和业委会在选举、表决过程中的计票情况及每份投票是否符合业主的真实意思不负有深入实质审查的职责,实质审查也不具有可行性。如果需要证据证明决议的违法性,应当由原告来负担举证责任。

【案情简介】

原告崔某利、张某东、杜某平均系北京市昌平区回龙观镇万润家园小区业主。被告为广州市三原物业管理有限公司北京第一分公司(以下简称"三原物业公司")。自 2005 年 4 月起,三原物业公司开始为万润家园小区提供物业服务,至庭审时仍在服务期间。

2008 年 11 月,万润家园小区第三届业委会成立。2008 年 12 月 22 日至 2009 年 12 月 13 日期间,业委会采用书面征求意见的形式组织召开了第三届业委会第一次业主大会。

2009 年 1 月 13 日,第三届业委会第一次业主大会作出决议,通过了"同意授权业委会代表业主大会与物业公司签订物业服务合同、同意与三原物业公司签订物业服务合同和同意将 13 号楼东、西两侧原配电站基础坑改为晒衣场"三个事项。

2009 年 1 月 17 日,被告业委会代表万润家园业主大会(甲方)与被告三原物业公司(乙方)签订《物业服务合同》,在该合同第六部分"公共资源开发及分配"第 13 条中约定:(1)在本合同期内,小区停车场经营以 300 元/年、车位×实际已租车位数量向甲方结算,遇有国家政策调整,地下车库收益部分的分配另行协商;(2)电梯广告、地下空间出租利润按六、四分成,甲方占六,乙方占四,税费各自承担;(3)其他收益按实际情况双方协商后分配。上述事实有《物业服务合同》、北京市公共停车场经营企业登记表、北京市公共停车场备案表、万润家园业主大会收益分配明细表、第三届业主委员会第一次业主大会决议、业主委员会备案单、万润家园小区业主公约、万润家园业主大会议事规则、公告、征求意见表决书、小区照片等证据在案作证。

原告诉称,北京市昌平区回龙观镇万润家园小区业主委员会(以下简称"业委会")于2009年1月17日与物业公司签订了《物业服务合同》。在该合同第六部分"公共资源开发及分配"中,故意隐瞒乙方物业公司实占的停车费巨额收入(40万元—50万元),这样实际将本小区车位出租收入80%以上分配给物业公司,还决定小区电梯广告、地下空间出租利润及其他收益与物业公司六四分成。以上不但违反了《物权法》的相关条款,还违反了《北京市物业服务收费管理办法》(京发改〔2005〕2662号)第14条关于"利用物业共用部位、共用设施设备进行经营的,……所得收益应当主要用于补充专项维修资金,也可以按照业主大会的决定使用"的规定和《物业管理条例》第50条的规定,"业主、物业服务企业不得擅自占用、挖掘物业管理区域内的道路、场地,损害业主的共同利益"。因此侵害了本小区业主物权人的合法权益。业委会在业主大会中大肆地造假作弊,冒充业主填选票,实际居住在家的业主总共占50%左右,却出现了接近80%的票权数。其行为侵犯了业主的知情权和只有业主才能行使的票决权,用不实的材料欺骗上级部门备案,请法院通过质证核实选票后按照伪证处理,还业主大会法律上的清白,去除假票,按真实票的统计结果来宣布业主大会的票决内容。业主大会"表决书"只有在真实业主本人签字投票的基础上才能代表业主的选择权。业委会持有本案的关键证据,即业主大会的表决书(选票),但业委会只向法院提供了该表决书一半内容的票面,而另一半以上有着业主姓名、签名、住址等信息的票面却拒不提供,导致无法查清表决结果是否合法。业委会持有该表决书,但不向法院提供,应承担举证不利的法律后果,故起诉至昌平区人民法院,诉讼请求为:(1)请求人民法院撤销业委会于2009年1月17日签订的《物业服务合同》第六部分"公共资源开发及分配"第13条的内容;请求人民法院判令物业公司向万润家园小区业主返还自2008年10月以后的共用部位、共用设施的所得收益。(2)依法经过质证核实清查三届一次业主大会的表决书,废除假票、冒充的作弊票,以业主的真实选票重新计票后宣布表决结果。

【审理与判决】

1. 诉讼当事人

原告(上诉人):崔某利、张某东、杜某平。

被告(被上诉人):万润家园业委会、广州市三原物业管理有限公司、三原物业公司。

2. 争议焦点

(1)业主大会或者业主委员会的决定,对业主是否具有约束力?

(2)被告业委会与被告三原物业公司之间的《物业服务合同》是否合法有效?

3. 判决过程

一审法院认为,业主大会或者业主委员会的决定,对业主具有约束力。业主大会或者业主委员会作出的决定侵害业主合法权益的,受侵害的业主可以请求人民法院予以撤销。作为业主,主张撤销权的前提是业主大会或者业主委员会的决定侵害了业主的合法权益。本案中,被告业委会与被告三原物业公司之间的《物业服务合同》系根据第三届业委会第一次业主大会作出的决议签订的,该合同的内容应视为全体业主的意思表示,故应认定被告业委会与被告三原物业公司之间的《物业服务合同》合法有效。原告请求人民法院核实清查三届一次业主大会的表决书,废除假票、冒充的作弊票,以业主的真实选票重新计票后宣布表决结果的诉讼请求,不属于人民法院受理民事案件的范围,本院对此不予处理。原告不服,提起上诉。

二审法院认为:一审原告作为业主虽然有权利对侵害其合法权益的业委会的决定申请撤销,但是没有提供证据证明业主大会在表决过程中存在违法或者造假等情况,也没有提供证据证明业委会与三原物业公司签订的《物业服务合同》无效,故对张某东、杜某平、崔某利的上诉请求,本院不予支持。判决驳回起诉,维持原判。

【法律要点解析】

在业主撤销权之诉当中,对于"作出决定的程序违反法律规定"之事实认定,法院负有的是形式审查义务还是实质审查义务呢?在本案中可以进行清晰的分析和论证。

1. 业主大会或者业主委员会的决定对全体业主是否具有法律效力,诉讼时效如何确定

根据《物权法》第78条规定:"业主大会或者业主委员会的决定,对业主具有约束力。业主大会或者业主委员会作出的决定侵害业主合法权益的,受侵害的业主可以请求人民法院予以撤销。"最高人民法院《关于审理建筑物区分所有权纠纷案件具体应用法律若干问题的解释》第12条规定:"业主以业主大会或者业主委员会作出的决定侵害其合法权益或者违反了法律规定的程序为由,依据物权法第七十八条第二款的规定请求人民法院撤销该决定的,应当在知道或者应当知道业主大会或者业主委员会作出决定之日起一年内行使。"业主大会或者业主委员会作为自我管理的权力机关和执行机关,其作出的决定,对业主应当具有约束力。

对业主具有约束力的业主大会或者业主委员会的决定,必须是依法设立的业主大会、业主委员会作出的,必须是业主大会、业主委员会依据法定程序作出的,必须是符合法律、法规及规章,不违背社会道德,不损害国家、公共和他人利益的决定,上述三点必须同时具备,否则业主大会、业主委员会的决定对业主没有约束力。《物业管理条例》第19条第2款规定,"业主大会、业主委员会作出的决定违反法律、法规的,物业所在地的区、县人民政府房地产行政主管部门或者街道办事处、乡镇人民政府,应当责令限期改正或者撤销其决定,并通告全体业主"。

2. 业主对于业主大会或者业主委员会的决定侵害业主合法权益负有举证义务

本案中原告仅凭合理怀疑或者推理主观上认为业主大会存在程序瑕疵,未提供真实有效的证据予以作证。最高人民法院《关于民事诉讼证据的若干规定》(2008年调整)第2条规定:"当事人对自己提出的诉讼请求所依据的事实或者反驳对方诉讼请求所依据的事实有责任提供证据加以证明。没有证据或者证据不足以证明当事人的事实主张的,由负有举证责任的当事人承担不利后果。"原告作为业主虽然有权利对侵害其合法权益的业委会的决定申请撤销,但是没有提供证据证明业主大会在表决过程中存在违法或者造假等情况,也没有提供证据证明业委会与三原物业公司签订的《物业服务合同》无效,故原告的上诉请求,不被二审法院支持。

3. 被告业委会与被告三原物业公司之间的《物业服务合同》合法有效

本案中,被告业委会与被告三原物业公司之间的《物业服务合同》系根据第三届业委会第一次业主大会作出的决议签订的,该合同的内容应视为全体业主的意思表示,故应认定被告业委会与被告三原物业公司之间的《物业服务合同》合法有效。

【律师点评】

从原告的诉讼策略来看,原告作为业主对于业主大会或业主委员会的决定进行监督以及行使撤销权之诉讼权利时,应当重视业主的举证义务。业主撤销权是指业主认为业主大会或者业主委员会作出的决定侵犯其合法权益,依据法律规定向法院提起撤销该决定的权利。根据《物权法》第78条规定,"业主大会或者业主委员会作出的决定侵害业主合法权益的,受侵害的业主可以请求人民法院予以撤销"。这是业主撤销权的法律依据。业主行使撤销权的除斥期间为一年,在知道或者应当知道业主大会或者业主委员会作出决定之日起一年内行使。在诉讼时效有效期内充分行使业主的撤销权对于保障业主权益及防止业主大会或业主委员会滥用职权等方面起到至关重要的作用。

从被告的诉讼策略来看,业主大会是由建筑区划内的全体业主参加,依法成立的自治组织,是建筑区划内建筑物及其附属设施的管理机构。业主大会依据法定程序作出的决定,反映了建筑区划内绝大多数业主的意志与心声。业主委员会是由业主大会从热心公益事业、责任心强、具有一定组织能力的业主中选举产生的,作为业主的代表履行对建筑物及其附属设施的具体管理职责,为全体业主服务的组织。业主委员会作为业主大会的执行机构,具体实施业主大会作出的决定。业主大会或业主委员会必须严格按照《业主大会和业主委员会指导规则》的要求履行职责并保留履职过程中的证据及资料,以备查看。

案例（044） 李某姿等诉常熟市某业主委员会等业主撤销权纠纷案（业主怠于行权）

来源:(2010)苏中民终字第 2385 号
作者:逄伟平

【案例导读】

个别业主提起的撤销物业合同的诉求,是否应当支持？业主对物业合同的具体条款、收费标准等有异议,应当如何行使异议权？业主对物业合同等物业管理区域的公共事宜,表达诉求和进行决策的方式是召开业主大会作出决议。本案法院在驳回个别业主要求撤销物业合同的同时,也对业主表达诉求和进行决策的正确方式进行了指引。

【案情简介】

原告李某姿、樊某新均系明珠佳苑的业主,两原告先后购买了明珠佳苑 3 幢 101 室、102 室,并先后与提供前期物业服务的常熟市某物业管理有限公司签订了前期物业管理服务协议,同时在业主公约上签名,并按前期物业管理服务协议的约定预交了两年的物业管理服务费用 1 500 元。后常熟市某业主委员会于 2007 年上半年成立,任期为 2007 年 6 月 22 日起至 2010 年 6 月 21 日止,并于 2008 年 1 月 7 日向常熟市房产管理局进行了备案。

常熟市某业主委员会先后于 2007 年下半年、2008 年上半年两次委托常熟市某物业管理有限公司通知业主召开业主大会,讨论地下车库的产权、房屋质量、物业企业的选聘及收费等问题,均因业主大部分未参加而未能成功举行及形成决议。2009 年 1 月 1 日,常熟市某业主委员会与常熟市某物业管理有限公司签订物业服务合同,由常熟市某物业管理有限公司对明珠佳苑提供物业服务,双方约定:收费标准为多层住宅 0.78 元/月·平方米、跃层 0.54 元/月·平方米、别墅 0.74 元/月·平方米、商业物业 0.54 元/月·平方米,于每年的 7 月 1 日至 11 月 30 日交纳全年的物业费。后因两原告未能交纳物业费,常熟市某物业管理有限公司委托律师向樊某新发函催讨拖欠的物业费,并向法院提起诉讼要求樊某新支付物业费。

为此,两原告诉至常熟市人民法院,认为两被告签订的明珠佳苑物业服务合同未经过业主大会的同意,且收费标准条款加重了业主的责任、排除了业主的主要权利,损害了部分业主的权益,请求法院撤销明珠佳苑物业服务合同。

被告常熟市某业主委员会未作答辩。

被告常熟市某物业管理有限公司辩称:首先,业主委员会作出侵害业主权利的决定时,受侵害的业主可以请求法院予以撤销,但不适用于两被告签订的物业服务合同。即使原告主张撤销权也应当自知道业主委员会作出决定之日起一年内提出,现原告主张已超过了一年的期限。其次,两被告是在业主委员会对物业管理费经过公示并在绝大部分业主同意的前提下签订的物业服务合同。在收费过程中,得到了业主的同意,原告主张撤销只是个人主张。最后,物业费是考虑电梯运营费等其他综合因素后确定的,不存在加重业主责任、排除业主权益的情况。

【审理与判决】

1. 诉讼当事人

原告为李某姿、樊某新,被告为常熟市某业主委员会、常熟市某物业管理有限公司。

2. 争议焦点

(1) 个别业主提起的撤销物业合同的诉求,是否应当支持?

(2) 业主对物业合同的具体条款、收费标准等有异议,应当如何行使异议权?

3. 判决过程

一审法院认为:民事活动应当遵循诚实信用的原则。当事人在从事民事活动时,应诚实守信,以善意的方式履行义务,不得滥用权利以及规避法律或者合同约定的义务。强化诚信观念,是正常的生活、工作秩序赖以建立的基础,唯有如此,方能形成和平、稳定的社会秩序和淳朴善良的社会风俗习惯。被告常熟市某业主委员会成立后,先后两次组织召开业主大会,讨论涉及业主利益的相关事项,但均因大部分业主未到场,致业主大会未能成功召开,相关事项的决定未能形成。被告常熟市某业主委员会为维护小区内业主正常生活的利益,避免因此对业主生活、小区的秩序产生不利影响,与进行前期物业服务的常熟市某物业管理有限公司签订了物业服务合同,常熟市某物业管理有限公司签订合同后进行了物业服务,大部分业主亦交纳了物业费。原告拖欠物业费,在被告催交、提起诉讼的情况下,诉讼来院要求撤销两物业服务合同,显然有违诚实信用原则。如支持两原告的诉请,则有可能对小区内大部分业主的生活、小区的正常秩序产生不利影响,故对原告的诉讼请求不予支持。如业主认为常熟市某物业管理有限公司未能履行物业服务合同约定的义务要解聘物业服务企业,可以依法召开业主大会,经专有部分占建筑物总面积过半数以上的业主且占总人数过半数的业主同意后作出决定。一审判决驳回原告李某姿、樊某新的诉讼请求。原告不服，提起上诉。

二审法院认为：本案中，常熟市某业主委员会曾先后两次组织召开业主大会，但因大部分业主没有积极参与致使业主大会未能成功召开，为维护小区的正常生活秩序，常熟市某业主委员会与常熟市某物业管理有限公司签订了物业服务合同，并无侵害业主权益的主观意图，且常熟市某物业管理有限公司也按约进行了物业服务，小区中大部分业主亦交纳了物业费，现上诉人李某姿、樊某新主张要求撤销物业服务合同，于法无据，碍难支持。对于上诉人李某姿、樊某新提出每平方米每月0.78元的收费违背了政府定价的主张，《苏州市物业服务收费管理实施办法》中明确三级资质的基准价格为0.50元/月·平方米，但具体执行标准可上、下浮动20%，基准价格不含电梯、水泵、中央空调等设施的运行电费和公共照明、公共用水等代收代交费用。而本案中的小区有一特殊性，即多层住宅仍需电梯进行运行，被上诉人认为0.78元的收费标准包含了电梯运行费用。上诉人现无证据证明常熟市某物业管理有限公司违反了法律、法规、部门规章的规定而擅自扩大收费范围、提高收费标准，且本案中的多层住宅的电梯起始层并非1层（其下尚有车库），上诉人主张其不承担电梯运行费依据亦不足。现上诉人不认同上述收费标准，且认为电梯费用分摊不合理，其可在今后业主大会召开时提出其观点，由业主大会来决定相关事项。故判决驳回上诉，维持原判。

【法律要点解析】

1. 个别业主提起的撤销物业合同的诉求，是否应当支持

《合同法》第54条规定，"下列合同，当事人一方有权请求人民法院或者仲裁机构变更或者撤销：（一）因重大误解订立的；（二）在订立合同时显失公平的。一方以欺诈、胁迫的手段或者乘人之危，使对方在违背真实意思的情况下订立的合同，受损害方有权请求人民法院或者仲裁机构变更或者撤销"。

本案中，原告认为两被告签订的物业服务合同未经过业主大会的同意，且收费标准条款加重了业主的责任、排除了业主的主要权利，损害了部分业主的权益，所以请求法院撤销合同。但原告所提理由并不符合上述法律规定，所以没有得到法院支持。同时，物业服务合同属于物业公司与多个业主分别签订的合同，即使是单份的合同，其效力其实也涉及物业区域内的全体业主。所以，个别业主提起否定合同效力的诉讼，一般难以得到支持。

2. 业主对物业合同的具体条款、收费标准等有异议，应当如何行使异议权

《物权法》第76条规定，"下列事项由业主共同决定：……（四）选聘和解聘物业服务企业或者其他管理人；……（七）有关共有和共同管理权利的其他重大事项"。第78条规定："业主大会或者业主委员会的决定，对业主具有约束力。业主大会或者业主委员会作出的决定侵害业主合法权益的，受侵害的业主可以请求人民法院予以

撤销。"物业合同中的具体条款、收费标准等,属于选聘物业企业的应有内容,也属于共同管理权利的重大事项,应由业主通过召开业主大会进行表决和通过。包括物业合同具体条款在内的业主大会决议内容,一旦通过,对全体业主都有约束力。所以,业主积极参加业主大会,充分表达自己的意见和对具体决议内容的异议,就显得尤为重要。当然,如果业主认为业主大会决议损害业主权益,可提起撤销决议内容的起诉。

【律师点评】

撤销物业合同和撤销业主大会决议,所依据的法律规定是不同的。在已经签署物业合同的情况下,主张撤销合同必须满足《合同法》规定的撤销权的几类法定理由。本案当中,原告作为业主,在对物业合同的内容条款、收费标准等有异议的情况下,比较妥当的做法是积极参加业主大会,并对物业合同内容提议进行审查表决。一旦业主大会决议形成,对全体业主都有拘束力。如果认为业主大会的决议损害业主权益,业主可提起撤销业主大会决议之诉,而不是撤销物业合同之诉。

案例(045) 北京恒富物业服务有限公司与于某业主知情权纠纷案

来源:(2015)三中民终字第10531号
作者:毕文强

【案例导读】

本案中的小区尚未成立业主委员会,业主个人能否请求物业公司公布和查阅物业管理服务费收支情况?业主主张知情权,是否适用诉讼时效?物业公司公开服务账目的范畴包括哪些?目前,业主与物业公司之间的矛盾日渐增多,出现最多的就是以上几类情况,对于此,法院该如何处理呢?本案与小区居民生活息息相关,值得学习。

【案情简介】

2007年3月16日,于某与北京恒富物业服务有限公司(以下简称"恒富公司")签订《物业管理公约》,约定由恒富公司为小区业主提供物业服务,恒富公司定期公布物业管理费用收支账目。

于某诉称:恒富公司从为小区提供服务至今,从未向业主履行过公示义务。

于某于2013年5月7日向恒富公司提出了依法公示物业账目的书面要求,但恒富公司置之不理,未做出任何回复和公示。于某对此依法提起诉讼,要求恒富公司公布并由其查阅2007年1月1日至2012年12月31日期间的物业管理服务费用收支账目。

【审理与判决】

1. 诉讼当事人

一审原告为于某,被告为恒富公司;

二审上诉人为恒富公司,被上诉人为于某。

2. 争议焦点

(1)业主个人能否依据与恒富公司签订的《物业管理公约》主张查阅权?

(2)于某要求公布和查阅 2007 年至 2012 年账目的诉讼请求是否超过诉讼时效?

(3)恒富公司应当公开经营服务成本相关账目的范畴包括哪些?

3. 判决过程

一审法院认为,于某要求公布和查阅物业费收入总额、小区内广告、停车费收入、地下一层出租收入、电信公司入驻收入、管理人员及工作人员工资、公共维修等费用收支项目,在性质上属于最高人民法院《关于审理建筑物区分所有权纠纷案件具体应用法律若干问题的解释》规定的共有部分的使用和收益情况或者其他应当向业主公开的情况和资料。如果上述收支项目确有发生,则恒富公司应当公布并由于某查阅。

于某的知情权是基于其与恒富公司之间的合同关系而享有的债权请求权,当事人可以对该权利的行使提出诉讼时效抗辩。因于某提交的证据显示其最早要求公布和查阅账目的时间为 2013 年 5 月,要求公布和查阅 2010 年以前的请求已经超过诉讼时效,故该院认定于某提出的关于 2007 年 1 月 1 日至 2010 年 12 月 31 日期间账目的诉讼请求已超过诉讼时效,对相应部分的主张不予支持。

一审法院依据最高人民法院《关于审理建筑物区分所有权纠纷案件具体应用法律若干问题的解释》第 13 条、《民法通则》第 135 条之规定,判决:

恒富公司于判决生效之日起 10 日内向于某公布自 2011 年 1 月 1 日至 2012 年 12 月 31 日期间小区物业服务费收支等相关账目,以供于某查阅。

恒富公司不服一审法院判决,依法向北京市第三中级人民法院提起上诉,请求撤销一审判决,改判驳回于某一审诉讼请求。

二审法院审理认为:一审法院判决认定事实清楚,适用法律正确,应予维持。二审判决:驳回恒富公司上诉,维持原判。

【法律要点解析】

1. 业主个人能否单独对物业公司提起侵权之诉

从法理上讲,"有权利就有救济",这是法的一般原则。当一种权益被确定为法律上的一项权利时,在该项权利被非法侵犯时,法律必须赋予救济途径,最为重要的就是司法救济,即允许权利人通过诉讼途径保护自己的权利。因此,当物业公司侵犯了业主的知情权,业主有权向法院提起侵权之诉来维护自身的权利。有争议的是:本案有权提起诉讼的适格主体是业主个人还是业主委员会?业主委员会是通过业主大会选举产生的,是业主大会的执行机构,通常情况下应当由业主委员会代表业主进行诉讼。而本案中,由于该小区并未成立业主委员会,《物业管理公约》的约定不能排除于某应当享有的知情权,具体个案应当具体分析,不能生搬硬套法律法规。因此,法院判决于某享有并能够行使业主知情权是符合法律规定的。

2. 业主主张知情权是否适用诉讼时效

针对业主知情权究竟是否适用诉讼时效,有两种不同观点。一种观点认为,业主知情权不应当适用诉讼时效,诉讼时效仅仅适用于债权请求权,物业公司公布账目的义务与业主享有的知情权是两个不同层面的法律关系,业主的知情权不应因物业公司的公布行为而丧失;另一种观点认为,业主知情权并非业主基于其所有权而享有的物上请求权,而是业主基于其与物业服务公司之间的合同关系而享有的债权请求权。本案中,法院支持第二种观点,认为当事人可以对该权利的行使提出诉讼时效抗辩。因此,业主知情权适用诉讼时效。

3. 物业公司公开的服务项目及费用收支情况应当包括哪些内容

根据最高人民法院《关于审理建筑物区分所有权纠纷案件具体应用法律若干问题的解释》第13条的规定:"业主请求公布、查阅下列应当向业主公开的情况和资料的,人民法院应予支持:(一)建筑物及其附属设施的维修资金的筹集、使用情况;(二)管理规约、业主大会议事规则,以及业主大会或者业主委员会的决定及会议记录;(三)物业服务合同、共有部分的使用和收益情况;(四)建筑区划内规划用于停放汽车的车位、车库的处分情况;(五)其他应当向业主公开的情况和资料。"故,本案法院判决于某要求公布和查阅的收支项目符合前述司法解释规定,如果收支项目确有发生,则物业公司应当公布并由于某查阅。

【律师点评】

1. 本案主要涉及物业公司与业主之间的关系以及权利义务

物业公司进驻小区提供服务的合法性是基于与全体业主签订的物业服务合同,是一种契约关系。换句话说,物业公司作为小区业主提供服务的企业,与业主的关系实质是一种雇用和被雇用的关系。

《物业管理条例》第6条第1款规定:"房屋的所有权人为业主。"第2款规定,业主享有监督权,监督物业服务企业履行物业服务合同;对物业共用部位、共用设施设备和相关场地使用情况享有知情权和监督权;监督物业共用部位、共用设施设备专项维修资金的管理和使用。业主享有监督权的前提是必须先享有知情权,所谓知情权是指物业所有人依法获取、知悉物业状况及其管理信息的权利,它是业主权利的重要组成部分,也是业主对物业公司实行民主管理的基本保障。因为只有在充分享有知情权的情况下,业主才能准确地判断关于物业公司的具体情况,才能正当地行使对物业管理活动的参与权和监督权。

2. 物业公司的服务管理与社会的关系

在城市不断走向文明、宜居的过程中,物业公司已经成为城市管理中的重要组成部分,物业管理不是一个物业公司的事,它涉及社会管理的方方面面,物业管理的好坏不仅关系到每个业主的切身利益,更关系到社会的稳定和谐。每个业主都希望能拥有一个安全、舒适的居住环境,能享受到优质的物业服务,只有物业公司和业主都依法、有序地行使自己的权利、履行自己的义务,才是建设和谐社会的基础,才能使大家都安居乐业!

四、无主物返还

(一)遗失物返还

案例(046) 李某因返还拾得物诉朱某华等悬赏广告约定的给付酬金纠纷案

来源:《最高人民法院公报》1995 年第 2 期。
作者:任旭丰

【案例导读】

原告李某拾得被告朱某华携带的公文包(内有价值 80 多万元的提货单等)。朱某华等在报纸上刊登启事寻包并表示将给予送还者 15 000 元酬金,双方在还包时发生争执,李某没有得到酬金。李某向法院起诉,一审未获支持。李某上诉后能否获得二审支持?

【案情简介】

1993 年 3 月 30 日中午,朱某华在和平影院看电影,此时李某与王某平(系往日同学)在其后几排的座位上同场观影。散场时,朱某华将随身携带的装有李某华委托其代办的价值 80 多万元的汽车提货单及附加费本等物品的公文包遗忘在座位上。李某发现后,将公文包捡起,等候片刻后,见无人寻包,即将该包带走并交给王某平进行保管。朱某华离场之后,发现公文包遗失,经寻找未能找到。故此,朱某华分别于 1993 年 4 月 4 日和 5 日在天津《今晚报》、4 月 7 日在《天津日报》上刊登寻包启事,表示"重谢"和"必有重谢"。因寻包启事没有结果,李某华自河南到天津,又以其名义于1993年4月12日在天津《今晚报》上刊登内容相似的寻包启事,并将"重谢"变为"一周内有知情送还者酬谢15 000元"。当晚,李某看到以李某华名义刊登的寻包启事,即刻告诉王某平,并委托王某平与李某华联系。4月13日中午,王某平经用电话与李某华联系,确定了交换公文包与酬金的具体细节。当日下午,双方在约定时间、地点交接时,发生争执。经公安机关解决未果。

李某向天津市和平区人民法院起诉,要求朱某华、李某华履行广告中约定的义务,兑现报酬15 000元。

被告朱某华辩称:丢失公文包后,通过《天津日报》、天津《今晚报》多次登寻包启事,考虑到只有在明确酬金具体数目的情况下,才能与拾包者取得联系,所以才明确给付酬金15 000元,其实并不是出于自己的真实意思表示,现不同意支付15 000元报酬。

李某华辩称:因第三人身为公安民警,应按包内提单、私人联系册等物品为线索寻找失主,或主动将遗失物交由有关部门处理,不应等待酬金,第三人王某平并未履行应尽职责,故不同意给付酬金之要求。

王某平述称:自己与李某看电影,李某拾到内有价值80多万元的汽车提货单等票据的公文包,在自己处保管十多天,但与本人毫无关系,故不要求索要报酬。

天津市和平区人民法院认为:李某及王某平在和平影院拾到的内有价值80多万元的汽车提单、附加费本及其他财物的公文包,是朱某华遗失的李某华单位所属的财物。公文包内的提单、存折、手戳及私人联系册均可找到遗失人或财物所属单位,李某及王某平并未按照上述线索积极寻找失主或交由有关部门处理,反而等待寻包启事,违背了社会公德。王某平身为公安干警,属在法律上有特定身份的人,遇有遗失物应当知道及时归还失主,其在拾包后所表现的职务上的不作为,更是错误的。

朱某华、李某华在寻包启事中所定之酬金并无法律效力,并非真实意思表示。为了维护社会公德,建设社会主义精神文明,对李某之诉讼请求不予支持。一审法院判决驳回李某的诉讼请求。

李某不服,以事实不清、适用法律不当为理由,上诉至天津市中级人民法院,请求判令朱某华、李某华给付报酬15 000元。

【审理与判决】

1. 争议焦点

(1)朱某华、李某华在寻包启事中所定之酬金是否为其真实意思表示。

(2)朱某华、李某华在寻包启事中所定之酬金是否具有法律效力。

2. 判决过程

天津市中级人民法院在明确双方当事人权利义务的基础上,根据《民事诉讼

法》第9条的规定,依法进行调解,双方当事人于1994年12月26日自愿达成如下协议:

(1)朱某华、李某华一次性给付李某报酬人民币8 000元;

(2)一、二审诉讼费共计人民币1 435元,李某负担人民币635元,朱某华、李某华负担人民币800元。

【法律要点解析】

悬赏广告,是指广告人以广告的方式声明对于完成一定行为之人予以报酬的意思表示,悬赏广告的构成要件有四:一是需要有悬赏人,悬赏人可以为自然人、法人或是其他民事主体;二是有赏格,即为有偿性,如果不具备赏格,该广告就与普通的广告无异,不能称为悬赏广告;三是以广告的形式为一定的意思表示,广告的形式多种多样,如在报刊杂志刊登、广告栏张贴、互联网上发布等;四是悬赏广告需要求他人完成一定的行为,但该行为不能违反法律法规的相关规定和违背社会公序良俗。

一审法院在没有充分证据证明的情况下,以较高的道德要求为出发点推定朱某华等刊登悬赏广告的意思表示不真实,没有法律依据。虽然本案发生时我国法律中对于悬赏广告没有明确规定,但是《民法通则》第84条规定,"债是按照合同的约定或者依照法律的规定,在当事人之间产生的特定的权利和义务关系"。因此,二审法院依照我国《民法通则》的基本原理,认定本案的悬赏广告有效。

【律师点评】

1. 原告律师的代理思路

遗失公文包者在《天津日报》、天津《今晚报》上刊登悬赏广告,表示"重谢""必有重谢""酬谢15 000元",这样在悬赏广告人与完成广告指定行为的行为人之间产生了一种新的法律关系,即债的法律关系。在此法律关系中,悬赏广告人指定某行为,相对人完成其指定行为后,悬赏广告人就应履行其在广告中约定的法律义务。当悬赏广告人不履行其在广告中所作的许诺时,债权人有权要求债务人按照"约定"履行其义务。

2. 被告律师的代理思路

悬赏广告人登报悬赏这一民事行为违反了民事法律行为的有效要件,应确认无效。

(1)给付报酬不是悬赏广告人的真实意思表示。悬赏广告人将内装80多万元汽车提货单等物品的公文包遗失,悬赏广告人认为遗失的财物处于危急状态,不得已才作出对自己不利的决定,即给付拾包送还者15 000元报酬。《民法通则》第58条第1款第3项规定,一方以欺诈、胁迫的手段或者乘人之危,使对方在违背真实意思的情况下所为的民事行为无效。本案中原告在拾包后十几天的时间内,不是主动以该公文包内物品为线索,积极寻找失主或将公文包交由有关部门,而是明知遗失人焦急慌乱,却坐等失主的报酬。遗失公文包者出于无奈,在违背真实意思的情况下登报悬赏,所以登报悬赏行为无效。

(2)悬赏广告人登报悬赏的行为有悖拾金不昧的社会公德,这将削弱我国社会所提倡的道德观念,所以该行为违背了社会公德,应确认该民事行为无效。

【法官审判要旨】

二审法院审理后认为,一审法院认定被上诉人朱某华、李某华在寻包启事中所定报酬 15 000 元不是其真实意思表示,没有充分的证据证明,缺乏法律依据,不足以认定被上诉人意思表示不真实。关于悬赏广告的效力问题,我国《民法通则》没有明确规定。依照我国《民法通则》的基本原理,李某华于 1993 年 4 月 12 日在天津《今晚报》上刊登的寻包启事所表示的"一周内有知情送还者酬谢 15 000 元",应认定有效。

【结语】

此案是寻找遗失物悬赏广告报酬纠纷案。本案发生时我国法律中对于悬赏广告没有明确规定。但在实践中,悬赏广告纠纷经常发生,人民法院每年受理的悬赏广告纠纷较多,且有不断上升趋势。另外,悬赏广告因其于一定范围内公开发布,且完成行为人为不特定的一人或者多人,与一般合同行为仅限于当事人双方相比,具有更大的社会影响力,往往更受新闻媒体和社会大众的关注。虽然近来多承认悬赏广告的效力,但是由于缺乏法律依据,法官及社会各界对悬赏广告的认识差异较大,案件的处理结果极不相同,人们的反映众说纷纭,已经影响到人民法院对案件的审理和社会对人民法院审判工作的态度。因此,2007 年 10 月 1 日起施行的《物权法》第 112 条第 2 款规定:"权利人悬赏寻找遗失物的,领取遗失物时应当按照承诺履行义务。"随后 2009 年 2 月 9 日最高人民法院审判委员会第 1462 次会议通过的最高人民法院《合同法解释(二)》第 3 条规定:"悬赏人以公开方式声明对完成一定行为的人支付报酬,完成特定行为的人请求悬赏人支付报酬的,人民法院依法予以支持。但悬赏有合同法第五十二条规定情形的除外。"

案例(047)　山某强诉马某录不当得利纠纷案(遗失提货单)

来源:(2004)湟多民初字第 106 号

作者:任旭丰

【案例导读】

原告山某强因合同占有的某单位票号为 1—1 的水泥提货单丢失,后发现被告马某录依该提货单提走水泥 41 吨，原告遂向法院提起不当得利之诉，请求被告返还水泥折价款，原告的诉讼请求能否得到法院支持？

【案情简介】

2002 年 5 月，山某强与湟中县丹麻预制构件厂达成运输水泥合同，并依上述合同取得该单位票号为 1—1 的水泥提货单。2003 年 5 月 24 日 11 时 50 分左右，该提货单丢失，山某强发现后立即去湟水水泥有限公司挂失，但在挂失期间，该票中的 41 吨水泥被被告马某录提走。原告要求被告将该票和已被其提走的水泥的折价款 111 398 元返还，但被告没有返还。

原告山某强向湟中县法院提起诉讼，请求判令被告返还被其提走水泥的折价款 111 398 元。被告马某录辩称，山某强主张的由其提走 41 吨水泥的事实经过，其没有异议，但认为自己在支付了稍低于开票价的对价后，从一个不认识的人手中买来一张水泥提货单，用该提货单提走了 41 吨水泥。二单的货主虽然相同，但是被告买来的提货单上是 200 吨，原告的提货单复印件上是 93 吨，并不是一张提货单。况且原告拿的是复印件，无法证实其客观性。即使两张票是同一张，那被告也属于支付了对价的善意第三人，根据法律规定，提单是可以自由流通的，被告买来的该提货单是合法的，应当保护被告的合法利益。原告以不当得利起诉被告，主体不适格，原告不是利益受损人，不当得利的真正受损人是案外人丹麻预制构件厂。山某强没有不当得利的原告身份，人民法院应当裁定驳回原告的起诉。

诉讼中，法院依原告申请去湟水水泥有限公司核对该提货单存根，该公司财务人员出具证言证明被告马某录提走 41 吨水泥的提货单就是原告山某强丢失的那张提货单，数量不同是年终结转换单的结果。

【审理与判决】

1. 争议焦点

（1）原、被告主张的提货单是否为同一提货单？

（2）本案中的提货单是否属于可自由流通的"提单"，被告是否系善意所得，被告买提单并提取水泥是否有合法根据？

（3）原告是否为本案利益受损人，是否为不当得利诉讼的适格原告？

2. 判决过程

湟中县人民法院依据《民法通则》第 92 条的规定，作出如下判决：

被告马某录于 2004 年 6 月 30 日前返还原告山某强 41 吨水泥价款 111 398 元。案件受理费 470 元、其他诉讼费用 330 元，由被告马某录负担。

【法律要点解析】

1. 被告从原告丢失的提货单提取水泥获得的利益有没有合法根据，被告支付

对价购买提货单即善意取得的理由是否成立

本案涉及的水泥提货单实质上是一种记名的债权凭证,并非国际货物运输中可以背书转让的货运提单(B/L),故货运提单(B/L)按国际惯例进行转让的规定并不适用于普通提货单。

本案中所涉及的水泥提货单作为记名债权凭证,是债权而不是动产,不得为善意取得的标的物,故不适用善意取得的法律规定。

2. 原告为不当得利的"受损人",被告马某录获得的利益与原告山某强受到的损害之间有直接的因果关系

原告在受委托占有案外人丹麻预制构件厂的水泥提货单时,不慎将其丢失,占有丧失人即原告山某强便是当然的受损人。因此原告山某强是事件"受损人",山某强以不当得利起诉,原告主体适格。被告依同一票据提取水泥获得利益,故与山某强受到的损害之间有直接的因果关系。

【律师点评】

1. 原告律师的代理思路

(1)山某强因运输合同合法占有的丹麻预制构件厂的水泥提货单丢失,山某强作为占有人可以向提货单的拾得人提出返还原物的请求。

(2)马某录依山某强丢失的提货单提走水泥41吨,没有合法根据,由此造成山某强须赔偿丹麻预制构件厂41吨水泥的损失,根据《民法通则》第92条"没有合法根据,取得不当利益,造成他人损失的,应当将取得的不当利益返还受损失的人"的规定,马某录应当返还41吨水泥的折价款。

2. 被告律师的代理思路

(1)被告据以提取水泥的提货单与原告主张的提货单上的吨数不一致,原告须证明两张提货单是同一票据。

(2)被告是在支付对价后,从一个不认识的人手中买来一张水泥提货单,属于支付了对价的善意第三人,根据法律规定,提单是可以自由流通的,被告买来的该提货单是合法的,应当保护被告的合法利益。

(3)原告不是利益受损人,不当得利的真正受损人是案外人丹麻预制构件厂。山某强没有不当得利的原告身份,人民法院应当裁定驳回原告的起诉。

【法官审判要旨】

湟中县人民法院根据上述事实和证据认为:原告山某强与被告马某录之间成立不当得利之债。这是因为:(1)本案中所涉及的水泥提货单实质上是一种记名的债权凭证。原告在受委托占有案外人丹麻预制构件厂的水泥提货单时,不慎将其丢失,原告山某强在赔偿权利人损失后,占有丧失人即原告山某强便是当然的受损人。本院否定被告关于原告主体不适格的主张。(2)被告马某录获得的利益与

原告山某强受到的损害之间有直接的因果关系,马某录获得的利益没有法律上的根据。(3)马某录不能以善意取得理论主张该债权项下的财产所有权。如上所述,本案中所涉及的水泥提货单是一种记名的债权凭证,既然是债权而不是动产,就不得为善意取得的标的物。被告将该普通提货单混同为"提单"是概念错误,"提单"是在国际货物运输中用以证明海上运输合同和由承运人接管和装载货物,以及承运人保证据以交付货物的单证,有其特定的法律规制,关于提单转让的法律规定不适用于普通的提货单。法院不认同被告关于自己自由买来"提(货)单"的行为无须履行其他注意义务而合法、有效的主张。假设被告马某录支付了对价,买来该提货单的事实存在,可是被告马某录从不明身份的兜售人手中以低于开票价买该提货单时,在明知该项债权的债权人是丹麻预制构件厂的情况下,未向记名债权人核实该卖主的持单行为是否合法,该债权转让行为是否受债权人的委托,而只向认单供货的债务人核实能否以此提货。只关心自己的期待利益是否有保障,不注意该利益的取得是否合法、得当,没有尽到应有的注意义务,主观上存在过失,不能认为是"善意"取得。(4)既然原告、被告之间发生的是不当得利之债,那么,原告要求被告返还水泥价款是基于不当得利的返还请求权,而非一般意义上的追偿权。因此,被告的抗辩理由不能成立,原告的诉讼请求应当予以支持。

【结语】

本案发生在《物权法》颁布施行之前,《民法通则》第79条第2款规定:"拾得遗失物、漂流物或者失散的饲养动物,应当归还失主,因此而支出的费用由失主偿还。"第92条规定:"没有合法根据,取得不当利益,造成他人损失的,应当将取得的不当利益返还受损失的人。"1988年4月2日,《民通意见》第94条规定:"拾得物灭失、毁损,拾得人没有故意的,不承担民事责任。拾得人将拾得物据为己有,拒不返还而引起诉讼的,按照侵权之诉处理。"

我国《物权法》第107条规定:"所有权人或者其他权利人有权追回遗失物。该遗失物通过转让被他人占有的,权利人有权向无处分权人请求损害赔偿,或者自知道或者应当知道受让人之日起二年内向受让人请求返还原物,但受让人通过拍卖或者向具有经营资格的经营者购得该遗失物的,权利人请求返还原物时应当支付受让人所付的费用。权利人向受让人支付所付费用后,有权向无处分权人追偿。"因此,对拾得物的归属问题,我国采用罗马法拾得人不取得拾得物所有权主义。即无论遗失人的遗失物辗转何处,所有人均不丧失其所有权。但因其已经丧失对物的占有,是一种受损失的状态。但是,拾得人拾得遗失物后,若不尽其应当及时通知权利人领取,或者送交公安机关等有关部门等法定义务,拒不返还,则其拒不返还的行为构成对遗失人物权的侵犯。

而本案原告丢失的提货单是记名的债权凭证,不是法律上的动产,不能依照有关规定提起侵权之诉。因此,被告依拾得的提货单提取水泥损害原告的利益的行为,符合《民法通则》第 92 条规定的不当得利之债的构成要件。

(二)漂流物返还

案例(048) 刘某华诉张某国漂流物返还纠纷案

来源:(2015)新民初字第 261 号

作者:文科

【案例导读】

本案张某国拾得河上漂来的船只,是否可成为船只的所有人?船只的丢失者刘某华是否能要求张某国返还船只?船只在张某国掌控期间发生的费用应由谁来承担?

【案情简介】

2013 年 8 月,刘某华购买材料自制铁船一艘,该船停泊在河边,后丢失。

2013 年 12 月 17 日早晨,在自家渔船上休息的张某国,发现从上游河段漂来涉案船只,张某国用自家船将其牵到河岸,并将拾得船只一事告知柘溪村村委会主任张某生。

2013 年 12 月 18 日,刘某华在新邵县公安局酿溪镇派出所报警,该派出所以盗窃案对本案进行立案侦查。

2014 年 3 月 29 日,刘某华在张某国处发现了涉案船只,并要求返还,但因双方就保管船只支出的必要费用未达成一致意见,张某国未将船只返还给刘某华。在保管船只期间,张某国使用该船只进行过捕鱼作业。

2014 年 4 月 18 日,酿溪镇派出所、新田铺派出所及新田铺柘溪村村民委员会对此案进行了调解,再次因双方就保管船只支出的必要费用没有达成一致意见,该案未调解成功,该船只在张某国处保管。

2015 年 1 月 23 日,新邵县公安局以侦查过程中发现无犯罪事实为由出具了新公(酿)撤案字(2015)0001 号撤销案件决定书。

2015 年 3 月 12 日,刘某华提起诉讼,请求人民法院判决:(1)由被告张某国返还原告铁船;(2)赔偿被告占有该船给原告造成的损失费 3 000 元。

【审理与判决】

1. 诉讼当事人

一审原告为刘某华,被告为张某国。

2. 争议焦点

(1)涉案船只的所有权归属？

(2)张某国是否应赔偿刘某华的损失？

(3)刘某华是否应支付张某国保管费？

3. 判决过程

一审法院认为,本案系漂流物返还纠纷。所有权人有权要求返回漂流物。拾得人拾得漂流物,应该返回权利人或送交公安机关等有关部门,拾得人在拾得漂流物返还权利人或者送交相关部门前有妥善保管的义务。

本案中原告提交了造船清单等证据,其系涉案船只所有人,且被告同意将拾得的船只返还给原告,故对原告要求被告返还船只的诉讼请求,本院予以支持。

原告要求被告赔偿损失费 3 000 元,需提供证据证明其受到损失,但原告未提供相应的证据予以证明,且被告仅因保管费而拒绝返还,并非恶意占有,故对原告要求被告赔偿占有船只造成 3 000 元损失费的诉讼请求,本院不予支持。

被告辩称要求法院依法判决原告支付保管费给被告,经查,2014 年 3 月 29 日,原告要求被告返还涉案船只,但因双方就保管费未达成一致意见,被告未将船只返还给原告。根据法律规定,拾得漂流物,应当及时通知权利人领取,权利人在领取漂流物时,应当向拾得人支付保管漂流物等支出的必要费用。本案中被告拾得船只,应该及时通知原告领取,在原告要求被告返还船只时,被告应该及时将该船只返还给原告,但被告未及时将船只返还给原告,在 2014 年 3 月 29 日之前,被告对该船的占有系善意保管,可主张必要保管费,但 2014 年 3 月 29 日之后,被告因保管费拒绝返还船只,由此所支出的必要保管费,被告无权再主张。

被告在保管船只期间,使用保管的船只进行捕鱼作业,双方均未提供该船只现有船体受损的证明,故可适当减少原告向被告支付保管船只的必要费用。一审判决如下:

(1)由被告张某国于本判决生效后 10 日内将其拾得的铁船一艘返还原告刘某华;(2)由原告刘某华在本判决生效后 10 日内向被告张某国支付 1 200 元;(3)驳回原告刘某华的其他诉讼请求。

【法律要点解析】

1. 刘某华是否享有涉案船只的所有权

涉案船只属于漂流物。依据我国《物权法》规定,拾得漂流物,应当返还权利人。刘某华举证证明了涉案船只是其制造的,故涉案船只的所有权归属是十分明确的。张某国虽拾得涉案船只,但不能取得船只的所有权,刘某华仍是涉案船只的所有权人。

2. 张某国主张保管船只的费用是否应得到法律支持

本案中,在张某国拾得船只至刘某华找到张某国之前,张某国并不知晓谁是船只的所有人。在此期间,如张某国因保管船只而支出了费用,依法可要求刘某华承担。

在知道刘某华是船只的主人后,张某国应及时让刘某华取回船只,不能因双方的保管费争议而拒绝返还船只。张某国知道刘某华是船只的所有人却继续占有船只没有法律上的依据,自此开始张某华无权就其占有向刘某华主张保管费。

【律师点评】

所谓漂流物,是指在水上漂流的动产。一般居住在江河湖海两岸或在江河湖海上作业时,容易碰到发现漂流物的事情。我国法律对于漂流物的归属、拾得人的权利和义务等都予以了明确规定。作为拾得人,不能因拾得漂流物而取得漂流物的所有权。拾得人知道谁是权利人时,应及时通知权利人领取漂流物。不知晓权利人时,首先要妥善保管,然后及时送交公安机关等有关部门。对于因漂流物而发生的必要费用,权利人应支付给拾得人以及有关部门。如因故意或者重大过失导致漂流物发生毁损、灭失时,拾得人或有关部门应承担赔偿责任。因此,拾得人拾得漂流物后采取及时送交公安机关等有关部门的方式更为稳妥,这样一方面免去了保管义务,另一方面也避免在保管过程中发生毁损、灭失时可能面临的民事赔偿责任。

(三)埋藏物返还

案例(049)　　汪某诚等诉某市博物馆返还原物纠纷案

来源:(2011)淮中民终字第1287号

作者:文科

【案例导读】 如何认定埋藏于私人宅院的古钱币的权属?

【案情简介】

汪某诚等六人的祖辈居住在位于淮安市东长街306号的房屋。2007年4月,该地块被列入拆迁范围。拆迁前,汪某诚等六人向拆迁项目部现场办公室及当地居民委员会反映,其宅基下有祖父埋藏的古钱币若干。在拆迁期间,汪某诚等六人与拆迁部门没有达成拆迁补偿安置协议。

2009年9月27日晚,拆迁办工作人员与汪某诚等六人在其他地点商谈有关拆迁事项时,汪某诚等六人的祖宅被相关单位拆除。2009年10月13日,该拆迁工地人员挖掘出涉案埋藏的钱币时,现场有市民拾捡和哄抢,后经博物馆挖掘清理,现被博物馆收藏。经江苏省文物局委托淮安市文物局进行鉴定,上述钱币属一般可移动文物,具有一定的历史和文化价值。涉案钱币为机制铜元,为清代晚期至民国期间钱币。2010年4月14日,淮安市公安局清河区分局及淮安市文物局发出通告要求所有参与拾捡及哄抢钱币的人员主动到案配合追缴文物。

2009年10月19日,淮安市清河区长东街道办事处清淮路社区居民委员会出具证明,载明:兹有我社区居民汪某诚住东长街306号,自2007年4月7日拆迁实施以来,该户多次反映其祖宅房屋下有祖父埋藏的古钱币若干。群众也反映其祖父以前做酿酒生意,情况属实。

2009年10月20日,淮安市越河小区拆迁现场办公室出具证明,载明:兹有越河小区被拆迁户汪某诚,住清河区东长街306号,自2007年4月7日拆迁实施以来,该户一直向拆迁指挥部反映,祖宅房屋下面有祖父埋藏的古钱币若干。

2010年3月30日,汪某诚等六人诉至江苏省淮安市清河区人民法院,要求博物馆返还涉案古钱币。经一审法院到博物馆临时库房内现场察看,本案涉案钱币已经初步清洗后被博物馆全部集中存放入两只纸箱内(未装满,箱子尺寸约为56cm×50cm×65cm 和 58cm×50cm×67cm),一审法院对上述两只纸箱予以现场封存。

经审理,2011年9月19日,淮安市清河区人民法院判决:被告博物馆于判决生效后3日内返还原告汪某诚等六人古钱币两箱。

宣判后,博物馆不服,向淮安市中级人民法院提出上诉。

淮安市中级人民法院二审经审理确认一审查明的事实。二审庭审中,汪某诚等六人提供了其祖父汪某泉在淮安市公安局清河区分局闸北派出所的户籍登记复印资料,在"自本市何处迁来何时登记户口"一栏注明"1922年由本市新渡迁入现住地",证明自1922年起,汪某诚等六人的祖父就居住在东长街306号。

【审理与判决】

1. 诉讼当事人

一审原告为汪某诚、汪某正、汪某仁、汪某东、汪某国、汪某惠6人,被告为某市博物馆。

二审上诉人为某市博物馆,二审被上诉人为汪某诚、汪某正、汪某仁、汪某东、汪某国、汪某惠六人。

2. 争议焦点

(1)涉案古钱币是否为原告祖辈所遗留?涉案古钱币的归属?

(2)涉案古钱币是否应当予以返还?

(3)如应返还,如何确定返还的数量?

3. 判决过程

一审法院认为：

（1）关于涉案钱币是否为原告祖辈所遗留。根据现有证据可以认定该批古钱币为原告方祖辈所遗留。其理由为：第一，从位置上判断，该批古钱币系从原告方宅基附近挖出，而原告祖辈即居住在该处，排除了其他人居住在此予以埋藏的可能。第二，从原告拆迁之前的行为来分析。在房屋拆迁之前，原告曾多次向居民委员会及有关部门反映其宅基内有古钱币。如果之前原告的祖辈没有向其告知地下埋有古钱币，原告不可能会知道宅基内埋有古钱币，而现场出土了古钱币亦印证了原告的说法。第三，该批出土的古钱币，现只有原告方出面主张权利，附近居民或其他人没有出面主张权利。综上，原告方所举证据处于优势且可以形成证据锁链，故法院认定该古钱币系原告祖上所埋。

（2）涉案古钱币是否应当予以返还。虽然文物属于限制流通物，但是我国法律并不禁止公民个人合法拥有。最高人民法院《民通意见》第93条规定："公民、法人对于挖掘、发现的埋藏物、隐藏物，如果能够证明属其所有，而且根据现行的法律、政策又可以归其所有的，应当予以保护。"《中华人民共和国文物保护法》（以下简称《文物保护法》）第6条规定，属于集体所有和私人所有的纪念建筑物、古建筑和祖传文物，其所有权受法律保护。可见法律允许私人拥有文物。本案中所涉的古钱币属原告祖父所埋，属于有主文物，原告方依法可以继承并合法占用，故应判决被告博物馆返还涉案古钱币。

（3）返还的数量。原告方主张为13口袋，大约十五六万枚。被告博物馆则称，当初钱币挖出土时，连泥带币一共装了13口袋，但经过清洗后称量估算约为55 000枚左右。法院认为，原、被告均认可出土时涉案钱币装了13口袋，但由于钱币本身重量较大且出土时还带有泥土，且原告主张的十五六万枚的依据是钱币出土时新闻媒体的相关报道，对此，被告博物馆亦认为报道未经该单位核实，对该数量不予认可，故原告主张的十五六万枚钱币数量，证据不足，不予认定。由于钱币数量、品种较多且已被法院封存，故以法院最终封存的两箱古钱币作为返还标的。

一审判决：被告博物馆于判决生效后3日内返还原告汪某诚等六人古钱币两箱（已被本院封存于被告博物馆临时库房内）。

博物馆不服一审判决，提出上诉。

二审法院认为，关于涉案古钱币是否为被上诉人祖父所有的问题，被上诉人汪某诚等六人在一、二审提供的证据，能够证明涉案古钱币为被上诉人祖父所有。首先，发掘出古钱币的地址应在被上诉人祖传房屋宅基范围内。虽然当时房屋已拆迁，但是根据现场照片，附近还有楼房存在，可作为确定地址的参照物。根据邻居某强、颜某才证明，二人在发掘出古钱币后到过现场，发掘现场在被上诉人祖传宅基范围内。被上诉人二审提供的其祖父户籍登记,虽然不是迁入时的登记,但是应是其祖父在世时根据其陈述所作登记,具有客观真实性。该证据能够证明被上诉人祖父早在1922年就迁居该地址,直到房屋被拆迁,汪家均有人居住在该老宅。其次,在拆迁前,被上诉人就多次向拆迁办、居民委员会有关人员反映其祖父在宅基下埋藏了铜币。在没有发掘出古钱币之前就反映地下有埋藏物,明确是铜币,并最后得到验证,这种预知充分证明了发掘出的古钱币是由被上诉人祖父埋藏的。对拆迁办、居民委员会所作证明的真实性,法院认为,拆迁办以及居民委员会是拆迁工作的直接参与者,作为政府领导下的一级组织和部门,在发掘出古钱币并因此产生纠纷后所作的证明,符合客观事实,可信度高。最后,被上诉人祖父在民国期间开槽坊,具备拥有本案所涉大量古钱币的背景条件。综上,一审认定涉案古钱币为被上诉人祖父埋藏有事实依据。

关于涉案古钱币的归属问题。私人可以成为文物的所有权人。被上诉人汪某诚等六人能够证明涉案古钱币属其祖父所有,且被上诉人对其祖父的财产依法亦享有继承的权利,故涉案文物为祖传文物,属有主物。

二审判决:驳回上诉,维持原判。

【法律要点解析】

我国法律对公民个人所有的文物是予以保护的。本案中,汪某诚等人祖宅内埋藏的古钱币,埋藏于几十年前,故不能因古钱币埋藏于此而当然认定其为汪某诚祖上流传下来的,归属于汪某诚等人。为证明对古钱币享有所有权,汪某诚等人向法院递交了诸多证据,且证据之间可以相互印证,最终法院采纳了汪某诚等人的主张,认定了涉案古钱币是汪某诚等人的祖传文物,汪某诚等人对古钱币享有所有权。如本案中汪某诚等人无法提供充分证据证明古钱币是其祖上流传下来的,也无其他权利人出面主张对古钱币享有权利,即此时古钱币属于无主物,则可依法认定古钱币属于国家所有。

【律师点评】

所谓埋藏物,通常是指埋藏于地下,而所有权人不明的动产。我国《民法通则》第79条规定,所有人不明的埋藏物归国家所有。同时,我国《中华人民共和国文物保护法》(以下简称《文物保护法》)第5条规定,"中华人民共和国境内地下、内水和领海中遗存的一切文物,属于国家所有"。这是我国法律对于埋藏物归属权的一般性规定。但我国法律也尊重集体所有权和公民个人所有权,《文物保护法》第6条规定,"属于集体所有和私人所有的纪念建筑物、古建筑和祖传文物以及依法取得的其他文物,其所有权受法律保护"。因此,对于埋藏物的归属,并非一概而论地认定为属于国家。一方面,当埋藏物的所有人是明确的,其对埋藏物享有的所有权将依法受保护;另一方面,《文物保护法》明确规定了一切机关、组织和个人都有依法保护文物的义务。未依法保护文物将承担民事责任、刑事责任或行政责任。《文物保护法》第79

条规定,发现文物隐匿不报或者拒不上交的,则由县级以上人民政府文物主管部门会同公安机关追缴文物,情节严重的,处5 000元以上5万元以下的罚款。构成犯罪的,还将依法追究刑事责任。

五、相邻关系

案例(050) 冯某连诉某宁等相邻关系纠纷案(外墙面使用权)

来源:(2011)湖民初字第1426号
作者:周帆

【案例导读】
建筑物外墙属于业主共有部分,但业主对与其专有部分紧密相连的外墙面是否拥有合理的使用权?这个合理使用的标准是什么?除了业主以外,物业使用权人(例如承租人)是否也有相同的外墙使用权?且看本案的审理与判决。

【案情简介】
2009年8月,被告某宁等承租厦门市湖里区金昌里×号702室;原告冯某连承租厦门市湖里区金昌里×号602室。被告将空调外机安装在原告主卧室的窗户上,因空调使用时,室外机发出的噪声和震动会影响冯某连的正常生活,故其要求被告将空调外机移走,但遭到被告的拒绝。原告认为,根据相关规定,原告的窗户属于原告所有,两被告未经原告同意,擅自将空调外机安装在原告的窗户上,侵犯了原告的权利。故向法院起诉,要求被告立即停止侵权行为,拆除安装在原告居住的厦门市湖里区金昌里×号602室主卧室窗户上的空调外机,将空调外机移至被告房屋对应的空调安装位置,并向原告赔礼道歉。

被告某宁等辩称:建筑物外墙墙面属于业主共有。被告在安装空调时,曾向小区的物业管理处征询意见,也与原告进行过沟通,经原告和物业管理处一致认可才进行安装,安装位置也符合小区物业管理相关规范。原告诉称被告擅自在其窗户上安装空调外机,与事实不符。此外,自安装外机以来,被告从未使用过空调,何来所谓噪声和震动?更不可能对原告的生活造成影响。原告应立即停止对被告的不实诬告和名誉侵犯。恳请法院驳回原告的诉求。

【审理与判决】
1. 争议焦点
(1)被告能否使用建筑物外墙面?

（2）被告应如何使用建筑物外墙？

2. 判决过程

法院判决：被告于本判决生效之日起 10 日内，拆除安装在原告承租的位于厦门市湖里区金昌里×号 602 室房屋主卧窗户上方窗台上的空调外机，移至被告租住的厦门市湖里区金昌里×号 702 室房屋对应的外墙空调位置。驳回原告冯某连的其他诉求。

判决后双方均未上诉。

【法律要点解析】

1. 建筑物外墙面的产权归属

现行《物权法》对建筑物区分所有权规定得比较原则化，对专有部分和共有部分的区分不够详细，容易引起争议与纠纷。因此，最高人民法院于 2009 年 10 月 1 日起施行《关于审理建筑物区分所有权案件具体应用法律若干问题的解释》。依据该解释第 3 条规定，建筑物外墙面属于业主共有部分。但业主对与其专有部分紧密相连的外墙面拥有合理的使用权，因为该外墙面是业主专有部分的合理延伸。

2. 如何合理使用建筑物外墙

虽然业主可以使用建筑物外墙，但是要遵守一定标准：一是位置上必须是与业主专有部分紧密相连的外墙部分；二是不以营利为目的，如果营利，营利所得应归业主共有；三是不得违反法律法规和管理规约，否则其使用权不受保护；四是不得损害他人合法权益，否则应承担侵权责任。

3. 物业使用权人是否同样拥有建筑物外墙的使用权

物业使用权人包括承租人和借用人等，是否与业主同样拥有建筑物外墙的使用权？因为业主所有权包括用益物权在内，出租与出借实际上均为业主所有的用益物权的有限让渡，如当事人之间无特殊约定，应视为承租人和借用人拥有和业主同样的使用权，故本案承租人同样可以合理使用业主共有的外墙面，以解决生活中的相关问题。

【律师点评】

本案案情虽然简单，但是涉及的法律关系还是比较复杂的，涉及共有部分如何合理使用的问题。虽然理论上业主对共有部分具有平等的使用权，但是实际上，不同业主对共有部分的使用权并非完全均等，存在一个"最密切联系"的法则。例如，业主对与其专有部分紧密相连的外墙面拥有合法使用权，虽不属于专有使用权，但起码是优先使用权。而非紧密相连的业主虽然也有使用权，但是没有优先权，而且不能损害紧密相连的业主的合法权益。

本案法官情况调查翔实，裁判文书中说理分析到位，令原告和被告双方心服口服，很好地实现了化解纠纷、平息诉讼的审判目标。

案例（051） 崔某忠诉北京市轨道交通建设管理有限公司等相邻关系纠纷案（施工侵权）

来源：（2012）二中民终字第03697号
作者：周帆

【案例导读】
政府基础建设基本上属于公共利益，在工程施工过程中，给相邻不动产所有权人和使用权人造成一定影响和损害时，如何在公共利益与公民个人利益之间取得平衡？对造成较大损害的情况应该如何赔偿？请看本案如何处理。

【案情简介】
崔某忠系位于丰台区宋庄路×号院8号楼S01号（以下简称"S01号"）的房屋的产权人，该房屋建筑面积为204.29平方米，设计用途为商业。

崔某忠与案外人刘某于2007年10月5日签订租赁合同，约定：刘某承租S01号房屋作为商用；租赁期限自2007年10月5日始至2012年10月4日止；该房屋年租金为人民币894 790元。后刘某以地铁施工导致其承租的房屋客源稀少、无法达到预期经营效果为由，向崔某忠提出解除租赁合同。2009年4月4日，崔某忠与刘某签订解除租赁合同协议书，约定：双方解除租赁合同，解除事由为北京市轨道交通建设管理有限公司（以下简称"轨道交通公司"）地铁施工导致刘某承租的房屋客源稀少，无法达到预期经营效果；租赁合同解除后，双方互不承担任何责任。崔某忠称此后该房屋一直处于空置状态。

法庭另查明：S01号房屋所在8号楼东侧为宋庄路。轨道交通公司系北京地铁亦庄线宋家庄站工程的发包方，中铁四局集团有限公司（以下简称"中铁四局"）作为北京地铁宋家庄站的实际施工方，在施工期间对靠近8号楼东侧的宋庄路施工现场设有围挡，车辆因地铁施工而改道绕行。

法庭再查明：中铁四局曾因施工对8号楼的部分商户进行过一定补偿。2009年4月1日，中铁四局因施工给使用丰台区宋庄路×号院8号楼S04号房屋的案外人林某枝带来影响和不便，以中铁四局北京地铁亦庄线01标项目经理部作为甲方、林某枝作为乙方，签订协议书，约定：宋庄路封路后，甲方依据乙方商铺出租单价每天7.09元/平方米的45%为基数补偿，房屋面积按乙方房产证所注面积即309.34平方米计，时间为1年，自2009年4月1日至2010年3月31日，共计人民币355284元。实际影响时间以商铺前围挡拆除为准，不足1年时间按1年计，超过1年时间的，按上述补偿标准顺延。本协议自2009年4月1日开始生效，到商铺前围挡拆除时废除。中铁四局称于 2010 年 11 月份拆除围挡、恢复道路。

【审理与判决】

1. 诉讼当事人

原告为崔某忠,被告一为中铁四局,被告二为轨道交通公司。

2. 争议焦点

(1)被告是否侵犯原告的相邻权?

(2)原告损失应如何认定?

3. 审判过程

一审法院判决:被告一赔偿因施工给原告造成的损失 30 万元;被告二就上述给付承担连带赔偿责任。两被告不服,提起上诉。

二审法院判决:驳回上诉,维持原判。

【法律要点解析】

1. 施工项目对相邻关系损害如何判定

一般情况下,建设项目周边的相邻人对施工具备合理限度的"容忍义务"。施工造成的噪声、粉尘应按建设标准控制在一定限度以内,相邻人应予以谅解。但超出标准,给相邻人造成损害则构成侵权。围挡是施工所需的设施,如果在短时间内造成通行不便,相邻人亦应予以谅解。但是如果因围挡设置时间较长,造成相邻商户的经济损失,则构成相邻权侵害,依法应予以赔偿。本案施工方设立围挡时间长达 9 个多月,造成相邻商户客源大量减少,严重影响经营,导致租户提前解除租约,无疑给业主造成租金损失。在损失客观存在的情况下,赔偿就是应有之义。

2. 本案如何赔偿比较公平

本案相邻物业使用权人因施工影响提前解约,导致原告租金损失,因此原告索赔 120 万元。该损失应当考虑如下因素:(1)围挡的存续时间:19 个月;(2)该区位的租金水平;(3)赔付率;(4)其他因素。本案参照被告之前主动赔付的先例,按出租单价 45% 的比例进行赔付,判决没对理由加以说明。但两被告上诉显然不合情理,既然之前自己主动赔付有例可循,此次赔付按照之前双方协商妥协所达成的标准,又有何理由可以自行推翻呢?故二审判决维持原判。

【律师点评】

1. 公共利益与公民利益的平衡问题

造桥修路是政府基建项目,基本属于公共利益范畴。在施工过程中对周边居民造成一定损害,这是不可避免的。在损害不大的情况下,周边居民有容忍义务。故施工方经常会挂出致歉牌,写明"因施工给大家造成不便特表歉意",显然是安抚人心的聪明做法。总之,应当按照有利生产、方便生活、团结互助、公平合理的基本原则处理相邻关系;利用相邻不动产的,应当尽量避免对相邻不动产权利人造成损害;如果造成较大损害,应当给予补偿。唯有如此,才能使公共利益和公民利益得到平衡。

2. 发包方与承包方承担连带责任问题

本案中,法院判决工程发包方轨道交通公司与工程承包方中铁四局承担连带责任。因为发包方是工程项目的业主单位,是本案相邻关系侵权的责任方;承包方中铁四局是施工方,是本案侵权行为的实施方。两单位显然形成连带侵权责任,所以成为本案的共同被告。

案例（052） 马某与耿某相邻关系纠纷案（通风）

来源:(2013)西民初字第23252号
作者:李吏民

【案例导读】

相邻关系,是指两个或两个以上相互毗邻的不动产的所有人或使用人,在行使不动产的所有权或使用权时,因相邻各方应当给予便利和接受限制而发生的权利义务关系。

随着社会经济的发展,人与人之间日常生产生活关系纠纷呈现复杂化和多发性的态势。本案即为一起因相邻关系处理不当引发的典型纠纷案件。

【案情简介】

原告马某与被告耿某系邻居,同住在北京市西城区后马厂胡同×号院内,马某租住在该号院的一间北房内,耿某居住的南房位于马某租住的北房的北面。耿某在其居住的南房前搭建自建房一间,并在自建房东墙上安装了空调室外机一台,该空调室外机距马某居住的北房的北窗户不足一米;另耿某在马某居住房屋的北墙外搭建自建小棚一个,该小棚东西长约1.8米、高约1.5米,小棚高度与马某北房北窗台高度基本在一个水平面上,小棚内外放有一些杂物。

原告马某认为被告耿某安装的空调室外机和搭建的小棚对自己的生活造成了严重的影响,在多次与耿某协商未果的情况下,马某起诉到法院。马某诉称,耿某在其自建房外安装的空调室外机,正对着原告北房的北窗户,且相隔很近。每年夏天,被告一开空调,热气直往原告屋内吹,原告无法开窗通风;另外被告在原告北房北窗户下堆积了很多杂物,导致下雨时雨水流入原告屋内。原告要求:(1)被告将其自建房外墙上的空调室外机移走;(2)被告将原告北房北向窗户下的自建小棚拆除并将堆积的杂物清理干净。

被告耿某对原告诉称的安装空调室外机和搭建小棚的事实不予否认,但认为其空调室外机冲着东边,不会将热气吹到原告屋内,不同意原告的诉讼请求。

【审理与判决】
1. 诉讼当事人
原告马某,被告耿某。
2. 争议焦点
耿某安装空调室外机和搭建小棚的行为是否给马某的正常生活造成了妨碍?
3. 判决过程
法院经审理认为,我国法律规定,不动产的相邻各方,应当按照有利生产、方便生活、团结互助、公平合理的精神,正确处理截水、排水、通行、通风、采光等方面的相邻关系。给相邻方造成妨碍或者损失的,应当停止侵害、排除妨碍、赔偿损失。本案中,被告的空调室外机距原告的窗户不足一米,空调室外机工作时排放的冷热风及产生的噪声确实对原告的正常生活造成妨害,故原告要求被告将该空调室外机移走之诉讼请求符合法律规定,本院应予支持。被告搭建的自建小棚高度与原告的北窗台基本持平,确实对原告的正式房造成一定影响,故原告要求被告拆除该自建小棚的诉讼请求符合法律规定,法院判决:被告耿某将其居住的北京市西城区后马厂胡同×号院内自建房东墙上的空调室外机移走,将自建小棚拆除,并将渣土及杂物清理干净。

一审判决后,原被告双方都没有上诉,判决发生法律效力。

【法律要点解析】
耿某安装空调室外机和搭建小棚的行为是否给马某的正常生活造成了妨碍?
院内一间北房经法院现场勘查,该空调室外机距原告北窗不足1米。被告在原告的北墙外搭建自建小棚一个,该小棚东西长约1.8米、高约1.5米,小棚高度与原告北窗台基本持平。小棚内外放有杂物。另查,原告北窗台下的墙面发黑、墙皮脱落。在本案中,被告的空调室外机距原告的窗户不足1米,空调室外机工作时排放的冷热风及产生的噪声确实对原告的正常生活造成妨害;被告搭建的自建小棚高度与原告的北窗台基本持平,确实对原告的正式房造成一定影响。因此,耿某安装空调室外机和搭建小棚的行为给马某的正常生活造成了妨碍。

【律师点评】
我国的《民法通则》第83条、《物权法》第84条至92条对相邻关系的处理作了比较详尽的规定。在本案中,原告和被告作为相邻权的两方,被告在行使自己的相邻权时,因为没有尽到不得妨碍原告合理行使权利的义务,侵犯了原告的相邻权,故原告有权请求排除妨碍,法院也据此支持了原告的诉讼请求。

本案中被告对自己侵害原告相邻权的事实是明知的,按照一般人的生活常识也是很容易想到的,但因为贪图方便和对邻里矛盾不能冷静理智处理,不愿作出让步,以致引发纠纷。在邻里关系的处理上,如果能互谅互让,多从方便对方的角度出发、换位思考,会避免很多无谓的纠纷。

案例(053) 相某军诉北京檀州房地产开发有限公司相邻关系纠纷案(采光、日照)

来源:(2008)密民初字第 5193 号
作者:王永利、李兵

【案例导读】如何实现日照采光的赔偿损失请求权?请看本判例。

【案情简介】
2002 年 10 月,原告相某军与被告北京檀州房地产开发有限公司(以下简称"檀州房地产公司")签订了《商品房买卖合同》,其购买了被告开发的长安小区 25 号楼 1 单元 101 室房屋,并于 2002 年 12 月入住。2003 年 4 月,被告在距离原告居住的房屋南侧阳台不足四米处建两层楼房一栋,该楼建完后,原告居住的房屋室内采光几乎全部被遮挡。原告多次要求被告和有关部门给予解决,但均遭到拒绝和推诿,直到 2008 年 4 月 28 日,北京市规划委员会密云分局(以下简称"密云规划局")才对原告的请求给予《信访答复意见函》。原告认为,被告在出售该楼房时,故意隐瞒事实进行欺诈,致使原告购买的房屋采光受到遮挡,正常的家庭生活受到严重的影响,只要进家就必须开灯,原告及家人的身体健康因此受到了损害,房屋贬值。起诉请求判令被告:(1)赔偿原告电费损失 38 325 元;(2)赔偿原告因遮光造成的房屋贬值损失,以评估数额为准;(3)赔偿原告采光损失及精神损害 5 万元;(4)被告承担全部诉讼费用及鉴定费用。

对于原告的诉讼请求,被告辩称,原告购买商住两用楼房时,相中此楼房的商铺位置,多次找被告要求购买该楼房,当时配房地基基础已打好,被告已告知其该楼房前还有配房未建,将来存在遮阳情况,但原告坚持要买。当时销售的商住房的均价为每平方米 5 000 元,考虑到将来配房遮挡问题,给原告优惠到每平方米 2 793 元。现遮挡采光的房产产权不属于被告公司,故请求驳回原告的诉讼请求。

密云县人民法院经公开审理查明:密云县长安小区系被告开发建设。2001 年 9 月 25 日,北京市规划委员会密云分局对被告改造建设的密云县长安小区建设项目总平面方案进行了审定,所审定的方案中,26 号商住楼(现为 25 号)西侧单元西户(即原告购买的房屋)南侧的二层商业房是统一规划的该小区配套公建,被告分两期工程办理了该小区的商住楼及配套公建的规划手续,商住楼项目为一期,配套公建为二期,配套公建不属于后插建项目。密云规划局在审批被告的长安小区规划方案时,曾提出配套公建对居民住宅楼的采光存在一定的影响,要求被告提出解决方案。2002年8月10日,被告向密云规划局作出书面承诺,内容为:关于长安小区25号、27号、29号、31号和33号一层遮阳一事,我公司作出承诺,一层不作为住宅商品房出售,如因此造成遮阳纠纷,由我公司自行协商解决。在被告作出承诺后,密云规划局对配套公建项目核发了建设工程规划许可证。

案件审理期间,被告向法院提交其保存的与原告签订的《商品房买卖合同》,在该合同书第3页第5条,面积确认及面积差异处理条款第1项双方自行约定处,手写有"因前边有配房遮阳情况,商住房价格(均价)每平方米5 000元1平方米给她优惠2 700多元钱1平方米"字样,用以证明被告在向原告销售涉案楼房时已向原告告知遮阳情况,而原告向法院提交的《商品房买卖合同》在此处为空白。原告对于被告提交的《商品房买卖合同》不予认可,指出该内容系被告私自添加的,原合同无此约定。法院为此调取了建行密云支行在原告办理购房按揭贷款时保存的原、被告签订的《商品房买卖合同》,该合同中无此项约定。诉讼期间,法院对原告提出的住宅日照、采光遮挡情况进行了实地勘验,被告在原告住宅南侧所建配套商业楼房北侧墙高约7米、宽约7米,距原告房南阳台外沿墙约3.9米、西侧南卧室窗外沿墙5米,原告住宅南面在同时间段受到日照的时间晚于和少于同楼一层的其他住户。就遮挡建筑对原告住宅光照的影响程度,法院委托有关鉴定机构对此进行鉴定。因鉴定需要相关建筑的施工图纸等资料,经法院释明,被告檀州房地产公司未提供鉴定所需资料,鉴定工作未能顺利实施,致使原告相某军通过鉴定证明其主张事实的目的不能实现。

密云规划局的《信访答复意见函》证明配套公建对居民住宅楼的采光存在一定的影响。

【审理与判决】

1. 争议焦点

(1)相邻关系纠纷类别;

(2)相邻关系中通风、采光和日照妨害的性质;

(3)相邻关系中通风、采光和日照妨害的判断标准;

(4)相邻关系中通风、采光和日照妨害的救济方式和应用。

2. 判决过程

法院经审理认为:建造建筑物须遵守国家有关工程建设标准,不得妨碍相邻建筑物的通风、采光和日照。根据现有证据,被告檀州房地产公司出售给原告相某军的房屋,所在楼宇在规划中即存在配套公建商业楼与商住楼建筑间距及日照方面的影响,规划部门还就此特别要求被告檀州房地产公司提出解决方案,檀州房地产公司向规划部门作出承诺,被遮阳住宅不作为住宅商品房出售,但在实际履行中,檀州房地产公司未能履行承诺;另据常识可知,建筑间距及日照情况直接影响着建筑的采光状况,进而直接影响买受人的起居生活。庭审中,檀州房地产公司虽称在原告购房时已告知其配套房对采光的遮挡情况,但缺乏证据,本院对其主张不予采信。原告相某军主张上述建筑间距及日照影响情况,实质上即为其房屋所在楼宇的采光不符合国家及北京市有关标准,檀州房地产公司对此不予认可,应对此争议事实承担举证责任。相某军为证明影响其日照、采光受影响事实存在,提出了鉴定申请,因被告檀州房地产公司未提供鉴定所必需的建筑图纸而未成,但不能以此免除被告对争议事实的举证责任。本院经现场勘查,因被告在原告住宅南侧所建配套公建的遮挡,原告住宅在同时间段受到光照的时间晚于同楼一层的其他住户,且密云规划局在审批长安小区规划方案时,就已向被告檀州房地产公司提出配套公建对居民住宅楼的采光存在一定的影响,要求被告檀州房地产公司提出解决方案,本院据此认定原告主张的采光权益受到损害的事实成立,被告檀州房地产公司应对此损害承担相应的法律责任。虽然原告房屋受到遮挡的程度未能被鉴定确认,但是结合本案的实际情况及被告在本案中的过错责任等因素,并参照现行相关规定,对因此给原告造成的日照、采光损失,本院酌情予以判定;原告要求赔偿精神损害,于法无据,本院不予支持;原告主张的房屋贬值损失,无依据,本院不予支持。判决如下:(1)本判决生效之日起10日内,被告檀州房地产公司赔偿原告相某军房屋采光权益损失3万元。(2)驳回原告相某军的其他诉讼请求。

【法律要点解析】

根据《民法通则》第83条规定:"不动产的相邻各方,应当按照有利生产、方便生活、团结互助、公平合理的精神,正确处理截水、排水、通行、通风、采光等方面的相邻关系。给相邻方造成妨碍或者损失的,应当停止侵害,排除妨碍,赔偿损失。"此外,根据最高人民法院《民通意见》第97—103条的相关规定,相邻关系纠纷可以分为六类:相邻用水、排水纠纷;相邻采光纠纷;相邻通风纠纷;相邻通行纠纷;相邻土地利用关系纠纷;相邻损害防免关系纠纷。本案具体涉及的是通风、采光和日照相邻关系纠纷。

《物权法》第84—92条规定了相邻关系的处理原则、法律法规依据、相邻关系的类型以及相邻关系的损害赔偿,明确了相邻关系纠纷是一种民事法律关系的性质,应按照民事纠纷进行处理。其中关于通风、采光和日照相邻关系纠纷,在第89条[①]作为一个单独条款进行规定,明确了判断通风、采光和日照妨害构成与否的重要客观标准是"国家有关工程建设标准"。

---

① 《物权法》第89条规定:"建造建筑物,不得违反国家有关工程建设标准,妨碍相邻建筑物的通风、采光和日照。"

【律师点评】

1. 有关采光、日照妨害的相邻关系性质

不动产权利人之间的通风、日照和采光关系是相邻关系的一种类型，属于民法中相邻关系制度的范畴。相邻关系又称相邻权，其是一种用益物权还是一种对所有权的限制，在国内并没有统一的观点，依据《物权法》的相关规定，相邻权是一种不动产物权，属于用益物权的一种。但部分学者认为"相邻权并不是一种独立的用益物权，而是对不动产所有权的限制"。根据我国法律有关相邻关系的规定，在法律手续齐全的前提下，不动产权利人有权在其建设用地或宅基地上建造建筑物，但是此种权利的行使必须要考虑到他人的利益，不能滥用权利阻挡他人的通风、采光和日照等。相邻权实质上是对所有权的限制和延伸。

2. 相邻关系中通风、采光和日照妨害的判断标准

《物权法》第89条规定，"建造建筑物，不得违反国家有关工程建设标准，妨碍相邻建筑物的通风、采光和日照"，明确了判断是否构成通风、采光和日照妨害，必须要考虑建造建筑物是否违反了国家有关工程建设标准，这一点从案例中法院向密云规划局调查取证中关于被告是否取得相关法律手续、房屋建设是否符合相关建筑标准可以明确看出。但是否构成妨害建筑物的通风、采光和日照，国家有关工程建设标准并非是唯一需要考虑的标准，在具体的司法实践中，对于不存在违反国家有关工程建设标准的，还应考虑尊重当地的习惯，考虑通风、采光和日照的情况是否超出一般理性人的容忍限度。

在国家建设规划内的地区，采光、日照妨害的具体判断方法如下：当系争的新建建筑物未违反建筑物间距的规定，但却减少了相邻建筑物的日照时间时，如果减少后的日照时间依然在日照时间标准之内，则未超过容忍义务的范围或社会观念上的忍受限度，不构成相邻日照、采光妨害，但由于给相邻方造成了损失，所以应根据公平合理精神对相邻方进行补偿。如果减少后的日照时间低于日照时间标准，则违反了国家有关工程建设标准，构成相邻日照、采光妨害。系争的新建建筑物违反建筑间距的规定，相邻建筑物的日照时间减少到低于日照时间标准的，由于违反了国家有关工程建设标准，同样应认定构成相邻日照、采光妨害。

3. 相邻关系中通风、采光和日照妨害的救济方式和应用

相邻关系纠纷中通风、采光和日照妨害的具体民事救济方式在《民法通则》第83条中明确规定为"停止侵权，排除妨害，赔偿损失"，即权益人可以依法主张"停止侵害请求权""排除妨害请求权""赔偿损失请求权"。但在实务操作中，确定具体的民事救济方式，仍需具体情况具体分析。如一幢新建建筑对相邻建筑底层一部分不动产权利人构成了采光、日照妨害，如果建筑物均为合法建筑，则出于对经济利益和社会价值的考量，一般适宜采取赔偿损失的救济方式，不宜支持受害相

邻不动产权利人主张的停止侵害、排除妨害请求权。如果新建建筑是未经行政审批的违法建筑物或搭建物，则一般应支持相邻不动产权利人要求停止建造或予以拆除的请求。

三种民事救济方式中，拆除建筑物浪费的社会财富是最多的，远远超过受害不动产权利人的赔偿所需，除非加害建筑物是违法建筑，否则主张停止侵害请求权和排除妨碍请求权应受到严格的限制。作为替代救济方式，当事人只能主张赔偿损失。由此可知，具体民事救济方式中使用频率最高的应该是赔偿损失请求权。

4. 本案应适用法律

本案适用了《民法通则》第83条，但笔者认为适用《物权法》第89条更为恰当。

《民法通则》第83条规定："不动产的相邻各方，应当按照有利生产、方便生活、团结互助、公平合理的精神，正确处理截水、排水、通行、通风、采光等方面的相邻关系。给相邻方造成妨碍或者损失的，应当停止侵害，排除妨碍，赔偿损失。"该条主要指的是邻里之间的纠纷。

《物权法》第89条规定："建造建筑物，不得违反国家有关工程建设标准，妨碍相邻建筑物的通风、采光和日照。"本案是业主和房地产开发商之间的纠纷，因此适用本条法律规定。

5. 采光权纠纷赔偿的诉讼策略

采光权纠纷赔偿的计算在国内法律中并没有量化的标准，因此，原告以檀州房地产公司欺诈为由，提起违约诉讼为宜，诉讼策略在于，檀州房地产公司在出售涉案房屋时并未告知原告房屋的采光权会受到影响，这势必构成欺诈，那么作为原告可以选择违约诉讼或侵权诉讼，如果选择违约诉讼，原告可以要求檀州房地产公司支付违约金并赔偿损失，如构成根本违约，原告甚至可以要求解除合同赔偿损失。而原告选择侵权诉讼，则不易争取更大利益。

案例（054）　苏某伟与朱某勇相邻关系纠纷案（通行）

来源：(2015)浦民一(民)初字第37583号
作者：王永利

【案情简介】

原告苏某伟与被告朱某勇系同幢楼房上下层邻居。2012年初，朱某勇将上海市浦东新区凌兆路×弄×号×室房屋原安装在走道西面外墙上的向外开启的栅栏式防盗门拆除后，将墙面封闭，另行拆除走道北面外墙，安装了向外开启的全封闭的防盗门。2015年初，苏某伟入住同幢楼房601室房屋后，对此提出异议，并通过小区所属物业管理公司和居民委员会与朱某勇沟通未果,遂向上海市浦东新区人民法院提起诉讼。原告苏某伟要求被告立即拆除防盗门,并将外墙等恢复原状。被告辩称,被告安装的防盗门并不影响原告的通行。原告因与居住同幢楼房602室的被告哥哥发生相邻纠纷,才故意报复被告,故不同意原告的诉讼请求。

【审理与判决】

1. 争议焦点

(1)被告朱某勇的行为是否侵犯了原告苏某伟的相邻权?

(2)如构成侵权,如何承担责任?

2. 判决过程

一审判决:被告朱某勇于本判决生效之日起30日内拆除其在上海市浦东新区凌兆路×弄×号×室房屋北面外墙上安装的全封闭防盗门,并将房屋外墙恢复原状。

【法律要点解析】

相邻关系是指土地、土地上的自然物或建筑物的相邻所有人在使用或经营这些相邻的不动产时,相互发生的权利义务关系。本案中,原被告住同幢楼房,且原告苏某伟通行的合理路线需要经过被告朱某勇的门前区域,原被告属于相邻关系方。

不动产的相邻权人应当按照有利生产、方便生活、团结互助、公平合理的原则正确处理相邻关系。本案中被告朱某勇擅自对墙面及防盗门的操作行为影响妨碍了原告苏某伟的通行,对原告苏某伟的相邻权造成侵犯。

承担民事责任的方式主要有:(1)停止侵害;(2)排除妨碍;(3)消除危险;(4)返还财产;(5)恢复原状;(6)修理、重作、更换;(7)继续履行;(8)赔偿损失;(9)支付违约金;(10)消除影响、恢复名誉;(11)赔礼道歉。本案中,被告朱某勇的行为影响到原告的正常生活,最适宜的处理方式是将楼道恢复原状,使原告可以正常通行。

【律师点评】

相邻关系纠纷是日常生活中经常见到的纠纷类型,发生于相邻生活的双方之间。《物权法》规定相邻双方应当按照有利生产、方便生活、团结互助、公平合理的原则正确处理相邻关系,但实际生活中,经常会有一方为了自己的利益私自改造相邻区域,影响另一方的通行、采光、排水等方面的权利。

相邻通行权利也不能随意扩大,应以合理的范围为限,即一方权利的行使须以利用相邻一方的土地为条件,若不利用相邻一方的土地,就无法行使自己的民事权利,影响自己正常的生产或者生活。

一方在相邻关系受到侵犯提起诉讼时,证据的保全是非常重要的。本案中,由于原被告双方均提供了涉案区域的照片,法官得以对涉案防盗门是否构成侵权进行认定。而如果被告对原告提交的照片不认可,则原告的举证就要更加严密。实践中,可以采用公证照相、录像的方式进行举证,会大大提高证据的公信力,同时,申请法官到现场实地勘察也是一种有效的方法。

本案中法院认定被告朱某勇的行为影响了整幢楼房的结构安全,所以被告朱某勇的行为也对整幢楼房的住户的人身及财产安全造成了侵犯,所以,同楼房的其他住户也享有排除妨害请求权,有向被告朱某勇主张排除妨害、消除危险的权利。

案例（055） 邓某治诉宜昌某饮料公司大气污染责任纠纷案（空气污染）

来源：(2011)宜中民三终字第00268号
作者：逄伟平

【案例导读】

环境污染侵权纠纷属于特殊的侵权纠纷,适用举证责任倒置规则。受害人只需对其所受损害及侵害人实施侵害行为承担举证责任;对于侵害人不承担责任或减轻责任及其行为与损害之间不存在因果关系等事实,由污染者承担举证责任。本案即是一起环境污染侵权纠纷案,法院对于原、被告双方的举证责任是如何分配的呢?

【案情简介】

邓某治的房屋与枝江市财政学校相邻,中间隔着一条马路,位于该校西南方向。

2010年8月24日,根据枝江市气象局证明,当天空气湿度较大,刮东北风,20时后有小雨。当天早上8时以后,枝江市财政学校校内西侧冒出大量刺激性浓烟,直至天黑以后浓烟才逐渐消散。两天后,邓某治及周围的邻居发现房屋的不锈钢门窗、防盗网出现锈蚀现象,遂怀疑门窗、防盗网的锈蚀与浓烟有关。邓某治找财政学校的校长张某发投诉后,又找租借该校房屋和场地生产饮料的宜昌某饮料公司索赔,宜昌某饮料公司派员查看了现场,同意先做清洁处理。但当邓某治及六位邻居要求宜昌某饮料公司赔偿时,宜昌某饮料公司未再答复邓某治等人的要求。

2010年9月6日,邓某治等七人向枝江市环境监察大队递交了投诉信。

2010年9月17日,枝江市环境监察大队书面答复邓某治等人:经安排环境监察人员现场调查,焚烧物品为宜昌某饮料公司的废旧商标和垃圾,宜昌某饮料公司擅自焚烧垃圾、排放污染物且未经环保设施处理,属于违法行为,已对该公司提出处理意见。收到该答复后,邓某治等人申请枝江市环境监察大队就邓某治等人的损失赔偿问题主持调解,但因宜昌某饮料公司不同意调解,双方未能达成协议。

2011年4月11日,邓某治诉至法院,要求宜昌某饮料公司赔偿损失。

2011年6月13日,经枝江市物价局价格认证中心鉴定,邓某治家的不锈钢门窗等制品于基准日(2010年8月24日)的损失为3056元。该鉴定的鉴定费500元,已由邓某治和其他财产受损的邻居共七人预交,邓某治同意分担70元。邓某治对枝江市物价局价格认证中心具备鉴定资质不持异议,对鉴定程序合法性不持异议,但认为鉴定结论不合理。

湖北省宜昌市枝江市人民法院于2011年7月21日作出(2011)枝民初字第688号民事判决:宜昌某饮料公司于判决生效之日起10日内赔偿邓某治损失3126元。案件受理费25元,由宜昌某饮料公司负担。

宣判后,原告邓某治与被告宜昌某饮料公司均向湖北省宜昌市中级人民法院提起上诉。

湖北省宜昌市中级人民法院经审理查明,原审查明的事实属实,另查明,枝江市物价局价格认证中心因故无法在原审庭审中出庭,经原审法院准许,于2011年7月8日出具《关于对邓某治等人财产损失价格鉴定有关情况的说明》,书面答复了邓某治的质询。

湖北省宜昌市中级人民法院于2011年11月16日作出(2011)宜中民三终字第00268号民事判决,判决驳回上诉,维持原判。

【审理与判决】

1. 诉讼当事人

原告为邓某治,被告为宜昌某饮料公司。

2. 争议焦点

(1)宜昌某饮料公司是否实施了污染环境的行为?

(2)宜昌某饮料公司污染环境的行为与邓某治的不锈钢门窗等锈蚀是否存在因果关系?

3. 判决过程

一审法院认为:(1)关于宜昌某饮料公司是否实施了污染环境的行为。宜昌某饮料公司焚烧废旧商标和垃圾,有证人张某发亲眼见到宜昌某饮料公司的女工将废旧商标从仓库拖到垃圾坑进行焚烧的证言及枝江市环境监察大队事后的调查结论证实,可以采信。宜昌某饮料公司辩称朱某华为焚烧废旧商标和垃圾的行为人,除了朱某华本人的陈述外,没有其他证据证实,且宜昌某饮料公司辩称与朱某华之间有委托加工合同关系,但提供的合同仅为复印件,主要内容不全、无原件核对,不足以证实双方存在委托加工合同关系。虽然焚烧的商标的印制内容为康师傅冰红茶、康师傅茉莉花茶,但仅凭印制的内容不足以否认该废旧商标不属于宜昌某饮料公司。因宜昌某饮料公司提供的证据不足以证实焚烧废旧商标和垃圾的行为人是朱某华,且朱某华本人已作为证人出庭作证,原审法院决定,朱某华不作为第三人参加诉讼。宜昌某饮料公司焚烧废旧商标和垃圾时没有经过环保设施处理,应认定其实施了污染环境的行为。

(2)关于宜昌某饮料公司污染环境的行为与邓某治家的不锈钢门窗等的锈蚀是否存在因果关系。宜昌某饮料公司在财政学校的西侧垃圾坑焚烧废旧商标和垃圾,按照当天的风向,邓某治的房屋在焚烧废旧商标和垃圾产生的浓烟范围之内。两天后,邓某治家的不锈钢门窗等出现锈蚀现象,按照塑料燃烧后会产生大量刺激性、腐蚀性气体的科学原理,结合邓某治家不锈钢门窗等损坏的特点,可以初步认定邓某治家的不锈钢门窗等的锈蚀与宜昌某饮料公司实施的污染环境的行为有关。根据《侵权责任法》第66条规定:"因污染环境发生纠纷,污染者应当就法律规定的不承担责任或者减轻责任的情形及其行为与损害之间不存在因果关系承担举证责任。"最高人民法院《关于民事诉讼证据的若干规定》第2条规定:"当事人对自己提出的诉讼请求所依据的事实或者反驳对方诉讼请求所依据的事实有责任提供证据加以证明。没有证据或者证据不足以证明当事人的事实主张的,由负有举证责任的当事人承担不利后果。"宜昌某饮料公司认为邓某治家的不锈钢门窗等的锈蚀与其无关,应提供焚烧废旧商标和垃圾的行为与不锈钢门窗等的锈蚀不存在因果关系的证据,但宜昌某饮料公司没有提供相关证据,应承担不利后果。原审法院认定邓某治家的不锈钢门窗、防盗网等的锈蚀与宜昌某饮料公司污染环境的行为有因果关系。

(3)关于邓某治损失的认定。邓某治家的不锈钢门窗、防盗网等不锈钢制品的损失已由枝江市物价局价格认证中心鉴定,该中心具备鉴定资质,鉴定程序合法,鉴定结论无明显依据不足的情形,对该中心的鉴定结论予以采信。

(4)关于宜昌某饮料公司对邓某治损失的承担。《侵权责任法》第65条规定:"因污染环境造成损害的,污染者应当承担侵权责任。"宜昌某饮料公司实施了污染环境的行为,造成邓某治家的不锈钢门窗、防盗网等不锈钢制品锈蚀,邓某治要求宜昌某饮料公司赔偿相关损失的请求符合该规定,予以支持。该法第66条同时规定:"因污染环境发生纠纷,污染者应当就法律规定的不承担责任或者减轻责任的情形及其行为与损害之间不存在因果关系承担举证责任。本案诉讼中,宜昌某饮料公司没有提供可以减轻责任或者免责的证据,故应全额赔偿邓某治家的不锈钢门窗、防盗网等不锈钢制品因锈蚀造成的损失。

二审法院认为:根据《侵权责任法》第 19 条"侵害他人财产的,财产损失按照损失发生时的市场价格或者其他方式计算"的规定,枝江市物价局价格认证中心鉴定结论对财产损失价格鉴定方法采取的是市场法和成本法,符合法律规定。

根据最高人民法院《关于民事诉讼证据的若干规定》第 71 条"人民法院委托鉴定部门作出的鉴定结论,当事人没有足以反驳的相反证据和理由的,可以认定其证明力"的规定,由于邓某治没有提供足以反驳鉴定结论的相反证据和理由,人民法院应当对枝江市物价局价格认证中心的鉴定结论予以采信。邓某治主张撤销枝江市物价局价格认证中心的鉴定结论的理由不能成立,本院不予支持。

本案中宜昌某饮料公司除了证人朱某华的证言外,没有提供其他证据证明不是宜昌某饮料公司实施污染环境的行为,而是朱某华实施污染环境的行为。宜昌某饮料公司主张其没有实施污染环境行为的理由不能成立,本院不予支持。由于朱某华与本案没有直接的利害关系,无须追加其为本案当事人。综上,上诉人的上诉理由均不能成立,其上诉请求本院不予支持。原判认定事实清楚,适用法律正确。

【法律要点解析】

《侵权责任法》第 66 条规定:"因污染环境发生纠纷,污染者应当就法律规定的不承担责任或者减轻责任的情形及其行为与损害之间不存在因果关系承担举证责任。"

本案属于污染环境的特殊侵权纠纷,适用举证责任倒置。举证责任倒置并不是原告方完全不承担举证责任,原告仍需就存在加害行为以及自己受到损害承担举证责任,如无法举证则承担不利后果。被告认为不应当承担责任或者减轻责任以及无因果关系,应承担举证责任,如无法举证则承担不利后果。

【律师点评】

本案为污染环境的特殊侵权纠纷,原告就被告的加害行为和自己的财产受到损害提交了证据。被告提交证人证言欲证明加害行为不是被告实施的,被告不应当负责任。在双方都举证的情况下,需要对双方证据的证明力进行比较进而决定是否采信。

最高人民法院《关于民事诉讼证据的若干规定》第 73 条规定:"双方当事人对同一事实分别举出相反的证据,但都没有足够的依据否定对方证据的,人民法院应当结合案件情况,判断一方提供证据的证明力是否明显大于另一方提供证据的证明力,并对证明力较大的证据予以确认。因证据的证明力无法判断导致争议事实难以认定的,人民法院应当依据举证责任分配的规则作出裁判。"

根据污染环境侵权责任类型举证责任倒置的特殊性,法院认定,原告证据的证明力强于被告的证据,原告完成了自己的举证责任,而被告没有完成举证责任。这一认定综合运用了举证责任倒置和优势证据规则,是正确的。

案例（056） 赵某等与常熟中法水务有限公司等噪声污染责任纠纷案（噪声）

来源：(2016)苏 0581 民初 8547 号
作者：赵剑

【案例导读】

低频噪声污染的侵权责任人认定应当结合污染有关各方有无噪声污染行为、与噪声污染的产生之间有无因果关系等要件综合判断。

居民住宅区或居民楼内使用水泵等设备设施产生的低频噪声污染,目前尚未有统一的或专门的司法认定标准。实践中可以参照《社会生活环境噪声排放标准》进行判断。

【案情简介】

2012 年 9 月,原告赵某向他人购买了被告常熟市新源房地产有限责任公司(以下简称"新源房产")开发的常熟市虞山镇润欣花园×室房屋,2015 年进行了装修,2016 年原告赵某入住上述房屋。该房屋所在润欣花园居民小区为新源房产所开发的建设项目,2005 年 12 月,该小区润欣花园三期(D10#楼)通过了竣工验收,该小区的二次供水泵房位于原告房屋正下方的地下室。

原告赵某入住上述房屋后,因水泵房噪声影响正常生活,遂向江苏金枫物业服务有限责任公司(以下简称"金枫物业")和常熟中法水务有限公司(以下简称"中法水务")进行反映,要求停止侵害,但金枫物业和中法水务以不是产权人为由,推卸责任。

2016 年 5 月 23 日,原告向常熟电视台《梦乡帮你忙》栏目救助,栏目组到原告及原告邻居家进行实地采访,并在《今日传播》节目中播出。

2016 年 7 月 6 日,原告及该幢房屋部分业主联名向常熟市环境保护局(以下简称"常熟市环保局")申请,要求对地下室水泵房的噪声进行检测。常熟市环保局在原告的申请下,对原告家进行噪声检测,当时被告一、被告二均派员在场。环保局的检测人员当场告知原告,所测噪声属于低频噪声,而且非常严重。水泵产生的低频噪声持续不断,基本不存在停止,严重影响了原告的作息生活,使得原告无法休息,对原告的身心造成不良影响。原告多次与被告进行协商,但三被告均不处理此事。

原告认为,新源房产作为小区房屋及水泵房的建设单位,其建设、设计本身存在瑕疵,且未安装减震设施,对此负有责任;金枫物业负责对小区进行管理,业主受到噪声污染侵害,对此应当承担责任;中法水务作为该水泵房和设施的实际产权人,应当承担相应的责任。为此,原告向法院起诉,提出诉讼请求:(1)判令三被告共同承担停止侵害、排除妨碍的责任,使原告房屋的噪声达到《社会生活环境噪声排放标准》规定的噪声最高限值以下,并按照每人每日100元对原告进行赔偿(自入住之日起至达到标准之日止)。(2)判令三被告共同赔偿原告精神损失费,每人10 000元。本案诉讼费由三被告承担。庭审后,原告撤回了要求三被告按照每人每日100元的标准赔偿原告自入住之日起至噪声排放达到标准之日止的赔偿金的诉讼请求。

常熟市环保局回复法院的复函明确,常熟市虞山镇润欣花园×室所处地点为1类声环境功能区。

审理中,根据原告申请,法院于2016年9月2日委托江苏康达检测技术股份有限公司对原告上述润欣花园×室房屋的地下室泵房低频噪声是否符合国家规定的噪声排放限值标准进行鉴定。接受委托后,该公司经现场勘查,由双方当事人参加确定检测方案,并选取二楼主卧室作为检测点进行检测。

2016年10月19日,该公司司法鉴定所出具《司法鉴定意见书》,鉴定意见为:常熟市润欣花园×室二楼主卧室的倍频带声压级超过《社会生活环境噪声排放标准》规定的标准要求。

江苏康达检测技术股份有限公司派员出庭接受质询并认为,涉案噪声属于低频噪声,通过结构传播,对此,国家没有规定专门的适用标准,故检测中参照了《社会生活环境噪声排放标准》进行,而且双方当事人对参照适用该标准进行检测都是认可的,涉案房屋二楼主卧室的倍频带声压级超过了《社会生活环境噪声排放标准》规定的标准要求。

2017年4月26日,江苏省常熟市人民法院作出一审判决:(1)被告新源房产于本判决生效后2个月内采取有效控制环境噪声污染的措施,将原告赵某、赵某明、陈某珍、吴某居住的常熟市虞山镇润欣花园×室房屋环境噪声降至《社会生活环境噪声排放标准》规定的标准限值以下。(2)被告新源房产于本判决生效后10日内给付原告赵某、赵某明、陈某珍、吴某精神损害抚慰金共计人民币12 000元。

双方均未上诉,本判决已发生法律效力。

【审理与判决】

1. 诉讼当事人

原告为赵某、赵某明、陈某珍、吴某;被告为中法水务、金枫物业、新源房产。

2. 争议焦点

(1)本案所涉纠纷的检测能否根据《社会生活环境噪声排放标准》规定进行检测?

（2）是否超过诉讼时效？

（3）谁是本案环境噪声侵权的责任人？

3. 判决过程

一审法院认为，被告新源房产作为涉案房屋所在小区项目的建设单位，所建工程项目包括涉案水泵房，虽然通过了工程综合验收，但是其作为建设方，应当对房屋建筑及配套设施承担保障责任。被告中法水务和金枫物业虽然对小区业主委托管理的房屋、设施及其公共部位有进行维护、修缮和保证正常运行的义务，但是本身并非噪声污染的产生者，故对水泵房产生的噪声污染不承担相应的侵害责任。

【法律要点解析】

本案是典型的环境噪声污染类案件。在现实生活中，每个人都不可避免地可能遇到噪声污染。本案就是在没有低频噪音评价标准的前提下如何认定是否存在噪声污染的案件。

1. 在目前没有低频噪声评价标准的情况下，是否可以根据《社会生活环境噪声排放标准》规定进行检测

原告居住的房屋环境噪声，系通过结构传播的低频噪声，对该类噪声我国目前无相应的评价标准。从生活常理及场所功能而言，对于噪声排放标准，居民生活休息场所显然应当比营业性文化娱乐场所和商业经营活动中的标准更加严格。因此，原告主张参照《社会生活环境噪声排放标准》作为房屋内噪声评价标准，符合相关规定。本案当事人对检测机构根据上述标准进行检测的方案作了确认，且检测机构的检测符合规范要求，其所作鉴定意见，法院予以采信。

2. 谁是本案环境噪声侵权的责任主体

被告新源房产作为涉案房屋所在小区项目的建设单位，所建工程项目包括涉案水泵房，虽然通过了工程综合验收，但是其作为建设方，应当对房屋建筑及配套设施承担保障责任，确保其所选定的水泵房设置位置不对业主产生噪声污染，同时在产生噪声污染后负有对涉案水泵房采取隔音防噪措施的义务，该义务不能简单地通过房屋买卖而转移给业主。本案中，新源房产所建设的水泵房产生了噪声污染，其理应采取整改措施，消除噪声污染，停止侵害。现原告要求其停止侵害，使房屋噪声达到《社会生活环境噪声排放标准》规定的标准限值以下。

中法水务和金枫物业虽然对小区业主委托管理的房屋、设施及其公共部位有进行维护、修缮和保证正常运行的义务，但是本身并非噪声污染的产生者，故对水泵房产生的噪声污染不承担相应的侵害责任。

3. 是否应当给予原告等人精神损害赔偿

本案是噪声污染责任纠纷，根据《民法通则》第 124 条规定："违反国家保护环

境防止污染的规定,污染环境造成他人损害的,应当依法承担民事责任。"《中华人民共和国环境噪声污染防治法》(以下简称《环境噪声污染防治法》)第 61 条第 1 款规定,"受到环境噪声污染危害的单位和个人,有权要求加害人排除危害;造成损失的,依法赔偿损失"。由上可知,噪声污染责任是一种民事侵权责任,本案属于侵权责任纠纷。超过排放标准并处于持续状态的低频噪声,对人体的影响是客观存在的,处于该环境下,身心健康受到一定程度损害也是公众所普遍认可的。原告受到损害,且处于持续状态,主张精神损害赔偿责任应当得到法院的支持。

【律师点评】

从原告赵某等人的诉讼策略来看,原告等人通过委托专业噪声鉴定机构进行噪声鉴定可以说在法律上已经确定了是否对其造成侵权。在侵权责任人的确定上应当根据《环境噪声污染防治法》第 61 条第 1 款规定,受到环境噪声污染危害的单位和个人有权要求加害人排除危害;造成损失的,确定谁是"加害人"依法赔偿损失。同时,在精神损害赔偿的证据方面还应当予以加强。本案是由法院酌定了精神损害赔偿的金额,但如果长期且持续处于被噪声影响并且产生精神衰弱等情形,可以将相关证据提交法庭。

从新源房产的诉讼策略来看,首先应当根据《环境噪声污染防治法》进行加害人的认定。环境噪声污染的责任主体是直接加害人。(1)新源房产按照规范设计,经审批施工建设,2005 年底,润欣花园通过了相关验收才交付;(2)按照法律规定新源房产不是诉争水泵的产权管理人,按照法律规定,保修期限是 2 年,超过 2 年,如果涉及维修,维修义务主体就不是新源房产;(3)原告所购买的房屋,并不是新源房产直接销售给原告的,新源房产和原告之间不涉及隐瞒噪声污染的情况;(4)关于噪声鉴定报告中鉴定部门所引用的标准和本案处理没有直接关系,所引用的标准不能评价本案所涉及的噪声污染。水泵作为常熟市住宅区二次供水设施,由中法水务统一接收、支配管控,其根据规定负责运行、维护和管理。讼争水泵设施及水泵房不属于金枫物业控制、管理范围,金枫物业不负维护责任,不承担停止侵害、排除妨碍、给付补偿等侵权责任。

法律层面的环境噪声,是指在工业生产、建筑施工、交通运输和社会生活中所产生的干扰周围生活环境的声音。所谓环境噪声污染,是指所产生的环境噪声超过国家规定的环境噪声排放标准,并干扰他人正常生活、工作和学习的现象。在国家未颁布某类噪声评价标准前,是否应当认定为噪声污染这一现实问题上,本案是很好的参考,从而也解决了在法律滞后的情况下如何有效地遏制侵权行为的问题。

案例（057） 中华环保联合会诉海南天工生物工程有限公司水污染责任纠纷案（水污染）

来源：(2013)琼立一终字第155号
作者：王永利

【案情简介】

上诉人（原审原告）：中华环保联合会

被上诉人（原审被告）：海南天工生物工程有限公司

上诉人（原审原告）中华环保联合会不服一审裁定结果，依法上诉至海南省高级人民法院。上诉人主张：(1)一审法院曲解相关法律关于民事公益诉讼主体的规定，法律适用错误。(2)上诉人是经国务院批准、民政部注册、环保部主管的社团法人，具备提起民事公益诉讼的主体资格。(3)上诉人的诉求 符合建设社会主义生态文明的政策。请求二审法院依法撤销一审裁定，对本案重新作出裁定。

被上诉人（原审被告）海南天工生物工程有限公司辩称：(1)一审法院适用法律正确、上诉人诉讼主体不适格；(2)被上诉人已积极采取措施防止污染，本案继续诉讼已无实际意义；(3)上诉人是环保部主管的组织，具有官方背景，并非完全独立于政府的、真正意义上的公益组织。

【审理与判决】

1. 争议焦点

(1)环境民事公益诉讼主体资格如何确定？

(2)如何理解环境公益诉讼主体中的"有关组织"？

2. 判决过程

一审法院以上诉人（原审原告）中华环保联合会不符合法律规定的作为民事公益诉讼的主体资格为由，作出驳回上诉人（原审原告）中华环保联合会起诉的民事裁定。

二审法院认为民事公益诉讼的起诉主体具有法定性，只有"法律规定的机关"和"有关组织"两类经法律明确规定的主体，才可以成为提起民事公益诉讼的适格主体。而上诉人主张"有关组织"无须法定而应由司法机关根据实际情况进行判定，没有法律依据。二审法院认为上诉人的上诉理由不能成立，不予支持，裁定驳回上诉，维持原裁定。

【法律要点解析】

民事公益诉讼制度在我国的确立，起源于2012年修改后的《民事诉讼法》第

55条"对污染环境、侵害众多消费者合法权益等损害社会公共利益的行为,法律规定的机关和有关组织可以向人民法院提起诉讼"之规定。明确了对环境公益诉讼作为民事公益诉讼的一种类型,对环境民事公益诉讼制度做出了初步规定。关于能够提起环境民事公益诉讼的主体,当时仍缺少相应的法律和制度建构,无论是在理论还是司法实践中,对于"法律规定的机关和有关组织"具体由哪个或者哪些机关和有关组织来提起诉讼,尚无具体的、具备可操作性的规定。但根据该规定的结构分析,我国民事公益诉讼确立的应是"基本法+单行法"的制度模式,即以民事诉讼法条款的规定将该制度的相关细节规定,引向民事诉讼法以外的有关法律规定,由其他单行法根据各自特定领域的利益需求,对该领域范围以内的公共利益诉求设定专门的机关予以保护。

但由于缺少相应的法律法规明确的依据,环境民事公益诉讼主体被严格地限定为"法律规定的机关和有关社会组织"。这一时期,在司法实践中,法院在审理该类案件时,对原告资格进行了极为严格的限制,大量案件因主体不适格而被裁定不予受理或驳回起诉。

2014年修订《中华人民共和国环境保护法》(以下简称《环境保护法》);2015年最高人民法院《关于审理环境民事公益诉讼案件适用法律若干问题的解释》(以下简称《解释》)出台;2017年最高人民法院《关于审理环境公益诉讼案件的工作规范(试行)》(以下简称《工作规范》)出台。修订后的《环境保护法》第58条对"有关社会组织"进行了界定,明确为依法在设区的市级以上人民政府民政部门登记、专门从事环境保护公益活动连续5年以上且无违法记录,且不能通过诉讼牟取经济利益的社会组织。2015年《解释》第1、2、3、4、5条和2017年《工作规范》第5条的规定,进一步对《环境保护法》第58条"有关社会组织"进行了详细的规定,并为司法实践中认定原告是否具备提起环境民事公益诉讼的主体资格提供了依据。

【律师点评】

依据《民事诉讼法》的相关规定,环境民事公益诉讼的主体被限定在法律规定的"机关"和"有关组织"两类,而该两类主体资格的认定都应以法律明确规定为前提。关于"机关"的主体资格认定,根据立法目的和司法实践,也应当限定在对于环境公共利益有保护职责的行政机关,如环境保护机关,因该行政机关具有该领域特定的专业资源优势和能力,对于公共环境的保护也具有相应的行政管理职责。我国机关较多,要在法律的明确规定下确定环境公益诉讼的主体,而不能对"机关"的范围作扩大化理解。此类主体不是该案例的重点,在此不做展开讨论。

关于法律规定的"有关组织",目前我国的社会组织仅包括三类:社会团体、基金会和民办非企业。这里的社会组织应当由社会自主发起,这是为了让原告主体能以更加中立的立场维护环境公共利益,此类社会组织具有广泛的民意基础,代表的是广大民众的利益;保持非营利性是为了对主体利益进行规制,促进其正当利益与被告利益之间具有竞争性,而与环境公共利益之间具有一致性;必须限定在民政部门正式登记的范围内。

具体到最后法律条文的形成上是以下三点:(1)依法在设区的市级以上人民政府部门登记;(2)专门从事环境保护公益活动连续 5 年以上且无违法记录;(3)不能通过诉讼牟取经济利益。

本案例作出裁定之时,关于环境民事公益诉讼的适格主体,尤其是法律规定的"有关组织"作为环境民事公益诉讼主体资格的认定,所能依据的生效法律法规有限,仅有 2012 年《民事诉讼法》第 55 条的规定,故对于环境民事公益诉讼的适格主体的认定,法院做出了极为严格的限制,仅以法律的明确规定为前提。上诉人中华环保联合会虽是经国务院批准、民政部注册、环境保护部主管的社团法人,是由一批热心环保事业的人士、企业、事业单位自愿结成的、非营利性的、全国性的社团组织,但在当时的法律背景之下,一审法院和二审法院仅以上诉人属于非法定的可以提起民事公益诉讼的有关组织为由,认为上诉人不符合提起环境民事公益诉讼的主体资格,并无不妥。

随着环境民事公益诉讼法律体系的不断建立、制度的不断完善,尤其是在"有关组织"的认定上,形成了相对比较完整的法律条文规定和理解依据,在今天再将此案例拿出来讨论分析,只要上诉人符合依法在设区的市级以上人民政府部门登记,专门从事环境保护公益活动连续 5 年以上且无违法记录,且不能通过诉讼牟取经济利益的条件即可。因此,中华环保联合会完全具备法定的环境民事公益诉讼主体资格,提起公益诉讼并无不妥之处,此所谓"此一时,彼一时也"。

案例(058) 何某道等诉何某照等相邻关系纠纷案(损害防免)

来源:(2016)桂 1223 民初 117 号

作者:王永利

【案例导读】本案涉及相邻关系排水纠纷的事实认定与现场勘验问题。

【案情简介】

原告何某道与被告何某照的房屋纵向前后相邻,因两家宅基地和房屋屋檐排水引发争议。原告诉请:(1)判决被告将其在原告屋后墙上凿成的 4 个墙洞,墙孔用水泥砂浆填平补稳,恢复墙壁原状;(2)判决被告将其填在原告屋后长、宽、深分别约为 20 米、0.3 米、0.2 米的水沟中的水泥砂浆挖出、搬走、疏通、清理水沟,使水沟能顺利排水,恢复水沟原状;(3)判决被告拆除其在原告屋后通道安设的围栏,以便原告能够在屋后进行房屋装修,从屋后检查排水情况,恢复原告屋后通道原状;(4)判决被告尽快迁移种植在原告屋后边的一棵椿木树;(5)案件诉讼费由被告承担。

2015年6月11日,凤山县法院作出(2015)凤民初字第223号民事判决,驳回原告的诉讼请求,原告不服该判决,上诉到河池市中级人民法院,二审法院以一审判决认定基本事实不清为由,作出(2015)河市民一终字396号民事裁定书,裁定撤销本院(2015)凤民初字第223号民事判决,发回凤山县人民法院重审。

其实,原被告先前已有争议,2003年4月23日,在凤城镇镇干部、村干部主持调解下双方达成了一份协议书。该协议书的内容为:"一、何某道同意让何某照修建在自己家左角菜园地的水沟,宽0.6米(陆拾公分),深能够排水。同时何某道搞好水沟后,要砌好菜园边的挡土墙,防止泥土流下水沟。二、何某照将自己家的空闲地垫高起来,不能影响何某道的后屋脚藏水造成危房,双方共同互利排除屋檐水。"但被告没有履行,因被告违约致本案发生。

【审理与判决】

1. 争议焦点

(1)被告是否用水泥砂浆填原告屋后水沟?
(2)被告是否在原告屋后墙壁凿4个洞?
(3)原告屋后椿木树是否系被告种植?是否危害原告房屋?
(4)被告是否在原告屋后设置围栏影响原告对其房屋的日常管理?

2. 判决过程

一审判决如下:
(1)被告恢复原告屋后排水沟原状,即水沟长20米,宽0.3米,深0.2米;
(2)被告用水泥砂浆补平原告屋后墙壁4个洞,恢复墙壁的原状;
(3)被告将原告屋后近墙处的椿木树移到别处去栽,但不损害他人的利益;
(4)驳回原告请求被告拆除在原告屋后围栏的诉讼请求。
案件受理费50元,由被告何某照、王某芳负担。

【法律要点解析】

1. 被告是否用水泥砂浆填原告屋后水沟

原告主张被告于2003年把原告屋后水沟(长20米、宽0.3米、深0.2米)毁坏,并于2015年用水泥砂浆填平,屋后无法正常排水,并在法定期限内依法提交现场照片和集体土地使用证及7个证人出庭作证。从照片上可以看出,原告屋后水沟被破坏和被填平的痕迹,出庭作证的7个证人都证实原告家屋后原来有水沟,其中有3个证人证实是被告破坏的,被告在原审中也承认原告屋后的水泥砂浆是被告铺的,其辩称是为了防止水流到原告的墙根,不是破坏原告的水沟,庭上被告还辩称原告原来住老房子的左厢房,原告把左厢房拆除之后又向后占了 0.8 米建了现在的房子。但被告的这一辩解没有证据支持。原告重建房子是否向后占了被告的地皮呢?首先从原告提交的土地许用证及宗地图以及现场勘查看,原告没有超越批准用地范围。其次从原、被告各自描画的草图看原、被告同居住老房时,按房屋的座向原告何某道住左边正房两间半及前面左厢房,被告何某照住右边正房两间半及前面右厢房。左厢房与右厢房之间为空地,正房与厢房之间有一条水沟。原、被告分家时,以水沟为界原告分得左、右厢房及厢房之间的空地,被告分得水沟往后的正房五间。2002 年原告将自己原住的左厢房拆除后连中间的空地一起重建了三层楼房,右厢房因当时被告何某照及其母亲尚在居住,没有拆除,至今仍未重建,但新旧房屋是平行的,不存在原告往后 0.8 米强占被告地皮的事实。再次,被告说原告屋后的那根椿木树是其母 2005 年种植的,目的是以此为界限。经测量椿木树距离原告住房墙体 0.27 米。最后,被告提交的协议书不能证明原告屋后没有水沟,相反协议书协议解决的也是两家排水的问题,遗憾的是原、被告达成的协议被告至今没有履行。由此可见,原告请求恢复水沟原状理由成立;被告的辩解无证据佐证,应不予采信。

2. 被告是否在原告屋后墙壁凿 4 个洞

被告辩称原告屋后的 4 个洞是原告为了排水而自己钻的,其代理人辩解原告屋后墙上只有 2 个洞,而不是 4 个洞,并且原告没有证据证明是被告钻的,从墙洞的新旧、形状、深浅、高低来看,应该是原告建房时留下来的。法院认为被告方的辩解自相矛盾,既没有证据佐证,也不符合逻辑,原告不会在自家墙壁上钻洞、往自家屋内排水。《侵权责任法》第 6 条第 2 款规定,"根据法律规定推定行为人有过错,行为人不能证明自己没有过错的,应当承担侵权责任",据此原告请求恢复原状的理由成立,应予支持。

3. 被告将原告屋后近墙处的椿木树移到别处去栽是否损害他人的利益

原告主张被告在原告屋后墙边种植椿木树危害原告房屋地基安全,请求排除妨碍。被告辩称,椿木树是 2005 年其母亲种植的,目的是以此为两家界限,有两个出庭证人证实,原告屋后有椿木树,经法院现场勘查,原告屋后近墙处有椿木树是客观事实,该椿木树距离原告后墙体 0.27 米,经有资质的部门进行现场勘验并鉴定,该椿木树根已延伸到原告住房墙基内危害原告住房安全。原告请求被告移栽理由成立,应予以支持。被告辩解无证据证实,应不予采信。

4. 被告在原告屋后设置围栏是否不当

原告诉称,被告在原告屋后右角设置围栏,封堵原告屋后通道,造成原告无法进出清理水沟,装修后墙。请求被告拆除围栏、恢复通行。被告辩称,被告设置围栏的目的是保护自家的财产,防止猪、鸡、鸭往外跑。法院认为,被告在原告屋后右角即自家的屋前右角设围栏,防止其家禽家畜往外跑,并无不当,也没有妨碍原告和他人正常的生产、生活通行。被告辩解理由成立,但被告应给予原告必要的通行方便。

【律师点评】

本案属相邻关系纠纷,比较常见。这类案件在法律适用上可能没有太大困难,但十分考验法官的裁判智慧,真正做到案结事了并非易事。

于律师业务而言,本案的一个重要启示在于证据组织。本案原告的证据不仅有村委会的调解协议,还有原告一方提供的证人证言、图片等证据,另外法院也调取了证据;除此之外,现场勘验也是非常重要的证据之一。

把上述诸多证据和日常道理结合起来,做到情理法兼容是本案的另一大特征。代理此类案件,是提高律师将法律和日常道理、生活经验结合运用的能力的绝佳途径。

六、共有关系

案例(059) 甲与乙等夫妻共同财产纠纷上诉案(共有权确认)

来源:(2008)大民初字第 2987 号
作者:周坤平

【案例导读】如何认定第三人善意取得房屋所有权?本案可资参考。

【案情简介】

乙与丙于 1991 年 12 月 1 日登记结婚。2005 年,乙与丙将原有楼房卖掉后共同出资购买了位于北京市大兴区的三居室楼房一套,房屋建筑面积为 137.5 平方米,房屋价款为 45 万元,并于 2005 年 7 月 20 日取得房屋所有权证,所有权人登记为丙。2007 年 9 月,乙向北京市大兴区人民法院起诉要求与丙离婚,后被驳回。2007 年 12 月,丙在乙不知情的情况下与甲签订北京市存量房屋买卖合同,将上述房屋出卖给甲,约定房屋价款为 45.2 万元,上述房款现在丙手中。

2008 年 2 月,乙诉至北京市大兴区人民法院(以下简称"原审法院"),以丙擅自将夫妻共有房屋售予甲属无权处分为由,要求判决丙与甲签订的房屋买卖合同无效。

【审理与判决】

1. 诉讼当事人

原告为乙,被告为丙,第三人为甲。

2. 判决过程

一审法院认为,双方所争议的位于北京市大兴区的三居室楼房一套,系乙与丙共同生活期间将原有楼房卖掉后共同购买所得,应为双方共有财产。现丙在乙不知情的情况下擅自处分该共有财产,侵害了共有人的合法权益,丙与甲的房屋买卖行为应认定无效,对于乙的诉讼请求法院应予支持。据此判决:被告丙与第三人甲签订的房屋买卖合同无效。

甲不服一审判决,提起上诉。

二审法院查明,甲通过房屋经纪机构购买登记在丙名下的诉争房屋时,另行订立了一份价款为92万元的房屋买卖合同,甲于2007年12月6日给付丙房款92万元,并办理了房屋所有权转移登记,甲于2007年12月10日取得了房屋所有权证。丙与甲签订房屋买卖合同时,丙向甲出示了丙和乙的结婚证、身份证和户口本原件,以及有乙签字的同意出售证明。乙表示该同意出售证明上乙的签名为丙代签,其卖房并未征得乙的同意。

二审法院认为,本案诉争的位于北京市大兴区的三居室楼房一套,系乙与丙的夫妻共同财产。丙在未征得乙同意的情况下擅自处分共有财产,侵害了共有人的合法权益。甲通过房屋经纪机构居间服务,购买诉争房屋,且审查了相关手续,尽到了审查义务,有理由相信丙对诉争房屋有处分权。根据我国《物权法》关于所有权取得的特别规定,对无处分权人将不动产转让给受让人的,如受让人受让该不动产时是善意的,以合理的价格转让,转让的不动产依照法律规定已经登记,则受让人取得该不动产的所有权。本案中,甲系属善意取得,符合法律规定。现乙无证据证实甲取得该诉争房屋是恶意取得,故对乙要求确认丙与甲签订的房屋买卖合同无效的请求,不予支持。据此判决:(1)撤销北京市大兴区人民法院(2008)大民初字第2987号民事判决;(2)驳回乙的诉讼请求。

【法律要点解析】

本案在一审中,法院并未认定甲取得涉案房屋的所有权属于善意取得,并以甲与丙之间的房屋买卖合同侵犯了房屋共有人乙的权益为由撤销了甲与丙之间的房屋买卖合同。而二审法院认为甲在与丙签订房屋买卖合同时尽到了相应的注意义务,甲应属善意取得,房屋买卖合同有效。

纵观全案,善意取得的认定是本案的重点。在本案中,应当注意的是善意取得的构成要件、对善意的认定以及善意的举证责任。

1. 不动产善意取得的构成要件

《物权法》第106条将不动产善意取得的要件分解为:出让人无权处分、受让人善意、以合理价格出售(有观点认为这点也可作为判断善意的标准)、登记。除了登记这一项外,其他几点要求在形式上与动产善意取得制度相同。但是由于不动产的特殊性,需要对这些要件进行解释。

第一,出让人无权处分。指无权处分出让人处分他人不动产,与善意受让人订立不动产转让合同的行为。具体来说,主要有错误登记、因法律行为无效或被撤销且未变更登记前而发生的无权处分、因其他原因发生的物权变动且登记簿已变更、处分权受限、共同共有情形以及其他情形。

第二,受让人善意。这里存在三种明显排除善意的情形:异议登记、受让人明知或应当知道。

第三,合理价格。即要求转让有偿且价格合理。对于合理性的判断,应当结合其他法律和司法解释的规定分析。一般认为,按照最高人民法院《合同法解释(二)》第19条的规定,转让价格应达到交易时交易地的指导价或者市场交易价的70%。

第四,不动产已办理登记。这与《物权法》第9条"不动产物权的设立、变更、转让和消灭,经依法登记,发生效力;未经登记,不发生效力,但法律另有规定的除外"的规定相呼应。

本案中,首先,丙处分的房屋是乙、丙共同出资购买的,是乙、丙的夫妻共同财产。丙未经乙的同意擅自将该房屋出卖,显然属无权处分。其次,由于乙丙共同所有的房屋登记在丙名下,因此具备有权处分的外观,且甲尽到了相应注意和审查义务,并以合理价格受让房屋。最后,甲受让房屋后完成了产权过户登记。综上,甲取得涉案房屋所有权应属善意取得无疑。

2. 善意要件的认定标准

第一,客观的善意判断标准更为合理。原因在于,人之善意是思维的、第三人难以介入的。而客观的善意判断标准要求不动产有明确的产权登记,即确立登记的公信力,这种登记簿制度大大简便和降低了对第三人注意义务的要求。同时,这项制度也让国家对于不动产的控制更有力、更清晰,可以说于国于民皆有益处。我国《物权法》已经考虑到这个问题,强调登记的客观效力,但是这种强调与德国法确立的客观判断标准相比还有差距。

第二,善意的判断时间。《物权法》第106条规定的时间是受让人受让该不动产或者动产时。由于我国是物权形式主义,因此受让到底是指在签订合同时还是在登记时存在争议。秉持前面客观的善意判断标准,笔者认为应当在登记即最终产权明确之时,而非无权处分人登记到其名下时为宜。原因除符合客观善意判断标准外,还在于对于受让以及物权形式主义的理解。受让房屋,是接受让与房屋的所有权,而所有权的确定应以登记为准。物权形式主义也要求签订合同和登记的要件同时满足,而二者中登记通常为时间上后发生的要件,因此以受让人在登记时善意为标准较为合理。

第三,善意的举证责任。在我国《物权法》中没有明确规定,学界也有所有人负证明责任和第三人负证明责任两种观点。个人赞同所有人责任说。根据我国《民事诉讼法》"谁主张谁举证"的证明责任分配基本原则,由于此类案件多由真正的权利人提起诉讼,因此由其证明受让人非善意较为合理。一旦所有权人完成了自己的举证,证明责任就会转移到受让人。即,对于不动产转让而言,受让人成立善意,必然要求其在交易之前查阅登记簿,了解登记簿上所记载的权利状况,并对此产生合理信赖。如果受让人怠于查阅,则推定其不构成善意。换句话说,我国《物权法》要求第三人证明自己已经查明登记簿上登记的权利人有处分权,并对登记簿产生了信赖,以完成证明责任。

案例（060） 李某野与刘某共有物分割纠纷案（共有物分割）

来源:(2013)汕中法民一终字第 2 号
作者:李兵

【案例导读】

李某野与刘某共有物分割纠纷一案案情虽然简单,但是前后历时八年多,先后经过一审、二审、发回重审、重审二审、再审审查、抗诉、再审七个阶段,且再审时广东省人民检察院派员出庭抗诉,充分说明本案是一宗关于共有物分割的重大疑难案件,具有一定的代表性。

【案情简介】

1998 年 10 月 20 日,刘某、李某野共同出资 400 万元,向汕头经济特区对外商业集团公司购买了汕头市黄河路商总综合厂房 B 座房地产,上述交易于 1999 年 9 月经汕头市龙湖区房地产交易管理所确认。双方购买上述房地产后,一直出租给音乐城公司使用。因对于收取租金意见不一致,李某野多次诉至法院。根据广东弘实资产评估房地产土地估价有限公司于 2009 年 5 月 21 日出具的估价报告,在估价时点 2009 年 5 月 18 日,汕头市黄河路商总综合厂房 B 座房地产的客观合理价值为 650.68 万元;且双方均同意将上述估价结论作为解决纠纷的依据,均表示不申请重新评估。一审期间,双方均提出补偿对方 350 万元以独自取得上述房地产,李某野遂主张在出价相同的情况下,对上述房地产进行拍卖以使价值最大化。庭审之后,李某野提出愿补偿刘某 600 万元以取得上述房地产;刘某则提出"分割方案,即由本人向李某野支付房产的折价 350 万元,本案所涉房产全部判归我所有,由我将全部房产继续出租给第三人",同时表示"涉案房地产目前正出租给刘某所投资的第三人,刘某没有转让房地产的意愿,李某野开价再高刘某也不愿转让,李某野系明知刘某对音乐城公司有巨额投资、不愿转让上述房地产,而恶意抬高补偿金以迫使刘某也相应提高补偿金,李某野600万元的开价已远超评估价"。另查明,音乐城公司系有限责任公司。李某野原为第三人的股东,于2001年将股权转让他人;刘某现为第三人的股东,持股比例为30%。

【审理与判决】

一审法院判决:(1)李某野应于本判决发生法律效力之日起1个月内,向刘某支付补偿款600万元;(2)汕头市黄河路商总综合厂房B座的房产所有权归原告李某野所有,该房产相应的土地使用权,由李某野独自取得;(3)刘某应于本判决发生法律效力之日起1个月内,将拥有的汕头市黄河路商总综合厂房B座的房产所有权及相应的土地使用权份额,移交给李某野;(4)李某野应于本判决发生法律效力之日起1个月内,到房地产登记管理部门办理汕头市黄河路商总综合厂房B座的房产所有权及相应的土地使用权变更手续,刘某应予协助;(5)驳回李某野的其他诉讼请求。

刘某上诉,二审发回重审,理由为本案的处理结果与音乐城公司有法律上的权利义务关系,一审法院未通知音乐城公司参加诉讼,违反法定程序,裁定发回重审。

一审重审追加音乐城公司作为本案第三人,采取竞价方案,判决涉案房产归李某野,李某野支付刘某600万元。

刘某再次上诉到二审法院,二审判决如下:(1)撤销汕头市龙湖区人民法院(2012)汕龙法民一初字第11号民事判决;(2)汕头市黄河路商总综合厂房B座的土地使用权和房产所有权归刘某所有,刘应某于本判决发生法律效力之日起1个月内,向李某野支付补偿款1 003.575万元。刘某与李某野应于本判决发生法律效力之日起1个月内,按房地产登记管理部门的规定和要求,办理汕头市黄河路商总综合厂房B座的房产所有权及相应的土地使用权变更手续,相关契税费用按国家规定各自负担;(3)驳回李某野的其他诉讼请求。

李某野向广东省人民检察院申请监督,广东省人民检察院向广东省高级人民法院提出抗诉。广东省高级人民法院判决如下:(1)撤销广东省汕头市中级人民法院(2013)汕中法民一终字第2号民事判决;(2)将广东省汕头市黄河路商总综合厂房B座房地产(建筑面积为3 431.54平方米、土地使用权面积为2 938.21平方米)进行拍卖,如经过两次拍卖均流拍则进行变卖,拍卖或变卖的所得价款由李某野与刘某按各50%的比例进行分割;(3)驳回李某野的其他诉讼请求。

【法律要点解析】

本案的焦点在于共有房屋分割的问题,《物权法》第100条对于共同财产的分割问题,并未具体化,只是确定了分割的原则。针对本案双方当事人均主张土地使用权和房屋所有权时,法律上并没有规定应当怎样分割,司法实践中法院一般是先评估然后由双方进行竞价。根据《婚姻法司法解释(二)》第20条,"双方对夫妻共同财产中的房屋价值及归属无法达成协议时,人民法院按以下情形分别处理:(一)双方均主张房屋所有权并且同意竞价取得的,应当准许"。事实上,该条只是针对夫妻共同财产分割处理的情形而言,对于一般情况下共有财产的分割,并没有法律规定,并且该条规定竞价必须经过双方同意,而在本案中,双方实际上是不同意进行竞价的,一审看似双方同意竞价,但是当法官按照竞价规则把房屋所有权和土地使用权判给李某野时,刘某上诉的理由依然是房屋所有权和土地使用权归属问题。当二审把房屋所有权和土地使用权判给刘某时,李某野又以二审竞价没通知到他提出抗诉,由此可以看出竞价本身存在弊端,当出价方给出的价钱过高导致竞价方无法获取共有财产所有权的时候,竞价方虽然没有通过竞价得到该房屋,但是他依然不会认可判决结果。因此,对于共有财产上的分割,法律上并没有一个很好的处理方式。

【律师点评】

为何本案双方当事人均要求获得房屋所有权和土地使用权,给对方补偿? 究其原因,一是对于是否能够及时拿到补偿款心存疑虑,如果申请强制执行必将程序烦琐、时间漫长。二是在审判期间房屋价格不断上涨,双方均认为拿补偿款不如拿房屋。一、二审忽略了判决对实际的影响和判决的可执行成本,而再审法官对此认识得很清楚,直接对涉案房屋和土地进行拍卖或变卖,这应该是当初双方当事人都预想不到的判决结果。

由于本案的特殊性,律师应当首先把《物权法》第100条告诉当事人,让其知晓法律风险所在。原告李某野的律师应在告诉原告该涉案房屋很有可能被拍卖的情况下,帮助原告在过程中获得最大的补偿,而不是获取房屋的所有权和土地使用权。因为被告刘某一直租用该房屋,故被告刘某很难对房屋所有权和使用权做出让步。

共同出资买房在现今社会是个很普通的现象,本案表明:在双方签订共同出资买房协议中,不但需要明确所占比例,还应当进一步明确分割方式。

【法官审判要旨】

一审法院依据评估价为基础采取竞价的方式确定土地使用权和房屋所有权归李某野所有,刘某向李某某补偿。

二审法院依据《民通意见》第90条关于对共有物的分割的规定,根据应"适当照顾共有人生产、生活的实际需要等情况"的精神,判土地使用权和房屋所有权归刘某所有,李某野向刘某补偿。

检察官抗诉认为二审法院违反程序未向李某野合法送达竞价方案并且超越二审程序的审查范围。

再审法官直接按照《物权法》第100条对该涉案房屋进行拍卖,如经过两次拍卖均流拍则进行变卖。

【结语】
其实,在本案一审阶段如果发现双方均对竞价方案不满意,法院就可以判决通过拍卖方式来分割,无须经过二审、再审、抗诉等,这样不但是对司法资源的浪费,也会给双方当事人造成不必要的损失。

案例（061） 师某丽诉陈某离婚纠纷案（夫妻财产约定）

来源:（2014）三中民终字第 06092 号
作者:文科

【案例导读】
夫妻双方签署《婚内协议书》将婚后共同财产约定为夫妻一方个人财产的,属于夫妻共同财产约定,还是属于一方将个人房产给予另一方的赠与行为？未办理物权转移登记,是否影响一方依据协议取得该房产的所有权？

【案情简介】
2010 年 12 月,师某丽与陈某登记结婚。

2010 年 12 月,师某丽与陈某签署购房合同,购买北京市朝阳区安慧北里逸园××号楼×层 409 号房屋(以下简称"409 号房屋"),房屋价款为 230 万元,首付款 150 万元,以双方公积金贷款 80 万元。2011 年 1 月,409 号房屋登记为陈某与师某丽共同共有。2012 年 9 月,师某丽与陈某育有一女。

2012 年 10 月 21 日,师某丽与陈某签署《婚内协议书》,内容如下:"甲方陈某,乙方师某丽。一、婚姻存续期间的财产约定:双方于 2011 年 1 月 7 日购买的 409 号房屋,该房屋包括婚姻关系存续期间所偿还的银行抵押贷款部分及装修投入归乙方个人所有,无论婚姻存续期间或离婚皆不作为双方的夫妻共同财产。二、离婚时财产的处理:409 号房屋归乙方所有,未偿还的银行抵押贷款归乙方偿还。"

后双方因琐事产生矛盾,师某丽诉至法院,请求判令:(1)离婚;(2)婚生女由师某丽抚养,陈某每月支付抚养费 8 000 元;(3)夫妻共同房产依据双方婚内协议归师某丽所有,剩余贷款由师某丽偿还。陈某辩称:同意离婚,要求抚养女儿。依法分割夫妻共同财产,陈某要求取得共有房屋,按 40%的比例给付师某丽折价款。

经审理,2014 年 1 月 16 日,北京市朝阳区人民法院作出(2014)朝民初字第 02977 号民事判决:(1)准师某丽与陈某离婚;(2)婚生女由师某丽抚养,陈某于本判决生效之月起每月支付抚养费 3 000 元至女儿年满 18 周岁止;(3)409 号房屋归师某丽所有,房屋剩余贷款由师某丽负责偿还;(4)驳回师某丽的其他诉讼请求;

(5)驳回陈某的其他诉讼请求。判决送达后,师某丽与陈某均不服,向北京市第三中级人民法院提起上诉。

【审理与判决】

1. 诉讼当事人

一审原告为师某丽,被告为陈某。二审双方均提起上诉。

2. 争议焦点

《婚内协议书》约定409号房屋归师某丽所有,是否为陈某将个人房产赠与师某丽?在房产变更登记之前,陈某是否享有房产赠与撤销权?

3. 判决过程

二审法院认为:双方婚后发生矛盾,不能沟通与谅解,夫妻感情破裂,本院准许离婚。关于子女抚养,从利于孩子成长的角度出发,判归师某丽抚养,陈某负担必要的抚养费。409号房屋由师某丽与陈某婚后共同出资购置,登记为共同共有。双方自愿签署《婚内协议书》,明确约定409号房屋归师某丽所有,陈某执笔填写相关内容,对于协议约定及执行后果应予知悉。双方基于家庭关系及婚姻情感作出处分共同财产的意思表示应予保护,该协议对双方具有法律约束力。陈某认为即使按《婚内协议书》约定409号房屋归师某丽所有,也应视为陈某对师某丽的房产赠与,在房屋权属转移登记之前其可撤销赠与。本院认为,根据法律规定,婚前或者婚姻关系存续期间,当事人约定将一方所有的房产赠与另一方,赠与方在赠与房产变更登记之前可撤销赠与。而本案《婚内协议书》系双方对婚姻期间所得的夫妻共同财产进行的约定,而非一方将个人房产给予另一方的单纯赠与行为,双方签订协议之后房产所有权归师某丽所有,陈某不享有房产赠与撤销权。师某丽要求确认409号房屋归其所有、剩余贷款由其偿还符合法律规定,本院予以支持。

2014年5月20日,北京市第三中级人民法院作出(2014)三中民终字06092号民事判决:驳回上诉,维持原判。

【法律要点解析】

师某丽与陈某书面约定409号房屋归师某丽所有,是否对双方具有拘束力?未做房屋权属转移登记,是否影响该约定的效力?

本案中,409号房屋为师某丽与陈某婚姻关系存续期间所购买的,属于两人共同所有。两人签署书面协议约定409号房屋归师某丽所有,是夫妻之间对共同财产归属的约定,属于将双方共同财产约定为个人所有的情形。按照我国《婚姻法》的规定,该书面约定对双方应具有拘束力。

最高人民法院《关于适用中华人民共和国婚姻法若干问题的解释(三)》(以下简称《婚姻法解释(三)》)第6条对夫妻间赠与房产予以了明确规定,该规定适用于将一方所有的房产赠与给另一方的情形。在赠与房产变更登记之前,赠与方享有赠与撤销权,即未做房屋权属转移登记,赠与不生效。本案中陈某与师某丽之间的财产约定内容(将共同所有财产约定为一方个人所有)显然不属于该条规定的情形,故陈某主张《婚内协议书》属于夫妻间的赠与协议是不成立的,不能以未办理房屋权属转移登记为由,认为享有撤销赠与房屋的权利。

【律师点评】

夫妻之间就财产问题的书面约定,是适用《婚姻法》第19条的规定定性为夫妻财产约定,还是适用《婚姻法解释(三)》第6条的规定定性为赠与关系,应根据个案具体分析。

适用前一种情形时,夫妻间对财产的约定应对双方具有法律约束力。但对于第三人而言,物权变动未予以公示,不能对抗善意第三人。比如,夫妻协议离婚,在登记机关备案的离婚协议中约定男方名下房产归女方所有,但并未办理房屋权属转移登记手续。后男方因涉诉,其名下房产被执行。女方提出执行异议,主张房产已归其个人所有,与男方无关,不能成为被执行的财产。因离婚协议不能对抗第三人,房产又未及时办理权属转移登记手续,故女方的执行异议请求最终被依法驳回了。因此,在分割夫妻财产时,如涉及应办理登记的,应及时到相关部门办理,确保权利无瑕疵并固定权属,才能最大限度地避免法律纠纷,保护其应享有的权益。

《婚姻法》的适用不能离开《物权法》《合同法》等民法体系。处理婚姻关系时,《婚姻法》有详细规定的,应适用《婚姻法》。《婚姻法》没有详细规定的,《物权法》《合同法》等有适用的条文,也应予以适用。

案例(062) 顾某东等与刘某云船舶所有权纠纷案(共有权转让)

来源:(2014)武海法商字第00426号
作者:周帆

【案例导读】

本案多人共同集资购买船舶,购买人享有船舶共有权。其中部分共有人将其拥有的股份转让给非共有人,因涉案船舶被抵押查封无法办理股权变更登记,出资的非共有人要求确认股权,办理变更登记。出资的非共有人能否转为共有人?无法办理变更登记又该如何处理?请看法院如何审判。

【案情简介】

2008年2月26日,刘某云、花某宝、王某、张某意签订股东协议,购买涉案船舶"宝云号"轮,购船款共计13088万元,其中张某意占有股份为33%、花某宝占股份为33%、刘某云占股份为17%、王某占股份为17%。协议约定:如有股东要进行股权转让或者退股,必须经其余股权50%以上同意。同年3月,刘某云等人与浙江海丰造船有限公司达成船舶买卖协议,刘某云等四人分期向该公司支付13088万元购买涉案船舶。因刘某云没有足够资金购买17%股权,只出资占有4.9%,其名下的12.1%股权转让给他人。张某意后将其所占有该轮的33%股份转让给张某礼。2012年7月9日,涉案船舶在中华人民共和国泰州海事局进行登记,船名为"宝云号"。船舶所有权登记情况记载为:该轮为花某宝、张某礼、王某、刘某云共有,其中花某宝、张某礼各占33%,王某、刘某云各占17%。2012年7月27日,被告刘某云及第三人花某宝等人与江苏兴化农业商业银行签订抵押合同,用"宝云号"轮为李某民在该行的2 000万元贷款设定抵押。

2008年2月至7月,顾某东向刘某云共计支付169.1万元用于购买涉案船舶股份;张某工向刘某云支付136.5万元,徐某林支付144万元,刘某桂支付96万元,卞某支付40万元,刘某明支付35万元,刘某华支付35万元,冯某平支付26万元。顾某东等8人共计向刘某云支付681.6万元。同时张某工等7人签订协议将其购买的船舶股权登记在顾某东名下。2008年5月20日,刘某云、花某宝、张某意、王某签订股权补偿协议,确定涉案船舶登记在刘某云名下的17%股权中的7.1%为顾某东所有。张某意占有的33%的股权转让给张某礼后,张某礼于2013年1月30日签订承诺书认可顾某东占有刘某云名下7.1%的船舶股权。2011年1月20日,顾某东分得"宝云号"轮分红款28.4万元;同年4月11日分得分红款14.2万元;2012年1月18日,分得分红款7.1万元;2013年11月5日分得分红款14.2万元。

2008年3月26日、5月6日,戴某钩向刘某云合计汇款200万元,刘某云退还8万元,剩余的192万元购买2%的船舶股权。同年10月18日,刘某云出具给戴某钩一份证明,证实刘某云名下的2%股权系戴某钩所有。2013年12月3日,花某宝、张某礼、王某、张某意出具承诺书确认戴某钩占有"宝云号"轮2%股权。

2008年3月24日、6月16日,朱某财向刘某云合计汇款97万元;同年3月13日、7月26日,刘某卫向刘某云支付95万元;朱某财将多付的1万元作为刘某卫支付的费用转给刘某云,朱某财及刘某卫各占船舶股份1%。2012年12月5日,刘某云、花某宝、张某礼、王某签订补充协议,确定朱某财、刘某卫各占有刘某云名下涉案船舶1%股权。

2008年6月13日、6月15日,刘某生向刘某云转款48万元作为购买股权款,占0.5%股份。2012年8月16日,刘某云、花某宝、张某礼、王某签订股权证明,均认可刘某生占有登记在刘某云名下涉案船舶股权的0.5%。2012年3月,刘某生分得分红款1 000元;2013年11月,分得分红款1万元。

2008年6月16日,杨某支付刘某云48万元作为购船款,占0.5%的股权。

2012年8月15日,张某礼、王某确认登记在刘某云名下的涉案船舶中0.5%的股权属杨某所有。庭审中刘某云对杨某占有股权0.5%的事实予以认可。

另查明,2012年7月9日,涉案船舶在中华人民共和国泰州海事局登记,船名为"宝云号",船籍港为泰州港,船舶呼号为"BHGV"。"宝云号"轮船舶共有情况记载如下:该轮为花某宝、张某礼、王某、刘某云共有,其中花某宝、张某礼各占33%,王某、刘某云各占17%。"宝云号"轮于同年7月9日出租给泰州市金泰船务有限公司使用,每年租金为人民币70万元(以下均为人民币),租期为5年。

2014年3月,顾某东等六名原告起诉刘某云,要求确认各自占有"宝云号"船舶股权份额;办理船舶股权变更登记(后撤回该项诉求)。

【审理与判决】

1. 诉讼当事人

原告:顾某东、戴某钧、刘某卫、朱某财、刘某生、杨某

被告:刘某云

第三人:花某宝、张某礼、王某

2. 争议焦点

股权受让人顾某东等六原告是否占有"宝云号"船舶股份?

3. 判决过程

一审判决:确认登记在被告刘某云名下"宝云号"轮所有权17%的份额中,原告顾某东占有7.1%份额、戴某钧占有2%份额、刘某卫占有1%份额、朱某财占有1%份额、刘某生占有0.5%份额、杨某占有0.5%份额。该确认仅约束原、被告及本案第三人,不得对抗其他善意第三人。

一审判决后,各方均未上诉。

【法律要点解析】

1. 部分共有人转让其拥有的股份,该转让效力如何认定

本案原始出资人共同集资购买涉案船舶,各自对该动产享有按份共有权。《物权法》第97条规定:"处分共有的不动产或者动产以及对共有的不动产或者动产作重大修缮的,应当经占份额三分之二以上的按份共有人或者全体共同共有人同意,但共有人之间另有约定的除外。"

本案共有人刘某云向顾某东、戴某钧、刘某卫、朱某财、刘某生转让其拥有的涉案船舶股份,均分别取得其他共有人的书面认可,受让人已经支付全部股份转让款,故法院确认其股份转让行为有效,上述共有人分别享有涉案船舶一定比例股份。

本案原告杨某受让刘某云0.5%的股份,该转让行为得到共有人张某礼、王某的确认,未得到共有人花某宝的认可。张某礼占股33%,王某占股17%,转让人刘某云占股17%,三人共占67%股份,如无特殊约定,该比例已经达到2/3以上,可以

认定该转让行为合法有效。本案协议约定,共有人要转让股份或退股,需经其余股权50%以上同意。按此约定,张某礼和王某两人占股比例已经达到50%,在未明确注明"不含50%"的情况下,法官可以认定其中包含50%比例在内,因此认定该转让行为合法有效。

2. 为何本判决不能对抗其他善意第三人

本案判决特别申明,该确认仅约束原、被告及本案第三人,不得对抗其他善意第三人。这在判决中是比较罕见的。《物权法》第23条规定:"动产物权的设立和转让,自交付时发生效力,但法律另有规定的除外。由于涉案船舶已经租赁给他人使用,全体共有人对继续出租不表示异议,这是《物权法》规定的特殊交付情况。另外,因为涉案船舶属于高价值的特殊动产,需要进行登记,但这种登记并非动产物权生效的要件,而是为了对抗第三人。在涉案船舶因抵押被司法查封的情况下,无法进行股份变更登记,法院虽然判决原告享有涉案船舶的股份,但是处在未经变更登记的状态,故申明该判决不能对抗善意第三人。

【律师点评】

1. 本案审理与判决堪称经典

首先,本案受让人在涉案船舶股权转让过程中比较注重依法办事,每次转让都要求其他共有人予以确认,转让过程未出现瑕疵,为胜诉奠定了坚实的基础。

其次,本案代理律师收集证据全面、充足,不但包括转让协议、登记情况、共有人对转让确认的情况、受让人出资情况,还包括受让人历次取得分红的情况等,从头至尾形成一个完整的证据链,为胜诉提供了强有力的支持。尤其是在法院释明变更登记目前不能执行的情况下,能随机应变地撤回该项诉求,消除了取得胜诉判决的事实障碍。

再次,涉案船舶的共有人基本上还是诚信的,转让时完成必要的确认手续,诉讼时实事求是予以认可,也是原告胜诉的促进因素。

最后,本案法官不但依法办案、坚持原则,而且在涉案船舶被查封的现状下,能够做到灵活变通,判决附带申明不得对抗善意第三人,既保护原告的合法权益,又兼顾到善意第三人的合法权益,可谓比较完美和经典的判决。

因此,一审判决后,全体当事人服判息诉,无人提起上诉。

2. 隐名股东转为显名股东的条件是什么

本案顾某东除了自己受让刘某云的股权以外,还有张某工等7人将自己的股份登记在顾某东的名下。张某工等7人属于隐名股东。中国目前未设立隐名股东法律制度,但在审判实践中依照最高人民法院的司法解释予以处理。对隐名股东要求转为股东身份的认定取决于三点:(1)隐名股东与显名股东存在协议,约定隐名股东身份并承担公司经营风险;(2)公司或其他股东知晓或认可存在隐名股东的情况;(3)不违反法律规定。

依照最高人民法院《关于适用〈中华人民共和国公司法〉若干问题的规定(三)》(以下简称《公司法解释(三)》)第 24 条第 2、3 款规定,如果实际出资人与名义股东因投资权益的归属发生争议,实际出资人以其实际履行了出资义务为由向名义股东主张权利的,人民法院应予支持。名义股东以公司股东名册记载、公司登记机关登记为由否认实际出资人权利的,人民法院不予支持。另外,实际出资人未经公司其他股东半数以上同意,请求公司变更股东、签发出资证明书、记载于股东名册、记载于公司章程并办理公司登记机关登记的,人民法院不予支持。

【案外语】

本案表明,如果当事人在经济活动中具备较强的法律意识,尽早委托律师参与经济活动的全过程,预先防范法律风险,及时采取应对措施,一般情况下很少会发生争议和纠纷。即使因特殊情况偶尔发生诉讼,守法或守约一方胜诉也是顺理成章的。不至于争议不绝,缠诉不休,既浪费司法资源,又增加当事人的诉讼成本。

案例(063) 宁某芳与王某一、王某二房屋共有权确认纠纷案

来源:(2016)京 0105 民初 63267 号

作者:时福茂

【案例导读】不动产登记簿与实际不符,如何确认共有人份额?

75 岁的老媪宁某芳卖掉自己的两居室房屋,与儿子共同买一套三居室大房子,一起居住生活。两年后儿子去世,15 年后老人被要求腾房,才得知房屋产权登记没有自己的名字。15 年前出资共同购房,房屋登记在他人名下,如何确认房屋共有份额?

【案情简介】

上诉人(原审原告):宁某芳;

被上诉人(原审被告):王某二,系宁某芳儿媳妇;

被上诉人(原审被告):王某一,系王某二的哥哥。

2001 年,上诉人宁某芳经其二儿子陈某城(2003 年已故)、二儿媳王某二劝说,将位于北京市朝阳区三源里南小街的两居室房屋出售得 24 万元,用售楼款中20 万元和二儿媳王某二及其哥哥王某一共同出资购买了北京市朝阳区福怡苑一处三居室房屋,并于 2001 年 7 月入住,共同在此居住,直到今日。购买房屋后,上诉人长子陈某民为其装修、配置家具。2003 年陈某城去世。2016 年王某一、王某二要求上诉人搬离。宁某芳提起民事诉讼,要求确认其对北京市朝阳区福怡

苑三居室房屋享有 41% 的所有权。北京市朝阳区人民法院(2016)京 0105 民初 63267 号民事判决驳回宁某芳的诉讼请求。宁某芳不服一审判决,遂向北京市第三中级人民法院提起上诉。

【审理与判决】

一审法院认定事实:宁某芳和王某二原系婆媳关系,王某一和王某二系兄妹关系,王某二之夫陈某城于 2003 年 7 月 1 日去世。

2001 年 3 月 14 日,北京市基础设施投资开发公司作为出卖人和王某二作为买受人签订《商品房买卖合同》,约定王某二购买涉案房屋,总金额为 482 467 元。现涉案房屋的所有权登记在王某一名下。

2004 年 10 月 14 日,王某一、王某二向朝阳区国土资源和房屋管理局出具声明,内容为"王某一与王某二于 2001 年 3 月共同购买了北京市基础设施投资开发公司开发的×房一套,现双方商定在办理房产证时,王某二放弃在房产证上的署名权,房产证上只写王某一的名字"。

宁某芳另提交房屋买卖协议、物业费发票、燃气费发票、居住证明、录音及证人证言等,以证明在购买涉案房屋时,宁某芳出卖了其位于北京市朝阳区三源里×号的房屋,并以该房屋出卖所得的房款共同购买了涉案房屋,并自 2001 年 7 月 15 日起一直居住在涉案房屋内。

一审法院认为,不动产登记簿是物权归属和内容的根据。不动产权属证书是权利人享有该不动产物权的证明。不动产权属证书记载的事项,应当与不动产登记簿一致;记载不一致的,除有证据证明不动产登记簿确有错误外,以不动产登记簿为准。本案中,涉案房屋登记在王某一名下,虽然宁某芳举证证明了其对涉案房屋的出资情况,但是并不能就此认定涉案房屋系其所有。故宁某芳的诉讼请求法院难以支持。判决:驳回宁某芳的诉讼请求。

二审法院认为,宁某芳要求确认其享有涉案房屋的共同所有权。根据查明的事实,宁某芳在王某二购买涉案房屋时,曾通过王某平为涉案房屋支付过 19 万余元房款。为购买涉案房屋,宁某芳将其名下唯一住房出售,在购买涉案房屋后,宁某芳长期在此居住。根据上述事实,可以认定宁某芳具有共同购买涉案房屋用于共同居住的意思表示。因此,虽然涉案房屋登记于王某一名下,但是宁某芳提供的证据足以证实其亦系涉案房屋的真实权利人之一。宁某芳要求对涉案房屋确认所有权,具有事实与法律依据。一审法院对于该项事实认定错误,应予以纠正。至于宁某芳对涉案房屋享有的所有权份额,将依据宁某芳的出资、涉案房屋的购买、装修、居住等实际情况予以酌定。综上所述,宁某芳的上诉请求成立,二审法院予以支持。

【法律要点解析】

1. 确认房屋所有权的最终标准是什么

一审法院与二审法院之所以得出完全相反的结论,主要是对法律的理解与适用不同。购房时有出资能否认定出资人为房屋的所有权人？或者说房屋所有权究竟以何为确权标准？是不动产权属证书？是不动产登记簿？还是基础的物权法律关系？这是本案的主要焦点。

一审判决依据的是《物权法》第 17 条规定:"不动产权属证书是权利人享有该不动产物权的证明。不动产权属证书记载的事项,应当与不动产登记簿一致;记载不一致的,除有证据证明不动产登记簿确有错误外,以不动产登记簿为准。"此条法律规定的是权属证与登记簿的关系,并不适用于共有权人提出确认诉讼的情形。本案中,不动产权属证书与登记簿记载一致,因此不用区分不动产权属证书与登记簿。真正的差异是登记簿的记载与真实权利状态不符时以何为准？就此问题,《物权法解释(一)》第 2 条规定:"当事人有证据证明不动产登记簿的记载与真实权利状态不符,其为该不动产物权的真实权利人,请求确认其享有物权的,应予支持。"最高人民法院民事审判第一庭对此司法解释所做的理解适用指出：登记的不动产所有权实际上属于多人共有,但仅登记在一人或部分人名下,导致不动产登记部分名实不符,实践中较多地发生在合伙共有财产、家庭共有财产、房地产合建财产登记在一人或数人名下……对于这些不动产登记物权人与真实物权人之间因内部关系发生的争议,真实物权人可以不动产确权诉讼或执行异议之诉等主张权利,人民法院应当依据不动产物权变动的基础法律关系来确认物权的归属。本案中,虽然在不动产权属证、登记簿上涉案房屋登记在王某一名下,但是实际所有权人还包括王某二、宁某芳。当登记簿记载与实际权利人不符情况、真实权利人发生确权之诉时,应该按照最高人民法院民事审判第一庭的意见,"以不动产物权变动的基础法律关系来确认物权的归属"。上诉人宁某芳用卖掉了原本自己所有、自己可以居住、可以不卖的房产的部分价款作为出资共同购买了本案涉案房屋,并由长子为其装修,在其内住了近二十年,种种事实皆表明宁某芳是真实的房屋所有权利人之一。

2. 共有财产份额如何确认

《物权法》第 103 条、第 104 条对按份共有和以出资额确定份额做了规定。第 103 条规定:"共有人对共有的不动产或者动产没有约定为按份共有或者共同共有,或者约定不明确的,除共有人具有家庭关系等外,视为按份共有。"第 104 条规定:"按份共有人对共有的不动产或者动产享有的份额,没有约定或者约定不明确的,按照出资额确定；不能确定出资额的,视为等额享有。"本案中,宁某芳与王某二虽系婆媳关系,但是王某二已经放弃所有权,而王某一与宁某芳并不具有家庭关系,对诉争房屋应当视为按份共有,并且按照各自的出资额确定各自享有的份额。

宁某芳出资20万元,占总房款482467元约41%的份额,因此上诉人宁某芳对房产占有41%的份额。

最终,二审法院认定了宁某芳购房的真实意思表示及出资事实,确认了宁某芳的共有权利人地位,并支持了其占有不动产2/5的份额。

【律师点评】

代理律师从共同出资买房的事实认定和房屋共有的法律适用方面进行补充取证和法律分析。

1. 宁某芳有共同购买涉案房屋用于共同居住的意思表示

宁某芳在出卖三源里的房屋前,其当时已经75岁,有自己稳定的居所,本应是在自己的老房内安度晚年,无须担心因儿女不孝顺将其赶出家门的情况。正是基于王某二当时承诺共同买一套三居室大房子,一起居住生活,宁某芳才为筹款卖掉三源里的房子,显然宁某芳住进的是自己享有份额的共有房屋,且一直居住在此房屋内。故,从宁某芳的购买意图来看,宁某芳是与人共同购买,共同享有所有权。王某二放弃署名权的声明恰恰证明了房屋并非王某一所有,而是产权共有。二审法院依代理律师的申请,到北京市基础设施投资开发公司调取了北京市朝阳区福怡苑×号房屋的商品房买卖合同及房款账目。

二审审理期间,代理律师指导宁某芳申请证人李某到庭作证称:我曾是北京市基础设施投资开发公司的职员,王某二购房的事情是我办理的。王某二来我公司买房子,定了一个三居室,后来王某平买了一个一居室。王某二的房子是分期付款,王某平的房子是一次性付款。王某二分期付款交不上来后就通知王某平补上来,后来王某平说把一居室卖了,卖了后通过公司内部流程把房款直接打到王某二的房款上,大概就是这个过程。数额应该是发票上的数额,大约19万多元。上述证据进一步证实了宁某芳为了购买房屋将原来个人房屋卖掉并将房款用于购买诉争房屋的事实。

2. 宁某芳长期在诉争房屋居住

宁某芳共同买房后,其长子为宁某芳将诉争房屋进行了装修,并配置家具家电。宁某芳长子替宁某芳装修房屋的行为,完全是因为宁某芳是共有权人,享有此房屋的份额,其长子才自愿出资对此房进行装修。宁某芳一直在此居住,占有使用此房屋,十几年从没有人提出任何异议,也未被收取过房租,也可以印证宁某芳也是此诉争房屋的共有权人。宁某芳在居无定所的情况下,提供20万元巨款,既与二王没有任何借贷的意思和手续,不存在借贷关系,也不可能无偿赠与王某一和王某二,那么只能是共同出资、共同购买用于长期居住的房屋。

3. 宁某芳有证据证明不动产登记簿的记载与真实权利状态不符,其为该不动产物权的真实权利人,请求确认其享有物权的,应予支持代理律师认为,《物权法》第 93 条规定"不动产或者动产可以由两个以上单位、个人共有。共有包括按份共有和共同共有"。显然,除了按照登记证书确定所有人外,还存在产权共有人。同时,《物权法》第 103 条规定:"共有人对共有的不动产或者动产没有约定为按份共有或者共同共有,或者约定不明确的,除共有人具有家庭关系等外,视为按份共有。"《物权法》第 104 条规定:"按份共有人对共有的不动产或者动产享有的份额,没有约定或者约定不明确的,按照出资额确定;不能确定出资额的,视为等额享有。"

本案中,不动产登记簿只是将诉争房屋登记于王某一名下,此房屋实际存在共同所有权人。《物权法解释(一)》第 2 条规定:"当事人有证据证明不动产登记簿的记载与真实权利状态不符、其为该不动产物权的真实权利人,请求确认其享有物权的,应予支持。"一审判决仅凭一个不动产登记簿为依据,不考虑共有人的合法权利,片面理解适用法律,剥夺了其他共有权人的权利。

【结语】

二审过程中,代理律师除了专注于案件事实认定和法律适用,还注意到上诉人是一位老年人,所以在上诉状和辩论意见中,均打出感情牌,让合议庭更加注重案件审理的社会效果,督促法官慎重处理、公正判决。一审判决认定事实不清且适用法律错误,判决显失公平,严重侵害了宁某芳这位 90 岁高龄老人的合法权益,严重违反了《中华人民共和国老年人权益保障法》关于国家保障老年人权益的原则,致使宁某芳面临老无所居、流落街头的绝境,违背了尊老爱老敬老的传统美德。

另外,诉讼过程中,代理律师通过查阅最高人民法院民事审判第一庭编著的《最高人民法院物权法司法解释(一)理解适用与案例指导》,找到司法实践中对涉案法条及司法解释的权威理解和类似案例判决,同时在裁判文书网找到审理本案的合议庭法官之一曾经办理过的类似案件的判例,通过提交《补充代理意见》的方式对论证做了补强,增加了说服力,帮助上诉人反败为胜。

本章附录:所有权纠纷大数据分析(毕文强)

1. 数据来源[①]

时间:2009 年 10 月 1 日—2018 年 10 月 18 日

案例来源:Alpha 案例库

案由:所有权纠纷

案件数量:50 309 件

数据采集时间:2018 年 10 月 18 日

---

① 数据来源于 Alpha 案例,可能存在偏差,仅供参考。

2. 检索结果可视化

本次检索获取了自 2009 年 10 月 1 日至 2018 年 10 月 18 日共 50309 篇裁判文书。

（1）整体情况分析

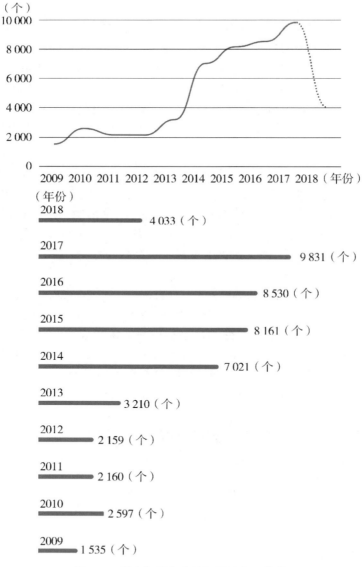

图 3-1　所有权纠纷案例数量的变化趋势

从图 3-1 的整体情况分析可以看到，当前条件下，案例数量的变化趋势。

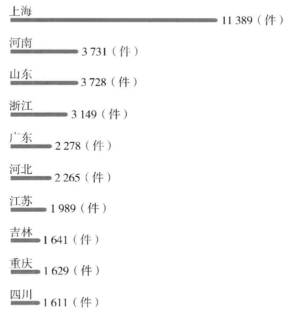

图 3-2 所有权纠纷案例地域分布

从图 3-2 的地域分布来看,当前条件下,所有权纠纷案例主要集中在上海市、河南省、山东省,占比分别为 23%、7%、7%。其中上海市的案件量最多,达到 11 389 件。

(2)案由分布

从图 3-3 的案由分布可以看到,当前条件下,所有权纠纷的案由分布由多至少

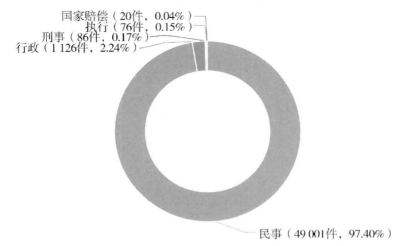

图 3-3 所有权纠纷案由分布

分别是民事、行政、刑事、执行、国家赔偿。

(3)程序分类

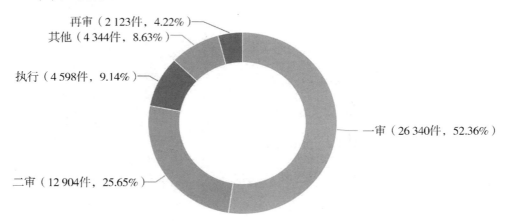

图3-4 所有权纠纷审理程序分类

从图3-4的程序分类可以看到,当前条件下,所有权纠纷的审理程序状况,其中一审案件有26 340件;二审案件有12 904件;再审案件有2 123件;执行案件有4 598件。

(4)裁判结果

①一审裁判结果

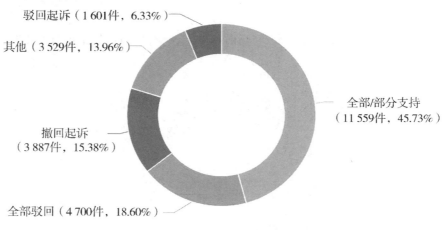

图3-5 所有权纠纷的一审裁判结果

从图3-5中一审裁判结果可以看到,当前条件下,全部/部分支持的有11 559件,占比为45.73%;全部驳回的有4 700件,占比为18.60%;撤回起诉的有3 887件,占比为15.38%。

②二审裁判结果

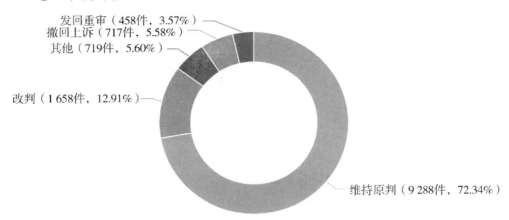

图 3-6　所有权纠纷二审裁判结果

从图 3-6 中二审裁判结果可以看到,当前条件下,维持原判的有 9 288 件,占比为 72.34%;改判的有 1 658 件,占比为 12.91%;其他的有 719 件,占比为 5.60%。

③主刑

图 3-7　主刑

从图 3-7 主刑的可以看到,当前条件下,包含有期徒刑的案件有 29 件,包含拘役的案件有 3 件。其中包含缓刑的案件有 13 件;免予刑事处罚的案件有 1 件。

④附加刑

图 3-8　附加刑

从图 3-8 附加刑可以看到,当前条件下,包含罚金的案件有 10 件,包含剥夺政治权利的案件有 3 件,包含没收财产的案件有 1 件。

⑤标的额

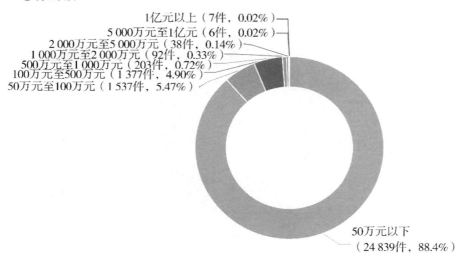

图 3-9　所有权纠纷标的额

从图 3-9 标的额可以看到,当前条件下,标的额为 50 万元以下的案件数量最多,有 24 839 件;50 万元至 100 万元的案件有 1 537 件;100 万元至 500 万元的案件有 1 377 件;500 万元至 1 000 万元的案件有 202 件;1 000 万元至 2 000 万元的案件有 92 件。

⑥审理期限

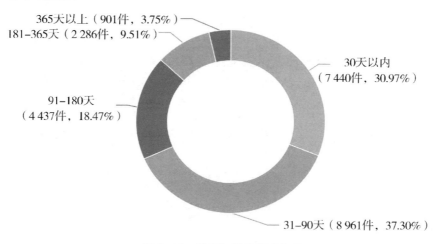

图 3-10　所有权纠纷审理期限

从图 3-10 审理期限可以看到,当前条件下,审理时间更多处在 31-90 天的区间内,平均时间为 99 天。

第四章　用益物权纠纷

一、海域使用权纠纷

案例（064）　陈某一、陈某二诉福建漳浦县人民政府海域使用许可纠纷案

来源：（2005）闽行终字第 13 号
作者：李吏民

【案例导读】

由于海洋经济的发展和对海洋开发利用向纵深化发展，围绕用海产生的纠纷有扩大化的趋势。本案例即为一起典型的海域使用权行政许可纠纷案件。海域使用权，是指民事主体基于县级以上人民政府海洋行政主管部门的批准和颁发的海域使用权证书，依法在一定期限内使用一定海域的权利。本案涉及行政许可法定程序、海域行政许可使用权依据等多个法律问题，值得大家认真研读。

【案情简介】

2004 年 5 月 8 日，张某填写海域使用申请书，向福建省漳浦县人民政府提出海域使用申请，申请使用址在漳浦县盐场竹屿村寮西凹海域，用于养殖，面积为 277.5 亩。申请书还附坐标图一份，并向福建省漳浦县人民政府提交了其与漳浦盐场竹屿居民委员会于 2000 年 1 月 13 日签订的滩涂承包合同鉴证书、漳浦县盐场竹屿居民委员会证明、漳浦县盐场竹屿居民委员会收款收据两份等申请材料。

漳浦县人民政府的海洋行政主管部门漳浦县海洋与渔业局于 2004 年 6 月 22 日受理了该申请，于 2004 年 7 月 5 日作出初审意见："该宗用海：一、符合海洋功能区划。二、界址、面积清楚。三、未设置使用权。" 2004 年 7 月 12 日，漳浦县海洋与渔业局填写海域使用审批呈报表，报福建省漳浦县人民政府批准。福建省漳浦县人民政府于 2004 年 7 月 14 日作出 "同意办理" 的审批意见，批准了张某的申请，审

批号为3506232004152。

陈某一、陈某二于2004年5月6日向漳浦盐场海域管理站申请使用乌坪嘴西北侧海域，漳浦盐场海域管理站于2004年6月2日作出同意申请的意见，并向陈某一、陈某二收取了人民币3 000元的海域使用金。

陈某一、陈某二得知张某向福建省漳浦县人民政府提出海域使用申请后，认为第三人申请使用的寮西凹海域包含其申请使用的乌坪嘴海域，将会出现重复发证问题，两人于2004年6月22日向漳浦县海洋与渔业局提出异议。在福建省漳浦县人民政府作出行政许可前，第三人与陈某一、陈某二就诉争海域的使用权问题发生纠纷，诉至漳浦县人民法院。漳浦县人民法院于2004年7月13日将审理情况向漳浦县海洋与渔业局作了通报。福建省漳浦县人民政府认为陈某一、陈某二的异议理由不充分，驳回其异议。福建省漳浦县人民政府在作出行政许可决定前没有告知陈某一、陈某二其享有听证的权利，也没有举行听证。

2004年7月14日，漳浦县海洋与渔业局向张某发出海域使用权批准通知书，告知张某其提出的海域使用申请已经福建省漳浦县人民政府批准。2004年7月18日，张某向福建省漳浦县人民政府提出海域使用权登记申请表，申请办理海域使用权登记并颁发海域使用权证书。福建省漳浦县人民政府于2004年7月14日颁发给张某国海证043563152号海域使用权证书，2004年7月22日，张某交纳了海域使用金人民币5 500元。2004年7月28日，福建省漳浦县人民政府的海洋行政主管部门漳浦县海洋与渔业局作出浦海证告字〔2004〕5号发证公告。

陈某一、陈某二不服福建省漳浦县人民政府的具体行政行为，向漳州市人民政府申请复议。漳州市人民政府于2004年10月12日作出漳政复决〔2004〕45号复议决定书，维持了福建省漳浦县人民政府的具体行政行为，并于2004年10月28日送达给陈某一、陈某二。陈某一、陈某二仍不服，于2004年11月10日向漳浦县人民法院提起行政诉讼。2005年2月16日，漳浦县人民法院将该案移送漳州市中级人民法院审理。一审法院经过审理作出判决：确认被告漳浦县人民政府对第三人张某的海域使用申请作出的3506232004152号行政许可决定违法，并撤销被告颁发给第三人张某的海域使用权证书。被告漳浦县人民政府及第三人张某均不服一审法院判决，向福建省高级人民法院上诉。

【审理与判决】

1. 诉讼当事人

原告为陈某一、陈某二，被告为福建省漳浦县人民政府，第三人为张某。

2. 争议焦点

（1）陈某一、陈某二是否具有本案诉讼主体资格？

（2）漳浦县人民政府颁发海域使用权证书的行政行为在程序和实体上是否

合法?

3. 判决过程

一审法院福建省漳州市中级人民法院经审理认为:(1)根据《海域使用管理法》第 12 条第 3 款、第 15 条第 1 款、第 17 条第 1 款规定,依法经有权机关批准的海洋功能区划,是作出海域使用行政许可行为的依据。但漳浦县人民政府在履行海域使用权批准行政职权的过程中,未依法履行审查职责,在没有有权机关依法批准的海洋功能区划作为依据的情况下,即作出 3506232004152 号海域使用行政许可和颁发国海证 043563152 号海域使用权证书给第三人张某,违反了上述法律规定。(2)漳浦县人民政府在行政复议程序中未提交而在诉讼程序中才提交的海域使用论证报告表,不能作为本案认定的依据。(3)漳浦县人民政府应按照《海域使用申请审批暂行办法》(已于 2006 年 10 月 13 日废止)规定,对申请海域是否符合海域使用规划进行审查,其未尽审查义务,作出的该行政许可事实不清,证据不足。(4)陈某一、陈某二认为第三人申请的海域使用范围与其申请使用的海域范围存在重叠情形和界址不清,并向漳浦县人民政府提出异议,且陈某一、陈某二与第三人对该海域的使用权争议已在漳浦县人民法院审理,法院也已函告漳浦县人民政府。漳浦县人民政府的行政许可行为涉及陈某一、陈某二与第三人张某之间的重大利益关系,因此,陈某一、陈某二具有本案诉讼主体资格。漳浦县人民政府本应就陈某一、陈某二的主张给予其充分的陈述和申辩权利,但漳浦县人民政府在作出行政许可决定前,没有告知陈某一、陈某二及第三人其享有听证的权利,同时在没有举行听证的情况下将诉争的海域使用权批准给第三人,属行政程序违法。根据最高人民法院《关于执行〈中华人民共和国行政诉讼法〉若干问题的解释》第 12 条的规定,漳浦县人民政府作出的该具体行政行为与陈某一、陈某二有利害关系,故陈某一、陈某二主体资格适格。综上,漳浦县人民政府作出的 3506232004152 号海域使用权行政许可行为主要证据不足,事实不清,违反法定程序,依法应确认该行政许可行为违法。漳浦县人民政府据此颁发给第三人的国海证 043563152 号海域使用权证书依法应予撤销。陈某一、陈某二的诉讼请求合法,应予支持。据此,漳州市中级人民法院依照《行政诉讼法》第 54 条第 2 项第 1 目、第 3 目,最高人民法院《关于执行〈中华人民共和国行政诉讼法〉若干问题的解释》第 57 条第 2 款第(3)项之规定,作出判决:确认漳浦县人民政府对第三人张某的海域使用申请作出的 3506232004152 号行政许可决定违法,并撤销漳浦县人民政府颁发给第三人的海域使用权证书。

一审宣判后,漳浦县人民政府及第三人不服一审判决,向福建省高级人民法院提起上诉,请求二审法院撤销一审判决,改判维持漳浦县人民政府作出的具体行政行为。

福建省高级人民法院经审理认为:漳浦县人民政府在审批张某的海域使用申请过程中,在利害关系人陈某一、陈某二提出异议,并且漳浦县人民法院亦函告存在海域使用纠纷的情况下,既没有进行调查核实,又未依法认定陈某一、陈某二是行政许可程序中的利害关系人,进而未告知申请人与利害关系人有陈述、申辩及要求听证的权利,违反了《行政许可法》第36条、第47条的规定。同时,漳浦县人民政府也没有充分的证据证明其依法审查海域使用论证报告表,并将海洋功能区划作为审查行政许可申请的依据。故漳浦县人民政府作出的3506232004152号海域使用行政许可决定,认定事实不清,违反法定程序,依法应予撤销。依据3506232004152号海域使用行政许可所作出的海域使用权登记亦应予以撤销。上诉人漳浦县人民政府与张某的上诉理由均不能成立,二审法院不予支持。原审判决认定事实清楚,适用法律正确,程序合法,依法应予维持。根据《行政诉讼法》第61条第(一)项的规定,二审法院判决:驳回上诉,维持原判。

【法律要点解析】

1. 陈某一、陈某二是否是本案适格的诉讼主体

关于陈某一、陈某二是否有权提起本案诉讼,要分析其与本案涉诉的海域使用权行政许可之间有无利害关系。陈某一、陈某二在之前已向漳浦盐场海域管理站申请使用乌坪嘴海域,得到了海域管理站的批准并缴纳了海域使用金。漳浦县人民政府向第三人张某颁发海域使用权证书,代表其将寮西凹海域使用权许可给张某。陈某一、陈某二认为该许可所涉寮西凹海域的范围内包含了另一海域乌坪嘴,即与陈某一、陈某二使用的海域之间存在重叠情形。因海域使用权许可是一种排他性权利,陈某一、陈某二与张某各自申请使用的海域是否发生重叠,对双方均具有重大影响,涉及双方重大利益关系。也就是说,漳浦县人民政府将该海域使用权许可给任何一方,都将对另一方产生重大、直接的利益影响。且就该海域使用权陈某一、陈某二与张某发生纠纷,诉至漳浦县人民法院。在作出行政许可前,漳浦县人民法院已经将审理情况向漳浦县海洋与渔业局作了通报。因此,陈某一、陈某二是该行政许可行为利害关系人,也就是说与漳浦县人民政府作出的行政许可行为具有法律上的利害关系。陈某一、陈某二是本案适格的诉讼主体,可以提起本案诉讼。

2. 漳浦县人民政府作出的行政许可程序是否合法

根据《行政许可法》第36条、第47条之规定,行政机关在对行政许可申请进行审查的过程中,当发现行政许可事项涉及第三人重大利益的,行政许可决定的作出会对第三人的利益产生影响,行政许可机关应当在合理的期限内,及时告知利害关系人,给予申请人、利害关系人充分表达自己意见并为自己辩解的机会,其有陈述申辩权和申请听证权。

陈某一、陈某二与张某就海域的使用权发生纠纷并诉至法院，且漳浦县人民法院也已经将审理情况告知了漳浦县海洋与渔业局，因此，被告在作出行政许可的过程中，陈某一、陈某二为海域使用权行政许可利害关系人是明知的，其作为利害关系人应享有知情权、陈述申辩权和申请听证权，但漳浦县人民政府未依法告知，并在未组织听证的情况下将该海域使用权许可给第三人张某，该行政行为的程序明显违法。

3. 漳浦县人民政府作出的海域使用权行政许可行为是否具备相应依据

《中华人民共和国海域使用管理法》第17条第1款规定："县级以上人民政府海洋行政主管部门依据海洋功能区划，对海域使用申请进行审核，并依照本法和省、自治区、直辖市人民政府的规定，报有批准权的人民政府批准。"根据该法第12条的规定，海洋功能区划是经该市、县人民政府审核同意后，报所在的省、自治区、直辖市人民政府批准，报国务院海洋行政主管部门备案。由此可见，海域使用权行政许可机关应当对申请人的申请是否符合依法经有权机关批准的海洋功能区划进行审查，决定是否作出许可，也就是说经法定行政机关批准的海洋功能区划是作出行政许可的依据。本案涉诉的行政许可是经过行政复议程序后才被起诉。虽然被告在诉讼中提交了海域使用论证报告表，但是在行政复议程序中未提交。该案发生在行政诉讼法修正之前，根据最高人民法院《关于行政诉讼证据若干问题的规定》第61条之规定："复议机关在复议程序中收集和补充的证据，或者作出原具体行政行为的行政机关在复议程序中未向复议机关提交的证据，不能作为人民法院认定原具体行政行为合法的依据。"因此，海域使用论证报告表不能作为被告作出行政许可的依据。同时，被告没有证据证明对该海域使用论证报告表进行了审查，没有证据证明是依据了海洋功能区划作出的许可，故，应视为漳浦县人民政府作出的涉诉海域使用行政许可决定和海域使用权证书没有依据。

【律师点评】

本案虽是对漳浦县人民政府作出的海域使用许可及颁发海域使用权证提出的异议，但实质上是原告与第三人之间的海域使用权纠纷。在原告与第三人之间的海域使用权民事纠纷尚无定论的情况下，漳浦县人民政府为第三人作出海域使用行政许可决定和海域使用权证书实际上就确认了第三人的海域使用权，因此，原告提起诉讼是维护自己合法权益的正确选择。

在被告作出行政许可的过程中，因第三人申请的海域使用范围与原告申请使用的海域范围存在重叠和界址不清的情况，原告向被告提出异议，同时，原告与第三人对该海域使用权的民事争议也已经向法院提起了诉讼，审理法院也已函告被告。在双方海域使用权纠纷尚无定论的情况下，第三人申请的海域使用范围明显是存在争议的，其权利来源是有问题的，在这种情况下被告没有通知原告听取原告意见直接作出涉诉的行政许可及海域使用证明显事实不清、程序违法,且在诉讼中也未提交作出行政许可的依据,其行政行为被撤销是正确的。

【案外语】

虽然被告作出的涉诉海域使用权行政许可及海域使用证被撤销,但是不等于原告就取得了该海域使用权,也不等于第三人就丧失了该海域使用权,双方的纠纷依然存在,仍然需要在海域使用权纠纷案件中进行解决,来最终确定涉案的海域使用权人。

案例(065) 吕某奎等79人诉山海关船舶重工公司环境污染责任纠纷案

来源:(2014)津高民四终字第22号
作者:李吏民

【案例导读】

我国是海洋大国,也是海洋水产品消费大国,海洋渔业在我国经济社会和人民日常生活中占有重要地位。伴随着经济的高速发展,海洋污染也日趋严重,海洋污染对海洋渔业的损害也时常发生。本案就是一起典型的海洋环境污染损害赔偿纠纷案件,值得读者深入学习与探讨。

【案情简介】

吕某奎等79人主张其系长期在秦皇岛山海关老龙头海域进行扇贝养殖的养殖户,79人均未取得养殖许可证书和海域使用权证书。山海关船舶重工有限责任公司(以下简称"山船重工公司")系该海域附近唯一从事船舶修造业务的大型企业。

2010年8月2日上午,秦皇岛山海关老龙头东海域海水出现异常。当日11时30分,秦皇岛市环境保护局接到举报,安排环境监察、监测人员,协同秦皇岛市山海关区渤海乡党委副书记刘某某、纪委书记张某某等相关人员到达现场,对海岸情况进行巡查。根据现场巡查情况,海水呈红褐色、浑浊。秦皇岛市环境保护局的工作人员同时对海水进行取样监测,并于8月3日对海水水质作出监测报告,结果显示海水悬浮物24mg/L、石油类0.082mg/L、铁13.1mg/L。

经大连海事大学海事司法鉴定中心鉴定,认定:(1)关于海域污染鉴定:①采取卫星遥感技术,选取NOAA卫星2010年8月2日北京时间5时44分和9时51分的两幅图像进行分析。其中5时44分的图像显示山船重工公司附近海域存在一片污染海水异常区,面积约为5平方千米;9时51分的图像显示距山船重工公司以南约 4 千米海域存在污染海水异常区,面积约为 10 平方公里。②根据山船重工公司系山海关老龙头附近唯一临海大型企业,修造船舶会产生大量污水,船坞刨锈污水中铁含量很高,一旦泄漏将严重污染附近海域,推测出污染海水源地系山船重工公司,泄漏时间约在 2010 年 8 月 2 日北京时间 0 时至 4 时之间。③确定 79 人中的王某荣等 21 人的养殖区地理坐标。通过比对,得出王某荣等 21 人的全部养殖区遭受污染损害的结论。(2)关于养殖损失分析:①涉案海域水质中悬浮物、铁及石油类含量较高,已远远超过《中华人民共和国国家标准 渔业水质标准》和《中华人民共和国国家标准 海水水质标准》规定的含量。污染最严重的因子为铁,对渔业和养殖水域危害较大。②确定养殖损失的计算方式和数额。因鉴定意见中存在将卫星图像上显示的 UTC 时间(协调世界时)认定为北京时间的问题,鉴定人提交了分析报告予以更正和说明:鉴定意见选取的 NOAA 卫星显示的采集时间 2010 年 8 月 2 日 5 时 44 分和 9 时 51 分为 UTC 时间而非北京时间,二者相差 8 小时。将时间更正后,有 3 幅 NOAA 卫星 AVHRR 资料可用,解译如下:2010 年 8 月 2 日北京时间 6 时 29 分,山海关老龙头海域未发现海水异常区;8 月 2 日北京时间 13 时 44 分,在山海关老龙头海域(靠近山船重工公司)发现海水异常区;8 月 2 日北京时间 17 时 51 分,海水异常区位于北京时间 13 时 44 分的海水异常区以南约 4 千米的海域,面积扩大一倍。上述变化,符合污染海水在近海潮流作用下随时间向退潮流方向漂移、面积不断扩散增大的规律。

另,铁物质未纳入《渔业水质标准》和《海水水质标准》等评价海水水质的环境标准。秦皇岛市环境保护局出具的复核意见记载,涉案海水中的红褐色物质为铁物质,国家对海水中铁物质含量没有明确的污染物排放标准,故铁含量的变化是否影响海水养殖需相关部门专家进一步论证。

吕某奎等 79 人向天津海事法院提起诉讼,请令山船重工公司赔偿其养殖损失 20084940 元。

【审理与判决】

1. 诉讼当事人

上诉人(一审原告)为吕某奎等 79 人、被上诉人(一审被告)为山船重工公司。

2. 争议焦点

(1)山船重工公司是否实施了污染行为?

(2)吕某奎等 79 人是否受到损害?

(3)污染行为与损害是否存在因果关系?

(4)山船重工公司的责任范围?

3. 判决过程

天津海事法院经一审审理认为:吕某奎等 79 人提交的证据主要有证人证言、

照片、笔录以及鉴定意见。其中,证人赵某某的证言及其拍摄的照片不能证明红色污水的来源方向以及污水涌入养殖区的场景;吕某奎等79人的委托代理人所做的调查笔录中,数位被调查人仅陈述了从山船重工公司厂区流出大量红色污水的事实,未能提供现场的客观记录予以佐证;鉴定意见所依据的卫星图像不能证明养殖区域在2010年8月1日上午10时遭受山船重工公司污染的事实,内容与证人赵某某的证言亦不相吻合。故而,吕某奎等79人提交的证据不足以证明涉案养殖区域遭受山船重工公司污染。

综上,天津海事法院依照《民事诉讼法》第64条第1款之规定,判决驳回吕某奎等79人的诉讼请求。

吕某奎等79人不服一审判决,向天津市高级人民法院提起上诉。

天津市高级人民法院经二审审理认为:本案为海上污染损害赔偿纠纷,吕某奎等79人(包括王某荣等21人)应当就山船重工公司实施了污染行为以及该行为使自己受到了损害之事实承担举证责任,并提交污染行为和损害之间可能存在因果关系的初步证据;山船重工公司应当就法律规定的不承担责任或者减轻责任的情形及行为与损害之间不存在因果关系承担举证责任。

关于污染行为及损害事实。第一,出具鉴定意见的司法鉴定中心具有相应的鉴定资质,选用卫星遥感监测技术具有科学性。鉴定人提供的分析报告能够对鉴定意见的时间错误予以更正,亦能够与在案其他证据相互佐证。鉴定意见和分析报告可以证实秦皇岛市海域在2010年8月2日发生污染。鉴定意见作出污染系山船重工公司泄漏含铁量较高污水导致的结论,可以作为认定污染行为的依据。第二,根据鉴定意见的分析,王某荣等21人从事养殖且养殖区域受到了污染。由于鉴定意见仅确认吕某国等9人存在养殖损失,未确认养殖行为发生在污染海域范围内;此外,未确认吕某奎等49人从事养殖行为,故法院对上述58人提出的因涉案污染养殖业受损需获赔偿的主张不予支持。第三,山船重工公司排放的铁物质虽未纳入《渔业水质标准》和《海水水质标准》等环境标准,但因其污染行为造成了环境损害且不能证明存在法律规定的免责情形以及行为与损害之间不存在因果关系,故山船重工公司须承担赔偿责任。

关于山船重工公司的责任范围。王某荣等21人均未取得养殖许可证书和海域使用权证书,养殖行为不具有合法性,其养殖损害的赔偿范围应仅限于成本损失。经计算,王某荣等21人的养殖损失总额为3444240元。由于鉴定意见确定的污染物为悬浮物、铁物质及石油三类,故结合鉴定意见中水质污染最严重的为铁物质的评价,酌定由山船重工公司对王某荣等21人的养殖损失承担40%的污染损害赔偿责任。

综上,天津市高级人民法院依照《侵权责任法》第65条、第66条,《中华人民共和国海洋环境保护法》(以下简称《海洋环境保护法》)《海洋环境保护法》第95条、《民事诉讼法》第170条第1款第(二)项之规定,判决:1. 撤销(2011)津海法事初字第115号民事判决;2. 山船重工公司赔偿王某荣等21人养殖损失共计1 377 696元;3. 驳回吕某奎等79人的其他诉讼请求。

【法律要点解析】

1. 受害人不持有海域使用权许可证及养殖许可证等实体权利存在瑕疵的情况下,能否提起损害赔偿之诉及如何界定赔偿的范围

根据《海域使用管理法》和《中华人民共和国渔业法》(以下简称《渔业法》)的相关规定,个人使用海域进行养殖的,必须依法取得海域使用权证书和养殖许可证书。本案中的受害人因其未取得相关证书,其海域养殖行为不具备合法性。虽然其养殖行为不合法,但海洋污染给其养殖确实造成了损失,其有权提起损害赔偿之诉,在此情形下,因其是非法养殖,不能因非法行为而获利。故对其养殖损害的赔偿范围应仅限于养殖成本的损失。

2. 发生未纳入环境标准的物质致损,对该物质是否属于环境污染责任中的"污染物"应如何认定

《海洋环境保护法》第95条明确规定,只要行为人将物质或者能量引入海洋造成损害,即视为海洋环境污染损害;《侵权责任法》第65条亦未将环境污染责任限定为排污超过国家标准或者地方标准。故无论国家或地方标准中是否规定了某类物质的排放控制要求,或排污是否符合国家或地方规定的标准,只要能够确定污染行为造成环境损害,行为人就须承担赔偿责任。环境污染责任中"污染物"应界定为一切能够造成环境损害的物质,排放未纳入环境标准物质致损亦构成环境污染侵权。

3. 环境污染侵权案件中举证责任应如何分配

在环境污染侵权中,举证责任分配采用的是举证责任倒置的规则。《侵权责任法》第66条规定:"因污染环境发生纠纷,污染者应当就法律规定的不承担责任或者减轻责任的情形及其行为与损害之间不存在因果关系承担举证责任。"《关于民事诉讼证据的若干规定》(2008年调整)第4条第一款第(三)项规定:"因环境污染引起的损害赔偿诉讼,由加害人就法律规定的免责事由及其行为与损害结果之间不存在因果关系承担举证责任。"

实行举证责任倒置规则并不意味着原告无须承担任何举证责任,原告仍然需要承担一定的举证责任,原告需要承担的举证责任主要有:(1)被告实施了污染环境的行为。(2)原告受到了损害的事实。被告方需要承担的举证责任为:就法律规定的不承担责任或者减轻责任的情形及其行为与损害之间不存在因果关系承担举证责任。

【律师点评】

本案系海洋环境污染损害赔偿纠纷案件。近年来,伴随着经济社会的快速发展,新型污染物时有出现,由此引发的纠纷日益受到关注。在未纳入环境标准的物质导致损害结果的情况下,致害物质是否属于环境污染责任中的"污染物"以及是否构成环境污染侵权成为法院审理案件的难点。本案在正确分配举证证明责任的基础上,针对山船重工公司提出的铁物质不属于评价海水水质的标准,其行为不属于环境污染侵权行为的抗辩理由,综合考虑相关环境标准未及时更新和具备专业资质的鉴定人出具的鉴定意见,认定山船重工公司应就其污染行为承担侵权责任,确立了环境污染责任中"污染物"应界定为一切能够造成环境损害的物质,排放未纳入环境标准物质致损亦构成环境污染侵权的裁判规则,依法规范了生产企业的行为,对类似案件的审理起到了较好的示范作用。

【案外语】

本案中由于部分原告未办理相关使用海域许可及养殖许可,其养殖行为不受法律保护,法院对其主张养殖收入损害赔偿部分不予支持,部分养殖户可以说损失惨重。因此,使用海域进行养殖应当办理相关许可,这样养殖行为才能得到法律保护。

二、探矿权、采矿权纠纷

案例(066) 孙某贤等三人与玄某军探矿权纠纷案(探矿权诉讼程序)

来源:(2015)民申字第 464 号
作者:张怀玺

【案例导读】

当事人因探矿权权属发生争议,应通过民事诉讼程序还是行政诉讼程序解决争议?请看以下案例。

【案情简介】

孙某贤等三人于 2004 年投资承包奈曼旗青龙山镇向阳所村林地,承包期为 15 年,用于开发铁矿。孙某贤等三人委托玄某军办理勘查许可证,并将委托勘查合同书、林地承包合同书、存款证明、探矿权申请登记书等相关资料及办证资金 114 万元交付玄某军。2005 年 12 月 28 日,经内蒙古自治区国土资源厅批准,通辽市国土资源局对奈曼旗青龙山镇向阳所一带铁矿普查探矿权实行挂牌出让,并予以公告。玄某军将办证资料上孙某贤的名字篡改成自己的名字,并私刻"辽宁省第四地质大队"的公章伪造勘查合同,用孙某贤等三人交给他的办证资金,以奈曼旗北方建筑公司(该公司法定代表人为玄某军)的名义竞标,将勘查许可证办至玄某军自己名下;2006年2月13日,内蒙古自治区国土资源厅向玄某军颁发了矿产资源勘查许可证。孙某贤等三人提起民事诉讼,请求:确认涉案矿产资源勘查许可证归孙某贤等三人所有。

【审理与判决】

1. 诉讼当事人

一审原告为孙某贤等三人,被告为玄某军。

2. 诉请与抗辩

原告诉讼请求:请求确认涉案矿产资源勘查许可证归孙某贤等三人所有。

被告答辩:请求驳回原告诉讼请求。

3. 争议焦点

当事人因探矿权权属发生争议,应通过民事诉讼程序还是行政诉讼程序解决?

4. 判决过程

一审法院认为,玄某军利用孙某贤等三人提供的资金及办证所需资料,篡改名头、制作虚假申报材料,以欺骗手段取得勘查许可证,侵犯了孙某贤等三人的探矿申请权,遂判决涉案矿产资源勘查许可证上设立的探矿权为孙某贤等三人所有。

二审法院认为,孙某贤等三人主张玄某军采取伪造资料等方式取得涉案勘查许可权,其应向国土资源主管部门反映情况,由主管部门查清事实后采取措施,也可以依法向人民法院提起行政诉讼,请求撤销玄某军取得的勘查许可证。孙某贤等三人提起的诉讼,不属于民事诉讼范围。二审法院裁定撤销一审判决,驳回孙某贤等三人的起诉。

再审法院审查认为,探矿权的取得须经国土资源主管部门的许可,此种行政许可具有赋权性质,属行政机关管理职能。在探矿权须经行政许可方能设立、变更或者撤销的情况下,孙某贤等三人请求确认矿产资源勘查许可证归其所有,不符合法律规定的民事诉讼受案范围,二审法院裁定驳回起诉,并无不当。故驳回再审申请。

【法律要点解析】

当事人因探矿权权属发生争议,应通过民事诉讼程序还是行政诉讼程序解决?

《民法通则》第81条第2款规定:"国家所有的矿藏,可以依法由全民所有制单位和集体所有制单位开采,也可依法由公民采挖。国家保护合法的采矿权。""《矿业权出让转让管理暂行规定》第3条规定:"探矿权、采矿权为财产权,统称为矿业权,适用不动产法律法规的调整原则。依法取得矿业权的自然人、法人或其他经济组织称为矿业权人。矿业权人依法对其矿业权享有占有、使用、收益和处分权。"根据上述法律规定,探矿权属于财产权。《物权法》第123条规定:"依法取得的探矿权、采矿权、取水权和使用水域、滩涂从事养殖、捕捞的权利受法律保护。"《物权法》将探矿权列入第三编用益物权一编,明确了探矿权属于用益物权。

探矿权既然是财产权,由人民法院通过民事诉讼进行司法确权应是没有问题的。但本案中,一审法院以民事诉讼程序处理该争议并作出相应判决,二审及再审法院认为本案不属于民事案件的受案范围,驳回了原告等人的起诉及再审申请。上下级法院为何出现这种不同的认识?下面试作分析。

(1)实践中,登记表现的权利状态并不总能反映真实的权利状态,因此出现物权权属争议在所难免。

(2)探矿权归属争议,既涉及买卖、赠与、抵押等交易行为发生的物权变动,也涉及物权登记行为,即探矿权的取得,还要经矿产资源行政主管部门审批,核发矿产资源勘查许可证(探矿权证),将探矿权登记在权利人名下,该登记行为系行政行为。《物权法》设立的不动产物权变动的调整规则为,物权未经登记的,不影响合同(指物权交易行为)效力,将合同效力的判断与物权是否变动(指物权登记)作为两个判断来看待。因此,因交易行为发生权属争议,一般属于法院民事案件的受案范围;而因登记行为发生争议,一般属于法院行政案件的受案范围。

探矿权的取得方式一般有两种,一是初始设立,二是因交易行为取得,通过这两种方式取得探矿权后,都需要经登记机构登记方可取得该权利。初始取得是指探矿权的行政确权或行政赋权,是申请人通过向矿产资源行政主管部门申请,经批准并核发探矿权证后取得该权利,在该阶段不存在当事人的交易行为。通过交易行为取得是指当事人双方根据相关法律规定,在他们之间发生探矿权的转让、赠与或抵押等交易行为,这些交易行为是物权变动的原因行为。因此,通过上述两种方式取得探矿权,如当事人之间发生物权权属争议,通过民事还是行政诉讼程序解决争议还是比较清晰的。

本案中,孙某贤等三人与玄某军之间并未发生物权的交易行为,而是在探矿权初始设立、登记阶段发生了争议。因此,该案法院审查的应是行政机关的赋权行为是否合法,而非对探矿权取得的交易行为的效力进行认定,故应当通过行政诉讼程序解决当事人之间的争议。物权法相关司法解释也作出了相应规定,如《物权法解释(一)》第1条规定,"因不动产物权的归属,以及作为不动产物权登记基础的买卖、赠与、抵押等产生争议,当事人提起民事诉讼的,应当依法受理"。故本案的二审及再审法院认为,孙某贤等三人与玄某军之间的探矿权权属争议,通过行政诉讼程序解决较为妥当,从以上分析来看,二审及再审法院的认定是正确的。

【律师点评】

1. 原告律师的代理思路

就原告律师而言,应围绕其权属争议是因交易行为还是非交易行为引起,来选择相应的争议解决程序。如原告选择向矿产资源行政主管部门申请撤销探矿权的登记,或提起行政诉讼对该登记行为进行司法确认,其诉讼请求被法院支持的可能性将较大。

2. 被告律师的代理思路

同样,被告基于对引起本案探矿权权属争议的原因是交易行为还是非交易行为,来选择相应的应对策略。就本案而言,被告完全可以引起双方争议的原因并非交易行为为由,认为原告的起诉不属于人民法院民事案件的受案范围,要求法院驳回原告的起诉。其反驳意见被法院支持的可能性也较大。

【法官审判要旨】

本案值得注意的问题在于,一审法院未能正确区分引起探矿权权属争议的原因是交易行为还是非交易行为,其作出的认定及判决最终也被二审法院撤销。而二审及再审法院正确区分出了上述二者的区别,进而作出了正确的认定。

案例（067） 贵州肥矿光大公司与柳某金等采矿权纠纷案（采矿权变相转让）

来源:(2017)最高法民申2341号

作者:赵剑

【案例导读】

根据《物权法》的规定,矿产资源属于国家所有。本案涉及的法律问题属于典型的采矿权变相转让。矿产资源属于国家的稀缺且不可再生资源,合理且有效保护矿产资源是我们义不容辞的义务。

【案情简介】

柳某金出资2 700万元与马某奎出资300万元共同成立名称为"威宁县大宏山煤矿"的普通合伙企业,并于2009年10月26日取得贵州省工商行政管理局颁发的合伙企业营业执照。2009年10月26日和2011年7月20日,贵州省国土资源厅两次为威宁县大宏山煤矿(柳某金)颁发了采矿许可证。

2011年1月10日,柳某金、马某奎为转让方(甲方)、贵州肥矿光大能源有限公司(以下简称"肥矿光大公司")为受让方(乙方)及威宁县大宏山煤矿(丙方)签订了《威宁县大宏山煤矿股权转让协议》(以下简称《协议》),主要约定:"鉴于威宁县大宏山煤矿合伙企业,不利于转让,甲方应将合伙企业重组为有限责任公司,然后以股权转让的形式将其持有的丙方股权(合计丙方100%)全部转让予乙方,乙方同意受让。"

2011年1月15日,甲乙丙三方代表办理了交接手续并移交了包括公章2枚、营业执照、组织机构代码证、《采矿权许可证》、贵州省公安厅民用爆炸物品储存证等共计24项材料。

2011年3月10日,柳某金、马某奎为甲方与肥矿光大公司为乙方签订《关于大宏山煤矿交接过程中相关问题的补充协议》(以下简称《补充协议》),双方确认:甲、乙双方签订的《威宁县大宏山煤矿股权转让协议》已经生效,双方于2011年1月13日对该矿进行了交接,现由肥矿光大公司负责安全生产管理,并承担安全责任,柳某金不再参与该矿的管理。协议签订后肥矿光大公司向柳某金、马某奎支付了4500万元转让款,余6170万元转让款至今尚未支付。

2013年3月30日,柳某金出具授权委托书,委托高某义办理威宁县大宏山煤矿采矿权主体变更手续。

2013年1月14日,贵州省国土资源厅向威宁县大宏山煤矿发出《关于退回威宁县草海镇大宏山煤矿采矿权延续登记资料的通知》[黔国土资退字(2013)17号],称威宁县大宏山煤矿未提交2010年度、2011年度保证金缴存凭证等,待处理好相关问题后,重新申请办理采矿权延续登记。而后,威宁县大宏山煤矿缴存了相应矿山环境治理恢复保证金。

2014年12月15日,贵州省国土资源厅出具《关于威宁县草海镇大宏山煤矿采矿权转让相关事宜的复函》[黔国土资矿管函(2014)1441号],该函主要载明:"贵州肥矿光大能源有限公司,你公司《关于是否审批同意煤矿采矿权转让的请示》收悉。经研究函复如下:……目前我省正开展煤矿企业兼并重组工作,涉及煤矿采矿权的转让,我厅根据《省人民政府办公厅关于进一步推进全省煤矿企业兼并重组工作的通知》[黔府办发电(2013)107号]的规定,按省能源局公示的名单和煤矿采矿许可证载明的现状,将煤矿采矿权过户到对应的兼并重组主体名下。即是只受理向兼并重组主体企业转让采矿权的申请。威宁县草海镇大宏山煤矿应按我省煤矿企业兼并重组政策,抓紧办理兼并重组采矿权转让手续。"贵州省能源局依法公示的兼并重组主体的名单中没有肥矿光大公司。

肥矿光大公司向贵州省高级人民法院提起该案一审民事诉讼,请求判令解除肥矿光大公司与柳某金、马某奎于2011年1月10日签订的《协议》并要求柳某金、马某奎立即返还肥矿光大公司已经支付的转让款4500万元及赔偿肥矿光大公司损失4000万元。贵州省高级人民法院作出(2014)黔高民初字第7号民事判决:(1)解除肥矿光大公司与柳某金、马某奎于2011年1月10日签订的《协议》;

(2)柳某金、马某奎于本判决生效之日起7日内返还肥矿光大公司已付威宁县大宏山煤矿的转让款4 500万元;(3)驳回肥矿光大公司其他诉讼请求。

肥矿光大公司不服一审判决,上诉至最高人民法院。

【审理与判决】

1. 诉讼当事人

原告及上诉人为肥矿光大公司、被告及被上诉人为柳某金、马某奎。

2. 争议焦点

(1)双方交易行为的性质与效力问题;

(2)肥矿光大公司诉请解除《协议》是否应予支持;

(3)肥矿光大公司诉请返还已经支付的转让款4 500万元是否应予支持;

(4)肥矿光大公司诉请赔偿损失4 000万元是否应予支持。

3. 判决过程

一审法院认为,本案应属于采矿权转让合同纠纷,柳某金、马某奎为威宁县大宏山煤矿的合伙人,作为涉案《协议》及《补充协议》的合同当事人,各方均无异议。柳某金、马某奎作为本案的当事人主体适格。本案采矿权转让交易行为虽然已经成立却未生效,但是不影响《协议》及《补充协议》中当事人履行报批义务条款及因该报批义务而设定的相关条款的生效及效力。因此本案《协议》第10条第2款对本案双方具有约束力,根据该规定,《协议》应予解除,柳某金、马某奎应在《协议》解除之日起7个工作日内退还乙方已付的全部款项4 500万元。《协议》解除的主要原因是肥矿光大公司怠于履行《补充协议》约定的义务,肥矿光大公司诉请赔偿损失4 000万元不予支持。另,《协议》解除后,《补充协议》客观上不能继续履行,柳某金、马某奎交付的威宁县大宏山煤矿及相关财务、证照等,肥矿光大公司应予返还。

二审法院认为,本案一审法庭辩论终结前,采矿权转让并未办理审批手续,一审判决根据《探矿权采矿权转让管理办法》第10条第款、最高人民法院《关于适用〈中华人民共和国合同法〉若干问题的解释(一)》以下简称《合同法解释(一)》第9条之规定,将涉案《协议》认定为未生效并无不当。一审法院认定事实清楚,证据确实充分,驳回上诉,维持原判。

【法律要点解析】

本案的难点主要是原被告之间签订的协议是股权转让还是采矿权转让。根据查明事实可以确定本案是典型的采矿权变相转让行为。

1. 双方签订的《协议》是股权转让还是采矿权转让行为

一般情况下如果合同的名称明确且与合同正文中约定的实质内容及权利义务相符则应当按照合同名称确定协议的性质。但如果二者不一致,则应以合同约定的权利义务内容确定合同的性质并需考虑签约双方的真实意思表示。合同中被转让的威宁县大宏山煤矿是普通合伙企业，在《协议》中明确约定甲方应将合伙企业重组为有限责任公司，然后以股权转让的形式将其持有的丙方股权（合计丙方100%）全部转让予乙方。但在实际履行过程中，双方至今都并未将作为合伙企业的威宁县大宏山煤矿变更为有限责任公司，就在2011年1月15日办理了交接。此时交接的不是公司股权，而是合伙企业的合伙财产份额，且属于全部转让。根据《中华人民共和国合伙企业法》的规定，合伙人有权向合伙人以外的人转让其在合伙企业中的财产份额。一般合伙企业转让财产份额并没有行政审批的要求，但案涉合伙企业属于矿山企业，而矿山合伙企业全部财产份额的转让将导致原投资合伙人全部退出该企业，原登记在威宁县大宏山煤矿（柳某金）名下的采矿许可证亦需要进行相应变更。本案双方通过交接行为，变更了《协议》中股权转让的内容，变更为合伙企业份额转让。2011年3月10日，《补充协议》中双方又约定要办理工商变更登记和采矿权转让手续，《补充协议》作为《协议》的附件与《协议》具有同等效力。因此，本案双方有交付威宁县大宏山煤矿全部合伙财产份额的事实，又存在需要将合伙企业威宁县大宏山煤矿采矿权进行转让并且办理采矿权主体变更手续事宜的相关约定及相应的后续履行行为的事实。本案双方的交易行为应当定性为采矿权转让行为。

根据《中华人民共和国矿产资源法》（以下简称《矿产资源法》）第6条及国土资源部《矿业权出让转让管理暂行规定》第36条"矿业权转让是指矿业权人将矿业权转移的行为，包括出售、作价出资、合作、重组改制等"之规定，煤矿企业之间兼并重组、合并、分立或者资产出售的同时，又约定需要变更采矿权主体的，认定为采矿权转让并无不当。

2. 双方签订的名为股权转让实为采矿权转让的协议是否已经生效

关于本案双方交易行为的效力，应当认定双方的采矿权转让行为未生效。从合同正文可知，名义为股权转让实则是采矿权转让。关于涉案《协议》的效力问题，根据《矿产资源法》第6条第1款第2项关于"已取得采矿权的矿山企业，因企业合并、分立，与他人合资、合作经营，或者因企业资产出售以及有其他变更企业资产产权的情形而需要变更采矿权主体的，经依法批准可以将采矿权转让他人采矿"的规定，涉案采矿权的转让应报请地质矿产主管部门批准，未经批准不发生法律效力。鉴于本案一审法庭辩论终结前，采矿权转让并未办理审批手续，一审判决根据《探矿权采矿权转让管理办法》第10条第3款、最高人民法院《合同法解释（一）》第9条之规定，将涉案《协议》认定为未生效并无不当。

本案双方的交易行为是采矿权转让行为，双方之间的协议应当定性为采矿权转让合同。2014年10月25日，对于本案威宁县大宏山煤矿采矿权的转让，审批管理机关贵州省国土资源厅不予受理。因此,在本案一审法庭辩论终结前,本案当事人未能办理采矿权转让批准手续。根据《合同法》第44条第2款"法律、行政法规规定应当办理批准、登记等手续生效的,依照其规定",《探矿权采矿权转让管理办法》第10条第3款"批准转让的,转让合同自批准之日起生效",最高人民法院《合同法解释(一)》第9条"依照合同法第44条第2款的规定,法律、行政法规规定合同应当办理批准手续,或者办理批准、登记等手续才生效,在一审法庭辩论终结前当事人仍未办理批准手续的,或者仍未办理批准、登记等手续的,人民法院应当认定该合同未生效"等规定,本案双方的采矿权转让合同应当认定为未生效。柳某金、马某奎认为本案双方交易行为属于有效的企业并购合同的说法不能成立。理由如下:本案当事人之间约定要由合伙企业变更为有限责任公司,且在《补充协议》约定要办理采矿权转让手续,将采矿权办理至肥矿光大公司名下,这事实上也需要将采矿权进行转移并发生采矿权主体的变更。

3. 双方签订的《协议》应当解除还是应当继续履行

本案采矿权转让交易行为虽然已经成立却未生效,但是不影响《协议》及《补充协议》中当事人履行报批义务条款及因该报批义务而设定的相关条款的生效及效力。因此本案《协议》第10条第2款对本案双方仍然具有约束力。《协议》第10条第2款规定:"如本协议目的无法实现,双方应解除本协议,甲方应在本协议解除之日起7个工作日内退还乙方已付的全部款项。"因威宁县大宏山煤矿已经不能办理采矿权转让审批手续,肥矿光大公司不能受让取得威宁县煤矿采矿权,《协议》及《补充协议》客观不能继续履行,合同目的不能实现,《协议》第10条第2款规定的解除协议的条件成就。现肥矿光大公司诉请解除《协议》,依据《合同法》第93条第2款"当事人可以约定一方解除合同的条件。解除合同的条件成就时,解除权人可以解除合同"之规定,应予支持。采矿权转让合同尽管在未经地质矿产主管部门批准前未生效,但地质矿产主管部门对报批申请明确不予批准的情况下,受让人可以据此以合同目的不能实现为由请求解除合同。本案中,贵州省国土资源厅针对肥矿光大公司提交的《关于是否审批同意煤矿采矿权转让的请示》,于2014年12月15日作出《关于威宁县草海镇大宏山煤矿采矿权转让相关事宜的复函》,明确表示"涉及煤矿采矿权的转让,我厅根据《省人民政府办公厅关于进一步推进全省煤矿企业兼并重组工作的通知》[黔府办发电(2013)107号]的规定,按省能源局公示的名单和煤矿采矿许可证载明的现状,将煤矿采矿权过户到对应的兼并重组主体名下。即是只受理向兼并重组主体企业转让采矿权的申请",而贵州省能源局公示的兼并重组主体名单中并没有肥矿光大公司。就此而言,涉案《协议》涉及的采矿权已经不能办理过户并登记到肥矿光大公司名下,肥矿光大公司以合同目的不能实现为由请求解除涉案《协议》,一审判决予以支持并无不当。肥矿光大公司主张案涉《协议》解除的依据应是《协议》第9条第4项关于柳某金、马某奎违约导致协议解除的规定没有事实依据，法院不予支持。柳某金、马某奎尽管不同意涉案《协议》的解除，亦不同意返还煤矿转让款4 500万元，甚至要求继续履行涉案《协议》，但并未依法对一审判决提起上诉，故法院对柳某金、马某奎的主张不予支持，对一审关于解除涉案《协议》并由柳某金、马某奎返还肥矿光大公司已付煤矿转让款4 500万元的判决予以维持。

4. 肥矿光大公司诉请返还已经支付的转让款4 500万元是否应予支持

2011年1月10日，肥矿光大公司与柳某金、马某奎签订的《协议》中明确约定"乙方（肥矿光大公司）负责办理《采矿权许可证》等丙方各类证照变更事宜，甲方（柳某金、马某奎）应当及时根据需要提供证照及文件"；2011年1月15日，柳某金、马某奎即将涉及煤矿的证照及文件交付给肥矿光大公司；2011年3月10日，双方签订的《补充协议》进一步明确"变更工商登记、采矿权转让手续等相关事宜，柳某金所承担的责任和义务委托贵州肥矿光大能源有限公司行使和办理"。尽管涉案《协议》由于未经地质矿产主管部门批准未生效，但不影响《协议》和《补充协议》中关于当事人履行报批义务条款及因该报批义务而设定的相关条款的效力，因此上述《协议》和《补充协议》中关于采矿权报批、变更登记义务的条款合法有效，对双方当事人均有法律约束力。《协议》符合约定解除条件，肥矿光大公司请求解除，一审法院予以支持。《协议》第10条第2款约定的"甲方应在本协议解除之日起7个工作日内退还乙方已付的全部款项"的条件已经成就。因此，肥矿光大公司诉请返还已经支付的转让款4 500万元，应予支持。

5. 柳某金、马某奎是否应当赔偿肥矿光大公司损失费

根据《合同法》第97条："合同解除后，尚未履行的，终止履行；已经履行的，根据履行情况和合同性质，当事人可以要求恢复原状、采取其他补救措施，并有权要求赔偿损失。"本案《协议》予以解除，系客观不能办理采矿权转让审批手续所致，并非柳某金、马某奎行为导致的。肥矿光大公司因履行该协议如果产生相应损失，应当由其自行承担。

肥矿光大公司在协议签订并接管涉案煤矿后并未积极履行报批的约定义务，直至2014年12月25日才向贵州省国土资源厅提交了《关于是否审批同意煤矿采矿权转让的请示》，致使涉案采矿权由于政策调整已不能审批变更到自己名下，具有明显过错。一审判决认定"合同解除的主要原因是原告怠于履行《补充协议》约定的义务造成的，原告因履行该协议如果产生相应损失，该损失应当由其自行承担"，对肥矿光大公司诉请赔偿损失4 000万元不予支持并无不当。此外，肥矿光大公司在涉案《协议》未报请地质矿产主管部门审批生效的情况下，即对煤矿进行投资，本身具有过错，而在肥矿光大公司接管涉案煤矿后，柳某金、马某奎已不

能影响其投资行为,对肥矿光大公司主张的该部分损失并没有过错,因此一审判决肥矿光大公司自担损失亦符合公平和诚实信用的法律原则。至于柳某金、马某奎因肥矿光大公司解除涉案《协议》造成的损失,一审判决释明柳某金、马某奎可以另行主张,对此法院不持异议。

【律师点评】

从柳某金、马某奎的诉讼策略来看,二人应当在本案中提起反诉。因肥矿光大公司在协议签订并接管涉案煤矿后并未积极履行报批的约定义务,直至2014年12月25日才向贵州省国土资源厅提交了《关于是否审批同意煤矿采矿权转让的请示》,致使涉案采矿权由于政策调整已不能审批变更到自己名下造成柳某金、马某奎因合同解除导致的可得利益损失。因柳某金、马某奎未提起反诉,故应当另案起诉,请求肥矿光大公司赔偿预期利益的损失。

从肥矿光大公司的诉讼策略来看,在诉讼过程中没有充分举证证明造成无法办理采矿权变更手续的原因在于柳某金、马某奎,而仅是收回矿山转让价款,自投资矿山至有诉讼结果历时4年有余,从资金占用与合理利用的角度来看是不划算的。

案例(068) 盛海公司与陈某波、范某军等采矿权纠纷案(采矿权租赁)

来源:(2016)最高法民再254号
作者:李吏民

【案例导读】

随着社会经济的发展,对各种矿产资源的开采利用越来越广泛。本案即为一起典型的硫化铁矿开采权纠纷案件。根据《矿产资源法》第3条第3、4款的规定,勘查、开采矿产资源,必须依法分别申请、经批准取得探矿权、采矿权,并办理登记;从事矿产资源勘查和开采的,必须符合规定的资质条件。本案是因为没有经过审批取得采矿权,且没有符合规定的开采资质条件而导致采矿权《租赁经营合同》未生效的案件,值得大家认真研读。

【案情简介】

宽甸满族自治县某海硫化铁有限公司(以下简称"某海公司")前身金山硫化铁矿,原系一家开采硫化铁的个人独资企业,采矿许可证登记的采矿权人为范某一。范某一将该矿分解成三个坑口对外出租。某海公司(甲方)与陈某某(乙方)于2006年10月1日签订《租赁经营合同》,具体约定如下:(1)租赁期限自

2006年10月1日至2008年12月31日止。(2)租金:2006年租金为每月3万元,2007年年租金为38万元。(3)合同生效日起,双方必须保证各方责任利益,确保合同正常执行,双方承诺:①承租方(乙方)必须保证按时支付租金,否则,甲方有权终止合同;租赁期内要注意安全,出现事故,一切经济赔偿自负,甲方不负任何连带责任;硫化铁矿石价格上涨10%以上,年租金同比例增长。②租赁方(甲方)在租赁期间必须保证采矿必备的一切手续合法,合同生效时,开采同时展开,因甲方造成停产,一切损失由甲方负责,但工商管理费、矿产资源费及税由乙方自己承担;对矿山主管部门的具体业务协调,甲方需全力帮助解决。矿山向村里所交的2万元费用,乙方承担1万元。合同生效之日起,甲方终止对矿山的一切生产、经营活动,并移交乙方全权管理。……允许乙方在合同期内按采矿安全操作规定生产,在现有坑口的山背开设坑口,手续乙方自办,报请主管部门审批。租赁期内甲方对矿山不准转租、转让、转卖,保证乙方正常经营、生产活动,甲方如有违约,承担乙方经济损失,如甲方在承包期内整体出售矿山,与乙方协商解决。乙方对矿山投入的固定资产,待合同终止时由甲方折旧留用,费用从租金中扣除。乙方承担采矿证延续一年费用的50%。(4)合同期满后,如乙方申请延续合同,同等情况下乙方有第一优先权,租金根据市场条件另议。(5)以上条款经双方协商同意,达成一致,从签订日起,本合同生效。

合同签订后,陈某某即出资组织人力实际管理了坑口并进行了采矿。2006年11月18日,陈某某与案外人王某某签订了《铲车租用协议》,约定租用时间为2006年11月18日至2008年12月31日,租车费用每月为人民币12 000元。合同履行期间,陈某某交纳了部分租金,范某二作为代收人收取了部分租金。由于涉案铁矿由多家经营,管理混乱,公安部门、安监部门多次责令停产整顿。因其余两个坑口的原因致使陈某某承租的坑口分别于2007年2月3日至3月22日、2007年5月11日至6月28日两次停产,停产天数计98天,因金山硫化铁矿的原因自2007年9月10日至10月27日停产,停产天数计48天。自2008年3月18日起,因范某一申请,宽甸县公安局责令陈某某等人清退爆炸物,故涉案租赁合同未再履行,未履行天数为289天。至本案起诉时涉案坑口处于停产闲置状态。金山硫化铁矿于2014年11月7日经依法核准注销,注销后其权利义务由新成立的某海公司及原负责人范某一承继。

陈某某因无法继续开采矿产,与某海公司产生纠纷,遂以某海公司、范某一、范某二为被告诉至辽宁省丹东市中级人民法院,要求:继续履行前述《租赁经营合同》,并延续合同履行期限8个月;某海公司赔偿陈某某直接经济损失60万元。辽宁省丹东市中级人民法院作出(2008)丹民三初字第29号民事判决,认为双方签订的《租赁经营合同》没有经过相关部门批准,违反了法律的强制性规定,合同应属无效,陈某某主张损失的证据不充分,遂判决驳回陈某某的诉讼请求。该判决书发生法律效力后,辽宁省丹东市中级人民法院对本案进行了再审。

辽宁省丹东市中级人民法院经过再审,作出(2014)丹审民再字第00148号判决:(1)撤销丹东市中级人民法院(2008)丹民三初字第29号民事判决;(2)陈某某与原金山硫化铁矿签订的《租赁经营合同》在本判决生效后且具备生产条件(国家相关部门允许生产)时,延续履行8个月;(3)某海公司、范某一自本判决生效之日起15日内,连带赔偿陈某某人民币18 000元。某海公司、范某一不服该再审判决,向辽宁省高级人民法院提起上诉请求撤销一审判决,改判驳回陈某某的诉讼请求。辽宁省高级人民法院(2015)辽审三民再终字第00006号判决书判决驳回上诉,维持原判。某海公司不服辽宁省高级人民法院该生效判决,向最高人民法院申请再审,最高人民法院依法提审本案。

【审理与判决】

1. 诉讼当事人

原告为陈某某,被告为某海公司、范某一、范某二。

2. 争议焦点

(1)某海公司与陈某某签订的《租赁经营合同》是采矿权租赁合同还是部分生产经营权租赁合同?

(2)该合同效力如何认定?

3. 判决过程

一审:辽宁省丹东市中级人民法院再审审理认为:关于涉案合同的效力问题,陈某某租赁涉案矿山坑口后,其开采经营及领取爆炸物等行为均以原金山硫化铁矿的名义进行,本案应认定为对涉案矿山坑口经营方式的一种改变,而非对金山硫化铁矿整体采矿权的租赁,亦非采矿权转让,故本案合同的生效无须经有关部门审批。原金山硫化铁矿在与陈某某签订协议后,又以协议未经申请和批准为由,主张协议无效,违反了诚实信用原则。关于合同应否延续履行的问题,自2008年3月18日起,涉案租赁合同未再履行,在本案审理期间,陈某某主张合同延续履行14个月,法院已依照《民诉解释》第405条第1款规定向陈某某释明,人民法院应当在具体的再审请求范围内或在抗诉支持当事人请求的范围内审理再审案件。当事人的再审请求超出原审诉讼请求的,不属于再审审理范围。陈某某表示同意按照原一审请求主张合同延续履行8个月。现涉案矿山处于停产闲置状态,故陈某某要求延续履行合同8个月的诉讼请求,有事实和法律依据,予以支持。关于违约损失赔偿问题。陈某某在原一审、再审中均主张要求赔偿损失约60万元,包括三部分,即已交付的租金、租赁铲车费用、工人工资。本案审理中,陈某某主张损失数额为416 230元,包括铲车租金损失、人工费损失、空压机等设备损失。在涉案合同履行过程中,因原金山硫化铁矿的原因造成陈某某无法正常经营的后果,其行为已构成违约,应承担相应的违约责任。宽甸县公安局红石派出所出具情况说明证实,因原金山硫化铁矿的原因造成的停产时间为2007年9月10日至10月27日,计48天。在此期间陈某某为生产经营所租赁铲车产生的费用为19 200元,依法予以支持。其余损失缺乏证据证明,不予支持。据此,作出如下判决:(1)撤销丹东市中级人民法院(2008)丹民三初字第29号民事判决;(2)陈某某与原金山硫化铁矿签订的《租赁经营合同》在本判决生效后且具备生产条件(国家相关部门允许生产)时,延续履行8个月;(3)某海公司、范某一自本判决生效之日起15日内,连带赔偿陈某某人民币18 000元。

二审:辽宁省高级人民法院审理认为:陈某某与原金山硫化铁矿签订的《租赁经营合同》,系双方当事人真实意思表示,内容不违反法律规定,原审认定合法有效并无不当。陈某某租赁涉案矿山坑口后,其开采经营及领取爆炸物等行为均不是以自己的名义进行的,而是以原金山硫化铁矿的名义进行的,故本案不是对原金山硫化铁矿整体采矿权的租赁,亦非采矿权转让,本案合同的生效无须经有关部门审批。签订协议并实际履行后,原金山硫化铁矿的权利义务继受人某海公司、范某一又主张涉案合同未经相关部门审批,违反法律规定,应确认合同无效,因其违反了诚实信用原则,不予支持。据此,判决驳回上诉,维持原判。

再审:最高人民法院再审认为,本案争议的焦点是双方签订的《租赁经营合同》的性质和效力的认定问题。关于《租赁经营合同》的性质,陈某某与原金山硫化铁矿在涉案《租赁经营合同》中约定了矿山租赁的期限、租金、经营方式以及双方各自的权利义务,并约定租赁期内某海公司对矿山不准转租、转让、转卖,保证陈某某的正常经营、生产活动。从合同的具体内容看,该合同明显属于采矿权租赁合同。虽然陈某某租赁经营的只是硫化铁矿的一个坑口,但是不改变涉案合同属于采矿权租赁合同的性质。陈某某主张其仍然是以原金山硫化铁矿的名义进行开采经营活动,恰恰证明了其是向某海公司租赁采矿权,陈某某如果以自己的名义进行采矿,则需要某海公司将其采矿权转让给陈某某。因此,陈某某主张其与某海公司之间是生产经营权的租赁,而非采矿权的租赁,其理由不能成立。关于涉案《租赁经营合同》的效力。由于本案中双方合同的性质属于采矿权租赁合同,陈某某作为个人,不具备开采矿山的资质和条件,且该采矿权租赁合同也未经政府主管部门批准,因此,应当认定本案的《租赁经营合同》因未经政府主管部门批准而未生效。综上,某海公司申请再审的理由成立,对其再审请求应予支持。原判决认定事实清楚,但适用法律错误,应予纠正。遂作出判决:(1)撤销辽宁省高级人民法院(2015)辽审三民再终字第00006号民事判决和辽宁省丹东市中级人民法院(2014)丹审民再字第00148号民事判决;(2)驳回陈某某的诉讼请求。

【法律要点解析】

1. 某海公司与陈某某签订的《租赁经营合同》是采矿权租赁还是部分生产经营权租赁合同

在本案中,由于双方对合同性质的认定存在重大分歧,明确合同性质是确认合同效力以及明确合同双方当事人权利义务的前提,当各方当事人对合同性质发生争议时,应从合同内容、特征及主要条款等加以理解和判断。从合同的内容来看,陈某某与原金山硫化铁矿在涉案《租赁经营合同》双方各自的权利义务部分中,约定租赁期内某海公司对矿山不准转租、转让、转卖,保证陈某某的正常经营、生产活动,这也就是说,虽然合同的内容中没有关于"采矿权"或"矿业权"租赁的字样,但是约定租赁期内某海公司对矿山不准转租、转让、转卖,也就限定了某海公司除收取固定租金外,在租赁期内对于矿山不再享有任何权益,亦不对矿山进行管理,以达到让陈某某在涉案坑口实施全面、独立的经营管理、开采、销售硫化铁矿石的目的,该合同明显属于一种权利租赁即采矿权租赁的性质。如果按照陈某某的解释,合同性质是部分生产经营权租赁,那么某海公司是有权对矿山进行管理和处分的,可以转租、转让、转卖,也可以对硫化铁矿的开采、销售进行干预,但从合同内容和现实情况来看,某海公司是没有这些权利的,所以所谓部分生产经营权租赁合同的说法是站不住脚的。因此,陈某某主张其与某海公司之间是生产经营权的租赁,而非采矿权的租赁,其理由不能成立。综合前述,某海公司与陈某某签订的《租赁经营合同》应认定为采矿权租赁性质的合同。

2. 该合同效力如何认定

应该根据法律、行政法规的相关规定对该合同的效力作出认定。《合同法》第44条第2款规定:"法律、行政法规规定应当办理批准、登记等手续生效的,依照其规定。"最高人民法院《合同法解释(一)》第9条规定,"依照合同法第四十四条第二款的规定,法律、行政法规规定合同应当办理批准手续,或者办理批准、登记等手续才生效,在一审法庭辩论终结前当事人仍未办理批准手续的,或者仍未办理批准、登记等手续的,人民法院应当认定该合同未生效"。因此,本案合同是否需要依照法律、行政法规规定办理批准、登记手续,就成为合同是否生效的前提条件。根据《矿产资源法》第6条和国务院《探矿权采矿权转让管理办法》第10条的规定,是否准许转让采矿权,应当由政府地质矿产行政主管部门审批,"批准转让的,转让合同自批准之日起生效"。反之可以得出结论,未经批准转让的,采矿权转让合同不生效。对于采矿权租赁,原国土资源部《矿业权出让转让管理暂行规定》第36条第2款规定:"矿业权的出租、抵押,按照矿业权转让的条件和程序进行管理,由原发证机关审查批准。"该规定是对前述《矿产资源法》和《探矿权采矿权转让管理办法》的进一步细化,上述法律行政法规和行政规章的精神是完全一致的,体现了国家对矿产资源的保护利用以及对于探矿权、采矿权转让和出租的严格管理和限制。根据上述规定,采矿权的出租按照矿业权转让的条件和程序进行管理,需要原发证机关审查批准方可生效。由于本案中双方合同的性质属于采矿权租赁合同,陈某某作为个人,不具备开采矿山的资质和条件,且该采矿权租赁合同也未经政府主管部门批准,因此,本案的《租赁经营合同》虽然成立,但是因未经政府主管部门批准而未发生效力。

综合前述,某海公司与陈某某签订的《租赁经营合同》因没有依照《矿产资源法》和国务院《探矿权采矿权转让管理办法》的相关规定办理批准手续应认定为未生效。

【律师点评】

我国的《矿产资源法》、国务院《探矿权采矿权转让管理办法》及原国土资源部《矿业权出让转让管理暂行规定》对矿产资源开采权的取得和转让、出租和申请开采人的资质作了详细的规定。本案双方当事人因为对矿产资源的开采权出租的法律、行政法规等规定不熟悉进而在没有依照法律、行政法规的规定办理审批和登记手续的前提下,签订实为采矿权租赁性质的《租赁经营合同》并实际履行,在开采过程中未按照规定开采产生纠纷从而诉诸法院。

原告诉讼的思路是合同合法有效,被告应当继续履行合同并承担违约责任;被告的诉讼思路是租赁合同未经相关部门审批,租赁合同虽然成立,但是未生效,未生效的合同不存在违约。因此,合同的性质及效力就成为本案的关键点。只有对合同的性质准确定性,对合同效力准确把握才能确定本案最佳的诉讼思路,才不至于走弯路。对原告来讲就是如何挽回自己的损失,如何设计诉讼使自己的举证责任最小、自己的诉讼请求得到最大支持,对被告来讲就是如何抗辩才能使自己减少损失。被告通过对本案合同性质的准确把握和合同效力的准确认知,最终再审请求得到了最高人民法院的支持。

【案外语】

矿产资源属于国家所有,决定了矿山企业的租赁经营不同于一般企业生产经营权的租赁,因此法律行政法规和规章才对采矿权转让和租赁作出了严格的限制性规定,上述法律行政法规和行政规章的精神是完全一致的,体现了国家对矿产资源的保护利用以及对于探矿权、采矿权转让和出租的严格管理和限制。由此推而广之,不仅是矿产资源,国家法律对渔业资源、林业资源等其他自然资源开采权的取得、转让和租赁也规定了严格的审批、登记手续,相关各方在履行了审批、登记手续的前提下,签订的转让或租赁合同才能生效,各方的权利义务才能得到法律的保护。

三、取水权纠纷

案例（069） 湖北省水利厅与荆门市供水总公司取水许可证纠纷案

来源：(2006)鄂行终字第00015号
作者：李吏民

【案例导读】

本案系湖北省水利厅(以下简称"省水利厅")向荆门市供水总公司(以下简称"供水总公司")收缴水资源费所引发的行政征收争议。因涉及不同法律法规的理解和适用，两级法院所持观点及所作认定和判决差异较大。且该案在审理过程中，最高人民法院对湖北省高级人民法院就本案法律适用问题的请示作出批复，以指导类似纠纷处理。

【案情简介】

荆门市供水总公司所用水源取自于漳河水库，每月向湖北省漳河工程管理局(以下简称"漳河工程局")缴纳水利工程水费。1999年12月8日，湖北省水利厅以荆门市供水总公司未缴纳水资源费为由，作出鄂水罚字第9904号《违反水利法规行政处罚决定书》对其进行行政处罚。荆门市供水总公司不服，向湖北省人民政府申请复议。湖北省政府在复议期内组织双方进行协调，作出会议纪要：从2000年1月1日起开征荆门市自来水水资源费，荆门市供水总公司向用户收取自来水水费时自动加收，免收1999年以前的水资源费。为此，省水利厅收回处罚决定，行政复议程序终止审理。其后，荆门市供水总公司仍未向省水利厅缴纳水资源费。

2000年1月至2003年11月期间，湖北省水利厅先后12次向荆门市供水总公司下达关于缴纳或催缴水资源费的通知或函。荆门市供水总公司也向省水利厅回了9次复函，复函主要向省水利厅反映因无征收水资源费许可证及专用票据、用户拒缴的问题，同时认为省水利厅长期无理催缴，扰乱了公司正常收费秩序。2003年4月4日荆门市供水总公司向省水利厅的下属单位漳河水库管理站缴纳了2002年8月至12月的水资源费共计162 000元。

2003年11月27日，省水利厅向荆门市供水总公司下达了鄂水利规函〔2003〕400号缴费通知，认定荆门市供水总公司2000年1月至2003年9月在漳河取水94 336 846立方米，应缴水资源费2 298 541.25元，滞纳金3 103 384.42元，扣除已缴纳的160 000元，两项合计5 241 925.67元，限期在2003年12月10日前缴纳，并告知了诉权，但未告知起诉期限。由于荆门市供水总公司未缴费，省水利厅于2004

年3月10日向湖北省高级人民法院申请强制执行。

2004年4月16日,荆门市供水总公司向武汉市武昌区人民法院提起行政诉讼,请求判令:①撤销省水利厅作出的鄂水利规函〔2003〕400号《关于责令限期缴纳水资源费的通知》;②确认省水利厅于2003年4月4日收取荆门市供水总公司水资源费162 000元违法;③判令省水利厅返还其违法收取的水资源费162 000元;④判令省水利厅承担本案诉讼费用。同年5月28日,武汉市中级人民法院提审该案。后因法律适用问题,在向上级法院请示期间,本案中止审理。2005年9月,恢复审理后,因漳河工程局与案件有利害关系,法院追加其为第三人参加本案诉讼。

【审理与判决】

1. 诉讼当事人

原告为供水总公司,被告为省水利厅,第三人为漳河工程局。

2. 争议焦点

(1)供水总公司是否应属缴纳水资源费义务主体?

(2)以省政府规章为依据征收水资源费是否合法?

3. 审判过程

一审法院认为,首先,省水利厅作为行政主管部门,具有对本省水资源利用管理的法定职责。但其在作出缴费通知的具体行政行为时,对供水总公司是否为水资源费征收对象的论证不明确。供水总公司用水取自漳河水库,按照《中华人民共和国水法》(以下简称《水法》)第55条的规定,其已每月向供水水库的管理单位即漳河工程局缴纳了水费,省水利厅在作出征收水资源费的行为时,未对供水总公司向漳河工程局缴纳的水利工程水费中是否含水资源费的事实予以查清和认定。且1997年1月7日湖北省人民政府颁布的对于水资源费的《湖北省水资源费征收管理办法》(已失效)(以下简称《征收办法》)规定,水利工程管理单位和自来水厂(公司)都是缴纳水资源费的主体。在本案中,缴纳水资源费的主体是漳河工程局还是荆门市供水总公司,省水利厅均未予以认定。其次,缴费通知认定的事实不清。省水利厅的通知认定荆门市供水总公司2000年1月至2003年9月取自漳河水库的水为94 336 846立方米,然而在每次催缴函开出通知的附表中所列取水量的数据总和与省水利厅提供的明细表中的数据不一致;且荆门市供水总公司缴纳了2002年8月至12月的水资源费共计162 000元,而省水利厅只认定了160 000元,由于以上欠费总额的错误,从而使滞纳金的认定亦产生了错误。最后,缴费通知违反法定程序。根据《征收办法》第8条的规定,省水利厅在征收水资源费的过程中,应当出示收费许可证,使用省财政厅统一印制和发放的水资源费专用票据对荆门市供水总公司取水的数量进行调查核实。故认定省水利厅作出的鄂水利规函〔2003〕

400号缴费通知及向荆门市供水总公司收取162 000元水资源费的行为,事实不清,证据不足,违反法定程序。并判决撤销省水利厅作出缴费通知,确认省水利厅收取供水总公司162 000元的行为违法;同时判令其将上述水费返还给供水总公司。

二审法院认为,水资源属于国有,国家对水资源实行取水许可和有偿使用制度。省水利厅作为水行政主管部门,依法具有在本行政区域内执行取水许可和有偿使用制度的法定职责。供水总公司经申请取得取水许可证,实际利用水工程长期从漳河水库取水,属于法律规定水资源费的征收对象,除应向水库管理单位支付水利工程水费外,还应当依法履行向国家缴纳水资源费的义务。虽然省水利厅作出的缴费通知附表所列取水总量与明细表数据存在误差,但其误差比显然较低(缴费通知认定取水量为9 433.685万立方米,确定费额为229.85余万元;实际取水量为9 370.312万立方米,实际应缴228.29余万元,缴费误差约为1.56万元),应当属于事实认定方面的瑕疵。对于2002年8月至12月实收与实缴水资源费相差2 000元的问题,系因代收单位荆门市水利局擅自截留所致,应当从应缴水资源费中扣除。以上数额上的误差应在实际执行中纠正,但并不足以因此认定该行政行为的事实不清。省水利厅实施征收行为时,实际已取得了省物价局核发的收费许可证,持有省财政厅统一印发的水资源费专用票据,由于物价部门换发新证而收回旧证,故无法提供。且省水利厅与供水总公司因征缴水资源费问题长期发生争议,其间省政府法制办曾在行政复议程序中主持协调并形成纪要,后供水总公司又多次函复陈述意见和理由,没有影响该公司的陈述权、知情权、申辩权,并不违背正当程序原则。原审法院认定省水利厅违反法定程序,对供水总公司取水的事实未予调查核实的理由不能成立。故判决撤销一审判决,并驳回了荆门市供水总公司的诉讼请求。

【法律要点解析】

本案审理主要围绕供水总公司是否为缴纳水资源费义务主体和省水利厅征收水费依据是否合法展开,由于一、二审法院对本案的法律和法规内容的理解和适用不一致,最后导致裁判结果完全对立。

1. 本案供水总公司是否具有缴纳水资源费的义务

我国《水法》第7条规定,"国家对水资源依法实行取水许可制度和有偿使用制度"。且根据《水法》第48条第1款"直接从江河、湖泊或者地下取用水资源的单位和个人,应当按照国家取水许可制度和水资源有偿使用制度的规定,向水行政主管部门或者流域管理机构申请领取取水许可证,并缴纳水资源费,取得取水权。但是,家庭生活和零星散养、圈养畜禽饮用等少量取水的除外"以及《湖北省实施〈水法〉办法》(2019年修正)第30条"对直接从地下或者江河、湖泊及水工程拦蓄江河、湖泊的水域内取用水资源的单位和个人,应当按照国家取水许可制度和水资源有偿使用制度的规定,向水行政主管部门申领取水许可证,并缴纳水资源费,取得取水权。法律法规规定不需要申领取水许可证的除外"的规定,供水总公司作为城市供水企业,在漳河水库提取工业用水和生活用水,不属于法律法规规定的不需要缴纳水资源费的情形。且该公司经向水行政主管部门提出取水申请并领取了取水许可证,事实上长期在属于国有的水资源地取水,属于应缴纳水资源费的法定义务主体。

2. 省水利厅向供水总公司收缴水费的依据是什么

依据《湖北省水资源费征收管理办法》第7条规定,"凡水利工程水费和自来水费成本中,经物价部门核定已含水资源费的,其水资源费由水利工程管理单位和自来水厂(公司)向有征收权的水行政主管部门缴纳;未含水资源费的,水利工程管理单位和自来水厂(公司)在向取、用水户收取工程水费和自来水费时,自动加收本办法规定的水资源费,并向有征收权的水行政主管部门缴纳,不得截留"。且2000年湖北省物价局作出的《关于调整漳河水库供生活、工业用水价格的批复》第1条明确表示,在物价部门确定的漳河水库供水价格中不含水资源费;2002年省物价局作出的《关于荆门市水资源费有关问题的意见》亦载明,为落实省政府征收水资源费规章的规定,物价部门对漳河水库的供水价格进行了下调,并确定水资源费暂由供水总公司缴纳。

3.《湖北省水资源费征收管理办法》是否符合《水法》关于水资源费征收的有关规定

1988年7月起施行的《水法》(已被修改)第34条规定,"对城市中直接从地下取水的单位,征收水资源费;其他直接从地下或者江河、湖泊取水的,可以由省、自治区、直辖市人民政府决定征收水资源费。水费和水资源费的征收办法,由国务院规定"。1995年4月,国务院《关于征收水资源费有关问题的通知》(已失效)也明确提出,"在国务院发布水资源费征收和使用办法前,水资源费的征收工作暂按省、自治区、直辖市的规定执行"。1997年,湖北省人民政府依据省人大常委会通过的《湖北省实施〈水法〉办法》中第27条第3款后半句"制定我省的具体规定"的授权,根据《水法》及国务院《关于征收水资源费有关问题的通知》,结合湖北省实际决定征收水资源费,制定了《征收办法》。

虽然《征收办法》第2条规定:"本省行政区域内凡利用水工程或者机械提水设施直接从江河、湖泊(含水库)和地下取水的单位和个人,均应缴纳水资源费。"将应征收水资源费的范围扩大为湖泊(含水库),与《水法》规定不一致,但是最高人民法院的答复认为,《水法》对水资源属于国有和水资源实行有偿使用只作了原则性规定,在国务院制定水资源费征收办法前,除法律、行政法规明确规定不得征收水资源费的情况外,水资源费征收范围应暂按省、自治区、直辖市的规定执行。

又因为《水法》第7条规定,"国家对水资源依法实行取水许可制度和有偿使用制度。但是,农村集体经济组织及其成员使用本集体经济组织的水塘、水库中的水除外"。仅将"农村集体经济组织及其成员使用本集体经济组织的水塘、水库中的水"作为例外排除。

因此,《征收办法》并没有突破《水法》的规定征收水资源费,湖北省水利厅依据该《征收办法》对水资源费进行征收,具有合法依据。

【律师点评】

由于案件审理时国务院还没有制定出征收水资源费的具体实施办法,由各省级人民政府制定规章确定水资源费的征收对象和相关标准,但规章范围较窄、效力较低,使得在行政执法和审判实践中容易产生认识上的偏差,导致对征收水资源费的法律法规的理解和适用不一致。之所以一二审法院作出相反的判决,主要是对水资源费的缴纳主体、缴费通知认定的事实及缴费通知的程序产生了不同的认识。

针对供水总公司是否是水资源费缴纳主体问题,二审法院就本案的认定还专门请示了最高人民法院。在最高人民法院行政审判庭《关于用水单位从水库取水应否缴纳水资源费问题的答复》中,最高人民法院的答复是,"目前水库分为设计有供水功能的水库和没有供水功能的水库。有供水功能的水库,且水库管理单位已向水行政主管部门申请取水许可证并缴纳水资源费的,用水户仅需按用水量和水利工程供水价格向水库管理单位支付水利工程水费,无需向国家缴纳水资源费;没有供水功能的水库,则用水户应当依法直接向水行政主管部门申请取水许可并缴纳水资源费"。由于漳河水库在设计时没有供水功能,用水户应当依法向水行政主管部门申请取水许可和缴纳水资源费,而且其他用水户没有办理取水许可证,只有供水总公司申请取水许可证,所以缴纳主体应当是供水总公司。根据最高人民法院的答复,水利工程管理单位(漳河水库)和供水总公司都可成为水资源费的缴纳主体。从水库中取用水,应当向水库管理单位缴纳水利工程水费,又向水行政主管部门缴纳水资源费。因此,省水利厅将没有供水功能的水库纳入缴纳水资源费范围,二审法院认定供水总公司属缴纳水资源费义务主体范围,符合最高人民法院的答复精神。一审法院认为水资源费的交费主体不明确显然是不正确的。

省政府制定的《征收办法》有法律和地方性法规的授权以及上位法依据,其效力也得到最高人民法院的认可,属于上位法优于下位法适用规则的例外情形。司法实践中,往往调整同一对象的两个或两个以上的法律规范,因规定不同的法律后果而产生冲突。一般应当按照我国《立法法》规定的上位法优于下位法、后法优于前法以及特别法优于一般法等法律适用规则,判断和选择所应适用的法律规范。但这里的上位法优于下位法,强调的是下位法与上位法相抵触时,人民法院应优先适用上位法。但在上位法允许下位法对其作出变通规定,或者下位法的实施性规定没有抵触上位法时,则会出现上位法优于下位法适用规则的例外。

另外,省水利厅作出的缴费通知认定数额存在误差问题,虽然附表所列取水总量与明细表数据存在一定误差,但是其误差比显然较低,应当属于事实认定方面的瑕疵。因此,不能据此认定该缴费通知认定的事实不清。

四、养殖权纠纷

案例（070） 段某斐等与黄河水土保持西峰治理监督局渔业财产损失赔偿纠纷案

来源:（2018）最高法民申1942号
作者:李吏民

【案例导读】

本案例系水库水位下降致使养殖户饲养鱼类大面积死亡所引发的渔业财产损失赔偿纠纷,但因财产损失发生的时间为双方签订的《水库养殖承包合同》到期后、未续约前,由养殖户承担风险还是由发包方承担损失成为本案焦点。虽然说只是赔偿责任的承担问题,但是实际上涉及双方的过错比例合理划分,值得大家学习、研究。

【案情简介】

2005年,经庆阳市水产局推荐,段某斐、段某芳通过黄河水土保持西峰治理监督局（以下简称"黄河西峰局"）南小河沟试验监测站曹站长、朱副站长接洽并经过投标取得了南小河沟鱼池的承包权。2006年5月,段某斐、段某芳缴纳保证金5 000元,开始投放鱼苗合伙养殖。2006年,在10个小鱼池共投放20万条3公分左右的鱼苗。

2007年4月30日,黄河西峰局授权其南小河沟试验监测站作为甲方与作为乙方的段某斐签订《水库养殖承包合同》,约定甲方将其花果山水库的现有水面约230亩及游船、汽艇、厦房等设施承包给乙方进行渔业养殖、垂钓等经营活动,合同期限从2007年5月1日起至2013年4月30日止,年承包费为6 000元。合同签订后,段某斐、段某芳遂投放鱼苗,合伙养殖经营。段某斐、段某芳把此前10个小鱼池的鱼打捞到水库继续养殖,又前后投放7 000多斤鱼和3 300斤鱼苗到水库中。

2007年年底,段某斐、段某芳从邹某处买了两车鱼种,前后总共10 000两,每条3两左右。2008年,段某斐、段某芳从邹某处拉回大夏花10万条投入水库。

2009年,段某斐、段某芳通过邹某在兴平水利局鱼场购买了5 000多斤鱼种投入水库。2010年和2011年,段某斐、段某芳在邹某处拉回约60 000条鱼投入水库。2011年,邹某用班车带回鱼苗50 000条,另外段某斐、段某芳自己用车拉回8 000斤鱼苗,均投入水库。2012年和2013年,段某斐、段某芳前后在宝鸡的韩某处拉回7 000多斤鱼和9 000多斤鱼种投入水库。2013年10月底,西峰市渔业办免费提供鱼苗给水库投放2 000多斤鱼种。以上鱼种90%为草鱼,且在养殖过程中,段某斐、段某芳每年投入50吨—60吨草鱼专用料、10 000元以上鱼药,且2009年开始承包100多亩土地种植苜蓿专供喂养草鱼。

2011年5月,经水利部黄河水利委员会专家组鉴定,花果山水库建筑物老化,安全隐患突出。经水利部黄河水利委员会批复实施花果山水库除险加固工程,该工程由黄河西峰局作为承建方,于2013年3月5日开工建设。工程开工时黄河西峰局将工程情况向段某斐、段某芳进行了告知,段某斐、段某芳亦对工程建设给予了配合。工程施工期间段某斐、段某芳多次组织对库内鱼类进行了捕捞并投放了鱼苗。

2013年11月,花果山水库施工进入扫尾阶段,为查找坝体漏水部位,黄河西峰局决定指派其工作人员对该水库进行逐级放水操作,放水时间从2013年10月25日上午开始至2013年11月24日上午9时结束,放水使水库水位下降,库内部分鱼类死亡。段某斐、段某芳发现后遂组织实施增氧及捕捞等补救措施,但因水面封冻无果。后部分死鱼被附近群众哄抢。事件发生后,经庆阳市渔政管理站执法人员于2013年11月28日现场勘验查明,放水作业致使水库水位下降2.4米,余水水深为0.6米,水位下降导致库中所养鲤鱼、鲢鱼、草鱼和鲫鱼大面积死亡。

2013年12月8日,段某斐、段某芳向黄河西峰局提交请求赔偿部分损失并续签合同的书面申请,黄河西峰局于12月13日告知对方不予续签,双方就损失赔偿协商未果。后段某斐、段某芳向庆阳市中级人民法院提起诉讼,请求判令黄河西峰局赔偿其渔业财产损失225万元(具体以评估金额为准),本案全部诉讼费用由黄河西峰局承担,且段某斐、段某芳提出,由于黄土高原沟道狭窄,常年水温较低,水产养殖投资大、周期长、效益低,一直到5年以后的2011年才开始陆续捕捞有所收益。2012年、2013年均未大面积捕捞,属亏本养殖。2013年11月底开始,累计投入的鱼苗、鱼种、鱼药、饲料、租费、机械设备、人员工资等费用减去收益,损失高达1 437 731元。本来再有3至5年投入即可收回并有盈余。

一审审理中,段某斐、段某芳申请对财产损失进行鉴定,经庆阳市中级人民法院委托,辽宁大华水产资源资产评估有限公司作出辽华渔鉴(2017)第12号评估报告书。评估结果为:经测算,黄河西峰局放水作业给段某斐、段某芳造成的渔业资源损失价值为2 576 784.00元。另,段某斐、段某芳同意评估结果,黄河西峰局针对评估报告提出异议,辽宁大华水产资源资产评估有限公司对异议进行了书面答复。

一审法院以双方当事人均存在过错为由,认定双方各自承担50%的责任较为公平合理,判决黄河西峰局赔偿段某斐、段某芳财产损失1 288 392元。双方均不服,提起上诉。

二审法院于2018年3月28日作出民事判决,认为一审法院以黄河西峰局每年仅收取6 000元承包费为由减轻其赔偿责任,由双方各自承担50%的责任不当,故按照黄河西峰局承担损失赔偿责任的60%、段某斐和段某芳承担损失赔偿责任的40%的比例予以改判。黄河西峰局不服二审判决,向最高院人民法院提起再审。

【审理与判决】

1. 诉讼当事人

原告为段某斐、段某芳,被告为黄河西峰局。

2. 争议焦点

(1)黄河西峰局是否构成侵权?

(2)本案财产损失赔偿责任及数额如何确定?

3. 审判过程

一审法院认为,本案中段某斐、段某芳以黄河西峰局的侵权行为导致其养殖的鱼类死亡为由诉请要求赔偿损失,段某斐、段某芳的损失客观存在,本案侵权四要件已具备,应为财产损害赔偿纠纷。故以渔业承包合同纠纷确定案由适用法律,既非当事人的诉请,也与本案事实不符。就损失赔偿责任的承担而言,黄河西峰局为查找坝体漏水部位,在未与渔业行政主管部门协商,未采取防范措施,亦未给段某斐、段某芳合理捕捞期限的情况下进行水库放水施工作业,导致库中渔业资源遭受损害,存在过错,其应对段某斐、段某芳所造成的渔业财产损害承担相应侵权赔偿责任。段某斐、段某芳在承包合同终止前应履行自己的捕捞义务,且其明知水库除险加固施工对渔业养殖存在影响,却未进行防范并继续投放鱼苗养殖,导致损失进一步扩大亦存在过错,故应由段某斐、段某芳自负一定损失。综合全案事实和双方当事人各自过错,双方各自承担50%的责任较为公平合理。遂作出民事判决,判令由黄河西峰局于本判决生效之日起10日内赔偿段某斐、段某芳财产损失1 288 392元。案件受理费和鉴定费共计99 800元,由黄河西峰局和段某斐、段某芳各负担49 900元。

二审法院认为,双方合同到期后,段某斐、段某芳继续投放鱼苗养殖并多次进行捕捞作业,黄河西峰局对此并未提出异议,也未明确告知段某斐、段某芳承包养殖合同不再续签,故应认定黄河西峰局默许段某斐、段某芳继续履行合同的行为。黄河西峰局在未与渔业行政主管部门协商、未采取防范措施的情况下,进行水库放水施工作业,导致段某斐、段某芳库中渔业资源遭受损害,黄河西峰局应对段某斐、段某芳因此而遭受的损失承担主要过错责任。一审法院以黄河西峰局每年仅收取6 000元承包费为由减轻其赔偿责任的理由虽属不当,但段某斐、段某芳在黄河西峰局未明确表示续签合同、水库除险加固施工会对渔业养殖产生影响的情况下,未进行必要防范并继续投放鱼苗养殖,导致损失扩大,亦存在过错,也应承担一定的责任。故于2018年3月28日作出民事判决,判决变更一审判决第一项为由黄河西峰局于判决生效之日起10日内赔偿段某斐、段某芳财产损失1 546 070元。一、二审案件受理费和鉴定费共计124 600元,由黄河西峰局负担74 760元,段某斐、段某芳负担49 840元。

再审法院认为,涉案承包合同履行期为2007年5月1日起至2013年4月30日止,年承包费为6 000元,损害事实发生在2013年11月中旬。本案双方当事人对合同权利义务、履行期限均合意且明知,虽然合同有约定"合同顺利执行完,申请人可以申请续签承包合同,承包费另行协商",但是双方均无续签合同的意思表示,段某斐、段某芳已经着手拆除经营设施、交回设备,在完成合同期满的后期清理工作。虽然原审判决认定"合同到期后继续投放鱼苗并捕捞,黄河西峰局对此并未提出异议,也未明确告知段某斐、段某芳合同不再续签,故应认定为黄河西峰局默许段某斐、段某芳继续履行合同",缺乏法律依据,但是将本案定性为财产侵权损害赔偿纠纷并无不当。黄河西峰局水库施工未汇报渔业部门、放水没有通知承包人及提示风险,对造成损害结果是有过错的。段某斐、段某芳在承包合同履行期届满后已经拆除经营设施、交回设备,但在合同期满之后、水库放水之前,不及时捕捞、继续投放鱼苗等行为,对扩大损失亦负有责任。原审法院综合上述因素按照过错比例作出判决不违反法律规定。

【法律要点解析】

本案审理主要围绕双方当事人的过错责任比例划分展开,一、二审过程中法官、代理律师以及当事人对本案的性质及其责任划分依据存在争议,经过再审之后最终以"四六"比例定分止争。

1. 本案是渔业承包合同纠纷还是财产损害赔偿纠纷

《民事案件案由规定》(2011)第2条第1项中明确规定,"民事案件案由应当依据当事人主张的民事法律关系的性质来确定"。本案中,段某斐、段某芳的诉讼请求为依法判令黄河西峰局赔偿其渔业财产损失225万元,其认为是黄河西峰局的侵权行为导致养殖的鱼类死亡。段某斐、段某芳的损失客观存在,本案侵权四要件已具备,应为财产损害赔偿纠纷。虽然双方当事人均认可签订的《水库养殖承包合同》属真实意思表示,两级法院经审查认为合同内容亦不违反相关法律规定,合同属合法有效,但是原告并非提起合同纠纷违约之诉,本案不应以渔业承包合同纠纷确定案由。虽然黄河西峰局一直坚称本案非侵权纠纷，争议的法律关系为用益物权，属于《合同法》和《物权法》调整的范围。但是该说法既与段某斐、段某芳的诉请不符，也与案件事实不符。因此，一、二审法院均未采纳黄河西峰局的上述意见，最终确定案由为财产损害赔偿纠纷。

2. 段某斐、段某芳在合同到期后继续养殖是否不当

在合同到期后，双方没有续签合同。虽然段某斐、段某芳在本案审理过程中提出，黄河西峰局因水库将要进行除险加固施工，在合同期满前曾口头承诺与其暂不续签合同，合同期满后可继续养殖1年，待水库除险加固工程完工后，再商谈下一轮承包事宜，但是段某斐、段某芳未能提供相关证据证实。无法证明双方达成了可以继续养殖1年的协议。故段某斐、段某芳在合同到期后继续养殖没有依据。

3. 黄河西峰局存在哪些过错

首先，双方签订的《水库养殖承包合同》于2013年4月30日到期，到期后双方并未就是否续约作出明确表示，但是段某斐、段某芳继续养殖，黄河西峰局并未提出异议。虽然黄河西峰局在一审庭审时表示在合同期限届满后不同意续签合同，但是其并未提供证据证明其在一定期限内清库捞鱼向段某斐、段某芳进行过告知，且在水库放水时亦未给段某斐、段某芳合理的捕捞期限，最终导致库中鱼类大量死亡，存在过错。

其次，根据《渔业法》第35条的规定，"进行水下爆破、勘探、施工作业，对渔业资源有严重影响的，作业单位应当事先同有关县级以上人民政府渔业行政主管部门协商，采取措施，防止或者减少对渔业资源的损害"。本案中，黄河西峰局为查找坝体漏水部位，在未与渔业行政主管部门协商、未采取防范措施的情况下，进行水库放水施工作业，导致库中渔业资源遭受损害，存在过错。

最后，黄河西峰局在造成原告养殖损失中过错比较明显，应当承担主要责任，二审法院判决其承担60%的责任是适当的。

4. 段某斐、段某芳对所造成的损失是否有过错，应否承担责任

在养殖合同到期前双方没有达成协议续签，段某斐、段某芳也没有证据证明已经达成了口头协议可以继续养殖1年。因此，双方应当按照协议约定履行，段某斐、段某芳在承包合同终止前应履行自己的捕捞义务，且段某斐、段某芳明知水库除险加固施工对渔业养殖存在影响却未进行防范并继续投放鱼苗养殖，导致损失进一步扩大，对所造成的损失存在一定的过错。其过错相对黄河西峰局较小，应当承担次要责任，二审法院判决其承担40%的责任是正确的。

【律师点评】

本案之所以在案由问题上产生争议，是因为按照黄河西峰局的主张和思路，若能够以渔业承包合同纠纷确定案由，黄河西峰局可以以对方没有诉权为由进行抗

辩,从而免除自己的侵权责任。因双方约定的权利义务于 2013 年 4 月 30 日终止,而双方争议发生于《水库养殖承包合同》到期后,承包方没有资格在合同终止后对黄河西峰局为保证水库安全查找坝体渗漏部位的合法行为主张诉权。即便是黄河西峰局存在后合同义务,该局也已经将水库进行除险加固施工对段某斐、段某芳进行了告知。所以不管是一审还是二审过程中,黄河西峰局都对案件的性质问题提出了异议。

原告的诉讼策略是提起侵权之诉而非养殖合同纠纷之诉,其思路是正确的。本案中养殖合同已经到期,到期后也没有续签协议,如果以养殖合同纠纷提起违约之诉,由于在合同的履行过程中被告没有违约,原告请求违约赔偿就可能会被法院驳回。本案完全符合民事侵权的构成要件,有黄河西峰局的放水施工加害行为,有段某斐、段某芳的养殖鱼损害事实,黄河西峰局的放水施工行为与段某斐、段某芳的养殖鱼损害事实之间有因果关系,黄河西峰局主观上有过错。因此,原告提起侵权违约之诉就会容易得到法院的支持。

五、捕捞权纠纷

案例(071) 曲某章与曲某工捕捞权纠纷案

来源:(2017)鲁 0612 民初 992 号
作者:周帆

【案例导读】

本案原告与村委会达成口头承包协议并缴纳了 2 年海域使用费。15 年后原告与被告就养殖区域划界及海参捕捞问题产生纠纷,结果却被法院判决原告败诉。究竟是何原因,请看本案解析。

【案情简介】

原告曲某章起诉被告曲某工,要求被告停止捕捞海参行为。

原告陈述:2002 年,原告承包了烟台市牟平区大窑街道办事处西山北头村民委员会(以下简称"西山北头村委会")北海区投石养殖海参至今,承包海区中心卫导数为 37、27、696 和 121、42、783。2016 年 9 月 25 日,原告发现海区标志被人割断,即报警,经公安机关侦查,是被告所为,但被告提出其有权捕捞海参。

被告辩称,原告所诉与事实不符,原告不具备海域的合法使用权,没有请求权的基础,被告在自己的投石区域捕捞海参未侵犯原告的权利,请求法院依法驳回原告的诉讼请求。

一审法院经审理认定事实如下：2002 年，原告与西山北头村委会协商，在西山北头村委会海域辖区内投石养殖海参，当时双方口头确定一个中心点，没有确定四至范围及亩数，原告亦未取得海域使用权证。2003 年、2004 年，原告向西山北头村委会分别交纳 100 元、300 元海域使用费，后因养殖户海水养殖亏损，西山北头村委会免收海域使用费。2010 年，被告在未取得海域使用权证，亦未与西山北头村委会签订承包合同的情况下，在原告相邻的北面投石养殖海参，并在其投石海域用浮漂作标记。2016 年 8 月，原告将其投石的海区转包给同村村民曲某先。2016 年 9 月 25 日，曲某先以其承包曲某章海区的浮漂标志被曲某工割断向烟台市公安局牟平分局蛤堆后边防派出所报案。庭审中，被告称是因自己作标志用的浮漂被他人更换才割的。原告主张，要求被告停止在原告投石的海区捕捞海参的行为，被告予以否认。原告亦未提供相关证据予以证实。

另查，原告为证明其养殖区范围，提供其投石海区经纬度数据，四角经纬度分别为：西北角 37.27.733、121.42.755；东北角 31.27.734、121.42.820；西南角 37.27.650、121.42.730；东南角 37.27.650、121.42.812。原告称，该证据是西山北头村委会出具的，当时由村委会副书记曲某具体测量。经法院调查，曲某证实，原告与其弟同时在北海投石养海参，当时只是指定个位置，没有具体测量亩数，按大约亩数由原告向村委会交纳使用费。被告对原告提供养殖区四至范围的证据不认可，认为原告主张的事实与证人曲某的证言相互矛盾。被告提供自行测量其养殖区的四至范围经纬度数据为：西北角 121.42.766、37.27.810；东北角 121.42.883、37.27.784；西南角 121.42.748、37.27.710；东南角 121.42.855、37.27.697。原告对被告提供的证据提出异议，认为该数据系被告自己出具的，不能证明其主张的事实。原、被告均表示原告的养殖区的北边与被告的养殖区的南边部分相互重叠。

【审理与判决】

一审法院认为，原、被告在西山北头村委会辖区内投石养殖海参没有与西山北头村委会签订养殖合同，亦未取得海域使用权证，原、被告提供的四至范围的经纬度数据均未经相关部门确认，同时双方表示原告的养殖区的北边与被告的养殖区的南边部分重叠，致使原、被告养殖区的四至范围无法确定，原告提供的证据不足以证明被告在原告投石区域捕捞海参的事实，故判决驳回原告诉讼请求。

一审判决后，原告与被告均未上诉。

【法律要点解析】

1. 中国海域使用管理方面有哪些法律法规

中国目前还没有一个全面综合的海洋基本法。但存在若干部门法、部门规章和地方性法规。在海域管理方面，主要法律法规有：

（1）《物权法》第 46 条、第 122 条；

（2）《海域使用管理法》（全国人大常委会颁布，2002 年 1 月 1 日起实施），该法规定海域管理的总则、海洋功能区划、海域使用的申请与审批、海域使用权的取得、转让、收回以及海域使用金等；

（3）《海域使用权管理规定》（国家海洋局颁布，2007 年 1 月 1 日起实施），该规章规定总则、海域使用论证、用海预审、海域使用申请审批、海域使用权招标与拍卖、海域使用权转让、出租和抵押等；

（4）地方法规，如《山东省海域使用管理条例》《青岛市海域使用管理条例》（已于 2018 年 11 月 30 日失效）等。

2. 海上养殖需要办理哪些手续

依据《海域使用管理法》等法律法规的规定，个人或单位海上养殖应申办《海域使用权证》，程序如下：

（1）申请：向县级以上海洋行政主管部门申请并提交相关材料；

（2）审核：主管部门依照海洋功能区划进行审核并报批；

（3）颁证：批准机关批准后登记造册并颁发《海域使用权证》；

（4）公告：将颁证情况对社会公告。

3. 原告与村委会的口头协议是否有效

由于承包经营合同期限一般比较长，故要求签订书面承包合同以明确双方的权利义务。但在实际案例中，如果只有口头协议，但已经实际履行合同了，也视为有效。本案原告与村委会虽只有口头协议，但 2003 年及 2004 年缴纳了承包费，因此，该口头协议已经履行，是有效的。此后原告没有再缴纳承包费，因实际履行的证据没有了，又缺少书面合同明确约定，故 2005 年以后就无从认定其承包关系是否继续存在了。故在 2017 年诉讼庭审中，法院认定原告未与村委会签订承包合同。

4. 原告败诉的原因是什么

原告败诉的原因主要是证据不足，表现在两方面：一是未能提供证明其继续承包及其承包区域范围的有效证据，其单方提供的养殖区域坐标因被告不认可，法院不能采纳；二是未能提供被告在原告投石区域捕捞海参的证据。其实，即便原告未能证明其与村委会继续存在承包经营关系，但如有证据证明被告在原告投石区域捕捞海参，侵犯了原告的财产权，这方面诉求仍然有可能得到法院的支持。

【律师点评】

1. 本案原告应如何维护自己的权益

本案原告吃了大亏的主要原因是法律意识不足，不知道用法律来维护自己的合法权益。如果原告早点请教律师，知道自 2002 年 1 月 1 日起《海域使用管理法》

开始实施,应该采取两项重大措施规避法律风险:一是与村委会签订书面承包协议,约定承包养殖区域坐标、最长期限等内容;二是向县级海洋主管部门申请办理《海域使用权证》并按期缴纳海域使用金。在承包期限内,原告的承包经营权受法律保护,而且养殖区域经海洋主管机构划定并确认,就不会出现后期的侵权纠纷和败诉的结果。

2. 本案判决后可能产生什么结果

本案虽然一审判决已经生效,但是留下的养殖区域部分重叠、未签订承包合同并申领海域使用权证的重大瑕疵仍然存在。相信通过本案判决,无论原告还是被告均会从中汲取教训并要求与村委会签订承包合同,同时向县级海洋主管机关申领《海域使用权证》,从而促使各方依法依规进行养殖,也使养殖户的合法权益得到法律保护。至于双方养殖区域部分重叠的问题,可以通过协商或调解解决并重新予以划定。如果协商调解不成,也可以向法院申请就双方划界区域予以确权。

案例(072) 贾某良与沙庄自然村、张某十五等捕捞权纠纷案

来源:(2014)府民初字第01097号

作者:周帆

【案例导读】

捕捞权属于用益物权之一。原告与被告承包合同到期后是否还享有捕捞权,如何妥善处理新旧承包人的捕捞权衔接问题?请看本案解析。

【案情简介】

原告贾某良诉称:2004年5月6日,府谷县府谷镇院庙梁行政村沙庄自然村(以下简称"沙庄自然村")与原告签订《关于承包沙庄水库合同书》(借用沙村行政村公章)将沙庄水库承包给原告。双方在合同中约定,原告承包水库的期限为10年,原告在水库中投放鱼苗发展养殖,自投自收。原告承包沙庄水库后,于2004年、2005年初分两次共购买10万多尾鱼苗将其投放在水库中。鱼苗在2012年终于长大、可以出售。原告投入人力、物力将近70万元,直到2013年原告承包的水库才初见收益。从2013年12月开始,第二被告沙庄自然村以各种方式刁难原告,不让原告以社会常用的电网等方式捕鱼,只能用渔网捕捞,但是水库中的水太深,用渔网捕鱼非常困难,为此原告不能正常捕捞、出售。见承包合同即将到期,原告养殖在沙庄水库中的4万多斤鱼却不能捕捞,原告便与沙庄村干部协商处理此事。沙庄村干部答复原告,承包到期后,原告要么续租,要么得到补偿。2014年4月底,府谷县府谷镇院庙梁行政村以及沙庄自然村对外公开承包水库,因水库有原告所养殖的4万多斤鱼,被告抬高水库承包费,原告因前期投入完全没有收回,根

本无力承担巨额承包费。2014年5月8日,被告张某十五以每年18万元承包了沙庄水库。原告养殖在水库的鱼约4万多斤,市场价达上百万元。但被告违反了2004年签订的《关于承包沙庄水库合同书》中关于原告自投自收的约定,根本不对原告所有的4万多斤鱼进行补偿,更以暴力方式禁止原告捕捞鱼,被告张某十五及其儿子张某未经原告同意擅自经营、出售原告养殖的鱼。被告的行为侵犯了原告的合法权益。为此原告请求人民法院判令被告停止侵害,保障原告对沙庄水库内所养全部鱼的收益权等。

被告沙庄自然村辩称:原告承包合同已经到期,被告沙庄自然村已经通知原告捕捞养殖的鱼。水库在承包前有自生鱼,自生鱼应归沙庄自然村所有。目前水库里没有养殖鱼了且水库已经承包给被告张某十五了。被告张某十五否认其用暴力禁止原告捕捞。

【审理与判决】

一审法院查明,原告在承包期间投放了鱼苗,数量不详。一审法院认为,原告承包水库并投放鱼苗,承包到期后原告对水库的鱼仍然享有所有权和捕捞权,被告不得侵犯,判决原告在判决生效后60天内进行捕捞,被告不得予以妨碍。

一审判决后,原被告双方均未上诉。

【法律要点解析】

1. 承包合同到期,原承包人还有捕捞权吗

本案原告与被告沙庄自然村签订的水库承包合同虽然已经到期,并且自然村已将水库承包给被告张某十五。但是水库现存的鱼,并非新承包人所有,也非自然村所有,只要原告确实投放过鱼苗,就应归原告所有。原告既然享有水库鱼的所有权,自然也享有捕捞权。但为了不影响新承包人养殖,该捕捞权是有期限的。超期不行使捕捞权,视为放弃所有权。

2. 如果水库承包前有自生鱼该如何认定

被告抗辩说在原告承包之前,水库存在自生鱼。如果双方在承包合同中有约定归属,则按合同约定。如果归属于沙庄自然村,则沙庄自然村应在一定期限内行使捕捞权,超期视为弃权。如果归属于原告,则自生鱼与养殖鱼一样属于原告所有。如果未在承包合同中规定自生鱼,则应视为承包时水库不存在自生鱼,除非存在相反证据。

【律师点评】

1. 如何取得捕捞权

捕捞权属于用益物权,是渔业权的组成部分。

捕捞权的取得分为三种情况:

一种是特许取得。《渔业法》第 23 规定,国家对捕捞业实行捕捞许可证制度。对自生鱼的大量捕捞,须取得有关渔业行政部门的特别许可。

一种是自由取得。对利用自生鱼从事娱乐性游钓业以及在尚未养殖、管理的水面、滩涂手工采集零星水产采集业,无须特许即可自由获得捕捞权,但其行使受到政府管理的一定限制(例如禁渔期和禁渔区不得捕捞)。

一种是派生取得。养殖者对其养殖鱼具有所有权,自然也享有捕捞权。该捕捞权是由所有权派生而来的,无须取得政府特别许可。故本案承包合同到期后,原承包人仍然享有水库鱼的所有权及其派生的捕捞权。

2. 本案新承包人为何不享有捕捞权

首先,因为新承包人尚未开始养殖,对原承包人养殖鱼不具有所有权,自然也不享有派生取得的捕捞权。

其次,即便水库里确实存在自生鱼,但因自生鱼与养殖鱼难以辨别,除非提供有效证据,否则认定为不存在自生鱼。

最后,原承包人行使捕捞权有一定期限,超过期限不行使视为弃权。除非有特殊约定或特殊情况,通常情况下,超过期限则原承包人不得再行使捕捞权。

六、土地承包经营权纠纷

案例(073)王某某等与刘某某等、某村村委会土地承包经营权确认纠纷案

来源:(2014)鲁民一终字第 124 号
作者:王龙兴

【案例导读】

发包方就同一土地签订两个以上承包合同,承包方均主张取得土地承包经营权的,应由谁取得土地承包经营权?请看以下案例。

【案情简介】

1997 年 1 月 1 日,王某某等与某村村委会签订《土地承包合同》,约定某村村委会将村东土地(以下简称"涉案土地")承包给王某某开发使用,承包期限为 10 年,即自 1997 年 1 月 1 日至 2006 年 12 月 31 日。

1999 年 1 月 1 日,王某某等就上述土地与某村村委会签订了《土地延包合同书》,约定延长涉案土地承包期限 20 年,即自 2007 年 1 月 1 日至 2026 年 12 月 31

日,其他条款与原《土地承包合同》一致。

后王某某等与李某某签订了《土地开发合同》,约定王某某等将涉案土地转包给李某某,承包期限为20年,自1999年1月1日至2018年12月30日,某村村委会同意并加盖公章。

2001年2月14日,李某某与付某某签订《盐碱地转让承包合同》,约定李某某将涉案土地转让承包给付某某,承包期限为18年,从2001年1月1日至2018年12月30日。

2001年起,付某某与刘某某共同投资经营涉案土地。

2003年4月4日,付某某与刘某某签订协议书,约定涉案土地由付某某、刘某某两人共同承包,此协议签订后归刘某某一人承包,付某某退出,不再参与经营和管理。

2007年1月2日,某村村委会与刘某某、魏某某签订《土地承包合同》,约定将涉案土地承包给刘某某、魏某某使用。

2007年3月,王某某等起诉某村村委会,要求确认其与村委会于1997年、1999年签订的合同有效。

2009年,上述案件经一审、二审、再审后作出生效判决,认定王某某等与某村村委会签订的《土地承包合同》及《土地延包合同书》均有效,但同时在判决书中写明"涉案土地承包经营权归属问题,不属于本案当事人诉讼请求范围,与本案不属同一法律关系,相关承包合同当事人可另行主张"。

此后,王某某等多次起诉至法院要求确认其对涉案土地的承包经营权,又多次撤诉。在此期间,刘某某、魏某某称王某某等多次纠集众人寻衅滋事,影响其正常承包经营土地。

【审理与判决】

1. 诉讼当事人

一审原告为刘某某、魏某某,被告为某村村委会,第三人为王某某等。

2. 诉请与抗辩

原告诉请:判令确认原告对涉案土地具有承包经营权;判令第三人赔偿原告经济损失300万元。

被告抗辩:第三人王某某等对涉案土地依法具有承包经营权,被告与原告签订的《土地承包合同》违反相关规定,是无效合同,故不同意原告的诉讼请求;第三人同意被告的答辩意见。

3. 争议焦点

(1)原告刘某某、魏某某与被告某村村委会于2007年1月2日签订的《土地承包合同》是否有效;

(2)涉案土地的承包经营权归谁所有；
(3)原告主张的各项损失有无事实和法律依据，第三人应否进行赔偿。
4. 判决过程
一审法院判决：原告刘某某、魏某某与被告某村村会签订的《土地承包合同》有效，刘某某、魏某某享有涉案土地的承包经营权；驳回刘某某、魏某某的其他诉讼请求。

二审法院判决：驳回上诉，维持原判。

再审法院裁定：驳回再审申请。

【法律要点解析】

1. 原告刘某某、魏某某与被告某村村委会于2007年1月2日签订的《土地承包合同》是否有效

《农村土地承包法》第48条规定，"发包方将农村土地发包给本集体经济组织以外的单位或者个人承包，应当事先经本集体经济组织成员的村民会议三分之二以上成员或者三分之二以上村民代表的同意，并报乡（镇）人民政府批准"。

本案中，被告某村村委会主张其与原告刘某某、魏某某签订的《土地承包合同》未经上述法定程序，因而是无效的。但是由于在另案中，某村村委会又曾主张其与刘某某、魏某某签订的《土地承包合同》是有效的，并提供了相应的民主决策文件，故被法院认为违反诚信原则而不予采纳其答辩意见。

抛开本案的实际情况，实践中对于违反《土地承包法》第48条规定的承包合同的效力问题，也有颇多争议，例如，内蒙古自治区高级人民法院在《和林县盛乐镇台基营村民委员会与石星亮土地承包经营权纠纷再审民事裁定书》[（2014）内民申字第506号]中，有如下论述，"双方已经开始履行协议，村委会也按照约定收取了承包费。由于目前的法律没有明确规定违反'召开村民会议并经2/3以上成员或2/3以上村民代表的同意'的土地承包关系无效，而且继续履行该承包合同也没有损害国家利益和社会公共利益，故应认定村委会未召开村民会议并经2/3以上成员或2/3以上村民代表的同意就发包土地给石星亮经营，违反的是管理性规定而非效力性规定，而违反管理性规定并不必然导致《土地续包协议》无效"。

而重庆市高级人民法院则在《张宗溶等诉江津区柏林镇复兴村洞底下村民小组等林业承包合同纠纷案民事裁定书》[（2014）渝高法民申字第01289号]中有如下论述，"本案现有证据，以及张宗溶在一、二诉讼中所提交的证据，均不能证明原大水沟经济合作社与张宗溶签订的落款时间为2009年11月22日，内容为原大水沟经济合作社将该社位于石笋坪、凤凰嘴、牛角湾的1000亩林地使用权、林木所有权、林木使用权以转让金为7.5万元、转让期限为四十年转让给张宗溶的《林地林木转让合同书》，是经过了原大水沟经济合作社社员的村民会议三分之二以上成

员或三分之二以上村民代表的同意,也不能证明该合同已报经重庆市江津区柏林镇人民政府批准。因此,一、二审法院依法认定原大水沟经济合作社与张宗溶签订的上述《林地林木转让合同书》无效,并无不当"。

最高人民法院现有判决对于该问题作了模糊处理,在《东莞市樟木头镇石新社区居民委员会与黄淦波等承包经营合同纠纷上诉案最高人民法院民事判决书》[(2013)民一终字第44号]中,最高人民法院有如下说理,"上述事实表明,在本案诉讼之前,在《联合开发合同》签订后10余年间,石新居民委员会和樟木头镇政府不仅没有对《联合开发合同》的签订提出异议,反而对黄淦波、观音山公司履行合同的行为一再表示肯定和认可。现石新居民委员会又以未经民主议定程序、未报乡(镇)政府批准为由主张合同无效,不应得到支持"。

综上,目前实践中对于违反《农村土地承包法》第48条所签订的土地承包经营合同的效力的认定并没有统一标准,需要具体问题具体分析,因此出现相关争议时,应结合具体情况,查找相类似案例,来判断合同的效力。

2. 涉案土地的承包经营权归谁所有

最高人民法院《关于审理涉及农村土地承包纠纷案件适用法律问题的解释》第20条规定:"发包方就同一土地签订两个以上承包合同,承包方均主张取得土地承包经营权的,按照下列情形,分别处理:(一)已经依法登记的承包方,取得土地承包经营权;(二)均未依法登记的,生效在先合同的承包方取得土地承包经营权;(三)依前两项规定无法确定的,已经根据承包合同合法占有使用承包地的人取得土地承包经营权,但争议发生后一方强行先占承包地的行为和事实,不得作为确定土地承包经营权的依据。"

本案中,从法院查明认定的事实可以看出,自2001年起,刘某某和魏某某一直占有、经营涉案土地并交纳承包费(包括向王某某等缴纳),王某某等将涉案土地的承包经营权转包给李某某,李某某又将涉案土地转包给付某某和刘某某,后来付某某退出,刘某某独自经营,一直到2007年1月2日,某村村委会与刘某某、魏某某签订《土地承包合同》,刘某某、魏某某继续承包经营涉案土地,并直接向某村村委会缴纳承包费。

根据上述事实情况,一审、二审及再审法院均没有简单地以王某某等与某村村委会签订的承包合同在先生效而认定王某某等享有涉案土地的承包经营权,而是认为刘某某、魏某某对涉案土地的承包经营权本就来自于王某某等的层层转包,并本着有利于土地秩序的稳定、保护实际使用人的原则,根据最高人民法院《关于审理涉及农村土地承包纠纷案件适用法律问题的解释》第20条第(三)项的规定,判决确认合法占有使用承包地的刘某某和魏某某对涉案土地享有承包经营权。

3. 原告主张的各项损失有无事实和法律依据,第三人应否进行赔偿

民事诉讼的举证原则为"谁主张、谁举证",本案中,原告并未提供证据证实第三人王某某等对其经营实施了侵权行为,也没有提供证据支持其主张的各项损失数额,因此对于这部分损失各审法院均未予支持。

【律师点评】

1. 原告律师的代理思路

就原告律师而言,应围绕适用最高人民法院《关于审理涉及农村土地承包纠纷案件适用法律问题的解释》第20条第(三)项的规定来组织证据并设计诉讼策略,其思路要点如下:

(1)尽管本案属于发包方就同一土地签订两个以上承包合同,但后一个土地承包经营合同实际是在先的土地承包经营合同的权利人层层转包的产物;

(2)自2011年起,原告一直占有、经营涉案土地,并向相关主体缴纳承包费;

(3)另案审理中,被告某村村委会认可其与原告签订的土地承包合同有效。

2. 被告、第三人律师的代理思路

由于被告、第三人的诉求相同,其代理思路也基本相同。就被告、第三人律师而言,应围绕适用最高人民法院《关于审理涉及农村土地承包纠纷案件适用法律问题的解释》第20条第(二)项的规定来组织证据并设计诉讼策略,其思路要点如下:

(1)强调本案属于发包方就同一土地签订两个以上承包合同的情形,且第三人与被告签订的土地承包合同在先;

(2)强调另案判决中已认定被告与第三人签订的土地承包合同是有效的。

【法官审判要旨】

本案的难点在于法律适用,特别是同一条款下,应适用哪一子项规定的情形。

想要正确适用法律,就必须先查明事实,一审法院对于各方当事人提交的相关证据一一进行评价,为本案开了个好头。

在法院梳理、认定的事实中,原告取得涉案土地的承包经营权,其实质是来源于第三人的层层转包,从第三人的行为上看,第三人并无真实经营土地的意愿。

最终,法院本着有利于土地秩序的稳定、保护实际使用人的原则,适用最高人民法院《关于审理涉及农村土地承包纠纷案件适用法律问题的解释》第20条第(三)项的规定,由作为实际直接使用人的原告刘某某、魏某某取得土地承包经营权。

【结语】

本案中涉及的前两个问题是土地承包经营权确认纠纷的典型问题,即违反法定程序获得的土地承包经营权是否有效？发包方可否就同一土地签订两个以上承包合同？本案判决对相关问题进行的说理,对处理类似案件有重要的参考价值。

【案外语】

本案中,如果不仔细研究事实问题,极有可能导致不公平。简单来看,确实第三人与被告签订的土地承包合同在先,原告与被告签订的土地承包合同在后,且均未登记,那么似乎应该由生效在先合同的承包方取得土地承包经营权。但是实际情况远比"简单来看"要复杂。因此,无论是律师还是法官,正确适用法律的前提均为查清事实,事实搞不清楚,法律自然也适用不准确。

案例(074) 段一诉段二法定继承纠纷案(土地承包经营权继承)

来源:(2012)商民二终字第770号
作者:王龙兴

【案例导读】

以"户"为单位取得的土地承包经营权,在该户的户主或者其他成员死亡后,该户仍有成员的,土地承包经营权能否继承?

【案情简介】

段一与段二系同胞兄弟,另有一姐段三。其父段甲于2001年去世,其母于1998年去世。段甲生前与段二作为一个承包经营户,与所在村集体签订了农村承包经营合同,依法取得了3.6亩土地的承包经营权,并领取了承包经营权证。段甲夫妻去世后,承包经营的土地由段二继续承包经营至该承包地被征收,段甲自有一处住房,但建筑面积和占用面积以及房屋价值,段一与段二均未明确陈述,亦未提供证据证明。

2011年,夏邑县规划南区,涉案的承包土地及段甲的房屋和所占土地均被依法征收,段二领取了涉案承包土地的补偿款129 475.92元和宅基地补偿款109 382元。其中,段一认为属于遗产的土地补偿款为85 257元,房产、宅基地补偿款为46 878元,共计132 135元。段一以该承包地和其父母的宅基地均属其父母的遗产,所得补偿款其应分得相应份额为由要求被告支付,被告予以拒绝。段三已明确放弃继承权。

【审理与判决】

1. 诉讼当事人

一审原告为段一,一审被告为段二。

2. 诉请与抗辩

原告诉请:被告将其占有的父母遗产给付原告1/2,计款66 067.5元;同时请求按月息2分计算至付清之日。

被告抗辩：该宅基地在分家后，与原告无关系。

3. 争议焦点

以"户"为单位取得的土地承包经营权，在该户的户主或者其他成员死亡后，该户仍有成员的，土地承包经营权能否继承？

4. 判决过程

一审法院判决：驳回原告段一的诉讼请求。

二审法院判决：驳回上诉，维持原判。

【法律要点解析】

以"户"为单位取得的土地承包经营权，在该户的户主或者其他成员死亡后，但该户仍有成员的，土地承包经营权能否继承？

《农村土地承包法》（2009修订）第15条规定："家庭承包的承包方是本集体经济组织的农户"。最高人民法院《关于审理涉及农村土地承包纠纷案件适用法律问题的解释》第3条第2款规定："前款所称承包方是指以家庭承包方式承包本集体经济组织农村土地的农户，以及以其他方式承包农村土地的单位或者个人。"通说认为"户"只属于农户整个家庭，而不属于其中某一个家庭成员。因此，当家庭中某个成员死亡后，作为承包方的"户"还存在，因此不产生继承问题，此时该户内的其他人员都是承包经营权人，应当持续经营。任何将该承包土地的用益物权从该"户"分离，人为分割由该户的某个成员分别享有或者按份享有的观念，有悖于法律规定。

《农村土地承包法》第31条规定："承包人应得的承包收益，依照继承法的规定继承。林地承包的承包人死亡，其继承人可以在承包期内继续承包。"第50条规定："土地承包经营权通过招标、拍卖、公开协商等方式取得的，该承包人死亡，其应得的承包收益，依照继承法的规定继承；在承包期内，其继承人可以继续承包。"在司法实践中，以上法条中的"其继承人"指与已死亡的承包人共同生活，作为一个农村承包经营户与村集体经济组织签订土地承包经营合同，依法取得了承包地的承包经营权人，即属于"户"范畴内的人。本案中，段二与其父母是一个农村承包经营户，依法签订承包经营合同、取得了承包经营权。在段甲及其妻子过世后，段二可以继续以该户的名义依法享有承包经营权。

《农村土地承包法》第16条规定："承包方享有下列权利：（一）依法享有承包地使用、收益和土地承包经营权流转的权利，有权自主组织生产经营和处置产品；（二）承包地被依法征收、征用、占用的，有权依法获得相应的补偿；（三）法律、行政法规规定的其他权利。"即农村承包地征收补偿的对象是承包方，也就是拥有土地承包经营权的农户。段甲及其妻子早已过世并因此丧失了农户的身份，在承包经营的土地被征收后，当然无法得到征收补偿。但段二仍然存在并享有农户的身份,是承包方,有权获得征收补偿。

因此,根据《农村土地承包法》的相关规定,仅段二仍属于承包方,有权获得征收补偿。而段甲及其妻子已因死亡丧失农户身份,不属于承包方。段一因分家离开,本就不是承包方的"户"的一员。最高人民法院《关于审理涉及农村土地承包纠纷案件适用法律问题的解释》第25条规定:"林地家庭承包中,承包方的继承人请求在承包期内继续承包的,应予支持。其他方式承包中,承包方的继承人或者权利义务承受者请求在承包期内继续承包的,应予支持。"即段一不能因其父母死亡而当然地继承承包经营权,故段一不属于承包方。

最高人民法院《关于贯彻执行〈中华人民共和国继承法〉若干问题的意见》第4条规定:"承包人死亡时尚未取得承包收益的,可把死者生前对承包所投入的资金和所付出的劳动及其增值和孳息,由发包单位或者接续承包合同的人合理折价、补偿,其价额作为遗产。"因此该等"承包收益"是指承包人生前投入资金和付出劳动,却还没有取得的劳动收益。这部分财产可以继承,其继承人既可以是本集体经济组织的成员,也可以是非集体经济组织的成员。

因此,在司法实践中,一般认为家庭土地承包经营权不存在继承问题。因为作为用益物权的农村土地承包经营权基于承包合同产生。根据合同相对性原则,当承包经营户的成员死亡时,其承包合同主体资格丧失,承包合同终止,农村土地承包经营权丧失。另外,农村的承包土地不具备林地的承包期限久、收获周期长的特点,若以户为单位的农村承包经营户的成员全部死亡,承包经营户一般可以在其死亡前将投入的资金和劳力收回,终止承包合同不会损害其利益。最后,基于公平角度来讲,若承包经营权可以继承,则集体经济组织外的继承人也可能成为承包地的经营权人,这将必然产生集体经济组织成员以外的人享有了集体组织成员的待遇的情况,继而侵害了该集体经济组织成员的利益。若集体经济组织以外的人在另一集体经济组织中享有土地承包经营权,则此人将同时拥有两份承包地,在我国目前农村人地矛盾突出的情况下,亦有失公平。

【律师点评】

1. 原告律师的代理思路

原告主张的房产、宅基地补偿款约为段一领取的补偿款的一半,也即原告亦认可对此部分曾分家析产,故原告律师仅能围绕最高人民法院《关于贯彻执行〈中华人民共和国继承法〉若干问题的意见》第4条的规定来主张土地承包经营权部分的补偿款,组织证据并设计诉讼策略,其思路要点如下:

原告父母生前对承包所投入的资金和所付出的劳动及其增值和孳息一直影响至今,段二作为接续承包人应当合理折价、补偿,该价额应作为遗产,原告可以获得一半的价额,另一半的价额段二可以留存,该部分应合理评估并支付给原告。

2. 被告律师的代理思路

就被告律师而言，也应围绕最高人民法院《关于贯彻执行〈中华人民共和国继承法〉若干问题的意见》第 4 条来组织证据并设计诉讼策略，其思路要点如下：

原告父母生产对承包所投入的资金和所付出的劳动在生前已经收回，且距离原告父母死亡至今已十余年，在此期间被告投入的资金和所付出的劳动已经将其父母的部分覆盖。

【法官审判要旨】

本案的难点在于农村土地承包权和承包收益能否继承。

本案中，法官准确把握了农村土地承包经营权的物权属性和权利来源，从合同相对性的原则出发，确定了农村土地承包经营权因死亡终止，从而正确适用了法律。对于承包收益，法官分析了林地和农田资金劳力回收周期的区别，确定对农田投入的资金和劳力可以迅速地回收，与林地大不相同，从而正确适用了法律，兼顾了公平原则，作出了正确的裁判。

【结语】

本案作为一个经典案例，确定了关于继承纠纷的一项裁判规则，即以"户"为单位取得的土地承包经营权，在该户的户主或者其他成员死亡后，若该户仍有成员，则该户不丧失土地承包经营权，该户的其他人员持续享有承包经营权。该土地承包经营权因不属于《农村土地承包法》（2018 年修订）第 32 条、第 54 条规定的"承包收益"，不得依照《继承法》的规定继承。此裁判填补了法律的缺失，与立法本意一致，结果公平公正，值得推广、学习。

案例（075） 刘某良等诉北京西北旺镇亮甲店村村委会等土地承包经营纠纷案（非村民承包）

来源：（2012）海民初字第 5615 号
作者：王龙兴

【案例导读】

村委会未履行法律规定的民主议定程序即将集体所有土地的土地承包经营权发包给集体经济组织以外的单位，合同是否有效？请看以下案例。

【案情简介】

2006 年 5 月 22 日，北京市海淀区西北旺镇亮甲店村村民委员会（以下简称"亮甲店村委会"）下属企业北京市海淀区永丰亮甲店村经济管理委员会农业服务公司（未办理工商登记，以下简称"农业服务公司"）与北京三发草业生物科技有限公司(以下简称"三发草业公司")签订土地承包经营权流转合同书,亮甲店村委会作为见证单位在合同上加盖了公章。合同约定将属于亮甲店集体经济组织所有的45亩耕地发包给三发草业公司,承包期自2006年5月至2014年12月,如果在此期间该耕地未被征地则承包期自动延长至2035年12月31日。承包地用途为农业,租金标准为每亩每年200元,每年共计9 000元。农业服务公司对发包的土地集体资产拥有所有权并确保土地无权属及使用权争议,三发草业公司有自主经营权。

合同签订后,三发草业公司实际经营土地并缴纳了租金。亮甲店村委会、亮甲店村农工商企业中心、北京永发农业服务中心及农业服务公司均曾向三发草业公司出具承包金、租金收据。

刘某良、王某、张某飞、张某玲、刘某华认为农业服务公司与三发草业公司在签订土地承包经营权流转合同书之前,亮甲店村委会未履行法律规定的民主议定程序,农业服务公司无权将土地出租给三发草业公司,其签订该合同未得到亮甲店村村民代表大会同意或追认,亦没有上报乡(镇)人民政府批准,土地承包经营权流转合同书依法应当被认定为无效。刘某良、王某、张某飞、张某玲、刘某华遂诉至法院要求确认农业服务公司与三发草业公司签订的土地承包经营权流转合同书无效,亮甲店村委会与三发草业公司赔偿其经济损失125.6万元。

诉讼中,经法院询问,亮甲店村委会表示农业服务公司与三发草业公司签订土地承包经营权流转合同一事,系由该村委会决定实施,事先未经过村民会议的讨论和表决程序,该合同至今未取得西北旺镇政府的审批手续。三发草业公司对此持有异议,但未向法院提供证据。

【审理与判决】

1. 诉讼当事人

一审原告为刘某良、王某、张某飞、张某玲、刘某华,被告为亮甲店村委会,第三人为三发草业公司。

2. 诉请与抗辩

原告诉请:

(1)确认农业服务公司与三发草业公司签订的土地承包经营权流转合同书无效;

(2)亮甲店村委会与三发草业公司赔偿原告经济损失125.6万元。

被告同意原告的诉讼请求。

第三人答辩称:亮甲店村村民和该村村委会之间是土地承包关系。三发草业公司与亮甲店村委会之间是土地租赁关系,两者是不同的法律关系。三发草业公司签订的土地承包经营权流转合同是合法有效的。刘某良、王某、张某飞、张某玲、刘某华主张的经济损失数额没有依据。三发草业公司不同意原告的诉讼请求。

3. 争议焦点

（1）涉案土地承包经营权流转合同书的性质；

（2）土地承包经营权流转合同违反法律效力性强制性规定，合同是否有效。

4. 判决过程

一审法院判决：北京市海淀区永丰亮甲店村经济管理委员会农业服务公司与第三人北京三发草业生物科技有限公司于 2006 年 5 月 22 日签订的土地承包经营权流转合同无效；驳回原告刘某良、王某、张某飞、张某玲、刘某华的其他诉讼请求。

【法律要点解析】

1. 涉案土地承包经营权流转合同的性质是发包还是流转

《农村土地承包法》（2009 年修正）第 12 条规定："农民集体所有的土地依法属于村农民集体所有的，由村集体经济组织或者村民委员会发包；已经分别属于村内两个以上农村集体经济组织的农民集体所有的，由村内各该农村集体经济组织或者村民小组发包。村集体经济组织或者村民委员会发包的，不得改变村内各集体经济组织农民集体所有的土地的所有权。国家所有依法由农民集体使用的农村土地，由使用该土地的农村集体经济组织、村民委员会或者村民小组发包。"第 16 条规定："承包方享有下列权利：（一）依法享有承包地使用、收益和土地承包经营权流转的权利，有权自主组织生产经营和处置产品；（二）承包地被依法征收、征用、占用的，有权依法获得相应的补偿；（三）法律、行政法规规定的其他权利。"

可以看出，土地承包经营权的发包方为农村集体经济组织或村委会等主体，而土地承包经营权的流转权则属于承包方。因此必须辨别涉案合同的属性。若为发包合同，应适用《土地管理法》第 15 条，而若为流转合同，则应适用《农村土地承包法》第 37 条、《农村土地承包经营权流转管理办法》等规定，根据《农村土地承包法》（2009 年修正）第 37 条之规定，"土地承包经营权采取转包、出租、互换、转让或者其他方式流转，当事人双方应当签订书面合同。采取转让方式流转的，应当经发包方同意；采取转包、出租、互换或者其他方式流转的，应当报发包方备案"。合同的属性会影响法律的适用，进而改变判决结果。

本案中，法院认定该合同名为"流转合同"，但根据合同内容和土地权属的实际情况，认定涉案合同为承包合同而非流转合同。进而认定亮甲店村村委会作为案件被告主体适格、刘某良等五人系亮甲店村村民，与承包合同有利害关系，作为原告主体亦适格。

本案法院认定该合同为承包合同对本案的影响至关重要，若认定该合同为流转合同，则土地承包经营权由承包人农村服务公司流转给三发草业公司是合法有效的。

2. 农业服务公司与第三人三发草业公司于 2006 年 5 月 22 日签订的土地承包经营权流转合同是否有效

如前所述，在该土地承包经营权流转合同被法院定性为承包合同时，应适用《土地管理法》(1998 修订)第 15 条，"农民集体所有的土地由本集体经济组织以外的单位或者个人承包经营的，必须经村民会议三分之二以上成员或者三分之二以上村民代表的同意，并报乡(镇)人民政府批准"。及《农村土地承包法》第 48 条的规定。本案中，亮甲店村委会表示农业服务公司与三发草业公司签订土地承包经营权流转合同一事，事先未经过村民会议的讨论和表决程序，也未取得西北旺镇政府的审批手续。农业服务公司与三发草业公司签订的土地承包经营权流转合同，并非采取招标、拍卖、公开协商等方式签订，确实违反民主议定程序，且迄今仍未报经镇政府批准，该合同的订立违反了法律的效力性强制性规定，依法应属无效。

目前实践中对于违反《农村土地承包法》第 48 条所签订的土地承包经营合同的效力的认定并没有统一标准，需要具体问题具体分析，因此出现相关争议时，应结合具体情况，查找类似的案例，来判断合同的效力。

【律师点评】

1. 原告律师的代理思路

就原告律师而言，应围绕适用《农村土地承包法》第 48 条的规定来组织证据并设计诉讼策略，其思路要点如下：证明涉案合同名为流转合同，但实际上是承包合同。

2. 第三人律师的代理思路

本案中被告同意原告的诉讼请求，而第三人的诉求与其他两方不同。就第三人律师而言，应围绕适用《农村土地承包法》第 34 条、第 37 条来组织证据并设计诉讼策略，其思路要点如下：

(1)强调本案属于承包方将土地流转给第三人的情况，双方签订的合同是流转合同而非承包合同，且合同已经得到了发包人的同意；

(2)强调合同中对农业服务公司的称谓系笔误。

【法官审判要旨】

本案的难点在于法律适用。

想要正确适用法律，就必须先查明事实，一审法院查清了本案系承包合同而非流转合同，使得案件的法律适用变得简单。

【结语】

本案中涉及土地承包经营权确认纠纷的典型问题，即违反法定程序获得的土地承包经营权是否有效？本案判决对相关问题进行的说理,对处理类似案件有重要的参考价值。

案例（076） 于某成与湖南源公司等土地承包经营权转让纠纷案（经营权转让）

来源:(2016)赣民终 44 号
作者:王龙兴

【案例导读】
附生效条件的土地承包经营权转让合同,条件尚未成就且实际上有部分履行的情形,应否认定合同已生效？请看以下案例。

【案情简介】
2007 年 3 月 26 日,于某成、江某丁与江西省余干县瑞洪镇东源一村、东源二村、东源三村、大源垅村共同签订《荒洲土地承包合同书》,于某成、江某丁取得鄱阳湖荒洲(大邺埠洲)的承包经营权,承包时间为 20 年(2007 年 1 月 1 日至 2027 年 12 月 31 日),具体地界以湖洲版图为准。

2008 年 4 月 8 日,于某成与江西省余干县瑞洪镇江一村民委员会、江二村民委员会、江三村民委员会签订《荒洲土地使用权承包经营合同》,取得位于江西省余干县瑞洪镇江一村民委员会、江二村民委员会、江三村民委员会的下弯口荒洲承包经营权,承包期限为 18 年(2009 年 1 月 1 日至 2026 年 12 月 31 日),具体地界以湖洲版图为准。

2010 年 3 月 8 日,于某成(转包方、甲方)与岳阳市泓林商贸有限公司(源森公司前身、承包方、乙方)、江西省余干县瑞洪镇东源一村、东源二村、东源三村、大源垅村(发包方、丙方)签订《荒地转让合同》,约定:甲、乙、丙三方经友好协商,甲方同意将丙方承包给甲方的大邺埠荒州(洲)土地转包给乙方经营。现将有关事项协议如下：

(1)甲方将原承包的荒洲土地见 2007 年 3 月 26 日签订的《荒洲土地承包合同书》(承包期 2007 年至 2027 年止)中全部的权力(利)和义务转包给乙方,丙方无任何异议。

(2)原合同中有与以下合同条款不符的约定按以下约定执行:①转包后的年租金为 2 万元每年,双方签字后乙方先交 2 万元押金。②为了有利于乙方的生产经营,甲、丙方同意乙方在该荒洲土地上,开沟抬垅,便于种植林木。③甲方租赁期到期后,乙方有优先租赁权,乙方同意在现租金的基础上增加 10%。④为了保证本合同的合法有效,甲、丙方应提供70%以上村民理事成员的签名附件。⑤荒洲土地以洲版图的实际面积为准。⑥甲方同意将与江某丁的调解协议提供给乙方,并保证江某丁对本转让合同无异议。

同日,于某成(转包方、甲方)与岳阳市泓林商贸有限公司(源森公司前身、承包方、乙方)、江西省余干县瑞洪镇江一村民委员会、江二村民委员会、江三村民委员会(发包方、丙方)签订《荒地转让合同》,约定:甲、乙、丙三方经友好协商,甲方同意将丙方承包给甲方的下湾口荒州(洲)土地转包给乙方经营。现将有关事项协议如下:

(1)甲方将原承包的荒洲土地见2008年4月8日签订的《荒洲土地使用权承包合同》中全部的权力(利)和义务转给乙方,丙方无任何异议。

(2)原合同中有与以下合同条款不符的约定按以下约定执行:①甲方转包给乙方的荒洲面积应保证不少于5 000亩,否则按比例核减承包租金。②转包后的年租金为4万元每年。③为了有利于乙方的生产经营,甲、丙方同意乙方在该荒洲土地上,开沟抬垄,便于种植林木。④甲方租赁期到期后,乙方有优先租赁权,乙方同意在现租金的基础上增加10%。⑤为了保证本合同的合法有效,甲、丙方应提供70%以上村民理事成员的签名附件。⑥乙方经营期间的土地租金(每年3万元)经甲方同意后交纳给丙方。

2010年3月8日及8月6日,于某成与岳阳市泓林商贸有限公司(源森公司前身)签订了两份《补充协议》,就转包费的变更及支付方式,以及其他设备设施的使用、转让等作出了约定。

上述合同签订后,源森公司向于某成支付转包费212 000元,向江西省余干县瑞洪镇江家村委会交纳承包费15万元。

2010年8月6日,于某成与源森公司签订一份《补充协议》。《补充协议》第4条约定:"甲方(于某成)铁船及船用设备一次性转让给乙方(源森公司),转让费四万元。"

2011年12月15日,岳阳市泓林商贸有限公司更名为湖南源森林业股份有限公司。

江某丁因本案诉争大邺埠荒洲承包经营权与于某成发生纠纷,诉至人民法院,要求解除其与于某成签订的《荒洲承包合同》,原审法院依法作出(2013)饶中民一终字第560号终审判决,驳回了江某丁的诉讼请求。

由于江某丁向源森公司提出涉案土地承包经营权转让合同异议及有关村民闹事,2014年源森公司与相关村委会解除了两份《荒地转让合同》。

【审理与判决】

1. 诉讼当事人

一审原告为于某成,一审被告为湖南源森林业股份有限公司。

2. 诉请与抗辩

原告诉请：

（1）判令被上诉人支付两荒洲承包金114万元、铁船及设备转让费4万元；

（2）判令被上诉人归还南湖荒洲上房屋居住区及使用权；

（3）判令被上诉人归还上诉人大郱埠、下湾口荒洲承包经营权；

（4）一审、二审诉讼费及其他费用由被上诉人承担。

被告抗辩：应当驳回原告诉请。

3. 争议焦点

（1）于某成和湖南源森林业股份公司之间的两份荒地转让合同的效力如何认定？

（2）于某成请求源森公司支付大郱埠洲及下湾口两荒洲承包金114万元、铁船及设备转让费4万元是否于法有据？

（3）于某成请求源森公司归还南湖荒洲上房屋的居住权和使用权是否于法有据？

（4）于某成请求源森公司归还大郱埠洲、下湾口荒洲承包经营权是否于法有据？

4. 判决过程

一审法院判决：解除于某成与源森公司于2010年3月8日签订的两份《荒地转让合同》及2010年3月8日和2010年8月6日签订的两份《补充协议》；驳回于某成的其他诉讼请求。

二审法院判决：维持一审判决第一项；变更一审判决第二项为湖南源森林业股份有限公司于本判决生效后10日内向于某成支付铁船及船用设备转让款4万元；驳回于某成的其他诉讼请求。

【法律要点解析】

1. 于某成和湖南源森林业股份公司之间的两份荒地转让合同的效力如何认定

《合同法》第32条规定："当事人采用合同书形式订立合同的，自双方当事人签字或者盖章时合同成立。"第45条第1款规定："当事人对合同的效力可以约定附条件。附生效条件的合同，自条件成就时生效。附解除条件的合同，自条件成就时失效。"

于某成与湖南源森公司、江西省余干县瑞洪镇东源一村、东源二村、东源三村、大源垅村、江西省余干县瑞洪镇江一村民委员会、江二村民委员会、江三村民委员会签订的两份《荒地转让合同》，系下湾口、大郱埠两块荒洲的土地承包经营权转让合同，已依法成立，对当事人具有法律约束力。但此两项《荒地转让合同》均约定，"为了保证本合同的合法有效，甲、丙方应提供70%以上村民理事成员的签名附件",因此两份《荒地转让合同》属于附生效条件的合同,自条件成就时生效。因于某成未能有效举证证明其已经提供了70%以上村民理事成员的签名作为合同附件,故两份《荒地转让合同》虽已依法成立但未生效,合同双方均无权要求对方履行合同约定的内容。

附条件合同的所附条件关乎合同何时生效,其与一般合同不同,并非在合同成立时生效,而是在所附条件成就时生效。另外,合同是否生效与合同是否有效不同,所附条件仅对合同起到延缓发生法律效力的作用,所附条件未成就不会导致合同无效。一般学理通说认为,附生效条件合同的所附条件是指由合同当事人自己约定的、未来有可能发生的、用来限定合同效力的某种合法实施,合同双方当事人不得以法定条件作为所附条件。本案中,合同约定"甲、丙方应提供70%以上村民理事成员的签名附件",村民理事成员现在并未签名,他们将来有可能签,也有可能不签,且该条件是合法的,故两项《荒地转让合同》是附条件合同。当于某成不能举证证明该条件已成就时,应当承担举证不能的不利后果。故两项《荒地转让合同》已成立、未生效。

2. 于某成请求源森公司支付大邺埠洲及下湾口两荒洲承包金114万元、铁船及设备转让费4万元是否于法有据

因两份《荒地转让合同》尚未生效,故于某成请求源森公司依照两份《荒地转让合同》支付承包金缺乏合同依据。即便合同已经生效,因源森公司对两处荒地的承包期限也并非转包人的承包期限——21年和18年,故承包金无法计算为114万元。

另外,源森公司已向于某成支付转包费212 000元,向江西省余干县瑞洪镇江家村委会交纳承包费15万元,并已经进行了一定的经营,因此,根据公平原则,此部分已经实际履行,源森公司和于某成、村委会均可不予返还。尚未履行的,因合同是继续性合同,又因合同尚未生效,三方可不再继续履行。

至于于某成请求源森公司支付铁船及设备转让费4万元的问题,因2010年8月6日于某成与源森公司签订了《补充协议》,并约定"甲方(于某成)铁船及船用设备一次性转让给乙方(源森公司),转让费四万元",且于某成已实际交付铁船及船用设备,源森公司作为铁船及船用设备的买受方和使用方,未能提供证据证明其已支付了该4万元铁船及船用设备转让款,因此,源森公司应当向于某成支付该4万元货款。

3. 于某成请求源森公司归还南湖荒洲上房屋的居住权和使用权是否于法有据

因源森公司已于2014年与相关村委会解除了两份《荒地转让合同》,源森公司目前并未在两荒地上经营,即便于某成对南湖荒洲上的房屋享有居住权和使用权,源森公司也并未侵权。于某成可自行收回或另行向有关侵权方主张权利。

4. 于某成请求源森公司归还大邺埠洲、下湾口荒洲承包经营权是否于法有据

对于于某成请求源森公司归还大邺埠洲、下湾口荒洲承包经营权的问题,同样因源森公司也未经营,于某成可以另行向有关相对人主张。

【律师点评】

1. 原告律师的代理思路

就原告律师而言,应围绕《合同法》第 45 条来组织证据并设计诉讼策略,其思路要点如下:

(1)本案关键在于能否证明已向被告提供 70% 以上村民理事成员的签名附件,若签名原件确已在原告与被告签订荒洲转包合同时就已向被告提供,则原告律师可向法庭提交该签名复印件,并申请村民理事会成员作为证人出庭作证,并在举证期限届满之前依据《最高人民法院关于适用〈中华人民共和国民事诉讼法〉的解释》(以下简称《民诉解释》)第 111 条、第 112 条的规定向法院作出说明,以证明原件在对方当事人控制之下,请求法院责令其提交。如此,当被告无正当理由拒不提交时,法院可以认定原告提交的复印件内容真实。

(2)原告向被告主张的承包金为 114 万元,该金额显然与合同不符,原告律师不应如此主张权利。第一份《荒地转让合同》年租金 2 万元、承包期自 2007 年 1 月 1 日至 2027 年 12 月 31 日,共 21 年(《荒洲土地承包合同书》有笔误,记载为 20 年),总租金 42 万元。第二份《荒地转让合同》年租金 4 万元、承包期自 2009 年 1 月 1 日至 2026 年 12 月 31 日,共 18 年,总租金为 72 万元。此两项的总租金为 114 万元。但实际上被告与原告签订三方协议的时间为 2010 年 3 月 8 日,因此租金不可能为 114 万元。若强行按 114 万元主张权利,只会徒交诉讼费。

(3)原告也不应同时请求被告支付两荒洲承包金和解除两份《荒地转让合同》或要求被告归还两荒洲承包经营权。只有合同成立且生效时,原告能依据合同主张承包金。若原告主张解除,同时被告亦有意解除,则主张承包金不可能得到法院支持。若原告要求被告归还两荒洲经营权,即便合同确已生效,法院也可能因原告的此项主张而不支持支付承包金的主张,判决被告归还两荒洲承包权。因原告的真实意思是请求被告支付承包金,在提出诉讼请求时应当请求被告支付两荒洲承包金,并请求法院判决被告继续履行合同。原告律师在承办案件时,应当注意诉讼请求不要自相矛盾。此外,若被告依然占有荒洲上的土地和房屋,原告律师也应根据原告的意思确定诉讼请求并组织证据。若原告希望合同继续履行,则可以将诉讼请求确定为支付此部分实际履行的对应承包金。若原告希望合同解除,并取回土地、房屋,则应可以按本案中的诉讼请求,并组织被告依然占有土地和房屋的证据。若对此部分不提供任何证据,则很难得到法院的支持。

2. 被告律师的代理思路

就被告律师律师而言,也应围绕《合同法》第 45 条的规定来组织证据并设计诉

讼策略,其思路要点如下:

强调原告未向被告提供70%以上村民理事成员的签名作为附件,合同从未生效,且原告已因此与村委会解除《荒地转让合同》,三方合同已因村委会和被告的原因解除,不再有约束力。

【法官审判要旨】

本案法官一方面确定附生效条件的合同在条件未成就时合同未生效,另一方面确定合同可以实际上部分履行,部分履行仅使履行部分生效,而不能使尚未履行的部分生效,实现了公平正义。

【结语】

附生效条件的土地承包经营权转让合同,在条件尚未成就时有实际上部分履行的情形,因土地承包经营权的持续时间一般很长,部分履行不能使合同整体生效,仅能使已经履行的部分生效,这与买卖合同等不存在继续状态的合同不同。

七、建设用地使用权纠纷

案例（077） 阳江市国土局与练达公司建设用地使用权出让纠纷案

来源:(2011)粤高法立民终字第308号
作者:杨明

【案例导读】

2007年11月1日起施行的《招标拍卖挂牌出让国有建设用地使用权规定》明确规定了招标、拍卖、挂牌方式是出让国有土地使用权的三种不同方式,三种出让方式程序不同,如何区分挂牌出让中的现场竞价与拍卖出让? 土地拍卖出让应否适用《中华人民共和国拍卖法》(以下简称《拍卖法》)? 且看本案例解析。

【案情简介】

2003年,练达房地产开发有限公司(以下简称"练达公司")在阳江市投资进行市政道路建设,阳江市政府承诺以向其出让土地使用权的方式进行补偿。后因国家土地政策调整,阳江市政府将原定的协议出让改为招拍挂出让。2007年10月2日,阳江市国土资源局(以下简称"阳江市国土局")委托阳江土地交易中心发布了挂牌出让公告,出让高凉路以北面积17万平方米的土地,用途为居住用地,起拍价为5 548.84万元。练达公司和另一竞买人陈某(系曹某、吴某、陈某三名自然人合伙)报名参加竞投,练达公司以 5 569 万元的价格竞得土地。此后,练达公司办理取得土地证并以上述土地证分别向当地银行办理了借款及抵押担保。2009 年 12 月 15 日,阳江市人民检察院出具阳检函(2009)42 号文,称:练达公司在上述土地竞买过程中,利用黑恶势力,威胁利诱曹某等人退出竞拍,且事后练达公司法定代表人为此支付了 20 万元给阮某私分,其父先后付给曹某等人 300 万元。请政府督促国土部门依法撤销上述土地的拍卖成交确认书,对该土地重新公开拍卖。2011 年 5 月 13 日,阳江市国土局向广东省高级人民法院提起诉讼,要求法院判决确认《土地使用权交易成交确认书》和《国有土地使用权出让合同》无效,并由练达公司将土地返还。

一审判决认为,虽然练达公司和陈某均辩称是误以为受到黑社会的威胁而支付或收取相关款项,但是其并没有对此提供足够的证据予以证明,故应承担举证不能的不利后果,确认练达公司和陈某存在恶意串通的行为。并依据我国《拍卖法》第 37 条、第 65 条关于竞买人之间不得恶意串通、损害他人利益的规定,认定阳江市国土局与练达公司签订的《土地使用权交易成交确认书》和《国有土地使用权出让合同》无效。

练达公司不服一审判决,提起上诉。

【审理与判决】

1. 诉讼当事人

二审上诉人(原审被告)为练达公司,被上诉人(原审原告)为阳江市国土局,原审第三人为陈某、吴某、曹某、阳江农商行、阳东农商行。

2. 诉请与抗辩

原告诉请:

(1)确认阳江市土地交易中心与练达公司签订的《土地使用权交易成交确认书》、阳江市国土局与练达公司签订的《国有土地使用权出让合同》无效;

(2)判令练达公司将所涉国有土地使用权退还阳江市国土局。

被告抗辩:

驳回原告诉讼请求。

第三人陈某、吴某、曹某答辩认为:

案件不涉及其三人的权益,与其无关。

第三人阳江农商行、阳东农商行分别答辩认为:

其对涉案土地使用权分别享有的抵押权受法律保护,其有权以拍卖、变卖、折价等方式处置被抵押的涉案土地使用权,所得价款由其优先受偿。

3. 争议焦点

(1)涉案《土地使用权交易成交确认书》及《国有土地使用权出让合同》的效力,即练达公司在涉案土地的拍卖过程中是否存在恶意串通、损害国家利益的行为;

(2)涉案出让合同被认定无效的法律后果。

4. 判决过程

一审法院判决:

(1)确认阳江市土地交易中心与练达公司于 2007 年 10 月 31 日签订的《土地使用权交易成交确认书》无效。

(2)确认阳江市国土局与练达公司于 2008 年 6 月 10 日签订的《国有土地使用权出让合同》无效。

(3)驳回阳江市国土局的其他诉讼请求。

二审法院判决:

(1)撤销广东省高级人民法院(2012)粤高法民一初字第 1 号民事判决;

(2)驳回阳江市国土局的诉讼请求。

【法律要点解析】

1. 涉案土地出让方式究竟是挂牌还是拍卖

代理律师认为,根据《招标拍卖挂牌出让国有土地使用权规定》(自 2002 年 7 月 1 日起施行,本案涉案土地出让时适用 2007 年 11 月 1 日起施行修改后的该规定),招标、拍卖、挂牌方式是出让国有土地使用权的三种不同方式,三种出让方式程序不同。拍卖出让与挂牌出让体现了不同的竞价程序,不容混淆。根据涉案土地使用权的挂牌公告,涉案土地出让程序显然为挂牌而非拍卖,不能将挂牌中的现场竞价环节等同于独立的拍卖出让方式。

2. 挂牌中的现场竞价环节是否就是拍卖

代理律师认为,挂牌中的现场竞价仍是挂牌程序的组成部分,而非独立的拍卖出让方式。理由是:

首先,《招标拍卖挂牌出让国有土地使用权规定》第 19 条、阳江市土地交易中心的挂牌公告,都明确了"在挂牌期限截止时仍有两个或者两个以上的竞买人要求报价的,出让人应当对挂牌宗地进行现场竞价,出价最高者为竞得人"。显然,本案中 2007 年 10 月 31 日在阳江市国土局进行的现场竞价会是挂牌程序的组成部分,而非独立的拍卖行为。

其次,2007 年 11 月 1 日起实施的《招标拍卖挂牌出让国有建设用地使用权规定》第 2 条第 4 款更明确规定:"本规定所称挂牌出让国有建设用地使用权,是指出让人发布挂牌公告,按公告规定的期限将拟出让宗地的交易条件在指定的土地交易场所挂牌公布,接受竞买人的报价申请并更新挂牌价格,根据挂牌期限截止时的出价结果或者现场竞价结果确定国有建设用地使用权人的行为。"这再次印证了现场竞价是挂牌出让程序的一个组成部分,而不是独立的拍卖。

最后,2007年10月31日现场竞价会的参与人数印证了当时是挂牌中的现场竞价程序而非独立的拍卖出让土地方式。按照《招标拍卖挂牌出让国有土地使用权规定》第16条关于拍卖中"竞买人不足三人,或者竞买人的最高应价未达到底价时,主持人应当终止拍卖"的规定,由于当日仅有练达公司和陈某两名竞买人,故当日若为独立的拍卖出让,实际上是无法进行的。

3. 恶意串通是否是另案生效刑事判决所载明的事实

代理律师认为,另案一审刑事判决对三名犯罪嫌疑人涉及的对三块土地的非法干扰拍卖的行为进行了集中评判,重点是阐明其不构成犯罪的理由,既没有区别是挂牌出让还是拍卖出让,也没有载明练达公司、陈某恶意串通的事实。而一审判决采用另案刑事判决中的部分内容时加入了其主观推理,且其推断出本案当事人存在恶意串通的结论与本案大量证据和生效法律文书相悖。

4. 否认恶意串通的消极行为人是否要承担举证责任

一审判决认定"练达公司和陈某在本案均辩称是受胁迫支付收取相关款项",但又认为双方"并未对此提供足够的证据予以证明,显然,练达公司与陈某的举证无法推翻刑事判决认定的违法事实"。

代理律师认为,一审判决的这一认定存在一个明显的逻辑错误,即假定刑事判决已认定练达公司和陈某存在恶意串通行为,而事实上,刑事判决并不存在这样的事实认定,刑事判决仅认定了阮某、阮某秋非法干扰涉案土地拍卖的违法事实。而阮某、阮某秋非法干扰涉案土地拍卖的违法事实与练达公司和陈某存在恶意串通行为不能直接画等号。按照谁主张谁举证的基本诉讼原则,在练达公司和陈某等人均否认恶意串通的情况下,练达公司对该消极事实并不承担举证责任,该举证责任属于原告,事实上,原告依据的仅仅是阳江市人民检察院阳检函(2009)42号《关于对高凉路北侧等三幅国有土地重新拍卖处理的意见函》,在该函已被上级检察机关否定了的情况下,一审法院将此消极事实的举证责任分配给练达公司显然是错误的。这种情况下要求练达公司对没有恶意串通这一消极事实进行举证,显然属于举证责任分配不当。

【律师点评】

1. 上诉人律师的代理思路

代理律师对以下五个问题进行了分析:

(1)本案是否涉及政府与社会资本合作?由此得出了练达公司取得土地是基于政府土地补偿为前提的结论,并未损害国家利益。

(2)涉案土地出让方式究竟是挂牌还是拍卖?对此,从挂牌公告上得出了涉案土地出让方式为挂牌出让并非拍卖出让的结论。

(3)挂牌中的现场竞价是否就是拍卖?通过分析,得出了现场竞价不改变挂牌出让方式的结论。

(4)土地招拍挂是否适用《拍卖法》?

(5)举证责任分配是否适当?由此角度得出了一审认定恶意串通缺乏证据的结论。

通过上诉层层递进论证,最高人民法院采纳了律师代理意见,认定土地招拍挂不适用《拍卖法》,撤销一审判决,改判土地出让合同有效。

2. 被上诉人律师的代理思路

就被上诉人律师而言,在坚持本案土地权利出让适用《拍卖法》的前提下,围绕竞买人之间是否存在恶意串通、出让行为是否损害国家利益等基础事实问题,就上诉意见进行答辩。

3. 第三人律师的代理思路

就第三人律师而言,应坚持各自一审阶段的答辩意见。

【法官审判要旨】

1. 关于确认涉案《土地使用权交易成交确认书》及《国有土地使用权出让合同》的效力应适用的法律

最高人民法院认为,涉案土地使用权出让交易是以挂牌出让的方式实施的,应当按照国家有关土地使用权挂牌出让的规定执行并受《合同法》的规制。土地使用权挂牌出让与拍卖出让两种方式在交易的主体资格、竞买人人数要求、竞报价方式、成交条件等方面存在重大差异;而《拍卖法》约束和规范的只是拍卖行为。《拍卖法》第2条明确规定,该法只适用于由拍卖企业所组织实施的拍卖行为,对于土地使用权拍卖行为,亦明确强调不适用该法。本案中,《土地使用权交易成交确认书》及《国有土地使用权出让合同》是基于土地使用权的挂牌出让而非拍卖出让行为而签署,并且其组织实施的主体是当地土地管理部门设立的土地使用权交易机构,该机构属于专门的事业单位而非拍卖企业,故对于本案所涉土地使用权挂牌出让行为,不应适用《拍卖法》的规定,而应依据《合同法》的相关规定进行审查认定。原审判决适用法律错误,应予以纠正。

2. 关于影响涉案《土地使用权交易成交确认书》及《国有土地使用权出让合同》之效力的事实情节

最高人民法院采纳了代理律师提出的认定练达公司与陈某恶意串通的证据不足的观点,确认一审判决对举证责任的分配不当。

涉案《土地使用权交易成交确认书》《国有土地使用权出让合同》因没有充

分证据证明有关当事人在挂牌出让过程中恶意串通,未损害国家、集体和第三人的利益,合乎当事人的真实意思表示,签订程序正当合法,而最终确认其合法有效。

3. 关于涉案土地使用权挂牌出让行为的后果

最高人民法院采纳了代理律师提出的练达公司的行为并没有损害国家利益的观点。确认在涉案土地使用权挂牌出让前,练达公司为阳江市的市政工程建设投入了大量资金,阳江市政府一直承诺通过向其出让涉案地块的土地使用权的方式对其投资进行补偿。后因土地使用权管理政策调整,至政府落实补偿计划前,须改协议出让方式为招拍挂方式出让。将涉案地块以有偿出让的方式交由练达公司开发建设,符合阳江市政府有关当地经济建设的具体部署及其就该宗土地进行开发建设的合理预期,无损于国家、集体及第三人的利益。进而认为,不能作出本案有关当事人在涉案土地使用权挂牌出让过程中的行为及其出让结果存在损害国家、集体或者第三人利益之情况的认定。

【结语】

代理律师在接手本案之初,敏锐地意识到本案的处理虽然是个案,但是将会对土地招拍挂中的法律适用产生重大影响。因此,确定本案的诉讼策略至关重要。

凡事预则立,不预则废。本案在一审认定土地出让合同无效且土地挂牌竞价环节确实出现练达公司人员支付另一竞买人 300 万元的情况下,代理律师抓住焦点问题即法律适用错误的问题,采取层层递进论证方式,从举证责任分配角度,推翻一审判决关于上诉人在土地出让程序中与他人恶意串通、出让结果可能损害国家利益的事实认定,从法律适用问题角度,得出了本案的合同效力不适用《拍卖法》的结论。

本案律师代理工作,不仅着眼于个案胜诉,还通过个案体现出对规范土地招拍挂流程中的法律适用的普遍性的示范意义。

【案外语】

最高人民法院在处理案件受理费时,认定适用非财产案件收费标准,诉讼费大幅下降,在诉讼费分担上,考虑到原告行政机关提起本案诉讼是基于合理怀疑而提出的,是为了维护市场秩序、保护国家利益的履职行为并无过错的情况,同时考虑,练达公司向他人付钱款,即使是迫于黑恶势力的恐吓所为,毕竟不是一种适当、合理的解决问题的方式,故,由练达公司承担诉讼费。这一处理方式既维护了法律的正确实施,又有效地平衡了各方利益,堪称一份经典判决。

案例（078） 金地置业公司诉桐乡国土局建设用地使用权出让纠纷案（使用权取得）

来源：（2011）浙嘉民终字第667号
作者：王龙兴

【案例导读】
拍卖程序有瑕疵，是否可以认定拍卖结果及关联合同无效？请看以下案例。

【案情简介】
2010年11月10日，桐乡市国土资源局发布桐土告字（2010）46号国有建设用地使用权拍卖公告，决定对位于桐乡市洲泉镇东田港以西东田村泗水桥的桐土储（2010）39号地块的国有建设土地使用权以拍卖方式出让。该公告第2点明确"拍卖保证金为230万元，地块成交签订土地出让合同后拍卖保证金的50%自动转作受让地块的定金，另外50%转作出让合同约定的履约保证金"。

2010年12月6日，桐乡市金地置业有限公司在缴纳230万元拍卖保证金后参与竞拍，并以人民币4 780万元竞得该出让地块，桐乡市金地置业有限公司、桐乡市国土资源局双方于当日签署成交确认书。

2010年12月10日，桐乡市金地置业有限公司、桐乡市国土资源局就该出让地块签订国有建设用地使用权出让合同，就出让地块的面积、出让价款缴纳、土地开发建设、使用期限、违约责任等作出约定。

2011年4月13日，桐乡市金地置业有限公司以桐乡市国土资源局拍卖程序严重违法、拍卖结果无效为由提起诉讼，要求确认桐土储（2010）39号地块的国有建设土地使用权拍卖无效，判令桐乡市国土资源局退还拍卖保证金230万元并赔偿利息损失60 375元；确认双方签订的出让合同无效。

2011年6月23日，本案在审理中，桐乡市国土资源局以桐乡市金地置业有限公司拒不履行支付出让金义务为由，要求解除双方签订的国有建设用地使用权出让合同。

【审理与判决】
1. 诉讼当事人
一审原告为桐乡市金地置业有限公司，一审被告为桐乡市国土资源局。
2. 诉请与抗辩
原告诉请：确认桐土储（2010）39号地块的国有建设土地使用权拍卖无效，判令被告退还拍卖保证金230万元并赔偿利息损失60 375元；确认双方签订的出让合同无效。

被告抗辩:请求驳回原告诉清

3. 争议焦点

(1)未就涉案文件的规定在拍卖 7 日前发布补充公告是否导致拍卖无效?

(2)拍卖程序存在瑕疵可否作为确认国有建设用地使用权出让合同无效的依据?

4. 判决过程

一审法院判决:驳回原告桐乡市金地置业有限公司的诉讼请求。

二审法院裁定:因未交上诉案件受理费,裁定按撤回上诉处理。

【法律要点解析】

1. 未就涉案文件的规定在拍卖 7 日前发布补充公告是否导致拍卖无效

《中华人民共和国拍卖法》(2015 年修正,以下简称《拍卖法》)第 37 条规定:"竞买人之间、竞买人与拍卖人之间不得恶意串通,损害他人利益。"第 45 条规定:"拍卖人应当于拍卖日七日前发布拍卖公告。"第 46 条规定:"拍卖公告应当载明下列事项:(一)拍卖的时间、地点;(二)拍卖标的;(三)拍卖标的展示时间、地点;(四)参与竞买应当办理的手续;(五)需要公告的其他事项。"第 65 条规定:"违反本法第三十七条的规定,竞买人之间、竞买人与拍卖人之间恶意串通,给他人造成损害的,拍卖无效,应当依法承担赔偿责任。由工商行政管理部门对参与恶意串通的竞买人处最高应价百分之十以上百分之三十以下的罚款;对参与恶意串通的拍卖人处最高应价百分之十以上百分之五十以下的罚款。"

根据《拍卖法》的规定,拍卖人应在拍卖日 7 日前向社会公众发布拍卖公告,载明拍卖时间、地点与拍卖物品,召集竞买人前来竞拍。拍卖公告作为拍卖的必经程序,若存在程序性瑕疵,如拍卖公告日期或者公告内容、方法违反规定,竞拍人有权提出异议,但并不必然导致拍卖无效。

为维持拍卖交易的安定性、安全性,除非拍卖程序严重违法、违规,若仅因拍卖过程中部分瑕疵,不能简单否定拍卖的效力,否则将导致资源浪费和效率低下,并导致因无效所带来的回转程序的诸多困难。根据《拍卖法》第 65 条,拍卖仅在存在恶意串通、给他人造成损害的情况下无效,并无其他无效情形。因此,除出现恶意串通导致拍卖程序严重违法、违规的情形之外,在拍卖程序出现其他部分瑕疵时,不应当轻易否定拍卖的效力。本案中,桐乡市国土资源局要求涉案地块的建设项目必须符合桐发改服(2010)152 号文件的规定,即"建成后经营性商铺不分割产权比例达到 50%以上并要求均匀分布",但未进行补充公告,而是在开拍前送达每个竞拍人。此拍卖程序确实违反了《拍卖法》第 45 条的规定,拍卖程序存在瑕疵。

《拍卖法》第 45 条的强制性规定是否能导致该民事法律行为(即拍卖)无效?

结合《合同法》第 52 条、《合同法解释（二）》第 14 条和《关于当前形势下审理民商事合同纠纷案件若干问题的指导意见》第 16 条的规定，"强制性规范规制的是合同行为本身即只要该合同行为发生即绝对地损害国家利益或者社会公共利益的，人民法院应当认定合同无效"，可以看出，仅规制合同行为发生即绝对地损害国家利益或者社会公共利益的强制性规范才属于效力性强制性规范。又因为《民法总则》第 153 条第 1 款规定："违反法律、行政法规的强制性规定的民事法律行为无效，但是该强制性规定不导致该民事法律行为无效的除外。"可以得出对于其他民事法律行为也应适用此种规定的结论，即只有违反效力性强制性规定才会导致民事法律行为无效。拍卖程序若违反《拍卖法》第 45 条的规定显然并不绝对地损害国家利益或者社会公共利益。

本案虽发生在《民法总则》施行前，但因《民法通则》等法律并无关于违反法律、行政法规的强制性规定的民事法律行为无效的规定，故无论如何理解法律溯及既往的效力，违反《拍卖法》第 45 条的规定均不会导致民事法律行为无效，即不会导致拍卖无效。事实上，本案中拍卖人虽未进行补充公告，但在开拍前，该文件已送达每个竞拍人，且在拍卖当日也再次强调文件内容，包括桐乡市金地置业有限公司在内的竞买人也没有提出异议。因此该违法实际上并未实质侵害竞买人的利益，更遑论损害国家利益和社会公共利益了。因此，违反《拍卖法》第 45 条并不会导致拍卖无效。

若竞买人认为拍卖程序违反规定，可声明异议，以求纠正。本案中，桐乡市金地置业有限公司直至开拍前未提出异议，且自愿参加竞拍，进而签订成交确认书，并通过公证确认拍卖的效力，故而本案中地块的国有建设土地使用权拍卖程序应属有效。

2. 拍卖程序存在瑕疵可否作为确认国有建设用地使用权出让合同无效的依据

如前所述，《拍卖法》第 45 条的强制性规定系管理性强制性规定而非效力性强制性规定，根据《民法总则》的相关规定，其无法导致任何民事法律行为无效。根据案发时已施行的《合同法解释（二）》第 14 条的规定也无法导致合同无效。

桐乡市国土资源局违反《拍卖法》第 45 条的规定并不能导致拍卖无效，同时未就桐发改服（2010）152 号文件对出让地块的规定在拍卖 7 日前发布补充公告，是否会损害竞拍人之外潜在的可能有意参与竞拍的第三人利益？因桐乡市国土资源局发布拍卖公告时，已对拍卖的时间、地点、要求进行了说明，保障了潜在的竞拍人知情权，桐发改服（2010）152 号对地块建成后经营性商铺不得分割的比例进行了限制性要求，其实质的竞买要求要严于拍卖公告的要求，因此不会对潜在竞买人造成判断、决策上的误导。因此，桐乡市国土资源局未就桐发改服（2010）152 号在拍卖 7 日前发布补充公告，未违反效力性强制性规定，不应否定出让合同的效力。

【律师点评】

本案中,原告律师与被告律师应围绕《拍卖法》第 45 条和《合同法》第 52 条的规定来组织证据并设计诉讼策略。原告律师应尽力阐述《拍卖法》第 45 条属于效力性强制性规定,而被告律师应从相反的角度进行说理。

【法官审判要旨】

本案的难点在于确定《拍卖法》第 45 条是否属于效力性强制性规定。

在判断强制性法律规定时,本案法官准确界定了管理性强制性规定和效力性强制性规定。

管理性强制性规定在对违反行为管理和处罚时,以禁止行为为目的,并不否定该行为的私法效力;效力性强制性规定旨在对违反行为的价值否定,以否定行为的法律效力为目的,意在否定其民商法上的效力。因此,判断是否系效力性强制性规定,需把握以下标准:一是法律、行政法规是否明确违反该规定导致合同无效;二是法律、行政法规虽未明确违反该规定导致合同无效,但是合同继续履行将损害国家、集体或者第三人利益。若符合上述标准可以认定为效力性强制性规定,若不符合上述标准则应按违反管理性强制性规定处理。

【结语】

本案中涉及的效力性强制性规定和管理性强制性规定的判断问题对法律实务的影响将继续增大。本案判决对相关问题进行的说理,对处理类似问题有重要的参考价值。

案例(079) 新戴河房地产公司与康泰公司建设用地使用权转让合同纠纷案(使用权转让)

来源:(2015)民提字第 35 号

作者:王龙兴

【案例导读】

本案《土地使用权转让合同》项下的土地被政府调整置换之后,是否应当继续履行合同,对另一块土地进行过户?

【案情简介】

2001 年 12 月 21 日,唐山新戴河房地产开发有限公司(以下简称"新戴河公司")与河北省乐亭县人民政府(以下简称"乐亭县政府")签订《打网岗岛海域及岛屿开发使用协议书》,约定对打网岗岛进行旅游开发,在打网岗岛开发的土地和海域转让时,乐亭县政府全力支持并及时确权办证。此后,新戴河公司没有按照约定进行开发建设。

2004年5月25日,新戴河公司(原法人名称:唐山新戴河旅游开发有限公司)与唐山康泰建筑工程有限公司(以下简称"康泰公司")签订《土地使用权转让合同》,约定:"第三条 转让人转让给受让人的土地位于唐山市乐亭县打网岗岛内(以下简称"宗地")。宗地总面积大写伍拾叁万叁仟叁佰叁拾叁(小写533 333)平方米(800亩)。宗地四至及界址点坐标点坐标见附件《转让宗地界址图》。……第七条 本合同项下宗地的土地使用权转让金总额为人民币大写壹仟贰佰万元(小写12 000 000元)。第八条 本合同签订后十日内受让人需给付人民币大写壹佰万元(小写1 000 000元)的土地使用权转让金,转让人收到上述款项后将在1个月内将土地使用权证书变更到受让人名下,并交付给受让人,受让人收到土地使用权证书后,给付转让人土地转让金人民币大写叁佰万元(小写3 000 000元),转让人同时交付该宗土地。其他土地使用权转让金,受让人需按以下时间和金额分六期向转让人支付……。第九条 转让人收到首批壹佰万元(小写1 000 000元)转让金后,由转让人负责将所转让地块的土地使用权证书变更到受让人名下,办证相关费用由转让人承担,受让人需协助转让人办理转籍转户手续……"合同由双方负责人签字并加盖公章。

2004年6月至11月期间,康泰公司分5次交付新戴河公司土地使用权转让金110万元。康泰公司多次找新戴河公司协商办理土地过户事宜,但新戴河公司至今并未协助康泰公司办理土地使用权过户登记手续。

2005年8月5日,唐山东海旅游发展有限公司与唐山华琳旅游开发有限公司签订《合作开发合同》,约定双方共同投资开发建设温泉宾馆、特色别墅、大型室内外海水地热养生园,唐山东海旅游发展有限公司将其享有的土地使用权的一部分分割到唐山华琳旅游开发有限公司名下。唐山东海旅游发展有限公司于2004年12月30日向乐亭县国土资源局申请办理相应的土地分割确权手续,乐亭县国土资源局于2005年为上述两公司办理了相应的土地登记。

2010年6月29日,河北省唐山市人民政府(以下简称"唐山市政府")决议由乐亭县政府对属于新戴河公司开发的打网岗岛内10 147亩土地(含康泰公司受让的800亩土地),按照"总量不变,用地性质不变"的原则,对地块位置另行在打网岗岛内予以调整,并换发新证;关于新戴河公司未给康泰公司办理土地过户手续的遗留问题,由新戴河公司自行解决,因新戴河公司在土地调整后,并未对遗留问题进行实质性处理,康泰公司遂向唐山湾国际旅游岛开发建设指挥部(以下简称"指挥部")反映此事,指挥部多次对新戴河公司和康泰公司就土地使用权过户事宜进行协调,并建议由新戴河公司从调整后的10 147亩土地中等量划转给康泰公司800亩土地,由乐亭县国土资源局办理土地过户手续,如果康泰公司愿意继续开发,可以按照国际旅游岛规划进行开发建设,新戴河公司在一审庭审中认可在协调时指挥部的上述态度。指挥部还在回复函中建议,对于新戴河公司未给康泰公司办理土地过户手续的问题,康泰公司可寻求法律途径解决。

2009年7月,打网岗岛土地的管辖权从乐亭县国土资源局转至唐山湾国际旅游岛管委会,2012年2月,唐山湾国际旅游岛国土资源分局成立后,打网岗岛土地的过户登记等行政管理职能由唐山湾国际旅游岛国土资源分局负责。

坐落于打网岗岛的唐山华琳旅游开发有限公司、唐山东海旅游发展有限公司均于2005年办理了打网岗岛的国有土地使用权变更登记手续,乐亭县承启大酒店有限公司于2010年办理了打网岗岛的国有土地使用权登记手续。

涉案《土地使用权转让合同》第12条约定:"受让人(即康泰公司)对宗地的规划,应符合本合同约定的土地使用用途,并不违背转让人(即新戴河公司)对宗地所在的整个打网岗岛的总体规划要求……"根据《打网岗岛海域及岛屿开发使用补充协议》《旅游地总体规划协议书》《新戴河十里长滩概念性总体规划》,涉案《土地使用权转让合同》项下土地拟建内容设计为别墅、酒店、垂钓园和海滨浴场。

根据唐山市城乡规划委员会办公室(2010)001号、(2011)013号文件以及《唐山市城乡规划局关于唐山新戴河房地产开发有限公司祥云岛影视旅游开发及配套项目的规划意见》[市规(2011)27号],新戴河公司原申报的十里长滩规划方案变更为祥云岛影视旅游开发项目,设计建设祥云岛海上影视城、高尔夫球场以及悦榕庄酒店。

2011年2月27日,新戴河公司与康泰公司签订《协议书》,约定:"经过友好协商,双方就联合开发该项目达成如下一致意见:1.甲方(即新戴河公司)不能将土地转到乙方(即康泰公司)名下是因政府原因所致,双方重新签订本协议,走联合开发,甲乙双方共同找政府办理土地证。2.乙方已支付的土地使用权转让金转为双方联合开发该项目的土地出让金……"签订该协议时,唐山新戴河旅游开发有限公司的法人名称已变更为唐山新戴河房地产开发有限公司,但合同仍是以唐山新戴河旅游开发有限公司的名义签订。在该协议上,崔某业、仇某生分别代表新戴河公司和康泰公司签名,双方均未加盖公司印章。双方在一审庭审中均认可该《协议书》并未实际履行。

2012年5月28日,新戴河公司出具《关于解决"唐山康泰建筑工程有限公司"等5家企业历史遗留问题的函》,载明:"2010年4月20日,唐山湾三岛旅游区开发建设指挥部办公室召开了关于解决打网岗岛(祥云岛)遗留问题相关事宜会议,并形成纪要下发到我公司。其中纪要第4条'换发新证后新戴河公司与乐亭县政府解除原开发协议,剩余土地开发权交还政府';第5条'打网岗岛(祥云岛)过去遗留问题由政府负责解决'。我公司同意执行该纪要,即原与唐山康泰建筑工程有限公司等5家企业在2004年间涉及的土地转让问题以及其他遗留问题由政府负责解决。政府应执行该会议纪要,并承担解决历史遗留问题的义务。如果政府不承担解决其遗留问题的义务,则政府应将我公司交给唐山国际旅游岛管委会的土地交回给我公司,并继续履行2001年和2003年我公司与乐亭县政府签订的《打网岗岛海域及岛屿开发使用协议及补充协议》。"

【审理与判决】

1. 诉讼当事人

一审原告、反诉被告为唐山新戴河房地产开发有限公司,一审被告、反诉原告为唐山康泰建筑工程有限公司。

2. 诉请与抗辩

一审原告诉请:解除《土地使用权转让合同》。

一审被告诉辩:判令新戴河公司继续履行涉案《土地使用权转让合同》,并向康泰公司交付唐山市乐亭县打网岗岛(祥云岛)内800亩(5 333 333平方米)土地,同时为康泰公司办理上述土地的土地使用权过户登记手续。

3. 争议焦点

(1)新戴河公司与康泰公司签订《土地使用权转让合同》是否应当继续履行。

(2)《土地使用权转让合同》是否应当解除。

4. 判决过程

一审法院判决:新戴河公司继续履行涉案《土地使用权转让合同》,于判决生效后30日内向康泰公司交付位于唐山市乐亭县打网岗岛内置换后的同等条件下的800亩(5 333 333平方米)土地,并协助康泰公司办理上述土地的土地使用权过户登记手续;驳回新戴河公司的诉讼请求。

二审法院判决:驳回上诉,维持原判。

再审法院判决:撤销二审判决;维持一审判决第二项;撤销一审判决第一项;驳回唐山康泰建筑工程有限公司的诉讼请求。

【法律要点解析】

1. 新戴河公司与康泰公司签订的《土地使用权转让合同》是否应当继续履行

《合同法》第110条规定:"当事人一方不履行非金钱债务或者履行非金钱债务不符合约定的,对方可以要求履行,但有下列情形之一的除外:(一)法律上或者事实上不能履行;(二)债务的标的不适于强制履行或者履行费用过高;(三)债权人在合理期限内未要求履行。"

本案中,根据涉案《土地使用权转让合同》,合同标的物是新戴河公司乐国用字(2003)0096号国有土地证项下具有明确四至以及界址的800亩土地。在合同履行过程中,2010年6月29日,唐山市政府决议由乐亭县政府对属于新戴河公司开发的打网岗岛内 10 147 亩土地(含康泰公司受让的 800 亩土地),按照"总量不变,用地性质不变"的原则对地块位置另行在打网岗岛内进行土地置换和调整,并换发新证。随后即进行了置换,即合同中约定的土地现已不由新戴河公司享有土地使用权。本案的一大法律要点即为判断土地置换情况下,合同约定的土地的使用权已不再归出让人所有,是否应当继续履行合同,对另一块土地进行过户。

对此,二审法院认为虽然新戴河公司土地被平移置换调整,但是土地置换后,新戴河公司的土地面积并未减少,且相当大一部分土地与原土地位置重合,不存在标的物灭失、合同目的无法实现的情况,也不存双方权利义务终止的其他法定情形,故应当继续履行合同。

而最高人民法院认为,涉案《土地使用权转让合同》项下的土地属于特定物,不具有替代性,而合同目的就是新戴河公司将该特定土地转让给康泰公司,在土地置换后,作为合同标的物的特定土地已不在新戴河公司名下,合同目的已无法实现。因此,涉案土地就其自然属性而言依旧存在,但该土地使用权的权利主体以及土地用途等已因规划变更而发生重大变化,已经构成法律意义上的灭失。新戴河公司不再享有该合同项下土地使用权,新戴河公司所负转让该合同项下土地使用权给康泰公司的主要合同义务已经无法履行。

本案的关键点在于正确认识物权意义上特定物与种类物的区别。物的分类有替代物和不可替代物、特定物和不特定物的区分。前者的区分在于是否可以用同品种、同数量的物相互替代。后者的区分在于是否依据当事人的意思具体指定物。任何特定物实质上都是以种类物的自然属性为基础,通过人的行为和法律上的原因,将其变更为特定物。法律上的原因就包括民事法律行为对其自然属性的变更。如本案中,土地及其使用权本来属于种类物,但因当事人双方已经对该土地作了详细约定,是具有明确四至以及界址的 800 亩土地,本案的标的物已经不是任意 800 亩地或任意在祥云岛上的 800 亩土地,而是双方进行了特别约定的那 800 亩土地。因此,物权法意义上的种类物和特定物区分的关键就在于其转化的过程是否加入了民事法律行为等法律上的原因。如由于法律原因发生改变,即应将具体对象认定为物权法意义上的特定物,无需考虑其本身自然属性是否具有特定物的特征。二审法院将土地认定为种类物的观点,就是将其自然属性过度放大,而掩盖了基于法律原因出现属性变更的后果。

根据《合同法》第 110 条"当事人一方不履行非金钱债务或者履行非金钱债务不符合约定的,对方可以要求履行,但有下列情形之一的除外:(一)法律上或者事实上不能履行"的规定,康泰公司要求新戴河公司继续履行该合同,转让相应土地使用权的请求,不符合法律规定。二审判决认为"土地置换后,尽管合同所约定转让的合同标的物已不在新戴河公司名下,但可由新戴河公司名下的置换后的其他土地替代执行,故合同目的仍可以实现",系事实认定与法律适用错误。

本案中康泰公司的一审反诉主张"向康泰公司交付打网岗岛内800亩土地",并未明确指向涉案《土地使用权转让合同》项下的土地,故一审判令"新戴河公司从置换后的土地中向康泰公司交付同等条件下800亩土地"。根据上文分析,涉案土地是特定物,同等条件下的其他土地并非合同的标的物。故根据《合同法》中关于合同变更的基本原则之平等自愿原则,康泰公司要求新戴河公司在调整后的土地中转让给其"同等条件"的800亩土地,其依据和基础只能是当事人之间就此达成新的合意,而非政府有关部门的意见或建议。因此,虽然当地有关行政主管部门在有关文件中对新戴河公司可以从调整后的土地中等量划转给康泰公司800亩,由国土资源管理部门为康泰公司办理相应的土地使用权过户手续表示认可,但是该意见仅仅表明在当事人如能达成新的合意的情况下,政府有关部门表示支持的态度,并不能替代当事人之间需就此达成合意这一基础性要件。在新戴河公司与康泰公司未就此达成合意的情形下,二审判决认为新戴河公司调整后的土地中有可替代执行的800亩土地,并判决新戴河公司以调整后的同等条件下的800亩土地履行合同,在实质上是替代了当事人的协商与合意,违反了合同自由的基本原则。

综上所述,新戴河公司与康泰公司签订的《土地使用权转让合同》已因履行不能无法继续履行。

2.《土地使用权转让合同》是否应当解除

《合同法》第94条规定:"有下列情形之一的,当事人可以解除合同:(一)因不可抗力致使不能实现合同目的;(二)在履行期限届满之前,当事人一方明确表示或者以自己的行为表明不履行主要债务;(三)当事人一方迟延履行主要债务,经催告后在合理期限内仍未履行;(四)当事人一方迟延履行债务或者有其他违约行为致使不能实现合同目的;(五)法律规定的其他情形。"

《合同法》第94条规定了守约方的法定解除权,并未赋予违约方以解除权。若违约方享有合同解除权,也与合同严守、信赖保护等合同法的基本原则相违背,这无疑会破坏合同制度的良性运行。有人认为违约方可依据《合同法》第110条的规定行使合同解除权,认为如果将合同解除权只赋予守约方,如守约方基于某种原因不愿意解开僵局,违约方又不继续履行合同,让已经失去了信任、矛盾对立的双方一直"死守"合同,其后果必然将造成社会成本、社会资源的浪费。司法实践中,各级法院亦有不少支持这种观点的判决。

最高人民法院在本案中对这种观点予以否认。最高人民法院认为,《合同法》对当事人法定解除权的行使条件有严格规定。在涉案《土地使用权转让合同》

中,当事人对新戴河公司应如何履行所负办理土地使用权变更登记和交付土地的合同义务有明确约定,新戴河公司并未履行相应义务。该合同虽因唐山湾国际旅游岛总体规划和控制性详细规划调整而不能履行,但《合同法》第 110 条是对当事人一方不履行非金钱债务或者履行非金钱债务不符合约定情形下,应否承担继续履行违约责任的特别规定,该条规定并不涉及合同解除权的行使问题,并未赋予无需承担继续履行违约责任的一方当事人合同解除权。因此,新戴河公司请求解除合同不能获得法院支持。

此外,最高人民法院在判决书中也对本案下一步的解决方法作出了明示,即若双方未能协商一致,康泰公司可按照《合同法》第 94 条的规定行使权利,新戴河公司可依据《合同法》第 119 条的规定行使权利。《合同法》第 119 条规定:"当事人一方违约后,对方应当采取适当措施防止损失的扩大;没有采取适当措施致使损失扩大的,不得就扩大的损失要求赔偿。当事人因防止损失扩大而支出的合理费用,由违约方承担。"本案中,康泰公司事实上并未采取适当措施防止损失扩大。双方签订《土地使用权转让合同》的时间是 2004 年 5 月 25 日,约定的履行期限是新戴河公司收到部分款项后的 1 个月,直到 2010 年 6 月 29 日,唐山市政府才对新戴河公司享有权利的土地进行了置换。在此期间,唐山东海旅游发展有限公司与唐山华琳旅游开发有限公司曾完成土地转让过户,故康泰公司完全可以采取适当措施防止损失扩大。康泰公司对损失扩大部分亦有责任,故最高人民法院在判决书中载明了这样的观点。

【律师点评】

1. 一审原告、反诉被告律师的代理思路

原告律师对于解除合同的本诉应围绕《合同法》第 110 条的规定来组织证据并设计诉讼策略,而很难以《合同法》第 94 条第 1 项的规定来主张权利。

不可抗力要具备两个特点:一是不可预见的偶然性,二是不可控制的客观性。本案合同的标的物虽因政府行为灭失,但这种灭失是可以阻止的。如原告依照合同履行义务,则不可能发生这种灭失。故无法以不可抗力为理由要求解除合同。

虽然法院在本案中对合同因法律上或者事实上不能履行可以解除的观点予以否认,但是依然有不少法院支持此种观点,认为在此种情况下不解除合同将会造成社会成本、社会资源的浪费而支持解除合同。

原告律师作为反诉被告的代理人对于反诉也应围绕《合同法》第 110 条的规定来组织证据并设计诉讼策略。思路主要是论述合同标的物的特定性,即阐述因特定标的物灭失,合同已在事实上不能履行。

2. 一审被告、反诉原告律师的代理思路

被告律师对于本诉应着力论述《合同法》第 110 条的立法目的,阐述该条法律仅赋予违约方以抗辩权,而未赋予其合同解除权。

对于反诉,一方面应着力论述合同标的物的非特定性,力求说服法官合同中对土地的位置进行约定仅是为了确定土地的位置,任何一块土地均可实现反诉原告签订合同的目的,以避免《合同法》第110条的适用;另一方面,也可同时提出违约金请求,以避免请求继续履行合同不被支持而引起的僵局。

【法官审判要旨】

本案的难点主要有二:一是特定土地作为合同标的物的属性判断,即特定土地属于特定物还是种类物,是可替代物还是不可替代物;二是《合同法》第110条是否赋予了违约方以合同解除权。

一审、二审法院出于定分止争的考虑,错误判断了特定土地的属性,认为可以替换。而最高人民法院则综合考虑了《合同法》和《物权法》的规定,对特定合同标的物的属性作出了正确判断。

各审法院均未认可《合同法》第110条赋予违约方以合同解除权的观点,最高人民法院的否认有重要的参考价值。

【结语】

本案是合同僵局的一个典型。新戴河公司是违约方,康泰公司是守约方,违约方不能履行合同,亦不想变更合同,而守约方则不想解除合同,双方为此事申请再审,一直诉至最高人民法院,以求最高人民法院定分止争,作出明确判决,而最高人民法院却只是将双方恢复了原状,即合同不解除,康泰公司亦不能要求新戴河公司继续履行合同。本案中,随着时间推移、地价上涨,新戴河公司当然希望合同解除,而康泰公司则认为违约金相对地价来说较低,希望合同继续履行,致使双方死守合同,并不断行使诉权。最高人民法院的判决看似仅仅使得合同恢复到起诉前的状态,未起到定分止争的作用,使得双方白打了几年官司,但实际并不是这样。在法律没有明确规定、双方亦没有约定的情况下,强行曲解法律来解决纠纷是与制定法律规则、原则的目的相违背的,是与法的精神不符的。本案中,法院即可以通过认定土地为种类物来支持康泰公司、亦可以将《合同法》第110条解释为赋予违约方以法定解除权来支持新戴河公司,这两种方法都可以迅速解决矛盾。采用第一种方法更可以使得不遵守诚实信用原则的新戴河公司得不到非法利益,从而维护康泰公司的合同权益,实现实质正义。这看似是两全其美的解决方案,一审法院和二审法院也正是这样做的。但最高人民法院从法律规定的文本出发,从立法本意出发,对此种图方便、图经济的做法予以了纠正,使得案件回归法律和事实,也提醒原被告双方乃至普通大众,"当事人应本着诚实信用的原则进行协商,以彻底解决涉案纠纷"。

另外,本案最高人民法院对《合同法》第110条的解释和特定标的物的属性判断对处理类似案件有很重要的参考价值,值得仔细品味。

案例(080) 海南海联工贸与海南天河公司等合作开发房地产合同纠纷案(使用权合作开发)

来源:(2015)民提字第 64 号
作者:王龙兴

【案例导读】

合作开发房地产合同中,当事人约定一方出地、一方出资并以成立房地产项目公司的方式进行合作开发,项目公司的性质是什么?合作各方当事人在项目公司中有无股权是否影响其在合作开发合同中所应享有的权益?请看以下案例。

【案情简介】

1992 年 6 月,海南海联工贸有限公司(以下简称"海联公司")垫资代海南省三亚市人民政府(以下简称"三亚市政府")建设三亚新风桥公园和儿童公园,拓宽解放三、四路等工程。

1993 年 1 月,三亚市政府批准将"三亚市金融贸易开发区"5.1 公顷土地以协议出让方式补偿给海联公司开发。同年 2 月,海南省三亚市规划局批准开发区的规划方案,海联公司取得用地许可和规划许可,投入资金进行拆迁。经海联公司委托海南恒誉会计师事务所审计,认定海联公司直接投入新风桥公园和儿童公园及该块地的拆迁安置资金为 9 582.8 万元。

2001 年 6 月,三亚市政府同意海联公司与世英兄弟房地产公司(以下简称"世英公司")合作开发,项目更名为"世英花园"。后世英公司退出合作,经三亚中院(2004)三亚民一终字第 60 号民事判决,判决海联公司收回"世英花园"项目 46.5 亩用地。

2007 年 4 月 23 日,海联公司与海南天河旅业投资有限公司(以下简称"天河公司")签订《合作项目合同书》,约定:海联公司提供合作项目建设用地 46.5 亩,拟建地上建筑总面积 62 000 ㎡;天河公司提供建设商品房及配套附属设施所需的全部建设资金,合作建房用地上现居民搬迁所发生的补偿及拆迁安置面积 10 000 ㎡;天河公司承诺除合作建房用地上"三亚时运大酒店"以外的拆迁补偿金支付的最高金额 2 000 万元;双方利益分配比例为 0.238∶0.762,即在建设用地规划指标容积率为 2.0 的状况下,海联公司取得全部销售房屋面积总收入的 23.8%,天河公司取得全部销售房屋面积总收入的 76.2%;如果实际容积率大于 2.0,则增加的面积仍按上述比例分配,增加建筑面积所需的建设资金仍由天河公司承担;为保障双方的权益及便于管理,双方同意就本项目的开发组成具备独立法人资格的项目有限责任公司;项目公司注册资本为 1 000 万元,公司注册资金由海联公司出资 238 万元,天河公司出资 762 万元,海联公司占有项目公司 23.8%的股权,天河公司占有项目公司 76.2%的股权;海联公司应在天河公司完成拆迁工程之日起 60 日内将 46.56 亩合作建房用地的国有土地使用权证办理在项目公司名下,由此发生的土地使用权出让金等相关费用由海联公司承担。至此,海联公司享有项目公司 23.8%的股权,天河公司享有项目公司 76.2%的股权;股权系指本合作项目自拆迁工程开始至项目建成后商品房全部销售完毕,双方按上述比例分配结束;除本合同另有规定外,由于天河公司拆迁资金在本合同生效一个月内不能及时到位,且不能保证在海联公司宽限的期限内筹到资金,海联公司认为天河公司无履约能力,没收天河公司的履约保证金,终止合同,并将项目公司代表人由天河公司变更为海联公司,天河公司退出项目合作,等等。

海联公司企业档案中显示海联公司系中外合资有限责任公司,注册资金 500 万元,出资人海口建材公司出资额 200 万元,占比 40%;广东石化公司出资额 150 万元,占比 30%;加拿大毛纱公司出资额 150 万元,占比 30%。海口建材公司和广东石化公司系全民性质。海口建材公司于 2000 年 12 月完成企业关闭职工安置工作,2005 年 11 月 3 日被吊销营业执照,对海联公司应收款 391 万元。海口中级人民法院委托海咨资产评估事务所对海口建材公司持有海联公司 40%的股权进行资产评估,2011 年 7 月 20 日作出《资产评估报告书》,评估价值为零。广东石化公司于 2001 年全面停业并与职工解除劳动关系,2011 年转让给广州鑫索亚化工产品公司。

1998 年 8 月 2 日,海联公司董事会决议合营期限延长至 2008 年 9 月 2 日。邢坚、刁兆华、林光、林师雄、杨广文签名,无公章。同日,章程修正案延长合营期限,海口建材公司、广东石化公司加盖公章,林光签名。

2008 年 9 月 1 日,第二次董事会决议经营期限延长至 2018 年 9 月 2 日,邢坚、刁兆华、林光签名,加盖海联公司公章。同日,章程修正案邢坚签名加盖海联公司公章。

2006 年 10 月 16 日,在海联公司与天河公司签订《合作项目合同书》之前,三亚天阔置业有限公司(以下简称"天阔公司")设立,注册资金 1 000 万元。天阔公司的初始股东登记为天河公司、王家金、邢坚、邢伟。其中,天河公司货币出资 687 万元,占 68.7%的股权;王家金货币出资 75 万元,占 7.5%的股权;邢坚货币出资 138 万元,占 13.8%的股权;邢伟货币出资 100 万元,占 10%的股权。

同日,海联公司和邢坚共同委托天河公司将根据《合作项目合同书》第 8 条履约保证金 200 万元中的 100 万元补偿款及 100 万元履约保证金委托付款至海南国泰房地产开发有限公司名下。同年 10 月 20 日,海联公司和邢坚共同向天河公司出具收据:"兹收到天河公司《合作项目书》履约保证金及补偿款计贰佰万元整。"天阔公司注册资金 1 000 万元,邢坚、邢伟应出资的 238 万元系天河公司法定代表人高彪从个人账户中分别汇入邢坚、邢伟的个人账户。

2007 年 5 月 11 日,海联公司为履行《合作项目合同书》中的义务,将项目用地过户给天阔公司,经其申请和积极办理,三亚市发改委批准"世英花园"更名为"天阔广场",项目业主变更为天阔公司,天阔公司取得项目开发权;5 月 22 日,天阔公司取得《建设项目选址意见书》;8 月 31 日,天阔公司取得《房屋拆迁许可证》;9 月 3 日,海南省国土环境资源厅同意该项目的环境影响报告。2008 年 5 月 19 日,三亚市政府批准该项目旧城改造拆迁补偿安置方案;7 月 10 日,三亚市规委会批准"天阔广场"项目用地规模为 62 亩,容积率为 4.0。

2008 年 10 月 29 日,邢坚、邢伟作为转让方与受让方天河公司签订股权转让协议的同时,天河公司作为转让方,邢坚、邢伟作为受让方另签订了一份股权转让协议。该协议约定邢坚、邢伟以 1 170 万股权转让对价回购天河公司受让的邢坚、邢伟的 23.8%股权;同时约定,股权转让款应于 60 日内支付,受让方迟延付款超过 60 日以上时应视为根本违约,转让方可据此单方解除协议;该协议自 2009 年 5 月 30 日发生法律效力,但该协议未实际履行。

2009 年 2 月 2 日,海南省海口市仲裁委员会作出(2008)海仲裁字第 249 号裁决书,将海联公司与三亚市政府之间的投资补偿合同关系及三亚市政府向海联公司协议出让土地,变更为三亚市政府与天阔公司之间的投资补偿关系,三亚市政府向天阔公司协议出让"天阔广场"项目的土地使用权。至此,海联公司履行了《合作项目合同书》约定的主要义务。

2007 年 8 月 31 日,海南省三亚市房产管理局颁发三房拆许(2007)第 03 号《房屋拆迁许可证》明确要求,2008 年 9 月必须完成拆迁建筑面积 30 468 ㎡,但天河公司未完成。2008 年 7 月 20 日,三亚市住房保障和房产管理局批准其延期完成拆迁,并签发新的《房屋拆迁许可证》,要求在 2009 年 7 月 20 日前完成全部拆迁任务,但天河公司仍未能完成。天河公司投入的拆迁资金约 2 000 万元(含三亚时运大酒店拆迁补偿款),仅完成拆迁量的 20%。

2008 年 10 月 29 日,邢坚、邢伟与天河公司签订《股权转让协议》,约定以 904 万元的价款,将其二人持有的天阔公司 23.8%的股权转让给天河公司,双方办理了价款支付和股权交割的工商变更登记手续。

2009 年 7 月 13 日,三亚丽源投资有限公司(以下简称"丽源公司")成立。7 月 23 日,天河公司与丽源公司签订《股权转让协议》,将其持有的天阔公司 70.5%的股权转让给丽源公司;同日,王家金也与丽源公司签订《股权转让协议》,将其持有的天阔公司5.7%的股权转让给丽源公司,丽源公司持有天阔公司76.2%的股权。同年8月31日,丽源公司与中国爱地房地产开发有限公司(以下简称"爱地公司")、杭州富丽达置业有限公司(以下简称"富丽达公司")签订《股权转让合同》,丽源公司将其持有的天阔公司股权全部转让给爱地公司和富丽达公司。

2009年9月7日,海联公司调取天阔公司的工商登记资料,得知天河公司的上述行为,遂于9月11日向天河公司发出《关于"天阔广场"项目有关问题的函》称:"贵公司通过对项目公司股权的重大变更,将贵公司项目权益转让,造成我公司在《合作项目合同书》项下的权益(即合作项目收入分配23.8%收益及天阔公司23.8%股权)面临风险。"同年9月13日,海联公司给天河公司、爱地公司、富丽达公司和天阔公司发出《关于天阔广场项目有关问题的函》,建议:"一、鉴于本项目的现状,应当由项目公司承担天河公司在2007年4月23日所签订的《合作项目合同书》项下的权利和义务,继续履行该合同;二、确认我公司已履行《合作项目合同书》的主要义务,项目用地已通过海口仲裁委(2008)海仲裁字第249号裁决,明确由三亚市政府出让办证至项目公司天阔公司名下的事实;三、项目公司新股东爱地公司和富丽达公司为项目履行《合作项目合同书》提供担保;四、在此基础上尽快举行股东及实际权益人会谈,理顺、完善、衔接有关事宜,明确各方责权利,加快本项目开发进度。"因对方没有回应,2009年11月18日,海联公司向天河公司发出《通知书》,解除《合作项目合同书》。

2013年8月22日,海联公司法定代表人邢坚向海南省高级人民法院递交《海联公司关于笔录的补充意见》:天阔公司成立前已经起草了项目合同书,合同内容一直在讨论中,直至2007年4月23日讨论成熟时才正式签约。天阔公司股权登记在邢坚、邢伟名下是和天河公司共同商量的,考虑到批文、拆迁、土地证等手续需办理,所以先成立天阔公司,等手续完善后逐渐改制成项目公司,按合同约定到办土地证时23.8%的股权就变更为海联公司的股权。该意见有邢坚的签字并加盖海联公司公章。

针对当事人就涉案天阔广场项目争议的拆迁开发建设进度现状及所涉及的三亚市食品厂安置建设项目的开发建设问题、天阔广场项目拆迁情况等,最高人民法院合议庭专程前往涉案项目所在地三亚市天涯区政府住房建设局和项目推进办公室就天阔广场项目的现状、拆迁安置、开发建设等问题进行实地调查。从天阔广场项目的实际现状看,从2009年海联公司将天阔广场项目转到天阔公司名下,至今天阔广场项目所在地域拆迁工作尚未进行。为了解决包括天阔广场项目在内的旧城改造拆迁安置工作(三亚市食品厂)全部是由三亚市天涯区管委会以政府财政和银行贷款自行投资建设的,由上海中锦建设集团股份有限公司承建。天阔公司所称接受天河公司转让股权的爱地公司、富丽达公司在取得行政许可之后短短一年多的时间里就为建设安置房工程支付了 3.1 亿元的工程进度款，没有事实依据。

【审理与判决】

1. 诉讼当事人

一审原告为海联公司，一审被告为天河公司，一审第三人有丽源公司、爱地公司、富丽达公司。

2. 诉请与抗辩

原告诉请：

(1) 判决解除其与天河公司签订的《合作项目合同书》；

(2) 判决天阔公司将其依据海口仲裁委员会（2008）海仲裁字第 249 号裁决书确定的第二项权利和义务返还给海联公司；

(3) 判决天阔公司将"天阔广场"土地及项目开发权返还给海联公司，判令天阔公司将"天阔广场"项目批准文件中项目建设主体变更为海联公司。

被告抗辩：天河公司并无违约。

3. 争议焦点

(1) 天阔公司是否系海联公司与天河公司共同设立的项目公司；

(2) 邢坚、邢伟是否代海联公司持有天阔公司的股权；

(3) 邢坚、邢伟转让其在天阔公司 23.8% 的股权，能否产生海联公司在《合作项目合同书》中的权利义务消灭的法律后果以及海联公司是否有权解除《合作项目合同书》，并要求天阔公司将"天阔广场"土地及项目开发权、项目建设主体返还并变更为海联公司。

4. 判决过程

一审法院判决：驳回海联公司的诉讼请求。

二审法院判决：驳回上诉，维持原判。

再审法院判决：撤销二审判决；撤销一审判决；解除海联公司与天河公司签订的《合作项目合同书》；天阔公司在本判决生效之日起 3 个月内，将其名下的"天阔广场"项目开发权和土地使用权返还变更至海联公司。

【法律要点解析】

1. 天阔公司是否系海联公司与天河公司共同设立的项目公司

确认天阔公司是否系项目公司，应根据双方的约定和《公司法》中关于有限公司设立的规定来判断，而不能通过双方在诉讼中的自认来判断。

2007 年 4 月 23 日，海联公司与天河公司签订《合作项目合同书》，约定：海联公司提供 46.5 亩建设用地及项目开发权，天河公司提供全部建设资金合作开发房地产项目，所建成的商品房销售收入，按海联公司 23.8%、天河公司 76.2% 的比例分配；为保障双方权益及便于管理，双方同意就本项目开发组成具备独立法人资格的项目有限责任公司。项目公司注册资本为1 000万元，海联公司出资238万元，占23.8%的股权，天河公司出资762万元，占76.2%的股权，海联公司应缴的出资由天河公司代付。但随后，双方并未按照《合作项目合同书》的约定成立项目公司，而是借用了早在2006年10月16日即已设立的天阔公司作为合作开发的项目公司。

天阔公司的工商注册登记显示，天阔公司注册资金1 000万元，全部为货币出资，股东为天河公司和三个自然人，其中天河公司出资687万元，占68.7%的股权；王家金出资75万元，占7.5%的股权；邢坚出资138万元，占13.8%的股权；邢伟出资100万元，占10%的股权。为履行《合作项目合同书》的约定，2007年5月9日，海联公司和天河公司联合致函三亚市发改委，请求将三亚市政府原决定由海联公司与世英公司开发建设的"世英花园"项目业主变更为天阔公司，项目名称也变更为"天阔广场"。同年5月11日，三亚市发改委批准将"世英花园"的项目名称变更为"天阔广场"，业主变更为天阔公司。随后，根据海联公司的申请，"天阔广场"项目的《建设规划许可证》《拆迁许可证》等政府批文全部变更为天阔公司。

2008年4月1日，海联公司又致函三亚市政府，承诺将三亚市政府尚未兑现的三亚金融开发区投资补偿权益转让给天阔公司。根据该承诺，海口仲裁委员会于2009年2月2日裁决将海联公司与三亚市政府之间的投资补偿合同关系及三亚市政府向海联公司协议出让土地，变更为三亚市政府与天阔公司之间的投资补偿关系，三亚市政府向天阔公司协议出让"天阔广场"项目土地使用权。至此，海联公司完成了《合作项目合同书》约定的义务，天阔公司成为海联公司与天河公司合作开发建设"天阔广场"的项目公司。虽然天阔公司承担了"天阔广场"项目的开发建设职能，但是天阔公司并非由海联公司与天河公司按照《合作项目合同书》约定共同设立的合作开发项目公司，其只是被海联公司和天河公司为合作开发"天阔广场"而借用的一个项目公司，从其成立的时间和股东构成也可得到进一步证实。天阔公司成立于2006年10月16日，股东为天河公司和邢坚、邢伟、王家金；而海联公司与天河公司签订《合作项目合同书》则是在2007年4月23日，合作方为海联公司与天河公司。据此可以认定，天阔公司并非由海联公司和天河公司共同设立的项目公司。

尽管海联公司在起诉状中也自认天阔公司系其与天河公司共同成立的项目公司，而且在后期海联公司致三亚市发改委《关于变更"世英花园"项目和项目业主的请示》声明、海联公司向海口仲裁委员会提交的《承诺书》中等，均声明天阔公司是其与天河公司共同设立的项目公司，但正如海联公司在声明中所称，海联公司与天河公司联合投资，成立了天阔公司作为项目公司，项目由天阔公司投资建设和经营管理,请求将该项目的用地选址意见和《建设用地规划许可证》办理到天阔公司名下,以便项目的顺利开发。这恰恰说明,天阔公司是海联公司与天河公司为便于合作项目的顺利开发而借用天阔公司作为项目公司,海联公司是在按照《合作项目合同》的约定履行义务。如何认定天阔公司是海联公司与天河公司共同设立的项目公司,应当依据《公司法》的规定,而不应仅仅凭借当事人的自认。根据《公司法》第28、29、31条关于有限责任公司设立的规定,设立有限责任公司应由全体股东指定的代表或者共同委托的代理人向公司登记机关报送登记申请书、公司章程等文件,申请设立登记。股东应当按期足额缴纳公司章程中规定的各自认缴的出资额。有限责任公司成立后,应当向股东签发出资证明书。而天阔公司并非海联公司与天河公司申请设立的,也没有共同制定天阔公司的章程,没有按章程缴纳出资,天阔公司也没有向海联公司签发出资证明书,更没有将海联公司登记在天阔公司的股东名册上。如果认定天阔公司为海联公司与天河公司共同设立,天阔公司的工商注册股东就应当是海联公司与天河公司,即便如海南省高级人民法院所认定的,天阔公司股权登记在邢坚、邢伟名下是和天河公司共同商量的,那么天阔公司的另一个股东王家金又是如何成为海联公司与天河公司合作项目的成员的?尽管天阔公司作为开发"天阔广场"的项目公司,是各方当事人均认可的客观事实,并承担了合作项目公司的职能,但不能就此认定天阔公司是海联公司与天河公司共同设立的项目公司,三亚市中级人民法院和海南省高级人民法院认定天阔公司是海联公司与天河公司共同设立的项目公司显属不当。即便如海南省高级人民法院判决所认定的天阔公司是海联公司与天河公司共同设立的项目公司,天阔公司也仅是天河公司与海联公司双方按照《合作项目合同书》约定为进行"天阔广场"项目合作开发、履行各自权利义务的载体,并非《合作项目合同书》的合同主体,更不是海联公司、天河公司在合作开发协议中的合同相对方。

2. 邢坚、邢伟是否代海联公司持有天阔公司的股权

根据《公司法》第32条的规定,"记载于股东名册的股东,可以依股东名册主张行使股东权利"。本案事实表明,天阔公司的股东是天河公司、邢坚、邢伟、王家金,不是海联公司的股东。即便邢坚、邢伟应认缴的238万元天阔公司注册资金为天河公司法定代表人高彪代付,但这仅是高彪与邢坚、邢伟之间的债权债务关系,不能就此认定邢坚、邢伟没有出资,否定其公司股东资格。虽然《合作项目合同书》第六章第一款有项目公司注册资本中海联公司出资238万元占公司股权的23.8%股权、海联公司应缴付的出资由天河公司代付的约定,但是这是海联公司与天河公司之间的约定,况且海联公司与天河公司根本没有按照《合作项目合同书》的约定申请设立项目公司。

天河公司法定代表人高彪代邢坚、邢伟出资是基于天河公司、邢坚、邢伟、王家

金四方在设立天阔公司过程中发生的债权债务关系,不能据此认定邢坚、邢伟不实际缴付238万元注册资金而享有天阔公司23.8%的股权系海联公司在《合作项目合同书》中的权利,因为海联公司既没有向天阔公司缴纳注册资金,更未成为天阔公司的股东,其所享有的23.8%的股权是依据《合作项目合同书》对合作项目"天阔广场"的利益分配比例,而非天阔公司的股东权。既然海联公司非天阔公司股东,也没有委托邢坚、邢伟代为持股的事实,就不能认定邢坚、邢伟在天阔公司的股权是代海联公司持股。

三亚市中级人民法院、海南省高级人民法院仅仅以邢坚作为海联公司的法定代表人,是实际控制人,在履行合作开发"天阔广场"项目过程中的一系列行为,而认定海联公司已形骸化,海联公司与邢坚本人之间已构成人格混同,从而判定邢坚、邢伟系代海联公司持有天阔公司23.8%的股权,没有事实和法律依据。公司是否已经形骸化,公司与股东之间是否构成人格混同,应严格按照法律关于公司法人终止、股东是否滥用权利、是否在财产、业务、人员等多方面出现混同等因素进行判定。从本案事实看,海联公司并不存在形骸化和公司与股东人格混同的情形。邢坚、邢伟所持有的天阔公司23.8%的股权不能视为海联公司在《合作项目合同书》中的合同权益,海联公司是否为天阔公司的股东,不影响其在《合作项目合同书》中所应享有的权利。

3. 邢坚、邢伟转让其在天阔公司23.8%的股权,能否产生海联公司在《合作项目合同书》中的权利义务消灭的法律后果以及海联公司是否有权解除《合作项目合同书》,并要求天阔公司将"天阔广场"土地及项目开发权、项目建设主体返还并变更为海联公司

本案是海联公司与天河公司基于《合作项目合同书》而产生的合作开发纠纷。根据前述,天阔公司只是天河公司与海联公司双方按照《合作项目合同书》约定为开发"天阔广场"项目而借用的合作项目载体,不是涉案合作开发合同的相对方,海联公司无论是否为天阔公司的股东,均不影响其在《合作项目合同书》中所享有的收益权。海联公司对"天阔广场"项目所享有的23.8%房地产利益分配权,是依据其与天河公司所签订的《合作项目合同书》约定,以三亚市政府补偿给其的项目开发权以及46.5亩建设用地使用权投入项目公司,获取的23.8%房地产利益分配比例;而邢坚、邢伟是以出资238万元取得天阔公司23.8%的股权,不是同一法律关系,邢坚、邢伟将其所持的天阔公司23.8%的股权转让给天河公司,是天阔公司股东之间产生的股权转让法律关系,与海联公司在《合作项目合同书》中所享有的23.8%房地产利益分配权比例没有关系,不能以海联公司在天阔公司不享有股权,就认定其退出了"天阔广场"项目。

按照《合作项目合同书》的约定,海联公司以三亚市政府补偿给其的项目开发

权以及46.5亩建设用地使用权投入项目公司,并通过仲裁裁决的方式将"天阔广场"项目裁决给了天阔公司,这是海联公司履行《合作项目合同书》约定的义务,并非向天阔公司的出资。根据合同相对性原则,《合作项目合同书》是海联公司与天河公司之间签订的合作合同,在海联公司与天河公司双方当事人没有就合同解除终止达成一致的情况下,三亚市中级人民法院、海南省高级人民法院以邢坚、邢伟转让了代海联公司在天阔公司所持股权,并已将46.5亩土地投入了项目公司,来认定海联公司已退出合作项目,不享有任何权利,没有事实和法律依据。《合作项目合同书》是双方当事人的真实意思表示,没有违反法律、行政法规的强制性规定,合法有效,在没有经过依法依约解除、终止的情况下,海联公司有权主张解除合同并要求天阔公司将"天阔广场"土地及项目开发权返还并变更主体为海联公司。

如上所述,天阔公司作为项目公司,是海联公司与天河公司为共同履行各自在《合作项目合同书》中的权利义务的载体,按照约定,海联公司将"天阔广场"项目开发权及三亚市政府给海联公司的46.5亩土地投资补偿权变更到天阔公司的名下,完成了《合作项目合同书》项下的义务,但该义务并非向天阔公司的出资,不构成天阔公司法人财产权;而天河公司则应按照约定支付项目开发的全部建设资金。根据一审、二审、再审查明的事实,按照海南省三亚市房产管理局于2007年8月31日颁发的三房拆许(2007)第03号《房屋拆迁许可证》的明确要求,在2008年9月必须完成拆迁建筑面积30468㎡,但天河公司未完成。2008年7月20日,三亚市住房保障和房产管理局批准其延期完成拆迁,并签发新的《房屋拆迁许可证》,要求在2009年7月20日前全部完成拆迁任务,但天河公司仍未能完成。天河公司投入的拆迁资金约2 000万元(含时运大酒店拆迁补偿款),仅完成拆迁量的20%。针对一审判决认定的以上事实,各方当事人均没有上诉。二审判决在事实认定上对一审判决认定的事实予以确认。但二审判决随后在没有新的证据和事实的情况下,又认定"天河公司向天阔公司投入一定的资金,并完成一定的拆迁工作,履行了合同约定的主要义务",该项事实认定缺乏证据证明,更与其在事实认定部分已确认的事实相悖,事实认定错误。

2009年7月13日,丽源公司成立,7月23日,未经海联公司同意,天河公司即与丽源公司签订《股权转让协议》,将其持有的天阔公司70.5%的股权转让给丽源公司;同日,王家金也与丽源公司签订《股权转让协议》,将其持有的5.7%的股权转让给丽源公司。同年8月31日,丽源公司又与爱地公司、富丽达公司签订《股权转让合同》,将其持有的天阔公司股权全部转让给爱地公司和富丽达公司。

2009年7月13日丽源公司成立,同年7月23日天河公司未经海联公司同意将其持有的天阔公司70.5%的股权转让给丽源公司后,再没有向"天阔广场"项目进行投资,该行为表明其已不再履行《合作项目合同书》约定的义务;而在同年 8 月 31 日,丽源公司再次将其持有的天阔公司股权全部转让给爱地公司和富丽达公司后,后续的股东至今也没有完成"天阔广场"项目的拆迁安置工作。而且在海联公司得知天河公司转让其所持天阔公司股权的情况后,向天河公司及受让公司股权的丽源公司、爱地公司、富丽达公司发函,建议新承接"天阔广场"项目权利义务的股东召开会议以落实完善补充合同条款及安排下一步投资开发等事宜,而天河公司、丽源公司、爱地公司、富丽达公司没有回应,拒绝承认海联公司在《合作项目合同书》中的权利,也不承认海联公司享有"天阔广场"23.8%的利益分配权,2009 年 11 月 18 日,海联公司向天河公司发出《通知书》,解除《合作项目合同书》。

根据上述事实,在天河公司未经海联公司同意即将所持天阔公司股权转让给丽源公司、丽源公司又很快再次将其受让的股权转让给爱地公司和富丽达公司后,以及天阔公司的后续股东不但没有按照约定进行投资完成拆迁工作,而且也拒绝与海联公司进行协商等行为,充分表明天河公司已不再履行与海联公司所签订的《合作项目合同书》所约定的义务。从本案查明的事实看,由于天河公司迟延履行合同义务,后续股东也没有按约完成拆迁安置工作,"天阔广场"项目目前仍处于停滞状态,致使海联公司在《合作项目合同书》中的合同目的不能实现。天河公司不但明确表示,而且以其行为表明不再履行《合作项目合同书》约定的义务,其行为已构成根本违约。根据《合同法》第 94 条的规定,"有下列情形之一的,当事人可以解除合同:……(二)在履行期限届满之前,当事人一方明确表示或者以自己的行为表明不履行主要债务;……(四)当事人一方迟延履行债务或者有其他违约行为致使不能实现合同目的。"……以及第 96 条"当事人一方依照本法第九十三条第二款、第九十四条的规定主张解除合同的,应当通知对方。合同自通知到达对方时解除。对方有异议的,可以请求人民法院或者仲裁机构确认解除合同的效力。法律、行政法规规定解除合同应当办理批准、登记等手续的,依照其规定"的规定,海联公司请求解除《合作项目合同书》,返还"天阔广场"项目的开发权和土地使用权的诉讼请求,于法有据,应予支持。

【律师点评】

1. 原告、第三人律师的代理思路

就原告律师而言,应着力于证明海联公司不享有合同解除权,具体思路如下:

(1)天阔公司即为天河公司与海联公司为合作开发"天阔广场"项目之目的而共同设立的项目公司。

(2)海联公司享有的投资权益已转化为对天阔公司享有的股权,且该股权由公司控制人代持。

(3)原告已履行合同义务。

2. 被告律师的代理思路

就被告律师而言,应着力于证明被告享有合同解除权,具体思路如下:

(1)天阔公司虽承担了作为项目公司的职能,但天阔公司不是海联公司与天河公司共同设立的项目公司。

(2)是否存在代持股权的情况应根据事实和法律来判断,应观察名义股东与实际出资人之间是否有委托持股协议,实际出资人是否真正履行了注册资金的出资义务,并组织不存在此种情况之证据。

(3)被告公司与法定代表人之间不存在人格混同的情形。应根据《公司法》对人格混同的定义来组织证据,证明法定代表人并非股东,二者在财产上也没有混同。

(4)合同项目权益与天阔公司的股权不是等同的,要根据合同约定和法律规定来判断。应组织被告从未与原告有过此类约定的证据并对此问题进行论证。

(5)被告的法定代表人转让对天阔公司享有的股权不会导致被告与原告的合同权利义务消灭的情形。合同是否消灭,要根据《合同法》第91条的规定来判断。

(6)原告已以实际行动表明其拒绝履行合同义务,故被告有权解除合同。应组织原告拒绝履行合同义务的相关证据。

【法官审判要旨】

法官应严格依照法律和事实进行判断。

在确认天阔公司是否为项目公司时,因《公司法》对公司的设立有明确的规定,故不能采信当事人的自认,而应严格依照法律的相关规定进行判断。另外,天阔公司是否为项目公司,也不能只看天阔公司起到的实际作用,是否履行了项目公司的职能,而应看天阔公司的设立、变更情况是否与当事人双方对项目公司的有关约定相一致。

在判断公司法定代表人、实际控制人是否为被告代持天阔公司的股权时,应严格遵循合同相对性和法定代表人的代表制度。若法定代表人、实际控制人以自己的名义参与民事法律行为,就不能让公司来承担权利和义务。是否代持,要看公司有无委托法定代表人代持,而不能根据结果来反推。在判断公司与股东是否存在人格混同时,应严格按照法律关于公司法人终止、股东是否滥用权利、是否在财产、业务、人员等多方面出现混同等因素进行判定。

【结语】

本案是《最高人民法院公报》2016年第1期公布的公报案例,确立了"合作开发房地产关系中,当事人约定一方出地、一方出资并以成立房地产项目公司的方式进行合作开发,项目公司只是合作关系各方履行房地产合作开发协议的载体和平台。合作各方当事人在项目公司中是否享有股权不影响其在合作开发合同中所应享有的权益:合作各方当事人在合作项目中的权利义务应当按照合作开发房地产协议约定的内容予以确定"的裁判规则,对于处理类似案件有一定的参考价值。

案例(081) 崔某敏不服北京北臧村镇政府撤销集体建设用地使用权证变更登记纠纷案(集体建设用地)

来源:(2007)一中行终字第 784 号
作者:王龙兴

【案例导读】

本案中北臧村镇土地管理所为原告崔某敏办理了集体建设用地使用人变更登记,将原使用人刘某勤变更为原告。后被告北臧村镇政府依刘某勤申请撤销了该变更登记,原告不服,双方遂发生争议。乡镇一级政府是否有权办理集体建设用地变更登记手续?请看以下案例。

【案情简介】

2002 年 10 月 26 日,崔某敏购买了刘某勤坐落于北京市大兴北臧村镇北臧村北宁路 25 号院房屋及院落一处。

2002 年 12 月 6 日,北京市大兴区北臧村镇政府(以下简称"北臧村镇政府")下设科室北臧村镇土地管理所(现更名为:北臧村镇村镇建设规划科)基于崔某敏与刘某勤的房屋买卖事实,为其办理了兴集建(93)字第 0221-089 号集体土地建设用地使用证变更手续,由原来使用人刘某勤变更为崔某敏。

2006 年 7 月,刘某勤向北臧村镇政府提出申请,要求北臧村镇政府撤销变更兴集建(93)字第 0221-089 号集体土地建设用地使用证的行政行为。

2006 年 8 月 11 日,北臧村镇政府以北臧村镇政府土地管理所违反《土地管理法》第 11 条、《土地管理法实施条例》(以下简称《土地管理法实施条例》)第 6 条之规定为由,作出(2006)大北行撤字第 1 号北臧村镇人民政府《关于撤销变更兴集建(93)字第 0221-089 号集体土地建设用地使用证行为的决定》。

崔某敏不服,向北京市大兴区人民政府提出复议,北京市大兴区人民政府于 2006 年 12 月 15 日作出京兴政复字(2006)第 6 号复议决定书,复议结果为:维持北臧村镇政府于 2006 年 8 月 11 日作出的(2006)大北行撤字第 1 号《关于撤销变更兴集建(93)字第 0221-089 号集体土地建设用地使用证行为的决定》。

【审理与判决】

1. 诉讼当事人

一审原告为崔某敏,一审被告为北京市大兴区北臧村镇人民政府,一审第三人为刘某勤。

2. 诉请与抗辩

原告诉请:判令撤销被告北臧村镇政府作出的(2006)大北行撤字第1号《关于撤销变更兴集建(93)字第0221-089号集体土地建设用地使用权证行为的决定》。

被告抗辩:撤销决定是合法的,请求驳回原告诉请。

3. 争议焦点

镇级人民政府是否有权对农村宅基地使用权进行变更登记?

4. 判决过程

一审法院判决:驳回崔某敏的诉讼请求。

二审法院判决:驳回上诉,维持一审判决。

【法律要点解析】

镇级人民政府是否有权对农村宅基地使用权进行变更登记?

《土地管理法》(2004年修正)第62条第3款前半句规定,"农村村民住宅用地,经乡(镇)人民政府审核,由县级人民政府批准"。

《土地管理法实施条例》(1998年)第6条第1款规定:"依法改变土地所有权、使用权的,因依法转让地上建筑物、构筑物等附着物导致土地使用权转移的,必须向土地所在地的县级以上人民政府土地行政主管部门提出土地变更登记申请,由原土地登记机关依法进行土地所有权、使用权变更登记。土地所有权、使用权的变更,自变更登记之日起生效。"

《行政许可法》第69条规定,"有下列情形之一的,作出行政许可决定的行政机关或者其上级行政机关,根据利害关系人的请求或者依据职权,可以撤销行政许可:……(二)超越法定职权作出准予行政许可决定的"。

本案中,原土地使用者为刘某勤的兴集建(93)0221-089号集体土地建设用地使用证的核发主体为北京市大兴区人民政府,所以,根据上述法律的规定,北臧村镇政府原土地管理所于2001年实施的将上述集体土地建设用地使用证涉及土地的使用者,由"刘某勤"变更为"崔某敏"的行为,属超越法定职权的行为。

而北臧村镇土地管理所变更土地建设用地使用证的行为属于行政确认,行政确认与行政许可常常是同一行政行为的两个步骤,两者有非常紧密的联系。虽然现有法律中并未规定行政机关是否有权撤销自身的错误决定,但是本案的变更集体土地建设用地使用证之行政确认行为与行政许可产生的后果相似,应当参照《行政许可法》之规定。因为北臧村镇政府原土地管理所隶属于北臧村镇政府,并非原北京市大兴县人民政府土地管理局派出机构,故作为作出行政确认机构上级行政机关的北臧村镇政府有权撤销原土地管理所超越法定职权作出的行政确认。

【律师点评】

1. 原告律师的代理思路

就原告律师而言,原告的合法权益确实受到了损害,但由于《土地管理法》及其实施条例对土地变更登记的权力机关已经作出了明确规定,原告律师不应通过行政诉讼的手段来维护原告的权利,而应以出让人违约为由向法院提起民事诉讼,这样才可以较好地维护当事人的合法权益。

2. 被告、第三人律师的代理思路

就被告律师、第三人律师而言,应围绕《土地管理法实施条例》第 6 条和《行政许可法》第 69 条来组织证据并设计诉讼策略,其思路要点如下:

强调因依法转让地上建筑物、构筑物等附着物导致土地使用权转移的,必须向土地所在地的县级以上人民政府土地行政主管部门提出土地变更登记申请,本案中北臧村镇政府原土地管理所之行为属于超越职权,应参照适用《行政许可法》的有关规定。北臧村镇政府作为原土地管理所之上级行政机关,有权对超越法定职权作出的行政行为予以撤销。

【法官审判要旨】

本案法官一方面确定镇级人民政府无权对农村宅基地使用权进行变更登记,并确定作出行政确认决定的行政机关或者其上级行政机关有权对超越法定职权作出的行政确认进行撤销,正确地适用了法律。另一方面向原告释明其合法权益可以通过另案民事诉讼等途径得到适当保护,也维护了公平正义。

【结语】

农村土地使用权的登记部门应当是县级人民政府或者县级以上人民政府土地行政主管部门,而镇级人民政府仅仅具有农村村民住宅用地的审核职能。因此,镇级人民政府无权对农村宅基地使用权进行变更登记。本案法院明确了《土地管理法》第 62 条、《土地管理法实施条例》第 6 条的适用原则,对类似案件的处理很有参考价值。

【案外语】

在当事人同时可以通过民事诉讼途径和行政诉讼途径维护权益时,律师应当仔细斟酌,确定法律适用的情况和事实证据的掌握情况,判断胜诉可能性,正确地选择维护权益的途径。

八、宅基地使用权纠纷

案例（082） 吴某连等诉谢某珍等宅基地使用权纠纷案（转让）

来源：(2011)防市民一终字第 193 号
作者：李吏民

【案例导读】

农村宅基地具有身份属性，只有本村村民才有资格申请取得宅基地。法律明确规定农村宅基地属于农民集体所有，农民对宅基地只有使用权而无所有权，宅基地不能非法买卖及以其他形式非法转让。本案是较为典型的宅基地转让纠纷，违反《土地管理法》强制性规定的宅基地转让协议是无效的，但宅基地转让协议被确认无效后责任如何划分、财产如何返还、损失如何承担成为处理此类案件的难点。

【案情简介】

2007 年年底，防城镇沙埠村将位于河西新区吴屋一组的 5 号宅基地分配给吴某连及杨某使用。之后，吴某连、杨某因无法凑足建房费用，经人介绍，遂与谢某珍、吴某福协议转让宅基地，并于 2008 年 3 月 20 日签订《断卖宅基地契约》，约定由吴某连、杨某将上述宅基地断卖给谢某珍、吴某福，总价款为 31.8 万元；该地的一切手续及证件交由谢某珍、吴某福收执。当天，谢某珍及吴某福付清对方全部价款。2008 年 5 月，吴某连反悔，要求返还对方全部价款，收回宅基地，双方由此引发纠纷。吴某连以契约无效及儿子杨某不同意卖地为由，于 2010 年 6 月 29 日向一审法院提起诉讼，请求确认断卖宅基地契约无效。2010 年 7 月 29 日，吴某福病故。2010 年 9 月 25 日，谢某珍及吴某福的法定继承人吴某铭、吴某宁提出反诉，以对方明知出卖的宅基地禁止流转，出尔反尔，应承担主要过错责任为由，请求吴某连、杨某赔偿信赖利益损失 40 万元。

【审理与判决】

1. 诉讼当事人

原告为吴某连、杨某（反诉被告），被告为谢某珍、吴某铭、吴某宁（反诉原告）。

2. 争议焦点

(1) 双方签订的《断卖宅基地契约》无效的过错责任如何分担？

(2) 签订的《断卖宅基地契约》无效后，是否造成损失？

3. 判决过程

一审法院审理认为：吴某连、杨某与谢某珍及吴某福签订的《断卖宅基契约》违反宪法、法律的规定,应归于无效。据《合同法》第58条规定,谢某珍及吴某福法定继承人吴某铭与吴某宁应将宅基地返还吴某连与杨某;同时,由吴某连、杨某返还谢某珍、吴某铭与吴某宁宅基地款31.8万元。吴某连、杨某明知所获安置的宅基地不可转让而擅自将其对外出售给对方,出售后进而又反悔,行为明显有悖诚实信用原则,故其过错程度较大,应承担本案70%的过错责任。谢某珍与吴某福明知自己不具备农村宅基地的受让资格而购买宅基地的行为亦有过错,但过错程度较小,应承担本案30%的过错责任。鉴于《断卖宅基地契约》的无效给买受方谢某珍等人的信赖利益造成损失,承担主要过错的出卖方理应给予相应赔偿。赔偿数额的计算基数应参照评估机构评估的宅基地区位总价值70.68万元。据此,吴某连、杨某应赔偿谢某珍、吴某铭、吴某宁信赖利益损失(70.68万元-31.8万元)×70%=27.216万元。判决确认《断卖宅基地契约》无效;谢某珍、吴某铭、吴某宁将宅基地返还吴某连与杨某;吴某连、杨某返还谢某珍、吴某铭与吴某宁宅基地款31.8万元;吴某连、杨某赔偿谢某珍、吴某铭、吴某宁信赖利益损失27.216万元。

二审法院经审理认为:

(1)吴某连、杨某与谢某珍、吴某铭、吴某宁签订的《断卖宅基地契约》因违反法律的规定而无效,根据《合同法》第56条规定,无效的合同自始无效,不受法律保护,因此,无效的合同不得到履行。吴某连、杨某与谢某珍、吴某铭、吴某宁,明知农村集体宅基地不能转让,仍然非法买卖,双方当事人对造成合同无效有同等的主观过错,应承担同等的过错责任。一审法院以吴某连、杨某反悔,违背诚实信用原则为由,认为吴某连、杨某负主要过错责任,理由不充分。

(2)本案中,吴某连、杨某与谢某珍、吴某福签订的《断卖宅基地契约》无效。由于吴某连、杨某与谢某珍、吴某福双方对造成合同无效均有过错,根据法律规定,合同无效后,有过错的一方应当赔偿对方因此所受到的损失,双方都有过错的,应该各自承担相应的责任。对于本案中是否存在信赖利益损失以及损失数额如何确定的问题,应综合考虑双方当事人转让宅基地时的转让价与法院委托评估诉争宅基地时的宅基地区位价值来进行确定。吴某连、杨某与谢某珍、吴某福是在2008年3月20日签订合同的,当时的转让价是31.8万元。双方当事人发生纠纷在2010年6月29日,即向一审法院起诉时,一审法院在2011年4月20日委托评估公司对诉争的宅基地进行区位价值评估时,由于相隔三年,诉争宅基地的周边环境、用地成本、开发价值已经发生了改变,因而诉争宅基地的区位价值也有所变化。一审法院全面考虑出卖人因土地升值所获利益及买受人因土地现值和原买卖价格的差异所造成的损失两方面因素予以确定,采信了广西中正土地评估有限责任公司评估出来的诉争宅基地的区位总价值70.68万元,符合公平原则。因此,谢某珍、吴某福的信赖利益损失应当是38.88万元(70.68万元-31.8万元)。由于谢某珍、吴某福对造成合同无效也应承担 50% 的过错责任，其自身也应承担相应的责任，因此，吴某连、杨某应当赔偿谢某珍、吴某铭、吴某宁信赖利益损失 19.44 万元（38.88 万元乘以 50%）。综上，二审法院判决维持一审法院判决第一、二、三项，改判吴某连、杨某赔偿谢某珍、吴某铭、吴某宁信赖利益损失 19.44 万元。

【法律要点解析】

本案是常见的宅基地买卖协议效力所引发的纠纷，在审理过程中双方关于合同无效基本达成了一致观点，但就协议无效的过错责任如何分担、协议无效所致的损失如何确定的问题，双方始终未能达成一致，经法院审理后总算拨云见日。

1. 关于农村宅基地转让协议的效力

在我国，宅基地使用权是属于农村集体经济组织成员享有的权利，有着特定身份的限制，具有福利性质。同时，根据《中华人民共和国宪法》《土地管理法》规定，宅基地属于农民集体所有，农民对宅基地只有使用权而无所有权、处分权，宅基地不能非法买卖及以其他形式非法转让。

本案中，谢某珍等人属城镇人口，并非沙埠村村民，依法不具备农村宅基地的受让资格，其无权取得农村宅基地的使用权。吴某连、杨某与谢某珍、吴某福签订《断卖宅基地契约》违反了《土地管理法》之规定，任何单位和个人不得侵占、买卖或者以其他形式非法转让土地，其宅基地转让行为扰乱了国家正常的土地管理秩序。根据《合同法》第 52 条第（五）项，违反法律、行政法规的强制性规定的合同无效。因此，吴某连、杨某与谢某珍、吴某福签订的宅基地转让协议无效。

2. 关于导致宅基地转让协议无效的责任分配

根据法律规定，对于合同无效的，有过错的应当赔偿对方因此所受到的损失，双方都有过错的，应当各自承担相应的责任。

本案中，吴某连等人认为自己没有过错、对宅基地转让协议无效没有责任，而谢某珍等人认为吴某连等人明知宅基地不能转让而转让，违背诚实信用原则，其对宅基地转让行为无效应承担主要责任。因此，如何划分双方在宅基地转让协议无效中的责任就成为本案处理的关键。

吴某连等人在明知道农村集体宅基地不能转让的情况下仍然非法买卖，谢某珍等人在明知道自己依法不具备农村宅基地受让资格的情况下仍旧购买该宅基地，买卖双方在本案宅基地转让过程中对造成合同无效有同等主观过错，应该承担同等的过错责任。

一审法院以吴某连等人在出售宅基地后反悔的行为有悖诚实信用原则为由，认定吴某连、杨某负主要过错责任，是存在错误的。吴某连等人在转让宅基地时没有比谢某珍等人具有更多的义务，且本宅基地转让协议是在村委会签订的，吴某连等人也将自己的相关手续交给了谢某珍等人，此时，谢某珍等人完全可以判断自己是否符合受让资格,从而决定是否受让该宅基地,因此,二审法院判决双方对造成合同无效承担同等责任是正确的。

3. 关于本案宅基地转让协议被确认无效后,是否给买卖双方造成损失？如果有,损失该如何确定

《合同法》第 58 条规定：“合同无效或者被撤销后,因该合同取得的财产,应当予以返还……有过错的一方应当赔偿对方因此所受到的损失,双方都有过错的,应当各自承担相应的责任。”本案中,关于吴某连等人和谢某珍等人双方是否存在信赖利益损失以及损失数额如何确定的问题,应当综合考虑涉诉宅基地转让时的价格以及吴某连等人起诉时宅基地的区片综合价来进行确定。由于双方宅基地转让距本案起诉受理已有几年时间,土地综合区片价、环境状况、开发价值等均已发生变化,双方在签订《断卖宅基地契约》时,购地的价款为 31.8 万元,在诉讼过程中一审法院委托评估机构对宅基地进行评估的区位总价值为 70.68 万元,据此可以确定吴某连等人因合同无效收回宅基地可获得宅基地因升值而增长的利益,而谢某珍等人因此遭受了土地原价值和现价值的差异所造成的损失。故损失是确实存在的。

关于损失具体的数额该如何确定的问题,综合考虑双方在购地时支付价款,相比诉讼时评估公司评估确定诉争土地的区片综合价之间的差异,确定吴某连等人的土地收益及谢某珍等人的损失,得出谢某珍等人的信赖利益损失为 38.88 万元[(70.68-38.8)万元],是较为合理的结论。

【律师点评】

本案双方对宅基地转让的效力是没有争议的,核心的争议就是对宅基地转让协议认定无效之后有无相应的损失及损失如何承担的问题。实际上,吴某连等人是在宅基地升值的情况下提起了本案诉讼,对宅基地升值也是明知的,只不过双方对具体数额有争议罢了。吴某连等人的诉讼策略是确认宅基地转让协议无效返还转让价款不承担宅基地升值部分的损失,但这是不现实的,根据本案的情况,应当确定宅基地在一审诉讼时的区位价值,在双方达不成一致意见的情况下,应当委托评估机构进行评估,因此,一审法院委托评估机构进行评估是正确的,吴某连等人虽对评估机构作出的评估报告有异议但未申请重新评估,也未提出相反的证据证明评估报告认定的宅基地的区位价值不正确,故对其作出了不利判决。谢某珍等人的诉讼策略是提起反诉要求吴某等人承担宅基地的升值部分的损失,但对宅基地转让协议无效,其也应当承担一定责任,所以应当提出适当的赔偿数额,故其一部分诉讼请求没有得到支持。

【案外语】

农村私有房屋及宅基地交易在现实中是比较普遍的,主要原因是相关部门监

管不力、农村集体经济组织相对涣散。而近年来由于土地市场价格的持续上扬、房屋拆迁补偿等利益驱动,已经交易多年甚至十几年、二十几年的房屋及宅基地,因卖方反悔纷纷提起确认转让协议无效之诉,此类案件数量呈上升趋势。

我国现阶段对农村集体建设用地是不准上市交易的,对农村宅基地进行买卖是禁止的。在农村宅基地转让协议司法实践中,一般情况下是判决无效的,只有在买卖双方都是同一集体经济组织的成员,经过了宅基地审批手续的,才可以认定合同有效。因此,对农村宅基地转让,无论是转让方还是受让方都应该慎重,特别是受让方如果不是本集体经济组织成员是无法办理宅基地使用证书的,没有宅基地使用证,其权益就无法得到保障。

案例(083) 万某飞与陈某海等宅基地使用权纠纷案(跨集体经济组织转让)

来源:(2018)浙 0782 民初 5237 号
作者:李吏民

【案例导读】

依照目前的法律规定,农民享有使用权的宅基地是不准非法转让的,其转让行为以认定无效为原则、以有效为例外。本案为同一行政区内不同经济组织成员之间宅基地转让行为。由于本案发生在第一批全国农村土地制度改革试点地区之一——义乌市,转让行为符合当地规定的转让条件的转让行为有效,使农村宅基地及其房屋在跨集体经济组织之间流转变成了现实,本案具有开创性的意义,值得学习研究。

【案情简介】

2015 年 1 月 31 日,陈某海、陈某华、陈某超因旧村改造,经审批取得义乌市北苑街道畈东村 126 平方米的建房用地。

2015 年 8 月 13 日,万某飞(受买人)与被告陈某海(出卖人)签订《房屋预售合同》一份,该《房屋预售合同》载明:"一、出卖人将坐落于义乌市北苑街道畈东村,旧村改造的安置房屋(简称安置房屋,计建筑占地面积 36 平方米,包括地下室建筑面积和一切附属设施及房屋前后空地使用权)预售给受买人所有。房屋建造及层数按畈东村委统一规划。二、预售安置房屋价款计人民币(大写):柒拾伍万陆仟元整,(小写)756 000 元整……三、预售安置房屋价款支付:受买人于本协议生效后,预付款叁拾柒万捌仟元,余款叁拾柒万捌仟元到宅基放样结束后 2 天内付清……四、本协议生效后,被安置房屋享有的一切权利和义务随之转让给受买人,出卖人应积极并无条件及时配合受买人办理有关该房产的一切手续,并提供该房产的一切凭证……五、……若政策法律许可,出卖人应无条件协助办理两证过户变更手续并在规定时间内完成……"陈某华在上述合同共有人一栏中签名捺指印。

万某飞系义乌市北苑街道前洪村股份经济合作社成员。陈某海与被告陈某华系夫妻关系,陈某超系陈某海与陈某华之子,三人均系义乌市北苑街道畈东村股份经济合作社成员。

2015年8月14日,万某飞向陈某海支付购房款人民币378 000元。2015年12月8日,万某飞又向陈某海支付购房款人民币378 000元,万某飞二次共计支付购房款人民币756 000元。

2016年4月14日,涉案建设用地取得了建设工程规划许可证。后万某飞出资在涉案建设用地上建造了房屋并占有使用至今,该房屋现坐落于义乌市。涉案建设用地的土地性质为集体土地。陈某超、陈某海、陈某华三人至今尚未办理涉案不动产的初始登记及协助万某飞办理转移变更登记手续。

2018年3月27日,原告诉至法院,要求:

(1)确认万某飞与陈某海于2015年8月13日签订的《房屋预售合同》合法有效;

(2)判令陈某超、陈某海、陈某华三人办理涉案36平方米不动产的初始登记手续;

(3)判令陈某超、陈某海、陈某华三人协助万某飞办理涉案36平方米不动产过户至万某飞名下的变更登记手续。

后万某飞变更诉讼请求为:

(1)确认万某飞与陈某海、陈某华于2015年8月13日签订的《房屋预售合同》合法有效;

(2)判令陈某超、陈某海、陈某华三人办理位于义乌市中36平方米不动产的初始登记手续;

(3)判令陈某超、陈某海、陈某华三人协助万某飞办理位于义乌市中36平方米不动产过户至万某飞名下的变更登记手续。

【审理与判决】

1. 诉讼当事人

原告为万某飞,被告为陈某海、陈某超、陈某华。

2. 争议焦点

(1)涉案的《房屋预售合同》是否有效?

(2)原告要求被告办理涉案房屋初始登记、变更登记是否得到支持?

3. 判决过程

一审法院认为:最高人民法院发布的《第八次全国法院民事商事审判工作会议(民事部分)纪要》第19条规定,"在国家确定的宅基地制度改革试点地区,可以按照国家政策及相关指导意见处理宅基地使用权因抵押担保、转让而产生的纠纷"。义乌市是第一批全国农村土地制度改革试点地区。《义乌市农村宅基地使用权转让细则(试行)》第7条规定,已完成新农村建设(含更新改造、旧村改造、"空心村"改造、"异地"奔小康工程)的村庄,经村民代表会议同意,所在镇人民政府(街道办事处)审核,报国土局、农林局(农办)备案后,允许其农村宅基地使用权在本市行政区域范围内跨集体经济组织转让。

一审法院认为,原告万某飞与被告陈某海于2015年8月13日签订的《房屋预售合同》名为预售房屋,实为对三被告旧村改造审批取得的宅基地使用权的转让。本案原、被告均系义乌市行政区域范围内的村级集体经济组织成员,故本案宅基地使用权的转让属于跨集体经济组织转让。根据畈东村民委员会及北苑街道办事处出具的证明,被告转让后仍拥有符合条件的合法住宅。

一审法院认为,本案宅基地使用权的转让系双方真实意思表示,符合最高人民法院发布的会议纪要的规定和义乌市土地制度改革试点政策,合同的内容也没有违反法律、行政法规的强制性规定,应认定合法有效。被告陈某华作为共有人在上述合同中签名捺指印,应认定系本案合同相对人。被告陈某超系被告陈某海、陈某华之子,在签订本案合同时没有成年,基于三被告的身份关系,原告有理由相信被告陈某海、陈某华有代理权,故本案《房屋预售合同》依法对被告陈某超具有法律上的约束力。原告万某飞已付清转让款,履行了合同义务,且在涉案建设用地上已出资建造房屋并居住使用。被告作为转让方按约负有办理涉案不动产初始登记并协助原告办理转移变更登记的义务。根据原告提供的证据,可以认定涉案不动产现坐落于义乌市。综上,原告的诉讼请求于法有据,本院予以支持。判决如下:

(1)原告万某飞与被告陈某海、陈某华于2015年8月13日签订的《房屋预售合同》合法有效。(2)被告陈某海、陈某华、陈某超于本判决生效后15日内办理坐落于义乌市占地36平方米的不动产初始登记及协助办理将该不动产过户到原告万某飞名下的转移登记手续。

【法律要点解析】

1. 涉案的《房屋预售合同》是否合法有效

原被告签订《房屋预售合同》时尚未建设房屋,涉诉的《房屋预售合同》实质上是宅基地转让协议。农村的宅基地一般情况下是禁止转让的,但本案比较特殊,发生在第一批全国农村土地制度改革试点地区之一——义乌市,在试点区域内符合一定的条件是可以跨集体经济组织转让的。根据《义乌市农村宅基地使用权转让细则(试行)》第5、6、7条之规定,已完成新农村建设(含更新改造、旧村改造、"空心村"改造、"异地奔小康"工程)的村庄,经村民代表会议同意,所在镇人民政府(街道办事处)审核,报国土局、农林局(农办)备案后,允许其农村宅基地使用权在本市行政区域范围内跨集体经济组织转让。但受让人必须符合下列条件：①为本市行政区域范围内的村级集体经济组织成员；②在同一行政村内转让取得的宅基地，其面积不得超过《义乌市农村宅基地取得置换暂行办法》及相关配套政策规定的最高户型面积。本案中，原被告签订《房屋预售合同》系双方真实意思表示，其同属于义乌市范围内村级集体经济组织成员，被告转让后仍拥有符合条件的合法住宅。且该协议已实际履行，办理了建设工程规划许可证，原告也已经建起了房屋，其转让行为符合上述规定，根据最高人民法院发布的《第八次全国法院民事商事审判工作会议（民事部分）纪要》第 19 条规定的精神，合同内容没有违反法律、行政法规的强制性规定，应认定合法有效。

2. 被告应否办理涉案宅基地不动产初始登记及转移登记

根据上面分析，原被告所签订的《房屋预售合同》合法有效。

该合同第 4 条规定，本协议生效后，被安置房屋享有的一切权利和义务随之转让给受买人，出卖人应积极并无条件及时配合受买人办理有关该房产的一切手续，并提供该房产的一切凭证。可以看出，被告有办理涉案宅基地不动产初始登记及转移登记的义务。被告不办理相关产权登记属于违约，影响了原告的合法权益。一审法院判决被告办理涉案宅基地初始登记及转移登记是正确的。

【律师点评】

本案是宅基地转让后，在达到可以办理不动产登记条件时，转让方不予配合，无法办理产权登记引起的纠纷。原告的诉讼策略是确认《房屋预售合同》合法有效，请求被告履行《房屋预售合同》约定的办理不动产登记的义务，这样会得到法院的支持。因此，确认《房屋预售合同》效力是本案的关键，只有确认合同有效，原告请求办理相应的不动产登记才能得到支持。原告搜集了大量的证据证明当时签订协议的背景及其履行情况符合《义乌市农村宅基地取得置换暂行办法》规定的转让条件，最终得到了法院的支持。

本案是比较典型的，对农村土地制度改革具有积极意义，符合一定条件的农村集体建设用地可以上市交易，这样会盘活农村土地资产，促进农村经济发展。

案例（084） 李某杰诉临汾市人民政府土地行政登记纠纷案（城镇宅基地）

来源：（2015）晋行终字第 207 号
作者：李吏民

【案例导读】

本案是因家庭纠纷引起的土地行政登记案件，土地登记行为涉及土地争议的双方,闫某珍认为李某杰没有取得土地的使用权、临汾市人民政府办理的土地登记行为没有事实根据而提起的诉讼。二审法院对证据认真审查认证,认定分家的事实,以从实际出发、尊重历史、面对现实的原则处理本案,从而认定了土地登记的效力。

【案情简介】

李某星、李某元、李某梁系同胞兄弟,均系闫某珍的儿子,李某星系李某杰的父亲。临汾市尧都区体育街54号院为闫某珍及其丈夫李某生的祖业。李某生生前口头将宅基地划分给三个儿子,李某星居东,李某元居中,李某梁居西,居住至今。1990年,李某生去世。

从1991年开始,李某梁将李某星诉至法院,经过(1992)法民初字第106号民事判决书、(1992)民上字第434号民事裁定书、(1994)临民初字第3号民事判决书、(1994)临民终字第199号民事判决书、(2008)临民监终字第3号民事裁定书、(2008)临民再终字第0003号民事裁定书后,在(2009)临尧民重字第001号民事裁定书中,李某梁撤回起诉,该裁定已经发生法律效力。其间,在(1992)法民初字第106号民事案件审理过程中,闫某珍称李某生在世时将体育街54号院分给三个儿子,并于1989年4月27日在村委会进行了登记。2012年1月29日,李某星去世。

2012年3月14日,李某杰向临汾市人民政府提出申请,对体育街54号院中实际使用的土地进行登记,并向土地登记机关提交了临汾市南街办事处南街村委会的证明、闫某珍2009年5月16日的遗嘱及2009年1月14日作为申请登记的土地权属来源证明文件。登记过程中李某元作为四邻进行了签字,经土地登记机关审核于2012年5月2日向李某杰颁发了临国用(2012)第0022号国有土地使用权证,闫某珍不服,提起行政诉讼,以临汾市人民政府为被告,李某杰为第三人,诉至法院,要求撤销临汾市人民政府为李某杰颁发的临国用(2012)第0022号国有土地使用证。

一审法院经过审理认为,临汾市人民政府为李某杰办理土地登记的行政行为的主要证据不足,因此判决撤销临汾市人民政府为李某杰颁发的临国用(2012)第0022号国有土地使用证。

第三人李某杰不服一审判决,遂以原审原告闫某珍为被上诉人提起上诉。

2015年10月29日,二审法院经过审理之后认为闫某珍的诉讼请求不能成立,应予驳回。原审法院适用法律错误,应予撤销。临汾市人民政府为李某杰颁发临国用(2012)第0022号国有土地使用证的行为有效。

【审理与判决】

1. 诉讼当事人

原告为闫某珍,被告为临汾市人民政府,第三人为李某杰。

2. 争议焦点

临汾市人民政府为李某杰颁发临国用(2012)第 0022 号国有土地使用权证事实是否清楚、程序是否合法？

3. 判决过程

一审法院认为，闫某珍与本案所涉登记行为具有法律上的利害关系，具备原告主体资格。根据《土地登记办法》(已失效)第 9 条第 3 款的规定，申请人申请土地登记，应当提交土地权属来源证明。本案临汾市人民政府提交的土地登记档案中，申请人提交的权属来源的证明文件包括 1989 年临汾市南街办事处南街村委会的证明、2009 年 5 月 16 日闫某珍的遗嘱以及 2009 年 1 月 14 日的权属证言。根据《继承法》第 2 条的规定，继承从被继承人死亡时开始。土地档案的遗嘱系 2009 年 5 月 16 日书写，本院在庭审前对闫某珍进行了询问，闫某珍作为立遗嘱人还健在，遗嘱未生效。对于权属证言，闫某珍否认，且没有闫某珍的签字和手印。对于南街村委会的证明，虽复印于尧都区人民法院卷宗，但因无原件无法核对。故上述证据无法证明所涉土地的权属来源。临汾市人民政府为李某杰办理土地登记的行政行为的主要证据不足，因此判决撤销临汾市人民政府为李某杰颁发的临国用(2012)第 0022 号国有土地使用证。

二审法院认为，本案所诉争的土地为体育街 54 号院的一部分，李某杰的祖父李某生去世前就将体育街 54 号院分配给三个儿子，李某星居东、李某元居中、李某梁居西，后三家各自盖房居住至今。虽然闫某珍的权属证言及闫某珍的遗嘱不能作为权属来源，但是临汾市南街办事处南街村委会的证明能与原来民事案件中的笔录及对闫某珍的询问笔录相印证，能够证明体育街 54 号院早已分别归属于李某星、李某元及李某梁。依据《土地登记办法》(已失效)第 9 条及第 45 条第 1 款的规定，李某杰向临汾市人民政府提供了土地登记申请书、身份证明、临汾市南街办事处南街村委会的证明及李某星死亡证明等相关材料，临汾市人民政府依据李某杰的申请，进行地籍调查、四邻签字后，逐级审批后给李某杰颁发临国用(2012)第 0022 号国有土地使用权证，符合从实际出发、尊重历史、面对现实的原则，闫某珍的诉讼请求不能成立，应予驳回。原审法院适用法律错误，应予撤销。故于 2015 年 12 月 29 日作出二审判决：

(1)撤销山西省临汾市中级人民法院作出的(2015)临行初字第 8 号行政判决；

(2)驳回闫某珍的诉讼请求。

【法律要点解析】

1. 闫某珍是否具有原告主体资格

闫某珍能否对本案提起诉讼？临汾市颁发的国有土地使用证所涉的土地闫某珍认为有争议，涉及其使用的土地，登记存在错误，该证所涉的土地原为闫某珍夫妇使用的土地，因此，临汾市人民政府的土地登记行为与闫某珍之间有利害关系，其作为利害关系人可以提起本案诉讼，具有本案的诉讼主体资格。

2. 颁发临国用（2012）第0022号国有土地使用权证是否证据充分

依据《土地登记办法》（已失效）第9条规定，申请人申请土地登记，应当根据不同的登记事项提交土地权属来源证明等材料。临汾市南街办事处南街村委会的证明能与原来民事案件中的笔录及对闫某珍的询问笔录相印证，能够证明体育街54号院早已分别归属于李某星、李某元及李某梁。从而能够证明李某杰有相应的土地权属来源。临汾市人民政府依据李某杰的申请，进行地籍调查、四邻签字后，逐级审批后给李某杰颁发了临国用（2012）第0022号国有土地使用权证，事实是清楚的。

对于土地权属的来源证明是否充分，两级人民法院作出了不同的认定。李某杰提交的权属来源的证明文件包括1989年临汾市南街办事处南街村委会的证明、2009年5月16日闫某珍的遗嘱以及2009年1月14日的权属证言。

3. 第三人是否可以上诉

本案中，一审判决撤销了临汾市人民政府颁发的国有土地使用证后，临汾市人民政府没有上诉，第三人是否可以上诉？本案涉及的土地使用证是临汾市人民政府为李某杰颁发的，土地使用证被一审法院判决撤销，会直接影响到李某杰实体上的权利义务，因此，李某杰可以对本案提起上诉。

【律师点评】

本案之所以在二审反转，撤销一审判决驳回原告诉请，关键是一、二审法院对证据的认证。一审法院认为，临汾市人民政府土地档案中的遗嘱系2009年5月16日书写，闫某珍作为立遗嘱人还健在，遗嘱未生效。对于权属证言，闫某珍否认，且没有闫某珍的签字和手印；对于南街村委会的证明，虽复印于尧都区人民法院卷宗，但因无原件无法核对；所以一审法院认定上述证据无法证明所涉土地的权属来源，没有土地权属来源材料，土地登记就成了"无本之木"了，因此一审法院就撤销了涉诉的土地使用证。

在二审中，上诉人李某杰又补充提交了新的证据——涉案土地的多份判决书。其中，（1992）法民初字第106号民事案件中，1992年4月12日闫某珍的询问笔录及1992年4月29日的开庭笔录中，闫某珍认可将体育街54号院分家的事实，该事实闫某珍在二审中也认可。南街村委会的证明虽无原件，但其从临汾市尧都区人民法院的卷宗内复印是事实，也与闫某珍的询问笔录相吻合，一审法院单以复印件没有原件比对从而不予认可明显是不正确的。排除一审时的遗嘱及权属证言，故结合上述这些证据材料完全可以认定李某杰有相应的土地权属来源。经李某杰申请，临汾市人民政府进行了地籍调查、四邻签字后，逐级审批后给李某杰颁发临国用（2012）第0022号国有土地使用权证，符合从实际出发、尊重历史、面对现实的原则,故二审法院撤销一审法院判决、驳回闫某珍的诉讼请求是正确的。

当然,如果李某杰在一审时将相关证据都提交了,一审法院对南街村委会的证明进行调查,本案在一审时的判决结果可能是另一种走向,也将减少当事人的诉累。

九、地役权纠纷

案例(085) 施某元与赵某显地役权纠纷案

来源:(2014)大中民终字第695号
作者:周帆

【案例导读】地役权以书面合同设立,随着土地承包权互换或宅基地使用权转让而转让。

【案情简介】
原告施某元、被告赵某显系相邻关系,原告家居北,被告家居南。双方争议巷道位于原告家南侧、被告家北侧,由西向东通行,东边接村内大道,被告的房屋大门通向该巷道,原告于2014年4月份修建大门通向该巷道。该巷道原为原、被告以及施某峰、施某宝四户共同通行,是原告必经的唯一通道。1998年2月9日,原、被告及相邻施某峰、施某宝四户为使赵某显户房北巷道畅通,方便左邻右舍生产生活,经当时剑川县甸南乡龙门村公所从中调解,达成巷道协议书,协议书约定:"一、在赵某显户搞基建时,北耳房与巷道北的施某元等户之间的巷道留足2.1米(6尺3寸),石脚外皮对外皮;二、巷道两边靠墙檐水内,不得堆放石头等物,保证道路畅通;三、在施某宝审批地基搞基建时,赵某显户的厕所必须拆除,以后任何户都不得重建;四、在赵某显户基建搞完后,集体巷道由四户共同义务维修、管理。"2010年3月18日,被告向李某康兑换了李某康向施某昌兑换的承包地,2014年1月份施某峰将房产转让给原告,故形成该巷道由原、被告双方共同维修、管理。2013年年底,该村对辖区内村道全部铺成水泥路面时,原、被告双方因巷道使用权发生争议,故双方间巷道未铺设为水泥路面。后经剑川县甸南镇人民政府、剑川县甸南镇龙门村委会调解,但未果。2014年1月23日,原告向本院提起诉讼。

【审理与判决】
1. 诉讼当事人
一审原告(被上诉人)施某元,被告(上诉人)赵某显。
2. 争议焦点
上诉人赵某显是否应当拆除巷道内修建的厕所、化粪池等,恢复巷道原状?

3. 诉请与抗辩

一审原告诉请：

（1）判令被告停止侵占，消除影响，积极配合村里巷道建设；

（2）诉讼费由被告承担。

二审上诉人请求：

（1）撤销一审判决第一项，维持第二项；

（2）一、二审诉讼费由被上诉人承担。

4. 判决过程

一审法院认为，公民、法人的合法权益受法律保护。我国《物权法》第156条第1款规定"地役权人有权按照合同约定，利用他人的不动产，以提高自己的不动产的效益"。土地承包经营权、建设用地使用权等转让的，地役权一并转让。本案中，1998年2月9日，由当时的剑川县甸南乡龙门村公所居中调解，原、被告及施某峰、施某宝四户之间达成的巷道协议书属当事人真实意思表示，该协议合法、有效，故当事人应当按照约定履行自己的义务，不得擅自变更或者解除合同。协议签订之后，被告通过互换的方式取得争议巷道通向的原施某宝承包地承包经营权，原告通过转让方式取得争议巷道通向的原施某峰宅基地使用权，因此争议巷道现应由原、被告共同通行使用。现被告以争议巷道应属被告承包地范围为由，在争议巷道内种植玉米等农作物，建盖厕所、化粪池、台阶，并用石块、瓦片、简易门等障碍物将巷道东入口围起，堵塞原告通行，已违反了上述协议，依协议应予清除。原告要求判令被告积极配合村里巷道建设，不属于法院管辖范围，故不予支持。剑川县法院于2014年3月13日作出（2014）剑民初字第36号民事判决书，原告不服提起上诉，上诉期间，原告于2014年4月25日修建大门通向该巷道，被告则于2014年4月30日在靠被告户的西端修建厕所、化粪池、台阶，并用瓦片砖石将争议巷道堵塞，在此争议巷道内种植玉米。大理州中级人民法院以被告在一审庭审结束后实施的修建厕所、化粪池、台阶、堆放瓦片、种植玉米的行为属于二审中的新事实，致使原审判决对新出现的事实未予认定，由于二审新事实的出现，必然对当事人之间的权利义务产生影响为由，作出民事裁定书，裁定撤销原判，发回重审。

重审一审判决如下：

（1）限被告赵某显于判决生效后10日内拆除建盖在巷道内的厕所、化粪池、台阶，并清除堆放在巷道东入口的石块、瓦片、简易门等障碍物以及种植在巷道内的玉米等农作物，恢复巷道原状，保障巷道畅通；

（2）驳回原告施某元其他诉讼请求。

案件受理费人民币100元，由被告赵某显负担。

被告不服，提起上诉。二审中，上诉人赵某显向法院提交剑川县甸南镇龙门村委会证明一份，证实赵某显房北农地属其承包地，1984年至今一直由本户耕种，本户基建时作为临时通道使用。经质证被上诉人对该证据的真实性、合法性、关联性均不认可。

二审法院认为，村委会的证据与当事人于1998年2月9日在龙门村公所主持下达成的巷道协议书的约定不一致，无法仅凭村委会的证明就认定上诉人主张的事实成立，故不作为本案的定案证据使用。上诉人赵某显与被上诉人施某元及施某峰、施某宝四户之间达成的巷道协议书属当事人真实意思表示，是依法成立的合同，对当事人具有法律约束力。当事人应按照协议约定履行自己的义务。协议中约定上诉人户应留足争议通道石脚外皮对外皮为2.1米的宽度，巷道两边靠墙檐水内，不得堆放石头等杂物，上诉人有义务保持争议巷道的畅通等，被上诉人对争议巷道享有通行权，上诉人在双方已进入诉讼阶段私自实施的修建行为违反了双方的约定和法律规定，上诉人对在争议巷道内修建的厕所、化粪池、台阶、堆放的瓦片、种植的玉米应予以清除，上诉人赵某显以争议巷道是其承包地面积为由，对巷道占有、管理、使用的上诉理由不能成立，本院不予支持。

二审判决如下：
（1）维持剑川县人民法院（2014）剑民初字第228号民事判决书第一项；
（2）撤销剑川县人民法院（2014）剑民初字第228号民事判决书第二项；
驳回原审原告的其他诉讼请求。
一审案件受理费100元，二审案件受理费200元，均由上诉人赵某显负担。

【法律要点解析】
1. 地役权与相邻权的异同

地役权指利用他人土地以提高自己不动产效益的权利。相邻权指不动产的相邻各方因行使所有权或使用权而发生的权利义务关系。地役权既可以发生在相毗邻的不动产之上，也可以发生在不相毗邻的不动产之上。相邻权只发生在相互毗邻的不动产之上，是对所有权的限制或延伸，也是所有权权能的体现。

两者受到损害后救济请求权不同：相邻权受到损害后，应该提起所有权行使受到妨害之诉；而地役权受到损害后，可以直接提起地役权受到损害之诉。

2. 地役权的取得原因

地役权的取得，一是基于法律行为而取得，包括以各方合意行为（如书面合同）设定地役权或者以单方行为（如遗嘱）设定地役权，二是基于法律行为以外的原因而取得，包括因时效而取得、因继承而取得。

3. 地役权的从属性

享有地役权的土地称为需役地，提供地役权的土地称为供役地。地役权不能离开需役地而独自存在，是一种从物权、他物权和用益物权。地役权不得单独转让或抵押。土地承包经营权、建设用地使用权等转让或抵押的,地役权一并转让或抵押。地役权随着需役地所有权或使用权的消灭而消灭。

4. 地役权的登记

地役权以书面合同设立后,当事人要求登记的,可以向登记机构登记;未经登记,不得对抗善意第三人。

5. 本案中地役权的特点

本案中四方通过签订书面合同设立通道共同使用的地役权,具有法律效力。后被告通过互换承包经营权取得该地役权,原告通过受让宅基地使用权而取得该地役权。故争议巷道地役权应由原告和被告共同行使。

【律师点评】

1. 为何二审法院裁定发回重审

因为在本案二审期间,被告在靠被告户的西端修建厕所、化粪池、台阶,并用瓦片砖石将争议巷道堵塞,在此争议巷道内种植玉米。该行为导致一审期间的事实状态发生重大变化,二审无法对一审后发生的事实状态进行判决,如果坚持判决,就会使被告丧失二审的上诉权利。故二审法院鉴于新发生的事实状态未经一审审理而作出发回重审的裁定,确实是高明之举。这也提示代理律师,今后如发现类似情况,可以直接要求二审法院发回重审。

2. 为何二审法院对被告提交的村委会证明不予采信

二审期间,被告提交了村委会证明一份,证实赵某显房北农地属其承包地,1984年至今一直由本户耕种,本户基建时作为临时通道使用。首先,该证据不属于新证据,已超过举证期限;其次,该证据不被原告所认可;再次,该证据明显与村公所主持下签订的四方协议内容不同;最后,该证明所证明的土地性质为承包地,而地役权是完全可以设立在承包土地之上的,该证明并不影响地役权的合法存在。因此,二审法院对该证明不予采信。

【结语】

本案二审判决事实认定清楚,适用法律正确,思虑周全,说理充分,逻辑性强,堪称经典判决。

案例(086) 张某亮与建行永城支行地役权纠纷案

来源:(2017)豫14民终3571号
作者:周帆

【案例导读】

本案涉及地役权的设定与认定,同时通过本案的诉讼经历表明正确理解地役权性质的重要性。

【案情简介】

2000年1月25日,张某亮为乙方、中国建设银行股份有限公司永城支行(以下简称"建行永城支行")(原中国建设银行永夏矿区支行)为甲方,双方签订房屋买卖合同,主要约定:"一、甲方将市饮食服务公司根据(1999)商中民一初字第15号调解书用以抵偿借款本息的房产及地皮(位于老城×路东侧,以饮食服务公司95××43号房屋所有权证表明的范围为准)出售给乙方……五、甲方淮海商厦东头一间过道作永久过道,甲、乙双方共同使用;六、原饮食服务公司95××43号房产证所表明的过道(临解放路西大门)所有权归乙方,作为永久过道使用……"张某亮于2000年3月24日取得房屋所有权证。张某亮购买的上述房产,北侧是建行永城支行的9500042号L型楼房,此楼房东头一层为东、西宽2.7米的南北过道,房产证附记栏写有"此楼东头过道属于矿区建行,南头过道属于饮食服务公司,2003年6月17日"之内容。2003年6月,建行永城支行采取拍卖的方式将上述房屋卖于案外人洪某伟,房管部门给洪某伟颁发05597号房屋所有权证,后永城恒丰贸易公司淮海大厦(以下简称"淮海商厦")行使优先购买权,商丘市中级人民法院于2004年6月23日作出判决,确认淮海商厦享有优先购买权。判决生效后,永城市住房保障服务中心依据商丘市中级人民法院(2005)商法执字第39号协助执行通知书,于2005年8月8日将该L型楼房过户给淮海商厦,房产证号为永房字第(2005)13901号,此楼一层东头的"过道"亦在此产权范围内,产权证书中没有关于"过道"的记载和说明。自此,张某亮与淮海商厦因该"过道"的使用产生纠纷。后张某亮以永城市住房保障服务中心为淮海商厦颁发房屋所有权证的行为侵犯其合法权益为由提起行政诉讼,虞城县人民法院作出(2016)豫1425行初2号裁定,驳回张某亮的起诉。张某亮不服提起上诉,商丘市中级人民法院于2016年6月27日作出(2016)豫14行终78号裁定,驳回上诉,维持原裁定。2015年10月21日,淮海商厦以张某亮强占该过道为由,提起侵权诉讼,要求张某亮停止侵权、返还房屋(过道),法院于2016年8月18日作出(2015)永民初字第4800号民事判决,判决张某亮返还淮海商厦上述"过道"。张某亮不服提起上诉,商丘市中级人民法院于2017年3月15日作出(2016)豫14民终4520号民事判决,驳回上诉,维持原判。另查明,该L型楼房及张某亮购买的房屋,原为河南省永城市饮食服务公司所有,该公司于1990年在改建上述物业时,为方便小吃市场通行,分别在淮海商厦L型楼房东端面朝淮海路和南端面朝解放路各留一通道。1992年,淮海商厦就L型楼房与河南省永城市饮食服务公司签订房屋租赁合同,后河南省永城市饮食服务公司以抵债方式将此楼房过户给建行永城支行。1995年11月9日,淮海商厦与建行永城支行续签房屋租赁合同至2001年7月1日,后又续签至2004年7月1日。

【审理与判决】

1. 诉讼当事人

原告张某亮,被告建行永城支行、永城恒丰贸易公司淮海大厦。

2. 争议焦点

(1)张某亮与建行永城支行之间是否设立地役权合同?

(2)两被告是否侵犯原告的地役权?

3. 判决过程

一审法院认为,地役权是指不动产权利人按照合同约定利用他人不动产,以提高自己的不动产的效益的权利。本案中,张某亮与建行永城支行于2000年1月25日签订房屋买卖合同,合同第5条约定"甲方淮海商厦东头一间过道作永久过道,甲、乙双方共同使用"。该约定实质上是双方对于使用通道的约定;同时,该房屋买卖合同在实质上已经满足了地役权书面合同的形式要件,且系双方真实意思表示,不违反法律规定,应为有效。故张某亮要求确认其与建行永城支行签订的地役权合同合法有效的诉讼请求,应予支持。《物权法》第158条规定"地役权自地役权合同生效时设立",张某亮作为地役权人,对该"过道"享有地役权。但是,建行永城支行于2003年6月出售9500042号房产时,未声明张某亮对该"过道"享有地役权(通行权),淮海商厦通过诉讼行使优先购买权胜诉后,法院执行、房管部门给淮海商厦颁发的产权证书中,没有关于"过道"的记载和说明,导致张某亮与淮海商厦因该"过道"的使用权产生纠纷。基于淮海商厦对涉案房产取得完整物权,张某亮对该"过道"享有的地役权行使不能,其可依法向责任方主张赔偿;其在本案中要求淮海商厦、建行永城支行不得侵犯其地役权(通行权)的诉讼请求,法院不予支持。判决如下:

(1)张某亮与建行永城支行签订的房屋买卖合同关于地役权(通行权)的约定有效;

(2)驳回张某亮要求建行永城支行、淮海商厦不得侵犯其地役权(通行权)的诉讼请求。

案件受理费100元,由张某亮负担。

【法律要点解析】

1. 本案地役权合同是否成立并生效

本案原告张某亮与被告建行永城支行虽然没有签订过正式的地役权合同,但是在双方签订的房屋买卖合同中约定,甲方淮海商厦东头一间过道作永久过道,甲乙双方共同使用。该约定是否表示双方之间达成地役权合同?建行永城支行认为不属于地役权合同,因为该过道是之前房屋设计时就预留的,本来就是一条通道,并非设定的地役权。而且,房屋买卖合同中并不涉及地役权必备的需役地和供役地,因此该约定并非地役权合同。

其实,一审查明的 L 型楼房的产权证附栏注明:"此楼东头过道属于矿区建行,南头过道属于饮食服务公司,2003 年 6 月 17 日",该证据表明过道所有权属于建行永城支行,过道占用的土地便是供役地,而原告所购的房产占地便是需役地。建行永城支行正是在自己所有的土地上为原告设定的地役权,因此一审法院认定房屋买卖合同中的该项约定,在实质上已经满足了地役权书面合同的形式要件,该地役权合同业已成立并生效。故一审判决支持原告第一项诉讼请求,确认该地役权(通行权)约定有效。

2. 一审法院为何驳回原告要求两被告不得侵犯其地役权的诉讼请求

本案原告第三项要求两被告不得侵犯其地役权(通行权)的诉讼请求,主要原因是原告并未提供两被告妨害其通行地役权的任何证据,而且两被告也在庭审中表示合同中所涉及的过道仍然是过道,不妨碍任何人的权利。由于原告未能证明两被告妨碍其通行权,故法院驳回其该项诉讼请求。但在判决书中释明,如原告地役权行使不能,可以向责任方主张赔偿。房管机构将过道记入商厦房屋产权范围之内,属于继承历史记载,不属于侵权。至于未注明地役权,原因在于该地役权自设立伊始就没有人要求登记过,既然没有登记,就无法在其中注明,责任并不在登记机构。

3. 原告能否因其享有地役权而占用涉案的过道

本案之前,原告认为登记机构将过道记入被告淮海商厦的产权范围内,又未注明与原告共同使用,是侵犯了原告的地役权,强占了涉案过道。原告可能认为其采取的是自力救济措施,其实属于侵权行为。因为该地役权是通行权,并非占用权,原告不能认为地役权受到威胁就非法占用涉案过道。

【律师点评】

1. 原告律师的代理思路

本案历时十几年,涉案房产及其过道几经易手,案情相当复杂。之前原告提起的行政诉讼和被告淮海商厦提起的民事诉讼均告败诉,主要原因在于原告一直没有弄清楚自己的通道权利的属性。本案原告代理律师在明确认识到本案是地役权的性质的情况下,认为诉讼方向应围绕地役权展开。其代理思路如下:

(1)原告与建行永城支行的房屋买卖合同的"过道权"约定是否属于地役权合同?

(2)如果是地役权合同,需要提供哪些证据予以证明?

(3)本案是确认之诉还是排除妨害之诉?如果是前者,确权足以保障其地役权。如果是后者,则需提供被告侵权的事实和证据。

2. 本案之前的行政诉讼为何会败诉

本案之前,原告知悉登记机构颁发给淮海商厦的产权证将"过道"记入其产权范围内,且不加标注,认为登记机构存在登记瑕疵,侵犯其合法权益,故提起行政诉讼。这其实这是原告的误解,因为登记机构将"过道"记入产权范围并不影响其享有的地役权。地役权一般是通过书面合同设定的,可登记也可不登记,但不登记不能对抗善意第三人。除了误解以外,原告要求判令登记机构为淮海商厦颁发产权证书的行政行为违法,该诉讼请求显然站不住脚,该行政诉讼自然会败诉。

3. 本案之前的民事诉讼为何会败诉

如上所述,原告在本案之前强占过道,认为是采取自力救济措施,实为误解了地役权的性质。首先,地役权不是所有权,而是用益物权;其次,地役权是通过书面合同设定在供役地的所有权之上的;最后,地役权的内容由合同约定,本案的地役权内容是通行权,并非占用权。因此,原告强占过道显然属于侵权行为,在淮海商厦提起侵权之诉要求返还过道的民事诉讼中败诉,实属预料之中。

【结语】

本案所涉过道通行权经过三次诉讼最后才正本清源,充分说明当事人和代理人正确理解物权法精要并制定正确的诉讼方向和策略是非常重要的,因为它关乎诉讼的成败,也关乎诉讼的时间成本和经济成本。

十、居住权纠纷

案例(087) 高某诉张某菊遗赠房屋居住权纠纷案

来源:(2014)通中民终字第 0169 号
作者:何俊辉

【案例导读】

房屋不仅存在所有权人,还存在居住权人。当家庭关系中出现房屋所有权人和居住权人之间的纠纷时,合法占有房屋的居住人是否可对抗房屋所有权人排除妨害请求权?请看以下案例。

【案情简介】

高某祖父(2013 年 6 月 13 日去世)与前妻(1992 年去世)生有一子一女。1993 年 12 月 30 日,高某祖父购得坐落于北园新村 3 号 2 幢 401 室的公有住房。高某祖父与张某菊于 2006 年 11 月 2 日登记结婚。

2008 年 7 月 22 日,高某祖父立遗嘱一份,该遗嘱载明,将坐落于南通市北园新村 3 号 2 幢 401 室的房产遗赠给孙子高某,并于同日在公证处进行公证。因该房屋产权纠纷,2013 年 8 月 6 日,南通市崇川区人民法院判决涉案房屋产权归高某所有。后高某于 2013 年 9 月 6 日领取涉案房屋产权证。现张某菊仍居住在涉案房屋内。

张某菊及高某祖父生前邻居、好友均表示,高某祖父生前曾提及其去世后房屋遗赠给高某,但张某菊享有居住权。同时张某菊无经济来源和其他住房。

【审理与判决】

1. 诉讼当事人

一审原告为高某,被告为张某菊。

2. 诉请与抗辩

原告诉请:判令被告张某菊立即迁出位于南通市北园新村 3 号 2 幢 401 室的房屋,并由被告承担本案的诉讼费用。

被告抗辩:被告与高某祖父系合法夫妻,结婚 8 年多,高某祖父通过遗嘱将其名下房屋留给高某,高某祖父生前虽然将房子赠予高某,但是保留被告的居住权,待高某帮被告申请到廉租房后,被告同意搬出。

3. 争议焦点

(1) 被告张某菊合法取得居住权是否以高某祖父的承诺为依据?

(2) 被告张某菊取得的居住权是否可对抗房屋所有权人排除妨害请求权?

4. 判决过程

一审法院判决:张某菊于判决发生效力之日起 30 日内搬出南通市北园新村 3 号 2 幢 401 室的房屋。

二审法院判决:撤销南通市崇川区人民法院(2013)崇民初字第 1516 号民事判决;驳回高某的诉讼请求。

【法律要点解析】

1. 被告张某菊合法取得居住权的法律依据

所谓居住权,就是居住权人对他人的住房以及其他附着物享有占有、使用的权利。《中华人民共和国婚姻法》(以下简称《婚姻法》)第 42 条规定:离婚时,如一方生活困难,另一方应从其住房等个人财产中给予适当帮助。具体办法由双方协议;协议不成时,由人民法院判决。《婚姻法司法解释(一)》第 27 条规定,"离婚时,一方以个人财产中的住房对生活困难者进行帮助的形式,可以是房屋的居住权或者房屋的所有权"。法律规定了离婚后暂未找到居住场所的夫或妻的居住权问题。本案的情形是被告配偶自然死亡后,被告生活困难无收入来源,如何对被告居住权进行认定和保护?高某取得涉案房屋所有权系继受取得,非原始取得,故对张某菊享有居住权的现状应予尊重,其对物权的行使不得损害张某菊的合法权益。在张某菊无其他住房又无固定生活来源且对涉案房屋享有合法居住权的情况下,高某要求张某菊立即迁出该房屋的诉请,也有违公序良俗。

2. 原告高某作为房屋所有权人行使排除妨害请求权的依据

《物权法》于 2007 年 10 月 1 日开始生效。《物权法》第 9 条规定,"不动产物权的设立、变更、转让和消灭,经依法登记,发生效力"。《物权法》第35条规定:"妨害物权或者可能妨害物权的,权利人可以请求排除妨害或者消除危险。"

【律师点评】

本案发生在家庭成员之间,法律行为发生时,《物权法》已实施,原告高某的祖父死亡后将房产遗赠予高某,被告张某菊的居住权是否因此而丧失,成为争议的焦点。因此,无论是原告代理律师、被告代理律师,都要研究当时有效的《民法通则》《物权法》和《婚姻法》的相关规定。

1. 原告律师的代理思路

就原告律师而言,应围绕涉案房产所有权人高某请求排除妨害或者消除危险来组织证据并设计诉讼策略,其思路要点如下:

(1)原告高某依法继承涉案房屋并取得房屋所有权。

(2)基于房屋所有权原告高某如何依据《物权法》请求排除妨碍?

2. 被告律师的代理思路

就被告律师而言,应围绕主张涉案房产居住权来组织证据并设计诉讼策略,其思路要点如下:

(1)被告张某菊如何依法取得居住权?

(2)已取得的居住权是否因配偶死亡后的遗赠而丧失?

(3)在被告配偶生病期间,被告是否已履行了夫妻义务,被告对涉案房屋的居住权主张是否符合公序良俗?

【法官审判要旨】

法官通过法庭调查与双方质证,基本掌握了案件的真实情况;通过充分听取双方律师的主张与辩论,形成法官的基本判断,审判结果既要考虑法律效果也要兼顾社会效果。当面临制定法没有明确规定的情形,法官的裁量权限应当更多地考量社会的正义与公平,要解决年老的人居无定所的后顾之忧。因此,本案中双方所有的质疑均应得到充分释明,方能体现判决的权威性与公信力。

一审法院以《物权法》第9、35条的法律条文为依据,以被告张某菊主张的事实证据不足而支持原告高某的诉请。

本案二审撤销原判,考虑张某菊对涉案房屋的居住权亦是依法取得,并不因原告继承房屋所有权而消失,且原告高某的诉请有违公序良俗,二审法院作出改判。

【结语】

居住权是在他人的房屋所有权上设立的物权。居住权主要是基于婚姻、家庭关系而产生,源于赡养、扶养和抚养的需要,往往涉及家庭成员、配偶的特有或应有的利益,居住权的期限一般具有长期性、终身性。这一点是居住权的一项重要特征。居住权因为是用来供没有房屋的人居住的,所以权利人对房屋的居住权如果没有约定的话,应当理解为与其生命共始终。居住权期限的长期性、终身性无需在合同、遗嘱、遗赠中规定,应解释为当然应当这样,或理解为是一种当然的默示条款。

案例（088） 刘某真诉郭某荣等居住权纠纷案

来源:（2013）泉民终字第 2914 号
作者:文科

【案例导读】
本案涉及基于身份关系享有的居住权的法律适用问题。

【案情简介】
郭某辉与刘某真系夫妻关系。

1994 年 9 月 15 日,郭某荣以申请人的名义获批 188.5 平方米建房用地使用权,其时家庭人口包括其长子郭某辉、次子郭某彬等 6 人,之后建房一层,地址为泉州市洛江区杏宅对面园×号。

1996 年 11 月,刘某真与郭某辉结婚。1997 年 12 月 26 日,生育婚生子郭某宏。2003 年 5 月 8 日,郭某辉因遭遇车祸死亡。

2004 年 11 月 11 日,刘某真提起有关郭某宏的抚养权诉讼,终审判决郭某宏由刘某真抚养,但判决生效后,郭某宏仍与郭某荣、陈某珍、郭某彬、黄某共同生活。

2006 年 10 月至 2008 年 10 月间,郭某彬、黄某夫妇出资在该房屋一层上加建二、三层。

刘某真主张自 1996 年以来一直居住在诉争房屋内,系共同居住人,现郭某荣、陈某珍、郭某彬、黄某不让刘某真居住,也不让其行使对郭某宏的监护权。刘某真无其他房屋居住,生活较为困难。刘某真、郭某宏诉至法院,请求法院确认其两人对泉州市洛江区杏宅对面园×号楼房拥有合法的居住权。

经审理后,一审法院判决:

（1）被告郭某荣、陈某珍、郭某彬、黄某应于本判决生效之日起 10 日内腾出洛江区杏宅对面园×号房屋一层进大门右侧里间房屋一间（原刘某真夫妇居住的一间）给原告刘某真居住。

（2）驳回原告刘某真的其他诉讼请求。

宣判后,被告郭某荣、陈某珍、郭某彬、黄某不服,提起上诉。

【审理与判决】
1. 诉讼当事人

一审原告为刘某真、郭某宏,被告为郭某荣、陈某珍、郭某彬、黄某。二审上诉人为郭某荣、陈某珍、郭某彬、黄某,二审被上诉人为刘某真、郭某宏。

2. 争议焦点

刘某真作为丧偶儿媳、郭某宏作为孙辈是否对涉案房屋享有居住权?

3. 判决过程

一审法院认为:《土地管理法》(2004年修正)第62条规定,"农村村民一户只能拥有一处宅基地"。《物权法》第142条规定:"建设用地使用权人建造的建筑物、构筑物及其附属设施的所有权属于建设用地使用权人,但有相反证据证明的除外。"本案郭某荣是以户的名义取得诉争房屋所在的宅基地使用权,成员包括长子郭某辉、次子郭某彬等家庭人口6人,因此郭某辉是建设用地使用权人之一。刘某真与郭某辉结婚后在诉争房屋一层与郭某荣、陈某珍共同生活多年。郭某辉虽然去世,但是刘某真、郭某宏仍属于郭某荣、陈某珍的家庭成员,且刘某真作为郭某宏的监护人有承担监护义务的责任。刘某真请求确认其对诉争房屋享有居住权,符合法律规定,应予以支持,但居住范围应限于诉争房屋一层内。郭某荣等四人主张刘某真不享有该房屋的居住权,缺乏事实和法律依据。

洛江区人民法院依照《土地管理法》第62条、《物权法》第142条等的规定,判决:

(1)被告郭某荣、陈某珍、郭某彬、黄某应于本判决生效之日起10日内腾出洛江区杏宅对面园×号房屋一层进大门右侧里间房屋一间(原刘某真夫妇居住的一间)给原告刘某真居住。

(2)驳回原告刘某真的其他诉讼请求。

二审法院认为:刘某真与郭某辉于1996年11月结婚后即居住于诉争楼房一层,在郭某辉去世后并未改嫁他人,至今仍是郭某荣、陈某珍的家庭成员之一,同时是郭某宏的监护人,有在此继续居住以便抚养照顾郭某宏的客观需要。而且诉争楼房所在的土地系由郭某荣以个人名义申请的农村家庭宅基地,之后建房一层,当时郭某辉已成年,因该房产至今尚未析分确权,不排除郭某辉生前对此享有一定权利的可能。在此情况下,基于当事人双方的姻亲关系及共同居住事实,依法应保障刘某真、郭某宏对诉争房屋享有居住、使用的权利,但居住范围应以其与郭某辉结婚后居住的房间为宜。本案系基于家庭成员之间的权利义务关系而产生的居住权纠纷,与物权保护无关,原审判决确定本案案由为共有纠纷并适用《土地管理法》和《物权法》的相关规定是错误的,依法应予纠正。另外,郭某宏虽长期居住在诉争房屋内,但仍应通过判决确定其亦有在此居住的权利,原审对此未予判决不妥,应予加判。

泉州市中级人民法院依照《民法通则》第5条、《婚姻法》第2条第2款及《民事诉讼法》(2007修正)第153条第1款第(二)项之规定,判决:

(1)驳回上诉人郭某荣、陈某珍、郭某彬、黄某的上诉;

(2)撤销福建省泉州市洛江区人民法院(2012)洛民初字第831号民事判决;

（3）被上诉人刘某真和原审原告郭某宏对泉州市洛江区杏宅对面园×号楼房一层有居住在该房进大门右侧里间房屋一间（原刘某真、郭某辉夫妇居住的房间）的权利，被上诉人郭某荣、陈某珍、郭某彬、黄某不得妨碍被上诉人刘某真和原审原告郭某宏在此居住；

（4）驳回原审原告刘某真、郭某宏的其他诉讼请求。

【法律要点解析】

本案的居住权纠纷是因身份关系产生的，刘某真因婚姻关系与郭某辉一直居住在涉案房屋，也与郭某荣、陈某珍、郭某彬、黄某等家庭成员形成共居关系。郭某辉去世后，刘某真未再婚也无其他住所，还需抚养未成年的郭某宏，参照《婚姻法司法解释（一）》第27条第3款规定："离婚时，一方以个人财产中的住房对生活困难者进行帮助的形式，可以是房屋的居住权或者房屋的所有权。"刘某真和郭某宏对涉案房屋享用居住的权利。

【律师点评】

现实生活中，有血亲、姻亲等特殊亲密关系的人常会基于法定义务或社会风俗习惯而共同居住。上述具有亲属关系的人之间相互负有法定的抚养、赡养、扶养义务，共同居住既是履行法定义务的前提，也有利于更好地维系家庭关系。但我国法律并未对居住权予以明确规定，主张居住权的家庭成员常常没法拿出具体法律依据。居住权的使用无偿性、人身依附性、期限长等特征，使得房屋脱离房屋所有权人，限制房屋所有权人行使其权利。居住权人与所有权人之间的利益冲突只有得以化解后，才能缓和家庭矛盾，平衡利益，保护弱势一方。在缺乏法律依据的情形下，如家庭成员之间在处理继承、分家析产等家庭事务时，事先考虑到可能发生的居住权问题，对居住权行使的范围、期限和条件等予以明确约定，一方面让家庭成员能预见到可能面临的责任与义务，避免将来发生纷争，另一方面裁判者可依据家庭成员自愿达成的协议划分其权利与义务，进而平衡各方的利益。

本章附录：用益物权纠纷大数据分析（毕文强）

1. 数据来源[①]

时间：2009年10月1日—2018年10月18日

案例来源：Alpha案例库

案由：用益物权纠纷

案件数量：147596件

[①] 数据来源于Alpha案例，可能存在偏差，仅供参考。

数据采集时间:2018年10月18日

2 检索结果可视化

本次检索获取了涉及用益物权纠纷自2009年10月1日至2018年10月18日的共计147 596篇裁判文书。

(1) 整体情况分析

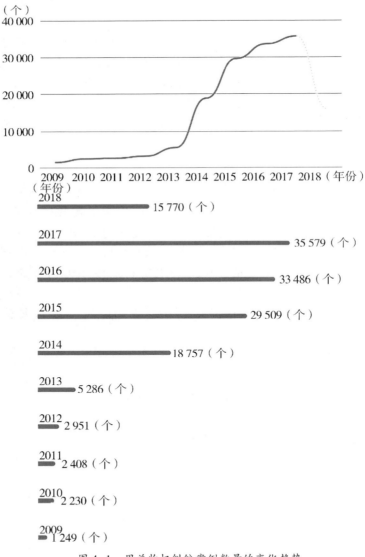

图4-1 用益物权纠纷案例数量的变化趋势

从图 4-1 的整体情况分析可以看到,当前条件下,用益物权纠纷案例数量的变化趋势。

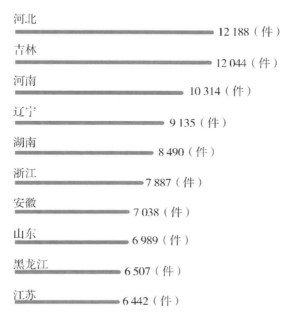

图 4-2 用益物权纠纷案例地域分布

从图 4-2 地域分布来看,当前条件下,用益物权纠纷案例主要集中在河北省、吉林省、河南省,占比分别为 8%、8%、7%。其中河北省的案件量最多,达到 12 188 件。

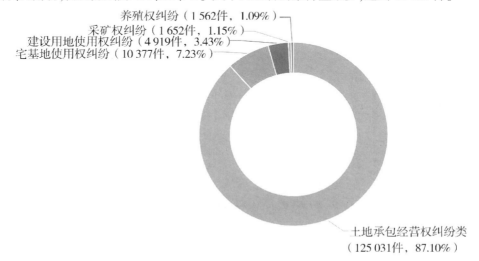

图 4-3 用益物权纠纷案由分布

从图 4-3 的案由分布可以看到,当前条件下,用益物权纠纷当前最主要的案由是土地承包经营权纠纷类,有 125 031 件,占一半以上;其后依次是宅基地使用权纠纷、建设用地使用权纠纷、采矿权纠纷、养殖权纠纷。

(3) 程序分类

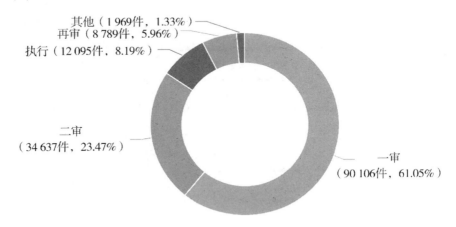

图 4-4 用益物权纠纷的程序分布

从图 4-4 的程序分类统计可以看到,当前条件下,用益物权纠纷的审理程序分布状况。一审案件有 90 106 件;二审案件有 34 637 件;再审案件有 8 789 件;执行案件有 12 095 件。

(4) 裁判结果

①一审裁判结果

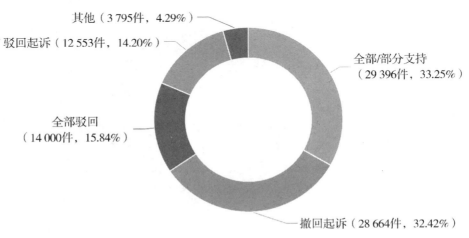

图 4-5 用益物权纠纷的一审裁判结果

从图 4-5 一审裁判结果可以看到,当前条件下,全部/部分支持诉讼请求的有 29 396 件,占比为 33.25%;撤回起诉的有 28 664 件,占比为 32.42%;全部驳回诉讼请求的有 14 000 件,占比为 15.84%。

② 二审裁判结果

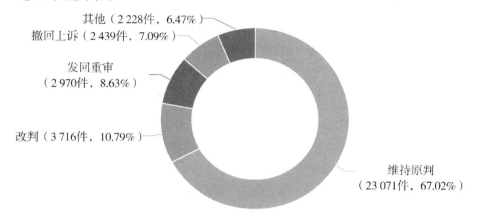

图 4-6 用益物权纠份的二审裁判结果

从图 4-6 二审裁判结果可以看到,当前条件下,维持原判的有 23 071 件,占比为 67.02%;改判的有 3 716 件,占比为 10.79%;发回重审的有 2 970 件,占比为 8.63%。

(5)标的额

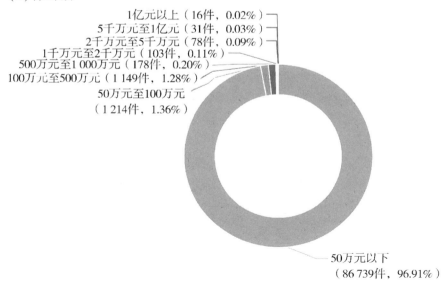

图 4-7 用益物权纠纷标的额

从图 4-7 标的额可以看到,标的额为 50 万元以下的案件数量最多,有 86 739 件;50 万元至 100 万元的案件有 1 214 件;100 万元至 500 万元的案件有 1 149 件;500 万元至 1 000 万元的案件有 178 件;1 千万元至 2 千万元的案件有 103 件。

(6)审理期限

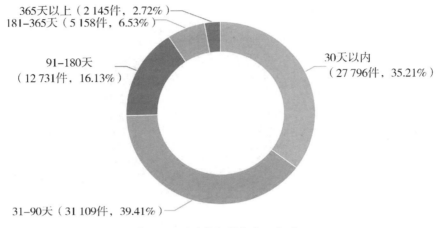

图 4-8　用益物权纠纷审理期限

从图 4-8 审理期限可以看到,当前条件下,审理时间更多处在 31-90 天的区间内,平均时间为 83 天。

第五章 担保物权纠纷

一、抵押权纠纷

案例（089） 长城资产管理公司与齐鲁饭店借款担保合同纠纷案（在建建筑物抵押）

来源：（2007）民二终字第48号
作者：赵剑

【案例导读】

以依法获准尚未建造的或者正在建造的房屋或者其他建筑物抵押的，当事人办理了抵押物登记，人民法院可以认定抵押有效。抵押合同仅就在建工程的建筑物设定了抵押，而未对该建筑物占用范围内的土地一并抵押，依据房地一体的原则，应对在建工程及建筑物占用范围内的土地使用权一并抵押。但单独抵押的行为并不必然导致本案抵押合同无效的法律后果。

【案情简介】

1998年12月8日，齐鲁饭店有限公司（以下简称"齐鲁公司"）与中国银行山东分行（以下简称"山东中行"）签订抵押合同。合同约定：齐鲁公司愿意以自有的、有处分权的财产作为向山东中行借款的抵押物；抵押物为齐鲁宾馆二期工程，所有权（使用权）属齐鲁公司；借款最高限额为自1995年12月1日至2003年12月1日期间签订的所有借款合同项下的借款本金余额之和不超过人民币39 200万元；抵押担保责任最高限额为56 000万元；借款人无论何种原因未按借款合同约定履行到期应付债务，抵押权人有权按照本合同的约定，以抵押财产优先受偿。

1998年12月14日，山东省工商行政管理局以鲁工商[98]抵登字第065号《抵押物登记证》对抵押物进行了抵押登记。该登记证载明：抵押人为齐鲁公司，抵押权人为山东中行，抵押物为齐鲁宾馆二期工程，面积60 000平方米，价值

56 000万元。1999年12月29日,根据双方当事人的申请,山东省工商行政管理局以鲁工商[99]抵变登字第001号《抵押物登记证》对抵押物的名称、数量、价值变更登记为:齐鲁宾馆二期工程地下两层、地上1—20层、28—40层,面积为53 560平方米,价值49 987万元。

1998年5月20日,齐鲁公司与山东中行签订借款合同约定,山东中行向齐鲁公司发放流动资金贷款1 000万元,利率为7.26‰,贷款期限为12个月。山东中行于合同签订当日向齐鲁公司发放了该笔贷款。1998年12月,齐鲁公司与山东中行签订借款合同约定,山东中行贷给齐鲁公司人民币1 000万元,年利率为7.668‰,借款期限为12个月。合同签订后,山东中行按合同约定发放了贷款。

1997年12月31日,齐鲁公司加盖公章的借款凭证证明,山东中行于该日贷给齐鲁公司3 500万元。

上述借款本金共计5 500万元,借款到期后,齐鲁公司均未能偿还。

2004年6月25日,山东中行将本案债权转让给中国信达资产管理公司济南办事处。2005年9月29日,中国信达资产管理公司济南办事处将本案债权转让给中国长城资产管理公司长春办事处。2006年8月5日,本案债权由中国长城资产管理公司长春办事处划转给中国长城资产管理公司济南办事处(以下简称"长城公司济南办事处")。在上述转让过程中,转让人和受让人均在《大众日报》上刊登了转让暨催收公告。

齐鲁公司企业法人营业执照载明,经营范围为齐鲁饭店的项目筹建。齐鲁宾馆二期建筑工程所占用的土地为齐鲁宾馆名下的国有划拨土地,该工程至今未竣工。

2006年9月25日,长城公司济南办事处向原审法院提起诉讼,请求判令齐鲁公司偿还贷款本金5 500万元,确认抵押合同有效,长城公司济南办事处对抵押物享有优先受偿权。

山东省高级人民法院作出(2006)鲁民二初字第53号民事判决判决:

(1)齐鲁公司于判决生效10日内偿付长城公司济南办事处贷款本金5 500万元;

(2)驳回长城公司济南办事处主张抵押物优先受偿的诉讼请求。

案件受理费142 505元,由齐鲁公司承担。

长城公司济南办事处不服一审判决提起上诉,称:(1)本案原债权人山东中行与齐鲁公司签订的抵押合同合法有效。纵观我国涉及建筑物抵押的相关法律和行政法规,没有任何一部法律规定仅就划拨土地上的建筑物单独抵押,抵押无效,也没有规定建筑物抵押需得到土地管理部门批准或到土地管理部门进行抵押登记,否则抵押合同无效。原审法院适用最高人民法院《关于破产企业国有划拨土地使用权应否列入破产财产等问题的批复》认定本案抵押合同无效,不符合该司法解释的立法本意,扩大了该司法解释的适用范围,属法律适用错误。

(2)本案抵押登记手续完备,完全符合法律相关规定。《房地产管理法》和《担保法》均规定,以城市房地产作为抵押物抵押的,应当到县级以上人民政府规定的部门办理抵押登记。根据上述两部法律的授权,1996年山东省人民政府指定该省工商行政管理部门为对以企业厂房等建筑物签订的抵押合同进行登记的管理部门。根据上述法律和山东省人民政府的规定,本案抵押合同在山东省工商行政管理局办理了[98]抵登字065号抵押登记和鲁工商[99]抵变登字第001号抵押登记变更手续,分别取得了《抵押物登记证》。故本案抵押合同合法有效,合同当事人依法办理了抵押登记手续,抵押权成立。请求二审撤销原审判决主文第二项,确认抵押合同有效,判决长城公司济南办事处对抵押物享有优先受偿权。

被上诉人齐鲁公司答辩称:原审判决关于本案抵押合同无效的认定是完全正确的,请求二审驳回长城公司济南办事处的上诉请求,维持原判。在本案二审过程中,齐鲁公司提供了山东省济南市清理整顿违法建筑工程、违法建筑行为领导小组办公室(以下简称"济南双清办")2006年11月15日出具的证明一份,证明齐鲁宾馆二期工程(齐鲁饭店)项目"1992年动工,因资金不足,于2003年5月停工至今。根据济南市人民政府关于清理整顿各类违法建筑工程和违规建设行为的通告,该项目属违法工程,已纳入双清处理范围"。

最高人民法院于2007年5月16日作出(2007)民二终字第48号民事判决书。判决:

(1)维持山东省高级人民法院(2006)鲁民二初字第53号民事判决主文第一项;

(2)撤销上述民事判决主文第二项;

(3)中国长城资产管理公司济南办事处对抵押物即齐鲁宾馆二期工程地下两层,地上第1—20层、第28—40层享有优先受偿权。

【审理与判决】

1. 诉讼当事人

上诉人(原审原告):中国长城资产管理公司济南办事处,

被上诉人(原审被告):齐鲁饭店有限公司。

2. 争议焦点

(1)依法获准尚未建造的或者正在建造的房屋或者其他建筑物抵押的,当事人办理了抵押物登记,抵押行为是否有效?

(2)尚未建造的或者正在建造的房屋或者其他建筑物抵押的,抵押权人是否享有优先受偿权?

（3）抵押合同仅就在建工程的建筑物设定了抵押,而未对该建筑物占用范围内的土地一并抵押,抵押合同是否有效?

3. 判决过程

一审法院认为,齐鲁公司与山东中行签订的借款合同为有效合同。山东中行按照合同约定将款贷给齐鲁公司,齐鲁公司依法应承担偿还借款的民事责任。山东中行贷款产生的债权经转让由长城公司济南办事处承继。长城公司济南办事处向齐鲁公司主张偿还三笔借款本金5 500万元的诉讼请求应当予以支持。齐鲁公司为借款而抵押的齐鲁宾馆二期在建工程房产附着于国有划拨土地之上,未经有审批权限的土地管理部门批准及在有审批权限的土地管理部门办理抵押登记,亦未在一审辩论终结前取得有审批权限的土地管理部门批准和在有审批权限的土地管理部门补办抵押登记手续,应认定抵押合同无效。长城公司济南办事处主张确认抵押合同有效,一审法院对抵押财产享有优先受偿权的请求不予支持。

二审法院认为,本案的抵押合同是双方当事人之间的真实意思表示,不损害国家、集体和他人的合法权益,不违反法律的禁止性规定,应当认定为有效合同。该合同一经签订,即在该合同当事人山东中行和齐鲁公司之间产生约束力。原审法院认定抵押合同无效属适用法律错误,应予纠正。

【法律要点解析】

依法获准尚未建造的或者正在建造的房屋或者其他建筑物抵押的,当事人办理了抵押物登记,抵押行为应属有效,应当享有优先受偿权。

1. 依法获准尚未建造的或者正在建造的房屋或者其他建筑物抵押的,当事人办理了抵押物登记,抵押行为是否有效

根据最高人民法院《关于适用〈中华人民共和国担保法〉若干问题的解释》(以下简称《担保法解释》)第47条"以依法获准尚未建造的或者正在建造中的房屋或者其他建筑物抵押的,当事人办理了抵押物登记,人民法院可以认定抵押有效"的规定,本案的抵押合同是双方当事人之间的真实意思表示,不损害国家、集体和他人的合法权益,不违反法律的禁止性规定,应当认定为有效合同。该合同一经签订,即在该合同当事人山东中行和齐鲁公司之间产生约束力。因此抵押合同有效。

2. 尚未建造的或者正在建造的房屋或者其他建筑物抵押的,抵押权人是否享有优先受偿权

《中华人民共和国担保法》(以下简称《担保法》)规定以不动产和特殊动产抵押应当办理抵押登记是根据抵押权的物权性质,通过登记这一公示方式向社会公开抵押物和抵押担保的范围,以保护抵押合同当事人和第三人的合法权益,维护交易安全。《担保法》第42条第(二)项规定,"以城市房地产或者乡(镇)、村企业的厂房等建筑物抵押的",办理抵押登记的机关为"县级以上地方人民政府规定的部

门"。山东省人民政府于1996年4月23日以鲁政字〔1996〕68号《山东省人民政府关于同意由工商行政管理部门对以企业厂房等建筑物签订抵押合同进行登记管理的批复》,规定由该省工商行政管理部门对以企业厂房等建筑物签订抵押合同进行登记管理。山东省高级人民法院于1996年7月31日以鲁法经〔1996〕67号通知转发了该批复。本案所涉在建工程的抵押在山东省工商行政管理局办理了鲁工商〔98〕抵登字第065号抵押登记,之后又于1999年12月29日在该局办理了鲁工商〔99〕抵变登字第001号变更登记,取得《抵押物登记证》。本案的抵押权取得了物权公示的效果,符合《担保法》的上述规定。应当认定本案抵押合同依法进行了抵押登记,本案抵押权成立,作为本案抵押权受让人的长城公司济南办事处享有对抵押物的优先受偿权。

3. 抵押合同仅就在建工程的建筑物设定了抵押,而未对该建筑物占用范围内的土地一并抵押,抵押合同是否有效

根据《担保法》第36条第1款的规定,"以依法取得的国有土地上的房屋抵押的,该房屋占用范围内的国有土地使用权同时抵押"。根据该规定以及房地产交易当中房随地走、地随房走、房地产主体一致的原则,本案双方当事人应当对齐鲁公司的在建工程及建筑物占用范围内的土地使用权一并抵押。双方签订的抵押合同仅就在建工程的建筑物设定了抵押,而未对该建筑物占用范围内的土地一并抵押,但该单独抵押的行为并不必然导致本案抵押合同无效的法律后果。

【律师点评】

本案应当先确定争议焦点问题——依法获准尚未建造的或者正在建造的房屋或者其他建筑物抵押的,当事人办理了抵押物登记,抵押行为是否有效。只有先解决了抵押合同是否有效的问题,才能进一步确定本案抵押权人是否享有优先受偿权。根据《担保法》第33条第1款的规定,抵押"是指债务人或者第三人不转移对本法第三十四条所列财产的占有,将该财产作为债权的担保。债务人不履行债务时,债权人有权依照本法规定以该财产折价或者以拍卖、变卖该财产的价款优先受偿"。可知设定抵押并办理抵押登记手续后即取得比一般债权优先受偿的权利。

在本案二审过程中,齐鲁公司向法院提供济南"双清办"于2006年11月15日出具的《证明》(该证明出具时本案尚在一审中,齐鲁公司未向原审法院提供)一份,证明本案抵押物属违法工程,已纳入"双清"(清理整顿各类违法建筑工程和违规建设行为)处理范围。对于该《证明》,齐鲁公司未向法院提供有关济南"双清办"的职责范围、该办是否具有违法工程认定权及相关认定是否依法定程序作出的相关证据,且该办公室即使有违法工程认定的行政权力,该《证明》亦未显示本案抵押物已被有关行政机关依法拆除或没收,故不能认定本案抵押物已经毁损、灭失,该《证明》并不影响长城公司济南办事处享有

的抵押权效力。

案例（090） 九三集团与敖丰粮油公司等借款合同纠纷案（动产抵押）

来源：（2016）最高法民再275号
作者：赵剑

【案例导读】

本案可谓情节跌宕起伏，穿插着所有权与物上担保权的交叉问题。从一审、二审到再审法院，对于本案的分析可谓入木三分。最高人民法院的认定非常精准，在所有权转移合同及借款合同与担保合同并存的情况下，如何还原事实并清楚分析各合同的法律效力，值得认真研究和思考。

【案情简介】

九三集团（黑龙江农垦）金粮经贸有限公司（以下简称"九三金粮公司"）与前郭县敖丰粮油有限公司（以下简称"敖丰公司"）自2012年起开始合作粮食生意，由敖丰公司收购玉米再销售给九三金粮公司，双方多次合作均无争议。2013年秋季新粮收获时节，双方按以往交易习惯，又开始新一年的合作，敖丰公司即开始收购玉米，至2013年11月14日共收购玉米2 000吨，双方于当日签订一份《玉米收购合同》。合同约定敖丰公司（乙方）向九三金粮公司（甲方）销售玉米2 000吨，每吨2 200元，总额440万元，玉米到达甲方指定的库点，由甲方验收后结算90%的货款，其余10%的货款作为数量、质量保证金在玉米销售出库后5个工作日内结清。合同还约定玉米存于乙方粮库内，由乙方出具货权确认书即视为交付于甲方，甲方派人员看管，双方即完成交易；合同期内乙方负责本合同收购玉米的保管安全，保管不当造成玉米质量、数量方面的全部损失由乙方承担；合同有效期：自2013年11月14日起至玉米出库完毕。

当日，敖丰公司向九三金粮公司出具了货权确认书。2013年11月15日，九三金粮公司即向敖丰公司通过银行汇款198万元、11月19日汇款83.2万元、12月4日汇款30万元、12月5日汇款19万元、12月11日汇款24万元、2014年1月26日汇款24.6万元，共计汇款378.8万元。

2013年12月11日，敖丰公司向九三金粮公司开具了总金额为440万元的"增值税专用发票"4张，故双方均按合同约定完成了各自的义务。

2013年12月17日，第三人张某（甲方）与敖丰公司（乙方）、敖丰公司的法定代表人赵某峰（丙方）签订《抵押、监管协议》，约定以乙方所有的粮食设定抵押，为赵某峰即将向张某的借款提供担保,并由甲方进行监管,数量、质量以《抵押物清单》为准。其中协议第 4.2 条约定:在债务清偿之前,如需对抵押物进行销售的,乙方应向甲方提交申请,并取得甲方书面同意。甲方有权对抵押物的销售情况、销售所得价款进行监管,并根据与被销售对象达成的协议,要求将价款汇入甲方指定账户,保证价款优先用于清偿本协议项下被担保的主债权。

2013 年 12 月 18 日,敖丰公司的法定代表人赵某峰以个人名义与第三人张某签订一份《借款合同》,约定由张某(甲方)出借给赵某峰(乙方)人民币 600 万元,用作粮食生意的周转资金,非经甲方书面同意,乙方不得改变借款用途,借款期限 5 个月,自 2013 年 12 月 19 日起至 2014 年 5 月 18 日止,实行固定利率,月息 2%。乙方于 2014 年 5 月 18 日一次性偿还全部借款的本金和利息。如果甲方监管的 500 万元本金及相应利息的粮食及时销售,销售回款应偿还给甲方。另外,乙方应当自 2014 年 1 月 18 日至 2014 年 5 月 18 日,每个月的 18 号向甲方账户汇款 24 万元,作为甲方正常经营的佐证,甲方收到乙方汇款后,3 日内再支付给乙方。甲方指定的汇款账户户名为李某治,乙方指定的汇款账户户名为段某。

2013 年 12 月 20 日,张某通过韩某的账户汇给段某账户 300 万元,赵某峰即给张某出具了 600 万元的收条,12 月 25 日汇给赵某峰 60 万元,12 月 31 日汇给赵某峰 140 万元,2014 年 1 月 3 日汇给赵某峰 100 万元,赵某峰总计收到张某的借款 600 万元,双方均无异议。

2013 年 12 月 16 日,张某即指派其员工庞某范进入敖丰公司的粮库进行监管,自此每日入库的玉米都由庞某范记账,至 2014 年 1 月 9 日共计有 4211.625 吨玉米,进入张某的抵押范围内。这些玉米入库后,再行出售必须征得张某的同意,庞某范才能放行,否则庞某范会制止玉米出库。

借款当日即 2013 年 12 月 18 日,第三人张某(甲方)又与赵某峰、敖丰公司(乙方)、官某忠(丙方)签订《三方协议》,内容如下:① 乙方赵某峰以敖丰公司名义,储存并对外销售粮食。② 在乙方赵某峰偿还甲方全部欠款之前,乙方赵某峰承诺不以其他民事主体对外销售粮食,不向丙方以外的单位或个人销售粮食。否则,赵某峰承担民事、刑事法律责任。③ 丙方收到乙方提供的粮食后,须在 3 日内及时结清货款。④ 丙方必须按照甲方提供的账户来支付乙方的货款。⑤ 丙方按照本协议第 4 条支付货款的同时,视为丙方向乙方支付了相应的货款;视为乙方赵某峰向甲方偿还了相应的借款。丙方的付款标准符合下列条件:① 发货以甲方传真给丙方的箱号和数量为准;② 收货以丙方传真给甲方的确认为准。

《三方协议》签订后,敖丰公司即将这些玉米销售给辽宁的张某亮,由张某亮装集装箱再销售给广东汕头的官某忠,期间官某忠及张某亮将货款汇给张某,张某又将货款汇给赵某峰,总计汇款 10 次,共 4 428 925 元。

九三金粮公司向一审法院提起诉讼,请求判令敖丰公司交付库存 2 000 吨玉米,张某以有独立请求权第三人身份参加诉讼,请求判令其对库存 2 000 吨玉米享有抵押权并优先受偿。

经一审法院审判委员会 2014 年第 39 次会议讨论决定,判决:① 驳回原告九三集团(黑龙江农垦)金粮经贸有限公司的诉讼请求。② 驳回第三人张某的诉讼请求。

张某不服一审判决,上诉至二审法院,请求:驳回九三金粮公司诉讼请求,改判其对敖丰公司粮库库存的 2 000 吨玉米享有抵押权。理由为:① 起诉之前,存放于敖丰公司库房的玉米约为 2 000 吨,一审法院认定该玉米系九三金粮公司所有,属认定事实错误。九三金粮公司与敖丰公司主张该粮食系截至 2013 年 11 月 14 日所收购,而敖丰公司为张某提供抵押的粮食系自 2013 年 12 月 16 日开始收购并入库,敖丰公司向张某提供的敖丰公司粮库入库出库明细明确表明,在敖丰公司尚未替张某收购抵押粮食之前,已经从敖丰粮库出售近 4 000 吨玉米,足以证明敖丰公司出售给九三金粮公司的玉米已被出售,现存 2 000 吨玉米不可能是九三金粮公司所有。② 张某与敖丰公司、官某忠签订《三方协议》,三方约定在张某同意下有条件地出售部分抵押粮食,张某派员监管抵押粮食,在监管人员同意下出售部分粮食,足以说明剩余的 2 000 吨粮食系张某抵押物。③ 本案应适用《物权法》第 106 条关于善意取得的规定。即使本案诉争 2 000 吨玉米权属有争议,张某实际监管该粮食,且该粮食始终未具有权属争议的表象。因此,张某监管和控制该粮食属于抵押权善意取得。

二审法院依张某申请,调取了吉林省松原市中级人民法院(2014)松民二初字第 93 号民事案件卷宗材料,该案系敖丰公司诉张某亮粮食买卖纠纷。该案中,敖丰公司主张其于 2013 年 11 月与张某亮达成玉米购买合同,由敖丰公司从其粮库向张某亮在昌图的粮库发货,张某亮欠其货款。该案中,敖丰公司为证明其主张,向法庭提交了从敖丰公司粮库向昌图双庙、鲅鱼圈港口发货一览表若干,其中:① 敖丰公司发往张永亮昌图双庙(庭审中敖丰公司财务人员解释系张某亮笔误)销售一览表 3 页记载,2013 年 11 月 21 日至 12 月 23 日发货情况,共发干粮 3 226.84 吨,该表记载内容与张某在二审中提供的敖丰公司电子邮件附件 2 长岭发货记录内容一致;② 敖丰公司发往鲅鱼圈玉米销售一览表记载,2013 年 11 月 21 日至 2014 年 1 月 3 日,敖丰公司发往鲅鱼圈干粮共计 1 683 吨;③ 张某亮潮粮收购表,记载敖丰公司向张某亮销售潮粮 486.59 吨;④ 张某亮销售及回款表,记载发往张某亮干玉米共 3 226.84 吨、潮粮 486.59 吨、发往鲅鱼圈干玉米共 1 683.04 吨,共计 5 396.47 吨。

张某亮在诉讼中主张,敖丰公司系向官某忠销售粮食,其只是中转站,收到敖丰公司发的粮食后,均转发给官某忠。

前郭县公安局经侦大队2014年7月16日询问(被询问人为张某亮)笔录记载:从2013年11月开始,敖丰公司向张某亮发玉米约4 000吨,价值1 000万余元。

吉林省高级人民法院作出(2015)吉民二终字第35号民事判决。判决:① 撤销吉林省松原市中级人民法院(2014)松民二初字第78号民事判决;② 前郭县敖丰粮油有限责任公司于本判决发生法律效力后立即赔偿九三集团(黑龙江农垦)金粮经贸公司粮食损失440万元;③ 驳回九三集团(黑龙江农垦)金粮经贸公司其他诉讼请求;④ 确认张伟对提存在吉林省松原市中级人民法院的前郭县敖丰粮油有限责任公司库存2 000吨玉米款440万元享有优先受偿权;⑤ 驳回张伟其他诉讼请求。

九三金粮公司不服二审判决,向最高人民法院提起再审,认为双方之间的抵押合同项下的抵押物是特定化的,此种情形应当是普通抵押而非浮动抵押,请求撤销二审判决,将涉案2 000吨玉米的提存款440万元返还给九三金粮公司,并驳回张某对案涉2 000吨玉米主张的优先受偿权。

最高人民法院于2016年6月17日作出(2015)民申字第3337号民事裁定,提审本案。2016年10月31日作出(2016)最高法民再275号民事判决书,判决:① 撤销吉林省高级人民法院(2015)吉民二终字第35号民事判决、松原市中级人民法院(2014)松民二初字第78号民事判决;② 九三集团(黑龙江农垦)金粮经贸有限公司可于本判决生效之日起领取其交存于松原市中级人民法院的440万元玉米提存款;③ 驳回张某的诉讼请求。

【审理与判决】

1. 诉讼当事人

再审申请人(一审原告、二审被上诉人):九三集团(黑龙江农垦)金粮经贸有限公司;

被申请人(一审被告、二审被上诉人):前郭县敖丰粮油有限责任公司;

被申请人(一审第三人、二审上诉人):张某。

2. 争议焦点

(1)涉案2 000吨玉米的所有权归属?

(2)张某对涉案2 000吨玉米是否享有抵押权?

(3)对敖丰公司粮库内仅有的2 000吨玉米,九三金粮公司、张某谁主张的权利成立、有效?

3. 判决过程

一审法院认为,截至九三金粮公司起诉之日,敖丰公司库内只有2 000吨玉米,九三金粮公司、张某均对此玉米主张权利,九三金粮公司按照《玉米收购合同》主张其具有所有权,张某按照《借款合同》及《抵押、监管协议》主张其享有抵押权应优先受偿,故本案争议焦点为:对敖丰公司粮库内仅有的 2 000 吨玉米,九三金粮公司、张某谁主张的权利成立、有效。

二审法院认为,敖丰公司在吉林省松原市中级人民法院(2014)松民二初字第 93 号民事案件中主张的事实及提供的证据与张某在本案二审中提供的电子邮件附件记载内容相吻合,且与张某亮在公安机关询问时陈述的内容相一致,各证据之间相互印证。因此,对上述证据真实性及证明内容予以确认。2014 年 1 月 6 日,敖丰公司员工王某(邮箱地址为 714×××@qq.com)向张某(邮箱地址为 617×××@qq.com)发送的电子邮件的证据与二审法院调取的吉林省松原市中级人民法院(2014)松民二初字第 93 号民事案件卷宗材料中体现的证据相吻合,即敖丰公司主张其于 2013 年 11 月与张某亮达成玉米购买合同,由敖丰公司从其粮库向张某亮在昌图粮库发货,张某亮欠其货款。敖丰公司向法庭提交了从敖丰公司粮库向昌图双庙、鲅鱼圈港口发货一览表若干等证据表明,敖丰公司在吉林省松原市中级人民法院(2014)松民二初字第 93 号民事案件中主张的事实及提供的证据与张某在本案二审中提供的电子邮件附件记载内容相吻合,且与张某亮在公安机关询问时陈述内容相一致,各证据之间相互印证。因此,对上述证据真实性及证明内容予以确认。争议 2 000 吨玉米在起诉时仍存放在出卖人敖丰公司粮库内,虽九三金粮公司主张其派人监管和实际占有,但均未形成具有足以对外公示效力的有效控制和占有,因此,不能认定九三金粮公司对争议 2 000 吨玉米享有所有权,进而九三金粮公司对该部分玉米提出的交付请求,不予支持。

关于张某对争议 2 000 吨玉米是否享有抵押权问题。张某主张,敖丰公司为其抵押的玉米从 2013 年 12 月 16 日开始收购,而在 2013 年 12 月 15 日之前,敖丰公司已从其粮库售出 3 500 多吨玉米,因此,已出售的玉米只能是九三金粮公司的 2 000 吨玉米。但是,2013 年 11 月 14 日至 12 月 16 日期间,敖丰公司粮库仍处于粮食进库、出库状态,不能得出至 2013 年 12 月 15 日敖丰公司粮库库存为零的结论,即不能认定九三金粮公司收购的 2 000 吨粮食于 2013 年 12 月 15 日之前已全部出售。

争议 2 000 吨玉米系敖丰公司自 2013 年 9 月至 2014 年 1 月初连续收购、出售所剩余的,玉米本身属种类物,不具有特定权利归属的外在表象,且从敖丰公司粮库进库、出库时间上亦无法区分其特定权属归属。因此,张某对现存 2 000 吨玉米是否享有抵押权,应根据《物权法》有关规定予以审查。张某与敖丰公司签订的《抵押、监管协议》约定由敖丰公司以其所有的财产提供抵押物,并由张某对抵押物进行监管。该协议第 2.1 条约定:"抵押物为粮食,其品种、数量、价值等详细情况见抵押物清单。"第 2.2 条约定:"抵押物由乙方进行保管,保管地为敖丰公司仓库。"从该协议名称上可看出双方认可该协议系抵押协议,且抵押物由抵押人保管,即抵押财产不转移占有。双方约定由张某对抵押物进行监管,有利于保护抵押权人利益,并不影响依照《物权法》第 179 条抵押权的规定,张某与敖丰公司之间成立抵押合同关系。张某与敖丰公司确认的抵押物清单形成于 2013 年 12 月 16 日至 2014 年 1 月 9 日,即大部分抵押物在抵押合同签订之后产生,且该期间抵押物亦处于销售状态,对此,张某与敖丰公司、赵某峰以《三方协议》方式予以认可。《物权法》第 181 条规定:"经当事人书面协议,企业、个体工商户、农业生产经营者可以将现有的以及将有的生产设备、原材料、半成品、产品抵押,债务人不履行到期债务或者发生当事人约定的实现抵押权的情形,债权人有权就实现抵押权时的动产优先受偿。"据此,张某与敖丰公司之间形成浮动抵押合同关系,该抵押权自合同生效时设立。《物权法》第 196 条规定:"依照本法第 181 条规定设定抵押的,抵押财产自下列情形之一发生时确定:(一)债务履行期届满,债权未实现;(二)抵押人被宣告破产或者被撤销;(三)当事人约定的实现抵押权的情形;(四)严重影响债权实现的其他情形。"现存 2 000 吨玉米系敖丰公司自 2013 年 9 月至 2014 年 1 月初连续收购、出售所剩余的,在双方起诉时敖丰公司法定代表人赵某峰所负债务履行期已届满,张某债权未实现,且因双方争夺案涉 2 000 吨玉米,严重影响张某债权实现。因此,为张某提供抵押的抵押财产已确定。《物权法》第 189 条规定,"企业、个体工商户、农业生产经营者以本法第 181 条规定的动产抵押的,应当向抵押人住所地的工商行政管理部门办理登记。抵押权自抵押合同生效时设立;未经登记,不得对抗善意第三人"。争议 2 000 吨玉米仍由抵押人敖丰公司占有,且不存在善意第三人,张某对该 2 000 吨玉米享有抵押权。现案涉 2 000 吨玉米经三方协议,已由九三金粮公司处理并交纳相应的价款 440 万元,张某对该款享有优先受偿权。但张某诉敖丰公司法定代表人赵某峰借款纠纷案在辽宁省沈阳市中级人民法院正在审理过程中,本案抵押权所担保的主债权尚未确定。因此,现阶段无法直接确认优先受偿权金额范围,待本案争议的抵押权所担保的主债权确定之后,再由张某依照法律有关规定行使优先受偿权。

再审法院认为,结合全案事实以及敖丰公司的自认,九三金粮公司一审起诉时敖丰公司库存的 2 000 吨玉米应属九三金粮公司所有,张某无充分证据证明案涉 2 000 吨玉米即为其抵押物清单记载的玉米,故九三金粮公司缴纳的玉米提存款应当取回。二审法院认定事实不清、适用法律错误,应予纠正。

【法律要点解析】

本案审理过程可谓扑朔迷离,一波三折。主要原因在于,一、二审过程中法官、代理律师以及当事人对本案的性质及其所适用的法律存在争议,经过再审之后总算厘清了疑惑之处。

1. 九三金粮公司对涉案 2 000 吨玉米享有所有权

本案中九三金粮公司对涉案玉米请求交付，依据的是九三金粮公司与敖丰公司在 2013 年 11 月 14 日所签订的《玉米收购合同》及由敖丰公司所出具的货权确认书。九三金粮公司与敖丰公司签订《玉米收购合同》，并按约定支付货款、开具增值税发票，双方之间的买卖合同依法成立，真实有效。《物权法》第 27 条规定："动产物权转让时，双方又约定由出让人继续占有该动产的，物权自该约定生效时发生效力。"双方的《玉米收购合同》约定玉米存于敖丰公司粮库内，由敖丰公司出具货权确认书即视为交付于九三金粮公司，九三金粮公司派人员看管，双方即完成交易，敖丰公司于合同签订当日即出具了货权确认书，可以根据《物权法》的上述规定认定敖丰公司采用占有改定的方式交付了收购合同所约定的 2 000 吨玉米，因玉米属于种类物，其所有权自被特定化时起成立，故九三金粮公司对当时敖丰公司库存的 2 000 吨玉米享有所有权。在九三金粮公司将其所有玉米交由敖丰公司保管时，实际上双方形成了保管合同关系。保管物为 2013 年 11 月 14 日九三金粮公司已取得所有权的 2 000 吨玉米。因此，本案中九三金粮公司对起诉时库存 2 000 吨玉米交付请求权能否成立，关键在于起诉时库存 2 000 吨玉米与原九三金粮公司在敖丰公司粮库中所存放并由敖丰公司保管的 2 000 吨玉米是否是同一物。

二审法院在认定玉米出库数量大于库存数量的基础上，认为九三金粮公司所有的玉米已经与敖丰公司自有玉米混同并被出售，玉米属于种类物且没有被特定化，故九三金粮公司对玉米没有所有权。二审法院认为，九三金粮公司向敖丰公司购买的 2 000 吨玉米在双方出具货权确认单时已经特定，之后是否被混同应当有充分的证据予以证明，二审法院在出库玉米数量为 3 500 余吨的事实认定基础上即当然推定九三金粮公司的玉米已经被混同或出售，缺乏证据证明，认定事实不清。经再审审理查明，2013 年 11 月至 12 月期间，敖丰公司另行收购玉米 3 500 余吨，足以覆盖其同时间段出售的玉米数量，且九三金粮公司委派的监管人员蔡某在一审时出庭作证，其监管的九三金粮公司的 2 000 吨玉米一直系单独存放，并未与敖丰公司的其他玉米混同，更未被出售，敖丰公司在一审、二审和再审中均认可九三金粮公司的玉米一直系单独存放，其并未处分该 2 000 吨玉米。依据优势证据规则，九三金粮公司所有的 2 000 吨玉米从占有改定的方式交付开始，直到看管过程，以及保管人的自认，均能够特定并固定。

2. 涉案玉米不能证明系张某的抵押物

首先，关于张某与敖丰公司之间的法律关系问题，二审法院认定张某与敖丰公司之间形成浮动抵押合同关系，属于适用法律错误。《物权法》第 181 条规定，经当事人书面协议,企业、个体工商户、农村生产经营者可以设立浮动抵押权。它指企业、个体工商户、农村生产经营者以其全部动产,包括现在的和将来可以取得的全部动产为标的设定的抵押。构成动产抵押需具备三个要件:一是以不特定的动产作为担保标的物;二是在实现抵押权时仅以抵押人当时拥有的相应动产特定为抵押物,抵押权人只能对确定时属于抵押人的财产享有优先受偿权;三是设立于抵押人当时所有的全部财产之上,但抵押人仍有权对设押财产在日常经营范围内行使所有权的占有、使用、收益、处分权能。按照张某与敖丰公司之间的约定,抵押物详见抵押物清单,而抵押物清单载明了玉米入库的时间和数量,张某亦委派人员监管玉米的销售,可见抵押的玉米已经被特定化,不再是浮动抵押意义下的流动物,抵押物并不包括在签订抵押合同之前已经存放于敖丰公司仓库内的玉米,敖丰公司也不能自由处分已经列入抵押清单的玉米,故张某与敖丰公司之间的抵押合同并不符合动产浮动抵押的构成要件,应当为一般动产抵押,自抵押合同成立时起,其抵押物即为已经被特定化的入库玉米,即 2013 年 12 月 16 日至 2014 年 1 月 9 日期间进入敖丰公司粮库的 4 211.625 吨玉米。其次,关于涉案 2 000 吨玉米是否属于敖丰公司抵押给张某的 4 211.625 吨玉米的问题。二审法院认定自 2013 年 12 月 16 日起经张某许可敖丰公司共向官某忠发送玉米 1 894.47 吨,据此认定剩余 2 000 余吨玉米即为张某的抵押物。但经法院再审查明,2013 年 12 月 27 日至 2014 年 2 月 21 日期间,敖丰公司又向案外人李某海出售玉米 2 700 余吨,张某坚持认为在上述时间段内敖丰公司没有张某委派的监管人员许可,不可能向其他人出售玉米。但敖丰公司陈述其认为张某的抵押物玉米已经全部出售给官某忠,官某忠支付的玉米款用来偿还张某借款,因此敖丰公司仓库内的玉米可以自由出售,故敖丰公司将 2 700 余吨玉米出售给案外人李某海。法院认为,在张某坚持称其监管期间内不可能有玉米售出的情况下,敖丰公司仍然向外出售了玉米,敖丰公司自认其出售的玉米即为张某的抵押物,至于张某的借款则由官某忠支付的玉米款进行偿还。最后,结合起诉时敖丰公司粮库内仅存 2 000 余吨玉米的事实来看,敖丰公司作为玉米保管人,在九三金粮公司与张某均主张剩余玉米系己方所有(或抵押),却无其他证据佐证的情况下,敖丰公司的陈述显然具有较强的证明力,且九三金粮公司委派的看管人员蔡某亦在一审中出庭作证,而张某委派的看管人员庞某范一直未出庭作证。故法院认为,根据优势证据规则,张某未能举示充分证据证明敖丰公司库存的 2 000 吨玉米属于其抵押物,对其诉讼主张难以支持。

3. 关于九三金粮公司主张的张某与赵某峰之间以借新还旧的方式形成新的无抵押担保的借款合同关系的问题

九三金粮公司认为张某从官某忠处收取的玉米款属于收回了对赵某峰的借款,借款消灭后其附属的抵押担保关系也应当消灭,而其又再次将款项转给赵某峰的行为,应当构成新的借款关系且不存在抵押担保。再审法院认为,从一、二审及查明事实来看,张某虽然收取了官某忠支付的玉米款,但是均在每一笔款项到账后随即转给赵某峰,且张某与赵某峰借款合同约定的还款方式为到 2014 年 5 月 18 日一次性还本付息,官某忠付款时双方约定的借款期限尚未届满,张某对于将款项转给赵某峰的解释有合理之处。另外,敖丰公司出售给官某忠的玉米并非仅有抵押给张某的玉米,从已经查明的事实看,敖丰公司在与张某签订借款合同及抵押合同之前,已经发售给官某忠玉米 3 500 余吨,而官某忠支付的款项,从常理来看,应当是先支付在先发售的玉米款,因此张某收到款项后有理由认为该款项并非出售其抵押物所得的款项,即不能视为赵某峰的还款。综上,赵某峰与张某之间并未形成新的借款合同亦未达成新的合意,故张某收取官某忠的玉米款又随即转给赵某峰的行为不能视为形成新的借款关系,双方之间仍是抵押担保项下的借款合同关系。

【律师点评】

各方当事人在佐证自方主张及观点时可谓近乎极致,遇到此类证据错综庞杂的案例,应当化繁为简,注重案件焦点问题进行阐述和论证。提交过多与本案焦点问题无关的证据只会使人抓不到重点、偏离方向。

最高人民法院经过梳理,将本案总结出一个焦点问题并针对该焦点问题进行论证及证据填充,并经认定证据后厘清问题,有效解决。

案例(091) 六安农行与溧阳汽车总厂等担保确认纠纷案(未来财产抵押效力)

来源:(2010)皖民一终字第 00014 号
作者:李兵

【案例导读】

本案涉及抵押权是否可以对抗法院的强制执行问题。

【案情简介】

2002 年 5 月 20 日,安徽宏大汽车工程塑料有限公司(以下简称"宏大公司")与湖北省沙市市北湖塑料厂(以下简称"市北湖塑料厂")签订《工业产品购销合同》,约定宏大公司向市北湖塑料厂购买价格为 3960 万元汽车座椅骨架生产线,交货期限为 2002 年 12 月 30 日。2003 年 4 月 30 日,双方又签订补充协议,约定分步执行前述合同的要求,市北湖塑料厂在宏大公司通知提货的一个月内按照宏大公司的通知内容发运并安装设备,并将《汽车座椅骨架生产线设备清单》作为补充协议的附件。2003年8月29日、2004年10月15日,中国农业银行六安皋城支行(以下简称"农行皋城支行")与宏大公司、安徽江淮汽车座椅有限公司两次签订《最高额抵押合同》,约定宏大公司以房产、地产、动产为抵押物,分别在11 563万元和11 793万元的最高债权额限度内,为其在农行皋城支行处形成的债务提供担保。2004年4月17日,六安市工商局开发区分局对总价值为3 960万元的汽车座椅骨架生产线办理了抵押登记证,所附的《动产抵押清单》列明了切割机、弯管机、开式固定压力机等设备。

2006年5月18日,江苏省溧阳市汽车座椅调角器总厂(以下简称"溧阳调角器总厂")与宏大公司在常州市中级人民法院的主持下达成调解协议,宏大公司应付给溧阳调角器总厂货款1 033 469.50元。后溧阳调角器总厂申请执行,常州市中级人民法院委托六安市中级人民法院执行。2006年11月2日,六安市中级人民法院根据溧阳调角器总厂的申请,裁定查封了宏大公司汽车座椅生产线、叉车、开式固定压力机等12项财产。农行皋城支行对查封提出异议,经两级法院审查,安徽省高级人民法院以人民法院对被执行人所有的其他人享有抵押权、质押权或留置权的财产,可以采取查封、扣押措施为由,驳回农行皋城支行的异议。农行皋城支行遂向六安市中级人民法院提起诉讼,请求确认其对六安市中级人民法院查封裁定中的第3—12项财产享有抵押权。

【审理与判决】

1. 诉讼当事人

一审原告为农行皋城支行;被告为江苏省溧阳市汽车座椅调角器总厂。

2. 争议焦点

本案抵押权是否可以对抗生效的判决?

3. 判决过程

一审法院认为,农行皋城支行在与宏大公司签订最高额抵押合同和办理抵押物登记证时,宏大公司虽尚未取得抵押物的所有权,但农行皋城支行所提供的《工业产品购销合同》可以证明宏大公司有可能在将来取得机器设备的所有权,且宏大公司在法院查封前已实际取得了抵押机器设备的所有权,故在宏大公司实际取得机器设备时,农行皋城支行获得了抵押物的抵押权。一审判决农行皋城支行对查封裁定中的第3—12项财产享有抵押权。

二审法院认为,根据农行皋城支行在原审中提交的抵押登记证等证据,能证明宏大公司当时向农行皋城支行办理最高额抵押贷款时,是将其汽车座椅骨架生产线设备作为一个整体进行抵押,由于这部分续进的设备型号与抵押登记清单记载的型号一致,证明当时用续进的生产设备进行抵押贷款,系双方真实意思表示,且不违反法律法规的规定,应认定抵押有效,但查封裁定所列的第4项财产叉车既不属于汽车座椅骨架生产线的设备,也未列入抵押登记清单,故该叉车不属农行皋城支行享有抵押权的抵押物。二审判决农行皋城支行对查封裁定书中所查封的第3项和第5—12项设备享有抵押权。

【律师点评】

本案涉及的问题,根据《担保法》第34条第1款第(二)项"抵押人所有的机器、交通运输工具和其他财产",宏大公司以其购买的设备作抵押符合该条规定,并在工商局做了抵押登记,抵押权成立并生效。对于该抵押权是否可以对抗已经生效的判决书,当时的法律并没有明确规定,故农行皋城支行通过诉讼,确认其对于抵押物享有抵押权。根据现行法律抵押权无需经过法院判决来确认,最高人民法院《关于如何确定生效法律文书确定的抵押权优先受偿范围的请示答复》〔(2013)执他字第26号〕规定,"抵押权的实现并不以生效法律文书的确认为前提"。最高人民法院《关于人民法院执行工作若干问题的规定(试行)》(已被修改)第93条规定:"对人民法院查封、扣押或冻结的财产有优先权、担保物权的债权人,可以申请参加参与分配程序,主张优先受偿权。"第94条规定:"参与分配案件中可供执行的财产,在对享有优先权、担保权的债权人依照法律规定的顺序优先受偿后,按照各个案件债权额的比例进行分配。"依照上述规定,在参与分配程序中,债权人只要在实体上享有抵押权,即可主张债权的优先受偿。从本条款可以看出,在存在抵押权的情况下,生效判决文书可以执行,但是抵押权人对于抵押物的优先受偿权并不因此丧失,如果抵押物被法院强制拍卖,应当首先实现抵押权人的优先受偿权,然后按比例分配。

【案外语】

把抵押权优先受偿权经过诉讼变成普通债权实属败笔。比如双方达成和解,法院出具调解书,当申请人申请强制执行时,发现涉案房屋设有其他抵押权,这种情形下,由于申请人丧失了抵押权人的优先受偿权,在对抵押物被拍卖还债的情况下,抵押物上的抵押权优先受偿,而申请人丧失优先受偿的权利,可能导致调解书无法执行的法律后果。

案例(092) 光大酒店公司与海口农商行金融借款合同纠纷案(最高额抵押确定)

来源:(2017)最高法民终230号
作者:赵剑

【案例导读】

本案涉及最高额抵押如何确定问题。

【案情简介】

2014年10月16日,海口农村商业银行股份有限公司龙昆支行(以下简称"海口农商银行")与海口明光大酒店有限公司(以下简称"明光酒店公司")签订了《固定资产贷款合同》,合同约定贷款种类为固定资产贷款,贷款金额为人民币15 000万元,贷款期限为96个月,自2014年10月16日至2022年10月16日止,贷款年利率为10.45%,其中包含诚信奖励金率和贡献奖励金率。合同第3条系关于年率、诚信奖励金、贡献奖励金的约定。

同日,海口农商银行与明光酒店公司签订《流动资金贷款合同》,合同约定贷款为流动资金贷款,贷款金额为4 000万元,贷款期限为36个月,自2014年10月16日至2017年10月16日止,贷款年利率为10.45%,其中包含诚信奖励金率和贡献奖励金率。还款方式为按月付息、分期还本,贷款发放后第6、12、18、24个月分别还本500万元,第30个月还本1 000万元,余额1 000万元到期结清。关于诚信奖励金、贡献奖励金、违约责任、费用等约定与《固定资产贷款合同》的约定一致。

2014年10月16日,海口农商银行与明光酒店公司签订《最高额抵押合同》,以明光酒店公司名下位于海口市南海大道9号明光国际大厦第一层至第五层面积共19 550.28平方米房产(房产证号:海房字第××、HK××83、HK××84、HK××85、HK××86号)及其所占的面积共4 063.57平方米的土地使用权[土地证号:海口市国用(2011)第009855、009854、009853、009851、0098××号]为上述两笔贷款提供最高额抵押担保,并办理了最高额抵押登记[房屋他项权证号:海口市房他证海房字第××号,土地他项权证号:海口市他项(2014)第0368号],最高额贷款余额为19 000万元,担保范围包括主合同项下全部借款本金、利息、复利、罚息、违约金、赔偿金、实现抵押权的费用和所有其他应付的费用。同日,海口农商银行与明光酒店公司签订《最高额质押合同》(编号:海口农商银行龙昆支行2014年高质字第002-1号)以及《应收账款质押登记协议》,以明光酒店公司的经营收费权(包括但不限于租金收入、管理费收入等)提供最高额质押担保,并在中国人民银行征信中心的应收账款质押登记公示系统办理了质押登记(登记证明编号:01792441000227134561),最高额贷款余额19 000万元,担保范围包括主合同项下全部借款本金、利息、复利、罚息、违约金、赔偿金、实现抵押权的费用和所有其他应付的费用。

同日,海口农商银行与海口明光酒店管理有限公司(以下简称"明光管理公司")签订《最高额质押合同》(编号:海口农商银行龙昆支行2014年高质字第002-2号)以及《应收账款质押登记协议》,以明光管理公司的经营收费权(包括但不限于客房收入、餐饮收入、服务费收入等)提供最高额质押担保,并在中国人民银行征信中心的应收账款质押登记公示系统办理了质押登记(登记证明编号:01792415000228766612),最高额贷款余额19 000万元,担保范围包括主合同项下全部借款本金、利息、复利、罚息、违约金、赔偿金、实现抵押权的费用和所有其他应付的费用。同日，海口农商银行与明光管理公司、海南明光新天地餐饮娱乐管理有限公司(以下简称"明光餐饮公司")签订《保证合同(法人)》，与吕某一、武某民、吕某二、吕某桃签订《保证合同(自然人)》，由明光管理公司、明光餐饮公司、吕某一、武某民、吕某二、吕某桃为上述借款提供连带责任保证担保，保证期间为"自主合同确定的借款到期日之次日起两年"，保证范围为"主合同项下的借款本金、利息、复利、罚息、违约金、赔偿金、实现抵押权的费用和所有其他应付费用"。以上作为担保人的法人企业明光管理公司、明光餐饮公司内部均出具了同意提供担保的股东会决议。

2014年11月27日，海口农商银行已依约向明光酒店公司分别发放《固定资产贷款合同》项下贷款15 000万元、《流动资金贷款合同》项下贷款4 000万元。两份借款借据上所载还款方式为定期结息、分期还本。明光酒店公司从2014年12月21日起开始偿还借款利息，并从2015年8月21日起不能正常支付《流动资金贷款合同》项下利息、从2015年9月21日起不能正常支付《固定资产贷款合同》项下利息。根据《流动资金贷款合同》的约定，至本案起诉前，明光酒店公司应于2015年5月30日偿还借款本金500万元，于2015年11月30日偿还借款本金500万元，但明光酒店公司仅分别于2015年6月30日、7月1日偿还《流动资金贷款合同》项下借款本金495 500元、504 500元。2014年12月21日至2016年4月20日期间，明光酒店公司已偿还《流动资金贷款合同》项下借款本金100万元，支付《流动资金贷款合同》项下借款利息(含诚信奖励金和贡献奖励金)4 848 722.81元，支付《固定资产贷款合同》项下借款利息(含诚信奖励金和贡献奖励金)19 758 125.03元，海口农商银行与明光酒店公司、明光管理公司对此予以认可。

海南省高级人民法院作出(2016)琼民初24号民事判决。判决：① 确认海口农商银行与明光酒店公司签订的合同编号为海口农商银行龙昆支行2014年固借(诚)字第001号《固定资产贷款合同》于2016年6月15日到期，限明光酒店公司于判决生效之日起15日内向海口农商银行偿还借款本金15 000万元以及至实际清偿日止的利息(截至2016年6月15日的利息4 929 999.97元；自2016年6月16日起至实际清偿日的利息，以实际欠款本金数额为基数，按照年利率15.675%的标准计付；应支付而未付的利息按照年利率15.675%的标准计收复利)；② 确认海口农商银行与明光酒店公司签订的合同编号为海口农商银行龙昆支行2014年流借(诚)字第002号《流动资金贷款合同》于2016年6月15日到期，限明光酒店公司于判决生效之日起15日内向海口农商银行偿还借款本金人民币3 900万元以及至实际清偿日止的利息(截至2016年6月15日的利息2 012 212.135元；自2016年6月16日起至实际清偿日的利息，以实际欠款本金数额为基数，按照年利率

15.675%的标准计付;应支付而未付的利息按照年利率15.675%的标准计收复利);③ 如明光酒店公司到期不履行判决第一项、第二项的还款义务,海口农商银行有权对明光酒店公司名下位于海口市南海大道9号明光国际大厦第一层至第五层面积共19 550.28平方米房产(房产证号:海房字第××、HK××83、HK××84、HK××85、HK××86号)及其所占的面积共4 063.57平方米的土地使用权[土地证号:海口市国用(2011)第009855、009854、009853、009851、0098××号]折价或拍卖、变卖后的价款,在19 000万元限额内优先受偿;④ 如明光酒店公司到期不履行判决第一项、第二项的还款义务,海口农商银行有权对明光酒店公司的收益权(包括但不限于租金收入、管理费收入等),在19 000万元限额内并在中国人民银行征信中心登记的期限内优先受偿;⑤ 海口农商银行行使判决第三项、第四项的优先受偿权后仍不能全部清偿判决第一项、第二项债权的剩余部分,海口农商银行有权对明光管理公司的收益权(包括但不限于客房收入、餐饮收入、服务费收入等),在19 000万元限额内并在中国人民银行征信中心登记的期限内优先受偿,明光管理公司在承担清偿责任后,有权向明光酒店公司追偿;⑥ 海口农商银行行使判决第三项、第四项的优先受偿权后仍不能全部清偿判决第一项、第二项债权的剩余部分,明光酒店公司、明光餐饮公司、吕某一、武某民、吕某二、吕某桃承担连带清偿责任,明光管理公司、明光餐饮公司、吕某一、武某民、吕某二、吕某桃承担连带保证责任后,有权向明光酒店公司追偿;⑦ 驳回海口农商银行的其他诉讼请求。

明光酒店公司和海口农商银行不服一审判决向最高人民法院提起上诉。最高人民法院于2017年12月20日作出(2017)最高法民终230号民事判决书。海口农商银行、明光酒店公司的上诉请求均不能成立,判决驳回上诉,维持原判。

【审理与判决】

1. 诉讼当事人

上诉人(原审被告):海口明光大酒店有限公司、海口农村商业银行股份有限公司龙昆支行,

被上诉人(原审被告):海口明光酒店管理有限公司、海南明光新天地餐饮娱乐管理有限公司、吕某一、武某民、吕某二、吕某桃。

2. 争议焦点

(1)贷款合同中关于诚信奖励金及贡献奖励金的约定是否无效;

(2)一审判决按照年利率15.675%标准计算逾期利息和复利是否正确;

(3)一审判决关于海口农商银行在19 000万元限额内享有优先受偿权的认定是否正确;

(4)一审判决关于海口农商银行就明光管理公司收益权所享有的优先受偿顺序及各保证人承担连带保证责任顺序的认定是否正确。

3. 判决过程

一审法院认为,海口农商银行与明光酒店公司之间签订的《固定资产贷款合同》《流动资金贷款合同》《最高额抵押合同》《最高额质押合同》,与明光管理公司签订的《最高额质押合同》,与明光管理公司、明光餐饮公司签订的《保证合同(法人)》,与吕某一、武某民、吕某二、吕某桃签订的《保证合同(自然人)》均系各方当事人真实意思表示,不违反法律、行政法规的强制性规定,均为有效合同。各方当事人应当按照合同的约定全面履行合同义务。海口农商银行已经按照合同的约定发放了全部贷款,明光酒店公司则应当按照合同的约定还本付息。《流动资金贷款合同》明确约定还款方式为按月付息、分期还本,但明光酒店公司仅支付了100万元贷款本金,已构成违约。同时,明光酒店公司从2015年8月21日起不能正常支付《流动资金贷款合同》项下利息、从2015年9月21日起不能正常支付《固定资产贷款合同》项下利息,均构成违约。故海口农商银行依照合同约定,宣布涉案《流动资金贷款合同》及《固定资产贷款合同》项下贷款立即到期,并要求明光酒店公司偿还借款本金、利息以及自逾期之日起按年利率15.675%计收逾期利息,对未支付的利息计收复利,有合同依据,予以支持。明光酒店公司应立即偿还海口农商银行《固定资产贷款合同》项下借款本金15 000万元、《流动资金贷款合同》项下剩余借款本金3 900万元并按合同约定计付利息。

明光酒店公司以其所有的位于海口市南海大道9号明光国际大厦第一层至第五层房产及其所占土地使用权为案涉两笔贷款在最高额贷款余额19 000万元范围内提供最高额抵押担保,且办理了最高额抵押登记,海口农商银行对涉案抵押物依法享有抵押权,明光酒店公司亦明确表示承认海口农商银行对涉案抵押物享有抵押权。因明光酒店公司不能按照合同约定清偿债务,海口农商银行有权对被告明光酒店公司名下位于海口市南海大道9号明光国际大厦第一层至第五层面积共19550.28平方米房产(房产证号:海房字第××、HK××83、HK××84、HK××85、HK××86号)及其所占的面积共4 063.57平方米的土地使用权[土地证号:海口市国用(2011)第009855、009854、009853、009851、0098××号]在190××万元范围内优先受偿。因此,海口农商银行主张对明光酒店公司名下位于海口市南海大道9号明光国际大厦第一层至第五层面积共19550.28平方米房产及其所占的面积共4063.57平方米的土地使用权享有优先受偿权有事实和法律依据,一审法院予以支持。明光管理公司、明光餐饮公司、吕某一、武某民、吕某二、吕某桃自愿就案涉两笔贷款向海口农商银行提供连带责任保证担保,因明光酒店公司不能按照合同约定清偿债务,各保证人承担保证责任的条件成就,应当在约定的担保范围内承担连带清偿责任。依据《担保法》第31条"保证人承担保证责任后,有权向债务人追偿"之规定,保证人明光管理公司、明光餐饮公司、吕某一、武某民、吕某二、吕某桃承担连带清偿责任后,有权向明光酒店公司追偿。因此,海口农商银行主张明光管理公司、明光餐饮公司、吕某一、武某民、吕某二、吕某桃对明光酒店公司所涉债务承担连带保证责任,于法有据,予以支持。

海口农商银行主张对明光酒店公司的经营收费权(包括但不限于租金收入、管理收费权收入等)及明光管理公司的经营收费权(包括但不限于客房收入、餐饮收入等)享有优先受偿权。明光酒店公司与明光管理公司共同辩称,《最高额质押合同》与《应收账款质押登记协议》将明光酒店公司与明光管理公司的经营收费权认定为应收账款,并设立权利质押,没有法律依据,违背了物权法定原则,应为无效合同。对此,一审法院认为,第一,《物权法》第223条明确了应收账款可以出质;中国人民银行颁布的《应收账款质押登记办法》进一步明确应收账款是指权利人因提供一定的货物、服务或设施而获得的要求义务人付款的权利,包括现有的和未来的金钱债权及其产生的收益。从《最高额质押合同》与《应收账款质押登记协议》的内容可知,本案中明光酒店公司与明光管理公司质押的实质上是其收益权,该权利虽系将来金钱债权,但其行使期间及收益金额均可确定,属于确定的财产权利,依其性质可纳入依法可出质的应收账款的范畴。第二,本案中,出质人明光酒店公司与明光管理公司与质权人海口农商银行分别签订了《最高额质押合同》与《应收账款质押登记协议》,并在中国人民银行征信中心进行了质押登记,根据《物权法》第228条"以应收账款出质的,当事人应当订立书面合同。质权自信贷征信机构办理出质登记时设立"之规定,明光酒店公司与明光管理公司的收益权质押已具备公示要件,质权已依法成立并生效。故明光酒店公司与明光管理公司关于案涉两份《最高额质押合同》无效的抗辩没有事实和法律依据,不予支持。海口农商银行主张对明光酒店公司的收益权(包括但不限于租金收入、管理收费权收入等)及明光管理公司的收益权(包括但不限于客房收入、餐饮收入等)享有优先受偿权有事实和法律依据,予以支持。

如明光酒店公司不履行到期债务,海口农商银行应优先对明光酒店公司提供的抵押物及质押物优先受偿,如仍未完全实现债权,则海口农商银行既可以选择对明光管理公司的质押物实现债权,也可以要求明光管理公司、明光餐饮公司、吕某一、武某民、吕某二、吕某桃承担连带保证责任。

二审法院认为,海口农商银行、明光酒店公司的上诉请求理由均不能成立,应予驳回;一审判决认定事实清楚,适用法律正确,应予维持。

【法律要点解析】
1.《贷款合同》中关于诚信奖励金及贡献奖励金的约定是否无效

2014年10月16日,海口农商银行与明光酒店公司签订的《固定资产贷款合同》《流动资金贷款合同》第3条"贷款年率、诚信奖励金、贡献奖励金"第3.1条约定:"本合同项下的贷款年利率为 10.45%，其中包含诚信奖励金率和贡献奖励金率。"第 3.1.1 约定："若借款人每期都按本合同约定还本付息，无任何违约记录，则贷款人按年率 2%给予借款人诚信奖励金。"第 3.1.2 约定："若借款人在贷款期间及以后积极向贷款人营销存款、中间业务等支持贷款人发展，贷款人将按年率 1%给予借款人贡献奖励金。"分析上述约定可知，双方当事人在贷款合同中明确约定贷款年利率为 10.45%，当借款人符合贷款合同第 3.1.1 和 3.1.2 约定的情形时，贷款人将以年率 2%诚信奖励金、年率 1%贡献奖励金的方式给予借款人奖励。依照《合同法》第 204 条及中国人民银行《关于调整金融机构存、贷款利率的通知》第 2 条的规定，《贷款合同》约定的贷款年利率 10.45%并未违反中国人民银行关于贷款利率上限管理的规定。同时，根据最高人民法院《关于适用〈中华人民共和国合同法〉若干问题的解释（一）》（以下简称《合同法解释（一）》）第 4 条的规定，"人民法院确认合同无效，应当以全国人大及其常委会制定的法律和国务院制定的行政法规为依据，不得以地方性法规、行政规章为依据"。而诚信奖励金、贡献奖励金是贷款人给予借款人的附条件奖励，系当事人真实意思表示，并未违反法律、行政法规的强制性规定，合法有效。明光酒店公司以贷款合同中诚信奖励金、贡献奖励金的约定违反了《中国银监会关于整治银行业金融机构不规范经营的通知》（银监发〔2012〕3 号）的规定为由主张其无效，法院不予支持。

2. 一审判决按照年利率 15.675%标准计算逾期利息和复利是否正确

明光酒店公司上诉主张，贷款合同履行过程中虽出现明光酒店公司逾期归还贷款的情况，但经与海口农商银行协商已达成延期还贷的意见，故其延期还贷行为不构成违约。法院认为，《民诉解释》第 90 条第 1 款规定："当事人对自己提出的诉讼请求所依据的事实或者反驳对方诉讼请求所依据的事实，应当提供证据加以证明，但法律另有规定的除外。"本案中，明光酒店公司虽认为其延期还贷行为不构成违约，但就其主张的已与海口农商银行达成延期还贷意见的事实未提供有效证据予以证明，且海口农商银行对此不予认可。故明光酒店公司该项上诉主张缺乏事实依据，法院不予支持。又因贷款合同第 10.4 条约定："借款人到期不偿还本合同项下的贷款本金及利息的……对合同履行期届满后逾期贷款从逾期之日起按照本合同约定的贷款年利率上浮 50%计收利息，对未支付的利息计收复利。"同时，中国人民银行《关于人民币贷款利率有关问题的通知》第 3 条规定，"关于罚息利率问题。逾期贷款（借款人未按合同约定日期还款的借款）罚息利率由现行按日万分之二点一计收利息，改为在借款合同载明的贷款利率水平上加收 30%—50%……对逾期或未按合同约定用途使用借款的贷款，从逾期或未按合同约定用途使用贷款之日起，按罚息利率计收利息，直至清偿本息为止。对不能按时支付的利息，按罚息利率计收复利"。故一审判决按照上浮 50%后的年利率 15.675%标准计算逾期利息和复利具有事实及法律依据，法院予以支持。

3. 一审判决关于海口农商银行在 19 000 万元限额内享有优先受偿权的认定是否正确

二审法院认为,最高额抵押是指抵押人与抵押权人协议约定,在最高债权额限度内,以抵押物对一定期间内连续发生的债权作担保。根据《物权法》第 203 条和《担保法》第 59 条的规定,最高额抵押权本质在于其所担保的债权为不特定债权,且具有最高限额。最高额抵押所担保债权的范围,可包括主债权及其利息、违约金、损害赔偿金等,但总计不得超过已登记的预定最高限额,超过部分,抵押权人不能行使抵押权。《担保法解释》第 83 条第 2 款亦明确规定,"抵押权人实现最高额抵押权时,如果实际发生的债权余额高于最高限额的,以最高限额为限,超过部分不具有优先受偿的效力"。

本案中,海口农商银行和明光酒店公司、明光管理公司对最高债权额的理解存有分歧。海口农商银行上诉主张,此债权即贷款合同约定的贷款本金 19 000 万元,由本金产生的利息、复利、违约金等其他费用与本金相加即便超过最高额抵押登记的限额,海口农商银行仍享有优先受偿权。明光酒店公司、明光管理公司则认为,此债权包括本金、利息、违约金、损害赔偿金等费用,所有费用总和不得超过已登记的预定最高限额。对此,法院认为,从海口农商银行在海口市国土资源局办理的最高额抵押登记及在中国人民银行征信中心办理的质押登记看,最高债权限额均为 19 000 万元。《最高额抵押合同》第 4.1 条虽约定抵押担保的范围包括主合同项下全部借款本金、利息、复利、罚息、违约金、赔偿金、实现抵押权的费用和所有其他应付的费用,但该担保范围内本金、利息、复利、罚息、违约金等合计已超过了登记的最高限额 19 000 万元。若依此,将使抵押权所担保的债权突破最高债权额,事实上成为无限额。这与抵押人签订《最高额抵押合同》的合同预期不符,亦与《物权法》《担保法》的立法本意相悖。同时,根据《物权法》第 222 条关于最高额质权的规定,最高额质权除适用该节有关规定外,参照《物权法》第十六章第二节最高额抵押权的规定。同理,海口农商银行所享有的最高额质权也不应超过最高债权额 19 000 万元。故一审判决第三、四、五项判令海口农商银行在 19 000 万元限额内享有优先受偿权,并无不当。海口农商银行关于在登记的 19 000 万元限额外行使优先受偿权的上诉请求,理据不足,法院不予支持。

4. 一审判决关于海口农商银行就明光管理公司收益权所享有的优先受偿顺序及各保证人承担连带保证责任顺序的认定是否正确

海口农商银行上诉主张,依照《担保法解释》第 75 条第 2 款的规定及保证合同第 1.4 条、第 8.3 条的约定,海口农商银行可以选择实现债权的顺序,一审判决适用法律错误。法院认为,一审判决依照《物权法》第 176 条的规定判令海口农商银行应优先就明光酒店公司自己提供的抵押及质押实现债权,适用法律正确,海口农商银行的该项上诉主张不能成立。理由如下：

首先，本案之债权既有明光酒店公司的抵押、质押，又有明光管理公司的质押，还有明光管理公司、明光餐饮公司、吕某一、武某民、吕某二、吕某桃的保证。依照《物权法》第176条的规定，被担保的债权既有物的担保又有人的担保的，在没有约定或者约定不明确时，债务人自己提供物的担保的，债权人应当先就该物的担保实现债权。此时债务人的物的担保与第三人的人的担保在清偿顺序上并不具有平等性，债权人不享有选择权；当第三人提供物的担保的，债权人可以就该物的担保实现债权，也可以要求保证人承担保证责任。第三人的物的担保与第三人的人的担保在清偿顺序上平等视之，债权人享有选择权。从《物权法》第176条关于共同担保责任的立法本意看，债权人优先就债务人的物的担保实现债权，可以避免提供担保的第三人承担担保责任后向债务人追偿及可能由此形成的不必要成本。故在本案债权既有明光酒店公司自己提供的物的担保又有第三人提供的物的担保情形下，海口农商银行应先就明光酒店公司提供的物的担保实现债权。

其次，《物权法》第194条第2款规定："债务人以自己的财产设定抵押，抵押权人放弃该抵押权、抵押权顺位或者变更抵押权的，其他担保人在抵押权人丧失优先受偿权益的范围内免除担保责任，但其他担保人承诺仍然提供担保的除外。"这意味着，在债务人应先以自己提供的物的担保承担担保责任的情形下，抵押权人放弃债务人自己提供的物的担保，将使其他担保人丧失抵押权顺位利益，故其他担保人在抵押权人放弃优先受偿权益范围内免除担保责任。本案中，明光酒店公司是涉案债务承担者，在其自己提供了物的担保情形下，若海口农商银行不优先就该物的担保实现债权，却转而要求就第三人提供的物的担保或人的担保实现债权，有违公平原则。

最后，《保证合同（自然人）》第1.4条约定："如借款人未按主合同约定履行偿付借款本息和相应费用的义务，乙方可直接向甲方追索，甲方授权乙方可以以甲方开立在本省农村信用社及其所有分支机构的所有账户中的资金抵偿主合同项下的债务。"第8.3条约定："主债务履行期届满，乙方债权全部或部分未受清偿的，有权要求甲方按照本合同承担担保责任。"上述约定是关于实现保证债权而非实现担保物权的约定，并未明确在明光酒店公司自己提供的物的担保与明光管理公司、明光餐饮公司、吕某一、武某民、吕某二、吕某桃的保证并存时，海口农商银行实现债权的顺序。根据《物权法》第176条的规定，在约定不明确的情形下，海口农商银行仍应先就明光酒店公司提供的物的担保实现债权。一审判决适用法律并无不当。

案例（093） 某资产浙江分公司与某集团公司、孙某等金融借款合同纠纷案（最高额抵押转让）

来源：(2015)浙温商初字第 5 号
作者：文科

【案例导读】

最高额抵押合同与主合同在债权转让时一一对应，应视为最高额抵押权的分户决算。

【案情简介】

2013 年 3 月 28 日，上海某发展银行股份有限公司温州瑞安支行（以下简称"某银行瑞安支行"）与某集团有限公司分别签订了两份《流动资金借款合同》（合同编号为 80207 和 80209），合同约定的借款金额分别为 16 627 756 元和 51 654 578.01元，该两份合同除了约定的金额和借款用途不一致外，其他条款均一致。双方约定：借款期限为 12 个月，自 2013 年 3 月 28 日至 2014 年 3 月 28 日。年利率为同期同档次的贷款基准利率；每季末月的 20 日为结息日；借款人未按期还款的，逾期罚息利率为贷款利率加收 50%；对未按时支付的利息，自逾期之日起，按本合同约定的逾期罚息利率计收复利。除本合同另有约定外，本合同项下贷款利率从贷款人发放贷款之日起按照实际提款金额和占用天数计收。占用天数包括第一天，除去最后一天。日利率=月利率÷30，月利率=年利率÷12。

编号为 80207 的《流动资金借款合同》列明为本合同项下债务提供担保的担保人及担保合同包括但不限于保证人为华某公司、海某公司、鑫某公司、孙某，编号为 ZB00139、ZB00060、ZB00062、ZB00061 的《最高额保证合同》。编号为 80209 的《流动资金借款合同》列明为本合同项下债务提供担保的担保人及担保合同包括但不限于保证人为华某公司、海某公司、鑫某公司、孙某，编号为 ZB00139、ZB00060、ZB00062、ZB00061 的《最高额保证合同》及抵押人为某集团有限公司、何某弟，编号为 ZD00030、ZD00080 的《最高额抵押合同》。

两笔借款的借款凭证均载明借款年利率为 6%。

借款合同签订后，某银行瑞安支行依约放贷。借款期满后，某集团有限公司并没有依约偿还本金及利息。

2011 年 2 月 16 日，某集团有限公司与某银行瑞安支行签订了《最高额抵押合同》（合同编号为 ZD00030），某集团有限公司自愿将坐落于上海市青浦区赵巷镇业辉路 555 弄×号［房地产权证编号为沪房地青字（2011）第 001875 号，建筑面积为

746.82平方米]的房地产权为其在2011年2月16日至2014年2月16日期间内发生的债务提供抵押担保,担保最高额为2 700万元。同时,双方前往上海市房地产登记处办理了抵押登记手续。

2011年2月18日,孙某与某银行瑞安支行签订了《最高额抵押合同》(合同编号为ZD00033),孙某自愿将其所有的坐落于浙江省瑞安市安阳街道风荷苑28幢1单元×室的房产(房屋所有权证编号为瑞安市房权证安阳第001034××号,建筑面积为305.47平方米,土地使用权面积31.6平方米)为某集团有限公司在2011年2月18日至2014年2月18日期间内发生的债务提供抵押担保,担保最高额为825万元。同时,双方前往房产部门办理了抵押登记手续。

2011年4月13日,何某弟与某银行瑞安支行签订了《最高额抵押合同》(合同编号为ZD00080),何某弟自愿将其所有的坐落于浙江省瑞安市安阳街道中通华庭3幢×室的房产[房屋所有权证编号为瑞安市房权证瑞(房)字第××号,建筑面积为181.22平方米,土地使用面积15.87平方米]为某集团有限公司在2011年4月13日至2016年4月13日期间内发生的债务提供抵押担保,担保最高额为435万元。同时,双方前往房产部门办理了抵押登记手续。

2012年4月1日,华某公司与某银行瑞安支行签订了《最高额保证合同》(合同编号为ZB00139),华某公司自愿为某集团有限公司自2012年4月1日至2014年3月31日期间与某银行瑞安支行发生的债务提供最高额3 000万元的连带责任担保。

2013年3月22日,海某公司与某银行瑞安支行签订了《最高额保证合同》(合同编号为ZB900060),海某公司自愿为某集团有限公司自2013年3月22日至2016年3月22日期间与某银行瑞安支行发生的债务提供最高额1亿元的连带责任担保。

2013年3月22日,鑫某公司与某银行瑞安支行签订了《最高额保证合同》(合同编号为ZB00062)。鑫某公司自愿为某集团有限公司自2013年3月22日至2016年3月22日期间与某银行瑞安支行发生的债务提供最高额4 000万元的连带责任担保。

2013年3月22日,孙某与某银行瑞安支行签订了《最高额保证合同》(合同编号为ZB00061)。孙某自愿为某集团有限公司自2013年3月22日至2016年3月22日期间与某银行瑞安支行发生的债务提供最高额9 900万元的连带责任担保。

上述《最高额保证合同》均约定,无论债权人对主合同项下的债务是否拥有其他担保权利,债权人均有权先要求本合同项下任一保证人在本合同约定的保证范围内承担保证责任等;保证期间按债权人对债务人每笔债权分别计算,自每笔债权合同债务履行期届满之日起至该债权合同约定的债务履行期限届满之日后两年止。

上述《最高额保证合同》及《最高额抵押合同》均约定:本合同项下的担保范围除了本合同所述之主债权,还及于由此产生的利息(包括利息、罚息和复利)、违约金、损害赔偿金或履行本合同而发生的费用等。

2013年9月10日,某银行温州分行与某资产浙江分公司签署《债权转让协议》约定:某银行温州分行将其对第80207号和第80209号《流动资金借款合同》项下的债权转让给某资产浙江分公司,某资产浙江分公司取代某银行瑞安支行行使作为债权人的各项权利,转让标的有关的全部从权利同时转移至某资产浙江分公司。

2013年9月10日,某银行温州分行与某资产浙江分公司签订《单户债权转让协议》约定,某银行温州分行对借款人某集团公司的编号为80207、80209即涉案两笔借款合同及另案编号为80557合同项下的3笔债权及相关权利、权益、利益、收益转让给某资产浙江分公司。2013年10月8日,《浙江法制报》刊登《上海某发展银行股份有限公司温州分行资产转让通知暨与受让方中国某资产管理股份有限公司浙江省分公司债权催收联合公告》(以下简称"债权转让公告"),注明某银行温州分行将其对公告清单所列借款人及其担保人享有的主债权及担保合同项下的全部权利,打包转让给某资产浙江分公司,并要求公告清单中所列借款人及其担保人或借款人及担保人的继承人,从公告之日起向某资产浙江分公司承担相应的义务。上述《单户债权转让协议》所附的《分户转让债权清单》及债权转让公告中均明确列明编号为80207《流动资金借款合同》所对应的担保合同的编号为ZB00139、ZB00060、ZB00062、ZB00061;编号为80209《流动资金借款合同》所对应的担保合同的编号为ZB00139、ZB00060、ZB00062、ZB00061、ZD000030、ZD00080。合同编号为ZD00033的担保合同与另案编号为80557合同相对应。

现某银行瑞安支行按照约定履行了自己的义务,而某集团有限公司、孙某、何某弟、华某公司、海某公司、鑫某公司却未按约定履行自己的义务,该行为显属违约,某银行瑞安支行已将债权转让给某资产浙江分公司。某资产浙江分公司有权承继某银行瑞安支行作为债权人、抵押权人及担保权人所享有的权利,取代其在相关诉讼程序中的地位,故诉至法院,要求判令:① 某集团有限公司分别偿还某资产浙江分公司借款本金68 282 334.01元及利息(利息从2013年3月28日至2014年3月28日按年利率6%计算,金额为4 165 222.37元;从2014年3月29日开始按年利率9%计算至实际履行之日止,暂计至2014年11月25日,逾期利息为4 131 081.21元)。② 某集团有限公司向某资产浙江分公司支付复利(复利从2013年6月21日开始按年利率9%计算至实际履行之日止,暂计至2014年11月25日,原为396 842.70元)。③ 某集团有限公司应向某资产浙江分公司支付实现债权的费用和本案的诉讼费用。④ 如某集团有限公司未履行上述债务的,某资产浙江分公司有权以折价或拍卖、变卖登记在某集团有限公司名下的坐落于上海市青浦区赵巷镇业辉路555弄×号房产的所得价款在2 700万元范围内优先受偿。⑤ 如某集团有限公司未履行上述债务的,某资产浙江分公司有权以折价或拍卖、变卖登记在孙某名下的坐落于浙江省瑞安市安阳街道风荷苑28幢1单元×室房产的所得价款在825万元范围内优先受偿。⑥ 如某集团有限公司未履行上述债务的,某资产浙江分公司有权以折价或拍卖、变卖登记在何某弟名下的坐落于浙江省瑞安市安阳街道中通华庭3幢×室房产的所得价款在435万元范围内优先受偿。⑦ 孙某对上述债务在9 900万元的范围内承担连带责任。华某公司对某集团有限公司的上述债务在3 000万元的范围内承担连带责任。海某公司对某集团有限公司的上述债务在1亿元的范围内承担连带责任。鑫某公司对某集团有限公司的上述债务在4 000万元的范围内承担连带责任。

【审理与判决】

1. 诉讼当事人

原告为某资产浙江分公司,被告为某集团有限公司、孙某、何某弟、华某公司、海某公司、鑫某公司。

2. 争议焦点

(1)某资产浙江分公司主张的逾期利益是否应得到支持?

(2)主合同债权发生在最高额抵押合同约定的时间范围内,最高额抵押合同与主合同在债权转让时逐一分户对应,分户债权中未对应列明的最高额抵押合同是否还应为该分户债权提供抵押担保。

3. 判决过程

一审法院认为,涉案的《流动资金借款合同》《最高额保证合同》《最高额抵押合同》《单户债权转让协议》均未违反法律、行政法规的强制性规定,依法有效,应受法律保护。各方当事人应当按照合同的约定履行各自的义务。某银行瑞安支行已依约发放贷款,某集团有限公司未按约偿付借款本息,已构成违约。某资产浙江分公司依约受让涉案债权,由此取得涉案债权及从权利。现借款已到期,某资产浙江分公司诉请某集团有限公司偿还借款本金及期内利息、期内利息复利及逾期利息,于法有据,法院予以支持。因某资产浙江分公司主张的逾期利息已经具有追究违约责任的性质,故某资产浙江分公司对于逾期利息计收复利的主张,法院不予支持。

关于最高额抵押的问题,虽然涉案《流动资金借款合同》中注明为本合同项下债务提供担保的担保人及担保合同包括但不限于其在主合同中列明的担保人及担保合同,但是某银行温州分行与某资产浙江分公司签订的《分户转让债权清单》及债权转让公告中,担保合同与主合同在债权转让时一一对应,应视为最高额抵押权的分户决算,且该分户决算不影响某资产浙江分公司对其享有的抵押债权的主张,故在分户债权未作对应的担保合同在本案中不作认定,因此,涉案两笔借款不在编号为 ZD00033《最高额抵押合同》的担保范围内,编号为 ZD00030、ZD00080《最高额抵押合同》的担保范围不包括编号为 80207《流动资金借款合同》项下贷款,编号为 ZD00030、ZD00080《最高额抵押合同》在《分户转让债权清单》及债权转让公告中与编号为 80209《流动资金贷款合同》一一对应,且相关抵押已办理抵押登记手续,故某资产浙江分公司在某集团有限公司不履行编号为 80209《流动资金贷款合同》项下到期债务时,有权就某集团有限公司及何某弟各自提供的分别坐落于上海市青浦区赵巷镇业辉路 555 弄×号的房地产及瑞安市安阳街道中通华庭 3 幢×室的房产在其各自承诺的最高债权额限度内优先受偿。

孙某、华某公司、海某公司、鑫某公司分别为涉案两份《流动资金借款合同》项下贷款提供最高额保证担保,根据《担保法》第 12 条、第 14 条、第 18 条第 2 款的规定,各担保人均应按照各自签订的担保合同承担相应的连带保证责任。且涉案《最高额保证合同》均约定,无论债权人对主合同项下的债务是否拥有其他担保权利,债权人均有权先要求本合同项下任一保证人在本合同约定的保证范围内承担保证责任等。因此,孙某、华某公司、海某公司、鑫某公司应在各自承诺的最高债权额限度内对某集团有限公司的涉案债务承担连带保证责任。同时,根据《担保法》第 31 条、第 57 条及《担保法解释》第 42 条第 1 款的规定,孙某、何某弟、华某公司、海某公司、鑫某公司承担抵押或保证责任后,均有权向某集团有限公司追偿。另外,涉案《流动资金借款合同》明确约定:日利率＝月利率÷30,月利率＝年利率÷12,因此某集团有限公司提出应按日利率＝年利率÷365 得出相应的利息金额的主张,法院不予支持。某银行温州分行作为某银行瑞安支行的上级行,由其统一打包处理债权,并不存在主体不适格的问题。孙某、何某弟、华某公司、海某公司、鑫某公司无正当理由拒不到庭参加诉讼,法院依法缺席判决。判决如下:

(1)被告某集团有限公司于本判决生效之日起 10 日内偿还原告某资产浙江分公司借款本金 16 627 756 元、期内利息、期内利息复利及逾期利息(期内利息按年利率6%从 2013 年 3 月 28 日计算至 2014 年 3 月 28 日;期内利息复利从 2013 年 6 月 21 日开始以每季结欠利息额为基数,逾期利息从 2014 年 3 月 29 日开始以 16 627 756 元为基数,均按年利率 9%计算至本判决确定的履行之日止)。

(2)被告某集团有限公司于本判决生效之日起 10 日内偿还原告某资产浙江分公司借款本金 51 654 578.01 元、期内利息、期内利息复利及逾期利息(期内利息按年利率6%从 2013 年 3 月 28 日计算至 2014 年 3 月 28 日;期内利息复利从 2013 年 6 月 21 日开始以每季结欠利息额为基数,逾期利息从 2014 年 3 月 29 日开始以 51 654 578.01元为基数,均按年利率 9%计算至本判决确定的履行之日止)。

(3) 如被告某集团有限公司未在上述第二项确定的期限履行该项还款义务,原告某资产浙江分公司有权以拍卖、变卖被告某集团有限公司提供抵押的坐落于上海市青浦区赵巷镇业辉路555弄×号房地产[房地产权证编号为沪房地青字(2011)第001875号]的所得价款优先受偿,但对包括上述债务在内的ZD00030号《最高额抵押合同》项下所有主债务的优先受偿总额以最高抵押担保金额2 700万元为限。

(4) 如被告某集团有限公司未在上述第二项确定的期限履行该项还款义务,原告某资产浙江分公司有权以拍卖、变卖被告何某弟提供抵押的坐落于瑞安市安阳街道中通华庭3幢×室房产[房屋所有权证编号为瑞安市房权证瑞(房)字第××号]的所得价款优先受偿,但对包括上述债务在内的ZD00080号《最高额抵押合同》项下所有主债务的优先受偿总额以最高抵押担保金额435万元为限。

(5) 被告孙某对被告某集团有限公司的上述第一、第二项债务承担连带偿还责任,但对包括上述债务在内的ZB00061号《最高额保证合同》项下所有主债务承担连带偿还责任的总额以最高保证金额9 900万元为限。

(6) 被告华某公司对被告某集团有限公司的上述第一、第二项债务承担连带偿还责任,但对包括上述债务在内的ZB00139号《最高额保证合同》项下所有主债务承担连带偿还责任的总额以最高保证金额3 000万元为限。

(7) 被告海某公司对被告某集团有限公司的上述第一、第二项债务承担连带偿还责任,但对包括上述债务在内的ZB00060号《最高额保证合同》项下所有主债务承担连带偿还责任的总额以最高保证金额1亿元为限。

(8) 被告鑫某公司对被告某集团有限公司的上述第一、第二项债务承担连带偿还责任,但对包括上述债务在内的ZB00062号《最高额保证合同》项下所有主债务承担连带偿还责任的总额以最高保证金额4 000万元为限。

(9) 被告孙某、何某弟、华某有限公司、海某公司、鑫某公司在承担担保责任后,有权向被告某集团有限公司追偿。

(10) 驳回原告中国某资产管理股份有限公司浙江省分公司的其他诉讼请求。

【法律要点解析】

本案债权转让后,担保合同是否继续有效?如何确定担保人的担保责任?

某银行瑞安支行与某资产浙江分公司就转让本案债权及相关权利、权益、利益、收益签了了书面合同,随后在省级有影响力的报纸上发布了债权转让公告。最高人民法院在《关于审理涉及金融不良债权转让案件工作座谈会纪要》(以下简称《纪要》)第3条"关于债权转让生效条件的法律适用和自行约定的效力"中指出,"国有银行向金融资产管理公司转让不良债权,或者金融资产管理公司收购、处置不良债权的,担保债权同时转让,无须征得担保人的同意,担保人仍应在原担保范围内对受让人继续承担担保责任"。在第12条"关于《纪要》的适用范围"中指出:"国有银行包括国有独资商业银行、国有控股商业银行以及国有政策性银行;金融资产管理公司包括华融、长城、东方和信达等金融资产管理公司和资产管理公司通过组建或参股等方式成立的资产处置联合体。"故本案中,担保合同应继续有效。

本案涉及两笔债权的转让,在债权转让公告中,分别对两笔债权下的担保权予以明确区分,该区分也与《流动资金借款合同》《最高额保证合同》《最高额抵押合同》约定相符。根据《合同法》第81条"债权人转让权利的,受让人取得与债权有关的从权利,但该从权利专属于债权人自身的除外"的规定,某资产浙江分公司受让两笔债权后,同时取得其担保权。因此,某资产浙江分公司有权要求各担保人依约承担担保责任。

【律师点评】

不动产抵押权在主债权转让时,是否必须办理抵押权变更登记,受让人才能继续享有抵押权?

《合同法》第81条规定:"债权人转让权利的,受让人取得与债权有关的从权利,但该从权利专属于债权人自身的除外。"《物权法》第179条规定,"为担保债务的履行,债务人或者第三人不转移财产的占有,将该财产抵押给债权人的,债务人不履行到期债务或者发生当事人约定的实现抵押权的情形,债权人有权就该财产优先受偿"。《物权法》第192条规定:"抵押权不得与债权分离而单独转让或者作为其他债权的担保。债权转让的,担保该债权的抵押权一并转让,但法律另有规定或者当事人另有约定的除外。"从上述规定可以看出,抵押权是担保主债权的成立而设立的,也因主债权的转让而转让,在法律上抵押权具有从属性。根据《物权法》第192条的规定,转让主债权时,抵押权作为从权利一并转让,法律并未要求办理抵押权变更登记。主债权的受让人取得抵押权并不是基于新的抵押合同重新设定抵押权,而是基于法律规定因取得主债权而同时继受取得抵押权,其生效不以变更登记为要件,因此,无须办理抵押权变更登记,主债权的受让人也当然享有抵押权。当然,若合同各方当事人就抵押权的设定另有特殊约定的,则应按约定执行。

案例(094)　徐某栋与南京住建局房屋抵押登记纠纷案(抵押权善意取得)

来源:(2010)宁行终字第132号

作者:李兵

【案例导读】

本案的要点在于当房屋所有权人变动后,原抵押权是否依然存在。

【案情简介】

原告:徐某栋。

被告:江苏省南京市住房保障和房产局(以下简称"市房产局")。

第三人:中国光大银行股份有限公司南京分行(以下简称"光大银行")。

第三人:徐某(徐某栋之女),现在监狱服刑。

南京市钟灵街48号76幢301室(以下简称"301室")的原所有权人为徐某栋。2004年8月,第三人徐某与朱某某合谋骗取银行贷款,由朱某某冒充原告,伪造原告身份证,与徐某进行虚假的房地产交易,将301室过户到徐某名下,骗领了301室房屋权属证书。徐某以虚假的房地产买卖契约及骗领的房屋所有权证作为抵押财产证明文件,作为借款人、抵押人与光大银行办理了为期20年的房地产抵押贷款,骗取人民币22.5万元。徐某与光大银行于2004年8月31日至被告处申请办理抵押登记,并向被告提交了南京市房地产抵押登记申请书、贷款合同、房地产抵押合同、授权委托书两份及(2004)宁证内经字第45517号公证书等抵押登记材料。2004年9月13日,被告确认该抵押登记成立,并于2004年9月16日向光大银行核发了第211639号他项权证。

2006年,南京市鼓楼区人民法院作出(2006)鼓民二初字第850号民事判决书,判决:"一、原告(指光大银行)、被告(指徐某)所签订的借款合同于本判决生效之日起解除……三、如被告未履行上述(二)项债务,原告有权以被告位于南京市玄武区钟灵街48号76幢301室的房产进行折价或者以拍卖、变卖该房产的价款优先受偿。"2009年3月,南京市玄武区人民法院作出(2009)玄刑初字第131号刑事判决书,认为在与光大银行就301室办理抵押贷款的活动中,徐某犯贷款诈骗罪,给予刑事处罚;徐某不服该判决提起上诉后,南京市中级人民法院于2009年4月裁定予以维持。

2009年8月,南京市鼓楼区人民法院受理了原告徐某栋就301室所有权转移登记至徐某名下的(2009)鼓行初字第87号房屋行政登记案。2009年11月13日,原告徐某栋撤回起诉后,被告市房产局于2009年11月17日作出宁房管[2009]222号文,注销了301室房屋产权转移登记,所有权人为徐某的房屋所有权证书同时作废。而在2009年10月30日,南京市鼓楼区法院作出(2007)鼓执字第735号民事裁定书及协助执行通知书,查封了301室。原告徐某栋在所有权人为徐某的301室所有权证被被告市房产局注销后,即与被告交涉,要求被告撤销301室抵押登记,将301室房屋所有权人登记为原告,并补发原告房屋所有权证书,被告未予办理。原告认为被告行政不作为,遂诉至法院。

【审理与判决】

1. 争议焦点

(1)是否可以将301室房屋所有权人登记为原告?

（2）是否可以撤销301室抵押登记？

2. 判决过程

一审法院认为，根据《南京市城镇房屋权属登记条例》第4条之规定，被告市房产局作为辖区内的房产管理部门，具有依法办理房屋抵押登记的法定职权。《物权法》第106条第1款规定："无处分权人将不动产或者动产转让给受让人的，所有权人有权追回；除法律另有规定外，符合下列情形的，受让人取得该不动产或者动产的所有权：（一）受让人受让该不动产或者动产时是善意的；（二）以合理的价格转让；（三）转让的不动产或者动产依照法律规定应当登记的已经登记，不需要登记的已经交付给受让人。"第2款规定："受让人依照前款规定取得不动产或者动产的所有权的，原所有权人有权向无处分权人请求赔偿损失。"第3款规定："当事人善意取得其他物权的，参照前两款规定。"根据《物权法》第106条第3款之规定，作为其他物权的抵押权的取得适用善意取得制度。本案中，光大银行因向第三人徐某交付贷款而从徐某处取得301室不动产抵押权的情形符合《物权法》第106条第1款所确立的原则，故被告根据光大银行善意取得301室不动产的抵押权而办理的抵押登记应当受到法律保护。据此，法院于2010年5月26日依照最高人民法院《行诉若干问题解释》（已失效）第56条第（4）项之规定，判决驳回原告徐某栋的诉讼请求。

一审宣判后，原告徐某栋不服，向二审法院提起上诉称：① 善意取得制度属于民事法律关系的范畴，一审法院超出了行政诉讼的审查范围，有违当事人的诉求，且无法律依据。② 刑事判决书已证明徐某的抵押贷款行为系贷款诈骗犯罪行为，徐某与光大银行之间的抵押贷款行为不属于民事法律行为，不应受民事法律关系的调整和保护，光大银行不能适用民法中有关善意取得制度。抵押权自登记时设立，但不合法、错误的登记当然不能设立合法有效的抵押权，该抵押权自始不发生法律效力。③ 根据《物权法》和《担保法》的规定，抵押合同自登记之日起生效，即不动产抵押权自抵押登记时设立。一审法院认为光大银行先善意取得了抵押权，市房产局后根据光大银行的善意取得抵押权而办理抵押登记，显然与抵押权自登记时设立之规定不符。④ 因市房产局未履行法定的形式审查义务，致使301室房屋所有权转移登记和发证行为不合法。⑤ 刑事判决书、裁定书已认定徐某提交虚假材料、骗取抵押登记的事实，已经证明该抵押登记属于错误登记。根据《物权法》第19条第1款后半句"有证据证明登记确有错误的，登记机构应当予以更正"之规定，市房产局应当撤销抵押登记。⑥ 涉案房屋的所有权转移登记被注销，证明该房屋所有权转移登记自始未发生法律效力，不动产登记簿记载事项应恢复到初始状态，依所有权转移登记而产生的抵押登记也应予以撤销。⑦ 一审判决过分强调对抵押权的保护而忽视了对所有权的保护，有悖于公平、公正的法律原则和保护弱者、构建和谐社会的法律精神。

二审法院经审查认为,被上诉人市房产局依据抵押人徐某、抵押权人光大银行的申请,对其所提交的所有权人为徐某的房屋所有权证、国有土地使用证、贷款合同、抵押合同以及经过公证的徐某的授权委托书等登记文件的法定形式进行了审查,作出了被诉的抵押登记并发放了房屋他项权证。被上诉人的上述行为并不违反相关法律、法规的规定,程序亦无不当。上诉人徐某栋认为涉案房屋因系徐某通过欺骗手段骗取的所有权转移登记,现该转移登记已被注销,所有权在徐某名下时设定的抵押权登记应当予以撤销。但是,抵押权系设立在所有权之外的受法律保护的其他物权之一,抵押权因被担保债权的成立而成立,亦因被担保债权的消灭而消灭。根据《物权法》第106条的规定,受让人受让不动产时是善意的,受让人取得该不动产的所有权;当事人善意取得其他物权的,与善意取得的所有权具有同样的法律后果。光大银行与徐某之间的担保债权并未因徐某受到刑事处罚而消灭,故光大银行所取得的抵押权亦未消灭。虽然涉案房屋所有权转移登记系徐某等人使用欺骗手段骗取,但是光大银行在与徐某签订抵押贷款合同时,对其欺骗行为并不知情,其所取得的抵押权属于善意取得,应受法律保护。上诉人徐某栋认为徐某与光大银行的抵押贷款不属于民事法律关系调整范畴、不适用善意取得制度等上诉意见,没有相应的法律依据。上诉人徐某栋认为一审法院未审查抵押登记行为的合法性,与事实不符。另外,因涉案房屋登记至徐某名下的转移登记已被注销,上诉人徐某栋要求补发所有权证书,可以向被上诉人市房产局另行提出办理申请。一审法院对上诉人徐某栋的该项诉讼请求未予支持并无不当。据此,法院于2010年9月9日依照《行政诉讼法》第61条第(一)项之规定,判决驳回上诉,维持原判。

【律师点评】

笔者认同一审法院的观点,抵押权取得适用《物权法》第106条第1款规定:"无处分权人将不动产或者动产转让给受让人的,所有权人有权追回;除法律另有规定外,符合下列情形的,受让人取得该不动产或者动产的所有权:(一)受让人受让该不动产或者动产时是善意的;(二)以合理的价格转让;(三)转让的不动产或者动产依照法律规定应当登记的已经登记,不需要登记的已经交付给受让人。"光大银行是善意第三人,其合法的抵押权应当受到法律保护。同样根据《物权法》第19条第1款后半句"有证据证明登记确有错误的,登记机构应当予以更正"之规定,被告应当变更房屋产权人为原告。法院未支持该条的理由主要是所有权和抵押权对抗的问题,就算是所有权人变更为原告,原告依然无法对抗涉案房屋上已设定的抵押权,因为抵押权是物保而非人保,是及于涉案房屋的一种担保方式,所以并不因房屋的所有权人的变动而影响抵押权。

【案外语】
就本案诉讼策略而言,原告可以从被告办理房产过户和第三人光大银行办理房屋抵押登记行为是否存在过错为切入点,这样原告也许能达到自己的诉讼目的,最大限度地挽回自己的损失。

案例(095) 某银行支行与陆某某借款合同纠纷案(抵押权善意取得)

来源:(2009)通中民二终字第0452号
作者:张荣

【案例导读】
《物权法》第106条规定了动产、不动产及其他物权统一的善意取得制度,为不动产抵押权善意取得的适用提供了基本的法律依据。一般情况下,善意取得是所有权取得的特殊情况。除了所有权以外,其他物权的善意取得也参照该条规定。本案中的抵押权善意取得在何种情况下可以适用,其适用又需要符合哪些要件?法院对抵押权的善意取得如何认定与审理呢?请看以下案例。

【案情简介】
2006年2月1日,某银行支行与陆某某签订了购房借款合同一份,约定某银行支行向陆某某提供贷款35万元,由陆某某提供其名下的南通市崇川区虹桥西村33幢403室作抵押担保,借款用途为购房,借款期限为240个月。合同签订后,某银行支行于4月12日向陆某某发放了贷款35万元。自2009年2月起至今,陆某某未按约履行还款义务。

陆某某与石某某原系夫妻关系。2005年12月8日,双方在民政局办理了离婚登记手续,并约定涉案房屋归石某某所有,该产权至今仍登记在陆某某名下。陆某某为办理上述抵押物登记手续,伪造离婚协议书内容,将已经约定归石某某所有的上述房产篡改为归自己所有,并加盖了伪造的民政局婚姻登记专用章,于2006年4月12日向房产部门办理了抵押登记手续。

自2009年2月起,陆某某未能偿还贷款本息已有三个月,根据合同约定视为贷款自动全部提前到期,要求陆某某立即偿还全部贷款本金及利息,由原告某银行支行对抵押物优先受偿。

【审理与判决】
1. 诉讼当事人
一审原告为某银行支行,被告为陆某某,第三人为石某某。

2. 诉请与抗辩

原告诉请:要求陆某某立即偿还全部贷款本金及利息,原告对抵押物优先受偿。被告同意原告的诉请。

3. 争议焦点

(1)本案抵押权是否成立?

(2)某银行支行设立抵押权的情形是否属于《物权法》规定的善意取得?

4. 判决过程

一审法院判决:(1)被告陆某某于判决书生效之日起10日内偿还原告某银行支行借款本金322 197.57元,并支付相应的利息。

(2)驳回原告某银行支行的其他诉讼请求。

某银行支行不服一审判决,提起上诉。

二审法院判决:(1)维持一审判决第一项,即陆某某在本判决生效之日起10日内偿还某银行支行借款本金322 197.57元,并支付相应的利息。

(2)撤销一审判决第二项,即驳回某银行支行的其他诉讼请求。

(3)如果陆某某不能履行上述债务,某银行支行有权就已取得抵押权的涉案房产以折价或者拍卖、变卖的价款优先受偿。

【法律要点解析】

1. 不动产抵押权善意取得的概念

善意取得,指受让人以财产所有权转移为目的,善意、对价受让且占有该财产,即使出让人无转移所有权的权利,受让人仍取得其所有权。善意取得既可适用于动产,又可适用于不动产。除了所有权适用善意取得制度以外,其他物权也可以参照善意取得制度。不动产抵押权的善意取得是指,不动产未作登记或不动产登记记载的权利人与真实的不动产所有人不符,对不动产没有处分权的人将不动产设置抵押权,债权人若不知或不应知悉存有权利瑕疵的,抵押权仍然有效,债权人仍享有该抵押权。

2. 不动产抵押权善意取得的构成要件

根据《物权法》第106条之规定,结合本案不动产抵押权自身性质,不动产抵押权善意取得的构成要件应当包括:①第三人善意且无过失,即不知抵押人是无处分权人;②合法有偿的交易行为;③第三人已办理了不动产抵押权登记手续;④抵押权登记错误;⑤无异议登记存在;⑥主债权合法有效。

3. 不动产抵押权善意取得的构成要件的理解与适用

(1)第三人善意且无过失

所谓善意,是指行为人内在心理活动状况,作为一种主观活动状况,应当采取推定的方法,推定受让人是善意的,由原权利人对受让人是否具有恶意进行举证,如果不能证明其为恶意,则推定受让人为善意。关于善意的时间确定,应当限于财产受让之前。而不动产的登记手续,有国家信用作担保,具有更强的公信力,除非第三人明知或因重大过失应知而未知存在登记错误或有异议登记,只要第三人信赖登记,就是善意的。

从公平角度出发,法律应当督促交易相对方尽到善良管理人的责任,承担起码的注意义务,因此应当承认过失对善意的影响,将第三人无过失作为评判善意与否的重要因素。具体到不动产抵押权善意取得而言,可以认为是指未履行基本的注意义务,对抵押所需的法定材料作形式上的审慎审查本可以发现却没有发现。

(2)合法有偿的交易行为

有偿取得财产是适用善意取得的必要条件,即无偿取得财产时,不适用善意取得。在有偿取得的前提下,合理的价格也是衡量财产取得是否善意的标准。在市场经济条件下,财产转让一般是以对价为条件的,这反映了财产转让的一般规律,违反了此规律的财产转让,就可能引出对该等交易是否善意的合理怀疑。

(3)第三人已办理了不动产抵押权登记手续

依据法律规定,不动产抵押权是以登记为生效要件的,因此,以登记时间为交易成立的标志,只有通过交付或者登记,才发生财产所有权的转移,才能发生善意取得的效果,而没有发生交付或登记的,则只是达成了合意,双方当事人仍然只是一种债的关系。

(4)抵押权登记错误

虽然不动产物权以登记为要件,但是登记审查仅为形式审查,所以不动产权利登记记载的权利与真实权属不一致,发生登记错误。登记错误使得不动产物权变动过程中需要善意取得制度来协调实际所有人与第三人之间的利益关系。

登记错误发生的原因多种多样,当登记簿错误记载无权处分人为不动产物权人时,无权处分人以该物权再设定他物权的,第三人自可基于善意信赖登记簿记载之公信力而善意取得相应他物权。

本案中,陆某某通过伪造离婚协议书,骗取房地产管理部门为其办理了抵押房产的抵押登记手续,使得抵押登记的物权信息与真实权利状态不一致,而某银行支行则基于该错误登记而办理了抵押贷款手续。

(5)无异议登记存在

《物权法》第19条规定了异议登记制度,对于不动产抵押权的善意取得具有阻却作用。异议登记的目的是为了解决登记过程中可能出现的错误登记,保障前权利人的权利不因第三人善意取得而遭到损失。因此,若登记簿上有异议登记,则推定第三人应当知道登记名义人不是真实权利人,若为恶意或重大过失,则不适用善意取得制度。但是,异议登记的存在,并不能阻断所有的善意取得,其所能阻止的仅是其所针对的权利的善意取得,如果不动产登记簿存在异议登记所针对的事项之外的错误,第三人善意信赖该登记的,仍然可以善意取得物权。

(6)主债权合法有效

抵押权的存在必须以主债权合法有效为前提,这是抵押权的从属性质所决定的。当主债权无效或被撤销时,抵押权则不存在适用善意取得的可能性。因此主债权合法有效应当作为抵押权善意取得的构成要件之一。

【律师点评】

本案案情清晰简单。因此,无论是原告代理律师、被告代理律师还是第三人代理律师,主要需针对是否能够适用物权法善意取得的规定,即本案中某银行支行抵押权是否符合善意取得的各项构成要件这一问题的理解,确定各自的诉讼策略。

1. 原告律师的代理思路

就原告律师而言,应围绕某银行支行有权行使抵押权且其属于善意取得来组织证据并设计诉讼策略,其思路要点如下:

(1)某银行支行与陆某某签订的借款合同是否系双方真实的意思表示,是否合法有效?

(2)依据某银行支行与陆某某签订的借款合同之约定,某银行支行是否对陆某某存在合法有效的债权?某银行支行是否有权主张行使其抵押权?

(3)某银行支行的抵押权是否已经在相关政府部门办理了抵押登记手续?

(4)某银行支行与陆某某签订借款合同及办理抵押登记手续的过程中,是否不知晓陆某某并非抵押房产的权利人?是否尽到了相关的审查义务?

(5)某银行支行与陆某某签订借款合同及办理抵押登记手续的过程中,石某某是否从未提出异议?

2. 被告律师的代理思路

就被告律师而言,应围绕不扩大陆某某所应承担的责任范围来组织证据并设计诉讼策略,其思路要点如下:

依据某银行支行与陆某某签订的借款合同的约定,某银行支行主张的陆某某应偿还某银行支行的借款本金及利息是否属实、准确?

3. 第三人律师的代理思路

就第三人律师而言,应围绕石某某系抵押房产的合法权利人来组织证据并设计诉讼策略,其思路要点如下:

(1)石某某是否系抵押房产的合法权利人?

(2)抵押房产未转移登记至石某某名下是何原因?陆某某在其中是否存在过错?

(3)某银行支行是否向石某某或民政局核实离婚协议书的真实性?

【法官审判要旨】

法官通过法庭调查与双方质证,基本掌握了案件的真实情况;通过充分听取双方律师的主张与辩论,形成法官的基本判断:一审法官认可借款合法有效,但未支持某银行支行行使抵押权的主张;二审法官认可借款合法有效,同时认为某银行支行在与陆某某签订借款合同及办理抵押登记手续的过程中属于善意第三人,有权行使其抵押权。

一审法院认为:

(1)某银行支行与陆某某签订的借款合同,除担保条款外,其内容不违反法律规定,合法有效。

(2)陆某某应当按照借款合同履行还款义务,按照某银行支行与陆某某签订的借款合同之约定,陆某某应当向某银行支行偿还欠付的全部本金及利息。

(3)陆某某为证明其有权利处分抵押房产,向某银行支行提供了抵押房产的所有权证、伪造的离婚协议书,将已经约定归第三人石某某所有的抵押房产篡改为归陆某某所有,陆某某用该房产进行抵押的行为属于无权处分行为,侵害了石某某的合法权利。因此,某银行支行与陆某某所签订的抵押保证条款违反了法律规定,应无效。

(4)虽然某银行支行和陆某某已就抵押房屋办理了抵押登记手续,但是某银行支行未能审查陆某某所提供离婚协议书的真实性,对导致抵押行为无效的后果负有一定的过错责任,故某银行支行认为其善意取得抵押权的主张不能成立。

二审法院认为:

(1)某银行支行与陆某某签订的借款合同,是双方当事人的真实意思表示,且不违反法律、行政法规的强制性规定,合法有效。

(2)按照某银行支行与陆某某签订的借款合同之约定,陆某某已违反了借款合同的约定,应当向某银行支行偿还欠付的全部本金及利息。

(3)抵押权作为物权的种类之一,按照《物权法》第106条第3款规定,可以适用善意取得制度。

(4)某银行支行的抵押权能否成立,需要审查某银行支行在设立抵押权时是否善意且无过失,即某银行支行在与陆某某签订借款合同及办理抵押登记手续的过程中有无尽到审慎义务。

(5)某银行支行依据借款人陆某某提供的单身证明、购房合同、房产证等,可以确认陆某某符合基本抵押贷款条件。而抵押贷款能够成立并生效的条件是以陆某某办理抵押房产的他项权证为前提。

(6)对设置抵押权的抵押物权利是否完整的审查义务归属于房屋登记部门,而非某银行支行。陆某某在办理他项权证过程中,通过伪造崇川区民政局印章的方法,制作了与石某某的假离婚协议书内容,从而骗取了抵押权登记。作为某银行支行而言,审查义务不应含括陆某某办理他项权证过程中的违法或者犯罪行为。

(7)某银行支行在发放涉案贷款时已尽到审慎审查义务,即在取得抵押权时,属于善意取得。

最终,二审法院支持了某银行支行的上诉请求。

【结语】

善意取得制度是国家立法机关基于保护交易安全,对原权利人和受让人之间的权利所做的一种强制性的物权配置,受让人取得财产所有权是基于《物权法》的直接规定而不是法律行为,具有确定性和终局性。充分保护善意第三人的交易安全是立法发展的趋势。追求保护交易中善意第三人利益以维护交易秩序和交易效率的立法价值,更有利于降低交易成本,有利于稳定既有的经济秩序,也更加能够体现物权公信的原则。随着我国经济的日益发达和市场交易的日益频繁,保护合法交易安全与维护合法交易稳定已经越来越受到重视,加强对善意第三人的法律保护,既可以避免无休止的争议与纠纷,又能够稳定现有的经济秩序,更有利于维护社会的安定。

【案外语】

本案中,原权利人即石某某的权利应当如何救济也是应当关注的问题。石某某可以基于债权上请求权要求陆某某承担合同责任、侵权责任或不当得利的返还责任。

(1)合同责任。如果原权利人与转让人之间事先存在租赁、保管等合同关系,而转让人擅自处分原权利人的财产,则原权利人可以以违约为由,请求其承担违约责任。

(2)侵权责任。转让人对原权利人的标的物不享有处分权,而仍然将该标的物转让给他人,在此情况下,将构成对原权利人财产所有权的侵害,应当承担侵权责任。如果转让人和原权利人之间事先存在合同关系,在此情况下,转让人的行为将发生责任的竞合,即其无权处分行为既构成对其与原权利人之间合同的违反,又构成侵权行为。原权利人可以选择一种对其最为有利的请求权提出主张或提起诉讼。

(3)不当得利返还责任。如果转让人与受让人之间发生的是一种有偿的合同关系,转让人作出的是种有偿的处分行为,并因此而获得一定的利益,则原权利人有权请求转让人返还不当得利。但这种不当得利的请求权与侵权责任的请求权也可能发生一种竞合现象,原权利人可以选择一种对其最为有利的请求权提出主张。

案例（096） 王某亮与招商银行等抵押权纠纷案（抵押权善意取得）

来源:(2017)京02民终4228号
作者:韩飞、赵继云

【案例导读】

《物权法》第106条规定了物权的善意取得制度,其中要求受让人受让财产时应为善意,善意取得其他物权的参照适用。具体到本案中,招商银行股份有限公司北京分行(以下简称"招商银行")是否善意取得涉案房屋的抵押权？招商银行在接受涉案房屋作为抵押物时是否符合善意标准？以下案例将对以上问题进行阐释。

【案情简介】

王某亮与戴某于2006年4月27日登记结婚。2011年4月15日,北京市昌平区人民法院作出(2011)昌民初字第01872号民事判决书,认定位于北京市昌平区霍营乡九台庄园己3号楼2至3层203号的房屋一套归原告王某亮所有。但房屋其后一直登记在戴某名下,王某亮未作变更登记。

2012年11月8日,招商银行与戴某签订了编号为2012年88字1158号的《招商银行个人授信协议及担保协议》,招商银行向戴某提供总额为264万元的可循环授信额度,戴某将其名下坐落于北京市昌平区霍营乡九台庄园己3号楼2至3层203号的房产设定最高额抵押,并于2012年11月30日完成抵押登记。

自2013年1月14日起,戴某未按约定向招商银行偿还借款本息。2013年8月13日,北京市西城区人民法院(2013)西民初字第9737号民事判决书,判决原告招商银行有权以被告戴某名下位于北京市昌平区霍营乡九台庄园己3号楼2至3层203号房产折价或拍卖、变卖所得价款优先受偿。

王某亮遂诉至一审法院,要求撤销(2013)西民初字第9737号判决中"招商银行已经取得针对诉争房产在前述抵押合同项下的抵押权"的内容。一审法院判决王某亮败诉。王某亮不服,提起上诉。

【审理与判决】

1. 诉讼当事人

一审原告为王某亮,被告为招商银行、戴某。

2. 诉请与抗辩

原告诉请:撤销(2013)西民初字第9737号判决中"招商银行已经取得针对诉争房产在前述抵押合同项下的抵押权"的内容。被告抗辩:请求驳回原话诉请。

3. 争议焦点

招商银行是否构成对涉案房屋抵押权的善意取得。

4. 判决过程(二审)

(1)撤销北京市西城区人民法院(2016)京 0102 民撤 3 号民事判决;(2)撤销北京市西城区人民法院(2013)西民初字第 9737 号民事判决书主文第二项,即"原告招商银行股份有限公司北京分行有权以被告戴某名下位于北京市昌平区霍营乡九台庄园己 3 号楼 2 至 3 层 203 号房产折价或拍卖、变卖所得价款优先受偿"。

【法律要点解析】

1. 本案一审法院认定招商银行构成善意取得的理由

一是依据合同约定,戴某应当以其有权处分的房屋作为抵押;根据诚实信用原则和交易常识,戴某应当对其提供不实材料承担过错责任。二是在没有法律法规明文规定的情况下,并充分考虑商事交易的效率原则,银行没有实质审查义务。三是王某亮自认从房屋搬出,且没有办理变更登记,导致房屋的权利归属一直名实不符,银行对物权公示的合理信赖应予保护。上述见解符合学界通说,也契合实践中的一般做法。

2. 本案二审法院认定招商银行不构成善意取得的可归责性

二审法院尽管承认王某亮对房屋权利归属名实不符的外观具有可归责性,但认为银行具有更大的过错。其理由有二:一是戴某向银行提供的资料存在较为明显的值得对其真实性产生合理怀疑的瑕疵,银行未予重视,出于维护国家金融秩序的考虑,应由银行承担更大的责任。二是银行作为专业从事金融贷款业务并以房屋抵押作为常规担保手段的机构,具备高于一般社会公众的甄别能力,应当能够认识到真实的物权状态往往与物权公示状态存在差别。第一项理由的说服力要大于第二项理由。《物权法》第 16 条规定:"不动产登记簿是物权归属和内容的根据",这表明评价物权状态以登记簿为准,公示公信原则也并不会因主体身份存在差异而选择性适用。因此,戴某提交的资料存在重大瑕疵才是银行需更加审慎对待的原因,这同时构成在个案中对银行苛以实质审查义务的充分理由。

二审法院在进行价值判断与利益衡量时,基于以下几点考量,认定王某亮对涉案房屋的利益优于招商银行对涉案房屋的利益,更符合公平正义原则:其一,王某亮取得涉案房屋所有权的时间早于招商银行取得抵押权的时间;其二,王某亮对涉案房屋享有的是所有权,而招商银行对涉案房屋享有的是担保物权;其三,法院如果认定招商银行对涉案房屋享有优先受偿权,可能直接显著影响到王某亮的个人生存状况,而法院认定招商银行对涉案房屋不享有优先受偿权,银行则主要产生贷款坏账的后果,个人生存权益在一定程度上大于物质经济利益。归纳起来主要是三个因素:一方是所有权,一方是抵押权;取得所有权的时间早于取得抵押权的时间;个人生存利益大于物质经济利益。客观地说,前两个因素并不具有说服力,因为抵押权的善意取得构成对所有权的正当限制。第三个因素扩张了个人生存利益的保障范畴。

二审法院认定银行未构成善意取得的另一个关键原因是,其在表述戴某的行为时所使用的措辞是"涉嫌采取欺骗的犯罪手段冒充所有权人以涉案房屋设立抵押获取贷款",既然将抵押行为定性为犯罪,则银行更不存在善意取得抵押权的可能。

【律师点评】

原告律师的代理思路:

(1)依据生效民事判决,证明王某亮已经依法取得涉案房屋的单独所有权,且已经实际占有该房屋。证明戴某在办理贷款时向银行隐瞒了真实的婚姻状况,招商银行在签订抵押合同时未对戴某提供材料的真实性、时效性尽到严格、审慎的审查义务。

(2)证明戴某在办理贷款时向银行隐瞒了真实的房屋所有权状况,已经涉嫌犯罪,招商银行与戴某之间的纠纷已不应通过民事诉讼法律关系予以解决。

(3)围绕戴某以合法形式掩盖非法目的签订的借款合同,证明合同自始无效。

(4)主张王某亮已经实际占有涉案房屋,且是该房屋真实的合法的所有人,该房屋亦是王某亮的唯一住房,不得拍卖、变卖或者抵债,一审判决存在不能克服的执行障碍。

【法官审判要旨】

二审法官审判考虑的要点如下:

(1)审查招商银行接受涉案房屋作为抵押物的必要性和正当性。

(2)审查招商银行对于接受涉案房屋作为抵押物的核查是否符合其风险甄别和防控能力。

(3)就王某亮和招商银行对涉案房屋利益进行衡量。

【结语】

法院在审理此案的诸多方面改变了过去对善意取得中"善意"的评判标准。从维护金融秩序、加强金融监管的角度,且在贷款人提交的资料存在重大瑕疵的前提下,法院在个案中要求银行承担实质审查义务,这对银行今后的贷款审核工作提出了更高的要求。

【案外语】

本案对银行在办理贷款业务的审核工作提出了更高的要求,此处对银行审查义务提出两点建议:

1. 认真核查贷款人资料

本案中,贷款人提供的资料包括《个人经营贷款二级资料交接单》《小微贷款调查表》《汽车配件购销合同》《个人授信项下贷款申请表》《损益表》《资产负债表》等。法院认定,《损益表》《资产负债表》系贷款人自行制作,真实性存疑;《汽车配件购销合同》约定尾款的发放条件是供货方供货到位并且检验合格,但银行并未提供符合贷款发放条件的供货和检验合格证明等相关证据,在贷款审核和发放过程中存在一定瑕疵。这就要求银行今后需认真核查贷款人提供的各项资料,提高审查标准,在贷款审核和发放的各个环节严控风险。根据二审法院的理解,这样做并非只是为了银行自身利益,还关涉国家金融秩序和稳定。

2. 认真调查抵押物权属状况

本案中,银行调查抵押物权属状况所采取的措施是:一是查阅了记载戴某无婚姻状况的户口簿;二是查阅了所有权人为戴某的不动产登记簿,三是实地查看了房屋,四是要求戴某签署《招商银行个人经营贷款客户声明书/承诺书》,声明其婚姻状况是未婚,在国内国外未与任何人缔结合法婚姻,无合法婚姻关系之配偶(或原配偶)对抵押房产享有共同所有权。显然,上述措施并不能完全核实抵押物的真实权属状况,还需要银行展开进一步调查。尽管这很困难,且极大地增加了成本,但本案判决确实提供了这样的指向,特别是在贷款人提供的资料存在瑕疵的情形下,银行更需审慎。

案例(097) 重庆索特公司与新万基公司土地使用权转让纠纷案(擅自转让抵押物)

来源:(2010)民抗字第 67 号

作者:赵继明

【案例导读】

一般来说,未经抵押权人同意,抵押物不得转让。但在受让人愿意代为清偿债务消除抵押权的条件下,即使不经过抵押权人同意也可以转让抵押物。那么,虽未经抵押权人同意,抵押人与受让人签订抵押物转让合同,约定由抵押人解除抵押义务的情况下,抵押人未按约定解除抵押,受让人也未代为清偿债务的情况下,抵押物转让协议是否有效呢?请看以下案例。

【案情简介】

重庆索特盐化股份有限公司(以下简称"索特公司")在重庆市万州区观音岩1号拥有四块商服用地使用权(以下简称"该地块")。2005 年 12 月 1 日,索特公司与重庆新万基房地产开发有限公司(以下简称"新万基公司")签订《金三峡花园联合开发协议》(以下简称《联合开发协议》),以共同投资、共享利润方式在该地块进行房地产开发合作。新万基公司提供项目资金,索特公司提供建设用地。鉴于索特公司已将该地块抵押给相关银行用于担保(抵押期限为自 2005 年至 2011 年),双方在《联合开发协议》中约定:索特公司承诺将在约定时间内将该地块的抵押权解除,使之不影响开发进度。并约定合同成立后 7 个工作日内,新万基公司投入首期开发资金 500 万元;在本项目具备开工条件时,投入 4 000 万元开发资金,项目方可开工。

2005 年 12 月 1 日,双方又签订《金三峡花园联合开发协议之补充协议(一)》(以下简称《补充协议》),就项目的具体开发进度、风险承担和利润分配进行了约定,并约定本项目的税费均由新万基公司承担,索特公司只以实际交付给新万基公司开发的土地使用权计算分配税后利润,且索特公司对新万基公司在本项目产生的经营风险及亏损不承担任何责任。同年 12 月 5 日,新万基公司向索特公司发出《金三峡花园联合开发项目开发进度表(一)》(以下简称《开发进度表》),载明请索特公司在相应时间即 2006 年 1 月 20 日前办理好抵押权解押手续,并要求索特公司予以确认回复。但索特公司未予以回复。

自 2005 年 12 月 25 日起,新万基公司多次致函索特公司,要求其履行项目开发的配合工作,但索特公司均未予以办理。在此期间,新万基公司为履行合同,自 2005 年 12 月底先后与中冶赛地工程科技有限公司、重庆索特(集团)有限责任公司旅游公司、万州区房地产管理局和成都尚筑地产顾问有限公司等签订合同或支付各项费用合计 79 320.5 元。

2006 年 3 月 6 日,中国建设银行重庆万州分行致函索特公司称,索特公司未经该行同意,擅自将抵押物与他人合作进行房地产开发,严重侵害了该行的抵押权,要求索特公司必须立即停止侵权行为。后索特公司以新万基公司未按合同约定履行相应义务,致使联合开发合同无法实现为由向重庆市高级人民法院提起诉讼。

【审理与判决】

1. 诉讼当事人

一审原告为索特公司(反诉被告),被告为新万基公司(反诉原告)。

2. 诉请与抗辩

原告诉请:

(1)解除双方签订的《联合开发协议》及《补充协议》;

(2)新万基公司向索特公司支付违约金 1 000 万元;

(3)新万基公司承担本案的诉讼费用。

被告抗辩:驳回原告诉请。

反诉原告诉请:

(1)索特公司向新万基公司支付违约金6 000万元;

(2)本案的诉讼费用由索特公司承担。

3. 争议焦点

(1)《联合开发协议》及其《补充协议》的效力问题。

(2)索特公司与新万基公司的责任认定问题。

4. 判决过程

一审法院判决:

(1)《联合开发协议》及《补充协议》无效;

(2)自本判决生效之日起10日内索特公司向新万基公司赔偿损失79 320.5元;

(3)驳回本诉原告索特公司的诉讼请求;

(4)驳回反诉原告新万基公司的诉讼请求。索特公司负担诉讼费304 900元,新万基公司负担170 900元。新万基公司不服一审判决,提起上诉。

二审法院判决:

(1)撤销一审判决;

(2)《联合开发协议》及《补充协议》有效;

(3)解除双方签订的《联合开发协议》及《补充协议》;

(4)索特公司自本判决生效之日起10日内向新万基公司支付违约金4 038万元;

(5)驳回新万基公司其他上诉请求。

索特公司负担一审诉讼费350 694元、二审诉讼费112 794元,新万基公司负担一审诉讼费125 106元、二审诉讼费58 106元。

索特公司不服二审判决,申请再审被驳回。最高人民检察院提起抗诉。

再审最高人民法院判决:

(1)维持二审判决第一、二、三项和诉讼费用负担部分;

(2)撤销二审判决第五项;

(3)变更二审判决第四项为:索特公司自本判决生效之日起10日内向新万基公司支付违约金1 400万元;

(4)驳回索特公司其他诉讼请求和新万基公司其他反诉请求。

【法律要点解析】

1. 本案双方当事人之间法律关系的性质

最高人民法院《关于审理涉及国有土地使用权合同纠纷案件适用法律问题的

解释》第 14 条规定:"本解释所称的合作开发房地产合同,是指当事人订立的以提供出让土地使用权、资金等作为共同投资,共享利润、共担风险合作开发房地产为基本内容的协议。"第 24 条规定:"合作开发房地产合同约定提供土地使用权的当事人不承担经营风险,只收取固定利益的,应当认定为土地使用权转让合同。"

本案中,虽然《联合开发协议》中约定双方的合作方式为"共同投资、共享利润",但是对于具体的利益分配与风险承担,双方在《补充协议》中进行了约定:索特公司的主要义务是提供土地,并对新万基公司的开发行为予以配合,取得的利益则包括获得 10 360 万元(37 万元/亩×280 亩)的价款以及价值 3 100 万元的办公大楼改造,索特公司并不承担项目的经营风险且双方约定与《联合开发协议》有冲突之处,以《补充协议》为准。双方当事人之间的法律关系并不符合"共担风险"的要件,其实质是土地使用权转让,而非合作开发房地产。

2. "代替债务人清偿债务"是受让人的权利还是义务

新万基公司作为抵押土地使用权的受让人,依据《担保法解释》第 67 条第 1 款的规定,其可以通过代替索特公司清偿全部债务,从而消灭抵押权。这项"代替清偿"行为究竟属于权利还是义务值得探讨。持"权利说"的学者认为此项涤除权利是《担保法解释》赋予受让人的新权利,受让人可以行使代替抵押人清偿债务的权利取得没有负担的抵押物所有权,消灭抵押权;持"义务说"的学者认为,代为清偿仅是受让人的义务,而非权利或前置程序,抵押权人可以决定是否接受受让人的代偿行为。笔者认为,受让人"代替债务人清偿债务"属于学理上的涤除权,即抵押物第三取得人有权向抵押权人提供抵押物的对价,并支付或提存对价金额,消灭抵押权的请求权。

本案中新万基公司依法有权代替债务人清偿债务而消灭土地使用权上的抵押权。需要说明的是,这种通过代为清偿债务而消灭抵押权的权利,也并非如一审法院认定的那样可以补正土地使用权转让协议的效力。因为根据《担保法解释》第 67 条第 1 款规定,本案中的转让协议本身是合法有效的,不存在对其效力进行补正的问题。

3. 本案中《联合开发协议》及《补充协议》的法律效力

首先,根据《物权法》第 15 条的规定:"当事人之间订立有关设立、变更、转让和消灭不动产物权的合同,除法律另有规定或合同另有约定外,自合同成立时生效;未办理物权登记的,不影响合同效力。"该规定确定了不动产物权变动的原因与结果相分离的原则,物权转让行为不能成就,并不必然导致物权转让的原因即债权合同无效。双方签订的协议作为讼争土地使用权转让的原因行为,是一种债权行为,并非该块土地使用权转让的物权变动行为。相关法律关于未经通知抵押权人而导致物权转让行为无效的规定,其效力不应及于物权变动行为的原因行为。本案中，双方当事人签订的协议符合《合同法》的要求，未违反法律强制性规定，应为有效合同。

其次，从《合同法》的角度看，本案中土地使用权转让方对转让标的负有权利瑕疵担保责任，其应主动告知转让土地上的权利负担，并承诺在不影响开发进度的前提下由转让方先行解除抵押，该承诺符合意思自治原则，且确保了抵押权人的利益不受侵害，与《担保法》《物权法》和《担保法解释》的立法本意和制度设计不相抵触。因此，应当确认该《联合开发协议》及《补充协议》有效。

笔者认为，二审法院对于上述两个合同有效的认定是正确的，但对于土地使用权转让行为的认定存在偏差。在再审中，最高人民法院对合同效力的把握十分精准，但避开了对土地使用权转让行为是否有效的认定。

【律师点评】

本案涉及合作开发房地产合同与土地使用权转让合同、抵押财产的转让等，且双方在合作过程中涉及诸多权利义务的履行，案情较为复杂，先后经历了一审、二审、再审。因此，双方律师都需要全面梳理和把握案件过程及细节，并深刻理解与精准把握《物权法》《合同法》和《担保法》的相关规定。

在本案中，双方律师均应围绕《联合开发协议》与《补充协议》是否有效及对方当事人是否有先履行义务且构成违约来组织证据并设计诉讼策略。

1. 原告律师的代理思路

（1）论证双方当事人签订的《联合开发协议》与《补充协议》因违反法律强制性规定而无效。

（2）是否有证据证明新万基公司存在违约行为构成违约，如先履行付款义务？

（3）是否有证据证明新万基公司不具备开发房地产资质，事实上无履约能力？

2. 被告律师的代理思路

（1）双方当事人签订的《联合开发协议》与《补充协议》合法有效。

（2）是否有证据证明索特公司拒不履行合同主要义务，构成根本违约？

（3）是否有证据证明新万基公司已经依约履行了自己的合同义务？

【法官审判要旨】

法官通过法庭调查与双方质证，基本掌握了案件的真实情况；通过充分听取双方律师的主张与辩论，形成法官的基本判断：本案中土地使用权转让合同有效；对于合同未能正常履行、致使成讼，当事人双方均负有责任。作为法官，最重要的功能是定分止争，对各方责任因素予以考量，充分考虑抵押权人、抵押人、受让人各方利益和诉求，在符合法律规范的基础上，保障双方当事人的合法权益，方能体现法院判决的公正权威。

本案中双方当事人在同一天内签订《联合开发协议》和《补充协议》，前者约定双方"按照投入分得利润额",但在《补充协议》中双方又约定,索特公司对开发不承担风险,只收取固定收益,因此本案合同性质为土地使用权转让合同。

本案中,双方的合意是在抵押权已经消灭的条件下完成对土地使用权的实际处分,而不是在抵押权仍然存续的情况下进行这一行为,因此签订合同时土地上存在的抵押权不应成为影响本案合同效力的原因,诉争合同为有效合同。

《联合开发协议》和《补充协议》长期未履行,当事人双方均有一定的责任。在缔约过程中,双方对权利义务约定不明导致在合同履行过程中存在重大分歧。在实际履行中,索特公司未依约履行抵押权的解除手续亦未及时提出合理理由作为对《开发进度表》的回应,新万基公司未履行支付首期资金的义务,未能对自身的履约能力进行证明,双方对于合同陷入僵局均负有责任。

本案中,应酌情考虑新万基公司为履行本合同产生的损失,同时应充分注意到新万基公司所受实际损失及本案合同尚未开始实际履行等客观情况,应适当调减索特公司违约赔偿金。

【结语】

本案例主要探讨了未经抵押权人同意转让抵押物引发的相关纠纷的处理方式。我国《物权法》第15条明确规定:"当事人之间订立有关设立、变更、转让和消灭不动产物权的合同,除法律另有规定或者合同另有约定外,自合同成立时生效;未办理物权登记的,不影响合同效力。"但在未经抵押权人同意转让抵押物情况下合同的效力、合同主体间法律关系、法律责任的认定等方面的法律规定还不是十分清晰;同时,《担保法》《物权法》《合同法》之间还存在规范上的联系,所以笔者结合此抵押物转让纠纷案,对上述问题进行了讨论。

【案外语】

在本案中,对物权区分原则的把握显得尤为重要。区分原则,即在发生物权变动时,物权变动的原因与物权变动的结果作为两个法律事实,它们的成立生效依据不同的法律判定标准。违背区分原则,会导致物权法上第三人的合法利益及正当交易秩序受到严重损害。无论是与物权的出让人一方有直接法律关系的人还是与物权的取得人一方有直接关系的人,都是社会整体交易秩序的一部分,保护第三人利益就是保护社会整体的交易秩序。但是保护第三人利益有一个基本的前提条件,就是要判断当事人与第三人之间的物权变动是否已经发生和成就。这就需要把债权变动与物权变动区分开,不能将合同生效与物权变动当然等同。

案例（098） 朱某保与顾某清等抵押权纠纷案（抵押合同未登记）

来源：（2011）锡民终字第 0767 号
作者：李兵

【案例导读】
本案授权书能否成为抵押合同？抵押合同未经登记，其效力如何？

【案情简介】
2008 年 1 月 5 日，韦某波（与花某荣系夫妻关系）向顾某清出具借条一张，载明"今借顾某清 50 万元，2008 年 7 月 5 日前还，年利息 20%"。

2008 年 1 月 24 日，朱某保出具了授权书一张，载明"因韦某波借顾某清人民币做流动资金。兹本人愿意以房产证作担保"。其名下位于无锡市锡山区东亭镇友谊中路 128-7 号的房屋于 2005 年 5 月 11 日设定了 20 万元的抵押权，权利人系中国银行无锡市锡山支行，约定期限至 2013 年 5 月 11 日。该房屋的房屋产权证和土地使用权证均在顾某清处。

2008 年 1 月 25 日，韦某波又向顾某清出具借条一张，载明"今借顾某清人民币 40 万元整，年利息 20%，2008 年 7 月 5 日归还"。2010 年 5 月 31 日，韦某波又向顾某清出具了一份还款保证。

2010 年 5 月 31 日，顾某清诉至无锡市锡山区人民法院，请求判令韦某波与花某荣共同归还借款 90 万元及利息 34.6 万元，由朱某保承担保证责任。

被告韦某波与花某荣未作答辩。

朱某保辩称，本案所涉房产购置价 31 万元，韦某波找其提供担保时尚有 18 余万元的贷款。其对韦某波向顾某清借款 90 万元的事实并不知晓，也未经其同意，故不承担任何责任。

【审理与判决】
1. 诉讼当事人
一审原告为顾某清；被告为韦某波、花某荣、朱某保。
2. 争议焦点
（1）本案被告朱某保出具的授权书是否具有担保合同效力，担保合同是否成立，担保金额如何认定。
（2）抵押权与抵押合同的关系。
3. 判决过程
一审法院经审理认为，顾某清与韦某波之间的借贷关系合法有效，因该债务发生在夫妻关系存续期间,应当属于韦某波与花某荣的夫妻共同债务。朱某保于 2010 年 1 月 24 日以书面形式表示其愿意以房产对韦某波向顾某清所借款项提供担保,顾某清也予以接受并收下房产证和土地证,该房产系朱某保及其妻子韦某美共有,因朱某保与韦某美系夫妻关系,顾某清有理由相信朱某保以房产为韦某波提供担保的处分行为有代理权。依照物权法原理,抵押合同属于原因行为,不以是否登记为生效标准,故该抵押合同成立生效;该抵押合同的内容未进行明确约定,故法院认定其涉及的债权仅包括 2010 年 1 月 24 日前顾某清向韦某波出借的 50 万元及相应利息。另外,以建筑物抵押的,该建筑物占用范围内的建设用地使用权一并抵押,故该抵押合同的抵押物包括房产和该房产占用的土地使用权。但是以建筑物抵押的,抵押权自登记时方设立,本案中未进行抵押登记,故抵押权未设立。在抵押权未设立的情况下,未办理抵押登记的抵押人应当承担违约责任,在债权人不能清偿的范围内承担赔偿责任。本案中朱某保并无去办理抵押登记的意思,故法院认定朱某保应承担违约责任,对韦某波的借款 50 万元、借款期内利息 58 333 元、2008 年 7 月 6 日至 2010 年按照银行同类贷款利率计算的逾期利息,在韦某波不能清偿的范围内以位于无锡市锡山区东亭镇友谊中路 128-7 号的房屋所有权和国有土地使用权的价值为限承担赔偿责任。判决如下:

(1)韦某波与花某荣于判决生效之日起 10 日内共同给付顾某清人民币 90 万元整。借款期限内利息 104 141 元,并承担 90 万元自 2008 年 7 月 6 日至 2010 年 5 月 28 日按中国人民银行规定的同类贷款利率计算的利息。

(2)朱某保应对上述第一项中的借款 50 万元、借款期内利息 58 333 元及 2008 年 7 月 6 日至 2010 年 5 月 28 日按照银行同类贷款利率计算的逾期利息,在韦某波和花某荣不能清偿的范围内以位于无锡市锡山区东亭镇友谊中路 128-7 号的房屋所有权和国有土地使用权的价值为限承担赔偿责任。

(3)驳回顾某清的其他诉讼请求。

朱某保不服一审判决,提起上诉。称:抵押担保应签订合同,其提供的授权书仅是其单方授权,不具有对等性,不能认定抵押合同成立。根据《担保法》的相关规定,不动产抵押的应办理抵押登记,抵押权自登记时生效。即使授权书是抵押合同,也因未办理抵押登记而未生效。请求二审改判驳回顾某清对其的全部诉讼请求。

被上诉人(原审原告)顾某清辩称:朱某保出具授权书,表明韦某波的 90 万元借款均由朱某保担保;其接受了朱某保交付的涉案房屋的房产证和土地使用权证,本案所涉抵押合同成立并生效。未办理抵押登记的责任在朱某保,故朱某保应在债权人不能清偿的范围内承担赔偿责任。

被上诉人(原审被告)韦某波、花某荣都未作答辩。

二审法院另查明,朱某保在原审庭审中曾向法庭陈述:"当时韦某波只跟我说借顾某清两三万元作流动资金,让我担保一下";顾某清代理人陈述:"一开始是韦某波向原告(顾某清)借了50万元,原告提出说这个钱借给他不放心,要担保一下。"

二审法院经审理认为,抵押合同的订立和抵押权的设定是不同的法律事实。对于不动产抵押合同生效时间和抵押权成立时间,《担保法》及《物权法》均有规定,其中对于抵押权生效的时间规定一致,均为登记时设立。而对于抵押合同的成立,根据新法优于旧法的法律适用原则,应遵从《物权法》的规定,即自合同成立时生效,与抵押财产有无登记无关。本案中,根据各方当事人的陈述以及授权书的内容,可以认定朱某保系接受债务人韦某波的请求,为韦某波向顾某清所借债务提供担保。朱某保虽未直接与顾某清签订合同,但其出具授权书、顾某清接受授权书的连续行为可以认定本案所涉抵押合同自顾某清接受授权书之日起成立。因该合同未违反法律规定,且其从属的主债务合同亦为有效合同,故即使未办理抵押登记,抵押合同亦应有效。

抵押权虽因未办理登记而未生效,但不影响当事人根据生效的抵押合同履行各自的权利义务。本案中,抵押合同签订后,朱某保即负有配合顾某清办理抵押权登记的义务,而朱某保不予配合并推诿责任,是一种违约行为,应依法承担违约责任。因朱某保未在授权书上明确抵押担保金额,但根据当事人关于先产生债务、后要求担保的陈述以及两笔债务形成时间与授权书落款时间,应认定朱某保对其提供授权书之前形成的债务提供担保,故朱某保应以其房产就顾某清无法实现该笔债权(即50万元本息范围内)的损失进行赔偿。原审法院认定事实清楚、适用法律正确,依法应予维持。判决驳回上诉,维持原判。

【律师点评】

授权书符合《合同法》第10条的规定,属于要约,顾某清收取朱某保的房屋产权证和土地使用权时,即表示承诺,此时担保合同成立。根据《物权法》之规定,担保合同成立并生效。担保合同不以抵押登记为生效要件。对于韦某波出具授权书后再借款40万元,朱某保不承担担保义务。

抵押合同的订立和抵押权的设定是不同的法律事实,抵押合同的订立在当事人之间创设有关抵押权设定的权利义务关系,为物权变动的原因行为,属于《合同法》的范畴;抵押权的设定,是合法有效的抵押合同所产生的结果,属于物权变动的范畴。因此,当然应明确区别抵押合同的生效和抵押权的设定。根据《物权法》第15条的规定:"当事人之间订立有关设立、变更、转让和消灭不动产物权的合同,除法律另有规定或者合同另有约定外,自合同成立时生效;未办理物权登记的,不影响合同效力。"也即,抵押未登记仅为抵押权未有效设立,但并不影响抵押合同的效力,抵押合同仍然有效。在抵押合同仍然有效的情况下,债权人可基于抵押合同向抵押人主张在抵押物价值范围内对债务承担连带清偿责任。因此,朱某保认为未办理抵押权登记,抵押合同没有成立生效,是错误的,这也是很多当事人的误区,错误认为只是签订抵押合同未办理登记,抵押合同不成立,自己就可以免于承担担保责任。抵押合同属于《合同法》规范的一种合同,其成立和生效应当符合我国《合同法》的有关规定。抵押合同的生效与抵押财产的登记无关,抵押合同自依法成立之日起生效,抵押权设定登记即生效。

【案外语】

本案没有复杂疑难案情,法律事实清楚,关键在于很多当事人对于法律存在误区,自身风险防范意识低,对于担保等法律问题,应当多咨询法律专业人士,才能作出正确的判断,房屋是人一生的安身立命之所,用房屋进行抵押担保应当持谨慎的态度。

案例（099） 唐某与叶某等民间借贷纠纷执行案（抵押预告登记效力）

来源:(2013)锡执他字第0001号
作者:文科

【案例导读】

抵押预告登记与法院预查封登记在正式登记条件具备时,如何确定优先效力?

【案情简介】

2010年6月30日,叶某与无锡市某置业有限公司签订商品房买卖合同,购买了无锡市某苑某幢某单元-1-3层房屋,面积为288.79平方米,购房款为2 206 412元。同年7月9日,叶某向广发银行无锡支行办理住房按揭贷款154万元,贷款期限为25年,目前尚欠140万余元。同年7月29日,无锡市房产管理局作出锡房预登字第WX10160019号房屋预告登记证明,预告登记业务种类为预购商品房抵押预告登记,预告登记权利人为广发银行无锡支行,预告登记义务人为叶某。

2011年10月21日,江苏省无锡市崇安区人民法院因唐某与叶某、王某强、某江南公司民间借贷纠纷一案,裁定查封了叶某向无锡市某置业有限公司购买的无锡市某苑某幢某单元-1-3层房屋。因该房屋未办理产权登记,该查封属于预查封。无锡市房屋产权监理处(以下简称"产监处")在送达回证上注明"太湖某苑12-282尚未办理产权登记,有抵押"。

2012年2月6日,崇安区人民法院就本案作出(2011)崇民初字第918号民事判决书,判令:①叶某归还唐某借款本金350万元并支付违约金110万元。②王某强、某江南公司对叶某的上述债务共同承担连带清偿责任。王某强、某江南公司承担保证责任后,有权向叶某追偿。

因叶某、王某强、某江南公司未自觉履行法律文书确定的付款义务,唐某向崇安区人民法院申请执行。唐某申请执行后,考虑到房屋未办理产权证以及存在预购商品房抵押预告登记的情形,执行案件承办人未采取评估拍卖措施,后根据无锡市中级人民法院(2012)锡商他字第 0002 号批复意见才采取了评估和拍卖措施。执行中,崇安区人民法院对上述房屋进行评估、拍卖,评估价为 268.89 万元。经两次拍卖后均因无人报名竞买而流拍,现拟进行第三次拍卖。

2013 年 6 月 9 日,叶某取得产权证,产监处将预购商品房抵押预告登记转为正式抵押登记。

本案采取评估拍卖措施后,广发银行无锡支行于 2013 年 6 月 15 日向崇安区人民法院提出异议,认为无论是抵押预告登记还是正式抵押登记,广发银行无锡支行对房产拍卖所得价款均享有优先受偿权,请求法院予以确认。同年 6 月 20 日,唐某向崇安区人民法院申请撤销产监处办理的抵押登记。6 月 25 日,崇安区人民法院函告产监处,告知其在法院预查封期间办理正式抵押登记的手续属于擅自处分法院查封财产的行为,要求产监处在收到函后 10 日内纠正上述行为,否则责令其承担相应的赔偿责任。7 月 1 日,产监处复函崇安区人民法院称:法律法规明确了预告登记的效力和范围,预购人有权以预购商品房设定抵押权。根据当前我国实施的商品房预售制度,无锡市商品房预购者以按揭贷款方式购房的占商品房交易总量的 60%—70%,产监处自 2007 年《物权法》实施以来,每年均办理数万起抵押权预告登记。产监处之所以接受法院的预查封,也是因为被执行人(购房人)因贷款取得了房屋未来的所有权,如果没有贷款,被执行人就无法取得房屋,也就无法协助法院预查封。本案房屋初始登记后,预购人于 2013 年 6 月将商品房预告登记转为房屋转移登记,依附它的预购商品房抵押预告登记也转为正式抵押登记,法院预查封转为正式查封。预抵押转抵押登记不产生新的权利,不影响法院查封的效力,故其不存在擅自处分法院查封财产的行为。

在案件执行和异议审查过程中,崇安区人民法院审委会形成两种意见:第一种意见认为,产监处的行为属于擅自处分法院查封财产的行为。理由是:根据无锡市中级人民法院(2012)锡商他字第 0002 号批复,仅办理抵押预告登记的房产不具有优先受偿权,预购商品房抵押预告登记的权利人不享有与正式抵押登记相同的权利,涉案房产在预查封时不存在抵押权,现产监处在法院已预查封的情形下办理了抵押登记手续,致使房产被设定了抵押权,产监处的行为属擅自处分法院查封财产的行为。第二种意见认为,产监处的行为不属于擅自处分法院查封财产的行为。理由是:叶某将商品房预告登记转为房屋转移登记,根据《房屋登记办法》(已失效)第 68 条的规定,预购商品房抵押预告登记也转为正式的抵押登记,该转换不产生新的权利,不影响法院查封的效力,产监处不存在擅自处分法院查封财产的行为。

2013 年 9 月 5 日,崇安区人民法院就此案两种意见向无锡市中级人民法院请示后,无锡市中级人民法院立案受理。

无锡市中级人民法院合议庭于 2013 年 10 月 28 日作出(2013)锡执他字第 0001 号批复,同意崇安区人民法院第二种意见,认为本案中法院预查封的基础是房产的预告登记,预查封之时,法院已经可以预见到今后房产将会产生抵押权。产监处将抵押预告登记转为正式抵押登记的行为并未设定新的权利或权利负担,不属于擅自处分法院查封财产的行为。崇安区人民法院第一种意见不符合预告登记制度和预查封制度的本意,不仅不利于商品房预售制度的发展,还不利于法院今后预查封工作的开展。

【法律要点解析】

1. 抵押预告登记后,预告登记权利人是否享有优先受偿权?取得房屋所有权初始登记后,抵押预告登记是否自动转为正式抵押登记

《物权法》第 20 条规定:"当事人签订买卖房屋或者其他不动产物权的协议,为保障将来实现物权,按照约定可以向登记机构申请预告登记。预告登记后,未经预告登记的权利人同意,处分该不动产的,不发生物权效力。预告登记后,债权消灭或者自能够进行不动产登记之日起三个月内未申请登记的,预告登记失效。"根据该规定,抵押预告登记产生的法律效力为三个方面:

第一,预告登记权利人取得请求将来发生抵押权变动的权利(即申请正式抵押登记)。

第二,在所有权人擅自处分不动产时,预告登记权利人有权以预告登记对抗第三人的物权效力,即预告登记权利人所享有的请求权具有排他效力,此排他性仅限于抵押物处置上的排他性,而非优先受偿权。

第三,抵押预告登记并非终局性质,预告登记或因债权消灭而失效,或自能够进行不动产登记之日起 3 个月内未申请登记而失效。

因此,抵押预告登记并不是抵押权登记,权利人不享有抵押权优先受偿的权利。

2. 商品房买受人取得房屋所有权办理产权登记手续后,预查封是否自动转为正式查封

最高人民法院、国土资源部、建设部《关于依法规范人民法院执行和国土资源房地产管理部门协助执行若干问题的通知》第 16 条规定:"国土资源、房地产管理部门应当依据人民法院的协助执行通知书和所附的裁定书办理预查封登记。土

地、房屋权属在预查封期间登记在被执行人名下的,预查封登记自动转为查封登记,预查封转为正式查封后,查封期限从预查封之日起开始计算。"该通知第18条规定:"预查封的效力等同于正式查封。预查封期限届满之日,人民法院未办理预查封续封手续的,预查封的效力消灭。"根据上述规定,预查封可因办理了产权登记手续而自动转为正式查封,且正式查封期限从预查封之日起算。

【律师点评】

按揭贷款已成为当前我国老百姓购买商品房的主要方式,而商品房在出售时,通常是期房,采取预售形式,尚未办理产权证。无产权证,银行无法设立抵押权,但抵押预售商品房却是防范银行风险最有利的措施,可帮助银行持续保持放贷的能力。在此情形下,预告登记制度得以设立,在我国的《物权法》中对预告登记予以了明确规定。

预告登记制度的设立,使贷款人银行在放贷时具有了很高的积极性,但关于预告登记3个月失效的规定,又会降低银行的放贷热情。对于以按揭贷款形式购买预售的商品房,银行一般都是批量办理放贷业务,涉及的购房人数量很大。当房屋办理所有权初始登记后,购房人或出售人不一定会主动及时告知银行,也不一定会主动去申请办理正式抵押登记。在此情形下,3个月内申请办理正式抵押登记的要求,对银行而言是很难实现的,显然有失公平。故实践中有些房管部门在进行抵押预告登记时,在备注一栏便注明了在房屋办理所有权初始登记后,双方当事人自愿将预告抵押登记转为正式抵押登记,并要求双方当事人签字确认,相当于将抵押预告登记与申请预售抵押登记转为正式抵押登记,两个程序合二为一,以避免错过3个月的申请时效,确保银行最终获得抵押权。在当前我国法律对预告登记的规定尚不具体的情形下,房管部门的上述处理方式值得借鉴。

案例(100) 鑫油造漆公司与福邦典当公司抵押权纠纷案(抵押权涉刑事犯罪)

来源:(2009)厦民终字第3164号
作者:李兵

【案例导读】

该案件是认定抵押权无效的案件,值得思考。

【案情简介】

福建省厦门市湖里区人民法院经公开审理查明:厦门金威爱新型水性漆有限公司(以下简称"金威爱公司")分别于1996年4月8日和1998年11月17日向涉

案房产的开发商厦门源益房地产发展有限公司购买涉案房产(厦门市湖里区和悦里91号6D及93号2A)。2006年12月,金威爱公司委托厦门源益房地产发展有限公司的工作人员陈某森代为办理案涉房产的权属登记等事宜。2006年12月15日,厦门市国土资源与房产管理局颁发产权证给金威爱公司,涉案房产登记的所有权人为金威爱公司,房屋所有权性质为涉外产。

2002年4月15日,金威爱公司与原告签订一份协议书,约定:金威爱公司注销后的所有债权、债务由原告承担,其中金威爱公司所拥有的涉案房产等由原告继承。2002年4月19日,金威爱公司和原告在《厦门商报》上发布公告,公告金威爱公司的全部债权、债务由原告承担,请债权人于公告之日起60日内向清算小组申报债权。2003年7月11日,金威爱公司依法注销。

2006年12月,陈某森利用金威爱公司委托其办理案涉房产权属登记的机会,伪造授权委托书、公证书等资料,将涉案房产抵押给被告,向被告借款110万元。陈某森分别于2006年12月21日和2007年2月16日以金威爱公司的名义与被告签订了2份编号为(2007)FB0216、(2007)FB12211的"厦门市房地产典当合同",并分别于2006年12月29日和2007年3月6日在厦门市国土资源与房产管理局办理了涉案房产的抵押登记手续。

2008年12月2日,厦门市中级人民法院作出(2008)厦刑初字第100号刑事判决书,认定陈某森虚构房屋所有权人金威爱公司处理房产的事实,与被告签订抵押合同,骗取被告钱财110万元,判决陈某森犯合同诈骗罪,退赔被告110万元。

【审理与判决】

1. 诉讼当事人

原告(被上诉人):厦门鑫油造漆工业有限公司。

被告(上诉人):厦门福邦典当有限责任公司。

2. 诉请与抗辩:

原告诉请:(1)请求法院制令编号为(2007)FB0216、(2007)PB12211的两份"厦门市房地产典当合同"无效及相应的抵押登记无效;(2)被告立即向厦门市国土资源与房产管理局申请撤销厦门市湖里区和悦里91号6D及93号2A房产的抵押登记。

被告抗辩:原告无权请求物权保护。被告对涉案房产具有抵押权。

3. 争议焦点

本案抵押权是否有效。

4. 判决过程

一审法院民事判决为:

(1)确认陈某森以金威爱公司名义与被告厦门福邦典当有限责任公司签订的

编号为(2007)FB0216、(2007)FB12211的两份"厦门市房地产典当合同"无效;确认厦门市湖里区和悦里91号6D及93号2A房产的抵押登记无效。

(2)驳回原告厦门鑫油造漆工业有限公司的其他诉讼请求。本案案件受理费100元,由被告厦门福邦典当有限责任公司负担。

二审法院经审理查明,确认一审法院查明的事实和证据。

二审法院经审理认为:金威爱公司在注销前已经将有关债权、债务转让给了被上诉人,并刊登了清算公告,被上诉人依约取得了涉案房屋的有关权益。被上诉人后向开发商补足了差价,并约定由开发商代办产权手续,被上诉人与涉案房屋存在利害关系,其作为原审原告的主体适格。陈某森伪造有关文件,将涉案房屋抵押给上诉人并骗取110万元,属于无权处分,其以金威爱公司名义签订的讼争典当合同无效。至于上诉人是否属于善意第三人的问题,讼争典当合同系陈某森以金威爱公司的名义与上诉人签订的,缔约时金威爱公司早已注销,民事主体资格已经丧失。被上诉人作为金威爱公司权利、义务的承继者,对陈某森的犯罪行为并不知情,也未实施让上诉人有理由相信陈某森有代理权的任何民事行为,况且陈某森的代理权系基于其伪造委托书、公证书等文件取得的,属于非法取得,不能适用善意取得制度。即使上诉人有理由相信陈某森有代理权,但讼争典当合同缔约一方当事人为金威爱公司,上诉人却将款项交给陈某森个人,被上诉人未尽到合理、必要的注意义务。已生效的(2008)厦刑初字第100号刑事判决书已经判决陈某森退还上诉人110万元,因此上诉人主张被上诉人主体不适格、上诉人确系善意取得涉案房屋抵押权等上诉理由缺乏事实和法律依据,本院不予采纳。判决如下:驳回厦门福邦典当有限责任公司的上诉,维持原判。二审案件受理费100元,由厦门福邦典当有限责任公司负担。

【律师点评】

一、二审法院的观点正确,该抵押权无法适用善于取得制度。一是因为金威爱公司已经注销,丧失民事主体资格,其后陈某森以其名义进行的行为均不属于民事法律行为;二是典当合同并未生效,基于典当合同办理的抵押登记,当然没有效力。

【案外语】

被告厦门福邦典当有限责任公司未尽到谨慎审查的义务,如果被告审查金威爱公司工商档案,该案件就不会发生。因此,任何一个企业在作出重大决策时都应当进行必要的尽职调查。

案例（101） 某资产管理公司诉某水泥公司、李某某抵押权撤销纠纷案

来源：(2005)榕民初字第40号
作者：张荣

【案例导读】

《物权法》生效之前，对于债务人与多个普通债权人中的一个债权人恶意串通，将其财产抵押给该债权人，因此丧失了向其他债权人履行债务的能力，在此种情况下，对于该债务人所设立的抵押权，其他债权人能否请求法院予以撤销？该债务人与其他债权人的抵押权撤销纠纷能否通过民事诉讼程序而非行政诉讼程序解决？请见以下案例。

【案情简介】

某资产管理公司向福州某有限公司等三家公司提供了三笔借款，某水泥公司就上述三笔借款向某资产管理公司提供担保，一审法院分别判决被告某水泥公司向某资产管理公司承担连带保证责任，判决生效后，因三个主债务人未履行还款义务，保证人某水泥公司亦未承担保证责任。某资产管理公司于2003年12月向一审法院对承担连带清偿责任的某水泥公司申请强制执行。一审法院于2004年2月26日作出裁定，查封被执行人某水泥公司的机器设备。执行中发现某水泥公司与李某某于2004年2月12日签订了一份《借款合同》，某水泥公司确认共欠李某某借款本金人民币8 753 240元及相应利息。同日，某水泥公司与李某某还签订了一份《抵押合同》，合同约定某水泥公司以其所有的机器设备余额抵押给李某某作为偿还上述借款的担保。此后，双方到尤溪县工商局办理了动产抵押登记手续，尤溪县工商局颁发了(2004)尤工商抵押登字第003号《抵押物登记证》。

某资产管理公司认为，李某某系某水泥公司的法定代表人，李某某与某水泥公司恶意串通将机器设备事后抵押给李某某，并使某水泥公司因此丧失了向某资产管理公司履行债务的能力，某资产管理公司因此向法院提起诉讼，请求依法确认某水泥公司以其机器设备对债权人李某某所作的抵押为无效抵押；请求依法撤销被告某水泥公司以其机器设备对债权人李某某所作的抵押行为。

【审理与判决】

1. 诉讼当事人

一审原告为某资产管理公司，被告为某水泥公司、李某某。

2. 诉请与抗辩

原告诉请:请求依法确认某水泥公司以其机器设备对债权人李某某所作的抵押为无效抵押;请求依法撤销被告某水泥公司以其机器设备对债权人李某某所作的抵押行为。

被告抗辩:原告提起的诉讼程序错误,本案应通过行政诉讼程序解决;某水泥公司与抵押权人李某某签订的《抵押合同》内容真实、形式合法,具有法定效力,且该抵押合同经行政机关依法登记确认,并已发生法律效力;综上,请求法院驳回原告起诉。

3. 争议焦点

(1)本案是否应通过行政诉讼程序解决?
(2)原告是否有权请求撤销两被告之间的抵押行为?

4. 判决过程

一审法院判决:撤销被告某水泥有限公司和被告李某某基于2004年2月12日双方《抵押合同》所作的抵押行为;驳回原告某资产管理公司其他诉讼请求。

两被告不服一审判决,向二审法院提起上诉,但未在二审法院规定的期限内预交二审案件受理费,福建省高级人民法院裁定本案按自动撤回上诉处理,一审判决即发生法律效力。

【法律要点解析】

1. 企业动产抵押登记机关对抵押登记的审查属于形式审查还是实质审查

本案纠纷及审判均发生在《物权法》施行之前,本案审判时适用的法律为《担保法》,《担保法》第34条规定了可以设立抵押的财产包括"抵押人所有的机器、交通运输工具和其他财产"。对于办理抵押登记应提交的文件,《担保法》第44条规定:"办理抵押物登记,应当向登记部门提供下列文件或者其复印件:(一)主合同和抵押合同;(二)抵押物的所有权或者使用权证书。"抵押登记机关对于抵押登记的审查职权,应仅限于审查抵押申请人是否依法提交了申请登记所需的材料,申请登记事项是否法律规定的允许抵押的财产,至于申请人申请登记的法律关系在实质上是否合法有效、是否属于恶意抵押,则不在抵押登记机关的审查范围之内,抵押登记机关行使的是形式审查义务。对于抵押权的实质合法性的审查,属于实质审查内容,应由法院经审理作出。

2. 抵押权登记是否对抵押权确权的唯一和最终依据

抵押登记机关依法定程序作出的登记行为,具有一旦作出即被推定有效,且不得随意变更的效力。但这种效力是一种推定的效力,物权登记不是当事人取得物权的根据,它不能脱离物权民事法律关系当事人作出意思表示的行为及其效力的发生,即须与实质的权利状态相符合。因此,物权登记并非对物权进行确权的唯一和最终依据,相反它只是一种证据上的初步推定效力,一旦有相反的证据证明物权登记与实际的权利状态不符合,真正权利人或利害关系人可以依法定程序撤销错误的登记。《物权法》实施之后,对此进行了更加明确的规定。《物权法》第19条规定:"权利人、利害关系人认为不动产登记簿记载的事项错误的,可以申请更正登记。不动产登记簿记载的权利人书面同意更正或者有证据证明登记确有错误的,登记机构应当予以更正。不动产登记簿记载的权利人不同意更正的,利害关系人可以申请异议登记。登记机构予以异议登记的,申请人在异议登记之日起十五日内不起诉,异议登记失效。异议登记不当,造成权利人损害的,权利人可以向申请人请求损害赔偿。"

3. 某资产管理公司能否请求司法机关法撤销抵押登记机关对本案所涉抵押物的抵押行为

《最高人民法院关于适用〈中华人民共和国担保法〉若干问题的解释》(以下简称《担保法解释》)第69条规定:"债务人有多个普通债权人的,在清偿债务时,债务人与其中一个债权人恶意串通,将其全部或者部分财产抵押给该债权人,因此丧失了履行其他债务的能力,损害了其他债权人的合法权益,受损害的其他债权人可以请求人民法院撤销该抵押行为。"

首先,本案中,某水泥公司将其所有的机器设备抵押给被告李某某之时,恰是原告某资产管理公司针对被告某水泥公司的诉讼已审结生效,并在申请法院强制之后,因此被告某水泥公司的抵押是在有多个普通债权人的情况下,将其财产抵押给与其有关联的债权人,符合《担保法解释》第69条关于债务人有多个普通债权人的情况下、将其全部或者部分财产抵押给一个债权人的规定;其次,被告某水泥公司没有提供其他可以满足原告某资产管理公司债权的财产,被告某水泥公司将机器设备抵押给被告李某某的行为已使其丧失了履行对原告债务的能力,损害了原告作为债权人的合法权益;最后,被告李某某是被告某水泥公司的法定代表人,被告某水泥公司在原告某资产管理公司向法院申请强制执行之后,将机器设备抵押给李某某,其主观上存在恶意。由此,依据《担保法解释》第69条的规定,某资产管理公司可以请求司法机关撤销抵押登记机关对本案所涉抵押物的抵押行为。

4. 本案应否通过行政诉讼程序解决

法院的司法判断体现在法院通过对登记行为所涉民事权属进行审理,查明真正的权利状态。这实际上就是对民事权属的实质审查,这一实质性审查是针对登记行为的法律基础的审查,而不是针对登记行为本身的审查;是针对登记申请当事人的审查,而不是针对登记机关的审查,故不属对行政登记行为的合法性审查,显然应当由法院的民事审判部门按照民事诉讼程序并依据民事实体法对民事权属作出审查认定。

本案审查对象表面上是经过抵押登记机关登记的抵押行为,但实质上的审查对象是针对两被告,不是针对抵押登记机关;是针对抵押登记所涉基础法律关系即两被告之间的抵押民事行为,不是针对抵押登记这一行政登记行为,应由法院的民事审判部门作出审查认定。

【律师点评】

1. 原告律师的代理思路

就原告某资产管理公司的律师而言,应围绕二被告恶意串通,通过设立抵押权侵害某资产管理公司作为其他普通债权人的合法权利,该抵押行为应予以撤销来组织证据并设计诉讼策略,其思路要点如下:

(1)被告某水泥公司已被一审法院生效判决判令对福州某有限公司等三家公司对原告的债务承担连带保证责任。

(2)原告申请法院对连带保证责任人某水泥公司的财产进行强制执行后,被告某水泥公司与被告李某某签署了《借款合同》《抵押合同》,并办理了抵押登记手续,即该抵押行为发生在原告申请法院强制执行被告某水泥公司的财产之后。

(3)李某某作为某水泥公司的法定代表人,其应当明知某水泥公司对原告某资产管理公司的债务已被原告申请执行,二被告对此存在恶意。

(4)本案所涉抵押,是在原告的债权经生效判决确认后,符合《担保法解释》第69条规定,是依法予以撤销的抵押行为。

(5)被告某水泥公司与李某某所签署的《借款合同》发生在原告申请法院对连带保证责任人某水泥公司的财产进行强制执行后,原告对上述《借款合同》的真实性存疑。

(6)除本案所涉抵押的机器设备外,被告某水泥公司并无其他财产足以清偿其对原告的债务。

(7)《担保法解释》第69条规定的是依法可以撤销的抵押行为,其并未规定经过登记的担保行为需要撤销抵押登记行为,即不论该抵押行为是否经过登记,只要具备了该条款中规定的情形,受损害的债权人就可以请求人民法院予以撤销,受损害的债权人享有的是民事诉权。

2. 被告律师的代理思路

由于本案中,被告李某某及被告某水泥公司应围绕因本案所涉机器设备已在行政主管部门机关办理了抵押登记,该登记应具有公信力,若要撤销应通过行政诉讼程序解决,以及被告李某某对被告某水泥公司的债权真实有效,二者签署《抵押合同》并办理抵押登记的行为并不存在主观恶意等来组织证据并设计诉讼策略,其代理思路如下:

(1)本案审查对象是经行政主管部门依法登记确认的抵押行为,而非单纯的双方当事人签署的抵押合同。

（2）《担保法解释》并没有授权民事审判庭通过民事诉讼程序对所有生效抵押登记进行审查并予以撤销。

（3）本案中工商行政管理局对李某某及某水泥公司核发《抵押物登记证》，已确认了李某某作为抵押权人对所抵押的机器设备享有优先受偿权，原告所提起的诉讼是因对该优先受偿权有异议，其应是对行政管理部门的决定不服而提起的诉讼，故本案应该作为行政案件受理而非民事案件。

（4）李某某与某水泥公司之间存在真实的债权债务关系。

（5）李某某与某水泥公司签署《抵押合同》并办理抵押登记的行为并不存在主观恶意。

（6）李某某与某水泥公司现已依据《借款合同》《抵押合同》办理了抵押登记手续，李某某应就其借款及利息享有优先受偿权。

【法官审判要旨】

法官通过法庭调查与双方质证，基本掌握了案件的真实情况；通过充分听取双方律师的主张与辩论，形成法官的基本判断，即本案适用民事诉讼程序审查并无错误，二被告之间设立的抵押侵害了原告作为其他普通债权人的合法权利，该抵押行为应依法撤销。

首先，依据文义理解，《担保法解释》第 69 条所称的"抵押行为"，并无是否经过登记的语义限制，应理解为不论抵押行为是否经过登记，只要具备了该条款中规定的情形，受损害的债权人就可以请求人民法院予以撤销，并无需先通过行政诉讼撤销抵押登记行为的限制。

其次，依目的解释，《担保法解释》第 69 条的立法目的是为防止债务人与某个普通债权人串通，利用抵押制度诈害其他普通债权人。为贯彻此立法目的，对该条款中的"抵押行为"也不应有任何限制性的理解，以避免给债权人行使撤销权设置前置性的程序或其他障碍，实现保护诚实守信的普通债权人的立法目的。

再次，依体系解释，《担保法解释》属民事实体法范畴，第 69 条规定针对的是债务人与某个债权人的恶意抵押行为，亦属民事法律关系，受损害的债权人享有的撤销权当属民事诉权，人民法院应当依据民事诉讼程序进行审理。因此，两被告将该条款中的"抵押行为"自行划分为未经登记的抵押行为和经过登记的抵押行为两种情况而分别适用不同的规则，系对法律条文作出的不合理解释，缺乏法律和学理依据，以此认为本案属于《行政诉讼法》规定的行政诉讼受案范围的抗辩理由不成立。

又次，抵押登记作为一种行政登记行为，对其所具有的行政行为公定力应予尊重，但更应全面理解其效力内涵和表现形式。本案讼争抵押虽经由尤溪县工商行政管理局登记并颁发《抵押物登记证》，但该抵押登记并不具有绝对效力，仅具有权利推定效力,即推定记载在《抵押物登记证》上的抵押权人是真实的,至于该记载是否实质上真实有效,则应通过民事诉讼程序作出司法判断。行政行为公定力理论不应成为民事诉讼中对行政登记证书及所涉民事权利效力认定的障碍。两被告关于本案应通过行政诉讼程序解决的抗辩理由均不成立,不予采纳。

最后,纵观本案现有证据,原告为被告某水泥公司的普通债权人,在申请法院强制执行期间,被告某水泥公司将其所有的机器设备抵押给债权人被告李某某,使其丧失了履行对原告债务的偿还能力,损害了原告作为债权人的合法权益。被告李某某作为被告某水泥公司的法定代表人,对上述事项均属明知,应认定两被告之间存在恶意串通。两被告的抵押行为符合《担保法解释》第 69 条规定的债权人可以行使撤销权的构成要件。

【结语】

抵押的目的是通过为债权人设置特定物上担保以增强债权人受清偿的保证,违反此目的的抵押,往往属于恶意抵押。《担保法解释》第 69 条规定:"债务人有多个普通债权人的,在清偿债务时,债务人与其中一个债权人恶意串通,将其全部或者部分财产抵押给该债权人,因此丧失了履行其他债务的能力,损害了其他债权人的合法权益,受损害的其他债权人可以请求人民法院撤销该抵押行为。"本案中二被告在原告申请法院对被告某水泥公司的财产强制执行之后,通过补签《借款合同》追认债权,并设立抵押登记的行为,侵害了原告作为其他普通债权人的合法权益,属于恶意抵押的范畴,原告有权申请法院适用民事诉讼程序撤销该抵押行为。

【案外语】

本案原告请求法院确认被告某水泥公司以其机器设备对李某某所作的抵押为无效抵押,为何没被法院支持?按照法律规定,无效民事行为自行为开始就没有法律约束力,而可撤销民事行为是有效的,仅在撤销权人行使撤销权而撤销该行为时,该行为的效力才因被撤销而溯及地消灭,自始无效。对于恶意抵押,《担保法解释》第 69 条已明确规定"受损害的其他债权人可以请求人民法院撤销该抵押行为",故此,其应在被撤销后发生自始无效的法律后果,并非当然无效。

案例(102) 侯某某、任某某等用益物权确认纠纷案(抵押权与租赁权冲突)

来源:(2016)粤 01 民终 9250 号

作者:李兵

【案例导读】

本案的特殊之处在于,租赁权是否可以对抗抵押权。

【案情简介】

2013年10月9日,任某某与广州花都稠州村镇银行股份有限公司(以下简称"稠州银行")签订《最高额抵押合同》及《最高额抵押合同补充协议》,约定任某某以涉案商铺及广州市花都区新街大道×号5栋×号商铺共两个商铺作为抵押向稠州银行贷款,最高限额为300万元,最高债权额的债权确定期间为2013年10月9日至2016年10月8日,该笔最高额债权项下单笔信用业务品种、金额、期限、利率、还款方式以单笔融资业务合同为准。合同签订后,涉案商铺于2013年10月21日办理了抵押登记。

2013年10月25日,任某某与稠州银行签订《个人创业(经营性)贷款合同》(编号:55145),合同约定任某某向稠州银行贷款300万元,贷款期限自2013年10月25日至2014年10月24日。合同签订后,稠州银行向任某某放款300万元。因任某某未按时还款,2014年10月24日,任某某(乙方)与稠州银行(甲方)及担保人广州融金投资发展有限公司(丙方)又签订《借款展期合同》(合同编号:01100×××),约定乙方由于资金周转困难原因不能按借款合同(编号:001000×××)约定的还款期偿还借款本金,经三方协商一致,甲方同意对乙方所欠借款本金300万元予以展期,期限3个月,展期到期日为2015年1月23日。2014年,此展期合同在广州市花都公证处办理了具有强制执行效力的债权文书公证,公证书编号为(2014)粤广花都第19905号。

任某某未能按期偿还借款,稠州银行向一审法院申请强制执行,一审法院以(2015)穗花法执字第947号立案受理,在执行过程中依法拍卖了涉案商铺,候某某拍得涉案商铺。一审法院于2015年11月18日作出(2015)穗花法执字第947-1号执行裁定书,裁定涉案商铺所有权及相应的其他权利归买受人候某某所有,自本裁定送达买受人候某某时起转移。2015年11月25日,一审法院向候某某送达了上述执行裁定书。2015年12月14日,涉案商铺变更登记至候某某名下。

原审另查明,2012年11月5日,任某某(甲方)与刘某涛(乙方)签订《花都区物业租赁合约》,约定甲方将涉案商铺租赁给乙方使用,租赁期限为2012年11月22日起至2016年5月22日止,每月租金2750元,乙方按月交租并缴纳押金7500元。合同签订后,刘某涛使用涉案商铺至今。

2014年5月13日,任某某(甲方)与易某某(乙方)签订《商铺租赁合同》,约定甲方将涉案商铺出租给乙方,租赁期限从2014年5月13日起至2034年5月12日止,共20年。每年租金48000元,自本合同签订之日起10日内,乙方一次性支付20年租金给甲方,合同签订之日起7天内,甲方将商铺移交给乙方使用。

候某某于2016年1月27日向原审法院提起本案诉讼,请求:①确认易某某对涉案商铺不享有租赁权等一切权利；②任某某、易某某不得妨碍候某某对涉案商铺行使所有权及相应的其他权利，任某某、易某某不得对涉案商铺收取租金，若已收取租金的，必须返还候某某（从候某某取得商铺所有权之日起计算至2016年5月7日原租期届满时止）；③本案诉讼费由任某某、易某某承担。一审诉讼中，候某某变更第①项诉讼请求为：确认任某某与易某某于2014年5月13日签订的租赁合同无效，并将第②项诉讼请求的租金起算日明确为2015年11月18日。

【审理与判决】

1. 争议焦点

（1）抵押权是否可以对抗租赁权？

（2）抵押物处置后抵押期间租赁权益的处置？

2. 判决过程

一审判决支持原告候某某的诉讼请求。

二审法院认为，一审法院引用《担保法解释》第66条的规定进行判决，并无不当，且论述清晰，上诉人易某某上诉并无充分法律依据，法院不予采纳。综上，上诉人上诉理据不足，法院依法予以驳回。依照《民事诉讼法》第170条第1款第（一）项的规定，判决如下：驳回上诉，维持原判。二审案件受理费100元，由上诉人易某某负担。

【律师点评】

本案是关于抵押权与租赁权冲突时的法律适用。

从抵押权和租赁权实现的目的来看，两种权利并不矛盾，抵押权实现的目的是抵押物的交换价值，租赁权实现的目的是其使用价值。当抵押权转换为所有权时，由于所有权涵盖了租赁权，这个时候冲突就有可能出现，是否还应当适用"买卖不破租赁"原则？本案中易某某提出了此观点，法官根据《担保法解释》第66条的规定，并未采纳。《物权法》第190条也有相似的规定。这两种权利发生冲突时，应当根据抵押权在先还是租赁权在先的原则去确定，具体阐述如下：

1. 先租赁后抵押的处理规则

由于租赁权在先抵押权在后，应当适用《合同法》第229条的规定"租赁物在租赁期间发生所有权变动的，不影响租赁合同的效力"，也即"买卖不破租赁"。承租人的权利优于抵押权人，这就是在先原则，抵押权人实现抵押权后，无法对抗承租人。只有租赁到期后抵押权人才能实现抵押权，获取完整的所有权。

2. 先抵押后租赁的处理规则

由于抵押权采取的是登记成立主义，只要登记就产生对抗善意第三人之效力。据此，已登记抵押权可以对抗在后的租赁权，未登记的抵押权则不能对抗后成立的租赁权。由于已登记的抵押权有公示效力，承租人应当知道，该房屋已经设立抵押,能预知到风险的存在,但依然租赁该房屋,那么由于抵押所产生的风险理应由承租人承担。

【案外语】

本案是值得细心品味的案件,案件本身难度不大,当两种权利发生冲突时怎样取舍,虽然是立法的问题,但是也值得我们深思。

案例(103) 刘某与李某华案外人执行异议纠纷案(抵押权与租赁权冲突)

来源:(2016)沪 01 民终 6335 号
作者:文科

【案例导读】

在执行程序中,案外人对执行标的的租赁权与申请执行人对执行标的的抵押权发生冲突时,租赁权是否能阻却抵押权实现?

【案情简介】

上海市松江区泗泾镇×路×弄×号房屋 1—3 层房屋(以下简称"诉争房屋")系李某辉、李某、李某某的共有店铺,房屋建筑面积为 174.46 平方米。2013 年 11 月 12 日,李某华、叶某兰在诉争房屋上设立了 2 400 000 元的债权抵押。

法院于 2014 年 9 月 16 日作出的(2014)松民二(商)初字第 1 830 号民事判决书已经发生法律效力。该判决书判定:"一、李某、徐某某于判决生效之日起十日内偿付李某华、叶某兰欠款 240 万元;二、李某、徐某某于判决生效之日起十日内偿付李某华、叶某兰利息损失(以 240 万元为基数,从 2013 年 11 月 8 日起算至实际清偿日止,按照中国人民银行同期贷款利率计算);三、李某辉、黄某某对李某、徐某某上述债务承担连带清偿责任;四、如李某、徐某某、李某辉、黄某某不能清偿上述债务时,李某华、叶某兰有权与李某、李某辉、李某某协商以坐落于上海市松江区泗泾镇×路×弄×号 1—3 层房产折价,或拍卖、变卖以后的价款在 240 万元范围内优先受偿……"

因上述判决中的李某、徐某某未能履行生效法律文书确定之义务,根据权利人李某华、叶某兰的申请,法院于 2015 年 4 月 20 日以(2015)松执字第 2853 号案件立案执行。诉争房屋于 2015 年 5 月 25 日被法院查封。法院在执行过程中于 2015 年 10 月 30 日至诉争房屋现场张贴公告裁定拍卖诉争房屋,并责令被执行人及占有诉争房屋的案外人自公告之日起 15 日内迁出上述房屋。

刘某与李某签署房屋租赁合同一份,约定刘某向李某承租诉争房屋,租期为15年,自2012年11月21日至2027年11月20日止,租金由刘某一次性支付352 000元。该合同尾部记载签署日期为2012年11月21日。2012年11月21日,刘某向李某转账352 000元,转账摘要记载为转借。

刘某以承租人的身份向法院提出异议。一审庭审中,刘某陈述:诉争房屋原由李某出租给案外人,因李某向刘某借款,刘某想通过转租诉争房屋获取利益,双方遂达成协议,刘某一次性支付租金352 000元给李某,租赁期间李某同意刘某转租房屋,刘某遂与原承租的案外人签订转租合同,由刘某向案外人收取租金。刘某为证明上述事实,提供了转租合同两份、相关水电费发票、工商登记档案材料等证据,李某确认刘某的上述陈述意见,但其明确其向刘某借的款就是刘某一次性转账的352 000元。李某华、叶某兰认为刘某与李某存在经济往来,转账的352 000元不能证明是租金,对转租合同真实性不予认可,相关的发票及工商登记材料不能证明刘某与李某之间存在真实的租赁关系。

一审判决后,刘某不服,提起上诉。刘某上诉称:①刘某与李某于2012年11月21日签订的租赁合同系当事人真实意思表示,应认定为合法有效。②刘某向李某支付款项的租金性质应予以确认。《账户明细对账单》中载明"转借"属会计"借贷记账法"的科目表述,只能代表该账户支出一笔款项,别无他意。从本案证据来看,李某出租房屋15年,刘某一次性支付全部租金。李某取得的是与借款数额同等的租金,而没有还本付息的义务,双方的租赁合同关系是显而易见的。③刘某提供的租赁合同、转租合同、水电费发票表明,设立租赁权的时间先于抵押权,完全具备"买卖不破租赁"规则的法定适用条件。故请求二审法院撤销原审判决,改判支持刘某原审全部诉讼请求。

二审审理中,刘某当庭陈述,李某向刘某借款,因数额较大,刘某担心其还款能力,李某遂提出将诉争房屋整体出租给刘某,以一次性获取租金的方式筹款,刘某表示同意。被上诉人李某华、叶某兰辩称,①刘某与李某一直有经济往来,转账352 000元不能确认为租金,应是借款;②刘某与李某签订租赁合同的时间可能是倒签的,对该租赁合同的真实性不予认可。故请求二审法院驳回上诉,维持原判。原审第三人李某、李某辉、李某某未应诉答辩。

【审理与判决】

1. 诉讼诉讼当事人

原告为刘某。被告为李某华、叶某兰。第三人为李某、李莫辉、李某某。上诉人为刘某。被上诉人为李某华、叶某兰。第三人为李某、李莫辉、李某某。

2. 争议焦点

刘某与李某签订的房屋租赁合同是否可以阻却抵押权的实现。

3. 判决过程

一审法院认为：根据《物权法》第 190 条的规定："订立抵押合同前抵押财产已出租的，原租赁关系不受该抵押权的影响。抵押权设立后抵押财产出租的，该租赁关系不得对抗已登记的抵押权。"本案中，刘某虽然提供了其与李某签订的房屋租赁合同，但是合同约定的所谓租金系一次性支付，李某华、叶某兰对此提出质疑，李某亦认为该款为借款，故在无其他证据佐证的情况下，仅凭刘某单方意见，法院难以采信该款为租金性质，相应的刘某主张租赁合同有效，法院亦不予支持。虽然刘某与李某签订有书面租赁合同，但是在租金难以认定的情况下，仅凭合同尾部形式上书写的签约日期，不能充分证明刘某的租赁合同先于李某华、叶某兰抵押权的设立。故即便刘某主张的租赁关系合法有效，也不得对抗已登记的抵押权。综上，对于刘某的诉讼请求，法院不予支持。判决：驳回刘某的诉讼请求。案件受理费人民币 160 元，由刘某负担。

二审法院经审理查明，原审查明事实属实，予以确认。二审法院认为，本案的争议焦点在于刘某与李某之间是否存在先于抵押权的真实租赁关系。虽刘某提供了双方签订的租赁合同，但从租赁期限及一次性支付的数额来看，双方约定的租金折合到每月仅为 2 000 余元，与当前的租金市场标准相比尚缺乏合理性。此外，刘某所提供的水电费发票等显示时间均为 2014 年以后的，并不能就此证明其在 2012 年签订租赁合同后已实际占有、使用房屋的事实。同时，从刘某、李某庭审中的陈述来看，刘某向李某转账 352 000 元系基于借贷关系而产生，实质是以签订房屋租赁合同的形式为该笔债务提供担保，属"以租抵债"之行为，双方之间并非存在真实的租赁关系，应另案通过民间借贷纠纷予以处理。据此，对于刘某以其享有租赁权在先、可依法对抗抵押权之由要求停止房屋强制拍卖的上诉请求，本院不予采信。综上，原审法院在查明事实的前提下，依法作出的判决是正确的，本院应予维持。判决如下：驳回上诉，维持原判。二审案件受理费人民币 160 元，由上诉人刘某负担。

【法律要点解析】

本案中，案外人刘某主张其对涉案房屋享有租赁权，且其租赁权先于抵押权。对此，刘某提供了租赁合同和水电费发票等，但无法提供抵押权设立之前已履行租赁合同的证据，也无法提供支付租金的证据。因刘某提供的证据无法证实存在租赁关系，故其主张无法得到法院支持。

租赁权虽是一种债权，但我国法律却赋予其特殊法律效力，根据相关法律规定，租赁权成立于抵押权设立之前时，租赁权不能阻止抵押权的实现，但租赁权本身也不受抵押权实现的影响，即租赁关系在合同有效期内对抵押物的受让人继续有效（租赁权由执行标的受让人承受），使租赁权受到了"物权化"保护。

在执行程序中,对于案外人提出的租赁权成立在先、抵押权设立在后的主张,法院都会严格谨慎查证,防止被申请执行人与案外人串通。

【律师点评】

在执行程序中,经常碰到抵押权与租赁权的关系处理问题。抵押权设立在租赁权成立之前和成立之后,将会产生不同的法律后果。

若抵押权设立在租赁权成立之前,根据《担保法解释》第 66 条"抵押人将已抵押的财产出租的,抵押权实现后,租赁合同对受让人不具有约束力"、《物权法》第 190 条"抵押权设立后抵押财产出租的,该租赁关系不得对抗已登记的抵押权"和最高人民法院《关于人民法院民事执行中拍卖、变卖财产的规定》第 31 条第 2 款"拍卖财产上原有的租赁权及其他用益物权,不因拍卖而消灭,但该权利继续存在于拍卖财产上,对在先的担保物权或者其他优先受偿权的实现有影响的,人民法院应当依法将其除去后进行拍卖"的规定,此种情形下租赁权不能对抗抵押权。但在执行程序中,若租赁权并不影响在先设立的抵押权实现,则可带租执行,这样合理兼顾承租人的权益,而非一律去除租赁权的方式,能够更好地平衡各方利益。

若抵押权设立在租赁权成立之后,根据《担保法解释》第 65 条"抵押人将已出租的财产抵押的,抵押权实现后,租赁合同在有效期内对抵押物的受让人继续有效"、《物权法》第 190 条"订立抵押合同前抵押财产已出租的,原租赁关系不受该抵押权的影响"和最高人民法院《关于人民法院民事执行中拍卖、变卖财产的规定》第 31 条第 2 款"拍卖财产上原有的租赁权及其他用益物权,不因拍卖而消灭,但该权利继续存在于拍卖财产上,对在先的担保物权或者其他优先受偿权的实现有影响的,人民法院应当依法将其除去后进行拍卖"的规定,租赁权不受抵押权的影响,抵押权实现后,租赁权将由执行标的受让人承受。

因租赁权对抵押权实现产生影响,故对租赁权成立的审查十分重要。最高人民法院《关于人民法院办理执行异议和复议案件若干问题的规定》第 31 条明确规定:"承租人请求在租赁期内阻止向受让人移交占有被执行的不动产,在人民法院查封之前已签订合法有效的书面租赁合同并占有使用该不动产的,人民法院应予支持。承租人与被执行人恶意串通,以明显不合理的低价承租被执行的不动产或者伪造交付租金证据的,对其提出的阻止移交占有的请求,人民法院不予支持。"根据上述规定,签署合法有效的书面租赁合同、切实履行了租赁合同,尤其是承租人实际占用、使用租赁物,支付了合理租金等因素综合起来作为判断租赁权是否成立的标准,故仅签署租赁合同不等同于租赁权成立,书面租赁合同不是判断租赁权成立与否的唯一标准。依法对租赁权的成立进行严格审查,能有效预防债务人与案外人的恶意串通,最终确保抵押权顺利实现。

因此,在执行程序中,处理租赁权和抵押权的关系时,首先应对租赁权成立与否进行判断,之后才涉及两者成立先后不同、适用不同法律的问题。

二、质权纠纷

案例（104） 张某庆、某银行沈阳分行等执行异议之诉纠纷案（最高额质权）

来源:(2017)辽民终 874 号
作者:文科

【案例导读】
金钱以保证金的形式特定化,通过对账户的控制和管理实现了转移占有,是否符合出质金钱移交债权人占有的要求,质权是否成立?

【案情简介】
2013 年 7 月 24 日,某环球公司作为甲方与作为乙方的某银行沈阳分行签订了编号为 20130724 的《担保合作协议》,协议第 2 条约定:"某环球公司向某银行沈阳分行承诺的保证责任实行总量控制,在操作时按担保额度逐笔受控。本次合作担保总额度为人民币 5 000 万元,保证金放大倍数为 5 倍,期限一年,单户被保额度不得超过 1 000 万元。"第 7 条约定:"某环球公司担保某银行沈阳分行的授信业务,在某银行沈阳分行缴存保证金,某环球公司担保的任何一个主债务人违约,主债务履行期限届满之日起经过 30 日该笔债务的主债务人仍没有全部清偿或根据主合同之约定某银行沈阳分行宣布主债务部分或全部提前到期的,某银行沈阳分行可直接扣划保证金归还债务人所欠本息,扣划的范围包括某环球公司缴存在某银行沈阳分行的全部保证金及其利息。扣划保证金后,某环球公司应在一个月内补足。保证金未补足之前,停止办理新的业务。"本协议合作期为 2013 年 7 月 24 日到 2014 年 6 月 27 日。

2013 年 10 月 24 日,某环球公司在某银行沈阳分行开立保证金账户并存入定期存款额度 1 000 万元,账户名为某银行其他定期保证金辽宁某环球融资担保有限公司,账号为 71×××14。

2013 年 11 月 27 日,某银行沈阳分行与海亮尤尼克公司签订了编号为 81410 的《流动资金借款合同》,该合同约定某银行沈阳分行向海亮尤尼克公司贷款 500 万元,借款期限至 2014 年 11 月 27 日。并于该合同第 14 条约定,保证人为某环球公司,《保证合同》编号为 YB41001。同时,某环球公司向某银行沈阳分行出具《同意担保函》，同意将海亮尤尼克公司对某银行沈阳分行发生的债务纳入《保证金最高额质押合同》项下保证金质押担保范围。

2014年5月13日，某环球公司与某银行沈阳分行签订了编号为BZ01006的《保证金最高额质押合同》，在该合同第9条第1款中约定："(1)主合同为债务人与债权人在2014年5月12日至2015年5月11日止的期间内连续签署的一系列合同。(2)主合同项下债务人为：某环球公司通过出具《同意担保函》所确认的所有债务人。"并约定质物为以保证金形式特定化的金钱（1 000万元整），且被担保的主债权余额在债权发生期间内以最高不超过4 000万元整人民币为限。

2014年6月27日，某环球公司与某银行沈阳分行又签订了编号为XHQ27001的《担保合作协议》。协议约定：某银行沈阳分行与某环球公司进行担保合作，某环球公司在某银行沈阳分行开立保证金账户，存入保证金1 000万元，为符合贷款条件的企业提供贷款担保，担保总额度为4 000万元；某环球公司担保的任何一个主债务人违约，某银行沈阳分行均有权直接扣划保证金归还所欠本息，扣划的范围包括保证金及其利息。

2014年10月28日，某银行沈阳分行与万锋塑料公司签订了编号为81022的《流动资金借款合同》，某银行沈阳分行向万锋塑料公司发放贷款人民币500万元，借款期限至2015年10月27日。同时，某环球公司向某银行沈阳分行出具《同意担保函》，同意将万锋塑料公司对某银行沈阳分行发生的债务纳入《保证金最高额质押合同》项下保证金质押担保范围。

现海亮尤尼克公司和万锋塑料公司借款均已经逾期，截至2016年5月9日，海亮尤尼克公司欠款本息5 795 717.53元，万锋塑料公司欠款本息5 308 886.88元。依据合同约定，某银行沈阳分行有权扣划保证金以实现质权，但因为被冻结而无法扣划。

张某庆作为申请执行人与被执行人某环球公司、郑某华民间借贷纠纷一案，依据(2014)沈中民初字第111号民事调解书，沈阳市中级人民法院于2015年1月4日立案执行，执行案号为(2015)沈中执字第51号。于2015年2月3日冻结被执行人某环球公司在某银行沈阳分行的银行存款1 800万元人民币，对71×××14账户作只进不出冻结。

某银行沈阳分行作为案外人因此提出执行异议，沈阳市中级人民法院于2016年7月26日作出(2016)辽01执异字第510号执行裁定书，裁定中止对被执行人某环球公司在某银行沈阳分行71×××14账户保证金的执行。

张某庆因与某银行沈阳分行、某环球公司、郑某华发生执行异议纠纷，提起诉讼。请求：(1)撤销一审法院作出的(2016)辽01执异字第510号执行裁定书；(2)确认某环球公司71×××14账号中的资金不构成保证金，某银行沈阳分行不能就该资金优先受偿;(3)判令允许执行某环球公司在某银行沈阳分行71×××14账户中的1 000万元存款;(4)由某银行沈阳分行、郑某华、某环球公司承担一审诉讼费用。

经审理后,一审法院判决驳回张某庆的诉讼请求。案件受理费81 800元由张某庆负担。

张某庆不服一审判决,提起上诉,请求:(1)改判准予执行该执行标的。(2)由某银行沈阳分行、郑某华、某环球公司承担本案上诉费。

二审期间,当事人未提交新证据。二审法院审理查明的事实与一审法院审理查明的事实一致,且对一审法院查明的事实予以确认。

【审理与判决】

1. 诉讼当事人

原告为张某庆。被告为某银行沈阳分行、郑某华、某环球公司。上诉人为张某庆。被上诉人为某银行沈阳分行、郑某华、某环球公司。

2. 争议焦点

某环球公司在某银行沈阳分行71×××14账户内的1 000万元保证金是否符合法律规定的质押要求,是否具有排除强制执行效力。

3. 判决过程

一审法院认为:《物权法》第210条规定:"设立质权,当事人应当采取书面形式订立质权合同。质权合同一般包括下列条款:(一)被担保债权的种类和数额;(二)债务人履行债务的期限;(三)质押财产的名称、数量、质量、状况;(四)担保的范围;(五)质押财产交付的时间。"第212条规定:"质权自出质人交付质押财产时设立。"《担保法解释》第85条规定:"债务人或者第三人将其金钱以特户、封金、保证金等形式特定化后,移交债权人占有作为债权的担保,债务人不履行债务时,债权人可以以该金钱优先受偿。"依照上述法律及司法解释的规定,金钱质权作为特殊的动产质押,不同于不动产抵押和权利质押,金钱质押生效的条件包括金钱特定化和移交债权人占有两个方面。

本案争议焦点为:某银行沈阳分行与某环球公司之间是否存在质押关系,就案涉账户内的1 000万元保证金是否享有质权。根据2013年7月24日签订的《担保合作协议》的约定,某环球公司为在某银行沈阳分行开立结算账户并符合贷款条件的企业提供连带责任保证,担保范围5 000万元,存入保证金1 000万元,任何一个主债务人违约,直接扣划保证金。根据2014年5月13日签署的《保证金最高额质押合同》第9条第1款关于担保范围的约定,"(1)主合同为债务人与债权人在2014年5月12日至2015年5月11日止的期间内连续签署的一系列合同。(2)主合同项下债务人为:某环球公司通过出具《同意担保函》所确认的所有债务人",可以认定(1)、(2)两项条件是并列存在的,并非应同时具备(1)、(2)两项条件。该协议进一步明确某环球公司以1 000万元本金及其利息作为质押保证金,为其出具《同意担保函》的所有债务人的债务提供最高额质押担保,所担保的主债权余额最高不超过人民币4 000万元。该份《保证金最高额质押合同》符合《物权法》第210条之规定,可以认定某银行沈阳分行与某环球公司存在质押关系。现某环球公司在某银行沈阳分行账号为71×××14的保证金账户中存入的1 000万元保证金,系某环球公司为其出具《同意担保函》的借款人在某银行沈阳分行借款提供的质押担保,而非一般结算资金,已经特定化。《物权法》第222条第2款规定,"最高额质权除适用本节有关规定外,参照本法第十六章第二节最高额抵押权的规定"。依据《担保法》及其相关司法解释的规定,最高额质押就是对不特定的债权提供的担保,结算期届满担保债权才确定。但所担保债权的不确定性,并不影响质权的成立。涉案《保证金最高额质押合同》第6条第2项约定,"任一债务人有到期未付债务时,质权人有权直接扣划本合同项下的保证金专户的资金用于清偿相关债务人的到期未付债务","质权人有权将所得款项选择用于清偿本金、利息或其他费用等。同时有多笔债权到期未付的,由质权人决定债权的清偿顺序"。故某银行沈阳分行与某环球公司已经就如何扣划保证金及其顺序进行了明确约定。某银行沈阳分行与海亮尤尼克公司的借款合同签订于2013年11月27日,贷款发放于2013年11月29日,符合《担保合作协议》及《保证金最高额质押合同》第9条第1款第(2)项的约定,应在质押担保范围内。同时某环球公司向某银行沈阳分行出具《同意担保函》,将海亮尤尼克公司的500万元借款和万锋塑料公司的500万元借款纳入1 000万元保证金担保的范围之内,且该两笔贷款均已经到期,某环球公司将金钱以保证金的形式特定化,某银行沈阳分行通过对账户的控制和管理实现了转移占有,符合出质金钱移交债权人占有的要求,故涉案质权依法成立。现发生了贷款逾期,某银行沈阳分行有权就该笔保证金账户中的资金扣划相应的款项优先受偿。综上,某银行沈阳分行提交的证据能够形成完整的证据链,证明某环球公司在某银行沈阳分行71×××14账户内保证金具有质押的性质,某银行沈阳分行对涉案款项享有足以排除强制执行的质权权利。张某庆以"保证金与主债务可一一对应"作为保证金特定化的构成要件,以此主张本案存在同一额度保证金在同一期间内为多笔债务同时提供担保的情形,进而否定保证金特定化,缺乏法律依据,不予支持。

依照《物权法》第208条、第210条、第212条、第219条第2款,《担保法解释》第85条,最高人民法院《关于适用〈中华人民共和国民事诉讼法〉的解释》第311条、第313条第1款第(二)项之规定,判决驳回张某庆的诉讼请求。案件受理费81 800元由张某庆负担。

二审法院认为,本案为执行申请人提起的执行异议之诉,二审争议的焦点为某环球公司在某银行沈阳分行71×××14账户内1 000万元保证金是否符合法律规定的质押要求,是否具有排除强制执行效力。《担保法》第85条规定:"债务人或者第三人将其金钱以特户、封金、保证金等形式特定化后,移交债权人占有作为债权的担保,债务人不履行债务时,债权人可以以该金钱优先受偿。"某环球公司(甲方)与某银行沈阳分行(乙方)于2013年7月24日签订第一份《担保合作协议》,第5条约定:甲方与乙方建立贷款担保协作关系。甲方应在乙方设立担保保证金专用账户,并签署保证金质押合同。保证金被告专户管理,专款专用,未经乙方允许,在担保期间内甲方不得擅自提取。第7条约定:甲方担保乙方的授信业务,在乙方缴存保证金,甲方担保的任何一个主债务人违约,主债务履行期限届满之日起经过30日该笔债务的主债务人仍没有全部清偿或根据借款合同之约定乙方宣布贷款提前到期的,乙方可直接扣划保证金归还债务人所欠本息,扣划的范围包括甲方缴存在乙方的全部保证金及其利息。扣划保证金后,甲方应在1个月内补足。还约定:本协议合作期为2013年7月24日到2014年6月27日。2013年10月24日,某环球公司在某银行沈阳分行开立账号为71×××14的保证金账户,并存入定期存款1 000万元。2014年5月13日,某环球公司与某银行沈阳分行签订了《保证金最高额质押合同》,约定:(1)本合同所担保的主合同为债务人与债权人在2014年5月12日至2015年5月11日止的期间内连续签署的一系列合同。(2)主合同项下债务人为:某环球公司通过出具《同意担保函》所确认的所有债务人。(3)本合同项下的质物为以保证金形式特定化的金钱,具体描述为人民币1 000万元。(4)出质人在本合同第3条第1款所述的保证金专户为:户名:某环球公司,账号:71×××14。2014年6月27日,某环球公司与某银行沈阳分行签订第二份《担保合作协议》,约定双方继续进行担保合作,某环球公司缴存保证金1 000万元,合作期限为2014年6月27日至2015年5月12日。通过上述《担保合作协议》和《保证金最高额质押合同》的签订,以及某环球公司向涉案保证金账户存入1 000万元钱款,可以认定某银行沈阳分行与某环球公司之间建立起了以专户专款保证金为质押的担保法律关系。双方的质押担保系列法律行为符合《担保法解释》第85条关于第三人提供的保证资金专款专用特定化及交由质权人占有等规定,合法有效。张某庆上诉提出金钱不能作为动产质押物,动产质押物必须是有体可移动物,实现担保物权必须经过折价或者拍卖、变卖程序而取得价款,而非质物本身,否则违反《物权法》《担保法》中关于流质禁止之规定,本案以金钱质押违法无效的主张,缺乏事实和法律依据,不予支持。

另查,本案涉及的某银行沈阳分行与海亮尤尼克公司、万锋塑料公司之间两笔各500万元的贷款债权,不但每笔都有某环球公司与某银行沈阳分行签订的《保证合同》,而且每笔都有某环球公司给某银行沈阳分行出具的《同意担保函》,约定将这两笔各 500 万元借款债权纳入双方签订的 BZ201401006 号《保证金最高额质押合同》项下保证金质押担保范围，且出具《同意担保函》时间均在张某庆申请沈阳市中级人民法院冻结某环球公司在某银行沈阳分行的 71×××14 号保证金账户的时间（2015 年 1 月 4 日）之前。某银行沈阳分行与某环球公司签订的《保证金最高额质押合同》中，双方虽然约定对某一时间段符合约定条件的不特定债权提供担保，但这并不影响质权的成立。因为《担保法》第 59 条规定，最高额抵押是指抵押人与抵押权人协议，在最高债权额限度内，以抵押物对一定期间内连续发生的债权作担保。某银行沈阳分行对海亮尤尼克公司、万锋塑料公司两笔借贷债权，在被《保证金最高额质押合同》和相关《同意担保函》特定后，均逾期未还，依据《担保法解释》第 83 条的规定，某银行沈阳分行作为质权人可以依据与某环球公司签订的《保证金最高额质押合同》和《同意担保函》对保证金账户内存款行使优先受偿权，因此也就具有排除他人强制执行的权利。张某庆上诉主张涉案 1 000 万元保证金在同一时期内，在没有设定先后顺序的情况下为多笔债务同时提供担保，形成了保证金被重合适用的状态，不符合保证金特定化的法律要求，不具有质押效力，事实和法律依据不足，不予支持。

综上，二审法院认为某环球公司在某银行沈阳分行 71×××14 账户内的 1 000 万元保证金，符合《担保法》所规定的质押要求，双方就海亮尤尼克公司、万锋塑料公司两笔借款的质押担保行为合法有效。某银行沈阳分行对涉案保证金账户内 1 000万元保证金依法具有排除强制执行的权利。张某庆所提上诉理由缺乏事实和法律依据，不予支持。依照《民事诉讼法》第 170 条第 1 款第（一）项、第 175 条之规定，判决驳回上诉，维持原判。

【法律要点解析】

本案审理主要涉及两个问题。

1. 某银行沈阳分行是否对 71×××14 账户内 1 000 万元保证金享有质权

《物权法》第 210 条规定："设立质权，当事人应当采取书面形式订立质权合同。质权合同一般包括下列条款：（一）被担保债权的种类和数额；（二）债务人履行债务的期限；（三）质押财产的名称、数量、质量、状况；（四）担保的范围；（五）质押财产交付的时间。"《物权法》第 212 条规定："质权自出质人交付质押财产时设立。"《担保法解释》第 85 条规定："债务人或者第三人将其金钱以特户、封金、保证金等形式特定化后，移交债权人占有作为债权的担保，债务人不履行债务时，债权人可以以该金钱优先受偿。"

本案中，货币已经以保证金的形式特定化。某环球公司在某银行沈阳分行开立保证金账户并存入定期存款额度 1 000 万元，户名为某环球公司，账号为 71×××14。符合双方签署的《担保合作协议》和《保证金最高额质押合同》，包括某银行沈阳分行与某环球公司进行担保合作,某环球公司在某银行沈阳分行开立保证金账户,存入保证金1 000万元,为符合贷款条件的企业提供贷款担保,担保总额度为4 000万元;某环球公司担保的任何一个主债务人违约,某银行沈阳分行均有权直接扣划保证金归还所欠本息,扣划的范围包括保证金及其利息。担保范围为:(1)主合同为债务人与债权人在2014年5月12日至2015年5月11日止的期间内连续签署的一系列合同。(2)主合同项下债务人为:某环球公司通过出具《同意担保函》所确认的所有债务人。并约定质物为以保证金形式特定化的金钱(1 000万元整),且被担保的主债权余额在债权发生期间内以最高不超过4 000万元整人民币为限等内容。保证金账户用于某银行沈阳分行扣划保证金及利息,不做日常结算使用。同时,保证金账户由债权人某银行沈阳分行直接控制和管理,符合出质金钱移交债权人占有的要求。据此,应认定以保证金账户内的货币设立的质权。

2. 如某银行沈阳分行享有质权,能否以此排除强制执行措施

《物权法》第222条规定:"出质人与质权人可以协议设立最高额质权。最高额质权除适用本节有关规定外,参照本法第十六章第二节最高额抵押权的规定。"《物权法》第203条规定:"为担保债务的履行,债务人或者第三人对一定期间内将要连续发生的债权提供担保财产的,债务人不履行到期债务或者发生当事人约定的实现抵押权的情形,抵押权人有权在最高债权额限度内就该担保财产优先受偿。最高额抵押权设立前已经存在的债权,经当事人同意,可以转入最高额抵押担保的债权范围。"

某环球公司向某银行沈阳分行出具《同意担保函》,将海亮尤尼克公司的500万元借款和万锋塑料公司的500万元借款纳入1 000万元保证金担保的范围之内,且该两笔贷款均已经到期,截至2016年5月9日,海亮尤尼克公司欠款本息5 795 717.53元,万锋塑料公司欠款本息5 308 886.88元。故某银行沈阳分行对保证金账户内的全部资金享有优先受偿权,没有剩余资金。因此,某银行沈阳分行要求冻结执行保证金账户内资金的主张得到了法院支持。

【律师点评】

本案是一个以货币特定化设立质押担保的典型案例。货币是动产,属于种类物,具有高度可替代性,但依照我国法律和司法解释的规定,货币作为一种特殊的动产,可以用于质押。货币质押作为特殊的动产质押,不同于不动产抵押和权利质押,还应当符合货币特定化和移交债权人占有两个要件,以使货币既不与出质人其他财产相混同,又能独立于质权人的财产。货币特定化的形式,包括将存储资金的银行账户标明为专用账户,有专用账户代码,从外观上就能看出是保证金账户,而非一般存款账户。当货币作为质押物时,质权人实现质权时不需要变现。故当质押的货币成为执行标的,损及质权人的债权时,质权人可依法向执行法院提出书面

异议直接主张优先受偿,排除他人强制执行。

案例（105） 中建二建公司与中行扬州文昌支行票据纠纷案（票据质权）

来源:(2014)苏商终字第 0087 号
作者:周帆

【案例导读】

本案亚融公司将被告开具的商业承兑汇票质押给原告中国银行股份有限公司扬州文昌支行(以下简称"中行扬州文昌支行"),在亚融公司未按时还款时,原告行使质权时是否可以作为持票人行使票据追索权利？本案究竟是质押法律关系还是票据法律关系？

【案情简介】

2012 年 9 月 21 日,中行扬州文昌支行与亚融公司签订了编号为 E12092001 的《授信额度协议》和编号为 M12092001 的《最高额质押合同》,约定中行扬州文昌支行为亚融公司提供授信额度 2 000 万元,其中国内商业发票贴现额度为 2 000 万元,可循环使用,授信额度期限自协议生效之日起至 2013 年 9 月 19 日止;榕江公司、周某平夫妇为债务提供最高额保证。亚融公司以 4754 号商业承兑汇票提供最高债权额 2 000 万元的质押担保。该商业承兑汇票记载:出票日期 2012 年 9 月 18 日,金额 2 500 万元,出票人、承兑人、付款人为中建二局第二建筑工程有限公司华东分公司(以下简称"中建二建公司华东分公司"),汇票到期日 2013 年 3 月 18 日。此汇票业经亚融公司质押背书,被背书人为中行扬州文昌支行。中行扬州文昌支行于 2012 年 9 月 18 日收取该汇票后,确认"原件已收,如保理支付,则此票作废"。

2012 年 9 月 24 日,中行扬州文昌支行作为保理商与卖方亚融公司签订编号为 T2001 的《国内商业发票贴现协议》,双方约定:鉴于卖方(亚融公司)拟采用信用销售方式向中建二建公司华东分公司销售钢材,并拟用保理商提供的商业发票贴现。核准贴现额度 2 000 万元,有效期 1 年,自本协议签订之日起生效。同日,亚融公司向中行扬州文昌支行提交编号为 T2001-1 的国内商业发票贴现融资申请书,以票号为 11110-11191、18131-18205、18207-18263、18265 的江苏增值税普通发票项下、到期日为 2013 年 3 月 16 日的 2 000 万元应收账款申请贴现,贴现期限自支付融资款之日起至应收账款到期日止。双方约定,贴现利率按年利率 5.88% 计算,贴现期内利率固定不变,到期日利随本清;本申请书属于编号为 M12092001 的《最高额质押合同》项下的从合同。2012 年 9 月 24 日,中行扬州文昌支行如约向亚融公司发放贴现款 2 000 万元,扣除手续费 20 万元后,实际支付 1 980 万元。

2012 年 12 月 13 日,中行扬州文昌支行与亚融公司签订编号为 R1201 的《国内商业发票贴现协议》,亚融公司以其向中建二建公司华东分公司销售钢材的应收账款申请贴现,贴现额度为 1 000 万元,期限自 2012 年 12 月 12 日至 2013 年 12 月 11 日止。同日,亚融公司向中行扬州文昌支行提交 RA1901 号《有追索权国内融信达业务申请书》《有追索权国内融信达业务申请书》,以票号为 11009-11058、11085-11090、2027470-2027498 的江苏增值税普通发票项下、到期日为 2013 年 6 月 11 日的 9 944 150 元应收账款申请贴现 8 949 735 元,贴现期限自融资之日起至应收账款到期之日止,贴现利率按年利率 5.3547% 计算,到期利随本清,贴现期内利率固定不变,手续费按发票金额的 0.5% 计收;另申请书记载了亚融公司就其销售的货物已向中银保险扬州公司投保了国内贸易信用保险。2013 年 2 月 20 日,中行扬州文昌支行与亚融公司签订编号为 RM1901 的《最高额质押合同》,双方约定,该质押合同系编号为 R1201 的《国内商业发票贴现协议》项下从合同,担保最高债权额 1 000 万元,亚融公司仍以 4 754 号的商业承兑汇票质押。同日,中行扬州文昌支行向亚融公司贴现 8 949 735 元,扣除 49 720.75 元手续费后,实际支付 8 900 014.25 元。

编号为 T2001 的《国内商业发票贴现协议》项下发票所涉应收账款到期后,中行扬州文昌支行先后两次向中建二建公司华东分公司提示付款,中建二建公司华东分公司以供货商未供货为由,分别于 2013 年 4 月 22 日、5 月 30 日出具拒绝付款理由书。中行扬州文昌支行又于 2013 年 6 月 6 日发出律师函,要求中建二建公司华东分公司支付案涉票据款 2 500 万元。案涉两份《国内商业发票贴现协议》项下贴现款均到期后,亚融公司向中行扬州文昌支行致函,确认截至 2013 年 6 月 17 日编号为 T2001 的《国内商业发票贴现协议》项下贴现款本金 358.68 万元、利息 48 039.2 元,编号为 R1201 的《国内商业发票贴现协议》项下贴现款本金 894.97 万元、利息 247 601.95 元未清偿,并承诺积极筹款。

因中建二建公司华东分公司拒绝履行票据付款义务,中行扬州文昌支行诉至法院,要求其承担票据责任。一审法院立案受理后,中建二建公司华东分公司以中行扬州文昌支行为亚融公司贴现,主债务人亚融公司以案涉票据质押,榕江公司、周某平夫妇为亚融公司借款提供担保,中银保险扬州公司为亚融公司提供贸易信用保险为由,申请追加亚融公司、榕江公司、周某平、中银保险扬州公司参加诉讼。对此,中行扬州文昌支行提出异议并认为其依据票据法律关系,要求票据付款义务人中建二建公司华东分公司支付票据款,而非商业发票贴现纠纷,故无须追加亚融公司、榕江公司、周某平、中银保险扬州公司参加诉讼。一审法院经审查后,对中行扬州文昌支行的上述意见予以采纳,对中建二建公司华东分公司的上述申请不予准许。中行扬州文昌支行在庭审中确认亚融公司现已歇业。

一审法院另查明:诉讼中,中建二建公司华东分公司主张中行扬州文昌支行与亚融公司恶意串通损害其利益,中行扬州文昌支行对案涉汇票出票时没有对价属于明知,并提供其与亚融公司、中行扬州文昌支行签订的三方协议、中行扬州文昌支行员工收取案涉汇票时确认"原件已收,如保理支付,则此票作废"的书证据以证明。该三方协议载明:"鉴于甲方中建二建公司华东分公司向乙方亚融公司购买钢材等货物,并采用赊账方式;丙方中行扬州文昌支行同意向乙方提供融资,三方协商一致,达成以下协议……"

【审理与判决】

1. 诉讼当事人

原告为中行扬州文昌支行;被告一为中建二局第二建筑工程有限公司(以下简称"中建二建公司");被告二为中建二建公司华东分公司。

2. 争议焦点

(1)中建二建公司华东分公司主张亚融公司与中行扬州文昌支行恶意串通损害其利益是否成立。

(2)中行扬州文昌支行对亚融公司未支付对价而取得商业汇票是否明知及中建二建公司华东分公司以亚融公司未供货为由,拒绝兑付的抗辩意见是否成立。

3. 判决过程

一审判决:中建二建公司华东分公司向中行扬州文昌支行支付票据款2 500万元及利息;中建二建公司承担补充清偿责任。两被告不服,提起上诉。

二审判决:驳回上诉,维持原判。

【法律要点解析】

1. 什么是保理业务

保理业务起源于14世纪英国毛纺出口业务。现代保理业务是保理商根据保理合同专门为有关企业提供信贷和信用管理服务。该服务包括向卖方提供买方资信调查、货款商业风险担保、应收账款管理和资金融通等。本案中行扬州文昌支行作为保理商向亚融公司提供票据贴现便是一项保理业务。

2. 被告二开具的商业承兑汇票是否为无效票据

被告二抗辩说,虽然给亚融公司开具了该商业承兑汇票,但是亚融公司没有交货,而且原告与亚融公司存在恶意串通,损害被告利益,故该汇票为无效票据。

汇票是出票人签发的,委托付款人在见票或者指定日期无条件支付确定金额给收款人或者持票人的票据。出票人为银行的是银行汇票,出票人为企业的为商业汇票。本案汇票是由被告中建二建公司华东分公司开具并承兑的,故属于商业承兑汇票。该汇票的付款人、开票人和承兑人都是被告二。

依据《中华人民共和国票据法》(以下简称《票据法》)的相关规定,汇票本身无效是指汇票因缺少以下绝对应记载事项而无效,这些事项为:(1)表明"汇票"的字样;(2)无条件支付的委托;(3)确定的金额;(4)付款人名称;(5)收款人名称;(6)出票日期;(7)出票人签章。汇票未记载上述事项中一项的,汇票无效。另外,票据上出现其他伪造或变造的签章的,该签章无效,但不影响票据上其他真实签章的效力。

本案中被告开具的商业承兑汇票绝对应记载的事项完备齐全,不存在票据本身无效的情况,因此不能认定该汇票为无效票据。至于被告关于原告与亚融公司恶意串通,票据取得无对价的抗辩应属于对汇票能否取得票据兑付权利的抗辩。

3. 本案属于票据质押权纠纷还是票据追索权纠纷

涉案商业承兑汇票开具后,票据收款人亚融公司将汇票提交给原告,作为取得银行贷款的质押物,双方形成票据质押法律关系。本案原告与被告二并非对票据质押效力产生争议,而是对票据权利是否应予以兑现出现纠纷,因此,本案性质并非票据质押权纠纷,而是票据权利追索权纠纷。

4. 被告二能否就亚融公司未交货事宜拒绝兑付自己开具的商业承兑汇票

在涉案商业承兑汇票上,被告二是出票人、承兑人和付款人;原告是持票人(票据受让人);亚融公司是原告的前手(票据转让人)。依照《票据法》的相关规定,如果亚融公司未交付货物,被告二作为出票人可以对抗其后手亚融公司的付款要求并予以拒付,但不能对抗其后手的后手(原告)的付款要求。这里涉及的法律关系是:被告二与亚融公司之间形成直接货物买卖关系,亚融公司不交货当然可以拒付;但亚融公司将涉案汇票提交原告作为质押物并且进行背书之后,该票据权利已经转让给原告。原告与票据转让之前的直接货物买卖没有关系,如无重大过失,不应对被告与亚融公司之间的货物买卖纠纷承担责任。《票据法》第13条第1款规定,"票据债务人不得以自己与出票人或者与持票人的前手之间的抗辩事由,对抗持票人。但是,持票人明知存在抗辩事由而取得票据的除外"。

5. 原告是否存在重大过错

如果原告在票据质押并取得票据的过程中存在重大过失,也会丧失其票据权利。体现在本案中,一是原告在取得票据时是否支付了对价。原告接受票据质押并受让票据后依约向亚融公司支付 2 500 万元贷款,不存在未支付对价问题。二是原告接受票据质押背书时是否知晓该票据之前未支付对价。最高人民法院《关于审理票据纠纷案件若干问题的规定》第15条规定,"票据债务人依照票据法第十二条、第十三条的规定,对持票人提出下列抗辩的,人民法院应予支持。……(三)明知票据债务人与出票人或者与持票人的前手之间存在抗辩事由而取得票据的"。

由于被告二对此未能举证证明,原告却可以举出反证,证明其已经尽到了相应的注意义务。因此,原告不存在重大过错,其票据权利应予以保护。

【律师点评】

1. "麻雀虽小,五脏俱全",票据浓缩了非常复杂的法律关系

汇票虽小,但可以质押,可以转让,可以作为支付手段。因此,体现在票据上的法律关系非常复杂,可能包含货物买卖的基础法律关系、票据的质押关系、票据的转让关系、票据的担保关系等。票据纠纷种类多样,如票据效力纠纷、票据质押纠纷、票据担保纠纷、票据付款纠纷、票据追索权纠纷、票据再追索权纠纷等。

2. 票据质押背书在实现质权时由质押法律关系转化为票据法律关系

《票据法》第35条规定,"质押时应当以背书记载'质押'字样。被背书人依法实现其质权时,可以行使汇票权利"。

在票据质押期间,原告与亚融公司形成票据质押法律关系,原告为质押权人。如果亚融公司按时还款,票据作为质押物应归还亚融公司或者作废;如果亚融公司未按时还款,原告为了实现质权,可以直接行使汇票权利。在这种情况下,原告从原来的质押权人转变成票据上的持票人,可以直接向出票人要求付款,原质押法律关系就转变成票据法律关系。如果出票人拒付,原告可以向出票人以及原告前手亚融公司行使票据追索权利。因此,原告最终提起票据追索权诉讼无疑是正确的,也是高效的。

案例(106) 王某与魏县德政信用社储蓄存款合同纠纷案(存单质权)

来源:(2013)邯市民再终字第62号
作者:周帆

【案例导读】

质押人提供存单为债务人提供质押担保,债务人未按期还款,质押权人应如何依法行使存单质权并保留行使存单质权的证据?本案无疑为某些金融机构提供了一个值得记取的教训。

【案情简介】

2004年8月23日,王某通过魏县德政信用社(以下简称"德政信用社")信贷员张某远(已病故)在德政信用社存款70 000元,定期1年,年息1.98%,经办人张某远为王某出具了7656369号定期储蓄存单。当日,王某在借款人为乔某、贷款人为德政信用社、借款期限2004年8月23日起至2005年8月20日止、借款金额为

63 000 元的质押担保合同上签字,为乔某借该笔款用存单质押担保,并将存单放在德政信用社,张某远当场为王某写了证明条。2004 年 8 月 30 日,王某不同意张某远给他写的证明条内容,张某远重新为王某写了"今有王某存单柒万元整(号码为 7 656 369)存在德政信用社,贰年后存单、利、交还王某"的证明条,2005 年 9 月 2 日,德政信用社对王某 7656369 号存单进行了结算,孳息为 1 188.8 元,清单显示出纳和制票均有张某远手章。2006 年 11 月张某远病故,后王某找德政信用社追要存单引发诉讼。

审理中德政信用社先称王某 7656369 号存单存款于 2005 年 9 月 2 日结算利息后王某取走,后又称因乔某借款到期未还款而用王某存款归还。王某否认自己取走,也否认知道存款替乔某归还贷款,并否认自己除在德政信用社存款 70 000 元外,还有第二笔存款。

【审理与判决】

1. 诉讼当事人

原告为王某;被告为德政信用社。

2. 争议焦点

(1) 本案存单质押合同关系是否成立。

(2) 被告是否已经行使质权。

3. 判决过程

一审法院认为,原被告之间形成储蓄合同关系,被告未能举证证明其行使了存单质权。判决被告支付原告存款 70 000 元及其利息。被告不服,提起上诉。

二审法院认为,原告、被告与乔某形成存单质押合同关系,乔某到期未还款,被告有权行使质权,原被告之间储蓄合同关系不复存在。判决撤销一审判决,驳回原告诉请。原告不服,申请再审。

再审法院判决维持二审判决。原告不服,申请二次再审。

二次再审法院认为,被告提交的新证据未能证明乔某逾期未还款,也不能证明其行使质权,将原告存款扣除用于归还乔某借款。判决撤销原再审判决和二审判决,维持一审判决。

【法律要点解析】

1. 本案是否形成质押合同法律关系

原告通过张某远在被告处存款 70 000 元,取得定期储蓄存单。原告与被告之间形成储蓄合同法律关系是明确的。后来,原告在借款人乔某与贷款人被告签订的借款质押担保合同上签字,用该定期存单为乔某借款提供质押担保,并将存单放在被告处。因此,原告与被告之间形成质押合同关系具备了形式要件,除非原告提供确凿证据,否则该质押合同关系不能推翻。原告签字后,虽然向张某远提出异议,张某远也重新给原告写了"存单……存在德政信用社,贰年后存单、利、交还王某"的证明条,但张某远个人书写的证明不能代表被告,也不能推翻原告在质押担保合同上的签字。原告在第一次再审时表示曾经在空白单上签字,但未提供相关证据,而且认可质押授权书和存款支付证明上的签名,明确表示不申请鉴定,故第二次再审时原告申请笔迹鉴定不被法院支持。因此,二次再审判决认定本案形成质押合同法律关系,显然是正确的。

2. 被告是否已经行使质权

一般来说,存单质押权人行使质权程序如下:

(1)发生借款人逾期未还款的事实;

(2)质押合同约定的行使质权条件已经成就;

(3)银行按合同约定将存单质押人存款扣划用于偿还借款人的逾期借款;

(4)银行将存单余款退还存单质押人。

被告主张因借款人乔某逾期未还款,其已经行使存单质权,应承担相应的举证责任。但被告在一审、二审、再审和二次再审中均未能提供相应证据,既不能证明借款人逾期未还款,也不能证明其已经扣划存单质押人的存款,尤其在二次再审中被告辩称的凭证上显示 2005 年 9 月 2 日为原告结算 70 000 元存款利息 1 188.8 元,与其辩称 2005 年 8 月 29 日已将原告存款扣划归还乔某借款相矛盾,且信用社也不能提供其他证据证明在行使质押权的同时主债权与质权同时存在,故被告称其已经行使质押权归还乔某借款的理由不能成立。由于债务已经清偿消失,质押权人不能证明其已经行使质押权,质押合同关系消灭,储蓄合同关系仍然保留,故二次再审最终判决撤销二审和再审判决,维持一审判决。

【律师点评】

本案显示,某些基层金融机构在十几年前确实存在违规操作、内部管理混乱的问题。有的基层金融机构让存单质押人在质押合同空白页上签字,未让质押人认真阅读合同,导致质押人对质押合同效力产生质疑,认为并非其真实意思表示,引起争议和纠纷。有的基层金融机构行使质权不规范,未保留相应证据,往往导致在诉讼中败诉。现在金融机构经过不断整改,无论对外业务还是内部管理均有较大进步,因此,这种现象越来越少,类似的案例也越来越少。

关于质押权人行使质权能否直接扣划存单质押人的存款,现行《担保法》没有具体规定,只在第 71 条原则规定"债务履行期届满质权人未受清偿的,可以与出质人协议以质物折价,也可以依法拍卖、变卖质物"。根据上述规定,质权人虽占有质物,但不能直接向第三债务人行使质权,而应首先向出质人主张权利,协议以质物折价,如协议不成,只能通过诉讼解决质权的实现问题。由于法律本身规定不清,无疑给质押权人造成讼累。因此,在实践中,质押权人往往会在合同中对质权行使增加具体规定,如在合同中约定,"债务人未按期还款,质押人授权质押权人直接扣划存单存款用于清偿债务"或"债务人未按期还款,质押权人有权凭存单向存款银行要求支付,存单质押人不表示异议并放弃抗辩权"等,在法律为具体规定的情况下,当事人可以通过合同进行细化,在合同有效的前提下,这些细化安排基本上能得到法院的认可,值得借鉴。

案例(107) 广发银行佛山分行与佛山金诚信公司质权纠纷案(仓单质权)

来源:(2015)粤高法审监民提字第108号
作者:周帆

【案例导读】

广发银行股份有限公司佛山分行(以下简称"广发行")与佛山市南海广亿五金制品有限公司(以下简称"广亿公司")签订了仓单浮动质押合同,又委托佛山金诚信物流有限公司(以下简称"金诚信公司")对质押物进行监管,移交质押物时发现部分钢材数量减少,法院最终判决金诚信公司不承担违约责任,是何理由?

【案情简介】

2008年7月10日,广发行与广亿公司签订一份057号《综合授信额度合同》,约定:广发行向广亿公司提供敞口最高限额(不含保证金)人民币2 000万元的综合授信额度。同日,广发行与广亿公司签订了一份057Z号《最高额权利质押合同》,约定:广亿公司将《出质权利清单》记载的出质权利为广发行的债权设立质押,敞口最高限额本金为1 000万元。

同日,广发行作为乙方(银行)、广亿公司作为甲方(出质人)、金诚信公司作为丙方(监管人)共同签订了一份057X1号《质押监管协议书》,约定:为保障上述合同履行,各方同意质押仓单项下商品存放于广亿公司仓库,委托丙方进行储存监管并出具仓单;丙方开出的仓单具备的要素包括商品的品种、数量、质量、包装、件数和标记;仓单项下商品按乙方核定的质押价作价,厘定的质押率为70%;质押期间,丙方承担仓单记载的商品的监管责任,包括按照《合同法》和甲方与丙方之间的仓储保管合同处理仓单记载的商品,按照乙方签发的提货通知办理质押仓单项下商品的提货、出仓、出库手续等;甲方以等额现款或等值货物(或仓单)置换质押仓单的,用于置换的现款或等值货物(或仓单)视为新的质押物;原仓单项下货物部分提取或因其他原因导致仓单项下货物变动,丙方不必开具新的仓单或在原仓单上进行批注,但不影响甲方的质权,原仓单仍然作为质押物对主合同项下债权进行担保,各方不再另签合同;质押仓单记载之商品灭失、损毁,丙方承担连带担保责任;丙方如违反本约定造成乙方质押权利的损害则承担补充清偿责任;对本合同条款理解有争议的,按照合同文字、合同目的、诚实信用和广发行业务管理规定解释。

上述合同签订后,金诚信公司于 2008 年 9 月 18 日向广亿公司出具四张(编号为:0918A、B、C、D 号)仓单。上述质押仓单和相应的质押物库存清单的内容分别为:不锈钢板 62 吨,单价 15 400 元/吨,货值 954 800 元;冷轧卷板 113.34 吨、单价 7 000 元/吨、货值 793 380 元,钢网 29 吨、单价 8 300 元/吨、货值 240 700 元,钢管 20 吨、单价 7 700 元/吨、货值 154 000 元,合共 1 188 060 元;不锈钢板 590.65 吨、单价 15 400 元/吨、货值 9 096 010 元,冷轧卷板 155.153 吨、单价 7 000 元/吨、货值 1 086 071元,钢网 127 吨、单价 8 300 元/吨、货值 1 054 100 元,钢管 25 吨、单价 7 700元/吨、货值 192 500 元,合共 2 332 671 元。其后,广亿公司将该四张仓单背书给广发行占有。

2009 年 7 月 31 日,广发行与广亿公司签订 083 号《综合授信额度合同》,约定:广发行向广亿公司提供最高限额为人民币 2 300 万元的授信额度;广发行在 057 号《综合授信额度合同》项下未结清的授信额度构成对 083 号《综合授信额度合同》项下授信额度的等额占用,受 083 号《综合授信额度合同》项下担保合同的担保。

同日,广发行与广亿公司签订 083Z 号《最高额权利质押合同》,与金诚信公司、广亿公司签订 083X1 号《质押监管协议书》,约定:广亿公司继续以上述四张仓单为广发行债权提供质押担保。为保障乙方与甲方在 2009 年 7 月 31 日签订的《综合授信额度合同》《最高额权利质押合同》的履行,各方同意质押仓单项下商品存放于广亿公司仓库,委托丙方进行储存监管并出具仓单。该协议书的其他内容与上述 057X1 号《质押监管协议书》一致。

2009 年 12 月 3 日,广亿公司将编号为 0918A、B、C、D 的四张质押仓单置换为新的编号为 1117A、B、C、D 的四张仓单,继续为广发行债权提供质押担保。上述质押仓单和相应的质押物库存清单的内容分别为:不锈钢板 62 吨,单价 15 400 元/吨,货值 954 800 元,冷轧卷板 60.938 吨、单价 7 000 元/吨、货值 426 566 元,钢网 50 吨、单价 8 300 元/吨、货值 415 000 元,钢管 45 吨、单价 7 700 元/吨、货值 346 500元,合共 1 188 066 元;不锈钢板 286 吨、单价 15 400 元/吨、货值 4 404 400 元,冷轧卷板 551.659 吨、单价 7 000 元/吨、货值 3 861 613 元,钢网 100 吨、单价 8 300元/吨、货值 830 000 元,合共 9 096 013 元;冷轧卷板 246.453 吨、单价 7 000 元/吨、货值 1 725 171 元,钢网 50 吨、单价 8 300 元/吨、货值 415 000 元,钢管 25 吨、单价 7 700 元/吨、货值 192 500 元,合共 2 332 671 元。

2009 年 4 月至 2010 年 3 月期间,广发行依约向广亿公司发放六笔流动资金贷款共计本金人民币 748 万元;承兑六张商业承兑汇票共计本金人民币 1 150 万元,扣除保证金后的敞口为 920 万元。因广亿公司未按期归还本息,广发行遂诉至一审法院请求解决。一审法院分别判决广亿公司偿还广发行贷款本金 7 464 207.39 元及利息、贷款本金 7 887 529.50 元及利息,并判决广发行对广亿公司提供质押的仓单(编号为:JCX0091117A、B、C、D)项下的货物享有优先受偿权。上述判决生效后,广发行已申请执行,但尚未执行完毕。

2010 年 8 月 10 日,广亿公司被裁定进入破产清算程序。广亿公司破产管理人在处置广亿公司资产过程中,于 2010 年 12 月 22 日清点质押仓单项下货物时发现:《质押物库存清单》记载不锈钢板 348 吨,实际剩余 171.278 吨;《质押物库存清单》记载冷轧卷板 859.05 吨,实际剩余 638.769 吨。按《质押物库存清单》核定单价计算,金诚信公司丢失不锈钢板价值人民币 2 722 750.80 元(15 400 元/吨×176.722吨),丢失冷轧卷板价值人民币 1 541 967 元(7 000 元/吨×220.281吨)。广发行合计经济损失人民币 4 263 485.80 元及利息。

广发行认为,金诚信公司未尽监管义务,导致质押仓单项下钢材丢失,严重损害广发行合法权益。根据《质押监管协议书》的相关约定,金诚信公司应赔偿广发行质押仓单项下货物损失,遂提起诉讼。

【审理与判决】

1. 诉讼当事人

原告为广发分行;被告为金诚信公司。

2. 诉请与抗辩

原告诉请:被告未尽监管义务,导致质押仓单项下钢材数量减少丢失,请求判令金诚信公司赔偿广发行质押物损失人民币 4 263 485.80 元及利息等。

被告抗辩:被告不存在任何违约行为。被告监管的标的是质押货物的账面价值,并非质押仓单项下货物的数量,而且即使质押仓单项下货物的数量发生变化亦不能推定为质押仓单项下货物丢失。

3. 争议焦点

(1)本案被告对质押仓单项下钢材数量减少是否应承担违约责任。

(2)本案案由应如何认定。

4. 判决过程

一审法院认为,本案双方形成仓储保管合同法律关系。被告应对质押仓单项下钢材数量减少承担补充赔偿责任,判决被告在 4 263 485.80 元的范围内承担补充清偿责任。被告不服,提起上诉。

二审法院认为,本案双方形成委托合同法律关系。原告允许仓单项下出现质押货物置换和数量变动,被告监管的标的是质押货物的总价值,并非货物的数量,原告未对总价值减少提供证据,判决撤销一审判决,驳回原告的诉讼请求。原告不服,向检察院提请抗诉。

检察院抗诉认为,因监管人、出质人、质权人均对仓单总价值的减少存在相应的过错,应各自承担相应的过错责任。二审判决将仓单总价值减少的损失全部判归原告承担,属于认定的基本事实缺乏证据证明,应予以再审。

再审法院认为,本案双方形成仓单质权法律关系。仓单质权属于权利质权,并非货物质权,本案质押属于浮动质押并非固定质押。被告应对质押货物总价值承担监管职责。本案一审和二审并未对仓单总价值减少作出认定,故对检察院抗诉意见不予支持。判决维持二审判决。

【法律要点解析】

1. 何为浮动质押

质押分为固定质押与浮动质押。固定质押亦称静态质押,是传统的质押形式。在质押物移交质权人之后,质押物质量和数量均不发生变化。质押关系解除后,原质押物应交还质押人。如果交还时发现质押物质量下降或数量减少,如因质权人保管不当造成的,质权人应予以赔偿。浮动质押亦称动态质押,是一种新型的特殊质押形式,要求事先确定质押商品的最低要求值,在质押期间超过最低要求值的部分可以自由存入或提取,同时允许质物按照约定方式置换、流动、补新、出旧。浮动质押的主要特点是质押物在质押期间数量和种类是不断变化的,但这种变化应事先经过质权人的认可。

2. 本案被告的监管责任是什么

原告、被告、广亿公司三方签订了《质押监管协议书》,约定质押物存放在广亿公司(质押人)仓库,被告负责质押物的监管。但原告允许质押人在质押期间对质押物进行置换、有条件地提取质押物,对这种情况造成的货物变动,被告无须开具新的仓单,但这种变动不得影响原告的质权。双方对仓单项下质押物设定的价值为1 357.154万元,作为对原告的贷款的质押担保。

从浮动质押的特征来看,浮动质押的目的在于对原告贷款的担保,只要质押物总价值不降低,允许对质押物的种类和数量作有条件的变动。二审的庭审证据也表明,原告认可这种变动,并对被告进行操作指示,因此,本案被告的监管职责应认定为保证质押物总价值不降低。由于一审中原告仅以其中某些种类的质押物数量减少作为追究被告违约的证据,始终未主张抵押物总价值是否减少,也未对总价值减少提供证据,因此在二审和再审判决中败诉是必然的。

3. 为何法院认定被告金诚信没有违约

如果按一般仓储保管合同,被保管的质押物数量减少或价值减损,如无其他特殊情况,保管人应当承担保管不善的违约责任;如果按一般委托合同,在监管过程中出现监管物数量减少或价值减损,如无其他特殊情况,受托人应当承担未尽委托义务的责任。但本案为特殊的委托合同,委托内容是对仓单项下的质押物总价值进行监管。由于浮动质押允许质押人对质押物在质押期间进行置换或提取,故质押物种类、数量等不断发生变化,受托人无须对因此造成的质押物数量减少承担违约责任。另外,原告也未对被告违反《质押监管协议书》提供有效证据,因此,法院最终认定被告没有违约行为,驳回了原告的诉讼请求。

4. 仓单质权属于权利质权并非实物质权

本案的重点在于认定仓单质权的性质。《物权法》将仓单质权列入权利质权范畴,表明虽然仓单项下有实物资产,仓单质权人可以凭仓单提起实物资产并通过拍卖取得优先受偿,但是仓单质权并不属于实物质权,而是权利质权。因此,在本案浮动质押模式下,仓单质权作为权利质权,如无特殊规定,受托人金诚信公司应对仓单项下实物总价值承担监管职责。

【律师点评】

1. 再审认定本案为仓单质权纠纷仍然值得商榷

一审法院认定本案为仓储保管合同法律关系,显然是不妥当的。因为在仓储保管合同关系中,首先,保管货物应移交给保管人,而本案保管货物仍存放在质押人仓库中,并非移交给了被告,被告并无保管职责;其次,保管的货物一般是固定不变的,而本案的货物数量和种类是不断变化的。虽然《质押监管协议书》约定按仓储保管合同处理,但实际上当事人之间并未签订任何仓储保管合同,该约定不发生效力,协议内容属于委托性质,因此不属于仓储保管合同纠纷。

再审法院认定本案为仓单质权纠纷也值得商榷。因为质权纠纷是发生在质押人和质权人之间的,一般涉及质押人和质权人之间的关于质押合同效力、质押物瑕疵、质押物灭失等纠纷,但本案的原告是质押权人,被告不是质押人,而是第三人金诚信公司。金诚信公司与原告及广忆公司之间签订的是《质押监管协议书》,约定委托金诚信公司监管质押物,显然是一种委托合同关系,与质押合同并无关系。本案争议的焦点是第三人是否完全履行了监管义务、是否存在监管失职的问题。

因此,再审法院最终认定本案属于仓单质权纠纷仍然值得商榷,二审法院认定的委托合同关系、案件性质为委托合同纠纷,可能更为精确。但这种委托关系涉及浮动质押的特征,应是一种特殊的委托合同关系。

2. 原告诉讼方向与策略

从原告诉讼方向和策略来看,由于没有认清本案的性质,原告一直以部分质押物数量减少为证据追究受托监管人的违约责任,没有考虑到质押物总价值是否发生减损,也未对其进行举证。直到再审阶段,再审法院认定部分质押物数量减少和价值发生减损并不能证明质押物总价值发生减损时,原告才主张质押物总价值也发生了减损,但该主张已经超出一审诉讼请求范围,因此不被再审法院采纳,导致败诉,只能通过后期另行起诉来解决,这样无疑增加了诉讼成本。

由于浮动质押属于新型的质押行为,相关案例较少,无论律师、当事人还是法官均缺少经验,出现这种情形也是十分正常的,但其中得失应引以为鉴。

因此,对律师来说,在接受一个案件伊始,应认真研究案情,尽量准确地把握案件的性质,确定案件真实的法律关系,无疑是十分重要的,因为它关乎诉讼的成败。同样,对法官来说,正确认定案件性质和案由也是非常重要的,因为它关乎案件判决的正确与否。

案例（108） 建行荔湾支行与广东蓝粤能源公司等信用证开证纠纷案（提单质权）

来源:（2015）民提字第 126 号
作者:周帆

【案例导读】

中国建设银行股份有限公司广州荔湾支行(以下简称"建行荔湾支行")为广东蓝粤能源发展有限公司(以下简称"蓝粤能源")公司开立信用证,进口煤炭到货后,又对该信用证进行承兑并向蓝粤能源放款,用于偿还中国建设银行盼有限公司首尔分行(以下简称"建行首尔分行")信用证垫付款。蓝粤能源到期未能还款,建行虽持有提单,但因货物被运输公司保全查封,无法提货。建行要求法院判令其拥有提单项下货物的所有权,并要求蓝粤能源支付信用证垫付款。建行对其持有的提单项下货物是否拥有货物的所有权或优先受偿权?

【案情简介】

2011 年 12 月 5 日,建行荔湾支行与蓝粤能源签订了第 011 号《贸易融资额度合同》及相关附件,约定自 2011 年 12 月 22 日起至 2012 年 11 月 25 日止,建行荔湾支行向蓝粤能源提供最高不超过等值 5.5 亿元的贸易融资额度,其中包括开立承付期限 90 天(含)以内、额度为等值 5.5 亿元整的远期信用证。2011 年 12 月 5 日,建行荔湾支行(乙方)又分别与惠来粤东电力燃料有限公司(以下简称"粤东电力")、广东蓝海海运有限公司(以下简称"蓝海海运")、蓝某彬(甲方)签订了编号分别为第 035 号、第 036 号的《最高额保证合同》及第 070 号《最高额自然人保证合同》,约定:甲方为上述蓝粤能源贸易融资合同项下的债务提供最高限额为 26.7 亿元的连带责任保证。担保范围为主合同项下全部债务,包括但不限于全部本金、利息(包括复利和罚息)、违约金、赔偿金、债务人应向乙方支付的其他款项、乙方实现债权与担保权利而发生的费用。合同还约定:如果主合同项下债务到期或者乙方根据主合同的约定或法律规定宣布债务提前到期,债务人未按时足额履行,或者债务人违反主合同的其他约定,甲方应在保证范围内承担保证责任。如果甲方未在乙方要求的期限内全部支付应付款项,应自逾期之日起至甲方向乙方支付全部应付款项之日止,根据迟延付款金额按每日万分之五的标准向乙方支付违约金。在此情形下,甲方承担的保证责任与上述违约金之和不以合同约定的最高责任限额为限。

2012年11月2日,蓝粤能源向建行荔湾支行申请开立贸易融资额度为8 592万元的远期信用证。同时为申请开立上述信用证,蓝粤能源向建行荔湾支行出具了《信托收据》和签订了第185号《保证金质押合同》。《信托收据》确认自该收据出具之日起,建行荔湾支行即取得上述信用证项下所涉单据和货物的所有权,建行荔湾支行与蓝粤能源之间确立信托法律关系,建行荔湾支行为委托人和受益人,蓝粤能源则作为上述信托货物的受托人。《保证金质押合同》则约定蓝粤能源交纳950万元保证金,后又追加保证金31万元,为上述债务提供质押担保。建行荔湾支行于2012年11月2日为蓝粤能源开出了第2089号跟单信用证,并向蓝粤能源发出《开立信用证通知书》。信用证开立后,蓝粤能源进口了164 998吨煤炭。随后建行荔湾支行对该信用证进行了承兑,并向蓝粤能源放款84 867 952.27元,用于蓝粤能源偿还建行首尔分行信用证垫付款。蓝粤能源在款项到期后未能足额清偿欠款,构成违约。

2012年12月6日,建行荔湾支行与蓝某彬签订第018号《最高额权利质押合同》,约定蓝某彬以其所持有的蓝粤能源6%的股权,为建行荔湾支行与蓝海海运、蓝粤能源贷款、银行承兑汇票等多项授信业务而于2008年1月1日至2012年12月31日间签订的借款合同主合同项下的债务提供最高额权利质押担保。最高额权利质押项下担保责任的最高限额为238 978.02万元。2012年12月7日,广东省工商行政管理局为上述股权质押办理了股权出质登记手续。

2013年3月21日、4月21日,建行荔湾支行两次向粤东电力、蓝海海运、蓝某彬发出逾期贷款(垫款)催收通知书,要求粤东电力、蓝海海运、蓝某彬履行保证责任,清偿蓝粤能源拖欠的84 867 952.27元本金及551 641.69元利息。粤东电力、蓝海海运、蓝某彬未能清偿上述欠款。

另查明,蓝粤能源进口的164 998吨煤炭提货单由蓝粤能源交给了建行荔湾支行。但因其他纠纷,该批煤炭被广西壮族自治区防城港市港口区人民法院查封。建行荔湾支行就该保全查封已向北海海事法院提起了异议,该异议尚在审理中。因该批煤炭被法院查封,建行荔湾支行未能提货变现。

【审理与判决】
1. 诉讼当事人
原告为建行荔湾支行;被告为蓝粤能源公司、粤东电力公司、蓝海海运公司、蓝某彬。

2. 诉请与抗辩

原告诉请:(1)蓝粤能源支付信用证垫付款本金人民币 84 867 952.27 元及利息;(2)确认上述信用证项下 164 998 吨煤炭属于原告的财产;(3)粤东电力、蓝海海运、蓝某彬对蓝粤能源应承担的上述债务承担连带清偿责任;(4)原告对蓝某彬质押的 6%股权享有优先受偿权;(5)粤东电力、蓝海海运自 2013 年 3 月 6 日起按其承担保证责任应支付的金额依每日万分之五的标准支付违约金等项请求。

被告抗辩:(1)原告已经持有包括提单在内的整套货物单据,有权提起信用证项下货物,不应再向被告要求支付信用证垫付款;(2)原告第一项请求已经包含利息和违约金在内,不应重复要求违约金。

3. 争议焦点

(1)原告是否拥有信用证项下货物的所有权。

(2)原告对上述货物是否享有优先受偿权。

(3)原告要求另行支付违约金是否合理。

4. 判决过程

一审法院认为,原告既要求拥有信用证项下货物的所有权,又要求被告支付信用证垫付款,可能出现双重获利问题;原告持有提单,但未就提单依法定程序设立质押,不享有优先受偿权;另行主张违约金亦有重复请求之虞。判决:被告蓝粤能源向原告支付信用证垫付款 84 867 952.27 元及利息等;被告粤东电力、蓝海海运、蓝某彬承担连带清偿责任;原告对蓝某彬 6%质押股权享有优先受偿权等。原告不服,提起上诉。

二审法院认为,本案为信用证融资纠纷。提单交付意味着提货请求权的转移,但未将请求权转移通知占有人(运输公司),并未构成提单项下货物的交付。原告对未交付的动产不拥有所有权;原告未将对涉案煤炭设定质权告知占有人(运输公司),故对涉案煤炭不享有质权(优先受偿权)。判决维持一审判决。原告不服,申请再审。

再审法院认为,提单拥有所有权凭证和债权凭证的双重属性。原告持有提单,提单可以设立权利质权,有关合同既有设定担保的一般约定,又有以自己的意思处分提单的明确约定,应当认定原告享有提单权利质权,故享有优先受偿权。判决:撤销二审民事判决、一审民事判决主文第四项;维持一审民事判决主文第一项、第二项、第三项;原告对信用证项下提单对应货物处置所得价款享有优先受偿权等。

【法律要点解析】

1. 跟单信用证业务有何特点

跟单信用证(LC)业务是指凭附带货运单据的汇票或仅凭货运单据付款的信

用证,是国际贸易中最常见的一种支付形式。一般流程是:(1)买方向银行申请开立信用证并缴纳一定金额的开证保证金;(2)买方开证行向卖方通知行发出信用证;(3)卖方通知行将信用证通知卖方;(4)卖方按信用证要求将货物交付运输公司,取得提单(BL)和发票(Invoice)等货运单据;(5)卖方将货运单据交付通知行要求付款(议付);(6)通知行(或议付行)审核货运单据后向卖方垫付货款;(7)通知行(或议付行)向开证行要求付款(议付)并附送提单、发票等货运单据;(8)开证行审核货运单据后向通知行付款;(9)开证行垫付款后向买方要求支付货款;(10)买方付清全部货款后开证行将提单等货运单据交给买方;(11)买方凭提单向运输公司提取货物。

以上为一个完整的进出口贸易过程。在上述第一个申请开证环节,开证行不仅要求买方支付一定比例(10%~30%)的开证保证金,还会与买方签订贸易融资合同以及担保合同、质押合同或抵押合同等。

本案中,进口煤炭到货后,原告持有提单等货运单据,为被告垫付了信用证款项 84 867 952.27 元,被告到期未能还款,原告拒付提单。由于欠付码头等费用,运输公司起诉被告并对货物进行保全查封,原告无法提货,故向法院起诉。

2. 原告为何不能拥有信用证项下提单货物的所有权

原告虽然持有提单,可以向运输公司主张债权并提取货物,但不能就此认定原告已经取得提单项下货物的所有权。根据《贸易融资额度合同》的约定,货物买主是被告蓝粤能源公司,被告向原告申请开证,原告是融资方,也是被告的债权人。如无特殊约定,提单项下的货物不能直接归原告所有。

2012 年 11 月 2 日,被告向原告出具了《信托收据》,确认自该收据出具之日起,原告即取得上述信用证项下所涉单据和货物的所有权,原告与被告确立信托法律关系,原告为委托人和受益人,被告则作为上述信托货物的受托人。既然被告与原告确立了信托关系,则提单项下货物成为信托财产。由于信托财产具有独立性,一旦形成信托关系,信托财产所有权由信托人转移给受托人,但受托人仅享有名义上的所有权,并非实质上的所有权,信托财产是独立于信托人、受托人或受益人的一种特殊的社会性的财产。因此,原告要求享有信托财产的实质所有权来清偿自己的债务,显然不会受到法律支持。

因此,原告不能拥有信用证项下提单货物的所有权。

3. 再审法院为何最终认定原告享有信用证项下提单权利质权

原告不能拥有上述提单项下货物的所有权,是否能拥有优先受偿权?

一审法院认为原告未依法定程序设立提单质押,不享有优先受偿权。二审法院认为原告未将对涉案煤炭设立质权告知占有人(运输公司),对涉案煤炭不享有质权,故不拥有优先受偿权。

《物权法》第 224 条规定,"以汇票、支票、本票、债券、存款单、仓单、提单出质的,当事人应当订立书面合同。质权自权利凭证交付质权人时设立"。一审法院未见到形式完备的提单质押书面合同,就简单地认为质权不成立,却没有认真研究《贸易融资额度合同》的附件《关于开立信用证的特别约定》(以下简称《特别约定》),其约定被告违约或发生可能危及原告债权的情形之一的,乙方有权行使担保权利。虽然没有明确表明设立提单质权,但从跟单信用证业务特点来看,原告放贷给被告,持有提单,实质是以提单作为担保物。因此《特别约定》中所谓的"行使担保权利",实际上便是行使提单质权,只不过表述不够明确和规范,但提单质权关系确实是存在的。

二审法院将《信托收据》中的约定误读为动产质押,并以原告未履行《合同法》规定的债权转让通知义务来否定其享有质权,二审法院的认定与本案真实的法律关系显然不符,且相去甚远。

因此,再审法院最终认定原告享有提单质权,故对提单项下货物处置所得价款享有优先受偿权。

【律师点评】

1. 关于信用证项下提单的性质

原告主张提单是所有权凭证,其持有提单就拥有货物的所有权。这种观点是不全面的。

国际贸易中常用的跟单信用证项下的提单,具有债权凭证和物权凭证的双重性质。说它是债权,因为持单人可以凭此向占有人(运输公司)行使提货请求权;说它是物权,因为不记名提单可以背书转让,受让人因此取得提单项下货物的所有权;也可以设立质押,质押权人因此取得担保物权。

根据《海商法》第 79 条之规定,提单分为记名提单(Nominate B/L)、指示提单(To the order of XXX)和不记名提单(To order)。记名提单不得转让,而指示提单可以背书转让,不记名提单无须背书即可转让。

涉案提单的收货人一栏注明"To order"(凭指定),表明其为不记名提单。不记名提单具有多重功能:首先,它是运输合同成立的凭证;其次,它是运输公司收货的凭证;最后,它是持单人提货的凭证。对运输公司来说,提单持有人是否享有不记名提单项下货物的所有权,无须关注,只需凭提单即可交货。对提单持有人来说,其对提单项下货物有多重法律性质:如果是基于货物买卖的法律关系,提单持有人享有货物的所有权;如果基于委托保管提单的法律关系,提单持有人可以领取货物,但其并非货物所有权人;如果基于设立提单质押法律关系,提单持有人享有提单质权(担保物权)。《贸易融资额度合同》及其附件旨在以提单作为原告贷款的担保物,在原告持有提单的情况下,双方形成提单质押法律关系。依照《物权法》的规定,质押权属于担保物权,并非所有权。至于被告向原告提供《信托收据》,约定在被告违约时,原告取得货物所有权。该规定实际上是一种"流质"规定,而"流押"和"流质"均不受法律保护,故原告不能因此规定而享有提单货物的所有权。

2. 关于原告的诉讼方向与策略

本案历经一审、二审和再审共三年时间。主要原因有两点:一是原告对跟单信用证的法律关系与性质理解有误,一直误认为提单是所有权的凭证;二是两审法院对国际贸易审判实务经验不足,未能阐明提单在不同的法律关系下具有不同的性质,故不能说服原告,导致其提起上诉又提起再审。

原告作为金融机构,总是认为担保手段越多越好,实际上经常出现担保过度、法律关系混杂等现象。例如,本案存在开立信用证的委托关系、保证金质押关系、信用证融资关系、提单质押担保关系、提单项下财产信托关系、股权质押担保关系、连带责任保证关系。

其实,本案的主要法律关系并不复杂,就是信用证融资业务涉及的提单质权法律关系。如果在起诉时未经选择,将所有法律关系一并提交,将法律关系搞得非常复杂,反而不利于法官正确理解与审判,导致诉讼成本的增加。

如果原告起诉前对跟单信用证的法律关系与提单性质有深入理解,要求被告支付信用证垫付款,同时要求享有提单项下货物变价的优先受偿权,则一审中就可以得到法院的支持。

另外,原告对《贸易融资额度合同》及其附件中的质押并没有明确约定,再审法院最终通过深入挖掘和逻辑推理认定提单质押权成立,并支持其享有优先受偿权。

原告可以简化担保程序:一是签订《贸易融资额度合同》,形成借贷法律关系;二是签订《提单质押合同》,形成提单质权法律关系,无须建立所谓的财产信托法律关系以及不受法律保护的"流质关系"。

案例(109) 大连银行沈阳分行与抚顺艳丰公司、郑某旭案外人执行异议之诉案(金钱质权)

来源:(2015)民提字第175号
作者:王龙兴

【案例导读】

开立承兑汇票时存入银行保证金专户内的存款具有何种性质,银行对此存款是否享有优先受偿权?

【案情简介】

2011年12月6日，抚顺市艳丰建材有限公司（以下简称"艳丰公司"）与郑某旭签订《借款合同》，约定：借款金额为8 000万元，借款日期为2011年12月6日，还款日期为2011年12月7日。

2011年12月6日，艳丰公司与大连银行股份有限公司沈阳分行（以下简称"大连银行沈阳分行"）签订《汇票承兑合同》，约定：本合同项下银行承兑汇票共计8张，全部汇票金额合计为8 000万元；出票人均为艳丰公司，收款人均为沈阳首创物资有限公司（以下简称"首创公司"）；出票日期均为2011年12月6日，汇票到期日均为2012年6月6日；承兑满足条件为艳丰公司与收款人之间的商品交易关系是真实合法和具有对价的、艳丰公司具有支付到期汇票金额的可靠资金来源、不存在票据欺诈行为；艳丰公司于汇票承兑前，在大连银行沈阳分行开立针对本合同项下汇票的保证金专用账户（账户为10×××23）并存入汇票金额100%的保证金，保证金金额为8 000万元整，艳丰公司同意将上述保证金及由其产生的利息作为履行本合同的担保，并授权大连银行沈阳分行在因本合同需要时办理上述保证金的冻结、扣划等手续；双方权利义务为艳丰公司在本合同项下汇票出票日起一个月内，向大连银行沈阳分行提供其与收款人之间的增值税发票复印件，大连银行沈阳分行有权要求核验原件；艳丰公司应于本合同项下汇票到期日之前将汇票金额足额存入大连银行沈阳分行指定账户，若艳丰公司未能在汇票到期日前足额交付全部汇票金额，则大连银行沈阳分行有权将本合同第2条第2.2款的保证金账户和艳丰公司其他存款账户中的款项直接用于支付到期汇票或偿还大连银行沈阳分行对持票人的垫款以及相应利息和手续费，同时对艳丰公司尚未支付的汇票金额按照日万分之五计收罚息；本合同项下汇票承兑后，发生以下任一情况，大连银行沈阳分行均可以要求艳丰公司将保证金金额提高到汇票金额的100%；艳丰公司未按照大连银行沈阳分行要求如期补足保证金的，大连银行沈阳分行有权宣布艳丰公司违约，对艳丰公司提起诉讼并按照相关担保合同约定行使相应权利。

《汇票承兑合同》签订当日，艳丰公司将8 000万元存入大连银行沈阳分行文艺路支行营业部的10×××25账户，大连银行沈阳分行文艺路支行营业部将8 000万元转至《汇票承兑合同》指定的10×××23保证金账户。

同日，大连银行沈阳分行在艳丰公司作为出票人、首创公司作为收款人、大连银行沈阳分行文艺路支行营业部作为付款行、金额各为1 000万元、出票日为2011年12月6日、到期日为2012年6月6日的8张银行承兑汇票正面"本汇票已经承兑，到期日由本行付款"处加盖了汇票专用章，之后将该8张汇票交付出票人艳丰公司。汇票上未填写承兑日期。

艳丰公司在《借款合同》中约定的还款日期即2011年12月7日未还款。

2011年12月24日,艳丰公司与郑某旭及案外人明达意航企业集团有限公司(以下简称"明达意航公司")签订了《还款协议》,约定:艳丰公司于2011年12月6日向郑某旭借款8 000万元用于大连银行沈阳分行开具承兑汇票100%保证金,艳丰公司收到此款用完后未按约定归还,反而把此款用于其他用途,经双方协商达成如下协议:2012年1月6日至2012年1月19日还清8 000万元本金以及500万元利息。到期后艳丰公司、明达意航公司未履行。

2012年4月20日,艳丰公司与郑某旭、明达意航公司签订《还款补充协议》,约定:第一期还款时间为2012年5月20日至25日之间,还款金额为2 000万元;第二期还款时间为2012年6月20日至25日之间,还款金额为2 000万元;第三期还款时间为2012年7月20日至25日之间,还款金额为2 000万元;第四期还款时间为2012年8月20日至25日之间,还款金额为2 000万元;利息从2011年12月20日起计算,根据实际占用时间与额度按月利息2%计算,以上利息于2012年9月底结清。上述合同到期后,艳丰公司、明达意航公司亦未履行。

2012年5月,郑某旭分两次以艳丰公司、明达意航公司为被告向廊坊市中级人民法院提起诉讼,分别要求艳丰公司偿还借款4 000万元及利息;明达意航公司承担担保责任,同时申请了财产保全。廊坊市中级人民法院于2012年5月28日裁定冻结艳丰公司在大连银行沈阳分行文艺路支行营业部开立的账户10×××25中的保证金8 000万元。后廊坊市中级人民法院作出(2012)廊民三初字第117号、第133号民事判决书。明达意航公司对(2012)廊民三初字第133号民事判决不服,向河北省高级人民法院提起上诉,该院于2013年7月3日作出(2013)冀民一终字第139号民事判决书,驳回上诉,维持原判。

2012年5月23日,中国邮政储蓄银行有限责任公司辽宁省分行以委托收款形式对前述8张银行承兑汇票中的6张(汇票号码313×××3920至313×××3924及313×××3929)进行收款。2012年5月25日,中国民生银行股份有限公司深圳分行以委托收款形式对其余2张汇票(汇票号码313×××3927、313×××3928)进行收款。2012年6月6日,大连银行沈阳分行文艺路支行营业部对上述8张汇票总计金额8 000万元进行了付款。同日,大连银行沈阳分行文艺路支行营业部将8 000万元转为承兑逾期垫款。

在郑某旭申请执行(2012)廊民三初字第117号民事判决书期间,大连银行沈阳分行于2013年5月14日向廊坊市中级人民法院提出书面异议称:应依法纠正(2013)廊民执字第26号执行案件中的错误冻结行为,解除对银行保证金存款4 000万元的查封。廊坊市中级人民法院于2013年8月20日作出(2013)廊执异字第26-1号执行裁定书,认为:该院于2012年5月28日冻结了艳丰公司在大连银行沈阳分行文艺路支行营业部保证金账户中的存款,大连银行沈阳分行文艺路支行营业部于 2012 年 6 月 6 日对汇票进行了兑付,法院冻结保证金账户存款的时间早于大连银行沈阳分行文艺路支行营业部对汇票进行承兑和付款时间。根据最高人民法院、中国人民银行《关于依法规范人民法院执行和金融机构协助执行的通知》(法发〔2000〕21 号)第 9 条规定:"人民法院依法可以对银行承兑汇票保证金采取冻结措施,但不得扣划。如果金融机构已对汇票承兑或者已对外付款,根据金融机构的申请,人民法院应当解除对银行承兑汇票保证金相应部分的冻结措施。银行承兑汇票保证金已丧失保证金功能时,人民法院可以依法采取扣划措施。"本案中,在法院已经采取冻结措施的情况下,大连银行沈阳分行文艺路支行营业部不考虑此款项交易存在的风险,无视法院的冻结措施,仍对外继续承兑,继续付款,且大连银行沈阳分行文艺路支行营业部在本案中未考虑可能涉及虚假交易合同及出票存在的问题,故对大连银行沈阳分行提出的解除对该 4 000 万元冻结措施的请求,该院不予支持。大连银行沈阳分行执行异议被驳回后,可以向法院提起案外人执行异议之诉,解决此实体争议。廊坊市中级人民法院依照《民事诉讼法》第 227 条和最高人民法院《关于适用〈中华人民共和国民事诉讼法〉执行程序若干问题的解释》第 15 条之规定,裁定驳回大连银行沈阳分行的异议。

2013 年 10 月 9 日,大连银行沈阳分行以艳丰公司、郑某旭为被告向一审法院提起本案诉讼,请求撤销一审法院(2013)廊执异字第 26-1 号执行裁定,确认其对 10×××25 账户内的 4 000 万元享有优先受偿权;诉讼费用由艳丰公司、郑某旭承担。

【审理与判决】

1. 诉讼当事人

一审原告为大连银行沈阳分行,一审被告为艳丰公司、郑某旭。

2. 诉请与抗辩

原告诉请:撤销(2013)廊执异字第 26-1 号执行裁定,确认其对 10×××25 账户内的 4 000 万元享有优先受偿权。

被告郑某旭抗辩:大连银行沈阳分行不享有优先受偿权;艳丰公司未提交答辩意见。

3. 争议焦点

(1)大连银行沈阳分行对涉案 4 000 万元是否享有质权?

(2)大连银行沈阳分行对涉案 4 000 万元保证金享有的质权是否足以排除郑某旭与艳丰公司借款案的强制执行?

(3)艳丰公司与首创公司之间的基础交易关系,即票据取得的原因关系是否影响票据本身的效力?

4. 判决过程

一审法院判决:驳回原告大连银行沈阳分行的诉讼请求。

二审法院判决:驳回上诉,维持原判。

再审法院判决:撤销一审、二审判决;艳丰公司保证金专用账户(账号为10×××25)内的保证金4 000万元不得执行;大连银行沈阳分行对上述4 000万元保证金享有质权,并可优先受偿。

【法律要点解析】

1. 大连银行沈阳分行对涉案4 000万元是否享有质权

《物权法》第210条规定:"设立质权,当事人应当采取书面形式订立质权合同。质权合同一般包括下列条款:(一)被担保债权的种类和数额;(二)债务人履行债务的期限;(三)质押财产的名称、数量、质量、状况;(四)担保的范围;(五)质押财产交付的时间。"第212条规定:"质权自出质人交付质押财产时设立。"《担保法解释》第85条规定:"债务人或者第三人将其金钱以特户、封金、保证金等形式特定化后,移交债权人占有作为债权的担保,债务人不履行债务时,债权人可以以该金钱优先受偿。"根据上述法律及司法解释的规定,金钱作为一种特殊的动产,具备一定形式要件后,可以用于质押。大连银行沈阳分行对案涉4 000万元是否享有质权,应当从大连银行沈阳分行与艳丰公司之间是否存在质押合同关系以及质权是否有效设立两个方面进行审查。

大连银行沈阳分行文艺路支行营业部与艳丰公司签订的《汇票承兑合同》约定,艳丰公司于汇票承兑前,在大连银行沈阳分行文艺路支行营业部开立针对合同项下汇票的保证金专用账户(账号为10×××25)并存入汇票金额100%的保证金,保证金金额为8 000万元。艳丰公司同意将上述保证金及其产生的利息作为履行合同的担保,并授权大连银行沈阳分行在因合同需要时办理上述保证金的冻结、扣划等手续;还约定:艳丰公司应于合同项下汇票到期日之前将汇票金额足额存入大连银行沈阳分行指定账户,若艳丰公司未能在汇票到期日前足额交付全部汇票金额,则大连银行沈阳分行有权将本合同第2条第2.2款的保证金账户和艳丰公司其他存款账户中的款项直接用于支付到期汇票或偿还大连银行沈阳分行对持票人的垫款以及相应利息和手续费,同时对艳丰公司尚未支付的汇票金额按照日万分之五计收罚息。

大连银行沈阳分行与艳丰公司之约定可以抽象为,艳丰公司向大连银行沈阳分行缴存100%比例保证金作为涉案承兑汇票业务的担保,如艳丰公司未按期足额交付全部汇票金额,则大连银行沈阳分行有权以该保证金直接支付到期承兑汇票或偿还大连银行沈阳分行对持票人的垫款,也即大连银行沈阳分行对案涉保证金享有优先受偿权。此合意具备质押合同的一般要件,亦符合《担保法解释》第85条关于金钱质押的规定。

关于本案质权是否有效设立的问题,根据《物权法》第212条"质权自出质人交付质押财产时设立"的规定,交付行为应被视为设立动产质权的生效条件。金钱质押作为特殊的动产质押,依照《担保法解释》第85条的规定,生效条件包括金钱特定化和移交债权人占有两个方面。本案中,案涉4 000万元资金已经通过存入保证金专用账户的形式予以特定化。保证金特定化的实质意义在于使特定数额金钱从出质人的财产中划分出来,成为一种独立的存在,使其不与出质人其他财产相混同,同时使转移占有后的金钱也能独立于质权人的财产,避免特定数额的金钱因占有即所有的特征混同于质权人和出质人的一般财产中。具体到保证金账户的特定化,就是要求该账户区别于出质人的一般结算账户,使该账户资金独立于出质人的其他财产。

双方当事人按照《汇票承兑合同》的约定开立了保证金专用账户,用途均与保证金有关,不同于艳丰公司在大连银行沈阳分行开立的一般结算账户。首先,艳丰公司按照《汇票承兑合同》约定的额度比例向该账户缴存了保证金,大连银行沈阳分行向艳丰公司出具了《保证金冻结通知书》,对保证金账户进行了冻结。因此,涉案金钱符合以保证金形式特定化的要求。其次,大连银行沈阳分行能够对该保证金专用账户进行实际控制和管理,实现了移交占有。本案中,涉案保证金专用账户开立于大连银行沈阳分行的下属支行,艳丰公司在按照《汇票承兑合同》约定存入保证金之后,大连银行沈阳分行对该账户进行了冻结,使得艳丰公司作为保证金专户内资金的所有权人,不能自由使用账户资金,实质上丧失了对保证金账户的控制权和管理权。而大连银行沈阳分行依据《汇票承兑合同》第5条第5.7款规定,在艳丰公司未能在汇票到期日前足额交付全部汇票金额的情况下,有权将保证金账户中的款项直接用于支付到期汇票或者偿还大连银行沈阳分行对持票人的垫款,即大连银行沈阳分行有权直接扣划保证金专用账户内的资金。据此应当认定,大连银行沈阳分行实质上取得了涉案保证金专用账户的控制权,此种控制权移交符合动产交付占有的本质要求。

综上,本案金钱质押已经设立,大连银行沈阳分行对涉案4 000万元保证金享有质权。

2. 大连银行沈阳分行对涉案4 000万元保证金享有的质权是否足以排除郑某旭与艳丰公司借款案的强制执行

根据《物权法》第170条的规定,"担保物权人在债务人不履行到期债务或者发生当事人约定的实现担保物权的情形,依法享有就担保财产优先受偿的权利"。第208条规定,"为担保债务的履行,债务人或者第三人将其动产出质给债权人占有的,债务人不履行到期债务或者发生当事人约定的实现质权的情形,债权人有权就该动产优先受偿"。因此,大连银行沈阳分行文艺路支行营业部在履行涉案承兑汇票付款义务后,对艳丰公司享有垫款之债权,也即《汇票承兑合同》约定的担保之债权已经发生,为实现该债权,大连银行沈阳分行有权就4 000万元保证金主张优先受偿。但本案的特殊之处在于,另案即郑某旭与艳丰公司、明达意航公司借款合同纠纷案判决郑某旭对艳丰公司享有4 000万元本金及相应利息的债权,该案执行中,该4 000万元作为艳丰公司的资金已被廊坊市中级人民法院予以冻结,因此出现了在同一执行标的即涉案4 000万元保证金之上,大连银行沈阳分行主张质权而郑某旭主张债权的冲突问题。大连银行沈阳分行享有的质权能否排除郑某旭案的强制执行,取决于物权与债权的关系如何。

从权利属性和分类上来讲,大连银行沈阳分行对艳丰公司享有的质权属于担保物权,因此该权利具备物权的基本特征和法律效力。《物权法》第2条第3款明确规定,"本法所称物权,是指权利人依法对特定的物享有直接支配和排他的权利"。据此,物权较之债权而言具有优先性,此即意味着当同一标的物之上同时存在债权人主张债权与物权人主张物权的冲突时,物权优先于债权实现。具体到本案,大连银行沈阳分行对涉案4 000万元保证金享有担保物权,而郑某旭作为艳丰公司的普通债权人对艳丰公司存款享有的仅是一般债权,两种权利都是当事人的合法民事权利,但二者相较,大连银行沈阳分行享有的物权应当优先于郑某旭的普通债权得以实现。因此可以得出结论,大连银行沈阳分行对执行标的即4 000万元保证金享有的质权足以排除郑某旭与艳丰公司借款案的强制执行。

关于大连银行沈阳分行在出票过程中存在重大过错的意见,从本案事实看,大连银行沈阳分行与艳丰公司签订《汇票承兑合同》是双方的真实意思表示,现无证据证明该合同存在《合同法》第52条规定的合同无效之情形,因此双方已经形成票据法律关系;大连银行沈阳分行已对艳丰公司提供的《工业品买卖合同》进行了相应的形式审查,虽未按《汇票承兑合同》的约定要求艳丰公司提供增值税专用发票复印件存在业务操作欠规范的情形,但并不对《汇票承兑合同》的真实性、合法性以及票据法律关系的效力构成影响。至于艳丰公司与首创公司之间的基础交易关系,属于票据取得的原因关系,而票据作为要式证券,文义性、无因性是其重要特征,票据关系一经成立,即与票据取得的原因关系相脱离,无论其原因关系是否存在及是否有效,均不影响票据本身的效力。

关于大连银行沈阳分行在票据付款过程中亦存在过错的意见,即在廊坊市中级人民法院对涉案保证金采取冻结措施后,大连银行沈阳分行不应再进行付款。从本案事实看,大连银行沈阳分行在出票的同时已经在汇票正面"本汇票已经承兑,到期日由本行付款"处加盖了汇票专用章,即进行了承兑。大连银行沈阳分行一经承兑,则负有汇票到期无条件交付票款的责任,且已经实际履行该付款责任。

根据最高人民法院、中国人民银行《关于依法规范人民法院执行和金融机构协助执行的通知》第 9 条关于"人民法院依法可以对银行承兑汇票保证金采取冻结措施,但不得扣划。如果金融机构已对汇票承兑或者已对外付款,根据金融机构的申请,人民法院应当解除对银行承兑汇票保证金相应部分的冻结措施。银行承兑汇票保证金已丧失保证功能时,人民法院可以依法采取扣划措施"的规定,廊坊市中级人民法院虽然于 2013 年 5 月 28 日对涉案保证金进行了冻结,但该冻结措施发生于大连银行沈阳分行承兑之后,而在艳丰公司未在汇票到期日前将汇票金额足额交存的情况下,大连银行沈阳分行已经实际履行了付款责任,与艳丰公司形成垫付款的债权债务关系,此时涉案 4 000 万元保证金并未丧失保证功能。

因此,大连银行沈阳分行有权对廊坊市中级人民法院采取的冻结措施提出异议,该院应当解除对保证金相应部分的冻结措施。

3. 艳丰公司与首创公司之间的基础交易关系,即票据取得的原因关系是否影响票据本身的效力

艳丰公司与首创公司之间的基础交易关系,属于票据取得的原因关系,而票据作为要式证券,文义性、无因性是其重要特征,票据关系一经成立,即与票据取得的原因关系相脱离,无论其原因关系是否存在及是否有效,均不影响票据本身的效力。

【律师点评】

1. 原告律师的代理思路

就原告律师而言,应围绕《物权法》第 2 条、第 210 条、212 条和《担保法解释》第 85 条的规定来组织证据并设计诉讼策略,其思路要点如下:

(1)大连银行沈阳分行已与艳丰公司成立质押合同,合同有效。虽然合同中并未明确载明"对保证金享有优先受偿权",但是合同条款实质上蕴含着这样的意思,具备质押合同的条件,也不违背司法解释之规定。

(2)大连银行沈阳分行的质权已经设立。金钱质权是一种特殊的动产质押,其生效条件为金钱特定化和移交债权人。资金已存入保证金专用账户,且大连银行沈阳分行能够对该专用账户进行实际控制和管理,因此大连银行沈阳分行已对该笔资金享有质权。

(3)质权能够排除法院强制执行。质权属于担保物权,其对于债权具有优先性。人民法院强制执行一般债权并不能优先于担保物权。

2. 被告律师的代理思路

就被告律师而言,应围绕《票据法》第 10 条来组织证据并设计诉讼策略,其思路要点如下:

《票据法》第 10 条规定,"票据的签发、取得和转让,应当遵循诚实信用的原

则,具有真实的交易关系和债权债务关系",即《票据法》并不完全认可票据无因性。本案中并无真实的交易关系,大连银行沈阳分行对该虚假交易关系并未审查,因此票据无效。

【法官审判要旨】

本案的难点在于把握法律规定之间的矛盾之处,进而准确确定票据的无因性和金钱质押的效力。

在确定票据的基础交易关系是否影响票据的效力时,一审、二审法院均认为大连银行沈阳分行未尽到法定监管职责,未对不存在真实交易关系的买卖合同尽到审查义务,开具了无对价的银行承兑汇票,对艳丰公司套取银行资金存在重大过错。一、二审法院也正是认为大连银行沈阳分行存在重大过错,而否定了其享有的质权。

最高人民法院根据《物权法》和《担保法》之规定首先认定大连银行沈阳分行享有质权,进而根据举证分配原则和票据无因性原则,确定大连银行沈阳分行在出票时仅需对基础法律关系进行形式审查,且票据关系一经成立,即与票据取得的原因关系相脱离,无论其原因关系是否存在及是否有效,均不影响票据本身的效力。

【结语】

本案例确立了两个原则,一是开立承兑汇票时存入银行保证金专户内的存款具有质权性质,银行对此存款享有优先受偿权;二是确定了票据的无因性,票据关系一经成立,即与票据取得的原因关系相脱离,无论其原因关系是否存在及是否有效,均不影响票据本身的效力。

本案判决对此类问题确定的裁判意见极具参考价值,律师在办案时应把握最高人民法院对票据无因性和保证金专户性质的认定。

案例(110) 民生银行深圳分行与天津九策集团等金融借款合同纠纷案(应收账款质权)

来源:(2016)最高法民终542号
作者:王龙兴

【案例导读】

以应收账款设定质权时,另案抵押权及该应收账款的效力是否优先于应收账款质权的效力? 质权人能否依旧以应收账款优先受偿?

【案情简介】

2012年11月15日,中国民生银行股份有限公司深圳分行(以下简称"民生银行深圳分行")与天津九策实业集团有限公司(以下简称"天津九策集团")、长安国际信托股份有限公司(以下简称"长安信托公司")签订了《人民币6亿元并购银团贷款合同》(以下简称《贷款合同》),约定由民生银行深圳分行向天津九策集团提供总计本金不超过人民币6亿元整的中长期贷款,借款人应当在贷款期限结束之日前,按照本合同的条款清偿其在本合同项下所欠的全部债务。

同日,民生银行深圳分行与龚某升、张某、天津市九策高科技产业园有限公司(以下简称"天津九策高科技公司")、深圳九策投资有限公司(以下简称"深圳九策公司")、天津九策置业发展有限公司(以下简称"天津九策置业")、天津隆侨商贸有限公司(以下简称"天津隆侨公司")分别签订《最高额担保合同》和《最高额保证合同》。合同约定龚某升、张某、天津九策高科技公司、深圳九策公司、天津九策置业、天津隆侨公司自愿为天津九策集团在《贷款合同》项下债务提供最高额保证,担保的最高债权额为人民币6亿元,在本金不超过该限额的前提下,由此而产生的利息、罚息、实现债权支出的费用等均由上述被告承担连带保证责任。

同日,民生银行深圳分行与天津隆侨公司签订《最高额抵押合同》,约定天津隆侨公司自愿以其所有的房产为天津九策集团在《贷款合同》项下的债务提供最高额抵押担保。

同日,民生银行深圳分行又与天津隆侨公司签订了《应收账款最高额质押合同》,约定天津隆侨公司同意以自2013年1月22日至2018年1月21日期间出租所产生的租金收益为主合同项下的全部债务提供最高额质押担保,并办理了质押登记手续。但在此之前,2011年7月19日,国联信托股份有限公司(以下简称"国联公司")与深圳市中技实业(集团)有限公司(以下简称"中技公司")签订贷款合同,约定国联公司向中技公司发放信托贷款7亿元。天津隆侨公司还与国联公司签订9份抵押合同,以涉案9处房产为国联公司对中技公司的债权提供抵押担保。2012年4月16日,国联公司向江苏省高级人民法院(以下简称"江苏高院")提起诉讼,请求中技公司还款,并要求天津隆侨公司承担抵押担保责任。2012年4月17日,根据国联公司申请,江苏高院裁定查封天津隆侨公司抵押的涉案9处房产。

2012年11月15日,民生银行深圳分行还与天津九策高科技公司签订了《应收账款最高额质押合同》,约定天津九策高科技公司同意以自2013年1月22日至2018年1月21日期间出租所产生的租金收益为主合同项下的全部债务提供最高额质押担保,并办理了质押登记手续。

2013年1月23日,民生银行深圳分行向天津九策集团实际发放了人民币6亿元贷款。但此后天津九策集团多次未按照合同约定的还款期限偿还借款本息。

2015年3月24日,天津市第一中级人民法院(以下简称"天津一中院")裁定受理天津九策高科技公司的破产重整申请。

【审理与判决】

1. 诉讼当事人

一审原告为民生银行深圳分行,一审被告为天津九策集团、龚某升、张某、天津九策高科技公司、深圳九策公司、天津九策置业、天津隆侨公司、天津建喜达家具市场有限公司(以下简称"天津建喜达家具")、武汉欧亚达家居集团有限公司(以下简称"武汉欧亚达家居")。

2. 诉请与抗辩

原告诉请:(1)解除民生银行深圳分行与天津九策集团的借款关系,由天津九策集团立即偿还借款本金人民币569 996 824.33元及相应利息、罚息、复利等(利息、罚息、复利等按合同约定标准计付至实际清偿之日止,暂计至 2014 年 1 月 21 日为人民币 174 215 675.67元)并赔偿民生银行深圳分行支出的维权费用人民币 5 787 500 元。(2)判令龚某升、张某、天津九策高科技公司、深圳九策公司、天津九策置业、天津隆侨公司对天津九策集团所负债务承担连带还款责任。(3)确认民生银行深圳分行对天津隆侨公司所有的 13 处不动产抵押物享有以其拍卖、变卖价款优先受偿的权利。(4)确认民生银行深圳分行就天津隆侨公司持有的房产出租所产生的所有租金享有优先受偿权。(5)判令天津建喜达家具、武汉欧亚达家居按照《租金汇款三方协议》的约定将承租的上述第(4)项诉请中的物业签订的《租赁合同》所确定的租金汇入指定账户。(6)确认民生银行深圳分行就天津隆侨公司持有的 9 处房产出租所产生的所有租金享有优先受偿权。(7)确认民生银行深圳分行对天津九策高科技公司持有的房产出租所产生的所有租金享有优先受偿权。本案诉讼费、保全费等全部费用由天津九策集团等各被告共同承担。

被告天津九策高科技公司抗辩:请求将本案移送到天津市第一中级人民法院(以下简称"天津一中院")审理。

3. 争议焦点

(1)民生银行深圳分行是否有权解除贷款合同提前收回贷款。

(2)本案是否应当移送天津一中院按破产债权确认之诉审理。

(3)民生银行深圳分行对天津隆侨公司的涉案 9 处房产自 2013 年 1 月 22 日至 2018 年 1 月 21 日期间出租所产生的租金收益是否享有优先受偿权。

4. 判决过程

一审法院判决:解除民生银行深圳分行与天津九策集团签订的《贷款合同》,并且由九策集团向原告偿还借款本金及利息,支付维权费用 79 万元。龚某升、张某、天津九策高科技公司、深圳九策公司、天津九策置业、天津隆侨公司对以上债务承担连带还款责任。天津九策集团不履行债务时,民生银行深圳分行有权就天津隆侨公司所有的 13 处抵押财产享有优先受偿的权利,有权对天津隆桥公司持有的房产自 2013 年 1 月 22 日至 2018 年 1 月 21 日期间出租所产生的租金收益享有优先受偿权。天津九策集团不履行债务时,民生银行深圳分行有权就天津九策高科技公司持有的房产自 2013 年 1 月 22 日至 2018 年 1 月 21 日期间出租所产生的租金收益享有优先受偿权。驳回民生银行深圳分行其他诉讼请求。

二审法院判决:维持一审判决第一项至第五项、第七项;撤销一审判决第八项;变更一审判决第六项为天津九策集团不履行第二、三项判决债务时,民生银行深圳分行对天津隆侨公司持有的房产自 2013 年 1 月 22 日至 2018 年 1 月 21 日期间出租所产生的租金收益享有优先受偿权。在民生银行深圳分行实现上述优先受偿权后,天津隆侨公司有权向天津九策集团追偿;驳回民生银行深圳分行的其他诉讼请求。

【法律要点解析】

1. 民生银行深圳分行是否有权解除贷款合同提前收回贷款

《合同法》第 93 条规定:"当事人协商一致,可以解除合同。当事人可以约定一方解除合同的条件。解除合同的条件成就时,解除权人可以解除合同。"

本案《贷款合同》第 15.2-2-(4)违约事件条款约定:"在任何一项违约事件的存续期间,民生银行深圳分行应该在书面通知借款人后行使以下一项或多项权利,包括宣布全部或部分贷款余额连同所有应计利息、费用和合同项下的款项立即到期应付,经此宣布后,该等款项立即成为到期应付的款项,毋须民生银行深圳分行给予任何进一步的通知。"天津九策集团未能按照合同约定如期归还借款本息,民生银行深圳分行已向其及各担保人发出《催款通知书》通知解除合同并要求提前清偿全部借款本息,符合合同约定,也符合上述法律规定,民生银行深圳分行有权解除贷款合同提前收回贷款。

2. 本案是否应当移送天津一中院按破产债权确认之诉审理

《中华人民共和国企业破产法》(以下简称《企业破产法》)第 20 条规定:"人民法院受理破产申请后,已经开始而尚未终结的有关债务人的民事诉讼或者仲裁应当中止;在管理人接管债务人的财产后,该诉讼或者仲裁继续进行。"本案中,2015 年 1 月 13 日广东省高级人民法院受理本案,同年 3 月 24 日天津一中院裁定受理天津九策高科技公司的破产重整申请,同年 4 月 2 日天津一中院指定天津市泛华清算有限公司担任天津九策高科技公司管理人。由于本案诉讼先于破产案件受理,根据《企业破产法》第 20 条的规定,本案诉讼应在天津一中院指定天津九策高科技公司管理人且管理人接管该公司财产之后继续进行,而不应将本案移送受理破产案件的法院即天津一中院按确认之诉审理。本案判决生效后,天津一中院可依据本判决对民生银行深圳分行申报的债权进行确认,该破产债权亦将在重整程序中统一受偿。

3. 民生银行深圳分行对天津隆侨公司的案涉 9 处房产自 2013 年 1 月 22 日至 2018 年 1 月 21 日期间出租所产生的租金收益是否享有优先受偿权

天津隆桥公司以其 9 处房产的租金收益向民生银行深圳分行设立应收账款质押，并办理了质押登记，通常情况下民生银行深圳分行作为质权人可对该租金收益享有优先受偿权。但是，本案所涉的 9 处房产抵押给了另案债权人国联公司，国联公司在实现抵押权时将涉案租金收益作为抵押权标的通过法院予以强制执行，由此产生的主要法律问题是，国联公司在另案中的抵押权效力是否及于涉案租金收益？

《物权法》第 197 条第 1 款规定，"债务人不履行到期债务或者发生当事人约定的实现抵押权的情形，致使抵押财产被人民法院依法扣押的，自扣押之日起抵押权人有权收取该抵押财产的天然孳息或者法定孳息，但抵押权人未通知应当清偿法定孳息的义务人的除外"。租金属于法定孳息的范畴。天津隆侨公司于 2011 年 7 月 22 日为国联公司的债权设立抵押权，2012 年 4 月 17 日江苏高院查封案涉 9 处房产，2013 年 8 月 12 日江苏高院通知天津远东百货有限公司（以下简称"天津远东百货"）暂停支付租赁合同项下租金。而本案中应收账款质权系于 2013 年 1 月 22 日经登记设立。显然，本案应收账款质权设立之时，抵押财产即案涉 9 处房产已被江苏高院另案查封，但尚未通知法定孳息即案涉租金的清偿义务人天津远东百货。

那么《物权法》第 197 条第 1 款关于"通知"的法律后果该如何判断？从法律规定的通知目的看，法定孳息系由抵押关系当事人之外的第三人负责清偿。《物权法》第 197 条规定的对法定孳息清偿义务人的通知与《合同法》第 80 条规定的债权让与时对债务人的通知，均具有防止发生债务人为错误给付之目的。《合同法》第 80 条明确规定，"未经通知，该转让对债务人不发生效力"。参照该规定，对法定孳息清偿义务人之通知亦应解释为，未经通知对该法定孳息清偿义务人不发生抵押权效力及于孳息之法律效果。进而言之，抵押财产被法院扣押后，即使抵押权人怠于通知，抵押权效力已经及于孳息，但清偿义务人因不知抵押财产被扣押的情况而将法定孳息支付给抵押人的，仍产生清偿的效力，抵押权人不得主张清偿无效，即不得对抗清偿义务人。

由此可见，《物权法》第 197 条规定的对法定孳息清偿义务人的通知，并非抵押权效力及于法定孳息的生效要件，而系对抗要件。因此，虽然江苏高院于 2013 年 8 月 12 日才通知天津远东百货暂停支付租赁合同项下租金，但应认定国联公司的抵押权效力自 2012 年 4 月 17 日江苏高院查封涉案房产 9 处之日起已及于涉案租金。因本案应收账款质权设立在后，民生银行深圳分行对涉案 9 处房产租金收益相对于另案抵押权人不应当优先受偿。

【律师点评】

1. 原告律师的代理思路

就原告律师而言,应围绕《合同法》第93条和《企业破产法》第20条来组织证据并设计诉讼策略,其思路要点如下:

(1)原告方想要解除与天津九策集团的借款关系,可以围绕《合同法》相关规定和双方当事人约定内容进行诉讼。本案中,被告方天津九策集团未在还款期限内按约定还款,则根据《合同法》第93条的规定,原告请求解除同被告之间的借款合同。又按照双方约定,在任何一项违约事件的存续期间,原告需在书面通知借款人后行使权利,因此民生银行深圳分行在向天津九策公司及其担保人发出《催款通知书》之后可以请求解除合同并要求提前偿还全部借款本息。原告律师可向法庭出示《借款合同》《催款通知书》等证据。

(2)对于被告方主张的本案应该移送受理天津九策高科技公司破产重整申请的法院审理,根据最高人民法院《关于审理企业破产案件若干问题的规定》第20条第2款第(四)项的规定,人民法院受理企业破产案件后,以债务人为被告的其他债务纠纷案件中,如果该债务人系从债务人,则该债务纠纷案件继续审理。本案中,天津九策高科技公司系担保人亦即从债务人,其破产重整申请不影响本案的继续审理,故本案不需要移送受理破产申请的法院审理。

2. 被告律师的代理思路

就被告律师而言,应围绕《物权法》第28条、第197条来组织证据并设计诉讼策略,其思路要点如下:

被告天津隆侨公司9处涉案房产已经抵押给国联公司,抵押期间的法定孳息应该由抵押权人收取,因此原告无权再主张收取涉案9处房产的租金来实现应收账款质权。

【法官审判要旨】

本案法官一方面肯定了民生银行深圳分行可以按照合同约定提前解除合同,另一方面确定了天津九策集团所欠的借款本金及相应利息、维权费用等,最后明晰了保证人、抵押人、质押人的责任问题,依法作出判决,实现了公平正义。

【结语】

《物权法》第197条中规定的"但抵押权人未通知应当清偿法定孳息的义务人的除外"并非抵押权及于法定孳息的生效要件,而是对抗要件。因此,如果应收账款属于已被设立抵押权的法定孳息,质权人享有的应收账款质权不能对抗设立在先的另案抵押权人的法定孳息收取权,不能主张优先受偿。

三、留置权纠纷

案例（111） 北京瑞达公司诉北京亚鑫公司仓储合同纠纷案

来源：（2012）二中民终字第192号
作者：张晓光

【案例导读】

本案涉及仓储合同中保管人在存货人未按时支付仓储费的情况下，保管人行使留置权的正当性问题，保管人如何正当行使留置权值得探讨。

【案情简介】

2007年4月30日，北京瑞达兴通商贸有限公司（以下简称"瑞达公司"）作为甲方与作为乙方的北京亚鑫公铁快运有限责任公司（以下简称"亚鑫公司"）签订《仓储协议》。协议约定：甲乙双方协商同意，甲方委托乙方储存和管理甲方的货物；甲方应向乙方声明被储存和管理的货物价值，即每个空桶为50元，不得损坏或丢失；当协议一方需提前终止时，应提前7日以书面形式通知另一方，经双方确认后生效（不足一月按一月计算）；协议签订后，瑞达公司向亚鑫公司的仓库储存印有"龙宫天然矿泉水"字样的水桶2 094个，亚鑫公司向瑞达公司开具了入库单。瑞达公司就该批水桶向案外人交纳押金10万元。

2008年7月29日，亚鑫公司向瑞达公司提出，如果继续履行原仓储合同，请瑞达公司结算仓储费合计4 500元，否则亚鑫公司将自行处理瑞达公司的该批货物。瑞达公司在接到该函件后，向亚鑫公司支付了仓储费6 000元。

庭审中，双方认可乙方应得价款按照水桶的总价扣减瑞达公司尚欠的仓储费计算。但双方对水桶总价意见不一致，瑞达公司认为每个水桶价值50元，仓储费为14 250元，亚鑫公司认为每个水桶价值4.5元，仓储费为15 000元。

此外，由于亚鑫公司将水桶处置给案外人，导致瑞达公司无法返还矿泉水桶，瑞达公司无法获得水桶所有人山东省青州市龙宫矿泉水饮料总公司（以下简称"龙宫公司"）的返还押金10万元。

【审理与判决】

1. 诉讼当事人

一审原告为瑞达公司，被告为亚鑫公司。

2. 诉请与抗辩

原告诉请：要求亚鑫公司赔偿损失85 750元；本案的诉讼费由亚鑫公司承担。

被告抗辩:合同签订后,瑞达公司多次无故拖欠保管费。后亚鑫公司为避免扩大损失,于2010年2月1日以短信的方式通知瑞达公司其欲对瑞达公司的水桶行使留置权,但瑞达公司仍然未给予答复。截至2010年3月,瑞达公司共拖欠亚鑫公司仓储费15 000元。

被告反诉请求及理由:由于亚鑫公司出售水桶所得价款5240元不能抵偿亚鑫公司所欠的仓储费,故要求瑞达公司向亚鑫公司补交仓储费9760元;诉讼费及可能发生的取证费、评估费、误工费由瑞达公司承担。

3. 争议焦点

(1)亚鑫公司是否享有留置权?其处置行为是否正当?

(2)瑞达公司损失金额是多少?

4. 判决过程

一审法院判决:(1)亚鑫公司于本判决生效后10日内赔偿瑞达公司45 000元;(2)驳回瑞达公司的其他诉讼请求;(3)驳回亚鑫公司的其他反诉请求。

二审法院判决:驳回上诉,维持原判。

【法律要点解析】

1. 判断亚鑫公司是否享有留置权、处分权的法律依据

留置权是指债权人按照合同的约定占有债务人的动产,债务人不按照合同约定的期限履行债务的,债权人有权依照法律规定留置财产,以该财产折价或者以拍卖、变卖该财产的价款优先受偿。《物权法》第230条规定:"债务人不履行到期债务,债权人可以留置已经合法占有的债务人的动产,并有权就该动产优先受偿。前款规定的债权人为留置权人,占有的动产为留置财产。"由于瑞达公司未支付亚鑫公司水桶仓储费,亚鑫公司有权留置瑞达公司的水桶。

但是,亚鑫公司之后的处置行为是否合法呢?《物权法》第236条规定,"留置权人与债务人应当约定留置财产后的债务履行期间;没有约定或者约定不明确的,留置权人应当给债务人两个月以上履行债务的期间……债务人逾期未履行的,留置权人可以与债务人协议以留置财产折价,也可以就拍卖、变卖留置财产所得的价款优先受偿"。结合合同约定"当协议一方需提前终止时,应提前7日以书面形式通知另一方,双方确认后生效",亚鑫公司现有证据不足以证明其通知瑞达公司取走水桶(亚鑫公司发函的内容为要求瑞达公司支付仓储费而非取走水桶),因此,亚鑫公司的变卖行为已违约,应赔偿因其违约而给瑞达公司造成的损失。

2. 原告瑞达公司要求赔偿损失的合同依据

合同中约定"乙方在操作甲方货物过程中,如发生损坏、丢失现象,应按照实际情况赔偿直接损失"。法院认为,"实际情况"可以涵盖数量、价格两种,结合在合

同中双方已经确认水桶的声明价格为 50 元/个,可以将该条理解为按照丢失时的市场价格计算损失,也可以理解为按照丢失时的数量和声明的价格相乘计算损失。由于双方均有违约行为,法院综合情况并结合水桶的市场价值,酌定瑞达公司的损失为 6 万元。

【律师点评】

本案涉及《合同法》及《物权法》,双方均需依据合同约定、《合同法》关于仓储合同的规定判断己方是否有违法违约行为,并且需依据《物权法》判定亚鑫公司的留置行为、处分行为是否合法。因此,无论是原告代理律师还是被告代理律师,要研究当时有效的《合同法》和《物权法》的相关规定。

1. 原告律师的代理思路

就原告律师而言,应围绕仓储人亚鑫公司不当行使留置权造成原告损失来组织证据并设计诉讼策略,其思路要点如下:

(1)亚鑫公司未提到行使留置权,无权处分瑞达公司财产。

(2)亚鑫公司的无权处分行为导致瑞达公司无法执行与龙宫公司的和解协议,水桶灭失给原告造成损失。

2. 被告律师的代理思路

就被告律师而言,应主张被告有留置权,原告多次拖欠仓储费应补缴仓储费,其思路要点如下:

(1)原告到期不履行债权,被告有留置权。

(2)原告多次拖欠仓储费,需补缴仓储费。

【法官审判要旨】

法官通过法庭调查与双方质证,基本掌握了案件的真实情况;通过充分听取双方律师的主张与辩论,使双方所有的质疑均得到充分释明,体现判决的权威性与公信力。

一审法院以《物权法》第 230 条、第 236 条为依据,以被告主张的事实证据不足而支持原告的诉请。二审法院维持原判。

【结语】

留置权作为担保物权,在债权得到全部清偿前,留置权人有权留置全部标的物。依据《担保法》的规定,留置权的实现应依以下程序进行:(1)债权人行使留置权后,债务人应当在不少于 2 个月的期限内履行债务;双方当事人可以自行约定具体期限,但不得少于 2 个月。(2)宽限期届满后,债务人不履行债务的,债权人可以与债务人协议以留置物折价,也可以依法拍卖或变卖留置物,以所得的价款优先受偿。留置财产折价或者变卖的,应当参照市场价格。

案例（112） 海宁市金程汽车修理有限公司诉管某飞等修理合同纠纷案

来源：(2011)浙嘉商终字第436号
作者：张晓光

【案例导读】
商事纠纷中，债权人出于保护债权的考虑一般会要求债务人提供抵押，但当抵押物被债务人的其他债权人留置时，抵押权还能否优先实现呢？

【案情简介】
2008年9月29日，被告管某飞驾驶涉诉汽车发生交通事故，汽车与护栏碰撞，造成车辆及路产损失。2008年11月13日，被告管某飞委托朱某对汽车进行修理、定损。保险公司确认该车的维修价格为40 000元。车辆维修结束后，原告即将涉诉汽车停入海宁市长安镇联程车辆搬运服务部停车场。后被告管某飞一直未支付维修费，也未取走车辆。

被告管某飞购买涉诉汽车曾向被告上汽通用汽车金融有限责任公司（以下简称"通用公司"）贷款，并以所购车辆办理了抵押登记。后因被告管某飞未履行还款义务，上海市浦东新区人民法院判决要求被告管某飞还款，判决书同时注明，通用公司对该车在协议折价、申请拍卖、变卖中所得转让款有优先受偿的权利。

因被告管某飞未履行付款义务，2010年4月8日，被告通用公司在未征得原告海宁市金程汽车修理有限公司（以下简称"金程公司"）同意的情况下，将涉诉车辆从原告停车处取走，并停放于被告通用公司处。原告金程公司随即向海宁市长安派出所报案，被告通用公司认为贷款人有权对借款人车辆采取控制措施。2010年6月28日，涉诉汽车的所有人由被告管某飞变更为董某芳。

【审理与判决】
1. 诉讼当事人
一审原告为金程公司，被告为管某飞、通用公司。
2. 诉请与抗辩
原告诉请：判令被告管某飞给付汽车修理费40 000元；要求被告管某飞立即偿付原告依约代其垫付的路产损失赔偿款11 180、吊车费4 490元、停车费11 850元。要求被告通用公司对40 000元修理费承担连带责任。

被告抗辩：被告通用公司与原告之间不存在直接或间接的法律关系，没有义务支付原告向被告主张的费用。被告管某飞未作答辩。

3. 争议焦点
(1) 被告通用公司与原告之间权利的优先性问题。
(2) 被告通用公司与管某飞之间是否就汽车修理费及原告损失承担连带责任。
4. 判决过程
一审法院判决:(1) 被告管某飞给付原告金程公司修理费 40 000 元;(2) 被告通用公司对被告管某飞应支付修理费 40 000 元中不能清偿部分承担赔偿责任。被告通用公司在承担赔偿责任后,有权向被告管某飞追偿。(3) 驳回原告的其他诉讼请求。

二审法院判决:驳回上诉,维持原判。

【法律要点解析】

1. 原告留置权优先于被告抵押权的法律依据

所谓留置权,是指债权人按照合同的约定占有债务人的动产,债务人不按照合同约定的期限履行债务时,债权人有权留置该动产,并依照法律的规定将动产折价或者以拍卖、变卖后的价款优先受偿的权利。

所谓抵押权,是指债权人对于债务人或者第三人不移转占有而提供担保的财产,在债务人不履行债务时,得就该财产的价值优先受偿的权利。

当同一动产上抵押权与留置权并存时,留置权与抵押权哪一个能优先实现?《物权法》第 239 条规定:"同一动产上已设立抵押权或者质权,该动产又被留置的,留置权人优先受偿。"本案中原告修理涉诉车辆后,被告管某飞未向原告支付修理费,原告因此对涉诉车辆享有留置权,且较被告通用公司的抵押权优先实现。

2. 原告请求被告通用公司承担维修费的法律依据

《中华人民共和国侵权责任法》(以下简称《侵权责任法》)第 3 条规定:"被侵权人有权请求侵权人承担侵权责任。"由于同一动产上抵押权与留置权并存时,留置权优先于抵押权受偿,当抵押权人不当行使抵押权致使留置权受侵害,则抵押权人应承担相应的侵权责任。本案中通用公司未经原告金程公司同意即将涉诉车辆从原告停车处强行提走,侵害了原告金程公司对留置财产的留置权。被告通用公司提走该汽车后,该汽车已进行了交易,现该车辆所有权人已变更为董某芳,原告的优先受偿权已因被告通用公司的过错被剥夺,且车辆交易后,被告管某飞一直未给付修理费,故对原告主张修理费中不能受偿部分,原告有权要求被告通用公司承担补充赔偿责任。但原告请求被告通用公司对被告管某飞应支付的修理费 40 000 元承担连带责任,无法律依据。

【律师点评】

本案发生时《物权法》已经实施,管某飞向原告支付修理费毋庸置疑,但在通用公司对涉诉车辆享有抵押权,且已将车辆出卖给第三人的情况下,通用公司抵押权与原告之间权利的优先性成为本案焦点。另外,在管某飞不支付修理费、车辆已易主的情况下,原告的合法权利如何保证是本案另一争议焦点。无论是原告代理律师还是被告代理律师,都要研究当时有效的《物权法》的相关规定。

1. 原告律师的代理思路

就原告律师而言,应围绕原告是否有留置权及损害赔偿请求权来组织证据并设计诉讼策略,其要点思路如下:

(1)原告与被告管某飞之间因修理行为存在债务关系,原告享有留置权。

(2)通用公司影响了原告的优先受偿权,原告请求两被告承担连带责任。

2. 被告律师的代理思路

就被告律师而言,应围绕主张被告行使抵押权来组织证据并设计诉讼策略,其思路要点如下:

(1)被告管某飞以涉诉车辆向通用公司办理了抵押登记,通用公司对涉诉车辆享有抵押权。

(2)被告管某飞未及时还款,通用公司有权行使抵押权。

【法官审判要旨】

法官通过法庭调查与双方质证,基本掌握了案件的真实情况;通过充分听取双方律师的主张与辩论,形成了基本判断。作为法官,最重要的功能是定分止争。基于此本案中双方所有的质疑均应得到充分释明,方能体现判决的权威性与公信力。

【结语】

留置权作为法定的担保物权,优先于抵押权、质权等约定的担保物权。除非当事人之间存在妨碍留置权成立的情形(如当事人之间约定排除留置权的适用、留置财产违反社会公共利益或社会公德、留置财产与债权人所承担的义务相抵触等),导致留置权无法成立,否则留置权优先于抵押权。留置权人的权利是留置权效力的最直接体现,是债权人实现债权的根本保证。

本章附录:担保物权纠纷大数据分析(毕文强)

1. 数据来源[①]

时间:2009 年 10 月 1 日—2018 年 10 月 18 日

案例来源:Alpha 案例库

案由:担保物权纠纷

案件数量:46 503 件

数据采集时间:2018 年 10 月 18 日

[①] 数据来源于 Alpha 案例,可能存在偏差,仅供参考。

2.检索结果可视化

本次检索获取了担保物权纠纷自 2009 年 10 月 1 日至 2018 年 10 月 18 日的共计 46 503 篇裁判文书。

(1)整体情况分析

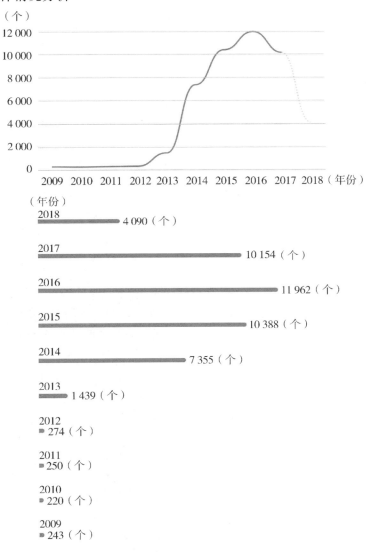

图 5-1　担保物权纠纷案例数量的变化趋势

从图 5-1 的整体情况分析可以看到,当前条件下,担保物权纠纷案例数量的变化趋势。

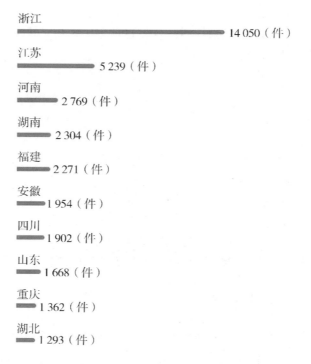

图 5-2　担保物权纠纷案例地域分布

从图 5-2 的地域分布来看,当前条件下,担保物权纠纷案例主要集中在浙江省、江苏省、河南省,占比分别为 30%、11%、6%。其中浙江省的案件量最多,达到 14 050 件。

(2)案由分布

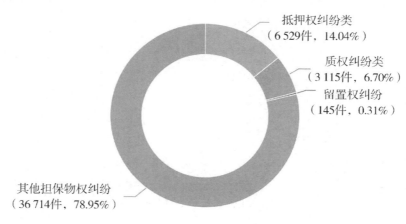

图 5-3　担保物权纠纷案由分布

从图 5-3 的案由分布可以看到,当前条件下,担保物权纠纷的案由分布由多至少分别是抵押权纠纷类、质权纠纷类、留置权纠纷、其他担保物权纠纷。

(3)程序分类

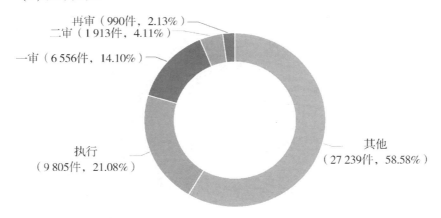

图 5-4　担保物权纠纷的程序分布

从图 5-4 的程序分类统计可以看到,当前条件下,担保物权纠纷的审理程序分布状况,其中一审案件有 6 556 件;二审案件有 1 913 件;再审案件有 990 件;执行案件有 9 805 件,并能够推算出一审上诉率约为 29%。

(4)裁判结果

① 一审裁判结果

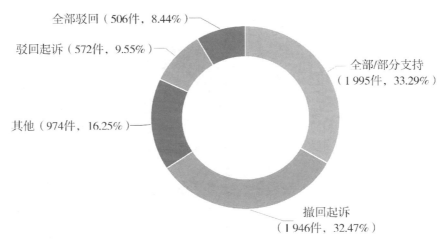

图 5-5　担保物权纠纷的一审裁判结果

从图 5-5 中一审裁判结果可以看到,当前条件下,法院判决全部/部分支持的有 1 995 件,占比为 33.29%;撤回起诉的有 1 946 件,占比为 32.47%;其他的有 974 件,占比为 16.25%。

② 二审裁判结果

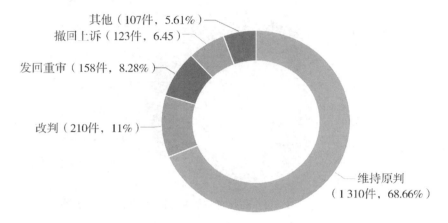

图 5-6 担保物权纠纷的二审裁判结果

从图 5-6 中二审裁判结果可以看到,当前条件下,维持原判的有 1 310 件,占比为 68.66%;改判的有 210 件,占比为 11%;发回重审的有 158 件,占比为 8.28%。

(5)标的额

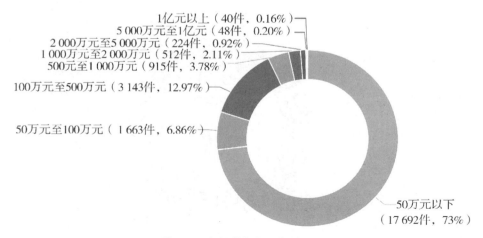

图 5-7 担保物权纠纷标的额

从图 5-7 中标的额可以看到,当前条件下,标的额为 50 万元以下的案件数量最多,有 17 692 件;50 万元至 100 万元的案件有 1 663 件;100 万元至 500 万元的案件有 3 143 件;500 万元至 1 000 万元的案件有 915 件;1 000 万元至 2 000 万元的案件有 512 件。

(6)审理期限

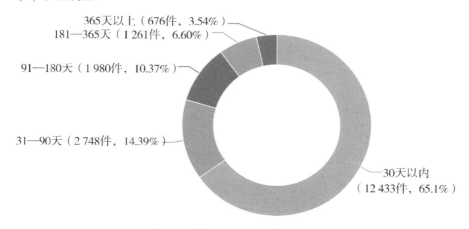

图 5-8　担保物权纠纷审理期限

从图 5-8 中审理期限可以看到,当前条件下,大部分审理时间更多处在 30 天以内,平均审理时间约为 67 天。

(7)法院

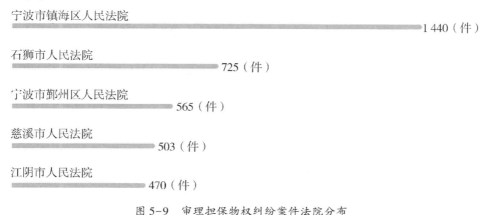

图 5-9　审理担保物权纠纷案件法院分布

从图 5-9 对法院的可视化分析可以看到,审理担保物权纠纷案件数量由多至少的法院依次为宁波市镇海区人民法院、石狮市人民法院、宁波市鄞州区人民法院、慈溪市人民法院、江阴市人民法院。

第六章　占有保护纠纷

一、占有物返还纠纷

案例（113）　杜某红诉杜某泉占有物返还纠纷案

来源：(2012)一中民终字第10072号
作者：孙在辰

【案例导读】

房屋建造人不具备宅基地使用资格，且建造房屋未经职能部门审批，当其建造的房屋被人侵占时，其向法院主张权利，诉求是否会得到支持，又适用何款法条呢？

【案情简介】

后辛房村村民李某起有宅基地一块，但李某起家庭从未使用该宅基地。2007年4月30日，经李某起及村委会同意，将该宅基地给杜某红使用。因杜某红是城镇居民，不能享受宅基地的待遇，所以杜某红找到杜某泉。杜某泉系后辛房村村民，经杜某泉本人同意，以杜某泉名义购买李某起的宅基地，并办理了一切手续。杜某红支付了李某起砖款21 700元和工程费5 000元。杜某红便以杜某泉名义在该宅基地上建起北房5间、西厢房2间，并进行了装修，共计花费16万元。后杜某泉将此房占为己有，不让杜某红居住和使用。杜某泉的行为使得杜某红的权益无法实现，杜某泉又不给杜某红建房所花费的费用，遂发生纠纷。杜某红诉至法院，要求杜某泉支付杜某红不当得利16万元。案件审理过程中，杜某红变更其诉讼请求，要求被告返还房屋。

【审理与判决】

1. 诉讼当事人

一审原告为杜某红，被告为杜某泉。

2. 诉请与抗辩

原告诉请:判令被告返还房屋(北房5间、西厢房2间)。

被告抗辩:驳回原告的诉讼请求。

3. 争议焦点

本案的争议焦点主要是诉争房屋的建造及装修是由原告杜某红出资还是由被告杜某泉出资,亦即谁享有诉争房屋的占有权。

4. 判决过程

一审法院判决:被告杜某泉于判决生效后7日内将房屋(北房5间、西厢房2间)返还给原告杜某红。被告杜某泉不服一审判决,提出上诉。

二审法院判决:驳回上诉,维持原判。

【法律要点解析】

1. 何为占有物返还请求权

所谓占有物返还请求权,是指占有人在其占有物被他人侵夺以后,可依法请求侵夺人返还占有物的权利。

占有物返还请求权发生于占有物被侵夺的情形。此种侵夺占有而构成的侵占,是指非基于占有人的意思,采取违法的行为使其丧失对物的控制与支配。需要注意的是,非因他人的侵夺而丧失占有的,如因受欺诈或者胁迫而交付的,不享有占有物返还请求权。此种情形下,原占有人要恢复占有,必须依法律行为的规定,主张撤销已经成立的法律关系等去解决。

还需说明一点,占有物返还请求权的要件之一为侵占人的行为必须是造成占有人丧失占有的直接原因,否则不发生依据本条规定而产生的占有物返还请求权。例如,遗失物之拾得人,虽然拾得人未将遗失物交送有关机关而据为己有,但此种侵占非本条所规定的情形。拾得人将遗失物据为己有的行为,并非失主丧失占有的直接原因(失主最初丧失对物的占有,可能是由于疏忽大意遗忘物品等),因此失主对于拾得人不得依占有物返还请求权提起诉讼,而应依其所有权人的地位提请行使返还原物请求权。[①]

2. 占有物返还请求权的行使条件

占有物返还请求权的行使,应具备下列条件:

一是请求权的主体应为原占有人,请求权的相对人应为现占有人。此处的原占有人,是指侵占发生前对物享有事实上管领力的占有人。无论原占有人是有权占有还是无权占有、善意占有还是恶意占有,均享有占有物返还请求权。而非占有人,即使对物享有合法的权利(如抵押权),也不能行使此项请求权。

---

① 胡康生主编:《中华人民共和国物权法释义》,法律出版社2007年版。

二是须有侵占行为或事实,且侵占行为的结果导致原占有人丧失占有。此时,原占有人应负证明原占有事实的举证责任。

三是侵占行为具有违法性。如抢夺、窃取他人动产、霸占他人房屋等。

四是占有物仍然存在。如果占有物已经灭失,返还占有物客观上已经不可能,占有人就只能要求赔偿损失,而不能要求返还原物。如果占有物已经转化为赔偿金等替代物,则只能请求返还替代物。①

【律师点评】

1. 原告律师的代理思路

就原告律师而言,应围绕杜某红是否取得讼争房屋的占有权来组织证据并设计诉讼策略,其思路要点如下:

(1)讼争房屋宅基地是否杜某红购买的?

(2)李某起砖款与工程款是否杜某红支付的?

(3)讼争房屋是否杜某红建造、装修的?

(4)鉴于诉讼时讼争房产已被他人占有,在确认占有权的基础上是否应提出返还原物的请求?

2. 被告律师的代理思路

被告代理人应围绕杜某泉拥有宅基地的合法性、房屋建设的真空性来组织证据并设计诉讼策略,其代理思路如下:

(1)杜某泉的村民身份是否真实,是否具有宅基地购买资格?

(2)杜某泉购买宅基地手续是否齐全?

(3)杜某泉建造房屋相关证据是否齐全?

【法官审判要旨】

审理本案过程中,法院主要是查明涉案房屋是由谁出资修建的,出资修建人享有房屋的占有权。为此,一审法官将结合庭审中的证据,从以下四个方面进行阐述。

1. 关于诉争房屋所在土地的来源问题

根据原告杜某红提交的书面证据,在村民李某起与后辛房村村民委员会所签订的协议上加盖了村委会的公章,在李某起的交款收据上加盖了村委会的财务专用章,并且村委会的负责人、李某起本人、证人证言和原告杜某红对于土地的来源及流转经过的陈述全都一致。而被告杜某泉向法院提交的村委会证明,因其内容系村委会根据杜某泉本人口述的内容所写,并且该证据的形成时间也是在本案两次开庭以后,故法院对该份证据的证明内容,不予采信。

---

① 黄松有主编:《〈中华人民共和国物权法〉条文理解与适用》,人民法院出版社2007年版。

2. 关于诉争房屋在建造和装修过程中的人工问题

原告杜某红主张房屋的建造和装修主要由其姐夫杨某林具体负责,并申请杨某林和另一名工头王某成出庭作证。因证人杨某林与原、被告之间具有相同的亲属关系,证人王某成与原、被告之间均不存在直接利害关系,故二人的证言可信性较高。此外,原告杜某红所提交的材料购买单据上出卖人和送货人的陈述,也可以间接佐证杨某林在房屋施工现场具体负责一事。被告杜某泉在庭审中称自2008年8月开始筹建房屋,2008年8月至12月建造和装修了房屋;主张其雇用的建房和装修工人为王某田等人,并提交了有王某田签名的收条。但是在杜某泉提交的3张收条中,其中一张的收款日期为2008年1月9日,其主张2008年8月才开始筹建房屋,却于当年1月份就已经支付了工人劳务费,显然自相矛盾。同时,根据2008年11月21日和2008年11月22日两张收条上的内容可知,截至2008年11月22日,王某田已经结清了与被告杜某泉之间的所有劳务费。一方面,这与被告关于建房时间至"2008年12月"的陈述不相符。另一方面,从收条的出具时间以及被告杜某泉所主张的建房时间来看,王某田为被告杜某泉建房的时间自2008年1月份开始,一直持续到2008年12月份,这显然也与常理不符。此外,被告杜某泉在庭审中未申请王某田出庭作证,法院也无法向王某田本人核实证据的真实性。通过对比原、被告双方提交的证据,法院对被告杜某泉提交的建房和装修的人工费收据不予采信。

3. 关于建房和装修所购买材料的出资人问题

对于原告杜某红提交的材料购买单据,其建房前垫的土、建房和装修使用的砖、水泥、沙子、白灰、楼板、大门、对联、福字等材料,经法院与出票人核实,来源均属实。被告杜某泉仅提交了7张材料单据,其中4张单据的时间在2008年11月22日以后,单据上的物品有水泥、沙子、石子和装修材料。被告杜某泉称建房、装修都是由王某田等工人负责。但是根据上文的分析,截至2008年11月22日,被告杜某泉就已经与王某田等就劳务费进行了结算,那么在该日期以后所购买的建筑和装修材料又如何进行使用、由谁负责施工呢? 由此可见,被告杜某泉所提交的大部分材料款收据与其所雇用工人的施工时间存在矛盾。另外,被告杜某泉自家宅基地上的房屋也曾经翻建过,虽然其自称翻建和装修时间是2007年4月至5月,但是根据证人的陈述,杜某泉翻建房屋的时间与杜某红建房的时间是在同一年,加之被告杜某泉所提交的2008年1月9日王某田所出具的收条与诉争房屋的建造时间存在矛盾,所以存在被告杜某泉2008年翻建、装修自家房屋的可能性,从而不能排除其所购买的水泥等材料系用于自家房屋的翻建和装修。

4. 关于诉争房屋建造的时间问题

原告杜某红主张5间正房是在2008年建造,建造2间西厢房和装修房屋均在

2011 年 4 月至 5 月。被告杜某泉主张房屋的建造和装修均在 2008 年。对此,证人杨某林和王某成均陈述房屋的装修及 2 间西厢房的建造均在 2011 年 4 月至 5 月。2011 年 4 月 18 日门窗款收据出票人彭某酉的陈述也可以反映出正房和厢房并非同一年建造。同时,争议房屋周边邻居的陈述也表明 2 间西厢房是在 2011 年建造。此外,原告杜某红也提交了多张 2011 年的材料购买清单,并且在法院调查时,有部分出卖人也表示曾经将货送至争议房屋。根据上述情况,法院对于被告杜某泉所主张的厢房建造时间及房屋的装修时间不予采信。

一审法院最终认定:被告杜某泉关于诉争房屋的建造和装修一事,所提交的证据之间存在矛盾,其本人主张与证据之间不能相互印证,其所陈述的建房时间及土地的取得等重要内容也不属实。相比较而言,原告杜某红所提交的证据形成了完整的证据链,能够佐证其所主张的事实。因此,原告杜某红所提供证据的证明力明显大于被告杜某泉所提供证据的证明力。据此,法院认定诉争房屋系由原告杜某红建造和装修。虽然该诉争房屋无相关部门的审批手续,但因该房屋系由杜某红出资所建,故根据其行为及意思表示,原告杜某红已经形成了对该房屋在事实上的占有,被告杜某泉对诉争房屋的侵占已经侵犯了原告的合法权益。根据《物权法》第 245 条的规定,"占有的不动产或者动产被侵占的,占有人有权请求返还原物",故原告杜某红请求被告杜某泉返还诉争房屋,有事实和法律依据,予以支持。

二审判决:驳回上诉,维持原判。

【结语】

原占有人享有占有物返还请求权,无论原占有人是有权占有还是无权占有,善意占有还是恶意占有、均享有占有物返还请求权。

案例（114） 福特斯公司诉供热中心占有物返还纠纷案

来源:(2015)民一终字第 105 号
作者:潘茂华

【案例导读】

《物权法》第 34 条规定了权利人有权要求返还原物的物权保护原则,又在第 245 条规定了占有保护原则。因此,所有权人在遭到非法侵占时,可以依据所有权行使物权保护,而原占有人可以依据在先占有行使占有保护,二者结果均为返还原物、排除妨害、消除危险、财产损害赔偿等。故而,侵占发生后,被侵占人可根据自身情况,根据不同的请求权基础保护自身权益。

【案情简介】

2008 年 11 月,天津市供热中心(以下简称"供热中心")与天津市华奥供热有限责任公司(以下简称"华奥公司")签订《协议书》《补充协议》《委托授权书》《补充协议(二)》,约定华奥公司负责宝塔路供热站的建设维修、运行和经营管理工作,代为履行与用热单位及业主签订的《供热协议书》《供用热合同》,收缴的供热工程建设费用用于华奥公司供热设施建设投资,不必上缴供热中心。

2012年11月至12月间,因宝塔路供热站供热温度问题,供热中心与华奥公司发生争议。2013年9月5日,供热中心向蓟县人民法院提起诉讼,要求解除《授权委托书》,判令华奥公司交付宝塔路供热站供热设施。同月,供热中心向蓟县人民法院提出先予执行申请并获得支持,次月,供热中心依据已生效的先予执行裁定实际接收占有了宝塔路供热站供热设施。蓟县人民法院认为,双方系委托关系,为保障正常供热,解除委托的主张应予支持。同时认为,关于供热站供热设施的财产权属问题,不属于本案审理范围,可另行解决,遂判决支持了供热中心的诉讼请求。华奥公司不服该判决提起上诉,后被天津市第一中级人民法院驳回上诉,维持原判。案件审理过程中,华奥公司于2013年12月向蓟县人民政府报送请示,请求督促供热中心支付整体转让金。

天津福特斯有限公司(以下简称"福特斯公司")主张,2013年7月28日,华奥公司已将供热站供热设施出售给福特斯公司,福特斯公司便拥有了供热设施的所有权、使用权、经营权、收费权。2014年9月9日,福特斯公司提起诉讼,要求判令供热中心返还供热站设施,否则支付投资损失32840万元。该案二审中,福特斯公司主张其基于与华奥公司的合作协议和买卖合同已经取得出资、施工、建设宝塔路供热站的合伙人身份,享有涉案资产共同所有权,并在供热中心依据另案先予执行裁定占有涉案资产前已实际占有了该资产,故而供热中心应当返还供热站设施,或支付投资损失。

【审理与判决】

1. 诉讼当事人

一审原告为福特斯公司,被告为供热中心。

2. 诉请与抗辩

原告福特斯公司诉请:判令供热中心立即返还供热管道及设施的经营权、使用权,并赔偿自2013年10月8日至2014年10月7日期间的经营损失550万元;如不能按照第一项请求返还,依法判令供热中心支付投资损失26358万元。审理过程中变更为:判令供热中心立即返还供热管道及设施、设备的经营权、使用权;如不能按照第一项请求返还,依法判令供热中心支付投资损失32840万元。

被告供热中心抗辩:福特斯公司非适格主体,双方不存在直接的法律关系,华奥公司无权转让供热站供热设施,故请求驳回原告福特斯公司的诉讼请求。

3. 一审案件争议焦点

(1)供热中心占有诉争供热设施的合法性?

（2）福特斯公司是否为诉争供热设施的原占有人？

4. 一审判决结果

一审法院判决：驳回原告福特斯公司的诉讼请求。

福特斯公司不服一审判决，提起上诉。

5. 二审诉讼当事人

二审上诉人为福特斯公司，被上诉人为供热中心，第三人为华奥公司。

6. 诉请与抗辩

上诉人福特斯公司上诉请求：撤销一审判决，改判支持福特斯公司的诉讼请求或将本案发回重审。

被上诉人供热中心辩称：请求驳回上诉，维持原判。

第三人华奥公司陈述意见：同意上诉人福特斯公司的上诉意见，不同意被上诉人供热中心的意见。

7. 二审案件争议焦点

（1）华奥公司是否享有供热设施的所有权？

（2）福特斯公司是否享有供热设施的所有权并占有？

8. 二审判决结果

驳回福特斯公司的上诉，维持原判。

【法律要点解析】

1. 供热中心接收供热设施后交由物业公司、热电公司占有使用，物业公司、热电公司能否成为共同被告

供热公司接收供热设施后，指示物业公司提供物业管理，并由热电公司提供热源，此种占有类型为他主占有（辅助占有）。该他主占有，依据实际占有人的指示要求，并不以所有的意思而进行占有，即物业公司、热电公司依附于供热公司的指示进行占有，其占有状态能否持续，依赖于供热中心的授权。故而物业公司、热电公司并非必须参加本案诉讼的必要共同诉讼人，不能成为共同被告。

2. 二审中，华奥公司以第三人身份进入诉讼，能否成为责任承担主体

华奥公司对福特斯公司、供热中心的诉讼标的没有独立的请求权，但案件处理结果同华奥公司具有法律上的利害关系，因此可以以无独立请求权第三人的身份参加诉讼，在庭审中有权陈述意见，提供证据，参加法庭辩论。但参加诉讼后，如果需要华奥公司承担责任的，二审法院也可以根据当事人自愿的原则予以调解，调解不成的，为保证华奥公司作为当事人的诉讼权利，应当发回重审。

3. 供热中心与华奥公司签订《协议书》《补充协议》及《委托授权书》是否属于《合同法》中规定的委托合同，供热中心能否主张解除

集中供热为社会公共事业，供热中心为该项公共事业的特定管理部门。华奥

公司作为私营企业,在无授权的情况下,不能从事供热工作。因此,供热中心与华奥公司间向用热单位供热的法律关系为委托关系,适用《合同法》第二十一章委托合同的规定。依据《合同法》第 410 条的规定,双方中任何一方均可随时解除委托合同,但因此造成对方损失的,应予赔偿。故供热中心能够主张解除协议及授权书。

4. 供热中心在委托合同纠纷中申请先予执行或支持的依据

《民事诉讼法》第 106 条规定,人民法院对下列案件,根据当事人的申请,可以裁定先予执行:(1)追索赡养费、扶养费、抚育费、抚恤金、医疗费用的;(2)追索劳动报酬的;(3)因情况紧急需要先予执行的。华奥公司在 2012 年 11 月、12 月的供热中,因供热温度不达标已引发众多用热单位投诉和社会舆论,政府应急办亦启动应急供热保障措施。2013 年 9 月,供热中心将华奥公司诉至法院要求解除委托并返还占有物,如等待两审终审生效判决作出,势必影响 2013—2014 年度的冬季供暖,该情况属于紧急情形。且依据《合同法》第 410 条有关委托合同解除的规定,双方权利义务关系明确,案件的基本事实清楚,同时华奥公司具备履行能力,如不先予执行将会造成更大的损失。因此,供热中心申请先予执行获得了法院的支持。

5. 华奥公司或福特斯公司在供热设备被裁定先予执行时的救济途径

根据《民事诉讼法》第 108 条、《民诉法解释》第 171 条和第 172 条的规定,华奥公司及作为利害关系人的福特斯公司对先予执行的裁定不服的,可以自收到裁定书之日起 5 日内向作出裁定的人民法院申请复议。同时,在进入执行程序后,华奥公司及作为利害关系人的福特斯公司还可以依据《民事诉讼法》第 225 条的规定提出书面异议,如书面异议被驳回,可以向上一级人民法院申请复议。此外,根据案情的具体情况,福特斯公司可以以案外人的身份,依据《民事诉讼法》第 227 条的规定提出书面异议,如再被驳回则可按照审判监督程序处理或另行提起诉讼。

6. 供热中心是否属于非法侵占诉争供热设施

供热中心依据人民法院生效的先予执行裁定,占有了诉争供热设施。该先予执行裁定作出后,华奥公司或福特斯公司并未提出复议或在执行过程中提出书面异议,且最终据此裁定将诉争供热设施交付了供热中心。供热中心与华奥公司因供热温度不达标而发生争议,供热中心为解决用热业主供暖问题,提起解除委托及返还占有的诉讼。天津市第一中级人民法院于 2014 年 2 月对该起诉讼作出终审判决,判令解除委托合同,华奥公司向供热中心交付诉争供热设施、设备,因此,供热中心实际占有诉争供热设施系依据人民法院作出的生效裁判文书,其占有行为具有合法性,并非违法侵占他人财产。对于诉争供热设施的所有权问题,并不属于委托合同纠纷案的审理范围,需另案处理。

7. 福特斯公司能否依据 2013 年 7 月 28 日与华奥公司间的买卖合同,主张已

获得的早于供热中心的原占有

依据《合同法》《物权法》的规定,在买卖合同成立并生效后,福特斯公司有权要求华奥公司交付标的物,但该请求权的类型为债权请求权,仅在交付之后方才完成占有,因此福特斯公司还应证明该买卖合同完成了交付。另外,在买卖合同签订之后,华奥公司被供热中心起诉,华奥公司并未披露已将诉争供热设施出售给福特斯公司的事实,且华奥公司同时还以自己的名义向政府提出转让请求。福特斯公司亦未就在买卖合同签订之后发生的先予执行措施提出异议,或针对讼争供热设施主张权利。福特斯公司与华奥公司的前述行为,既与其主张的买卖合同签订并交付的事实存在矛盾,亦有悖常理。因此,福特斯公司并不能依据与华奥公司间的买卖合同主张已获得的早于供热中心的原占有。

8. 福特斯公司在二审中新提交的有关合作协议的证据是否采纳

《民事诉讼法》第65条第2款规定,"当事人逾期提供证据的,人民法院应当责令其说明理由;拒不说明理由或者理由不成立的,人民法院根据不同情形可以不予采纳该证据,或者采纳该证据但予以训诫、罚款"。同时根据《民诉法解释》第101条、第102条第1款的规定,"当事人因故意或者重大过失逾期提供的证据,人民法院不予采纳。但该证据与案件基本事实有关的,人民法院应当采纳"。福特斯公司提交合作协议等证据,以支持其因参与出资、建设而取得了涉案供暖设施的所有权的主张,属于案件基本事实,因此二审法院应对该证据进行审查确认其证明力。

9. 福特斯公司能否依据合作协议及买卖协议证明其获得诉争供暖设施的所有权

福特斯公司在二审中主张其在2008年3月25日至2011年9月29日期间支付的6164万元系用于建设案涉供热管道及设施,但所举证据不能证明所付款项的性质,且该主张亦与一审期间主张的该款项为向华奥公司支付的借贷陈述存在重大出入。并且投资建设获得所有权的前提是获得当地相关政府职能部门批准的"合法建造"。同时,福特斯公司认为其与华奥公司签订并已履行了买卖合同,其对讼争标的物享有权利,但在先予执行过程中,并未提出异议或采取其他救济措施。不仅如此,在前述买卖合同已经履行完毕且福特斯公司认为对讼争标的物享有权利的情况下,向政府报送督促供热中心支付转让金请示的主体仍然为华奥公司。因此,福特斯公司所持的其为涉案供热管道及设施设备所有权人的主张,欠缺相关事实依据。

10. 供热设施产权归属及适格争议主体

诉争供热设施并非一般的民事交易标的物,而系具有一定的区域规划性和社会公益性的特殊标的物。依据福特斯公司确认真实性的供热中心与华奥公司所签《协议书》以及相关《授权委托书》,其核心内容为华奥公司接受供热中心的委托,收取供热工程建设费,建设宝塔路供热站的供热设施,收取供热采暖费,为用热户提供集中供热热源。福特斯公司与华奥公司并未对标的物所有权问题作出明确约定,内容上无法得出华奥公司据此取得涉案供热管道及设施、设备所有权的结论,且依据合同相对性原则,应当对供热中心与华奥公司关于诉争供热设施的所有权进行另案处理。

如果福特斯公司在一审中便已主张因2008年与华奥公司签署了合作协议取得合伙人身份,而享有涉案供热设施的所有权,福特斯公司能否据此要求供热中心返还占有?

福特斯公司与华奥公司签订合作协议,约定资产共有,该约定如无外部支撑,依据合同相对性原则,福特斯公司能够享有的权利不能超越华奥公司的权利范畴。因此,假定双方合作协议有效,福特斯公司能否据此取得所有权,关键看华奥公司能否依据与供热中心签署的协议或"合法建造"而享有所有权,并能够将该权利让渡给福特斯公司。前已述及,华奥公司无法享有所有权,因此福特斯公司无法享受所有权。同时,《合同法》第400条规定,"经委托人同意,受托人可以转委托"。因此,即使华奥公司享有占有、经营管理等权利,仍需要获得供热中心的同意后方才能够让渡给福特斯公司。

【律师点评】

1. 原告及第三人律师的代理思路

就原告律师而言,应围绕对诉争供热设施的所有权归属、事先占有事实和被恶意侵占来设计诉讼策略。第三人与原告本身存在关联关系,利益一致,故第三人参诉的思路与原告保持一致。二者的思路要点如下:

(1)供热设施已被占有,福特斯公司基于何种请求权要求返还?

(2)福特斯公司与华奥公司之间的资金往来,其名目为何?能否据此证明产权归属?

(3)福特斯公司是否占有过供热设施?

(4)供热中心是否认可或默许华奥公司参与供热设施的投资?

(5)供热中心占有供热设施是否为恶意?

(6)供热设施当前的实际占有人是否应当进入本案诉讼?

(7)如供热设施确实无法返还,福特斯公司能否要求赔偿,该赔偿又如何计算?

2. 被告律师的代理思路

被告已通过先予执行程序占有了供热设施,并且生效法律文书给予同样的支持。但供热设施的产权问题未解决,因此既要维护原有胜诉法院判决,也要注意产权问题。其代理思路为:

(1)供热中心是否与福特斯公司签订过协议或作出过承诺,从而产生法律关系?

(2)供热中心与华奥公司间的协议,是否能够明确华奥公司的权利范围?

(3)华奥公司能否将自身权利让渡给福特斯公司?

(4)供热设施作为公共社会事务的专用性设备,其产权、使用权是否受到特殊保护?

【法官审判要旨】

法官作为裁判者,根据原告诉请及被告答辩,分析请求权基础,分配举证责任。对与案件争议焦点无关的,或已由生效法律文书确认的事实,无须过多推论。而对于双方争议核心焦点问题及一方已经初步证明的事实需要充分释法说理,阐述事实认定及判决理由。

(1)福特斯公司主张其因建造供暖设施的事实行为而原始取得物权,但供暖设施作为固定性资产,具有不动产的特征,并兼具社会公益性,其建设应当经过有关政府职能部门批准,才能成立完整物权。但福特斯公司并不能提供经过批准的证据,故其投资建设并非完善的合法建造,因此不能原始取得诉争供暖设施的所有权。

(2)华奥公司与供热中心签订《协议书》及相关《授权委托书》,主要内容为授权从事建设维修、运行、经营管理及通过收取供暖建设费回收投资,并未就供暖设施的所有权归属问题进行约定,华奥公司不能据此当然地享有供暖设施的所有权。

(3)福特斯公司基于其与华奥公司签订的合作协议与买卖合同,主张因其合伙人及买受人的身份而享有相关对诉争供暖设备的权利,但该权利的范畴仍不应超过华奥公司自身享有的权利范畴,在无法证明华奥公司享有所有权的情形下,福特斯公司亦不能享有所有权。

(4)福特斯公司自认买卖合同履行完毕在前,华奥公司向政府报送转让请示在后。福特斯公司作为买卖合同履行完毕的买受人,享有完整权利,却同意华奥公司以自身名义向政府报送转让请示,不合常理。

(5)在诉争供暖设施被人民法院裁定先予执行,后实际被转移占有的过程中,福特斯公司从未以所有权人或原占有人等存在利害关系的身份行使复议或书面异议等救济权利,有悖常态。

(6)福特斯公司主张其享有诉争供暖设施的所有权及先于供热中心的占有,根据《民诉法解释》第108条第1款的规定:"对负有举证证明责任的当事人提供的证据,人民法院经审查并结合相关事实,确信待证事实的存在具有高度可能性的,应当认定该事实存在。"福特斯公司应当举证证明其为所有权人或原占有人身份,或至少达到"高度可能性",但如前所述,福特斯公司并未完成举证责任,故福特斯公司的主张不应采信。

（7）供热中心依据先予执行裁定的执行程序占有诉争供热设施，且后续该案审理结果为人民法院支持了供热中心要求华奥公司交付供热设施的诉讼请求。因此，供热中心实际占有讼争供热设施系依据人民法院作出的生效裁判文书，其占有行为具有合法性，并非违法侵占他人财产。

（8）福特斯公司请求供热中心赔偿的基础为供热中心需返还诉争供热设施的民事责任。在供热中心并不负有该民事责任时，福特斯公司请求赔偿的请求基础不复存在，故而无法获得支持。

【结语】

占有保护制度的意义在于，通过对占有的保护，防止滥用暴力随意抢夺或妨害现占有人的占有，维护现有的占有秩序，保持社会财产秩序的稳定和社会安定。倘若占有保护仅保护具有合法本权的有权占有，那么将使得无权占有处于一种极不稳定的状态，任何人均可对该占有进行侵犯，同时被侵犯方也可通过私力再次夺回"占有"，这将导致"私力救济"的泛滥，不利于社会秩序的稳定。因此，《物权法》第245条规定，"占有的不动产或者动产被侵占的，占有人有权请求返还原物；对妨害占有的行为，占有人有权请求排除妨害或者消除危险；因侵占或者妨害造成损害的，占有人有权请求损害赔偿"。而该占有保护并不区分是有权占有或无权占有，一并无差别地予以保护。

【案外语】

本案案由为占有物返还纠纷，属于占有保护范畴，依据《物权法》《民事诉讼法》的规定，原告福特斯公司仅需证明其在被告供热中心占有供热设施前已经获得占有即可。而本案二审程序中，原告福特斯公司花费大量精力证明其为所有权人，二审法院亦着重论述了有关所有权的事宜。因此，有人指出本案审理方向错误。笔者不同意该观点，理由是在一审中，原告福特斯公司已强调了其在被告供热中心通过先予执行程序占有供热设施前已完成占有，但因未能证明占有存在而败诉。在二审中，原告福特斯公司通过证明其更早享有所有权以及被告供热中心认可或默许原告福特斯公司以合伙人身份参与投资建设供热设施来证明占有事实。如该合伙人身份或所有权被确认，自然能够说明原告福特斯公司的原占有成立。因此，二审法院通过论述原告福特斯公司对款项性质的自我矛盾、并非完善的合法建造，来否定原告福特斯公司享有所有权及在先占有的主张，并未脱离占有保护的法理基础和案件核心争议焦点。

二、占有物排除妨碍纠纷

案例（115） 蒋某林等与上海浦东新区潍坊六、七村业委会排除妨害纠纷案

来源：(2011)沪一中民二(民)终字第1554号
作者：张涛

【案例导读】

《物权法》第245条规定："占有的不动产或者动产被侵占的，占有人有权请求返还原物；对妨害占有的行为，占有人有权请求排除妨害或者消除危险；因侵占或者妨害造成损害的，占有人有权请求损害赔偿。占有人返还原物的请求权，自侵占发生之日起一年内未行使的，该请求权消灭。"

本案中，涉及诉争标的物为共建配套用房，且房屋建于《物权法》实施前，与同类案件相较具有特殊性。

【案情简介】

上海市浦东新区潍坊六、七村小区于20世纪80年代建成，其中602甲明确为车棚，是共建配套用房，用于小区停放车辆，房屋产权所有人登记为上海市房产管理局，属全民所有，管理单位为黄浦区房产管理局潍坊经营所，1994年管理单位更名为上海市浦东新区潍坊物业公司（以下简称"潍坊物业公司"）。

2000年前，上海市浦东新区潍坊街道将602甲车棚临街的部分空间隔断改建成门面房，后分割为四间临街商铺，但未办理任何相关手续。之后上海市公安局浦东分局潍坊新村派出所将上述临街商铺编制号码为南泉路243号临、245号临。2001年开始，上海市浦东新区潍华物业管理有限公司（以下简称"潍华物业公司"）接管潍坊六、七村小区的物业管理，其中包括车棚及临街门面房。2005年9月28日，上海市浦东新区潍坊六、七村业主大会和业主委员会依法成立并经登记备案。业主大会成立后，委托上海市浦东新区潍坊物业公司对小区进行管理，之后潍坊物业公司又转包给潍华物业公司进行管理。

自2003年4月1日至2009年12月31日，南泉路245号临北间由潍华物业公司租赁给蒋某林，租金每年付清，直至2009年12月31日。2010年1月起，在未续签合同的情况下，蒋某林继续使用门面房至今。

2010年10月15日，上海市浦东新区潍坊六、七村业主大会召开会议，决定由业主委员会收回南泉路243、245号临的门面房及车棚，并恢复车棚原使用功能，并

对蒋某林以及潍华物业公司提起本诉讼。

【审理与判决】

1. 诉讼当事人

本案一审原告为上海市浦东新区潍坊六、七村业主委员会(以下简称"业主委员会"),被告为蒋某林及潍华物业公司。

2. 诉请与抗辩:

原告诉请

(1)被告蒋某林迁出上海市浦东新区南泉路245号临北面房屋一间。

(2)被告蒋某林支付原告业主委员会逾期返还房屋的使用费,按每月1400元的标准支付自2010年1月1日起至实际搬迁之日止。

(3)被告潍华物业公司对上述赔偿承担连带责任,并恢复车棚的使用性质。

被告抗辩:被告蒋某林辩称其系合法使用车棚。被告潍华物业公司辩称其作为委托管理方无权拆除。

3. 本案争议焦点

(1)共建配套用房的权利归属?

(2)原告业主委员会对共建配套用房的权利性质?

(3)被告是否应将诉争房屋返还原告?

4. 判决结果

一审法院判决:(1)被告蒋某林于本判决生效之日起15日内迁出上海市浦东新区南泉路245号临门面房;(2)驳回原告其余诉讼请求。

二审法院判决:驳回上诉,维持原判。

【法律要点解析】

1. 占有排除妨害请求权的构成要件

占有排除妨害请求权构成要件有四:

(1)占有被妨害,是指以侵夺以外的方式妨害占有人的占有。如在占有人的门前堆放垃圾、停放车辆、产生污染等。

(2)请求权人在占有被妨害前,应与物存在占有事实,而占有是否具有本权及占有的具体形式,在所不问,且妨害须超过正常容忍范围。

(3)被请求人为对妨害的排除具有支配力的人。

(4)行使请求权之时,妨害仍在持续中。

2. 共建配套用房的权利归属

本案中,车棚作为共建配套房屋,建于20世纪80年代,且小区整体原为共有住房性质。建盖完成时,《物权法》尚未公布实施,而系由公有住房公转私的当地政策对各房屋性质进行调整。因此,本案中,共建房屋性质的认定,不适用《物权法》第 70 条的规定："业主对建筑物内的住宅、经营性用房等专有部分享有所有权,对专有部分以外的共有部分享有共有和共同管理的权利。"盖不依此认定共建房屋性质为全体业主共有,而应当按照《上海市房产管理局关于印发异产同幢房屋建筑面积摊算办法的通知》的规定,对于共有部分的摊算,仅限于房屋内结构相连而具有共有、共用的部位。本案中,车棚作为共建配套房屋,其具有独立的使用空间,且未摊算在公有住房出售的面积中。同时,依据当时的权利登记,可以认定车棚房屋为上海市房产管理局所有。

3. 原告业主委员会对共建配套用房的权利性质

本案中,车棚房屋实际所有权人为上海市房产管理局,因此,各业主及业主委员会自然无法依据《物权法》关于物权保护的规定,享有物权保护权利。但基于本案中车棚的使用目的及其配套使用性质,各业主均享有使用车棚存放车辆的权益,而在法律上,对该种长期的使用权益支配,可以以权益的方式构成准占有,即各业主均长期占有对车棚的使用权益。

4. 被告是否应搬离诉争房屋

如基于占有妨害排除的角度分析,因被告持续占用部分车棚的行为,确是对各业主对于车棚使用权益准占有的妨害,且妨害仍在持续中,符合占有排除妨害请求权的构成要件,得向被告主张行使占有排除妨害请求权。

如基于占有返还请求权的角度分析,则在构成要件中存在欠缺。如前文关于占有返还请求权构成要件所述,现占有人的占有须来自对原占有人的侵夺,而非单纯侵占。本案中,被告蒋某林在与被告潍华物业公司的租赁合同到期后,继续占用部分车棚,其对车棚虽属无权占有,但因被告蒋某林的占有状态来源系由原管理方潍华物业公司自主交付而来,不存在侵夺的情形。故本案中无适用占有返还请求权之余地。

【律师点评】

1. 原告律师的代理思路

就原告律师而言,因共建配套房屋的所有权人并非各业主,故各业主无法依据《物权法》行使物权保护请求权及依据《民法通则》行使不当得利返还请求权;且因各业主亦不是两被告间租赁关系的当时主体,也无法依据《合同法》主张违约责任。因此,在本案中,主张占有排除妨害请求权则成为较好的选择,其思路要点如下:

(1)车棚作为共建配套房屋,其所有权本身虽不归属于各业主,但就车棚的使用性质而言,属于小区公共设施,各业主当然享有合理使用的权益。而各业主对于车棚的使用权益,足以形成对该权益的稳定准占有状态。同类案件中,对于权利的准占有,可以从物及权利的依附、关联关系中予以证明。

（2）被告对原告权益占有存在妨害，且已经达到难以容忍的程度。本案中，被告蒋某林占有车棚，并非自己停车之用，而系直接改变了车棚用途，且在原告行使请求权时仍在持续侵害中。

（3）对于要求被告支付使用费用或赔偿的场合。本案中，因各业主并非车棚的实际所有权人，所以主张被告支付使用费用的物权权能实难得到支持。但如果被告在占有车棚的过程中，对车棚造成实际损害的，则可以区分下述法律规定予以主张。《物权法》第242条规定："占有人因使用占有的不动产或者动产，致使该不动产或者动产受到损害的，恶意占有人应当承担赔偿责任。"第243条规定："不动产或者动产被占有人占有的，权利人可以请求返还原物及其孳息，但应当支付善意占有人因维护该不动产或者动产支出的必要费用。"

但应当注意，上述法律规定专门对无权占有人予以调整，有权占有人则按照其所处的法律关系予以调整。

2. 被告律师的代理思路

在占有排除妨害纠纷案件中，作为被告的现占有人，可从如下方面进行阐述：

（1）被告实属诉争标的的所有权人，而请求人原占有属无权占有。

（2）被告现占有属有权占有，具有占有权利上的本源，而不对原告构成任何妨害。

（3）被告的妨害行为不足以实际影响原告占有状态。

（4）对于涉及损失赔偿规则，则应避免被告被认定为恶意占有人。若被认定为善意占有人，则应注意善意自主占有或他主占有的不同，如为善意他主占有，则可能因超越假想的占有权限之行为，造成占有物毁损、灭失的，应承担赔偿责任。

【法官审判要旨】

本案审判思路与笔者直接将权益认定为准占有的思路略有不同，本案二审法官曾作精彩论述，下文予以摘录：

（1）共有设施使用不同于一时性合同，其不因履行行为而消灭，而是在确定的期间内继续存在，基于债权人对物的直接支配，进而使其在一定意义上脱离了债权法的领域而具有某些物权的权能，因而债权人可以基于占有对抗第三人。

（2）债权人对于标的物的占有，虽然可以基于债权获得救济，但是由于合同相对性的存在，当第三人侵害债权时，债权人对债权的保护无着，这时占有的保护功能就应得以凸显。基于占有的继续性和物权性，再加上对特定社会政策的考虑，债权人可以基于占有对抗第三人。

（3）各业主作为公共设施的使用权人，对车棚进行了实际占有和支配。由于占有物返还请求权要求侵夺人有积极的外表行为，租用期间届满不返还标的物的行为不符合占有返还请求权的构成要件。

（4）被告蒋某林和被告潍华物业公司自 2010 年 1 月 1 日起至今未签订租赁合同,被告蒋某林继续使用部分车棚的行为对原告合理使用构成了妨害,原告有权基于占有排除妨害请求权要求其迁出。

（5）虽将部分车棚改建门面房的行为也对原告正常使用车棚构成妨害,但被告潍华物业公司确非门面房的改建人,故原告无权要求被告恢复车棚原状。

案例（116） 甲与乙、丙占有保护纠纷案

来源：(2008)一中民终字第 6587 号
作者：周坤平

【案例导读】

本案甲与乙、丙长期共同使用一个厨房,中间有隔断墙,各走各门,客观之形成甲占有 1/2 厨房的事实。法律对不论基于何种原因形成的占有事实(状态)如何保护,请看以下案例。

【案情简介】

原告为甲；被告为乙和丙。

1995 年 11 月,A 饭店分配给职工乙、丙位于宣武区某地大院平房各一间,该院另有自建房若干间,分别由分配到该院的人作厨房使用。分配房屋后,乙即与妻子丙入住所分房屋,并占有一间自建房作为厨房(即本案诉争厨房,使用面积不足 4 平方米)使用。几年后,甲入住该院所分房屋,并与乙、丙共同使用本案诉争厨房,该厨房有简易隔断墙。2005 年 7 月,甲在本案诉争厨房归其使用部分安装了分户水表。乙、丙与甲因用水问题发生争执,强行将本案诉争厨房的隔断墙向西(甲使用一侧)移动,将甲存放厨房的物品扔出,并将厨房北门封堵,只保留东门进入。现甲已无法使用本案诉争厨房。

另查,A 饭店系原北京某服务(集团)公司下属企业,2002 年由 B 医院征用。A 饭店作为该服务(集团)公司下属企业,职工福利分房由企业自行安排解决,服务(集团)公司不参与、不管理,也不予备案。

2007 年 11 月 7 日,甲起诉至法院,要求乙、丙停止侵害,将厨房恢复原状。

乙、丙辩称,甲所述其与乙均是原 A 饭店职工属实。甲对诉争厨房没有任何权利,不享有所有权和使用权。诉争厨房是 A 饭店于 1995 年分给乙一家人使用的,2001 年甲搬过来后,乙、丙就把厨房钥匙交给甲,也同意让其使用。厨房的水表是甲趁着乙、丙不在家期间,于 2005 年或 2006 年私自安装的,安装水表后又不让乙、丙使用。

【审理与判决】

一审法院经审理认为:当事人对自己提起的诉讼请求所依据的事实或者反驳对方诉讼请求所依据的事实有责任提供证据加以证明,没有证据或者证据不足以证明当事人的事实主张的,由负有举证责任的当事人承担不利后果。本案中,出庭证人虽称当时单位将诉争厨房分配给甲与乙共同使用,但鉴于本案诉争厨房的现使用人为乙、丙,且甲未能提供其对诉争厨房享有所有权或租赁权的权属证书,故本院认为甲未提供充分证据证明其对诉争厨房享有合法权益。甲安装的水表位于本案诉争厨房内,甲可通过其他方式解决其用水问题。综上,对甲要求乙、丙停止侵害,将厨房恢复原状,以保证其正常生活用水的诉讼请求不予支持。依据最高人民法院《关于民事诉讼证据的若干规定》第2条之规定,判决驳回甲的全部诉讼请求。

宣判后,甲不服一审判决,提起上诉,请求撤销原判决,责令乙、丙停止侵害,将厨房恢复原状,以保证其正常生活用水。上诉理由为:(1)根据优势证据证明标准,应认定甲与乙、丙共同使用诉争厨房的事实;(2)诉争厨房属于自建房,没有权属证书,不能以此为由驳回甲的诉讼请求。

二审法院经审理认为:占有的不动产被侵占的,占有人有权请求返还原物。本案诉争厨房长期由乙、丙与甲共同占有使用,中间有隔断墙分隔,各有出入门口,分别使用各自部分。2007年7月,乙、丙强行移动隔断墙、封堵甲使用的北门,造成对甲占有部分的侵占,现甲起诉要求乙、丙停止侵害、恢复原状,有法律依据,应予支持。原审法院以本案诉争厨房现由乙、丙使用,甲不能证明其对本案诉争厨房享有合法权益为由,驳回了甲的全部诉讼请求不当,本院予以撤销。根据甲的诉讼请求,本案仅对甲的占有权予以保护,且因单位内部分配住房产生的争议,不属于人民法院受理民事案件的范围,故有关本案诉争厨房的承租权或使用权问题本案不予处理。

二审法院依据《民事诉讼法》第153条第1款第(二)项、《物权法》第245条之规定,判决:(1)撤销一审判决;(2)乙、丙于本判决生效后7日内将诉争厨房的隔断墙及北门恢复原状,停止对甲的侵害。

【律师点评】

占有是指对于物事实上的控制与支配,是人类支配资源最基本和原始的方式。占有制度是与所有权制度、他物权制度并列的三大物权制度之一。占有保护是占有制度的关键和核心,占有制度设立的目的就是为了更好地保护占有事实,稳定物的支配秩序,促进商品经济的发展。《物权法》第245条第1款规定:"占有的不动产或者动产被侵占的,占有人有权请求返还原物;对妨害占有的行为,占有人有权请求排除妨害或者消除危险;因侵占或者妨害造成损害的,占有人有权请求损害赔偿。"这是我国首次规定占有保护制度,弥补了我国占有保护制度的空白。物权法上对占有的保护目的在于恢复物的支配秩序,禁止他人任意剥夺占有人对物的支配,即使是本权人不经过法定程序也不例外,体现了法律对于占有人意志的尊重。

占有是一种事实,而非权利,所以在占有保护纠纷中法院无须查明占有人是否有权占有,只要查明客观上存在占有事实,该占有事实就能受到保护。人们对物的现实占有状态应受到保护,任何人不能以私力改变占有现状。占有保护纠纷之诉是以恢复原状为目的的应急措施,并不从根本上解决当事人之间的矛盾。占有人的占有得到保护后,如另一方认为其对争议物拥有实体权益,可基于本权另行起诉。

占有保护纠纷是一种全新的案件类型,具有如下特点:

1. 占有保护纠纷无须查明占有人是否有权占有

目前,学界已经基本放弃了将占有认定为所有权权能的观点,通说认为,占有是一种事实,是对物事实上的控制与支配,强调一种事实状态,而不关注权利本身。所以,占有才能够独立于所有权和他物权而单独受到保护。

有权占有,是指基于法律的规定或合同的约定对某物进行的占有,理论上又称有本权的占有,包括基于合同、物权或特定身份关系而享有的占有。反之,非基于本权或者欠缺法律上的原因而占有某物就是无权占有,如盗窃人占有赃物、承租人在租赁期满后仍占有租赁物等。在占有人的占有受到侵害时,占有人是有权占有还是无权占有?无权占有中,是善意占有还是恶意占有?法院均无须审查,只要查明客观上存在占有事实,就可对该占有事实予以保护。

本案中,甲与乙、丙多年来共同使用一个厨房,由于中间有隔断墙,各走各的门,已经形成分别占有 1/2 的事实。对甲而言,客观上存在着占有 1/2 厨房的事实。查明至此,甲要求对其占有进行保护的诉讼请求,就应得到法院的支持。至于甲是基于何种原因占有 1/2 厨房,则不是本案所要考虑的问题。正由于这一原因,再加上单纯的因单位内部房屋分配引发的争议并不属于法院管辖,才没有解决诉争厨房的承租权或使用权问题。

2. 对占有进行单独保护的目的在于维护社会和平秩序

人们对物的现实占有状态应受到保护,任何人不能以私力改变占有现状,即便对于物的现实占有状态与法律的应有状态相去甚远,也不允许以私力擅自加以改变。即使正当的权利人,如果允许他们可以任意否定这一占有状态,和平的社会秩序必然会遭到破坏,这正是《物权法》对占有进行单独保护的立法初衷。

本案中,甲与乙、丙分别占有 1/2 厨房的事实已经长期存在。2007 年 7 月,乙、丙以私力强行拆除隔断墙、封堵甲使用的北门,排除了甲对 1/2 厨房的占有,严重扰乱了和平的社会秩序,因此对甲的占有必须予以保护。

3. 占有保护纠纷不妨碍权利人另行主张实体权益

因为对占有的保护不考虑占有的实体权利,占有人只需对占有事实和权利受侵害的事实进行举证即可,从举证的难易程度看,相比基于本权进行的诉讼容易许多。这样,占有人通过提起占有保护纠纷之诉,可以使受侵害的权益及时得到维护。但占有保护纠纷之诉毕竟是以恢复原状为目的的应急措施,只能使物的现实占有人继续保持其原有的占有状态,并不从根本上解决当事人之间实体权益的归属。所以,占有人的占有得到保护后,如另一方认为其对争议物拥有实体权益,可基于本权另行起诉。

本案中,甲对1/2厨房的占有事实得到了二审法院的支持,使甲与乙、丙双方对厨房的占有恢复到了原来各1/2的状态,但并没有确认到底是谁对甲占有的1/2厨房拥有占有的本权。如果乙、丙认为其拥有本权(单位将整个厨房分配给乙、丙使用),则可以依据本权起诉要求甲腾退房屋。

案例(117) 贾凤某承租公房腾退纠纷案(公房租赁权)

来源:(2017)京02民终11148号
作者:许德蛟

【案例导读】

公房承租权是否属于用益物权?原告贾凤某是公房承租人,系租赁合同关系的合法占有人。被告杨小某、董天某实际长期居住在诉争公房内,是否也是合法占有人?解析本案究竟是占有消除危险,还是占有排除妨害,并不重要,意在提示诉讼方向,即本案是占有保护纠纷,而非物权保护纠纷。

【案情简介】

贾凤某承租的公房,系1993年拆迁承租而来。拆迁之前,贾凤某夫妇及其子女夫妇董某与杨小某均共同居住在拆迁之前的"承租公房"。涉案承租公房,系拆迁承租的四套公房之一。贾凤某夫妇(其夫董文某于2013年去世)、杨小某和2015年7月去世的董某(杨小某丈夫)共同居住于此,长达二十多年。

当时,杨小某作为贾凤某的儿媳妇,正在怀孕期间。

贾凤某虽系涉案承租公房的具名签字的人,但是,贾凤某并没有居住在涉案承租公房。再者贾凤某从未支付过涉案承租公房的租金、物业费等相关费用;以上费用均是由杨小某实际支付。

贾凤某之子董某去世两年之际,贾凤某以物权保护为由主张杨小某,董天某腾退所住的承租公房。

【审理与判决】

1. 诉讼当事人

一审原告为贾凤某,被告为杨小某和董天某。

2. 诉请与抗辩

原告诉请:判令二被告从涉案房屋搬出,腾空该房返还给原告;同时要求二被告支付涉案房屋占用费,从 2015 年 7 月起支付,每月 1 000 元。

被告抗辩:被告杨小某与董天某是共同居住人,不同意原告的诉请。

3. 争议焦点

杨小某、董天某二被告是不是共同居住人?

4. 判决过程

一审法院认为:合法的民事权益受法律保护。用益物权人对他人所有的不动产或者动产,依法享有占有、使用的权利。无权占有不动产或者动产的,权利人可以请求返还原物。原告是诉争房屋的承租人,故原告对诉争房屋享有用益物权。由于被告一家住房困难,经原告同意居住于诉争房屋,但原告并无法定义务为二被告提供住房。二被告具有劳动能力,应当自行解决住房问题。同时,二被告以家庭为单位,已经获得了廉租房,故对原告要求二被告腾房的诉讼请求本院予以支持。对于腾房时间,本院酌情予以判定。由于原、被告系亲属,而且被告入住涉案房屋系经原告同意,入住时双方未约定被告需要支付房屋使用费。故对原告要求被告支付房屋使用费的诉讼请求,因无合同依据及法律依据,不予支持。判决如下:(1)自本判决生效后 1 个月内,二被告将涉案房屋腾空,交原告贾凤某收回。(2)驳回原告贾凤某的其他诉讼请求。

二审法院判决:驳回上诉,维持原判。

【法律要点解析】

1. 公房承租权是用益物权还是租赁债权

租赁权是债权不是用益物权,但是也有观点认为租赁权是用益物权。一般认为,房屋租赁是一种财产使用权转移的民事活动。房屋租赁并不发生房屋所有权的转移,只是房屋的所有权人在一定期限内将房屋的使用收益权及其占有范围内的土地使用权有偿让渡于承租人。然而,也有重构用益物权的声音和论述。重构往往以租赁权为重点。但是,本案的特殊性在于涉及的是公房承租权。公房承租权在本案判决中已经被认定为用益物权,并将贾凤某认定为用益物权人。

2. 本案的诉讼方向问题

原告要求判令二被告从涉案房屋搬出,腾空该房返还给原告。起诉的案由是物权保护。从原判决适用《物权法》第 34 条关于"无权占有不动产或者动产的,权利人可以请求返还原物"的规定看,这是案由规定物权保护纠纷部分中的返还原物纠纷。在案由规定的用益物权纠纷部分并没有返还原物纠纷。承租公房是客观事实，如果要求杨小某、董天某返还其所居住的承租公房，一是要研究占有物返还纠纷，二是要研究承租公房的共同居住关系。若为前者可能胜诉，若为后者不会胜诉。

3. 杨小某、董天某是不是共同居住人

根据前述基本案情，杨小某、董天某应当是共同居住人。

4. 杨小某、董天某是不是借住涉案房屋

原判决认为，由于杨小某、董天某住房紧张，经贾凤某同意，多年居住在贾凤某承租的房子内。另外由于原、被告系亲属，而且被告入住涉案房屋系经原告同意，入住时双方未约定被告需要支付房屋使用费。故对原告要求被告支付房屋使用费的诉讼请求，因无合同依据及法律依据，不予支持。何谓"经贾凤某同意"居住？是借住而同意吗？从原告诉讼请求和原判决适用《物权法》第34条的规定看，是不存在借住关系的。"经贾凤某同意"居住，也不存在转租的关系。所以，原判决的判决理由是值得商榷的。当然，除非原、被告不是共同居住关系，或有证据证明是借住。

5. 原判决适用《物权法》第34条是否正确

不正确。一是因为《物权法》第34条不是针对用益物权的法律，实际上是针对所有权的法律。《物权法解释（一）》第8条规定：依照物权法第二十八条至第三十条规定享有物权，但尚未完成动产交付或者不动产登记的物权人，根据物权法第三十四条至第三十七条的规定，请求保护其物权的，应予支持。《物权法》第28条规定："因人民法院、仲裁委员会的法律文书或者人民政府的征收决定等，导致物权设立、变更、转让或者消灭的，自法律文书或者人民政府的征收决定等生效时发生效力。"第29条规定："因继承或者受遗赠取得物权的，自继承或者受遗赠开始时发生效力。"第30条规定："因合法建造、拆除房屋等事实行为设立或者消灭物权的，自事实行为成就时发生效力。"第34条规定："无权占有不动产或者动产的，权利人可以请求返还原物。"从上述司法解释和法律规定可以看出原判决适用《物权法》第34条不正确。二是杨小某、董天某是共同居住人，如此适用法律也不正确。

【律师点评】

1. 原告律师的代理思路

原告律师将公房承租权当作用益物权，而且救济的案由是物权保护的返还原物纠纷，请求权基础是《物权法》第34条。

2. 被告律师的代理思路

本案被告没有聘请律师，但是应诉出庭都咨询了律师。律师认为是共同居住关系，只要牢牢抓住共同居住人进行抗辩即可。

【法官审判要旨】

法官审理该案,显然支持了原告律师的思路,同时参照杨小某、董天某申请了廉租房而作出迎合判决的说理,进而判决支持原告的第一项诉讼请求。

【结语】

承租人是占有人,是有权占有人。原告若要求被告腾房,要么请求占有物返还,要么请求占有排除妨害,或者请求占有消除危险。

公房承租权是不是用益物权,与《物权法》第 34 条规定适不适用公房承租权,是本案的焦点。其中的内在矛盾是物权保护的返还原物纠纷,还是用益物权纠纷中的"有名"纠纷?在物权保护中只有用益物权确认纠纷,没有用益物权的返还纠纷;在用益物权纠纷部分,也没有相关返还用益物权纠纷。但是,就本案要求返还涉案房屋而言,被告对承租房显然是一种占有,而且在涉案房屋长期生活二十多年,占有使用状态是一种事实。因此,如果被告不是共同居住人的关系,主张占有物返还纠纷是一种必然。

《物权法》第 241 条实际不支持租赁权是用益物权。至于公房承租权是不是用益物权,应当看承租合同中的约定,如果约定可以处分承租公房(当然处分所得利益一般要与公房所有人进行约定),笔者认为应按照用益物权对待,毕竟物权法定。

三、占有物损害赔偿纠纷

案例(118) 邵某请求占有物损害赔偿纠纷案

来源:(2015)一中民终字第 08255 号
作者:许德蛟

【案例导读】

2003 年 10 月,邵某向其表姐王某梅购买涉案房屋并居住近七年,因原房主王某成原因一直未能办理产权过户登记。后该房屋被王某成私下转让给他人,几经易手,后宫某取得房屋产权证,强行将邵某驱赶出涉案房屋。邵某是否享有涉案房屋的产权?

【案情简介】

原告邵某从其表姐王某梅手中以 35 万元、分期付款方式购买了涉案房屋。由于房主王某成的原因,涉案房屋一直未能办理产权过户。邵某从 2003 年 10 月居住涉案房屋迄本案成讼已近七年。

2010年7月2日中午12点30分左右,一个人到原告家对他说,王某成已经将该房屋卖给了付某楠,其为付某楠的舅舅,房屋要装修,让原告搬出去。原告告诉该人,其于2003年购得该房屋,已经居住了近七年,该人便走了。

2010年7月9日中午12点20分左右,之前来的人带着一人闯入原告家,声称这次进来就住在这里不走了,并且稍后还会再来几个人住在这里。原告立即拨打110电话报警,但是民警只是维持"不打架"的局面,别的不管。当天晚上9点左右原告回家,在电梯门口,看见七八个壮汉站在原告家门口。原告拨打110电话报警,民警来到时,房门已经被撬开,一伙人已经进入房屋。民警问那些人怎么回事,对方回答是受房产证主人(被告孙某)之托,同时向民警出示了一个红本,并说钥匙丢了,所以要撬门。之后民警不管了。

第二天(7月10日)早上9点左右,对方又来了两个人。原告多次告诉对方走法律程序解决问题,如果法院判决买卖合同无效,原告马上搬出去,但是对方置若罔闻。下午3点左右,原告刚一出门,孙某派的人就把房门锁上了,再也不让原告进门了。原告再次拨打110电话报警,民警赶到后重复着先前的意见。随后,对方几个人站成一排,把原告堵在墙角,原告眼睁睁地看着对方当着民警的面把家里的物品一件一件搬出家门。就这样原告无家可归,物品也不知去向了。

原告认为,涉案房屋被王某成、付某楠以及孙某在短时间内,数易其手,目的并不是购买居住,也不是投资获利,完全是别有用心。被告的行为是非法自力救济,是非法侵占原告占有的房屋。被告的行为已经构成侵占,因此,原告提起占有物返还之诉,要求被告返还涉案房屋。

【审理与判决】

1. 诉讼当事人

一审原告为邵某,被告为宫某、孙某、付某楠。

2. 判决过程

一审法院认为,邵某虽然与王某梅签订了房屋转让协议,但王某梅尚未取得涉案房屋产权,双方的买卖合同未依法进行产权过户登记,邵某未被登记为诉争房屋的所有权人,其尚不具有不动产物权人的主体资格,故此,邵某要求孙某、宫某返还诉争房屋(占有物),缺乏法律依据,不予支持。

二审法院认为,邵某系依据合同对房屋合法占有,属于物权法之占有,此占有禁止他人以私力加以破坏。但因生效判决已经确认付某楠与宫某之房屋买卖合同有效,而宫某亦取得房屋所有权登记,为减少当事人诉累,对邵某要求宫某、孙某腾退返还房屋的请求不予支持。但应当指出,在邵某的购房合同未解除或邵某未提出解除合同不再对诉争房屋主张返还之前,邵某对房屋享有占有使用的权利。现邵某因宫某、孙某、付某楠的非法行为导致其自2010年7月11日起无法对诉争房屋进行占有使用,必然给邵某带来无法使用房屋的租金损失,对此宫某、孙某、付某楠应当予以赔偿。2015年1月26日,邵某以有独立请求权第三人的身份参加到李某胜、王某梅诉王某成、周某生、付某楠、宫某房屋买卖合同纠纷一案,并明确提出在房屋转让协议解除的基础上进行赔偿的诉求,此应视为邵某不再主张占有房屋。据此,本院认定宫某、孙某、付某楠应当赔偿邵某因无法使用房屋而产生的租金损失,期限应为2010年7月11日至2015年1月25日,具体损失标准结合市场参考价格酌情确定,判决:(1)宫某、孙某、付某楠于本判决生效后7日内赔偿邵某财产物品损失18万元;(2)宫某、孙某、付某楠于本判决生效后7日内赔偿邵某自2010年7月11日起至2015年1月25日止的租金损失163 500元。

本案经过申请再审,裁定发回重审。重审一审法院判决:(1)宫某、孙某、付某楠于本判决生效后7日内赔偿邵某财产物品损失18万元;(2)宫某、孙某、付某楠于本判决生效后7日内赔偿邵某自2010年7月11日起至2015年1月25日止的租金损失163 500元;(3)驳回邵某的其他诉讼请求。

重审二审法院判决:驳回上诉,维持原判。

【法律要点解析】

实际上,邵某和李某胜、王某梅在相同案情背景下发生了两个诉讼,王某梅主张赔偿之诉,邵某主张占有物返还之诉。

占有物返还之诉:本案立案审查五天。一审法院按"返还原物"审理,所以没有在物权保护上(占有物返还)给以理想的判决,但在邵某、李某胜的权益补偿上,最终做到了必要的填补。重审一审法院民事判决最精彩的部分虽然不是物权保护方面,但是判决理由确实精彩。邵某系依据合同对房屋合法占有,属于物权法之占有,此占有禁止他人以私力加以破坏。在邵某之购房合同未解除或邵某未提出解除合同不再对诉争房屋主张返还之前,邵某对房屋享有占有使用的权利。现邵某因宫某、孙某、付某楠的非法行为导致自2010年7月11日起无法对诉争房屋进行占有使用,必然给邵某带来无法使用房屋的租金损失,对此宫某、孙某、付某楠应当予以赔偿。

所谓物权保护,就是如何使涉案房屋从付某楠、宫某名下回归到王某成名下,并且履行与李某胜的房屋转让协议,以使邵某的买房预期能够得以实现。

另外,李某胜从1999年9月16日起对涉案房屋行使占有、使用、收益和处分的所有权能,至2003年涉案房屋被转让给付某楠,再到被告付某楠、宫某派人强行赶出邵某之时,已经11年。那么,原告邵某具有物权吗?

由于《物权法》对2007年10月1日生效之前的"二手房"买卖行为没有溯及力,再由于《物权法》施行之前,我国没有不动产登记发生物权效力的法律制度,所以,按照《民法通则》第72条关于"按照合同或者其他合法方式取得财产的,财产所有权从财产交付时起转移,法律另有规定或者当事人另有约定的除外"的规定,除《民法通则》关于涉外民事关系的法律有动产和不动产的表述,在"涉内"法律关系的法律中,没有使用动产和不动产的概念,也就是说,《民法通则》中的财产所有权概念既包括动产,也包括不动产。在此理由下,王某成向李某胜现实交付涉案房屋之时,李某胜实际就依法取得了涉案房屋的所有权,并且李某胜有长时间的实际管领的事实状态和权利状态,基于此,邵某已经有近七年的实际管领的事实状态和权利状态,也应当取得涉案房屋的所有权。

案件在成诉之前,有观点认为属一房二卖。按照《物权法》第106条的规定审视,这里的问题是,王某成是不是"无处分权人"?"无处分权人"不构成一房二卖,"有处分权人"才能构成一房二卖。

如果王某成是"有处分权人",本案就不能适用《物权法》第106条的规定。我们不能忽视适用《物权法》第106条的前提条件。其实,在善意取得的"四要件"对照之下,付某楠、宫某都不能构成善意取得。

事实上,尤其在起诉时找不到王某成、无法送达的情况下,"占有"的物权保护是诉讼的基本考虑,也是对邵某救济的必然。也就是说,"占有"的物权保护是必然的支撑点。因为涉案房屋已经由王某成卖给李某胜,并且转移占有,交付李某胜现实使用,且有长时间的实际管领的事实状态和权利状态,所以,保护"占有"就是保护物权。

本章附录:占有保护纠纷大数据分析(毕文强)

1. 数据来源[①]
时间:2009年10月1日—2018年10月18日
案例来源:Alpha案例库
案由:占有保护纠纷
案件数量:18 671件
数据采集时间:2018年10月18日
2. 检索结果可视化
本次检索获取了占有保护纠纷自2009年10月1日至2018年10月18日的共计18 671篇裁判文书。

[①] 数据来源于Alpha案例,可能存在偏差,仅供参考。

(1) 整体情况分析

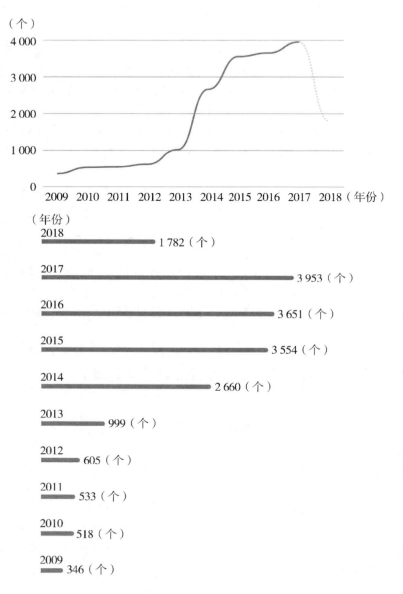

图 6-1　占有保护纠纷案例数量的变化趋势

从图 6-1 的整体情况分析可以看到，当前条件下，占有保护纠纷案例数量的变化趋势。

第六章　占有保护纠纷　513

图 6-2　占有保护纠纷案例地域分布

从图 6-2 中地域分布来看，当前条件下，占有保护纠纷案例主要集中在上海市、山东省、江苏省，占比分别为 11%、7%、6%。其中上海市的案件量最多，达到 2 061 件。

（2）案由分布

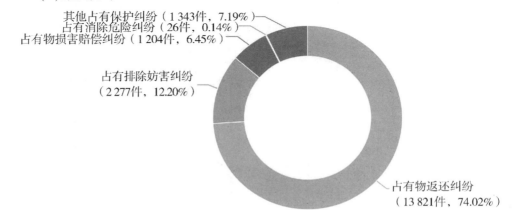

图 6-3　占有保护纠纷案由分布

从图 6-3 的案由分布情况可以看到,当前条件下,占有保护纠纷最主要的案由是占有物返还纠纷,有 13 821 件,占一半以上,其后是占有排除妨害纠纷、占有物损害赔偿纠纷、占有消除危险纠纷、其他占有保护纠纷。

(3) 程序分类

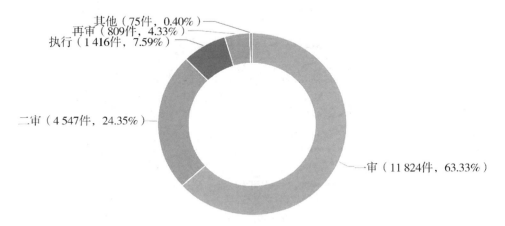

图 6-4 占有保护纠纷的审理程序分布

从图 6-4 的程序分类统计可以看到,当前条件下,占有保护纠纷的审理程序分布状况,其中一审案件有 11 824 件;二审案件有 4 547 件;再审案件有 809 件;执行案件有 1 416 件。

(4) 裁判结果

① 一审裁判结果

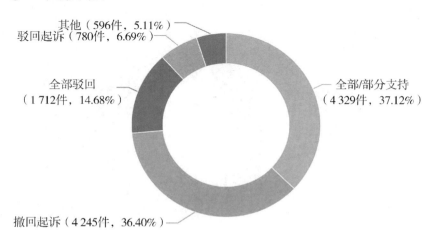

图 6-5 占有保护纠纷的一审裁判结果

从图6-5中一审裁判结果可以看到,当前条件下,全部/部分支持的有4 329件,占比为37.12%;撤回起诉的有4 245件,占比为36.40%;全部驳回的有1 712件,占比为14.58%。

② 二审裁判结果

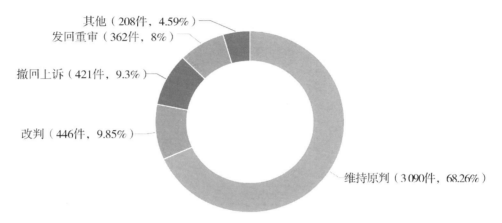

图6-6 占有保护纠纷二审裁判结果

从图6-6中二审裁判结果可以看到,当前条件下,维持原判的有3 090件,占比为68.26%;改判的有446件,占比为9.85%;撤回上诉的有421件,占比为9.3%。

(5)标的额

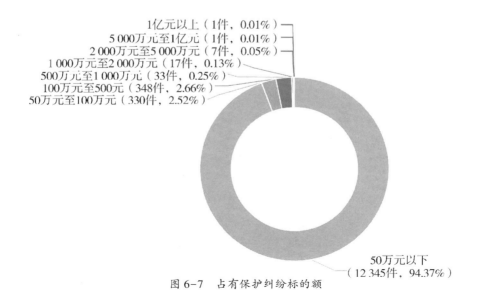

图6-7 占有保护纠纷标的额

从图 6-7 中标的额可以看到,当前条件下,标的额为 50 万元以下的案件数量最多,有 12 345 件;50 万元至 100 万元的案件有 330 件;100 万元至 500 万元的案件有 348 件;500 万元至 1 000 万元的案件有 33 件;1 000 万元至 2 000 万元的案件有 17 件。

(6)审理期限

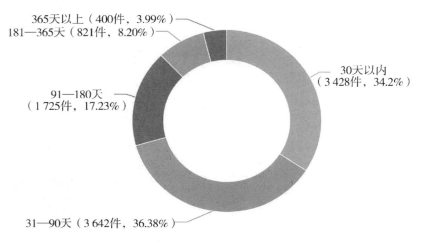

图 6-8　占有保护纠纷审理期限

从图 6-8 中审理期限可以看到,当前条件下,大部分审理时间处在 31—90 天的区间内,平均审理时间为 91 天。

(7)法院

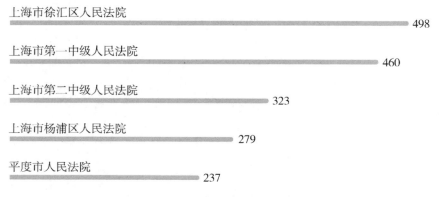

图 6-9　审理占有保护纠纷案件法院分布

从图 6-9 中法院的分析可以看到,当前条件下,审理占有保护纠纷案件数量由多至少的法院依次为上海市徐汇区人民法院、上海市第一中级人民法院、上海市第二中级人民法院、上海市杨浦区人民法院、平度市人民法院。

第七章　征收与拆迁补偿纠纷

一、国有土地及其地上物补偿纠纷

案例（119）　商某诉廊坊市住房保障和房产管理局等强制拆除房屋违法纠纷案

来源：（2017）冀行终字 37 号
作者：李吏民

【案例导读】

本案原告商某的合法住房遭到强拆，而且不知道强拆人是谁，商某应如何进行维权？

【案情简介】

原告商某在廊坊市某区有合法房屋，有房产证、土地证。2009 年，其房屋范围所在片区涉及拆迁，其与拆迁人就房屋补偿数额经多次协商谈判没有达成协议。2011 年 8 月 18 日，商某的房屋被强拆，房屋被强拆时商某不在现场，不知道是谁将自己的房屋强拆，其得知强拆后及时拨打 110 电话报警，公安机关受理后并未告知商某是何人拆除了房屋，只是称正在处理中。2015 年，商某起诉某区房屋征收办强拆违法，某区法院认为商某没有证据证明某区房屋征收办实施了强拆行为而不予立案。商某遂委托律师代理其房屋被非法强制拆除案。

律师接受其委托后，通过其他诉讼得知，2009 年 7 月 1 日，廊坊市棚户区改造领导小组办公室制定了某棚改〔2009〕1 号文件，对市区某大桥西侧棚户区改造工作作出安排意见，文件明确某大桥西侧棚户区改造拆迁工作由廊坊市住房保障和房产管理局牵头组织，廊坊市某区政府作为拆迁主体具体实施。商某以廊坊市住房保障和房产管理局、廊坊市某区政府为被告向廊坊市中级人民法院起诉强拆违法，廊坊市中级人民法院审理后认为没有证据证明二被告实施了强拆行为，驳回了商某的起诉,商某不服,向河北省高级人民法院上诉,河北省高级人民法院经过审理撤销了一审,裁定指令廊坊市中级人民法院继续审理。

廊坊市中级人民法院重新审理后认为,二被告没有证据证明不是其强拆,应当承担房屋强拆的法律后果,遂判决确认二被告强拆商某的房屋违法。廊坊市住房保障和房产管理局、廊坊市某区政府不服一审判决向河北省高级人民法院上诉,在二审审理期间,商某和拆迁部门就房屋征收补偿达成协议。

【审理与判决】

1. 诉讼当事人

原告为商某;被告为廊坊市住房保障和房产管理局、廊坊市某区政府。

2. 争议焦点

(1)被告是否实施了强拆行为;

(2)该强拆行为是否合法。

3. 判决过程

一审裁定:廊坊市中级人民法院认为,原告没有证据证明二被告实施了强拆行为,裁定驳回原告的起诉。

二审裁定:河北省高级人民法院认为,原告的举证责任已经完成,能够认定二被告组织实施了强拆行为,遂裁定撤销了一审裁定,指令廊坊市中级人民法院继续审理。

一审判决:一审判决认为,原告提供的廊坊市棚户区改造拆迁文件及房屋被强拆的照片等证据足以证明房屋被二被告强行拆除,如果二被告主张涉案房屋不是其所拆除应提供证据予以证明;二被告拆除涉案房屋没有履行法定程序。判决:确认被告廊坊市某区人民政府、廊坊市住房保障和房产管理局的强制拆除行为违法。

二审判决:二被告不服上诉至河北省高级人民法院。审理期间,被告与原告达成拆迁补偿协议。被告撤回上诉。

【法律要点解析】

1. 被告是否实施了强拆行为

原告举证如下:

(1)根据廊坊市棚户区改造领导小组办公室制定的文件某棚改〔2009〕1号《市区银河大桥西侧棚户区拆迁改造工作安排意见》,被告廊坊市住房保障和房产管理局为原告房屋所涉片区拆迁的组织者,被告某区政府作为拆迁主体具体实施。

(2)二被告已经对涉案地块的房屋组织实施拆迁。被告自2009年年初就开始进行拆迁工作了。

(3)原告房屋是在被告拆迁过程中(2011年8月18日)被拆除的,原告提供了房屋被拆除后的现场照片。

原告举证后,被告未能提供房屋不是其拆除的相应证据,故法院根据原告证据推断涉案房屋是被告强拆的。

2. 被告强拆是否违法

原告的房屋被强拆发生在 2011 年 8 月 18 日,按照原《城市房屋拆迁行政裁决工作规程》及《国有土地上房屋征收与补偿条例》第 28 条之规定,在强拆前应当作出房屋拆迁裁决或者房屋征收补偿决定,然后对上述法律文书法定的复议、诉讼期限届满或者经过复议、诉讼终结后,才可以向法院申请强制执行,且在强制拆除过程中,应当全程录像,制作强拆笔录,对房屋中的物品进行妥善处理和保管。但二被告没有提交任何证据证明有相应的执行依据,没有证据证明其履行了法定程序。因此,二被告对原告房屋进行强制拆除没有事实根据,没有履行法定程序,应当依法确认二被告对原告房屋强制拆除的行为违法。

【律师点评】

房屋被强拆,特别是被偷拆后,往往找不到强拆主体,被拆迁人向法院提起强拆诉讼就非常困难。如何找到房屋拆迁的主体及应承担法律后果的责任人至关重要。在房屋拆迁的利益博弈中,征收拆迁主体往往不会直接实施强拆行为,一般也不会作出强拆决定及公告。那么,在征收拆迁过程中被拆迁人的房屋被强拆,征收人是否应当承担强拆的法律后果呢?答案是肯定的。

本案是比较曲折的,原告商某在取得廊坊市某棚改〔2009〕1 号文件后,原告代理律师经过分析认为可以确定廊坊市住房保障和房产管理局和廊坊市某区政府为强拆的主体,可以提起强拆之诉,但是廊坊市中级人民法院第一次审理后认为,原告没有证据证明二被告对其房屋实施了强拆,驳回了原告的起诉。原告不服,向河北省高级人民法院上诉,河北省高级人民法院经过审理后认为,原告的举证责任已经完成,能够认定二被告组织实施了强拆行为,遂撤销了一审裁定,指令廊坊市中级人民法院继续审理。

河北省高级人民法院作出这个裁定是正确的。第一,廊坊市某棚改〔2009〕1 号文件中明确,廊坊市住房保障和房产管理局为商某房屋所涉片区拆迁的组织者,廊坊市某区政府为拆迁主体具体实施。第二,商某的房屋在某棚改文件确定的拆迁范围内。第三,商某的房屋是在二被告实施拆迁的过程中被强制拆除的。第四,原告的举证责任已经完成,商某没有签订拆迁补偿协议,没有得到任何补偿,二被告组织实施征收仍在进行,只有二被告具有可拆的利益和实施强拆的动机。第五,如果二被告认为不是其组织、授权、放任的拆除行为,其应当承担相应的举证责任,必须作出合理的说明,排除合理的怀疑,且二被告作为政府部门掌握了大量的信息和相应资源,其有相关的职能部门,完全具备这样的举证能力。第六,二被告仅仅辩称其没有组织、参与、实施强拆行为,但没有提供商某的房屋是自然灾害、他人强拆等相关证据,其应当承担举证不能的法律后果。第七,在房屋征收过程中对房屋实施强拆必须有实施根据并履行法定程序。故廊坊市住房保障和房产管理局及拆迁主体廊坊市某区政府强拆原告房屋的行为违法。

【结语】

在房屋征收拆迁过程中,征收方和被征收方达不成房屋拆迁补偿协议时,被征收房屋往往难逃被强拆的厄运,而且强拆房屋也是不留痕迹,没有强拆决定,没有相应强拆公告,强拆人员身份也不明,因此,无法知道强拆房屋的实施人,这样就给被拆迁人提起诉讼造成了很大难度,不知道去告谁。当被拆迁人遇到这种情况时,应当第一时间向公安机关报案,由公安机关对违法拆迁行为进行查处。如果公安机关告知是某个机关实施的拆迁行为,那么可以据此以该机关为被告提起强拆诉讼。如果公安机关没有告知或者称找不到强拆主体,此时应当向相关部门了解房屋所在片区的征收主体及对房屋进行征收拆迁的实施主体。在清楚房屋征收主体及实施主体的情况下,可以以其为被告向法院提起强拆诉讼。

案例(120) 陈某与崔某拆迁安置房屋确权纠纷案

来源:(2018)京02民终1106号
作者:周帆

【案例导读】

本案原告陈某、被告崔某与崔某达共同居住在崔某达承租的公房里,后来公房拆迁,三人作为安置对象取得安置房。崔某达将安置房分配给原告陈某和被告崔某共有。后因被告出面购买安置房,并将产权办至自己名下,原告起诉被告要求享有50%产权份额。公房拆迁的安置人究竟享有何种权益?

【案情简介】

崔某达原系北京市西城区二七剧场路东里×号房屋承租人。1997年11月13日,铁道部机关服务局与崔某达签订《北京市城市住宅房屋拆迁安置补助协议书》,其中载明应安置人口为"本人、孙、外孙和分户孙"四人。其中本人为崔某达、孙为崔某、外孙为陈某、分户孙为崔某A。1999年8月11日,铁道部机关服务中心房管处与崔某达签署《铁道部机关职工住房分配协议书》,铁道部机关服务中心房管处将210号房屋分配给原告陈某与被告崔某住用。2001年10月10日,铁道部机关服务局与崔某就诉争房屋签订《房屋买卖合同》,约定初步概算房价为人民币103 028元、楼房共用部位及公用设施维修基金1 958元。2002年10月29日,崔某取得诉争房屋所有权证书。

2016年，崔某达的外孙陈某向一审法院提出诉讼请求：要求被告崔某协助陈某办理北京市西城区×路×里×楼210号房屋（诉争房屋）的产权过户手续，双方各占50%的份额，并由被告承担本案诉讼费用。

原告陈述：崔某达（原告的外祖父、被告的祖父）系原铁道部干部，一直居住在公租房。1997年崔某达与铁道部机关服务局签订了拆迁安置协议，与原、被告一起被安置在北京市西城区×路×里×楼210号房屋（诉争房屋）。过渡期结束后，由原告的母亲崔某新、被告的父亲崔某豁各出资6万元将该房屋买下，当时并未办理房产证。崔某达于1999年8月3日委托长子崔某勃分配家产，其中明确写明诉争房屋由原、被告共有，相关人员均在协议上签字确认。崔某达于2001年到西安与陈某和崔某新共同生活，直至2007年去世。2016年6月底，原告得知诉争房屋在2002年时已经办理了产权证，所有权人为被告单独所有。

被告辩称：诉争房屋由被告出资购买并登记在被告的名下，不存在与原告共同共有的事实和法律依据，请求法院驳回原告的诉讼请求。诉争房屋确系崔某达安置取得的房屋，但由被告出资购买，原告及其母并未出资，双方也没有购买房屋的合意，要求驳回原告诉请。

【审理与判决】

1. 争议焦点

（1）本案的案由如何确定。

（2）原告与被告是否形成购房合意。

（3）原告母亲崔某新是否支付了购房款。

2. 审判过程

（1）一审法院在审理过程中，以原、被告及其他家庭成员签订协议书、共同购买诉争房屋、本案应为合同纠纷为由，经过释明让原告将案由"所有权确认纠纷"改为"合同纠纷"。因原告提供的证据不足以证明双方形成购房合意，也不足以证明原告在购买诉争房屋时进行实际出资，判决驳回原告的诉讼请求。原告不服，提起上诉。

（2）二审法院对案由和证据重新进行了审理，认为基于崔某达赠与、受赠人接受所形成的共有关系，本案应为所有权确认纠纷。原告在一审、二审过程中提供的证据的真实性及其证明效力应予以认定，判决撤销一审判决，被告协助原告办理诉争房屋50%产权转移登记手续等。

【法律要点解析】

1. 本案为何属于所有权确认纠纷而不是购房合同纠纷

首先，本案源于1997年铁道部机关服务局的拆迁安置行为以及拆迁安置补助协议。原铁道部机关干部崔某达为公房的承租人，原告、被告与崔某达共同居住并落户在崔某达承租的公房里。拆迁安置时,铁道部机关服务局根据居住与落户情况,在拆迁安置补助协议中列明安置人口包括原告与被告等四人,并为崔某达提供了两套一居室和一套两居室安置房。家庭成员签署的《协议书》表明,崔某达将安置房中一套两居室分配给原告和被告共有、居住;另外两套一居室分配给另外两位孙子。

其次,诉争房屋并非一般的商品房,而是拆迁安置房。20世纪90年代的公房拆迁安置与现在不同,拆迁人先行提供安置房解决被拆迁人的居住问题,被拆迁人对安置房可以继续承租也可以出资购买。

再次,本案原告与被告共同出资购买了诉争房屋,因原告长期不在北京,被告将诉争房屋产权证办在自己名下,遂产生争议。

最后,本案是基于被拆迁人崔某达将自己获得的拆迁权益赠与原告和被告所产生的房屋共有关系,并非共同购买商品房的合同关系,因此二审法院将案由重新确认为一审原告原定的所有权确认纠纷。

2. 二审法院如何认定原告证据真实有效

二审法院与一审法院对本案主要证据的真实性与效力性认定截然不同。

(1)家庭《协议书》:一审法院认为,《协议书》无原件,签字人不齐全,其中被告签字不是本人所签,故其真实性和效力性无法认定。二审法院认为,《协议书》部分签字人已经认可其真实性,而且其中涉及的两套一居室分配的内容后来已经实际履行;协议形成时间与拆迁安置时间相互对应;虽为复印件,原告与被告均未亲自在文件上签字,但《协议书》实质为崔某达处分自己拆迁补偿利益的赠与行为,原告与被告均未声明放弃受赠利益,故认定《协议书》真实有效。

(2)《最后遗言》:一审法院认为,该证据仅说明对拆迁安置房居住分配问题,不足以证明原告与被告形成共同购房合意。二审法院认为虽然该证据中崔某达的表述为"分居议住",但是《协议书》中明确表述为共有。鉴于当时公房是租赁还是购买均未明确,如此表述可以理解。但崔某达关于双方共有的意思前后是一致的。

(3)购房款收条:一审法院认为收条上没有被告签字,被告也不认可其父亲崔某豁签字的真实性,故其真实性无法确认。二审法院认为,收条上由被告父亲、祖父、大伯签字,被告父亲虽否认自己签字,但是不否认其他人签字。被告大伯已经认可自己签字。另外从购房款金额来看,实缴总额为12万元左右,原告母亲支付6万元,符合崔某达要求各出一半钱共同购买安置房的意愿。故认定收条真实有效,原告已经出资。被告与崔某豁是父子关系,应认定其父代收原告购房款,即便被告未收款,被告应与其父自行解决。

3. 原告长期未向被告主张权利是否视为默示放弃

本案被告辩称,原告长期未向其主张权利应视为默示放弃。权利人放弃权利一般必须采取明示的方式。《民法总则》第 140 条第 2 款规定："沉默只有在有法律规定、当事人约定或者符合当事人之间的交易习惯时,才可以视为意思表示。"因此,陈某多年间未主张权利,并不能构成法律上的默示放弃。

【律师点评】

1. 原告诉讼策略分析

原告经过深入分析案情及现有证据,将案件性质定为拆迁安置房所有权确认纠纷。这种定性无疑是准确的,以此来组织各种证据对原告相当有利。后来在一审过程中,经法官释明案由变更为合同纠纷,一审争议焦点就变成双方是否形成购房合意和原告是否支付了购房款。由于证据难以证明双方形成共同购房合意,被告父亲收款与被告收款尚有偏差,因此对原告不利,导致一审败诉。二审时,原告坚持恢复一审的案由为所有权确认纠纷,争议焦点也改变为原告对诉争房屋是否拥有权利,对其权利份额如何确定。原告围绕该案由进行分析与辩论,二审法官采纳了原告的上述主张,并对证据进行综合论证,认定本案主要证据的真实有效性。

2. 二审法院在认定本案证据方面有何借鉴之处

本案源于 1997 年,历时二十多年,现有证据不齐全、存在各种瑕疵是情有可原的。如果简单地以证据表面形式有瑕疵来否定证据的真实性,显然不妥当。对于历史遗留问题,应该考查全部证据内容,根据证人与当事人的关系、证据间的关联性,结合年代特点、房屋特点、实际履行情况等运用逻辑推理和日常生活经验法则进行综合认定。最终认定证据的真实性和有效性,显然是正确的。

3. 在公房承租情况下,被拆迁人究竟享有哪些权益

本案未深入阐明公房承租情况下被拆迁人享有哪些权益,现补充分析如下:

由于被拆迁人对所居住的公房不享有所有权,只享有使用权。在拆迁补偿时,拆迁人首先需要解决被拆迁人的居住问题,因此拆迁人会结合公房居住人情况、公房户口落户情况来确定需要安置的人口数量,并提供相应面积的安置房。因此,被安置对象享有居住权,基于居住权形成对安置房的特定购买权。

本案二审法院认为仅有承租人崔某达享有拆迁安置权益,原告和被告的权益全部来自崔某达的赠与,该表述显然不够精确。因为原告、被告与崔某达在公房里共同居住,三人均有户口。三人均为被安置人,其权利和义务应该是同等的。也就是说,崔某达、原告和被告对安置房享有同等的居住权和购买权。如果计算份额的话,每个安置对象应享有 1/3 的份额。崔某达赠与的仅为自己所拥有的 1/3 份额,并非全部。崔某达将其所拥有的 1/3 份额平均赠与原告与被告,所以形成原告和被告对安置房各自享有 50% 份额的格局。二审法院表述虽不够精确,但最终判决是完全正确的。

【案外语】

假设本案不存在家庭分配协议和崔某达的赠与行为,原告也未出资,被告未经原告同意私自将安置房购买下来,并为自己办理了产权证,原告该如何起诉?

这种情况下,被侵犯的是原告对安置房享有的居住权和特定购买权,应构成侵权法律关系。原告起诉被告的案由为侵权纠纷,要求判令被告房屋买卖合同因侵权行为无效,原告享有安置房的居住权与购买权。在胜诉后可以依据生效的判决书去房管部门要求撤销被告的产权登记证,或者原告与被告经过调解,自愿认可双方对安置房享有共有产权,原告补交被告代垫的房款,这样双方各自取得 1/3 的房屋产权。对于另外 1/3 产权,由于崔某达已经去世,不再享有居住权和购买权,所以该 1/3 产权同样属于原告与被告共有,最终各自仍享有 50% 的份额。

这种假设不是不可能发生的,如果认为原告与被告的权益全部来自崔某达的赠与,则被告取得产权证后可以将原告驱赶出安置房,原告在北京无其他住房,户口仍在安置房,而法院对被告明显的侵权行为却无能为力,势必造成原告流离失所的严重后果。

二、集体土地及其地上物补偿纠纷

案例(121) 唐某顺与贵阳市观山湖区人民政府土地行政强制纠纷案

来源:(2017)黔行终 620 号

作者:毕文强

【案例导读】

贵阳市观山湖区人民政府(以下简称"观山湖区人民政府")在对农村集体所有的耕地进行征收过程中,未经土地承包人的同意即与村委会签订土地及地上附着物、青苗补偿费补偿协议,随后进行施工建设。征收补偿协议已签订,补偿款已发放至村委会,是否还会违法?

【案情简介】

唐某顺系观山湖区上麦村三组村民,其在该村拥有承包土地。

2010 年,贵州省人民政府先后作出黔府用地函〔2010〕195 号《贵州省人民政府关于贵阳市国家高新技术产业开发区 2009 年度第七批次城市建设使用土地的批复》、黔府用地函〔2010〕90 号《贵州省人民政府关于贵阳市国家高新技术产业开发区 2009 年度第八批次城市建设使用土地的批复》及黔府用地函〔2010〕404 号

《贵州省人民政府关于贵阳市2010年度城市建设第三批次农用地转用和土地征收实施方案的批复》，同意将包括上麦村在内的326.6431公顷集体土地征为国有。

2011年9月23日，贵阳市人民政府作出筑府通〔2011〕102号《贵阳市人民政府关于将各区批而未用土地调整用于金阳新区十二滩地块项目建设的批复》，将全市各区批而未用的136.6988公顷土地调整为观山湖区（原金阳新区）十二滩地块项目建设。

2012年8月1日，原贵阳市金阳新区管理委员会（其职权现由观山湖区政府承继）根据上述贵州省人民政府及贵阳市人民政府批复的决定作出《征地公告》，将观山湖区上麦村、下麦村共计4 901亩土地予以征收。唐某顺所承包的土地在上述征地范围之内。

2016年1月7日，观山湖人民政府委托贵阳市观山湖区土地储备中心与上麦村村委会就十二滩地块第十二批次土地签订筑观土储补偿〔2016〕003号《征收补偿协议》，约定：（1）征收上麦村三组39.7039亩耕地。（2）补偿土地补偿费2 922 207.04元、青苗补偿费59 555.85元、附作物包干费714 670.20元（18 000元／亩×39.7039亩）、村集体补偿部分254 104.96元。上述费用共计3 950 538.05元，全部支付给上麦村村委会，由村委会负责完成对农户的分发、兑现工作。后观山湖区人民政府又陆续与上麦村村委会就涉案土地上的堡坎、大棚及林木移栽等补偿费用签定《补偿协议》，约定了具体的补偿金额，并由上麦村村委会负责完成对农户的分发、兑现工作。后观山湖区人民政府陆续在涉案土地上进行施工建设。

唐某顺认为观山湖区人民政府未对其种植的经济苗木进行补偿就毁坏、使用其所承包的集体土地，侵害了其合法财产权益，遂向一审法院提起诉讼，请求确认观山湖区人民政府征地过程中侵占、毁坏唐某顺土地及地上附着物的行为违法。

【审理与判决】

1. 诉讼当事人

一审原告为唐某顺，被告为观山湖区人民政府。

2. 争议焦点

（1）上麦村村委会是否有权与观山湖区人民政府签订协议及签订的协议是否有效？

（2）征地补偿标准合法与否，是否属于法院审理范围？

3. 判决过程

一审法院认为，根据《土地管理法实施条例》第26条"土地补偿费归农村集体经济组织所有；地上附着物及青苗补偿费归地上附着物及青苗的所有者所有。征收土地的安置补助费必须专款专用，不得挪作他用。需要安置的人员由农村集体经济组织安置的，安置补助费支付给农村集体经济组织，由农村集体经济组织管理和使用"之规定，集体土地征收补偿过程中涉及的地上附着物及青苗补偿费应属于该附着物及青苗的实际所有人即集体土地承包人所有,土地征收部门应与集体土地承包人针对地上附着物及青苗的补偿签订《征收补偿协议》。本案中,观山湖区人民政府在知晓上麦村村委会对涉案土地地上附着物及青苗补偿费不具有处分权的情况下,仍与其就地上附着物及青苗的补偿费用签订《征收补偿协议》,违反法律规定。其在未依法履行征收补偿法定职责的情况下,强制使用唐某顺承包土地用于工程建设侵害了唐某顺的合法财产权益。因该强制行为系事实行为,无可撤销内容,故根据《行政诉讼法》第74条第2款"行政行为有下列情形之一的,不需要撤销或者判决履行的,人民法院判决确认违法:(一)行政行为违法,但不具有可撤销内容的"的规定,观山湖区人民政府的强制行为依法应确认违法。另,唐某顺委托代理人在庭审中向一审法院提出就筑金管字〔2009〕《关于金阳新区地上附着物征地补偿标准的补偿意见》进行规范性文件合法性审查。由于该份文件系行政部门对征地补偿标准的进一步明确规定,根据《土地管理法实施条例》第25条第3款"对补偿标准有争议的,由县级以上地方人民政府协调;协调不成的,由批准征收土地的人民政府裁决。征地补偿、安置争议不影响征收土地方案的实施"之规定,补偿标准认定系行政裁决范畴,不属于人民法院行政审判权审查范围,故对唐某顺请求对筑金管字〔2009〕《关于金阳新区地上附着物征地补偿标准的补偿意见》进行合法性审查的申请不予支持。据此,判决确认观山湖区人民政府对唐某顺所承包集体土地的强制毁坏、侵占行为违法。之后,观山湖区人民政府提起上诉。

二审法院认为,涉案土地地上附着物和青苗所有权应为土地承包人所有,上诉人观山湖区人民政府在未与所有权人签订征收补偿协议的情况下,对涉案土地地上附着物和青苗进行行政强制的行为,损害了涉案土地承包人的合法权益,因该行政强制行为系事实行为,不具备可撤销内容,一审判决确认涉案行政强制行为违法并无不当。观山湖区人民政府所提上诉理由无事实和法律依据,本院不予采纳。判决驳回上诉,维持原判。

【律师点评】

《物权法》第4条规定:"国家、集体、私人的物权和其他权利人的物权受法律保护,任何单位和个人不得侵犯。"第42条第2款规定:"征收集体所有的土地,应当依法足额支付土地补偿费、安置补助费、地上附着物和青苗的补偿费等费用,安排被征地农民的社会保障费用,保障被征地农民的生活,维护被征地农民的合法权益。"征收安置补偿方案也是合同的一种形式,根据合同的相对性,观山湖区想要征收土地必须与土地上权利人签订协议,虽然法律规定农村土地归村集体所有,观山湖区人民政府可以与村委会就土地补偿费签订协议,但是涉及地上附着物以及青苗补偿费的,就需要另行与土地承包人签订相关协议,发放补偿款之后,才可就土地及土地上房屋或附着物进行拆迁征收等行为。

案例（122） 李某全诉临泉县人民政府征收补偿纠纷案

来源：(2018)皖行终 576 号
作者：毕文强

【案例导读】

《物权法》第 42 条第 1 款规定，"为了公共利益的需要，依照法律规定的权限和程序可以征收集体所有的土地"。《土地管理法》(2004 年修正)第 43 条明确规定，"任何单位和个人进行建设，需要使用土地的，必须依法申请使用国有土地"。但是如何将集体土地转为国有土地？在转换土地性质及征收过程中又需要哪些程序？

【案情简介】

李某全在临泉县城南新区新城社区李庙自然村有房屋一套。

2010 年 6 月 2 日，安徽省人民政府作出《关于临泉县 2010 年第二批次建设用地置换的批复》(皖政地置〔2010〕105 号)，同意征收城关镇境内农民集体农用地用于城镇建设，由临泉县依法办理供地手续。同年 7 月 19 日，临泉县人民政府作出临政秘〔2010〕83 号《征地公告》，拟征收李某全的房屋。

2010 年 8 月 6 日，临泉县国土资源局作出临国土资〔2010〕264 号《征地补偿标准和安置方案公告》。

2011 年 8 月 3 日，临泉县人民政府经常务会议研究，作出临政办〔2011〕18 号《关于印发临泉县集体土地征收补偿安置办法的通知》。

2015 年 4 月 15 日，临泉县人民政府作出临政办〔2015〕12 号《关于批转县国土局〈临泉县城关镇新城社区代老庄、李庙自然村城中村改造项目集体土地征收拆迁补偿安置实施方案〉的通知》。2015 年，安徽省人民政府作出《关于调整安徽省征地补偿标准的通知》(皖政〔2015〕24 号)、阜阳市人民政府作出《关于印发阜阳市被征土地上青苗和房屋等附属物补偿标准的通知》(阜政秘〔2015〕205 号)。

2016 年 3 月 12 日，临泉县人民政府又作出临政办〔2016〕15 号《关于调整〈临泉县集体土地征收补偿安置办法〉及〈城市规划区内集体土地征收房屋补偿安置补充规定〉部分条款的通知》。2016 年 4 月 8 日，临泉县人民政府又作出临政办〔2016〕17 号《关于集体土地征收拆迁奖励标准的通知》，确定了征收补偿方案。

2016 年 8 月 9 日，临泉县人民政府依据《关于临泉县 2010 年第二批次建设用地置换的批复》(皖政地置〔2010〕105 号)，作出临政秘〔2016〕169 号《集体土地征收拆迁补偿决定书》。

因该补偿决定事实不清，程序违法，适用法律错误，补偿费用畸低，故李某全未与临泉县人民政府达成征收补偿协议。李某全为保护其合法所有的资产，于 2016

年向安徽省阜阳市中级人民法院申请撤销该补偿决定,安徽省阜阳市中级人民法院作出行政判决,驳回了李某全的诉讼请求。李某全不服,提起上诉。

【审理与判决】

1. 诉讼当事人

上诉人(一审原告)为李某全,被上诉人(一审被告)为临泉县人民政府。

2. 诉请与抗辩

上诉人诉请:请求依法撤销临泉县人民政府于2016年8月9日作出的临政秘〔2016〕169号《集体土地征收拆迁补偿决定书》。

被上诉人抗辩:请求驳回上诉,维持原判。

3. 争议焦点

(1)临泉县人民政府是否错用安徽省人民政府于2010年6月2日作出的《关于临泉县2010年第二批次建设用地置换的批复》(皖政地置〔2010〕105号)的文号?

(2)临泉县人民政府作出涉案征收补偿决定程序是否合法?

4. 判决过程

一审法院认为,安徽省人民政府办公厅皖政办〔2003〕77号文件授权设区的市人民政府,按照当地经济发展水平,制定被征收土地上房屋及其附属物的补偿标准。也就是说,法律仅对被征收土地的补偿费确定了补偿方式,对被征收土地上房屋的补偿由各地区自行规定,均未明确具体的补偿数额标准。本案中,安徽省人民政府于2010年作出《关于临泉县2010年第二批次建设用地置换的批复》,临泉县人民政府及该县国土资源局也于2010年发布征地公告、征地补偿标准和安置方案公告。李某全的土地及地上的房屋在上述征收范围内,因李某全一直没有与征收实施单位达成补偿协议,为维护公共利益,临泉县人民政府根据安徽省及阜阳市于2015年调整的征地补偿标准及被征收土地上青苗和房屋等附着物补偿标准和其批转的临泉县国土资源局于2015年制定的《临泉县城关镇新城社区代老庄、李庙自然村城中村改造项目集体土地征收拆迁补偿安置实施方案》、2016年制定的《关于调整〈临泉县集体土地征收补偿安置办法〉及〈城市规划区内集体土地征收房屋补偿安置补充规定〉部分条款的通知》等文件,作出临政秘〔2016〕169号《集体土地征收拆迁补偿决定书》,根据该补偿决定,对李某全的土地及地上附属物均按照2015年调整后的标准进行补偿,且赋予李某全选择货币补偿或者产权调换的权利,并告知了其申请行政复议和提起行政诉讼的权利,进行了公告及送达,充分保障了被征收人李某全的合法权益,该补偿决定并无不当。一审法院判决:驳回李某全的诉讼请求。

二审法院认为,有征收才有补偿。被诉补偿决定是对集体土地及地上房屋等附着物作出的,因此,对集体土地依法组织实施征收是作出被诉补偿决定的前提。本案中,被诉补偿决定认定李某全的土地及房屋等地面附着物在安徽省人民政府

《关于临泉县2010年第二批次建设用地置换的批复》(皖政地置〔2010〕105号)征收范围内,临泉县人民政府、临泉县国土资源局也在批复作出后分别作出征地公告、征地补偿标准和安置方案公告,但李某全在二审中提交的行政复议裁决书等证据能够证明其土地及房屋等地面附着物不在皖政地置〔2010〕105号批复范围内。临泉县人民政府辩称李某全的土地及房屋在安徽省人民政府《关于临泉县2010年第二批次城镇建设用地的批复》(皖政地〔2010〕348号)批准征收范围内,其因工作疏忽错用了皖政地置〔2010〕105号批复的文号,《征地公告》临政秘〔2010〕83号、《征地补偿标准和安置方案公告》临国土资〔2010〕264号亦是错用文号,实际是对皖政地〔2010〕348号批复的公告。经审查,两批复确定的征地范围、征地面积及被征收土地的用途均不相同,而《征地公告》临政秘〔2010〕83号、《征地补偿标准和安置方案公告》临国土资〔2010〕264号的内容与皖政地置〔2010〕105号批复相符,故临泉县人民政府上述辩解理由不能成立,本院不予支持。在临泉县人民政府未提供证据证明其对李某全的土地及房屋已依法组织实施征收的情况下,其作出被诉补偿决定主要证据不足,依法应予撤销。二审法院判决:撤销一审法院作出的行政判决,撤销临泉县人民政府作出的《集体土地征收拆迁补偿决定》(临政秘〔2016〕169号)。

【法律要点解析】

1. 临泉县人民政府是否具有作出被诉征收补偿决定的法定职权

《物权法》第42条规定:"为了公共利益的需要,依照法律规定的权限和程序可以征收集体所有的土地和单位、个人的房屋及其他不动产。"根据《土地管理法》(2004修正)第46条第1款、第47条的规定,国家征收土地的,依照法定程序批准后,由县级以上人民政府予以公告并组织实施。因此,临泉县人民政府具有法律规定的作出征收补偿决定的职权。

2. 被诉征收补偿决定是否符合法定程序

(1) 被诉征收补偿决定是否有合法的"一规划,一计划,四方案"

依据《土地管理法》第三章"土地利用总体规则"的相关规定,各级政府应该组织编制土地利用总体规划、土地利用年度计划。各地必须严格执行土地利用总体规划和年度计划,控制建设用地规模。各地不得突破年度计划批准用地,也不得擅自修改土地利用总体规划批准用地。根据《土地管理法实施条例》第三章"土地利用总体规划"的相关规定,为实施规划占用土地的,一般应具有《农用地转用方案》《补充耕地方案》《征收土地方案》《供地方案》。临泉县人民政府在本案中没有提供证据证明在对李某全的土地及房屋进行征收时,有以上相关材料。

(2) 被诉征收补偿决定是否有合法的征地批复

《土地管理法》(2004年修正)第43条规定,"任何单位和个人进行建设,需要使用土地的,必须依法申请使用国有土地"。第44条规定,"建设占用土地,涉及农用地转为建设用地的,应当办理农用地转用审批手续。……涉及农用地转为建设用地的,由省、自治区、直辖市人民政府批准"。在二审法院审理过程中,查明涉案房屋所占土地不在安徽省人民政府作出的《关于临泉县 2010 年第二批次建设用地置换的批复》(皖政地置〔2010〕105 号)批准征收范围内。临泉县人民政府以用错文件号答辩,无其他证据证明其作出的征收补偿决定是否依据合法的征地批复。

(3)征收补偿方案是否进行了土地现状调查

《土地管理法实施条例》第 14 条规定,"县级以上人民政府土地行政主管部门应当会同同级有关部门进行土地调查。……地方土地利用现状调查结果,经本级人民政府审核,报上一级人民政府批准后,应当向社会公布"。临泉县人民政府是否对拟征收土地的权属、地类、面积以及地上附着物权属、种类、数量等现状进行调查,应结合临泉县人民政府提供的证据进行具体分析。

(4)征收补偿方案是否征求意见及进行公告

《土地管理法》第 48 条规定:"征地补偿安置方案确定后,有关地方人民政府应当公告,并听取被征地的农村集体经济组织和农民的意见。"临泉县人民政府是否依法拟定安置补偿方案、征求公众意见及是否进行修改并公布相关情况,应结合临泉县人民政府提供的证据进行具体分析。

【律师点评】

本案上诉人的代理律师应从以下几方面制定诉讼方向与策略:

1. 从征收的合法性与合理性角度

(1)临泉县人民政府作为征收实施主体是否合法,是否有权作出涉案征收补偿决定。

(2)涉案征收补偿决定作出程序是否合法,如是否符合"一规划,一计划,四方案"、被诉征收补偿决定是否依据合法的征地批复作出、是否进行土地利用现状调查、补偿安置方案是否征求公众的意见等。

2. 从依法行政角度

政府部门在对集体土地进行征收的过程中是否严格按照《土地管理法》《土地管理法实施条例》《征用土地公告办法》《国土资源听证规定》及相关政策性文件中关于集体土地的规定实施征收,是否严重侵害了集体所有者的权益。

本案一审调查存在以下缺陷:

从法院调查方面来看,一审法院在庭审阶段,如果对李某全和临泉县人民政府双方提交的证据做到了充分的调查询问,进而确认案件事实,这样在一审阶段就可以明确李某全的房屋并不在皖政地置〔2010〕105 号征收范围内,就可以确认临泉县人民政府依据该征地批复文件作出的征收补偿决定违法,而不会导致李某全要通过上诉去维护自己的合法权益。法院在一审审理中应尽量避免误判,切实维护受害人的合法权益。

案例（123） 李某红等与李某乐承包地征收补偿费用分配纠纷案

来源：（2016）桂 1023 民初 1168 号
作者：毕文强

【案例导读】

随着城市化的进程加快，大量的农村集体土地被征收，在征收补偿安置过程中，侵犯农村妇女权益的事情时有发生。本案中要确定原告是否有资格参与承包地征收补偿款分配，必须先确认已经出嫁多年的原告是否还是出嫁前所在集体经济组织的成员？

【案情简介】

原告李某红、李某颖与被告李某乐、案外人李某永均为第三人潘某菊与李某军的子女。李某军已于 1978 年去世。1983 年，农村实行第一轮土地承包时，两原告与被告、第三人潘某菊、李某业五人作为一户分得五份承包地。原告李某红在 1991 年出嫁并落户夫家后，未取得夫家所在地集体经济组织的承包地；原告李某颖在 2006 年出嫁后，其户口一直未迁出内桑屯，也未取得夫家所在地集体经济组织的承包地。在两原告出嫁后，被告与李某业将两原告在内桑屯承包的土地进行均等分割，每户耕种一半。2003 年，施行第二轮土地延包时，平果县马头镇人民政府向被告核发《土地承包经营权证书》，该证书的《合同书》载明该合同根据中发（1997）16 号文件和桂发（1997）53 号文件签订，承包地的承包期限为 2001 年 1 月 1 日起至 2030 年 12 月 31 日止。因承包的土地被征收，被告于 2015 年 5 月 13 日收到土地补偿款 107 670.39 元、青苗补偿款 1 110 元、地上附着物补偿款 260 元。另查明，被告与农某春系夫妻关系，李某一、李某二系被告与农某春的婚生子女，第三人潘某菊现与被告同属一个家庭户。

【审理与判决】

1. 诉讼当事人

一审原告为李某红、李某颖；被告为李某乐；第三人为潘某菊（原告、被告的母亲）。

2. 争议焦点

（1）原告是否有资格参与承包地征收补偿款分配？

（2）两原告主张由被告向两原告各支付 100 000 元承包地征收补偿费用是否有依据？

3. 判决过程

一审法院认为：农村集体土地征地补偿费是对该农村集体经济组织成员的补

偿,因此,原告是否有资格参与征地补偿款分配应以原告是否具有被征地所在地的集体经济组织成员身份为依据。被告与平果县马头镇人民政府签订的《合同书》是在中央实行"土地承包期再延长 30 年不变"政策的背景下签订的。该《合同书》以 1983 年确定的土地承包经营权为基础,将原发包给被告所属家庭户的土地承包经营权的承包期延长到 2030 年 12 月 31 日,即被告原所属家庭户的成员均继续享有该土地的承包经营权。在 1983 年第一轮土地承包时,原告李某红、李某颖与李某业、被告及第三人作为同一家庭户取得土地承包经营权,而两原告在出嫁后亦未丧失内桑屯的集体成员资格,故两原告具有参与征地补偿款分配的资格。

被告李某乐与农某春结婚后,农某春迁入内桑屯生产、生活并将户口依法登记在内桑屯,故农某春取得内桑屯的集体成员资格;李某一、李某二作为被告和农某春的子女,自出生后将户口登记在内桑屯,故两人出生时就具有内桑屯的集体成员资格。作为内桑屯的集体成员,农某春、李某一、李某二与两原告、被告和第三人均享有平等分配承包地征收补偿款的权利。因被告只取得两原告所属的一半的土地承包经营权,两原告也在李某乐处获得了部分土地征收补偿款,故被告李某乐应向两原告各支付 1/14 的土地征收补偿款。土地补偿费是对农村集体土地所有权的补偿,地上附着物和青苗补偿费则是针对物的所有人和青苗的实际投入人的补偿。因两原告仅具有内桑屯的集体成员资格,并未在承包土地上进行实际投入,故地上附着物和青苗补偿费应属被告所有。现原告提交的证据仅能证明被告获得的土地补偿款为 107 670.39 元,故被告应向两原告各支付土地补偿款 7 691 元(107 670.39 元×1/14 = 7 691 元),原告主张被告向其支付土地补偿款共计 200 000 元,法院予以部分支持。

依照《物权法》第 59 条第 1 款、最高人民法院《关于审理涉及农村土地承包纠纷案件适用法律问题的解释》第 1 条第 1 款第(四)项和第 24 条、《民事诉讼法》第 144 条的规定,判决:被告李某乐在本判决生效之日起 10 日内向原告李某红、原告李某颖各支付土地补偿款 7 691 元。

【法律要点解析】

已出嫁的农村妇女原有的土地承包经营权是否因出嫁就可以被强制收回?

《农村土地承包法》(2009 年修正)第 30 条规定:"承包期内,妇女结婚,在新居住地未取得承包地的,发包方不得收回其原承包地;妇女离婚或者丧偶,仍在原居住地生活或者不在原居住地生活但在新居住地未取得承包地的,发包方不得收回其原承包地。"

《妇女权益保障法》第 32 条规定:"妇女在农村土地承包经营、集体经济组织收益分配、土地征收或者征用补偿费使用以及宅基地使用等方面,享有与男子平等的权利。"第 33 条规定,"任何组织和个人不得以妇女未婚、结婚、离婚、丧偶等为由,侵害妇女在农村集体经济组织中的各项权益。"

依据上述法律规定及中共中央办公厅、国务院办公厅《关于切实维护农村妇女土地承包权益的通知》(厅字〔2001〕9号)政策要求,"妇女出嫁后一般都在婆家生产和生活。因此,为了方便生产生活,妇女嫁入方所在村要优先解决其土地承包问题。在没有解决之前,出嫁妇女娘家所在村不得强行收回其原籍承包地。"

【律师点评】

1. 关于土地承包关系

以家庭联产承包为主的责任制和统分结合的双层经营体制,是我国农村经济的一项基本制度。农村土地的承包是以家庭为单位的,用于稳定土地承包关系,是党的农村政策的核心内容。在第一轮土地承包到期后,土地承包期再延长30年指的是家庭土地承包经营的期限,是在第一轮土地承包的基础上进行的。因此,在1983年第一轮土地承包时,原告李某红、李某颖与被告及第三人作为同一家庭户取得土地承包经营权,延包期内,原告作为被告原所属家庭户的成员均继续享有该土地的承包经营权。

2. 关于土地补偿费分配问题

依据《物权法》第42条第2款、第59条第2款第(三)项、第132条的规定,征收集体所有的土地,应当依法足额支付土地补偿费、安置补助费、地上附着物和青苗的补偿费等费用,其中地上附着物和青苗的补偿费归属土地承包经营权人所有,土地补偿费属于本集体成员集体所有,土地补偿费的使用、分配办法应当依照法定程序经本集体成员决定。最高人民法院《关于审理涉及农村土地承包纠纷案件适用法律问题的解释》第24条规定,"农村集体经济组织或者村民委员会、村民小组,可以依照法律规定的民主议定程序,决定在本集体经济组织内部分配已经收到的土地补偿费。征地补偿安置方案确定时已经具有本集体经济组织成员资格的人,请求支付相应份额的,应予支持"。原告作为本集体经济组织成员,有权参与土地补偿费的分配。

3. 关于农村出嫁女的土地承包权益保护问题

土地是我国农民最基本的生产资料和生活保障,土地承包是农民最为关切的经济权利。农村土地属农民集体所有,集体经济组织成员无论男女都享有平等的承包权利。农村妇女无论是否婚嫁,都应与相同条件的男性村民享有同等权利,任何组织和个人不得以任何形式剥夺其合法的土地承包权、宅基地使用权、集体经济组织收益分配权和其他有关经济权益。

本章附录: 行政征收补偿纠纷大数据分析(毕文强)

1. 数据来源[①]

时间:2009年10月1日—2018年10月18日

案例来源:Alpha案例库

---

① 数据来源于Alpha案例,可能存在偏差,仅供参考。

案由：行政征收

案件数量：17 784 件

数据采集时间：2018 年 10 月 18 日

2.检索结果可视化

本次检索获取了行政征收补偿纠纷自 2009 年 10 月 1 日至 2018 年 10 月 18 日的共计 17 784 篇裁判文书。

（1）整体情况分析

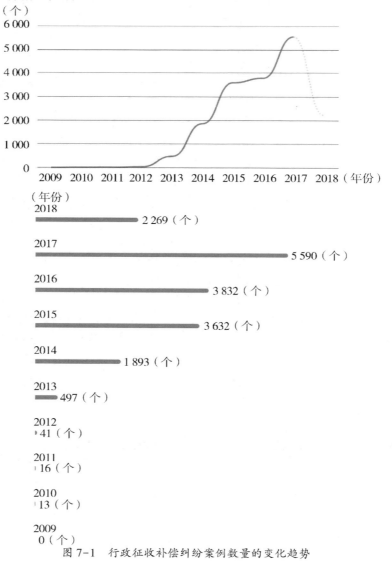

图 7-1　行政征收补偿纠纷案例数量的变化趋势

从图 7-1 的整体情况分析可以看到,当前条件下,行政征收补偿纠纷案例数量的变化趋势。其中,集体土地征收共 3 725 件,国有土地上房屋征收共 13 517 件,剩余的为土地性质不明的案件。

图 7-2 行政征收补偿纠纷案例地域分布

从图 7-2 地域分布来看,当前条件下,行政征收补偿纠纷案例主要集中在吉林省、山东省、湖南省,分别占比 11%、7%、7%。其中吉林省的案件量最多,达到 1 964 件。

(2) 程序分类

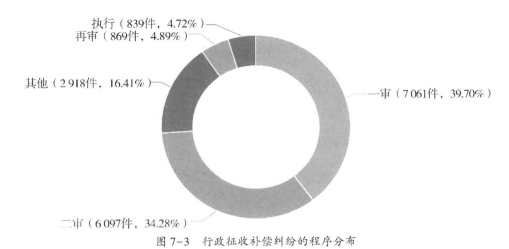

图 7-3 行政征收补偿纠纷的程序分布

从图 7-3 的程序分类统计可以看到,当前条件下,行政征收补偿纠纷案例的审理程序分布状况,其中一审案件有 7 061 件;二审案件有 6 097 件;再审案件有 869 件;执行案件有 839 件。

(3)裁判结果

① 一审裁判结果

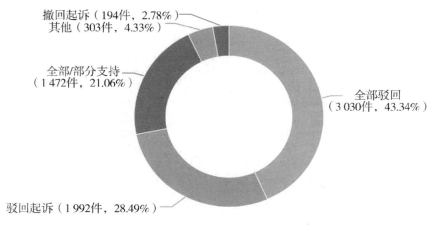

图 7-4　行政征收补偿纠纷的一审裁判结果

从图 7-4 一审裁判结果可以看到,当前条件下,法院判决全部驳回的有 3 030 件,占比为 43.34%;驳回起诉的有 1 992 件,占比为 28.49%;全部/部分支持的有 1 472 件,占比为 21.06%。

② 二审裁判结果

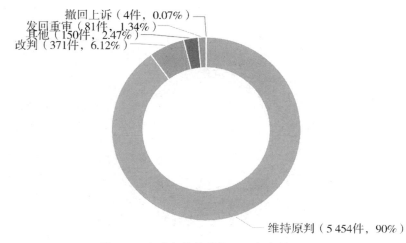

图 7-5　行政征收补偿纠纷二审裁判结果

从图 7-5 二审裁判结果可以看到，当前条件下，法院判决维持原判的有 5 454 件，占比为 90%；改判的有 371 件，占比为 6.12%；其他的有 150 件，占比为 2.47%。

(4) 审理期限

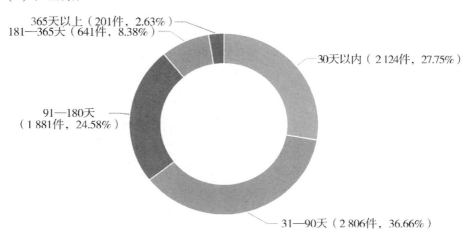

图 7-6 行政征收补偿纠纷审理期限

从图 7-6 审理期限可以看到，当前条件下，大部分审理时间处在 31—90 天区间内，平均时间为 94 天。

(5) 法院

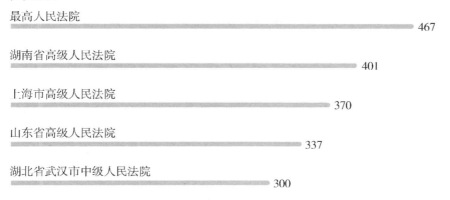

图 7-7 行政征收补偿纠纷案件法院分布

从图 7-7 法院的可视化分析可以看到，当前条件下，审理行政征收补偿纠纷案例数量由多至少的法院分别为最高人民法院、湖南省高级人民法院、上海市高级人民法院、山东省高级人民法院、湖北省武汉市中级人民法院。

附录一 物权法纠纷案件审判援引的高频法条
（毕文强）

目 录

（一）不动产登记纠纷案件审判援引的高频法条
（二）物权保护纠纷案件审判援引的高频法条
（三）所有权纠纷案件审判援引的高频法条
（四）用益物权纠纷案件审判援引的高频法条
（五）担保物权纠纷案件审判援引的高频法条
（六）占有保护纠纷案件审判援引的高频法条
（七）行政征收与拆迁补偿纠纷案件审判援引的高频法条

（一）不动产登记纠纷案件审判援引的高频法条

此处统计了不动产登记纠纷案件审判中援引的高频法条（内容见具体法条）[①]。

1. 高频实体法条表

序号	法规名称	条目数	引用频次
1	中华人民共和国合同法	第六十条	105
2	中华人民共和国合同法	第一百零七条	55
3	中华人民共和国合同法	第八条	51
4	中华人民共和国物权法	第九条	46
5	中华人民共和国物权法	第十五条	43

[①] 《物权法》自 2007 年 10 月 1 日起开始施行，据不完全统计，各级人民法院判决的物权法案件多达 35 万多例。本书撷取部分疑难或典型案例予以分析，时间跨度自 2007 年 1 月 1 日至 2008 年 12 月 31 日，内容基本涵盖物权法纠纷的各种类型。

（续表）

序号	法规名称	条目数	引用频次
6	中华人民共和国物权法	第二十一条	35
7	中华人民共和国合同法	第四十四条	34
8	中华人民共和国物权法	第十九条	24
9	中华人民共和国合同法	第一百三十五条	18
10	中华人民共和国合同法	第五十二条	16
11	中华人民共和国民法通则（2009年修正）	第五条	16
12	中华人民共和国物权法	第十条	15
13	中华人民共和国物权法	第三十三条	14
14	中华人民共和国合同法	第一百三十条	13
15	中华人民共和国民法通则（2009年修正）	第一百三十五条	13
16	中华人民共和国物权法	第六条	13
17	中华人民共和国合同法	第六条	12
18	中华人民共和国物权法	第二十八条	12
19	中华人民共和国物权法	第一百四十七条	10
20	中华人民共和国民法通则（2009年修正）	第一百三十七条	10

2. 高频程序法条表

序号	法规名称	条目数	引用频次
1	中华人民共和国民事诉讼法（2012年修正）	第一百四十四条	102
2	中华人民共和国民事诉讼法（2012年修正）	第一百四十五条第一款	85
3	中华人民共和国民事诉讼法（2012年修正）	第一百七十条第一款第（一）项	81
4	中华人民共和国民事诉讼法（2012年修正）	第一百五十四条	73
5	中华人民共和国民事诉讼法（2012年修正）	第二百五十七条	59
6	中华人民共和国民事诉讼法（2012年修正）	第六十四条	59
7	中华人民共和国民事诉讼法（2012年修正）	第一百四十五条	56
8	中华人民共和国民事诉讼法（2012年修正）	第二百五十三条	52
9	中华人民共和国民事诉讼法（2012年修正）	第一百一十九条	50

（续表）

序号	法规名称	条目数	引用频次
10	中华人民共和国民事诉讼法（2017年修正）	第一百四十五条第一款	48
11	最高人民法院关于适用《中华人民共和国民事诉讼法》的解释	第五百一十九条	46
12	中华人民共和国民事诉讼法（2012年修正）	第二百五十七条第（六）项	42
13	中华人民共和国民事诉讼法（2012年修正）	第一百五十四条第一款第（十一）项	40
14	中华人民共和国民事诉讼法（2012年修正）	第一百七十一条	38
15	中华人民共和国民事诉讼法（2012年修正）	第二百零四条第一款	31
16	中华人民共和国民事诉讼法（2017年修正）	第一百五十四条	28
17	中华人民共和国民事诉讼法（2012年修正）	第二百五十一条	24
18	中华人民共和国民事诉讼法（2012年修正）	第一百一十九条第（四）项	23
19	中华人民共和国民事诉讼法（2012年修正）	第一百七十五条	23
20	中华人民共和国民事诉讼法（2017年修正）	第一百七十条第一款第（一）项	21

（二）物权保护纠纷案件审判援引的高频法条

此处统计了物权保护纠纷案件审判中援引的高频法条（内容见具体法条）。

1. 高频实体法条表

序号	法规名称	条目数	引用频次
1	中华人民共和国物权法	第三十四条	6172
2	中华人民共和国物权法	第三十七条	4713
3	中华人民共和国物权法	第三十五条	3982
4	中华人民共和国物权法	第三十九条	3745
5	中华人民共和国物权法	第九条	2284
6	中华人民共和国物权法	第四条	2279
7	中华人民共和国土地管理法（2004年修正）	第十六条	1855

(续表)

序号	法规名称	条目数	引用频次
8	中华人民共和国物权法	第三十二条	1837
9	中华人民共和国民法通则（2009年修正）	第一百一十七条	1481
10	中华人民共和国民法通则（2009年修正）	第一百三十四条	1374
11	中华人民共和国民法通则（2009年修正）	第五条	1352
12	中华人民共和国物权法	第三十六条	1252
13	中华人民共和国物权法	第十七条	1225
14	中华人民共和国物权法	第三十三条	879
15	中华人民共和国合同法	第六十条	868
16	中华人民共和国民法通则（2009年修正）	第四条	780
17	中华人民共和国民法通则（2009年修正）	第一百零六条	712
18	中华人民共和国民法通则（2009年修正）	第七十五条	709
19	中华人民共和国合同法	第八条	707
20	中华人民共和国民法通则（2009年修正）	第七十一条	669

2. 高频程序法条表

序号	法规名称	条目数	引用频次
1	中华人民共和国民事诉讼法（2012年修正）	第六十四条	8962
2	中华人民共和国民事诉讼法（2012年修正）	第一百七十条第一款第（一）项	7391
3	中华人民共和国民事诉讼法（2012年修正）	第一百四十五条第一款	5935
4	中华人民共和国民事诉讼法（2012年修正）	第二百五十三条	5922
5	中华人民共和国民事诉讼法（2012年修正）	第一百五十四条	5055
6	中华人民共和国民事诉讼法（2012年修正）	第一百四十五条	3302
7	中华人民共和国民事诉讼法（2012年修正）	第一百四十四条	3084
8	中华人民共和国民事诉讼法（2017年修正）	第六十四条	3050
9	中华人民共和国民事诉讼法（2017年修正）	第一百七十条第一款第（一）项	2832
10	中华人民共和国民事诉讼法（2017年修正）	第一百四十五条第一款	2471

(续表)

序号	法规名称	条目数	引用频次
11	中华人民共和国民事诉讼法（2012年修正）	第一百一十九条	2400
12	中华人民共和国民事诉讼法（2017年修正）	第一百五十四条	2087
13	最高人民法院关于适用《中华人民共和国民事诉讼法》的解释	第九十条	1988
14	中华人民共和国民事诉讼法（2017年修正）	第二百五十三条	1941
15	中华人民共和国民事诉讼法（2012年修正）	第二百零四条第一款	1567
16	中华人民共和国民事诉讼法（2012年修正）	第一百七十条	1551
17	中华人民共和国民事诉讼法（2012年修正）	第一百七十一条	1256
18	中华人民共和国民事诉讼法（2012年修正）	第一百七十五条	1256
19	最高人民法院关于适用《中华人民共和国民事诉讼法》的解释	第二百零八条第三款	987
20	中华人民共和国民事诉讼法（2012年修正）	第一百四十二条	979

（三）所有权纠纷案件审判援引的高频法条

此处统计了所有权纠纷案件审判中援引的高频法条（内容见具体法条）。

1. 高频实体法条表

序号	法规名称	条目数	引用频次
1	中华人民共和国物权法	第七十条	2626
2	最高人民法院《关于审理建筑物区分所有权纠纷案件具体应用法律若干问题的解释》	第三条	2416
3	中华人民共和国物权法	第七十六条	1667
4	中华人民共和国合同法	第六十条	1479
5	中华人民共和国民法通则（2009年修正）	第五条	1454
6	中华人民共和国合同法	第一百零七条	1270
7	中华人民共和国物权法	第七十三条	1258
8	最高人民法院《关于审理建筑物区分所有权纠纷案件具体应用法律若干问题的解释》	第二条	1228
9	中华人民共和国物权法	第三十九条	1162

(续表)

序号	法规名称	条目数	引用频次
10	中华人民共和国合同法	第八条	1150
11	中华人民共和国物权法	第三十三条	1142
12	最高人民法院《关于审理建筑物区分所有权纠纷案件具体应用法律若干问题的解释》	第十四条	1122
13	中华人民共和国合同法	第五十二条	1072
14	中华人民共和国物权法	第八十三条	1052
15	中华人民共和国物权法	第七十四条	999
16	中华人民共和国物权法	第九条	934
17	中华人民共和国物权法	第七十二条	823
18	中华人民共和国物权法	第七十八条	815
19	最高人民法院《关于审理建筑物区分所有权纠纷案件具体应用法律若干问题的解释》	第十三条	802
20	最高人民法院《关于审理建筑物区分所有权纠纷案件具体应用法律若干问题的解释》	第一条	726

2. 高频程序法条表

序号	法规名称	条目数	引用频次
1	中华人民共和国民事诉讼法（2012年修正）	第二百五十三条	4521
2	中华人民共和国民事诉讼法（2012年修正）	第一百七十条第一款第（一）项	4352
3	中华人民共和国民事诉讼法（2012年修正）	第六十四条	3688
4	中华人民共和国民事诉讼法（2007年修正）	第二百二十九条	2579
5	中华人民共和国民事诉讼法（2012年修正）	第一百四十四条	2303
6	中华人民共和国民事诉讼法（2012年修正）	第一百五十四条	2131
7	中华人民共和国民事诉讼法（2012年修正）	第一百零一条	1815
8	中华人民共和国民事诉讼法（2007年修正）	第一百五十三条第一款第（一）项	1688
9	中华人民共和国民事诉讼法（2017年修正）	第一百七十条第一款第（一）项	1464

(续表)

序号	法规名称	条目数	引用频次
10	中华人民共和国民事诉讼法(2012年修正)	第一百七十条	1348
11	中华人民共和国民事诉讼法(2012年修正)	第一百四十五条第一款	1300
12	中华人民共和国民事诉讼法(2017年修正)	第六十四条	1234
13	中华人民共和国民事诉讼法(2017年修正)	第二百五十三条	1183
14	中华人民共和国民事诉讼法(2012年修正)	第一百一十九条	1137
15	中华人民共和国民事诉讼法(2012年修正)	第一百零二条	1100
16	中华人民共和国民事诉讼法(2012年修正)	第一百零三条	1073
17	中华人民共和国民事诉讼法(2007年修正)	第一百三十条	948
18	中华人民共和国民事诉讼法(2012年修正)	第一百七十一条	899
19	中华人民共和国民事诉讼法(2012年修正)	第一百四十五条	826
20	最高人民法院关于适用《中华人民共和国民事诉讼法》的解释	第九十条	787

(四)用益物权纠纷案件审判援引的高频法条

此处统计了用益物权纠纷案件审判中援引的高频法条(内容见具体法条)。

1. 高频实体法条表

序号	法规名称	条目数	引用频次
1	最高人民法院《关于审理涉及农村土地承包纠纷案件适用法律问题的解释》	第二十四条	12955
2	最高人民法院《关于审理涉及农村土地承包纠纷案件适用法律问题的解释》	第一条	7712
3	中华人民共和国土地管理法(2004年修正)	第十六条	6806
4	中华人民共和国农村土地承包法(2009年修正)	第九条	5503
5	中华人民共和国农村土地承包法(2009年修正)	第十六条	5219
6	中华人民共和国民法通则(2009年修正)	第五条	3747
7	中华人民共和国农村土地承包法(2009年修正)	第五十三条	3586

（续表）

序号	法规名称	条目数	引用频次
8	中华人民共和国村民委员会组织法（2010年修订）	第二十四条	3467
9	中华人民共和国农村土地承包法（2009年修正）	第五条	3129
10	中华人民共和国农村土地承包法（2009年修正）	第十五条	3078
11	中华人民共和国农村土地承包法（2009年修正）	第二十二条	3059
12	中华人民共和国土地管理法实施条例（2014年修订）	第二十六条	2870
13	中华人民共和国农村土地承包法（2009年修正）	第二十六条	2839
14	中华人民共和国合同法	第六十条	2779
15	中华人民共和国农村土地承包法（2009年修正）	第三十二条	2765
16	中华人民共和国物权法	第四十二条	2743
17	中华人民共和国村民委员会组织法（2010年修订）	第二十七条	2736
18	中华人民共和国合同法	第五十二条	2372
19	中华人民共和国物权法	第一百二十五条	2366
20	中华人民共和国物权法	第一百三十二条	2218

2. 高频程序法条表

序号	法规名称	条目数	引用频次
1	中华人民共和国民事诉讼法（2012年修正）	第二百五十三条	14527
2	中华人民共和国民事诉讼法（2012年修正）	第六十四条	12793
3	中华人民共和国民事诉讼法（2012年修正）	第一百七十条第一款第（一）项	12385
4	中华人民共和国民事诉讼法（2012年修正）	第一百四十五条第一款	10127
5	中华人民共和国民事诉讼法（2012年修正）	第一百五十四条	9586

(续表)

序号	法规名称	条目数	引用频次
6	中华人民共和国民事诉讼法（2012年修正）	第一百四十四条	7739
7	中华人民共和国民事诉讼法（2012年修正）	第一百四十五条	7228
8	中华人民共和国民事诉讼法（2012年修正）	第一百一十九条	6344
9	中华人民共和国民事诉讼法（2017年修正）	第一百四十五条第一款	4790
10	中华人民共和国民事诉讼法（2017年修正）	第一百五十四条	4594
11	中华人民共和国民事诉讼法（2017年修正）	第一百七十条第一款第（一）项	4499
12	中华人民共和国民事诉讼法（2017年修正）	第二百五十三条	4077
13	中华人民共和国民事诉讼法（2017年修正）	第六十四条	3900
14	中华人民共和国民事诉讼法（2012年修正）	第二百零四条第一款	3746
15	中华人民共和国民事诉讼法（2012年修正）	第一百一十九条第（四）项	3520
16	中华人民共和国民事诉讼法（2012年修正）	第一百七十条	3377
17	最高人民法院关于适用《中华人民共和国民事诉讼法》的解释	第九十条	3112
18	中华人民共和国民事诉讼法（2012年修正）	第一百七十一条	3080
19	最高人民法院关于适用《中华人民共和国民事诉讼法》的解释	第二百零八条第三款	2849
20	中华人民共和国民事诉讼法（2017年修正）	第一百一十九条	2766

（五）担保物权纠纷案件审判援引的高频法条

此处统计了担保物权纠纷案件审判中援引的高频法条（内容见具体法条）。

1. 高频实体法条表

序号	法规名称	条目数	引用频次
1	中华人民共和国物权法	第一百九十五条	9804
2	中华人民共和国物权法	第一百七十九条	6730
3	中华人民共和国物权法	第一百八十七条	3052
4	中华人民共和国物权法	第一百七十三条	2786

(续表)

序号	法规名称	条目数	引用频次
5	中华人民共和国物权法	第二百零三条	2530
6	中华人民共和国物权法	第一百七十条	1998
7	中华人民共和国物权法	第一百八十条	708
8	中华人民共和国物权法	第一百九十五条第二款	661
9	中华人民共和国合同法	第六十条	628
10	中华人民共和国物权法	第一百八十二条	610
11	中华人民共和国担保法	第五十二条	504
12	中华人民共和国合同法	第一百零七条	483
13	中华人民共和国物权法	第二百零二条	459
14	中华人民共和国担保法	第三十三条	446
15	中华人民共和国合同法	第二百零七条	414
16	中华人民共和国担保法	第五十三条	404
17	中华人民共和国合同法	第二百零六条	349
18	中华人民共和国物权法	第二百零六条	314
19	中华人民共和国担保法	第四十六条	309
20	中华人民共和国物权法	第一百七十六条	301

2. 高频程序法条表

序号	法规名称	条目数	引用频次
1	中华人民共和国民事诉讼法（2012年修正）	第一百九十七条	17557
2	中华人民共和国民事诉讼法（2012年修正）	第一百九十六条	4099
3	中华人民共和国民事诉讼法（2017年修正）	第一百九十七条	2508
4	中华人民共和国民事诉讼法（2012年修正）	第一百五十四条	2068
5	最高人民法院关于适用《中华人民共和国民事诉讼法》的解释	第三百七十二条第（一）项	1939
6	中华人民共和国民事诉讼法（2012年修正）	第一百四十五条第一款	1900
7	中华人民共和国民事诉讼法（2012年修正）	第一百五十四条第一款第（十一）项	1655

(续表)

序号	法规名称	条目数	引用频次
8	中华人民共和国民事诉讼法（2012年修正）	第二百五十七条第（六）项	1329
9	中华人民共和国民事诉讼法（2012年修正）	第一百四十五条	1244
10	中华人民共和国民事诉讼法（2017年修正）	第一百四十五条第一款	1143
11	中华人民共和国民事诉讼法（2012年修正）	第一百四十四条	1078
12	最高人民法院关于适用《中华人民共和国民事诉讼法》的解释	第三百七十二条	891
13	中华人民共和国民事诉讼法（2012年修正）	第二百五十四条	890
14	最高人民法院关于适用《中华人民共和国民事诉讼法》的解释	第五百一十九条	783
15	中华人民共和国民事诉讼法（2012年修正）	第二百五十七条	747
16	中华人民共和国民事诉讼法（2012年修正）	第十三条	719
17	中华人民共和国民事诉讼法（2012年修正）	第二百四十四条	712
18	中华人民共和国民事诉讼法（2012年修正）	第二百五十三条	682
19	中华人民共和国民事诉讼法（2012年修正）	第一百七十条第一款第（一）项	611
20	最高人民法院关于适用《中华人民共和国民事诉讼法》的解释	第三百七十四条	540

（六）占有保护纠纷案件审判援引的高频法条

此处统计了占有保护纠纷案件审判中援引的高频法条（内容见具体法条）。

1. 高频实体法条表

序号	法规名称	条目数	引用频次
1	中华人民共和国物权法	第三十四条	1849
2	中华人民共和国物权法	第二百四十五条	1441
3	中华人民共和国物权法	第三十九条	752
4	中华人民共和国民法通则（2009年修正）	第五条	704
5	中华人民共和国民法通则（2009年修正）	第一百一十七条	561

(续表)

序号	法规名称	条目数	引用频次
6	中华人民共和国物权法	第三十七条	542
7	中华人民共和国物权法	第四条	469
8	中华人民共和国物权法	第三十五条	418
9	中华人民共和国物权法	第二百四十一条	373
10	中华人民共和国民法通则（2009年修正）	第一百三十四条	369
11	中华人民共和国物权法	第二百四十五条第一款	355
12	中华人民共和国物权法	第九条	349
13	中华人民共和国物权法	第二百四十三条	324
14	中华人民共和国合同法	第六十条	310
15	中华人民共和国民法通则（2009年修正）	第七十五条	291
16	中华人民共和国土地管理法（2004年修正）	第十六条	217
17	中华人民共和国民法通则（2009年修正）	第七十一条	199
18	中华人民共和国物权法	第三十二条	198
19	中华人民共和国民法通则（2009年修正）	第四条	197
20	中华人民共和国合同法	第八条	190

2. 高频程序法条表

序号	法规名称	条目数	引用频次
1	中华人民共和国民事诉讼法（2012年修正）	第二百五十三条	1762
2	中华人民共和国民事诉讼法（2012年修正）	第六十四条	1731
3	中华人民共和国民事诉讼法（2012年修正）	第一百四十五条第一款	1725
4	中华人民共和国民事诉讼法（2012年修正）	第一百七十条第一款第（一）项	1572
5	中华人民共和国民事诉讼法（2012年修正）	第一百五十四条	1172
6	中华人民共和国民事诉讼法（2012年修正）	第一百四十五条	932
7	中华人民共和国民事诉讼法（2012年修正）	第一百四十四条	903
8	中华人民共和国民事诉讼法（2017年修正）	第一百四十五条第一款	644

（续表）

序号	法规名称	条目数	引用频次
9	中华人民共和国民事诉讼法（2017年修正）	第一百七十条第一款第（一）项	562
10	中华人民共和国民事诉讼法（2017年修正）	第六十四条	537
11	中华人民共和国民事诉讼法（2007年修正）	第二百二十九条	521
12	中华人民共和国民事诉讼法（2017年修正）	第二百五十三条	470
13	中华人民共和国民事诉讼法（2012年修正）	第一百七十条	453
14	中华人民共和国民事诉讼法（2012年修正）	第一百一十九条	431
15	中华人民共和国民事诉讼法（2007年修正）	第一百五十三条第一款第（一）项	427
16	中华人民共和国民事诉讼法（2017年修正）	第一百五十四条	394
17	最高人民法院关于适用《中华人民共和国民事诉讼法》的解释	第九十条	361
18	中华人民共和国民事诉讼法（2012年修正）	第二百零四条第一款	358
19	中华人民共和国民事诉讼法（2012年修正）	第一百四十二条	310
20	中华人民共和国民事诉讼法（2012年修正）	第十三条	302

（七）行政征收与拆迁补偿案件审判援引的高频法条

此处统计了行政征收与拆迁补偿案件审判中援引的高频法条（内容见具体法条）。

1. 高频实体法条表

序号	法规名称	条目数	引用频次
1	国有土地上房屋征收与补偿条例	第二十六条	3190
2	国有土地上房屋征收与补偿条例	第四条	2576
3	国有土地上房屋征收与补偿条例	第八条	2287
4	国有土地上房屋征收与补偿条例	第二十一条	1661
5	最高人民法院《关于办理申请人民法院强制执行国有土地上房屋征收补偿决定案件若干问题的规定》	第九条	1597

(续表)

序号	法规名称	条目数	引用频次
6	国有土地上房屋征收与补偿条例	第十九条	1463
7	国有土地上房屋征收与补偿条例	第九条	1402
8	国有土地上房屋征收与补偿条例	第十条	1335
9	国有土地上房屋征收与补偿条例	第二十八条	1259
10	国有土地上房屋征收与补偿条例	第十二条	1247
11	国有土地上房屋征收与补偿条例	第十七条	1207
12	国有土地上房屋征收与补偿条例	第十三条	1126
13	国有土地上房屋征收与补偿条例	第二十条	1012
14	国有土地上房屋征收与补偿条例	第十一条	987
15	国有土地上房屋征收与补偿条例	第二十五条	867
16	国有土地上房屋征收与补偿条例	第二十二条	698
17	国有土地上房屋征收与补偿条例	第二条	643
18	中华人民共和国行政强制法	第五十三条	623
19	中华人民共和国土地管理法实施条例（2014年修订）	第二十五条	613
20	中华人民共和国土地管理法（2004年修正）	第四十六条	584

2. 高频程序法条表

序号	法规名称	条目数	引用频次
1	中华人民共和国行政诉讼法（2014年修正）	第八十九条	2783
2	中华人民共和国行政诉讼法（2014年修正）	第六十九条	2418
3	中华人民共和国行政诉讼法（2017年修正）	第八十九条	1980
4	最高人民法院关于适用《中华人民共和国行政诉讼法》若干问题的解释	第三条	1532
5	中华人民共和国行政诉讼法（2017年修正）	第六十九条	1405
6	最高人民法院关于执行《中华人民共和国行政诉讼法》若干问题的解释	第五十六条	1350
7	中华人民共和国行政诉讼法（2014年修正）	第九十七条	1146

(续表)

序号	法规名称	条目数	引用频次
8	最高人民法院关于执行《中华人民共和国行政诉讼法》若干问题的解释	第九十三条	1137
9	中华人民共和国行政诉讼法（2014年修正）	第四十九条	1000
10	中华人民共和国行政诉讼法	第六十一条	986
11	中华人民共和国行政诉讼法（2017年修正）	第九十七条	916
12	最高人民法院关于执行《中华人民共和国行政诉讼法》若干问题的解释	第四十四条	827
13	中华人民共和国行政诉讼法（2017年修正）	第四十九条	692
14	中华人民共和国行政诉讼法（2014年修正）	第二十五条	585
15	最高人民法院关于执行《中华人民共和国行政诉讼法》若干问题的解释	第六十三条	532
16	中华人民共和国行政诉讼法	第五十四条	508
17	中华人民共和国行政诉讼法（2014年修正）	第七十条	480
18	中华人民共和国行政诉讼法（2014年修正）	第四十六条	455
19	中华人民共和国行政诉讼法（2014年修正）	第九十一条	438
20	中华人民共和国行政诉讼法（2014年修正）	第七十四条	437

附录二　既有民事法律与《民法典》对照表[①]
（李昊）

目　录

一、《民法通则》《民法总则》与《民法典》对照表

二、《物权法》与《民法典》对照表

三、《合同法》与《民法典》对照表

四、《婚姻法》与《民法典》对照表

五、《收养法》与《民法典》对照表

六、《继承法》与《民法典》对照表

七、《侵权责任法》与《民法典》对照表

八、《担保法》与《民法典》对照表

一、《民法通则》《民法总则》与《民法典》对照表

《民法通则》	《民法总则》	《民法典》
第 1 条	第 1 条	第 1 条
第 2 条	第 2 条	第 2 条
第 3 条	第 4 条	第 4 条
第 4 条	第 6 条	第 6 条
第 5 条	第 7 条	第 7 条
第 6 条	第 10 条	第 10 条
第 7 条	第 8 条	第 8 条
第 8 条	第 12 条	第 12 条
第 9 条	第 13 条	第 13 条

[①] 本表经授权转载自李昊主编：《〈中华人民共和国民法典〉与既有民事法律对照表》，北京大学出版社 2020 年版，第 407—440 页。

《民法通则》	《民法总则》	《民法典》
第 10 条	第 14 条	第 14 条
第 11 条	第 17 条	第 17 条
	第 18 条	第 18 条
第 12 条	第 19 条	第 19 条
	第 20 条	第 20 条
第 13 条	第 21 条	第 21 条
	第 22 条	第 22 条
第 14 条	第 23 条	第 23 条
第 15 条	第 25 条	第 25 条
第 16 条	第 27 条	第 27 条
第 17 条	第 28 条	第 28 条
第 18 条	第 34 条	第 34 条
	第 35 条	第 35 条
	第 36 条	第 36 条
第 19 条	第 24 条	第 24 条
第 20 条	第 40 条	第 40 条
	第 41 条	第 41 条
第 21 条	第 42 条	第 42 条
	第 43 条	第 43 条
第 22 条	第 45 条	第 45 条
第 23 条	第 46 条	第 46 条
第 24 条	第 49 条	第 49 条
第 25 条	第 53 条	第 53 条
第 26 条	第 54 条	第 54 条
第 27 条	第 55 条	第 55 条
第 28 条	（删除）	（删除）
第 29 条	第 56 条	第 56 条
第 30 条	（删除）	第 967 条
第 31 条	（删除）	（删除）
第 32 条	（删除）	第 969 条
第 33 条	（删除）	（删除）
第 34 条	（删除）	第 970 条
第 35 条	（删除）	第 972 条
		第 973 条
第 36 条	第 57 条	第 57 条
	第 59 条	第 59 条

《民法通则》	《民法总则》	《民法典》
第37条	第58条	第58条
	第60条	第60条
第38条	第61条	第61条
第39条	第63条	第63条
第40条	第72条	第72条
第41条	第76条	第76条
	第77条	第77条
第42条	（删除）	（删除）
第43条	第62条	第62条
第44条	第67条	第67条
第45条	第68条	第68条
	第69条	第69条
第46条	第72条	第72条
第47条	第70条	第70条
第48条	（删除）	（删除）
第49条	（删除）	（删除）
第50条	第88条	第88条
	第89条	第89条
	第90条	第90条
第51条	（删除）	（删除）
第52条	（删除）	（删除）
第53条	（删除）	（删除）
第54条	第133条	第133条
第55条	第143条	第143条
第56条	第135条	第135条
第57条	第136条	第136条
第58条	第144条	第144条
	第145条	第145条
	第146条	第146条
	第148条	第148条
	第149条	第149条
	第150条	第150条
	第153条	第153条
	第154条	第154条
	第155条	第155条

《民法通则》	《民法总则》	《民法典》
第59条	第147条	第147条
	第151条	第151条
第60条	第156条	第156条
第61条	第157条	第157条
第62条	第158条	第158条
第63条	第161条	第161条
	第162条	第162条
第64条	第163条	第163条
第65条	第165条	第165条
第66条	第164条	第164条
	第171条	第171条
第67条	第167条	第167条
第68条	第169条	第169条
第69条	第173条	第173条
第70条	第175条	第175条
第71条	（删除）	（删除）
第72条	（删除）	（删除）
第73条	（删除）	（删除）
第74条	（删除）	（删除）
第75条	（删除）	（删除）
第76条	第124条	第124条
第77条	（删除）	（删除）
第78条	第93条	第297条
	第101条	第305条
第79条	（删除）	第319条
第80条	（删除）	（删除）
第81条	（删除）	（删除）
第82条	（删除）	（删除）
第83条	第84条	第288条
第84条	（删除）	（删除）
第85条	（删除）	第465条
第86条	（删除）	第517条
第87条	（删除）	第518条
第88条	（删除）	第509条
第89条	（删除）	（删除）
第90条	（删除）	（删除）

《民法通则》	《民法总则》	《民法典》
第 91 条	（删除）	第 555 条
第 92 条	（删除）	第 985 条
第 93 条	（删除）	第 979 条
第 94 条	第 123 条	第 123 条
第 95 条	（删除）	（删除）
第 96 条	（删除）	（删除）
第 97 条	（删除）	（删除）
第 98 条	第 110 条	第 110 条
第 99 条		
第 100 条		
第 101 条		
第 102 条		
第 103 条		
第 104 条	第 128 条	第 128 条
第 105 条	（删除）	（删除）
第 106 条	第 176 条	第 176 条
第 107 条	第 180 条	第 180 条
第 108 条	（删除）	（删除）
第 109 条	第 183 条	第 183 条
第 110 条	（删除）	（删除）
第 111 条	（删除）	第 566 条
第 112 条	（删除）	第 585 条
第 113 条	（删除）	第 592 条
第 114 条	（删除）	第 591 条
第 115 条	（删除）	第 566 条
第 116 条	（删除）	（删除）
第 117 条	（删除）	（删除）
第 118 条	（删除）	（删除）
第 119 条	（删除）	第 1179 条
第 120 条	（删除）	第 995 条
第 121 条	（删除）	第 1191 条
第 122 条	（删除）	第 1202 条
第 123 条	（删除）	第 1240 条
第 124 条	（删除）	第 1229 条
第 125 条	（删除）	第 1258 条
第 126 条	（删除）	第 1253 条

《民法通则》	《民法总则》	《民法典》
第 127 条	（删除）	第 1245 条
第 128 条	第 181 条	第 181 条
第 129 条	第 182 条	第 182 条
第 130 条	（删除）	第 1168 条
第 131 条	（删除）	第 1173 条
第 132 条	（删除）	第 1186 条
第 133 条	（删除）	第 1188 条
第 134 条	第 179 条	第 179 条
第 135 条	第 188 条	第 188 条
第 136 条	（删除）	（删除）
第 137 条	第 188 条	第 188 条
第 138 条	第 193 条	第 193 条
第 139 条	第 194 条	第 194 条
第 140 条	第 195 条	第 195 条
第 141 条	第 204 条	第 204 条
第 142 条	（删除）	（删除）
第 143 条	（删除）	（删除）
第 144 条	（删除）	（删除）
第 145 条	（删除）	（删除）
第 146 条	（删除）	（删除）
第 147 条	（删除）	（删除）
第 148 条	（删除）	（删除）
第 149 条	（删除）	（删除）
第 150 条	（删除）	（删除）
第 151 条	（删除）	（删除）
第 152 条	（删除）	（删除）
第 153 条	第 180 条	第 180 条
第 154 条	第 200 条	第 200 条
	第 201 条	第 201 条
	第 202 条	第 202 条
	第 203 条	第 203 条
	第 204 条	第 204 条
第 155 条	第 205 条	第 1259 条
第 156 条	第 206 条	（删除）

二、《物权法》与《民法典》对照表

《物权法》	《民法典》	《物权法》	《民法典》
第 1 条	（删除）	第 30 条	第 231 条
第 2 条	第 205 条	第 31 条	第 232 条
第 3 条	第 206 条	第 32 条	第 233 条
第 4 条	第 207 条	第 33 条	第 234 条
第 5 条	第 116 条	第 34 条	第 235 条
第 6 条	第 208 条	第 35 条	第 236 条
第 7 条	（删除）	第 36 条	第 237 条
第 8 条	（删除）	第 37 条	第 238 条
第 9 条	第 209 条	第 38 条	第 239 条
第 10 条	第 210 条	第 39 条	第 240 条
第 11 条	第 211 条	第 40 条	第 241 条
第 12 条	第 212 条	第 41 条	第 242 条
第 13 条	第 213 条	第 42 条	第 243 条
第 14 条	第 214 条	第 43 条	第 244 条
第 15 条	第 215 条	第 44 条	第 245 条
第 16 条	第 216 条	第 45 条	第 246 条
第 17 条	第 217 条	第 46 条	第 247 条
第 18 条	第 218 条	第 47 条	第 249 条
第 19 条	第 220 条	第 48 条	第 250 条
第 20 条	第 221 条	第 49 条	第 251 条
第 21 条	第 222 条	第 50 条	第 252 条
第 22 条	第 223 条	第 51 条	第 253 条
第 23 条	第 224 条	第 52 条	第 254 条
第 24 条	第 225 条	第 53 条	第 255 条
第 25 条	第 226 条	第 54 条	第 256 条
第 26 条	第 227 条	第 55 条	第 257 条
第 27 条	第 228 条	第 56 条	第 258 条
第 28 条	第 229 条	第 57 条	第 259 条
第 29 条	第 230 条	第 58 条	第 260 条

《物权法》	《民法典》	《物权法》	《民法典》
第59条	第261条	第88条	第292条
第60条	第262条	第89条	第293条
第61条	第263条	第90条	第294条
第62条	第264条	第91条	第295条
第63条	第265条	第92条	第296条
第64条	第266条	第93条	第297条
第65条	（删除）	第94条	第298条
第66条	第267条	第95条	第299条
第67条	第268条	第96条	第300条
第68条	第269条	第97条	第301条
第69条	第270条	第98条	第302条
第70条	第271条	第99条	第303条
第71条	第272条	第100条	第304条
第72条	第273条	第101条	第305条
第73条	第274条	第102条	第307条
第74条	第276条	第103条	第308条
	第275条	第104条	第309条
第75条	第277条	第105条	第310条
第76条	第278条	第106条	第311条
第77条	第279条	第107条	第312条
第78条	第280条	第108条	第313条
第79条	第281条	第109条	第314条
第80条	第283条	第110条	第315条
第81条	第284条	第111条	第316条
第82条	第285条	第112条	第317条
第83条	第286条	第113条	第318条
第84条	第288条	第114条	第319条
第85条	第289条	第115条	第320条
第86条	第290条	第116条	第321条
第87条	第291条	第117条	第323条

《物权法》	《民法典》	《物权法》	《民法典》
第 118 条	第 324 条	第 148 条	第 358 条
第 119 条	第 325 条	第 149 条	第 359 条
第 120 条	第 326 条	第 150 条	第 360 条
第 121 条	第 327 条	第 151 条	第 361 条
第 122 条	第 328 条	第 152 条	第 362 条
第 123 条	第 329 条	第 153 条	第 363 条
第 124 条	第 330 条	第 154 条	第 364 条
第 125 条	第 331 条	第 155 条	第 365 条
第 126 条	第 332 条	第 156 条	第 372 条
第 127 条	第 333 条	第 157 条	第 373 条
第 128 条	第 334 条	第 158 条	第 374 条
第 129 条	第 335 条	第 159 条	第 375 条
第 130 条	第 336 条	第 160 条	第 376 条
第 131 条	第 337 条	第 161 条	第 377 条
第 132 条	第 338 条	第 162 条	第 378 条
第 133 条	第 342 条	第 163 条	第 379 条
第 134 条	第 343 条	第 164 条	第 380 条
第 135 条	第 344 条	第 165 条	第 381 条
第 136 条	第 345、346 条	第 166 条	第 382 条
第 137 条	第 347 条	第 167 条	第 383 条
第 138 条	第 348 条	第 168 条	第 384 条
第 139 条	第 349 条	第 169 条	第 385 条
第 140 条	第 350 条	第 170 条	第 386 条
第 141 条	第 351 条	第 171 条	第 387 条
第 142 条	第 352 条	第 172 条	第 388 条
第 143 条	第 353 条	第 173 条	第 389 条
第 144 条	第 354 条	第 174 条	第 390 条
第 145 条	第 355 条	第 175 条	第 391 条
第 146 条	第 356 条	第 176 条	第 392 条
第 147 条	第 357 条	第 177 条	第 393 条
		第 178 条	（删除）
		第 179 条	第 394 条
		第 180 条	第 395 条

《物权法》	《民法典》	《物权法》	《民法典》
第 181 条	第 396 条	第 214 条	第 431 条
第 182 条	第 397 条	第 215 条	第 432 条
第 183 条	第 398 条	第 216 条	第 433 条
第 184 条	第 399 条	第 217 条	第 434 条
第 185 条	第 400 条	第 218 条	第 435 条
第 186 条	第 401 条	第 219 条	第 436 条
第 187 条	第 402 条	第 220 条	第 437 条
第 188 条	第 403 条	第 221 条	第 438 条
第 189 条第 1 款		第 222 条	第 439 条
第 189 条第 2 款	第 404 条	第 223 条	第 440 条
第 190 条	第 405 条	第 224 条	第 441 条
第 191 条	第 406 条	第 225 条	第 442 条
第 192 条	第 407 条	第 226 条	第 443 条
第 193 条	第 408 条	第 227 条	第 444 条
第 194 条	第 409 条	第 228 条	第 445 条
第 195 条	第 410 条	第 229 条	第 446 条
第 196 条	第 411 条	第 230 条	第 447 条
第 197 条	第 412 条	第 231 条	第 448 条
第 198 条	第 413 条	第 232 条	第 449 条
第 199 条	第 414 条	第 233 条	第 450 条
第 200 条	第 417 条	第 234 条	第 451 条
第 201 条	第 418 条	第 235 条	第 452 条
第 202 条	第 419 条	第 236 条	第 453 条
第 203 条	第 420 条	第 237 条	第 454 条
第 204 条	第 421 条	第 238 条	第 455 条
第 205 条	第 422 条	第 239 条	第 456 条
第 206 条	第 423 条	第 240 条	第 457 条
第 207 条	第 424 条	第 241 条	第 458 条
第 208 条	第 425 条	第 242 条	第 459 条
第 209 条	第 426 条	第 243 条	第 460 条
第 210 条	第 427 条	第 244 条	第 461 条
第 211 条	第 428 条	第 245 条	第 462 条
第 212 条	第 429 条	第 246 条	（删除）
第 213 条	第 430 条	第 247 条	（删除）

三、《合同法》与《民法典》对照表

《合同法》	《民法典》
第 1 条	第 463 条
第 2 条	第 464 条
第 3 条	（删除）
第 4 条	（删除）
第 5 条	（删除）
第 6 条	（删除）
第 7 条	（删除）
第 8 条	第 465 条
第 9 条	（删除）
第 10 条	第 469 条
第 11 条	
第 12 条	第 470 条
第 13 条	第 471 条
第 14 条	第 472 条
第 15 条	第 473 条
第 16 条	第 474 条
第 17 条	第 475 条
第 18 条	第 476 条
第 19 条	
第 20 条	第 478 条
第 21 条	第 479 条
第 22 条	第 480 条
第 23 条	第 481 条
第 24 条	第 482 条
第 25 条	第 483 条
第 26 条	第 484 条
第 27 条	第 485 条
第 28 条	第 486 条
第 29 条	第 487 条
第 30 条	第 488 条
第 31 条	第 489 条
第 32 条	第 490 条

《合同法》	《民法典》
第 33 条	第 491 条
第 34 条	第 492 条
第 35 条	第 493 条
第 36 条	第 490 条
第 37 条	
第 38 条	第 494 条
第 39 条	第 496 条
第 40 条	第 497 条
第 41 条	第 498 条
第 42 条	第 500 条
第 43 条	第 501 条
第 44 条	第 502 条
第 45 条	第 158 条
	第 159 条
第 46 条	第 160 条
第 47 条	第 19 条
第 48 条	第 71 条
第 49 条	（删除）
第 50 条	第 504 条
第 51 条	（删除）
第 52 条	第 144 条
	第 146 条
	第 153 条
	第 154 条
第 53 条	第 506 条
第 54 条	第 152 条
第 55 条	
第 56 条	第 155 条
第 57 条	第 507 条
第 58 条	第 157 条
第 59 条	（删除）
第 60 条	第 509 条
第 61 条	第 510 条
第 62 条	第 511 条

《合同法》	《民法典》	《合同法》	《民法典》
第 63 条	第 513 条	第 97 条	第 566 条
第 64 条	第 522 条	第 98 条	第 567 条
第 65 条	第 523 条	第 99 条	第 568 条
第 66 条	第 525 条	第 100 条	第 569 条
第 67 条	第 526 条	第 101 条	第 570 条
第 68 条	第 527 条	第 102 条	第 572 条
第 69 条	第 528 条	第 103 条	第 573 条
第 70 条	第 529 条	第 104 条	第 574 条
第 71 条	第 530 条	第 105 条	第 575 条
第 72 条	第 531 条	第 106 条	第 576 条
第 73 条	第 535 条	第 107 条	第 577 条
第 74 条	第 538 条	第 108 条	第 578 条
	第 539 条	第 109 条	第 579 条
	第 540 条	第 110 条	第 580 条
第 75 条	第 541 条	第 111 条	第 582 条
第 76 条	第 532 条	第 112 条	第 583 条
第 77 条	第 543 条	第 113 条	第 584 条
第 78 条	第 544 条	第 114 条	第 585 条
第 79 条	第 545 条	第 115 条	第 586 条
第 80 条	第 546 条	第 116 条	第 588 条
第 81 条	第 547 条	第 117 条	第 590 条
第 82 条	第 548 条	第 118 条	
第 83 条	第 549 条	第 119 条	第 591 条
第 84 条	第 551 条	第 120 条	第 592 条
第 85 条	第 553 条	第 121 条	第 593 条
第 86 条	第 554 条	第 122 条	第 186 条
第 87 条	（删除）	第 123 条	（删除）
第 88 条	第 555 条	第 124 条	（删除）
第 89 条	第 556 条	第 125 条	第 466 条
第 90 条	第 67 条	第 126 条	（删除）
第 91 条	第 557 条	第 127 条	（删除）
第 92 条	第 558 条	第 128 条	（删除）
第 93 条	第 562 条	第 129 条	第 594 条
第 94 条	第 563 条	第 130 条	第 595 条
第 95 条	第 564 条	第 131 条	第 596 条
第 96 条	第 565 条	第 132 条	第 597 条

《合同法》	《民法典》	《合同法》	《民法典》
第133条	（删除）	第169条	第636条
第134条	第641条	第170条	第637条
第135条	第598条	第171条	第638条
第136条	第599条	第172条	第644条
第137条	第600条	第173条	第645条
第138条	第601条	第174条	第646条
第139条	第602条	第175条	第647条
第140条	（删除）	第176条	第648条
第141条	第603条	第177条	第649条
第142条	第604条	第178条	第650条
第143条	第605条	第179条	第651条
第144条	第606条	第180条	第652条
第145条	第607条	第181条	第653条
第146条	第608条	第182条	第654条
第147条	第609条	第183条	第655条
第148条	第610条	第184条	第656条
第149条	第611条	第185条	第657条
第150条	第612条	第186条	第658条
第151条	第613条	第187条	第659条
第152条	第614条	第188条	第660条
第153条	第615条	第189条	第660条
第154条	第616条	第190条	第661条
第155条	第617条	第191条	第662条
第156条	第619条	第192条	第663条
第157条	第620条	第193条	第664条
第158条	第621条	第194条	第665条
第159条	第626条	第195条	第666条
第160条	第627条	第196条	第667条
第161条	第628条	第197条	第668条
第162条	第629条	第198条	（删除）
第163条	第630条	第199条	第669条
第164条	第631条	第200条	第670条
第165条	第632条	第201条	第671条
第166条	第633条	第202条	第672条
第167条	第634条	第203条	第673条
第168条	第635条	第204条	（删除）

《合同法》	《民法典》	《合同法》	《民法典》
第 205 条	第 674 条	第 241 条	第 744 条
第 206 条	第 675 条	第 242 条	第 745 条
第 207 条	第 676 条	第 243 条	第 746 条
第 208 条	第 677 条	第 244 条	第 747 条
第 209 条	第 678 条	第 245 条	第 748 条
第 210 条	第 679 条	第 246 条	第 749 条
第 211 条	第 680 条	第 247 条	第 750 条
第 212 条	第 703 条	第 248 条	第 752 条
第 213 条	第 704 条	第 249 条	第 758 条
第 214 条	第 705 条	第 250 条	第 757 条
第 215 条	第 707 条	第 251 条	第 770 条
第 216 条	第 708 条	第 252 条	第 771 条
第 217 条	第 709 条	第 253 条	第 772 条
第 218 条	第 710 条	第 254 条	第 773 条
第 219 条	第 711 条	第 255 条	第 774 条
第 220 条	第 712 条	第 256 条	第 775 条
第 221 条	第 713 条	第 257 条	第 776 条
第 222 条	第 714 条	第 258 条	第 777 条
第 223 条	第 715 条	第 259 条	第 778 条
第 224 条	第 716 条	第 260 条	第 779 条
第 225 条	第 720 条	第 261 条	第 780 条
第 226 条	第 721 条	第 262 条	第 781 条
第 227 条	第 722 条	第 263 条	第 782 条
第 228 条	第 723 条	第 264 条	第 783 条
第 229 条	第 725 条	第 265 条	第 784 条
第 230 条	第 726 条	第 266 条	第 785 条
第 231 条	第 729 条	第 267 条	第 786 条
第 232 条	第 730 条	第 268 条	第 787 条
第 233 条	第 731 条	第 269 条	第 788 条
第 234 条	第 732 条	第 270 条	第 789 条
第 235 条	第 733 条	第 271 条	第 790 条
第 236 条	第 734 条	第 272 条	第 791 条
第 237 条	第 735 条	第 273 条	第 792 条
第 238 条	第 736 条	第 274 条	第 794 条
第 239 条	第 739 条	第 275 条	第 795 条
第 240 条	第 741 条	第 276 条	第 796 条

《合同法》	《民法典》	《合同法》	《民法典》
第 277 条	第 797 条	第 313 条	第 834 条
第 278 条	第 798 条	第 314 条	第 835 条
第 279 条	第 799 条	第 315 条	第 836 条
第 280 条	第 800 条	第 316 条	第 837 条
第 281 条	第 801 条	第 317 条	第 838 条
第 282 条	第 802 条	第 318 条	第 839 条
第 283 条	第 803 条	第 319 条	第 840 条
第 284 条	第 804 条	第 320 条	第 841 条
第 285 条	第 805 条	第 321 条	第 842 条
第 286 条	第 807 条	第 322 条	第 843 条
第 287 条	第 808 条	第 323 条	第 844 条
第 288 条	第 809 条	第 324 条	第 845 条
第 289 条	第 810 条	第 325 条	第 846 条
第 290 条	第 811 条	第 326 条	第 847 条
第 291 条	第 812 条	第 327 条	第 848 条
第 292 条	第 813 条	第 328 条	第 849 条
第 293 条	第 814 条	第 329 条	第 850 条
第 294 条	第 815 条	第 330 条	第 851 条
第 295 条	第 816 条	第 331 条	第 852 条
第 296 条	第 817 条	第 332 条	第 853 条
第 297 条	第 818 条	第 333 条	第 854 条
第 298 条	第 819 条	第 334 条	（删除）
第 299 条	第 820 条	第 335 条	第 855 条
第 300 条	第 821 条	第 336 条	第 856 条
第 301 条	第 822 条	第 337 条	第 857 条
第 302 条	第 823 条	第 338 条	第 858 条
第 303 条	第 824 条	第 339 条	第 859 条
第 304 条	第 825 条	第 340 条	第 860 条
第 305 条	第 826 条	第 341 条	第 861 条
第 306 条	第 827 条	第 342 条	第 862 条
第 307 条	第 828 条		第 863 条
第 308 条	第 829 条	第 343 条	第 864 条
第 309 条	第 830 条	第 344 条	第 865 条
第 310 条	第 831 条	第 345 条	第 866 条
第 311 条	第 832 条	第 346 条	第 867 条
第 312 条	第 833 条	第 347 条	第 868 条

《合同法》	《民法典》	《合同法》	《民法典》
第 348 条	第 869 条	第 389 条	第 912 条
第 349 条	第 870 条	第 390 条	第 913 条
第 350 条	第 871 条	第 391 条	第 914 条
第 351 条	第 872 条	第 392 条	第 915 条
第 352 条	第 873 条	第 393 条	第 916 条
第 353 条	第 874 条	第 394 条	第 917 条
第 354 条	第 875 条	第 395 条	第 918 条
第 355 条	第 877 条	第 396 条	第 919 条
第 356 条	第 878 条	第 397 条	第 920 条
第 357 条	第 879 条	第 398 条	第 921 条
第 358 条	第 880 条	第 399 条	第 922 条
第 359 条	第 881 条	第 400 条	第 923 条
第 360 条	第 882 条	第 401 条	第 924 条
第 361 条	第 883 条	第 402 条	第 925 条
第 362 条	第 884 条	第 403 条	第 926 条
第 363 条	第 885 条	第 404 条	第 927 条
第 364 条	第 887 条	第 405 条	第 928 条
第 365 条	第 888 条	第 406 条	第 929 条
第 366 条	第 889 条	第 407 条	第 930 条
第 367 条	第 890 条	第 408 条	第 931 条
第 368 条	第 891 条	第 409 条	第 932 条
第 369 条	第 892 条	第 410 条	第 933 条
第 370 条	第 893 条	第 411 条	第 934 条
第 371 条	第 894 条	第 412 条	第 935 条
第 372 条	第 895 条	第 413 条	第 936 条
第 373 条	第 896 条	第 414 条	第 951 条
第 374 条	第 897 条	第 415 条	第 952 条
第 375 条	第 898 条	第 416 条	第 953 条
第 376 条	第 899 条	第 417 条	第 954 条
第 377 条	第 900 条	第 418 条	第 955 条
第 378 条	第 901 条	第 419 条	第 956 条
第 379 条	第 902 条	第 420 条	第 957 条
第 380 条	第 903 条	第 421 条	第 958 条
第 381 条	第 904 条	第 422 条	第 959 条
第 382 条	第 905 条	第 423 条	第 960 条
第 383 条	第 906 条	第 424 条	第 961 条
第 384 条	第 907 条	第 425 条	第 962 条
第 385 条	第 908 条	第 426 条	第 963 条
第 386 条	第 909 条	第 427 条	第 964 条
第 387 条	第 910 条	第 428 条	（删除）
第 388 条	第 911 条		

四、《婚姻法》与《民法典》对照表

《婚姻法》	《民法典》	《婚姻法》	《民法典》
第1条	第1040条	第26条	（删除）
第2条	第1041条	第27条	第1072条
第3条	第1042条	第28条	第1074条
第4条	第1043条	第29条	第1075条
第5条	第1046条	第30条	第1069条
第6条	第1047条	第31条	第1076条
第7条	第1048条		第1078条
第8条	第1049条	第32条	第1079条
第9条	第1050条	第33条	第1081条
第10条	第1051条	第34条	第1082条
第11条	第1052条	第35条	第1083条
第12条	第1054条	第36条	第1084条
第13条	第1055条	第37条	第1085条
第14条	第1056条	第38条	第1086条
第15条	第1057条	第39条	第1087条
第16条	（删除）	第40条	第1088条
第17条	第1062条	第41条	第1089条
第18条	第1063条	第42条	第1090条
第19条	第1065条	第43条	（删除）
第20条	第1059条	第44条	（删除）
第21条	第1067条	第45条	（删除）
第22条	第1015条	第46条	第1091条
第23条	第1068条	第47条	第1092条
第24条	第1061条	第48条	（删除）
	第1070条	第49条	（删除）
第25条	第1071条	第50条	（删除）
		第51条	（删除）

五、《收养法》与《民法典》对照表

《收养法》	《民法典》	《收养法》	《民法典》
第1条	（删除）	第18条	第1108条
第2条	（删除）	第19条	（删除）
第3条	（删除）	第20条	（删除）
第4条	第1093条	第21条	第1109条
第5条	第1094条	第22条	第1110条
第6条	第1098条	第23条	第1111条
第7条	第1099条	第24条	第1112条
第8条	第1100条	第25条	第1113条
第9条	第1102条	第26条	第1114条
第10条	第1097条	第27条	第1115条
第10条	第1101条	第28条	第1116条
第11条	第1104条	第29条	第1117条
第12条	第1095条	第30条	第1118条
第13条	第1096条	第31条	（删除）
第14条	第1103条	第32条	（删除）
第15条	第1105条	第33条	（删除）
第16条	第1106条	第34条	（删除）
第17条	第1107条		

六、《继承法》与《民法典》对照表

《继承法》	《民法典》	《继承法》	《民法典》
第 1 条	（删除）	第 18 条	第 1140 条
第 2 条	第 1121 条	第 19 条	第 1141 条
第 3 条	第 1022 条	第 20 条	第 1142 条
第 4 条	（删除）	第 21 条	第 1144 条
第 5 条	第 1123 条	第 22 条	第 1143 条
第 6 条	（删除）	第 23 条	第 1150 条
第 7 条	第 1125 条	第 24 条	第 1151 条
第 8 条	（删除）	第 25 条	第 1124 条
第 9 条	第 1126 条	第 26 条	第 1153 条
第 10 条	第 1127 条	第 27 条	第 1154 条
第 11 条	第 1128 条	第 28 条	第 1155 条
第 12 条	第 1129 条	第 29 条	第 1156 条
第 13 条	第 1130 条	第 30 条	第 1157 条
第 14 条	第 1131 条	第 31 条	第 1158 条
第 15 条	第 1132 条	第 32 条	第 1160 条
第 16 条	第 1133 条	第 33 条	第 1161 条
第 17 条	第 1134 条	第 34 条	第 1162 条
第 17 条	第 1135 条	第 35 条	（删除）
第 17 条	第 1136 条	第 36 条	（删除）
第 17 条	第 1137 条	第 37 条	（删除）
第 17 条	第 1138 条		
第 17 条	第 1139 条		

七、《侵权责任法》与《民法典》对照表

《侵权责任法》	《民法典》	《侵权责任法》	《民法典》
第 1 条	（删除）	第 25 条	第 1187 条
第 2 条	第 1164 条	第 26 条	第 1173 条
第 3 条	第 120 条	第 27 条	第 1174 条
第 4 条	第 187 条	第 28 条	第 1175 条
第 5 条	（删除）	第 29 条	第 180 条
第 6 条	第 1165 条	第 30 条	第 181 条
第 7 条	第 1166 条	第 31 条	第 182 条
第 8 条	第 1168 条	第 32 条	第 1188 条
第 9 条	第 1169 条	第 33 条	第 1190 条
第 10 条	第 1170 条	第 34 条	第 1191 条
第 11 条	第 1171 条	第 35 条	第 1192 条
第 12 条	第 1172 条	第 36 条	第 1194 条
第 13 条	第 178 条第 1 款		第 1195 条
第 14 条	第 178 条第 2 款		第 1197 条
第 15 条	第 179 条	第 37 条	第 1198 条
第 16 条	第 1179 条	第 38 条	第 1199 条
第 17 条	第 1180 条	第 39 条	第 1200 条
第 18 条	第 1181 条	第 40 条	第 1201 条
第 19 条	第 1184 条	第 41 条	第 1202 条
第 20 条	第 1182 条	第 42 条	（删除）
第 21 条	第 1167 条	第 43 条	第 1203 条
第 22 条	第 1183 条	第 44 条	第 1204 条
第 23 条	第 183 条	第 45 条	第 1205 条
第 24 条	第 1186 条	第 46 条	第 1206 条

《侵权责任法》	《民法典》	《侵权责任法》	《民法典》
第47条	第1207条	第70条	第1237条
第48条	第1208条	第71条	第1238条
第49条	第1209条	第72条	第1239条
第50条	第1210条	第73条	第1240条
第51条	第1214条	第74条	第1241条
第52条	第1215条	第75条	第1242条
第53条	第1216条	第76条	第1243条
第54条	第1218条	第77条	第1044条
第55条	第1219条	第78条	第1245条
第56条	第1220条	第79条	第1246条
第57条	第1221条	第80条	第1247条
第58条	第1222条	第81条	第1248条
第59条	第1223条	第82条	第1249条
第60条	第1224条	第83条	第1250条
第61条	第1225条	第84条	第1251条
第62条	第1226条	第85条	第1253条
第63条	第1227条	第86条	第1252条
第64条	第1228条	第87条	第1254条
第65条	第1229条	第88条	第1255条
第66条	第1230条	第89条	第1256条
第67条	第1231条	第90条	第1257条
第68条	第1233条	第91条	第1258条
第69条	第1236条	第92条	（删除）

八、《担保法》与《民法典》对照表

《担保法》	《民法典》	《担保法》	《民法典》
第 1 条	（删除）	第 24 条	第 695 条
第 2 条	第 387 条第 1 款	第 25 条	第 692 条第 2 款
第 3 条	（删除）		第 693 条第 1 款
第 4 条	第 387 条第 2 款		第 694 条第 1 款
	第 689 条	第 26 条	第 692 条第 2 款
第 5 条	第 388 条		第 693 条第 2 款
	第 682 条		第 694 条第 2 款
第 6 条	第 681 条	第 27 条	（删除）
第 7 条	（删除）	第 28 条	第 392 条
第 8 条	第 683 条	第 29 条	（删除）
第 9 条		第 30 条	（删除）
第 10 条		第 31 条	第 700 条
第 11 条	（删除）	第 32 条	（删除）
第 12 条	第 699 条	第 33 条	第 394 条
第 13 条	第 681 条	第 34 条	第 395 条
第 14 条	第 690 条	第 35 条	（删除）
第 15 条	第 684 条	第 36 条	第 397 条
第 16 条	第 686 条第 1 款		第 398 条
第 17 条	第 687 条	第 37 条	第 399 条
第 18 条	第 688 条	第 38 条	第 400 条第 1 款
第 19 条	第 686 条第 2 款	第 39 条	第 400 条第 2 款
第 20 条	第 701 条	第 40 条	第 401 条
第 21 条	第 389 条	第 41 条	第 402 条
	第 691 条	第 42 条	（删除）
第 22 条	第 696 条	第 43 条	第 403 条
第 23 条	第 391 条	第 44 条	（删除）
	第 697 条	第 45 条	（删除）
		第 46 条	第 389 条

《担保法》	《民法典》	《担保法》	《民法典》
第47条	第412条	第73条	第393条
第48条	第405条	第74条	第393条
第49条	第406条	第75条	第440条
第50条	第407条	第76条	第441条
第51条	第408条	第77条	第442条
第52条	第393条	第78条	第443条
第53条	第410条	第79条	第444条
	第413条	第80条	
第54条	第414条	第81条	第446条
第55条	第417条	第82条	第447条
	第418条	第83条	第389条
第56条	（删除）	第84条	第449条
第57条	（删除）	第85条	（删除）
第58条	第393条	第86条	第451条
第59条	第420条	第87条	第453条
第60条	（删除）		第455条
第61条	（删除）	第88条	第457条
第62条	第424条	第89条	第586条
第63条	第425条		第587条
第64条	第427条第1款	第90条	第586条
第65条	第427条第2款	第91条	第586条
第66条	第428条	第92条	（删除）
第67条	第389条	第93条	第388条
第68条	第430条	第94条	第410条第3款
第69条	第432条		第436条第3款
第70条	第433条		第453条第3款
第71条	第436条	第95条	（删除）
第72条	（删除）	第96条	（删除）